KB041185

여성주의 철학 2

A Companion to Feminist Philosophy (First Edition)

Edited by

Alison M. Jaggar and Iris Marion Young

여성주의 철학 2

앨리슨 M. 재거 · 아이리스 마리온 영 편집
한국여성철학회 옮김

이 책은 Alison M. Jaggar와 Iris Marion Young이 편집한
A Companion to Feminist Philosophy
(Blackwell Publishing Ltd., 1998/2000)를 완역한 것이다.

여성주의 철학 2

앨리슨 M. 재거 · 아이리스 마리온 영 편집
한국여성철학회 옮김

펴낸이 — 김신혁, 이숙
펴낸곳 — 서광사
출판등록일 — 1977. 6. 30.
출판등록번호 — 제 6-0017호

(413-832) 경기도 파주시 교하읍 문발리 534-1
대표전화 · (031)955-4331 / 팩시밀리 · (031)955-4336
E-mail · phil6161@chol.com
http://www.seokwangsa.co.kr

ⓒ 서광사, 2005

제1판 제1쇄 펴낸날 · 2005년 6월 30일
제1판 제3쇄 펴낸날 · 2006년 10월 10일

ISBN 89-306-1708-5 93130

옮긴이의 말

한국에서 여성주의 철학이 정착된 지 별로 오랜 세월이 지나지 않았다. 그러나 지난날을 되돌아보면 사실 우리나라에서 분과학문으로서 철학이 들어와 본격적으로 연구되기 시작한지도, 또한 여성주의 이론이 활성화되기 시작한지도 얼마되지 않았다. 사실 과거 1970년대에서 1980년대 초반만 하더라도 대학에서 철학을 전공하는 것만으로도 이상한 눈길과 관심을 받는 일이 허다했다. 더욱이 여성이 철학을 공부하는 경우는 아주 드물었기 때문에 철학과에 여학생이 없거나 또는 겨우 한두 명이나 있었던 때도 있었다. 당시 여성으로서 철학을 하는 것이 얼마나 생경한 일이었나를 가름해볼 수 있을 것이다.

여성주의라는 명칭이 붙으면 때로는 여성만이 하는 것이 아니냐는 우문을 받기도 하지만 사실 현대에 들어 여성주의적 논의는 거의 여성에 의해 이루어지고 있는 실정이다. 아직도 여성주의와 관련 있는 학회나 세미나에 가면 여성 학자들이 태반이고 남성 학자들을 찾아보기는 쉽지 않다. 궁극적으로 여성주의가 단지 여성에 의해서만 연구되고, 단지 여성을 위해서만 존재하는 이론이라고 생각하여 벌어지는 현상이다. 더욱이 최근까지도 여성주의 이론을 연구한다거나 또는 여성주의자(페미니스트)라고 할 때 갑자기 알 수 없는 긴장감이 고조되는 듯한 느낌을 갖게 된다. 과거의 여성주의 운동이 때로는 아주 급진적이고 때로는 아주 과격하게 이루어졌기 때문일 것이다. 그러나 한 시대를 살아가는 여성들이 마주하게 되는 너무나 절박한 상황을 한걸음만 다가가서 이해하려 한다면 충분히 공감할 수 있는 여지가 있다. 그러나 이제 각자 타자의 관점에서 서로를 바라보고 이해하면서 보다 관용적인 태도를 가질 필요가 있을 것이다.

여성주의 철학은 여성주의의 또 다른 분파는 아니다. 여성주의 관점을 가지고 다양한 문제들을 철학적으로 접근하여 보다 근본적인 개념과 원리를 체계적으로 제공하려는 보편학문의 특성을 가지고 있다. 따라서 오늘날 여성주의 철학은 매우 다양한 문제들을 다루고 있다. 현재 우리나라에서 여성주의 철학은 그 동안 상당히 발전을 해왔지만 개별적인 연구자들의 전공 영역에 한정되어 있었다고 할 수 있다. 따라서 한국여성철학회는 여성주의 철학 전반에 대한 다양한 주제를 일괄적으로 정리할 필요성을 절감해왔다. 바로 이러한 점에서 현대 여성주의 철학의 대표적인 학자들에 의해 집필된 《여성주의 철학》은 여러 가지 목적에 부합하는 책이라 할 수 있다. 이 책에는 현대에 이르기까지 여성주의 철학의 성과를 총망라하고 있는 매우 탁월한 개괄서로서 모두 10개의 주제 하에 58편의 논문이 실려 있다.

이 책에 참여한 저자들은 모두 페미니즘 연구로 유명한 세계적인 석학들이다. 우리나라에도 이미 소개되어 있는 편집자인 앨리슨 재거와 아이리스 영을 비롯하여 사라 러딕, 로빈 메이 숏, 신시아 프리들랜드, 제네비브 로이드, 로시 브레도티 등은 페미니즘 연구자들에게 잘 알려진 중견급 철학자들이다. 이들이 대거 참여하여 만든 《여성주의 철학》은 기존에 단순히 여성주의 이론을 소개하던 책들과는 달리 특정 주제와 분야별로 가장 탁월한 실력을 발휘하였던 전문 필자들을 동원하여 일반인들에게 아주 쉽게 페미니즘과 철학의 제반 이론을 설명하고 있다. 더욱이 일반 논문들과 달리 10면 정도의 간략한 분량과 정확하고도 명료한 내용 설명이 가장 큰 장점이라 할 수 있다.

이 책이 번역되어 나오기까지 산파역을 하신 분은 바로 한국여성철학회 회장 이상화 선생님이셨다. 누구나 필요성은 절감했지만 엄청난 분량 때문에 주춤하고 있을 때 특유의 실천력과 따뜻한 포용력으로 무사히 긴 여행을 마치게 해주셨다. 그 동안 번역자들은 워크숍과 세미나의 명목하에 수차례 모여 각자의 번역본을 돌려보면서 용어나 개념들을 점검해왔다. 모든 번역자들은 이번 작업을 통해 단순히 번역을 완성했다는 성취감 이상의 즐거움을 만끽했다. 여기에 실린 글들이 여성주의와 철학에 흥미와 관심이 있는 모든 이들에게 작은 길잡이가 되기를 바라며, 이 책의 출판을 기꺼이 맡아주신 서광사에 깊이 감사드린다.

2005년 6월
옮긴이 일동

차 례

2권

옮긴이의 말/ 5
필자 소개/ 11
서문/ 19

제7부 예술
  34. 미학/ 29
  35. 영화 이론/ 43

제8부 윤리학
  36. 도덕 인식론/ 57
  37. 행위성/ 69
  38. 보살핌/ 85
  39. 불편부당성/ 97
  40. 레즈비언 윤리(학)/ 109
  41. 의사소통적 윤리/ 123
  42. 건강관리/ 135
  43. 출산/ 147

제9부 사회
  44. 교육/ 161
  45. 일/ 173
  46. 프라이버시/ 185
  47. 공동체/ 199
  48. 인종주의/ 211

제10부 정치학
  49. 정의/ 227
  50. 권리/ 243
  51. 민주주의/ 257

52. 사회주의/ 271

53. 영미법/ 285

54. 회교법/ 301

55. 국제 정의/ 313

56. 평등한 기회/ 325

57. 사회 정책/ 339

58. 전쟁과 평화/ 355

감사의 말/ 367

참고문헌/ 369

찾아보기/ 455

1권

옮긴이의 말/ 5
필자 소개/ 11
서문/ 21

제1부 서구의 경전적 전통
  1. 고대 그리스 철학/ 31
  2. 근대 합리론/ 47
  3. 경험주의/ 59
  4. 칸트/ 71
  5. 프래그머티즘/ 83
  6. 현대의 도덕철학과 정치철학/ 97
  7. 실존주의와 현상학/ 107
  8. 포스트모더니즘/ 119

제2부 아프리카, 아시아, 라틴 아메리카, 동유럽
  9. 라틴 아메리카/ 135
  10. 아프리카/ 149
  11. 중국/ 165
  12. 인도대륙/ 177
  13. 동유럽/ 191

제3부 언어
  14. 언어와 권력/ 205
  15. 의미론/ 225

제4부 지식과 자연
  16. 합리성/ 239
  17. 인식론/ 249
  18. 자연과학/ 265

19. 생물과학/ 277
20. 사회과학/ 291
21. 환경/ 301

제5부 종교
22. 기독교/ 315
23. 회교/ 331
24. 유대교/ 343

제6부 주체성과 육화
25. 자아/타자/ 357
26. 포스트모던 주체성/ 367
27. 정신분석학적 여성주의/ 379
28. 인간 본성/ 391
29. 젠더/ 403
30. 성적 차이 이론/ 415
31. 섹슈얼리티(Sexuality)/ 427
32. 몸의 정치학/ 445
33. 장애/ 457

감사의 말/ 473
참고문헌/ 475
찾아보기/ 561

필자 소개

저자소개

나탈리 단데카(Natalie Dandekar)는 국제적인 정의, 개발 윤리학과 법철학의 주제들에 대한 글을 발표했다. 그녀의 최근 작업은 보살핌의 윤리학과 국제적인 인도주의적 행위의 작업을 연관시켜 설명하는 데 주안점이 있다.

다이애나 메이어스(Diana Tietjens Meyers)는 스터스에 있는 코티컷 대학교 철학교수이다. 저서로는 《복종과 주체성: 정신분석적 여성주의와 도덕철학》(1994), 《자아, 사회와 개인적 선택》(1989) 그리고 《양도할 수 없는 권리들: 하나의 답변》(1985) 등이 있다.

로라 샤너(Laura Shanner)는 토론토 대학의 철학과와 생명 윤리학 협력 센터의 부교수이다. 그녀는 미국, 캐나다, 호주 그리고 영국 등지에서 생명 윤리학과 생식 의료에 관한 연구 활동을 해오고 있다. 그리고 캐나다의 배아 연구에 관한 연방 정책 위원회에서 일을 보고 있다.

로리 슈레이지(Laurie Shrage)는 포모나의 캘리포니아 주립 과학기술 대학의 철학 교수로 재직 중에 있다. 그녀는 《여성주의의 도덕적 딜레마: 매춘, 간음 그리고 임신중절》(1994)의 저자이며, 인종과 젠더, 성 상업 그리고 영화 미학에 관한 논문들을 발표하고 있다.

린다 마틴 알코프(Linda Martín Alcoff)는 교육 부문에 있어 탁월한 능력을 인정받은 메레디스 교수의 자격으로 시라큐스 대학교에서 철학과 여성학을 가르치고 있다. 그녀는 《진실한 앎: 정합론의 새로운 비전》(1996)을 지었으며, 《여성주의 인식론》(1993)의 공동편집자이다. 그녀의 인종과 젠더에 관한 에세이는 《싸인스》, 《하이페이시아》, 《문화비평》, 《급진적 철학》 등에 잘 나타나 있다. 그녀는 현재 《가시적 정체성들: 인종, 젠더, 자아》를 집필 중이다.

마가렛 어반 워커(Magaret Urban Walker)은 도덕적 행위주체, 인식론, 책임, 윤리학에 관한 여성주의 비판에 관한 논문들을 발표했다. 그녀의 작품 《도덕적 이해》는 1997년에 출간되었다.

마리아 루고네스(Maria Lugones)는 여성주의 이론가/활동가이며 민중 교사이다. 그녀는 뉴 멕시코의 민중 교육의 중심인 에스켈라 민중 노테나에서 그리고 빙햄톤에 있는 뉴욕 국립대학교에서 가르치고 있다.

메릴린 프리드만(Marilyn Friedman)은 세인트루이스에 있는 워싱턴 대학에서 철학을 가르치고 있으며 윤리학, 사회철학, 여성주의 신학에 대해 연구해 오고 있다. 그녀는 《무엇을 위한 친구인가》와 《사적 관계와 도덕이론에 대한 여성주의 관점들》(1993)의 저자이기도 하다. 《정치적 옳음: 찬성과 반대》의 공동저자이자 《마음과 도덕: 윤리학과 인지과학에 관한 에세이》(1996)와 《여성주의와 공동체》(1994)의 공동편집자이다.

바바라 힐커트 앤돌슨(Barbara Hilkert Andolsen)은 몬마우스 대학교의 사회윤리학 교수이다. 그녀는 《비디오 전시 터미널에 알맞은 일: 사무 변화에 대한 여성주의 윤리학적 분석》(1989)을 포함하여 다수의 저서가 있다.

버지니아 헬드(Virginia Held)는 헌터 대학 철학과와 뉴욕 시립대학교 대학원의 저명 교수이다. 그녀의 최근 저서에는 《여성주의 도덕: 문화, 사회, 정치의 변형》(1993)과 《엄격함과 재화: 사회적 조치의 정당화》(1984)가 포함되어 있다.

사라 러딕(Sara Ruddick)은 미국 뉴욕시 소재, 뉴스쿨(The New School for Social Research) 대학에서 철학과 여성학을 가르치고 있으며, 《모성적 사고: 평화의 정치학을 위하여》(1989)의 저자이다.

사라 루시아 호그랜드(Sarah Lucia Hoagland)는 노쓰이스턴 일리노이즈 대학 철학 및 여성학 교수이다. 그녀는 《레즈비언 윤리학》(1988)의 저자이며, 《레즈비언만을 위하여: 분리주의자의 명문집》(1988)의 공동편집장이다.

수잔 셔윈(Susan Sherwin)은 캐나다의 노바스코샤 주의 헬러팩스 도시에 있는 달하우지 대학의 철학 교수이자 여성 연구 교수이다. 그녀는 여성주의적 건강관리 윤리(feminist health-care ethics)에 관한 매우 흥미로우면서도 도전적인 학제 간의 연구 기획을 4년간(1993~97) 진행시켜 왔으며 이제 완성 중에 있다. 그 연구 기획은 다양한 분과들과 제도들에 속해 있는 11명의 캐나다 여성주의 학자들과 함께 완성하였다.

신시아 프리랜드(Cynthia Freeland)는 휴스턴 대학 철학과 부교수이자 여성학 책임교수이다. 《철학과 영화》(1995)의 공동 편자이며, 《아리스토텔레스의 여성주의적 해석》(1997)의 편자이다.

아니타 알렌(Anita Allen)은 조지타운 대학교 법 센터(Georgetown University Law Center)에서 연구 부원장이며 철학과 조교수이다. 그녀는 헌법, 법철학, 불법 행위들, 전문적인 책임, 사법 등을 가르치고 있다. 그녀의 연구 관심은 윤리학과 사적, 재생산 권리, 책임의 법과 인종 관계 정책 등을 포함한다. 그녀는 수십개의 논문과 《쉽지 않은 접근: 자유 사회에서 여성을 위한 프라이버시》(1988)와 《사법에 대한 판례와 논거》(1992, 공동편집)를 출판하였다.

아지자 알 히브리(Azizah Y. al-Hibri)는 리치몬드 대학 T. C. 윌리엄스 법과대학 부교수로서 기업법과 이슬람법을 가르치고 있다. 또 그녀는 철학교수로서, 《하이페이시아: 여성주의 철학 저널》의 창간자로 그 초대 편집장을 역임하였고, 카라마: 인권을 위한 이슬람 여성 법률학자(Karamah: Muslin Women Lawyers for Human Rights)의 창립자로서 그 회장을 역임하였다. 그녀는 여성의 권리에 대한 수많은 논문을 발표해 오고 있다.

안드레아 마이호퍼(Andrea Maihofer)는 철학, 게르만(어) 연구와 교육에 관한 연구를 했다. 1987년에 그녀는《맑스의 법: 정의에 관한 변증법적 구조를 위해. 인간권리와 법》이라는 논문으로 철학 박사학위를 받았다. 1995년에 그녀는 사회학 분야에서《실존방식으로서 성(별): 권력, 도덕, 법과 성(별) 차이》라는 교수자격 학위논문을 완성했다. 현재 그녀는 프랑크푸르트대학교의 사회과학 강사이다.

앤 퍼거슨(Ann Ferguson)은 앰허스트에 있는 매사추세츠 대학교 철학과 여성학 담당 교수이자 여성학 책임교수이다. 저서로는《근본적 혈통: 모성애, 성애 그리고 남성지배》(1989)와《성적 민주주의: 여성, 억압 그리고 혁명》(1991)이 있다. 현재는 발-아미 바-온(Bat-Ami Bar-On)과 함께 공동으로 여성주의 윤리학과 정치학에 관한 저서를 편집하고 있다. 또 자아, 인종적·계층적·성별 정체성, 여성주의 유토피아, 여성주의 윤리학 주제로서 위험한 관습들, 푸코와 포스트모더니즘 등과 같은 주제들에 대한 연구논문들을 써오고 있다.

앤 필립스(Anne Phillips)는 영국 런던의 길드홀 대학의 정치학과 교수이다. 그녀는《민주주의 성별화하기》(1991),《민주주의와 차이》(1993) 그리고《현존의 정치학》(1995)을 포함하여, 여성주의와 민주주의 이론에 관한 주제들로 광범위하게 저술활동을 하고 있다.

에바 페더 키타이(Eva Feder Kittay)는 써니 스토니 브룩스(SUNY Stony Brook)의 철학 교수이다. 그녀는《은유. 그 인지적 힘과 언어학적 구조》(1987)의 저자이며, 다이아나 메이어(Diana T. Meyers)와 함께《여성과 도덕론》(1987)을 공동 편집했고,《어떤 엄마의 아이: 평등과 의존에 관한 에세이》(근간)의 저자이며, 여성과 복지에 헌신하는 기구인 '백년 여성 위원회'의 창립자이다.

엘리자베스 키스(Elizabeth Kiss)는 케넌(Kenan) 윤리학 프로그램의 책임자이자 듀크(Duke) 대학교의 실무 정치학과 철학 부교수이다. 그녀의 연구의 관심은 윤리학과 정치 이론, 여성주의 이론 그리고 중앙 유럽 정치에 걸쳐 있다. 그녀는《도구로서의 법》이라는 제목이 붙은 인권에 대한 책을 완결 중에 있다.

제인 로랜드 마틴(Jane Roland Martin)은 보스톤에 있는 메사추세추 대학교의 철학 명예교수이며, 교육사회철학회의 전 의장직과 구겐하임 전직 특별 연구원도 지냈고, 교육 철학에 관한 여러 권의 책과 수많은 논문들의 저자이다. 젠더와 교육에 관한 그녀의 작업 때문에 그녀는 메사추세추의 살렘 국립대학교와 스웨덴의 우메아 대학에서 명예 박사학위를 받았다.

조안나 미헌(Johanna Meehan)은 그리넬 단과대학의 부교수이다. 그녀는 《여성주의자의 하버마스 읽기: 담론의 주체를 젠더화하기》의 편집자 겸 기고자이다. 그녀의 연구는 여성주의 이론과 비판 이론에 초점을 맞추고 있다. 그녀의 최근 연구과제는 《자아의 상호주관적 구성》이라는 표제가 붙은 한 권의 책이다.

캐서린 T. 바틀렛(Katharine T. Bartlett)은 듀크 대학교 법학대학 법학과 교수이며, 젠더와 법, 여성주의 법이론, 가족법과 협정 등을 가르치고 있다. 그녀는 젠더 이론, 고용법, 사회적 변화의 이론과 법교육 등에 대한 주제로 강의하고 출판을 해왔다. 저서로 엘만(Ellman), 폴 쿠르츠(Paul Kurtz)와 함께 지은 《가족법, 사건, 텍스트, 문제》(2판 1991)와 《젠더와 법: 이론, 학설, 주석》(1993) 등 두 개의 판례집이 있으며, 그 외 《여성주의 법이론: 법과 젠더 안에서 읽기》(1991)가 있다.

코넬리아 클링어(Cornelia Klinger)는 오스트리아 비인의 인문과학 연구소의 종신회원이며, 독일 튀빙엔 대학교의 강사이다. 그녀는 여성주의 철학과 독일 관념론 그리고 낭만주의에 관한 광범위한 논문들을 발표했다. 그녀의 최근 저서는 《도주-위안-전복: 근대와 그 미학적인 대안세계》(1995)이다.

역자소개

김세서리아는 성균관 대학교에서 동양철학 전공으로 박사 학위를 받았으며, 현재 이화여자 대학교 인문학연구소 책임연구원이다. 저서로는 《여성의 몸에 관한 철학적 성찰》(철학과 현실사, 2000, 공저), 《철학의 눈으로 읽는 여성》(철학과 현실사, 2001, 공저), 《21세기 한국가족-문제와 대안》(경문사, 2005, 공저) 등이 있으며, 논문으로는 "중국 신화에서 보이는 여성 능동성의 이미지", "차이-사이의 개념으로 다시 읽는 음양론", "양명학에서의 몸 담론과 그것의 현대적 의미" 등이 있다.

김애령은 독일 베를린 자유 대학교(Freie Universitaet zu Berlin)에서 철학박사 학위를 받았으며, 현재 이화여자 대학교 주제통합형 교양 교수로 재직하고 있다. 저서로는 *Metapher und Mimesis*(Dietrich Reimer Verlag)가 있고, 논문으로 "시간의 이해, 이해의 시간", "여성: 타자의 은유", "니체의 은유이론과 문체의 문제" 등이 있다.

노성숙은 독일 프라이부르크 대학에서 독일 현대철학 전공으로 박사 학위를 취득하였으며, 현재 이화여자 대학교 인문학연구원 전임연구원으로 있다. 저서로는《계몽의 자기비판과 구원》(*Die Selbstkritik und "Rettung" der Aufklaerung*), 공저로《정보매체의 지구화와 여성》,《사람과 사람》이 있다. 논문으로는 "근대적 자아와 다중심적 자아", "사이렌들과 오딧세우스: 비동일적 자아의 탐색", "일상의 미학과 아도르노", "디지털 문화산업과 여성주류화 전망", "세계화와 여성" 등이 있다.

안옥선은 하와이 주립 대학교에서 불교철학(윤리) 전공으로 박사 학위를 받았으며, 현재 순천 대학교 철학과 교수로 있다. 단독 저서로는 *Compassion and Benevolence* 와《불교윤리의 현대적 이해》가 있으며, 논문으로는 "여성성불 불가설의 반불교성 고찰", "개인주의적 인권개념에 대한 불교적 비판", "동서양 전통에서 본 행복", "불교에서 존재평등의 근거" 등이 있다.

연효숙은 연세 대학교에서 헤겔 철학 전공으로 박사 학위를 받았으며, 현재 이화여자 대학교 인문학연구원 전임연구원으로 있다. 저서로는《철학의 눈으로 읽는 여성》(공저),《여성문화의 새로운 시각 2》(공저) 등이 있고, 역서로는《헤겔》,《칸트: 칸트에서 헤겔까지 1》등이 있으며, 논문으로는 "여성 주체성과 페미니즘의 문화기획", "한국 근(현)대 여성의 갈등 경험과 여성 주체성의 미학", "여성이미지, 반복 그리고 영원회귀-들뢰즈의《차이와 반복》을 중심으로" 등이 있다.

윤혜린은 이화여자 대학교에서 심리철학 전공으로 박사 학위를 받았으며, 현재 이화여자 대학교 한국여성연구원 연구교수로 있다. 동 대학교에서 '여성철학', '지구촌 시대 여성과 리더십' 등을 강의하고 있으며, 동 대학교 평생교육원에서 '초등논술지도자 과정' 및 '논술철학'을 지도하고 있다. 저서로는《정보 매체의 지구화와 여성》(공저),《지구화 시대 여성주의 대안가치》(공저),《나의 삶 우리의 현실》(공저) 등이 있으며, 논문으로는 "사이버 공간의 여성 체험", "사이버 공간 속의 여성 현실" 등이 있다.

이상화는 독일 튀빙겐 대학에서 정치철학으로 박사 학위를 취득하고 현재 이화여자 대학교 철학과 교수로 재직하고 있다. 한국여성철학회 회장을 역임하였다. 저서로는

《지식 정보화 사회의 여성 직업의 지형 찾기》,《새천년의 한국문화, 다른 것이 아름답다》등이 있고, "세계화와 다원주의: 실천화로서의 다원성의 윤리", "철학에서의 페미니즘 수용과 그에 따른 철학 체계의 변화", "페미니즘과 차이의 정치학", "철학과 비판적 사회 이론", "여성주주의 인식론에 대한 비판과 성찰" 등이 있다.

이정은은 연세 대학교에서 독일관념론을 연구하여 "헤겔 대논리학의 자기의식 이론"(1999)으로 박사 학위를 받았다. 현재 연세 대학교 철학연구소 전문연구원이다. 저서로는 《사랑의 철학》,《사람은 왜 인정받고 싶어하나》가 있으며, 논문으로는 "헤겔 법철학에서 여성적 자매애와 사회적 우애의 관계", "인륜적 공동체와 헤겔의 여성관", "여성의 언어 다시쓰기, 상상력과 개념 사이에서", "여성의 침묵과 목소리" 등 다수가 있다.

이지애는 멕시코 이베로아메리카나 대학에서 철학교육 전공으로 철학박사 학위를 받고, 미국 콜럼비아 대학 교육대학원에서 프래그머티즘 전공으로 교육학박사 학위를 받았으며, 현재 이화여자 대학교 철학과 조교수이다. 국제철학올림피아드(IPO)와 철학교육세계연합회(ICPIC)의 위원이며 《현대문화와 철학의 새 지평》(공저), "프래그머티즘철학과 철학-우리교육의 관계 맺기", "IAPC방법론에 의한 논리-철학 창작교재" 등의 논저가 있다.

이혜정은 한국 외국어 대학교 철학과를 졸업하고 동 대학원에서 석사와 박사 학위를 취득하였다. 현재 한국 외국어 대학교에 출강하고 있다. 논문으로는 "콜버그와 길리건 이론의 도덕적 함축", "도덕이론과 임신중절", "나딩스의 보살핌 윤리 연구", "전쟁의 도덕성에 대한 철학적 고찰", "전쟁과 평화에 대한 여성주의적 독해"가 있다. 공저로는 《성과 사랑 그리고 욕망에 관한 철학적 성찰》이 있으며, 역서로는 《모성적 사유: 전쟁과 평화의 정치학》과 《정의와 다원적 평등》이 있다.

장영란은 한국 외국어 대학교에서 고대 그리스 철학 전공으로 박사 학위를 받았으며, 현재 한국 외국어 대학교 철학과 연구교수로 있다. 저서로는 《아리스토텔레스의 인식론》,《장영란의 그리스 신화》,《위대한 어머니 여신》,《아테네, 영원한 신들의 도시》,《신화속의 여성, 여성속의 신화》 등이 있으며, 논문으로는 "아리스토텔레스의 반페미니즘", "그리스 신화와 철학에 나타난 죽음과 여성의 이미지", "고대 그리스의 위대한 어머니 신화에 나타난 철학적 세계관" 등이 있다.

최순옥은 이화여자 대학교에서 철학을 전공하였으며, 미국 아이오와 대학교에서 영미인식론으로 철학박사 학위를 받았다. 현재 시립인천 대학교 교수로 재직하고 있다. 논문으로는 "여남 성별에 따른 차등적 자기통제", "단독비행의 즐거움", "여성주의 인식론의 타당성논쟁", "여성주의 미학에 관한 소고" 등이 있다.

허라금은 서강 대학교에서 윤리학으로 박사 학위를 취득하고 현재 이화여자 대학교 여성학과 교수로 재직 중이다. 저서로는 《원칙의 원리에서 여성주의 윤리로》, 《다원주의, 축복인가 재앙인가》 등이 있고, 논문으로는 "의로운 전쟁과 여성", "보살핌 윤리에 기초한 성주류화 정책 패러다임의 모색", "생명공학 기술과 여성", "유교의 예와 여성", "여성주의 관점에서 본 생명", "도덕적 갈등과 다원주의" 등이 있다.

서문

여성주의 철학이란 무엇인가?

여성주의 철학은 1970년대 초반 여성학 운동의 한 부문으로 시작된 학문 영역이다. 다른 영역에서의 여성학과 마찬가지로 여성주의 철학은 학술적 지식의 영역 안에서 여성의 비가시성을 종식하고자 하는 어느 정도 소박하고 작은 목표를 가지고 시작되었다. 20년 전까지만 해도 철학 탐구 속에 여성과 여성의 경험을 더 많이 포함시키고자 하는 프로젝트가 현재와 같이 엄청난 성과물들을 산출해낼 수 있을 것이라고 예견한 사람은 거의 없었다. 이 책에는 그러한 훌륭한 업적들의 일부분만이 수록되어 있으나, 이 업적들은 다양한 철학의 하위 분야에서 철학의 기본 패러다임에 도전하고 변혁하는 일에 기여해 왔다.

여성주의 철학의 시작은 주로 여성들에게 특히 중요한 실천윤리와 정치학적 이슈를 검토하기 위해 기존의 철학적 도구와 기법을 사용하려는 의도에서 출발하였다. 그러나 거기에 머물지 않고 철학의 가장 오래된 이념들, 주요 개념들 그리고 지배적 이론들에 명시적이자 암시적으로 내재되어 있는, 여성을 평가절하 하는 방식을 탐구하는 방향으로 발전해 나갔다. 그러므로 여성주의 철학은 철학에 존재하는 남성 편향을 교정하기 위한 참여적인 개입이라고 정의할 수 있다.

이 개입은 여러 가지 방식으로 나타나고 있다. 여성주의 철학은 철학에서 정전(正典)으로 간주되는 고전에서 배재되고 잊혀진 여성주의 철학자의 작업을 회복시키는 프로젝트를 포함한다. 여성주의 철학은 또한 많은 고전적 철학자들에게서 명백히 드러나고 있는 여성 폄하에 직접적으로 도전한다. 서구 전통에서는 아리스토텔레스, 아퀴나스, 루소, 칸트, 헤겔, 사르트르 등이 그런 철학자들에 포함되는데 이들은 이성을 인간의 본질적 특성으로 간주하는 전통 속에서 여성의 이성능력이 남성과 다를 뿐 아니라 남성보다 열등하다고 주장해 왔던 것이다. 이러한 도전들 외에도 여성주의 철학자들은 가족이나 국가와 같은 남성 중심적 제도와 남성들의 이익을 위해 여성을 도구적으로 보는 도덕과 정치이론들 혹은 그 적용에 대해 이의를 제기해 왔다. 그들이 여성과 관련된 많은 이슈들을 유독 무시해 온 철학의 전통을 바로잡고자 분투해 왔음도 간과할 수 없다. 서구 전통에서 그러한 이슈들은 섹슈얼리티와 가정생활의 이슈를 포함하는데, 일반적으로 정의의 영역에서 벗어난 사적 영역에 속해 있는 것으로 이해되고 있는 것들이다.

여성주의 철학자들은 많은 주류 철학 전통의 특징인 여성에 대한 명시적 주변화와 무시 그리고 폄하에 대해 논박할 뿐 아니라, 보다 미묘하고 암시적인 방식으로 행해지는 것으로 감지되는 여성적인 것에 대한 평가절하를 그 논쟁의 대상으로 삼는다. 이러한 여성주의 프로젝트는 문화/자연, 초월/내재, 보편/특수, 정신/육체, 이성/감정 그리고 공/사 등과 같은 개념적 이분법의 해체를 요구하는 것으로 알려져 왔다. 보다 높게 평가되는 개념을 남성성과 연결시키고, 낮게 평가되는 개념을 여성성과 연결시킴으로써 이 이분법들이 궁극에는 여성의 문화적 가치절하를 현실구조 속에 각인시키는 결과를 가지고 온 데에 그 책임이 있다고 보는 것이다. 마지막으로 어떤 여성주의 철학자들은 비록 전적으로는 아니라 할지라도 철학의 실천으로부터의 일반적인 여성 배제가 남성 특정적 경험과 선입견을 반영하는 관점을 수용하는 결과를 초래했다고 주장한다. 예를 들면 근대 서양철학에서 존중, 자율, 평등, 공평성과 같은 가치를 중심에 놓고자 하는 결단은 인간 본성에 대한 특정한 개념에 기초한 것이라고 지적된다. 즉 개인들로 표상되는 인간 본성 개념들은 본질적으로 타자들과는 분리되고, 충족할 수 없는 욕망을 가지며, 전형적인 이해관계의 갈등 속에 있는 적대적 시장관계를 경험한 남성의 경험을 반영하는 관념에 자리 잡고 있는 것이다.

이 책의 개념

이 책의 목적에 걸맞게, 이 책에서의 여성주의 철학은 특정한 주장들이나 방법론적 실천들을 내세우지 않는다. 여성주의는 분명 여성의 사회적 예속을 반대하는 현실의 윤리적 또는 정치적 실천을 전제하지만, 이 실천이 대부분의 철학적 문제에 대한 분명한 해답을 가지고 온다고 하기에는 애매한 점이 너무 많이 있다. 여성주의라는 용어의 범위에 대한 일반적 설명을 제시하기보다는, 여성주의적인 것이 무엇이며, 또한 철학적인 것이 무엇을 의미하는지를 저자 개개인이 결정하도록 맡겼다. 이를 통해 철학적이고 인간적인 물음에 대해 풍부하고 다양한 이념들과 접근이 이루어졌다고 본다.

이 책에서 우리의 목표는 여성주의 철학이라는 범주 안에 광범위한 작업들이 더욱더 쉽게 그리고 폭넓게 포함될 수 있게 하는 것이었다. 편집자로서 우리들은 우리가 알 수 있는 한, 여성주의 작업이 진행되고 있는 모든 철학적 전통들, 분야들, 접근 방법들을 제시하기 위해 열심히 작업했다. 우리는 서구 철학사와 몇 가지 비서구 전통에 대한 여성주의 연구들을 포함시켰다. 20세기 철학에서 영미와 유럽에 대한 항목들을 포함시켰고, 더 작은 범위이기는 하지만 아시아, 라틴 아메리카, 아프리카 철학에 대한 항목도 포함시켰다.

우리는 이 책에 현재 저술작업이 이루어지고 있는 여성 철학의 모든 주요 기본 하위분야들에 대한 장(chapter)을 포함시키려고 노력했다. 윤리학을 포함하는 몇몇 분야의 경우, 기초적인 하위분야와 관련된 여성주의 철학의 작업이 너무 광범위하기 때문에 그 하위분야 안의 몇 개의 독특한 주제들을 선택했다. 철학에서의 여성주의적 탐구는 많은 부분 철학의 기본 하위분야에 관련되어 있기는 하지만, 여성주의 철학의 독창성은 어떠한 주제들과 경험 양식들을 처음으로 철학적 성찰 안으로 가져왔다는 데에 있다. 예컨대 이 책의 목차에 나와 있는 "몸의 정치학", "언어와 권력" 또는 "레즈비언 윤리학" 등과 같은 주제들은 여성주의 철학의 흥미롭고도 중요한 영역들인데, 그러한 학문은 의심의 여지 없이 독창적이다. 우리는 저자들에게 제한된 지면에서나마 가능한 한 가장 포괄적으로 그들이 맡은 주제에 관한 여성주의 작업을 개관해주기를 요청함과 동시에 권위적인 어조를 피해달라고 부탁했다. 왜냐하면 권위적 어조는 필연적으로 오도되기 마련이기 때문이다. 그 대신 우리는 저자들에게 그들이 가장 중요하다고 생각하는 논제들에 대하여 체계적으로 개관해줄 것을 권장하였다. 또 그 작업에서 그들의 비판적 시각을 발전시켜 주도록 권유하였고, 1인칭 단수를 사용하면서 저자의 독창적 견해를 강조해 달라고 요청하였다. 그 결과로 이 책은 범위에 있어서 다양할 뿐만 아니라 저자의 문체와 결론에 있어서도 다양성을 갖추게 되었다.

물론 이 책의 목차는 완전한 것이 아니다. 편집자가 달랐다면 어떤 분야들을 우리가 했던 것보다 더 강조할 수도 있을 것이며, 혹은 어떤 다른 분야는 강조하지 않거나 배제했을 수도 있다. 당연히 이 책의 독자들 중에는 자기들의 특정한 관심사가 잘 나타나지 않았다고 생각하는 사람들도 분명 있을 것이다. 그럼에도 불구하고 전체적으로 보아 이 책에 나온 논문들은 모두가 지금까지 이루어진 여성주의 철학의 주요 이념들에 대해 매우 흥미롭고 포괄적인 수집과 분석을 제공하고 있다.

전지구적 차원들

다른 많은 학문 분야에서도 그렇듯이 오늘날 학문적인 여성주의 철학을 주도하는 이들의 대다수가 영어권, 특히 미국 저자들이다. 미국 사회의 규모와 부가 엄청난 양의 학문적 저작의 생산과 분배를 가능하게 해주는데, 이것이 세계 다른 지역에 사는 학자들에게 영향을 미치는 것은 자주 일어나는 일이다. 미국 저자들이 자기 자신의 경험을 바탕으로 글을 쓰면서도 그것이 지닌 문화적 특수성을 인지하지 못하는 것 또한 흔히 있는 일이다.

이 책을 기획하면서 우리는 영어로 출판된 책이 갖는 한계 안에서 가능한 최대로 미국 저자들의 주도를 최소화하려고 노력했다. 오늘날 여성주의 철학은 서유럽 국가들 및 캐나다, 뉴질랜드, 오스트레일리아 등에서도 매우 활발하게 연구되고 있기 때문에 그런 나라들에서 여성주의 철학의 다양한 분야별 전문가로 인정받는 사람들에게서도 기고문들을 받았다. 서로 다른 나라 출신의 저자들은 각기 어느 정도 다른 준거점 혹은 전통에 기반해 글을 쓴다. 따라서 서구의 여러 나라들로부터 나오는 여러 목소리를 포함시키는 것은 이 책에 소개되는 아이디어들의 폭을 넓히고 미세한 차이를 더 증폭시켜 준다.

우리는 이 책을 서구인들의 기고에 한정하기를 원하지 않았으므로 아프리카, 아시아, 동유럽 그리고 라틴 아메리카의 여성주의 철학을 묶은 부분을 포함시켰다. 지리적으로 포괄적이고자 하는 이러한 몸짓은 역설적이게도 서구의 여성철학과 우리들의 편집 관행이 여러 측면에서 동반구와 남반구에서 나온 철학적인 사유나 이론적 지식들을 소홀히 하거나 주변화시키고 있음을 분명하게 보여 준다. 이 책이 그 부분을 포함하고 있지 않다면, 오히려 그 부분의 누락을 알아채는 사람은 거의 없을 것이며, 그래서 이 섹션이 제기하고자 하는 배제와 차별적 대우의 이슈를 회피할 수 있었을 것이다. 우리는 이미 시작 전부터 우리의 노력이 충분하지 못하다는 것을 알고 있었지만 그래도 동반구와 남반구에서부터 나온 사유들을 싣기로 결정했고 그것이 불러일으킬 질문들과 비판들에 직면하기로 결정했다.

지리적 구분과 관계없이 몇몇 논문들은 비서구적 관점을 대변하고 있다. 그러나 대부분의 논문들, 즉 "지식", "윤리학", "정치학" 등과 같이 보편주의적으로 들리는 주제에 관한 논문들은 설사 그 발상의 많은 부분이 다른 문화적 맥락과 연관이 있을 때조차도 대개 서구와 미국 저자들의 연구만을 배타적으로 인용한다. 이러한 배타성의 주원인은 "여성주의 철학"이라고 스스로를 규정한 학문적 문헌의 대부분을 북미와 유럽 사람들이 썼기 때문이다. 그러나 오늘날 세계적으로 여성학에 대한 관심은 가장 학문적인 환경 속에서 발전해 왔고, 이러한 발전은 여성주의 철학에서 보다 전문적인 작업이 이루어지도록 촉진시켰다. 우리는 아프리카, 아시아, 동유럽 그리고 라틴 아메리카에서 등장하고 있는 여성철학에 대한 새로운 학문적 관심을 기록하는 최선의 방법은 이러한 지역 각각의 맥락에 익숙한 학자들에게 논문을 청탁하는 것이라고 생각하였다.

우리는 지리적으로 구분한 부분에서 각 저자에게 해당 대륙이나 아대륙(亞大陸)의 여성주의 철학을 개관해주기를 부탁했다. 과제를 이렇게 배당하는 것은 여러 가지 면에서 서구 편향적이다. 첫째는 이 책의 다른 장에 실린 좀더 특정한 주제와 관련된 논문들과는 균형이 맞지 않는 것이다. 둘째는 저자들은 넓은 지역의 다양한 철학적 전통들을 요약하고 이에 대한 여성주의자들의 반향을 설명해야 하는 불가능한 과업에 직면하게 된다. 셋째로 라틴 아메리카를 제외한 그 외의 비서구 지역에서 자신을 여성철학자로 여기는 사람들의 수가 적기 때문에, 이 저자들은 때때로 인정받는 철학적 전통을 참조함으로써 반드시 그 의미가 명확한 것도 아닌 저작들에게서 부득이 하게 자신의 철학적 입장을 구성해내야만 했다. 마지막으로 우리가 이 부분의 저자들에게 부탁한 숙제는 주로 서구 청중을 대상으로 글쓰기를 기대한다는 것이었고, 이는 저자들로 하여금 비서구 독자들에게는 꽤 익숙할지도 모르는 개념들을 설명하고 때로는 이러한 사상들을 서구적 접근과 비교해달라고 요구했다는 것이다.

여기에 내재된 그러한 문제들에도 불구하고 우리는 독자들이 이 부분을 이 책에서 가장 흥미롭게 보리라 생각한다. 안타깝게도 너무나 제한된 지면임에도 불구하고 저자들은 철학적으로 풍요로운 아시아와 아프리카 고대 사상 전통의 여러 측면들과 동시에 동반구와 남반구의 저자들이 발전시킨 마르크스주의, 실존주의, 해석학, 자유주의의 독특한 전통을 보여 주고 있다. 이 부분의 장들은 여성주의적 도전이 서구 사회에서와 마찬가지로 비서구 사회에서도 어쨌든 중요한 의미를 갖는다는 사실을 실증적으로 보여 주면서, 비서구 여성주의 철학이 매우 독특한 문제점들을 제기하며, 매우 독특한 결론들에 도달하고 있음 또한 여실하게 시사하고 있다.

여성주의 철학의 미래

이 책은 여성주의 관점으로부터 수행된 탐구가 현대 철학 연구의 거의 모든 분야와 하위분야에서 중요한 의미를 갖는다는 것을 증명해 보여 주고 있다. 또한 이러한 종류의 탐구의 진척 정도가 영역 별로 차이가 있음도 보여 준다. 윤리학, 사회철학 그리고 정치철학은 서구 여성주의 철학자들이 처음 개입한 영역들이었는데, 그것은 이미 앞에서도 언급한 바와 같이 서구 여성주의 철학이 처음에는 여성들에게 특히 의미있는 이슈들에 기존의 철학적 도구와 기술을 적용하면서 개념화되었기 때문이다. 이러한 프로젝트들이 어려움에 직면하게 되면서 여성주의 철학자들은 그 도구와 기술 자체를 검토하기 시작했고 서구 도덕과 정치철학의 이념들, 개념들, 방법들을 광범위하게 비판적으로 탐구하는 작업을 시작하였다. 오늘날 여성주의 윤리학은 아마도 여성주의 철학 중에서 가장 성숙한 분야라 할 수 있다. 여성주의 생명윤리라는 하위분야는 특히 왕성하게 발전하고 있다. 인식론과 과학철학 역시 여성주의적 탐구가 특히 결실을 많이 맺었고, 최근에 여성학에서 급속한 발전을 경험하고 있는 영역이다. 예술비평과 미학은 인식론과 과학철학 같이 이른바 '보다 딱딱한' 질문이라기보다는 종종 '보다 부드러운' 그리고 더 여성적인 주제로 간주된다. 그럼에도 불구하고 놀라운 것은 이제까지 예술비평과 미학에서 비교적 많은 여성주의적 성과물이 나오지 않았다는 것이다. 즉 미학적 이론 안에 있을 수 있는 남성중심적 편견을 탐구하는 작업이나, 여성의 사회적 위치에 관한 이론화 및 여성주의 철학의 관점에서의 자아와 지식에 관한 이론화가 미학적 탐구에 공헌한 바에 대한 연구가 더 이루어지지 않은 것은 뜻밖의 일이다. 논리학과 언어철학에 있어서도 여성주의적 탐구는 상대적으로 덜 발달한 것으로 보인다.

여성주의 철학적 탐구가 덜 발달한 영역이 있는 것은 일반적으로 그 영역에 대한 철학적 탐구가 상대적으로 아직 새로운 영역이기 때문이다. 정의론은 철학의 역사만큼 오래되었다. 그러나 지구 전체의 모든 구성원들 사이에 있어야 하는 정의에 대한 사유에 의해 제기된 이슈들은 이제 막 명료히 되기 시작하였다. 사회정책의 규범적 차원들에 대한 철학적 성찰 역시 최근에야 발전된 것이다.

여성주의 철학 작업의 몇몇 영역은 여전히 유아기에 있지만, 대부분의 분야는 두 번째 단계를 거쳐 세 번째 단계에 진입할 준비가 되어 있다고 할 수 있을 것이다. 여성주의 철학의 초기 작업은 여성의 종속과 여성 특유의 체험에 관심을 갖는 지점에서 역사적·철학적 학문과 현재의 철학 탐구를 비판적으로 검토해야 한다는 필요성을 확실하게 하는 것이었다. 여성주의 철학자들은 여성, 섹슈얼리티, 가족에 대한 특정한 철학적 주장들 안에 스며들어 있는 남성중심적 편견을 폭로하였으며, 또한 인간, 지식, 이성, 열정에 대한 이해, 그리고 철학의 정전(고전)이 정의하는 방식 속에 들어있는 남성중심적 편견을 폭로하였다. 그들은 묻혀진 여성철학자들을 찾아내어 그들에 대해 글을 썼고, 여성주의자들의 다양한 문제제기가 많은 남성철학자들의 텍스트에 대해 대안적인 해석들을 가능하게 해주었음을 보여 주었다. 여성주의 철학의 첫번째 단계 또는 국면은 일차적으로 기존의 철학 고전에 대한 비판으로 이루어졌다.

처방 또는 치료는 진단에 포함되어 있기 마련이며, 비판은 자연스럽게 재구성으로 이어진다. 여성주의 철학의 두 번째 단계 혹은 국면은 그 이전 단계에서의 비판에 영감을 받아, 특히 여성의 특수한 경험에 대한 철학적 성찰을 통해 새로운 철학적 관점들 또는 이론들을 발전시키는 것으로 이루어졌다. 이 책은 두 번째 단계의 특징을 이루는 윤리학, 정치철학, 인식론 그리고 이 단계에서의 철학적 특성들에 대한 새로운 접근들을 거의 다 포함하고 있다. 이들은 보다 다방면에 걸친 학문분야들에 의미심장한 영향을 미쳤다. 이 이론들과 접근들이 등장한 이후, 여성주의 철학 연구의 많은 부분이 이러한 작업을 가르치고 발전시키는 사람들 사이의 내부적 대화에 시간을 바쳤다. 이들은 전제를 공유하면서 서로를 비판하고, 그러한 논쟁에 기반하여 이론을 만들어내고, 여성철학자들에 의해 세워진 패러다임들 안에서 그 탐구의 미래 향방을 그려보곤 하였다. 이러한 '규범화(Normalization)' 단계에서 다양한 여성주의 철학적 탐구들은 종종 그 각각의 영역 안에서 중요한 문제설정과 핵심 텍스트 그리고 전문 학자들의 공동체를 분명히 하는 가운데 그들 각자의 분야 내부의 하위전문 영역을 등장시켰다.

항상 기존의 확립된 사고방식에 대한 대안을 발전시킨다는 것은 적어도 잠정적으로는 논쟁이 금지된 어떠한 문제제기를 필요로 한다. 이는 과학과 마찬가지로 철학에서도 진리이다. 여성주의 철학자들의 공동체 같은 지식인 공동체는, 어떠한 전제들을 지속적으로 고수함으로써 그 성원들이 자신들의 가정을 끊임없이 방어하고 그들의 기술적 어휘를 설명해야 하는 강압적 부담으로부터 자유로울 수 있는 지적 공간을 제공할 수 있다. 여성 철학 공동체는 그 규모가 작고 그 구성원들 다수가 서로를 개인적으로 잘 알기 때문에 상호의사소통이 형식적이지 않고 신속하다. 어떤 때는 반쯤 만들어진 형태의 이론들이 발표되기도 하고, 어떤 때는 문자 그대로 구성원들이 함께 생각하면서 이론을 발전시키기도 한다. 뿐만 아니라 여성주의 철학 공동체는 그 구성원들이 어떤 철학자들로부터 공격을 받거나 조롱을 당할 때에 서로 지원과 도움을 제공하기도 한다.

비판의 시간은 절대로 지나가 버리지 않았으며, 여성주의가 그 독특한 질문과 관점을 생성해내는 한 여성주의 철학 공동체는 사라지지 않을 것이다. 더구나 여성주의 철학이 성숙해 짐에 따라 '단수의(the)' 여성주의 철학 공동체는 자연히 더 전문화된 하위공동체로 분화되며, 이는 여성주의 철학 발전에 있어서 필요 불가결한 것이기도 하다. 그러나 이제 우리는 여성주의 철학이 충분히 성숙하고 자리를 잘 잡아서 세 번째 단계 또는 국면에 도달했다고 믿는다. 그것은 스스로 여성주의라고 그 정체를 밝히지 않는 철학 작업에 더 직접적으로 관여하는 것이다. 우리는 지금 여성주의 철학이라고 확립된 전통 내부의 작업에 추가하여 여성주의 철학자들이 더욱더 정규적으로 그리고 왕성하게 좀더 폭넓은 철학적 대화에 개입해 들어가는 것이 중요하다고 생각한다.

여성주의 철학에 하나의 고유한 새로운 전통이 등장하기까지, 여성주의 철학자들은 가장자리나 주변부에서 특이한 이야기를 하는 고립된 목소리로 위치지어졌다. 여성주의 철학의 처음 두 단계 혹은 변화를 거치면서 도달한 세련된 수준의 발전이 의미하는 바는 여성주의 학자들이 다른 철학자들과 동등하게 참여할 준비가 되어 있다는 것이다. 우리는 여성주의적 관점에 대해 분명하게 알지 못한 채 작업을 하는 사람들과 여성주의 철학자들이 서로 집중적으로 대화하는 시기를 갖는다는 것은 양쪽 전통 모두에 매우 가치 있는 일이라고 믿는다. 양쪽 전통에 단단히 뿌리내린 가정들은 모두 새로운 도전에 열려 있고, 그 타당성을 시험 받을 것이며, 대안적 관점을 통해 풍요로워질 것이다. 우리는 이 책이 그러한 대화를 자극하고 촉진시킬 것을 기대한다.

앨리슨 M. 재거
아이리스 마리온 영

제7부

예술

34. 미학

코넬리아 크링거(Cornelia Klinger)

'소극적인 죄'

예술과 미학에 여성주의적 접근을 접목하도록 동기를 유발시키는 첫번째이자 가장 중요한 자극이 되는 것은—사회생활의 많은 다른 영역에서의 경우가 그래왔던 것처럼—여성이 각 활동 분야에서 배제되어 왔다는 사실이다. 즉 그것은 여성이 공식적이고 제도적인 교육이나 훈련 그리고 전문 영역에서 적극적으로 활동하고 참여하려는 것에 대한 거부와, 여성이 그녀들에 대한 공식적인 배제가 끝난 이후에도 견디내야만 하는 지속적인 차별과 주변화이다. 여성주의적 접근으로 예술과 미학을 접목하는 데 있어 두 번째 단계는 모든 방해물에도 불구하고 여성이 이룩한 주목할 만한 업적이 눈에 띨 때 도달하게 된다. 그러나 이러한 업적은 너무 자주 간과되고 잊혀지고 부정되거나 상당히 억압되어 왔다. 여성주의가 역사와 과학 등등의 분야에서 여성이 해 온 노력들에 대한 잃어버린 기억을 파내기 시작한 것과 같은 방식 만큼이나, 여성이 항상 그들 앞에 놓인 모든 방해물에 이르러 직면하는 저항의 발견 즉 '훌륭한 여성 양반들'의 (재)발견은 미술사, 문학사, 음악사의 영역에서도 일어난다.

정의와 동등한 참여를 요구하는 평등주의적 여성해방 운동은 1960년대 말 이래로 목소리를 높여왔다. 따라서 문화예술 분야에서 [그에 맞는] 일자리를 훈련시키고 [그것을] 안전하게 확보하는 일에 접근하는 것과 마찬가지로, 또한 예술적 표현에 있어서 성차 간 평등성을 요구하는 것은 다만 논리적인 순서일 따름이다. 잊혀지고 억압되어온 여성의 업적을 발견해냄으로써 그녀들은 예술 분야에서 완전한 시민권을 요구했고, 또 그러한 권리를 가질 만한 가치가 있음을 증명했다. 그러나 이러한 정당하고 자기 설명적인 요구들이 너무나 많은 저항에 부딪힌다는 사실은 그들로 하여금 문제의 심층에 주목하도록 하였다. 그리하여 이것은 예술과 미학에 대한 여성주의적 접근을 접목하는 세 번째 단계의 출현으로 이끌었다.

여성의 배제에 대한 구조적이고 상징적인 배경: 미적 이데올로기의 남성성

'소극적인 죄'를 면밀히 조사해보면, 이는 곧 여성주의 분석이 여성의 배제를 근거지우는 상징적 메커니즘의 발견으로 이끈다는 사실을 우리는 알 수 있다. 즉 [여성주의 분석은] "제도권 예술로부터 여성을 배제하고 있다는 사회학적 사실에 의해서 뿐만이 아니라, 미적 평가에서 사용하는 어휘와 기준에 의해서도 여성의 주변화가 명백히 나타난다고 논의하면서, 의도적으로 보편적이고 초월적인 정전(canon)이 극적이게도 남성적 규범을 대변하고 있다는 점을 여성주의자들은 지적한다"(Felski, 1995, 433면). 예술이 주제로 삼는 것과 철학적 미학이 취하는 개념은 서양철학 전통에서와 똑같은 형이상학적, 보편주의적, 본질주의적 가정들과 밀접하게 연관되어 있다. 이러한 가정들은 남성지배적인 이론을 형성하는 다른 분야들과 관련하여 여성주의 관점에서 볼 때 상당히 의심스럽기 짝이 없다.

헤겔의 이론처럼 다음과 같은 원리를 확신하고 있는 미학 이론에 주목해보자. 즉 "모든 예술의 목적은 물질적 외양과 형태 안에다 정신에 의해 산출된 정체성을 부여하는 것이다. 그것은 우리의 지각과 마음과 상상에 노출된 진리와 영원함과 신성함이다"(Hegel, 1970, 572면). 이러한 원리는 보편적 판단, 즉 일종의 미적 이성을 타고 나는 것과 마찬가지로 지각이나 재현 그리고 취향에 대해 통사적이고 통문화적으로 타당한 기준을 타고 난다는 남성에 대한 개념과 인간 본질에 대한 개념을 전제하고 있는 것이다. 똑같은 방식으로, 서양 전통에서 이성에 대한 능력은 여성에게 부정되어 왔다. 그리하여 인간으로서의 지위에 대한 그녀들의 참여를 주변적이고 불확실하게 하면서, 여성은 또한 이렇듯 특별한 능력인 미적 합리성을 행사할 수 없으며, 미적 판단을 행사할 수도 없는 것으로 여겨져 왔다. 아마도 젠더 중립적인 '인간'이라는 개념이 특별히 남성적인 특성을 지니고 있다는 것은 일반적으로는 '이성적 남성'(man of reason)라는 용어가 맞는 말일 뿐만 아니라, 개별적으로는 미적 판단의 주체라는 것에 대해서도 맞는 말이다.

예술 감상자의 특성들보다 단연코 더 남성적인 것은 예술 생산자의 속성들이다.

천재로서의 예술가에 대한 생각은 주체의 지배와 자율성 그리고 창조성에 대한 믿음의 강화를 내포한다. 결과적으로 이는 전통적인 주체개념에 묶인 남성적 특성들을 드높이며 여성적 특성에 반대를 명료하게 한다. 즉, "만연해 있는 창조성에 대한 남성중심적인 은유와 창조성의 신화는… '여성'과 '예술가'를 상호 배타적인 용어로 정의해왔다.…낭만주의로부터 모더니즘과 포스트모더니즘에 이르기까지 예술가의 모습은 일탈적인 남성성이라는 이상과 밀접하게 일치되어 온 반면, 여성은 기껏해야 재생산과 모방을 할 수 있는 정도로 여겨져 왔다"(Felski, 1995, 432면). 이러한 세 가지 요소들은—즉 예술은 영원한 진리 혹은 그것을 드러내리라는 철학적 기대와, 예술 생산자로서의 천재라는 개념과 예술 수혜자로서 보편적인 미적 판단을 내린다는 개념들— '미적 이데올로기'라 불릴 수 있는 것의 핵심을 형성한다. 많은 여성주의 비평들은 남성주의적 속성이 여성다움을 어떻게 평가절하하고, 지난 20년에 걸쳐 표면에 떠오른 여성들에 대항하여 어떻게 차별하는지를 연구한다.

그러나 참으로 이러한 '미적 이데올로기'에 관한 의문 제기는 여성주의 비평의 관행 외부에서 이미 오래 전에 시작되었다. 무엇보다도, 20세기 초반에 예술 분야가 경험했었고 예술 내부에서는 특히 현대적 관용구로 사용된, 구체적으로 말해, 미적 모더니즘으로 이끌었던 혁명은 미학에서 사용해 온 전통적 개념을 퇴각시키는데 많은 공헌을 했다.

새롭고 혁명적인 예술과 문학이 모양새를 갖추게 되었다. 그것은 지각하는 것과 느끼는 것과 상상하는 것에 대해 새로운 방식을 촉발시켰을 뿐만 아니라, 새로운 사회질서를 위한 길을 닦는 데도 공헌한다. 예술과 문학은 진리와 아름다움에 대한 보편적이고 통사적인 이상으로부터 퇴각하기 시작하고, 시간과 현실에 대해 새롭고도 지금까지와는 다른 관계를 발전시켜 나간다. '아방가르드'(avant-garde)라는 용어에서, 현실과 연계하는 예술 개념과 미래를 선도하는 역할을 수행하는 예술 개념이 합류한다.

미래를 향한 이러한 오리엔테이션과 더불어, 예술가와 예술작품의 사회 정치적 지위와 예술에 대한 인식과 감상자의 지위 등도 마찬가지로 변화한다. 무관심적 쾌(disinterested pleasure)라는 개념은 그 중요성을 잃어버리고, 취향이라는 범주의 규범적인 요소들은 그것의 이데올로기적인 측면을 추적하는 비평을 받는다.

20세기를 거치면서 많은 예술가들은 천재의 신화를 반어적으로, 비판적으로, 풍자적으로 다루며, 예술가에게 속한 신과 같은 창조성이라는 생각을 조종해왔다. 천재숭배를 파괴하는 것은 다양한 모습으로 나타나며, 예술가들이 그들의 직업적인 정체성과 맞붙어 싸우는 데 있어 하나의 중요한 문제가 된다.

그것의 다양한 접근 방법들에 들어 있는 모든 차이점들에도 불구하고 예술적 관행뿐 아니라 미학 이론은 미적 이데올로기를 흔들어 없애는 방향으로 작동했다. 특히 이 세기[20세기] 중반 즈음 분석미학의 발전은 그것의 붕괴에 상당한 기여를 했다. 경험 과학으로 기초지어진 지식에 대한 비본질주의적 개념을 전면에 가져온 이러한 접근은 그리하여 관념주의 철학 전통을 뒤로 남겨두게 되었다. 여전히 좀 더 과격하게는 포스트모던 미학 이론이 고전적 가정들로부터 그 자신 거리를 두기 시작했다.

> 저자나 통제적인 생산자에게 재현[하는 능력]을 부여하기를 거부하면서, 그것은 [미학 이론에서의 포스트모던 경향] 단일하거나 결정적 기원이 있다는 어떤 생각도 배제하는 반향에 대한 반향과 지나온 흔적에 대한 섞어 짜여진 연속물에 의거하여 텍스트를 설명한다.…이것은 창조적이거나 독창적인 기원이라는 개념을 해체할 뿐만 아니라, 텍스트나 예술작품에 속한 미리 주어진 통일성이라는 전제를 문제시한다. 이는 지금에 와서는 다른 요소들의 맥락과 역사 내에서 하나의 단편으로 보여질 뿐이다(Grosz, 1994a, 140면).

예술의 생산 측면에 대해 참된 것은 예술의 수용에 있어서도 타당하다.

> 텍스트들의 개방성이나 비결정성이 의미하는 바는 다음과 같다. 즉 텍스트들이 그것들의(저자적/예술적) 기원과 단일한 창작자의 의도로부터 자유롭게 존중될 뿐만 아니라, 아마도 좀 더 과격하게는 그것들이 또한 어떤 결정적인 수용으로부터도 자유롭다는 것이다. 어떤 특정한 형태를 갖는 수용자들이나 청중은 텍스트나 예술작품의 존재 혹은 '삶' 안에서 해석적인 순간을 단순히 구축한다. 수용한다는 것은 텍스트가 예비적으로 다다른다는 것이다. 이는 항상 잠재적으로 전환될 수 있고,…다음 번 해석이나 사용에서는 항상 잠재적으로 취소될 수 있는 것이기도 하다(Grosz, 1994a, 144면).

그러나, 모든 도전과 해체와 풍자화에도 불구하고, 전통적 미적 이데올로기의 실체적 요소들이 20세기를 거치면서 예술적 관행과 미학 이론에 여전히 존속하고 있다는 점이 간과될 수는 없다. 즉 "무엇보다도 먼저, 예술의 가치가 문화적 차이를 초월하며, 또한 시간을 초월하는 영원한 가치의 원천이라는 점에 대해 거의 의문을 제기하지 않는다"(Brand & Korsmeyer, 1995, 6면). 둘째, 예술의 수용과 관련하여, 유능한 예술 비평의 모든 다른 전통적 속성들과 마찬가지로 미적 판단에 대한 생각이 널리 퍼져 있다. 셋째, 부르주아적 생활 양식 규범에 대한 예외로 여겨져 온 예술가의 이미지는 거의 변하지 않았다. 그가 천재로서 인식되지는 않을지라도, 그는 적어도 '다른' 현실을 꿈꾸는 몽상가로 그리고 존경받고 특권을 부여받은 이방인으로 보인다. 그리고 분석이론처럼, 관념적인 미적 이데올로기의 전통으로부터 그들 자신을 분명하게 멀리 위치시키고 있는 그러한 미학 이론조차도 우리가 처음에 기대했던 것보다도 훨씬 더 밀접하게 전통이론과 묶인 채 남아 있다. 즉, "분석미학이 낭만적 본질주의와 표현주의에 도전함으로써 발전했다면, 그것은 예술작품의 독특함과 쓸데없음과 자율성과 같은 낭만적 교의를 모두 한꺼번에 제거하지는 못했다"(Shusterman, 1989, 5면).

20세기 미학 이론과 관행이 고전적 관념주의 미학을 전복시키는 과정을 어떤 수단으로도 완성하지 못하는 한, 미적 이데올로기에 남성주의적 특성이 여전히 남아 있다는 점은 그다지 놀라운 일이 아니다. 오늘날 예술과 문학 활동에 지속적으로 스며들어 있는 남성주의는 진부한 미적 이데올로기의 잔여분에 대한 현대 예술과 미학의 불완전한 승리를 나타내는 지표로서 읽힐 수 있다. 그리고 미적 이데올로기에 대한 여성주의 비평이 다른 비평적 관점들과 많은 유사성을 보여주지만, 후기 고전적 예술 형식이나 이론 중 어느 것도 미적 전통의 남성주의적 가정을 뒤흔드는 데 기여하지 못했다. 또한 그것들 중 어느 것도 미적 이데올로기를 비평하는 데 있어 여성주의적 접근이 기여한 바를 인정하지도 않는다.

반면에 미적 이데올로기에 반대하여 그들의 주장을 선언했음에도 불구하고, 20세기 초 무렵 미적 아방가르드는 극단적인 남성주의로 악명이 높다. 그것은 미적 이데올로기에 내재해 있는 남성적인 것의 특권을 깨지도 않았고, 여성적인 것의 배제를 깨지도 않았다. 사실상 그것은 의미심장하게도 양쪽 모두를 강화했다. 이러한 경향은, 예를 들어 말하자면, 아름다움과 숭고함이라는 미학의 핵심 범주 안에서 추적될 수 있다. 전통적으로 예술과 미학의 첫 번째이자 가장 중요한 원리로 간주되었던 아름다움이라는 범주는 항상 여성다움과 밀접하게 연결되어 있다. 그러나 오랜 세월 동안 아름다움이라는 범주는 미학을 기초짓는 원리로서 쇠퇴하기 시작했다. 그것은 진지한 예술과 예술이론 영역으로부터 점점 내쫓게 되었고, 광고와 디자인 영역으로 추방되었다. 아름다움이 완전히 실추된 반면, 한때는 주변적인 범주였던 숭고함은 20세기를 경험하면서 미적 이론과 관행에서 두각을 나타내기 시작했다. 그리고 숭고함이라는 범주는 명백하게 남성적인 함축을 갖고서 20세기로 전해진다. 예를 들어, 추상 표현주의자인 바넷 뉴만(Barnett Newman)의 작품에서 우리는 숭고함이라는 남성적 속성이 명백하게 하나도 사라지지 않은 채 남아 있다는 것을 확인할 수 있다.

숭고함의 독특한 남성주의와 더불어 숭고함이라는 범주에 특권을 부여하면서, 이 시점에서 어떤 실마리가 아방가르드로부터 지금 현재의 포스트모던 이론에 이르기까지 추적될 수 있다는 것이 명확하다. 포스트모더니즘이라는 개념을 사용하기 시작했고 정립시켰다는 점에서 명성을 얻은 장-프랑수아 리오타르(Jean-Francois Lyotard)는 숭고함에 대한 그의 각별한 관심 때문에(Lyotard, 1989) 명백하게도 모더니스트 미학이라는 혹은 좀 더 세분하여 아방가르드 미학이라는 영역으로 분류되어 남는다는 점은 풍자적이지 않을 수 없다. 아방가르드라는 개념이 많은 방면에서 무너져 버렸지만, 리오타르와 같은 포스트모던 이론가는 확고하게 아방가르드에 대한 그의 신념을 특히 그것의 남성적인 측면에 대한 신념을 피력한다.

아방가르드에 대한 리오타르의 포스트모던적인 맹세보다 한층 더 과격한 것은 독일 철학자 볼프강 벨쉬(Wolfgang Welsch)의 맹세이다. 즉 "포스트모더니즘과 '견고한' 모더니즘의 조화는 여전히 오늘날에도 놀랍게 보인다. 그러나 내일은 이것이 자명하게 될 것이다"(Welsch, 1987, 201면). 그러나 포스트모던과 아방가르드 간 유사성과 그것들을 연결하는 고리로서 작용하는 확고하고 '견고한' 남성주의가 주목받지 못한 채, 그리고 비판되지 않은 채 그대로 남아 있는 것은 아니다(Tagg, 1989, 3면).

일반적으로 젠더 위계 질서의 상징적 영역에 대한 그리고 개별적으로 미적 이론과 관행에서 작품의 남성주의적 요소들에 대한 정교하고도 강도 높은 분석은 여성을 예술과 문학 분야에 곧바로 편입시킬 수 있으리라는 초기 희망이 얼마나 순진했었는지를 보여준다. 미적 이데올로기가 여성주의 비평을 과격하게 받을수록 예술 내에서 여성에 반대하는 차별과 여성의 배제를 손쉽게 와해시킬 수 있는 가능성은 더욱 멀어지게 된다. 그리고 "구조적, 주관적 직관상의 이유 때문에 나의 성차를 정교하게 대화로 풀어내는 것이 불가능하다는"(Irigaray, 1985, 149면) 사실을 여성들이 인식하면 할수록, 남성 상징적 질서로부터 완전히 독립하여 배타적으로 여성의 형상을 표현하는 연구에 더욱 박차를 가하게 된다.

미적 전통에 나타난 남성의 편견과 남성적 속성에 대한 여성주의적 통찰로부터 불가피하게도 '여성적(feminine) 미학'에 대한 탐구와 그것에 대한 반론이 제기된다.

피할 수 없는 결론: '여성적 미학'은 존재하는가?

예술과 예술 제도권에 대한 여성주의 비평의 결과로서 발생하게 되는 다음 단계는 여성주의적 접근이 다른 분야를 받아들이면서 발전하는 것과 일치한다. 여성적 미학, 여성적 예술, 여성적 글쓰기에 관한 물음은 여성적 윤리학, 여성적 인식론, 여성적 과학 등등에 관한 물음과 상응한다. 이러한 물음들은 평등주의나 '인본주의' 여성주의로부터 1970년대에 발생한 여성중심적(gynocentric) 방향으로 전환하는 과정 안에서 일어난다. 이러한 후자의 관점에서 존재론적으로 근거지어진 성차의 이원성에 대한 생각은 성차와 그것의 차이를 넘어서는 탈젠더적이고 보편적인 인간성에 대한 시각을 제압한다.

예술과 문학에서 '여성적 미학'이 과연 존재하는가라는 물음에 대한 긍정적인 답변은 상호 간 현저하게 다르다. 리타 펠스키(Rita Felski)는 여성중심적 미학이나 여성적 미학이 취하는 두 방향을 차별화시킨다:

첫째, 예를 들어 크리스틴 배터스비(Christine Battersby)에 의해 발전된(Battersby, 1989) 천재와 정전의 여성적 개념에 대한 반명제이다.

둘째, 여성주의적 통속주의라는 한 유형에 의하면, "예술적 가치에 대해 호소하는 어떤 것이라도 그것은 엘리트주의와 가부장제적 세계관의 징후로서 읽혀진다" (Felski, 1995, 434면).

전자의 접근이 여성의 예술적이고 문학적인 행위를 이론화하는 데 있어 미적 이데올로기의 규범을 적용하기 위해 여성적/여성주의적 관점으로부터 미적 이데올로기의 규범을 재구성하고자 노력하는 반면, 후자는 미적 이데올로기를 과감하게 거부하고자 노력한다.

폐기된 문제들의 목록은 다음과 같다. 그것은 미적 '무관심'을 규정짓는 것, 다양한 예술 형태들 간을 구분하는 것 즉 공예와 예술, 고급예술과 대중예술, 실용예술과 장식예술 그리고 숭고함과 아름다움 간의 차이와 독창성 등이다. 그리고 미적 경험의 감성적인 속성 대 인지적 속성과 관련된 수많은 수수께끼들이다(Hein, 1995, 455면).

실제로 아방가르드와 미적 모더니즘에 의해 일찍이 선보인 미적 이데올로기에 반대하는 모든 비판적 논쟁들은 여성주의 관점에서 재구성되었다. 이 논쟁은 예술이 진리이거나 진리를 드러낸다는 보편주의적 기대에 초점을 맞추었고, 천재에 대한 숭배와 무관심한(숭고한) 관객의 지위와 고상한 취향이라는 개념과, '삶'과 자연으로부터 예술을 분리하는 것과, 심미적인 것과 실용이라는 영역으로부터 거리를 유지하는 기준에 의거한 미적 범주의 위계 질서를 지속하는 것 등등에 초점을 맞추었다. 이러한 비판적 경향에 더하여, 여성의 본성과 본질로부터, 그리고/혹은 여성의 특수한 역사적, 문화적, 사회적 경험으로부터 긍정적이고 대안적인 미적 범주를 산출하려는 노력이 이루어졌다. 즉 "여성 예술 혹은 여성적 감수성과 같은 것이 식별될 수 있다는 열정이 높이 솟아났다"(Brand & Korsmeyer, 1995, 11면). 모든 측면에서 여성다움으로부터 유래된 미적 범주가 전통적으로 남성에게 기원을 둔 미적 이데올로기를 전복시킨다는 점은 말할 것도 없다.

'여성적 미학' 개념에 대한 비판

여성주의적 본질주의가 1980년대 후반 이래로 탈식민적이며 해체적인 관점으로부터 비판적인 정밀 조사를 받아온 것처럼, '여성적 미학'에 대한 생각도 또한 다양한 비평을 받아왔다. 논쟁들 대부분은 존재론적으로 근거지어진 그리하여 규범적인 용어인 '여성적'이라는 보편주의에 무게 중심을 둔다. 많은 비평가들은 여성중심적 여성주의자들에 의해서 여성적이라고 언급되는 속성들이 다만 전통적-남성적인-상투성을 재생산한다는 점을 지적한다. 여성적 미학에게 역사적 근거 즉 선사시대 모계사회에서 자주 탐지되는 기원을 제공하려는 노력은 급진적 변형을 향하기보다는 허구적 과거를 향하는 것으로 보인다. 그리고 몸에 근거를 두어 여성을 정의하려는 것은 여성과 자연을 동일시하고, 그리하여 여성을 자연으로 환원하는 것이다. 이러한 관점으로부터 연역된 여성적 정체성의 원형적 속성들은 여성적 미학을 몇 가지 몸적이고 몸과 같은 요소들에 근거하게끔 한다[주디 시카고(Judy Chicago)와 미리암 샤피로(Miriam Schapiro, 1973)의 의도적으로 파격적인 언어인 '성기예술'(cunt art)]. 많은 비평가들은 "콸콸 흐르는 양수와 흥얼거리는 자장가와 근본적으로 자비로운 뜨개질 문양들과 같은 것을 결과하는 자궁-예술(uterus-art)처럼 여성의 자연적 잠재력이라는 낡아빠진 신화에 의존하게 하는 여성 예술이라는 이미지"에 반대한다(Sichtermann, 1987, 68면). 이러한 적대시는 여성주의자들과 여성주의 비평가들로부터만이 아니라—그리고 특별히—여성 예술가들, 작가들, 작곡가들로부터 표명되었다. 대부분이 아니라면 그들 중 많은 사람들은 그들 자신이 '여성적 미학'으로 제한되거나 그것과 동일시되는 것을 거부해왔다.

사실상 여성의 미적 생산은 아주 다양하며, 여성들은 자신들에게 부과된 여성다움에 대한 공통된 이해라기보다는 예술가들이 사회화되고 정체성을 부여받는 전통과 학파와 경향 그리고 관습에 따른다. 과거 수년 동안 자주 정교화되어 온 반론은 ―'여성적' 세계관과 사유라는 개념을 기초지우는 여성주의적 본질주의는 여성 경험의 전 영역을 정당하게 다룰 수 없다―또한 미학 영역 안에서도 두드러진다.

'여성적 미학'의 두 관점은 모두 공격을 받는다. 한편으로, 여성주의 관점으로부터 전통적 미학 이데올로기의 가치와 범주와 특수한 개념들을 재구성하려는 그러한 노력은 거부된다. 비평가들은 그러한 노력이 새로운 규칙 아래서 낡은 입장과 그것들의 문제점들을 단순히 반복할 뿐이라고 논증한다. 남성적 창조성과 남성 천재 대신 여성적 창조성이나 여성 천재라는 개념으로 대치하는 데 있어, 일자(the One)와 타자(the Other)라는 이분법은 그대로 재생산된다. 그리하여 우리는 정확히 우리가 비판하고 버려야만 하는 구조에 다시 희생당하게 된다. 즉, "여성이 분파적인 여성의 대화, 여성 예술, 여성주의 미학이라는 개념을 모두 감싸안는다는 제안은…유지할 수 없는 것이다. 그것은 여성과 여성이 하는 일들을 타자로 치부하는 대립적 이분법을 단순히 뒤집고, 그리하여 고착시킬 뿐이다"(Waugh, 1995, 412면). 다른 한편, 미적 이데올로기의 모든 요소들을 완전히 거부하는 '여성적 미학'의 급진적 '통속주의' 관점은 이러한 유산에 여전히 명백하게 혹은 함축적으로 의지하고 있는 제도화된 예술과 문학의 많은 관습들과 부딪히게 된다. 그러므로 여성의 편에 서서 이러한 유산으로부터 과감하게 이별하는 것은 예술이라는 영역에서 여성들의 자기-주변화라는 문제를 내포한다. 미적 이데올로기의 잔여분이 예술과 문화의 제도권과 시장과 경영을 계속 지배하는 한, 이에 대해 과감히 거부하는 태도는 여성을 배제하고 고립시키는 현재의 경향을 단순히 강화할 뿐이다.

이러한 이유와 또한 다른 이유들로 인해, 여성 예술가들과 비평가들 대부분은 다음과 같은 결론에 도달하게 되었다. 즉 "단일하고 총체적인 여성주의 미학 이론은 없으며, 아무 것도 찾아지지 않는다"(Hein, 1995, 455면).

역사적 관점에서 본 '여성적 미학'

몇몇 산발적인 반대 목소리에도 불구하고, 1990년대에 우리는 여성주의 미학을 넘어서(Felski, 1989) 혹은 오히려 여성적 미학을 넘어서고 있는 우리 자신을 발견한다. 달리 말하면 여성주의에서 본질주의적 사유방식이 확실히 시대에 뒤떨어진 지점에 도달한 것이다. 그러나 동시에 우리는 이 지점에서 '여성적 미학'에 대한 비판을 충분히 넘어섰고, 여성중심적 본질주의 입장으로부터 우리를 분리시키는 간격을 유지하면서 이러한 복잡한 전체적 상황을 새롭게 볼 자유를 발견할 수 있다.

첫째, 여성중심적 이론가들과 예술가들과 작가들에 의해 목소리 높여진 여성들의 글쓰기와 생각과 창조성에 대한 모든 논제가 지구 상에 있는 모든 문화와 역사상 모든 시기를 망라하여 현실에 뿌리박고 있는 모든 여성에 대해 진실을 서술하는 명제로서 취해지지는 않는다. 어떤 측면에서 본질주의 입장은 처음에 얼핏 보는 것보다 실제로는 훨씬 더 도발적이고 논쟁적이고 수사학적으로 좀 더 고의적으로 의도된 것이다. 둘째, 우리는 그러한 도발이 실질적으로 진짜 결과물들을 생산했다는 것을 기억해야만 한다.

> 범주적인 여성예술에 대한 생각은 철학적으로 의심스러운 반면, 역사적 측면에서 볼 때 그것은 여성주의 예술 운동을 위해 가치있고 창조적인 원리였다. 여성예술에 대한 생각이 자격을 부여받을 만한 신화였는지는 모르겠지만, 이는 운동의 초기 단계에서 예술적 영감의 원천으로서 여성 본질주의—여성 범주라는 단일한 실재에 대한 믿음—라는 형태에 의지했다(Broude & Garrard, 1994, 28면).

의심할 여지없이 잘못 인도되어 왔던 혹은 잘못 인도된 보편적인 여성적 본질이라는 정통한 표현은 사실상 특정한 기간 동안 사회 정치적 운동을 대변하는 미적이고 이론적인 표현으로서 확실한 의미와 중요성을 간직했다. 그 표현의 역사적이고 개념적인 한계가 이러한 범위 내에서 그것이 가졌던 가치와 효과에 대해 우리를 맹목적이게 만들지는 못한다. 마지막으로 우리는 성차적/젠더적 차이에 대한 본질주의의 강조를 잊어서는 안 된다. 이는 의심의 여지없이 여성주의의 발전에 있어 선행하는 단계에 위치한 소박한 평등주의에 비유된 특정한 과정을 의미했던 것이다. 그것은 마치 성차들 간 비대칭적인 상징적 메커니즘에 대한 보다 더 깊은 이해에 근거되어 있었던 것 같다. 1970년대 평등주의 입장의 대표자들이 "오로지 미적 자유를 위해 싸울 가치가 있는 것은 동등한 일을 할 자유와도 같다"(Broude & Garrard의 Mainardi, 1994, 23면)는 주장을 확신하고 있었던 반면, 차이를 옹호하는 입장의 사람들은 단지 법적, 사회적, 정치적, 경제적 방해물들이 젠더관계에 있어 정의를 가로막는 것은 아니라는 점을 인지했다. 특정한 문제의 철학적이고 상징적인 차원이 논쟁거리로 주목받게 된 것은 차이에 대한 여성중심적 관점으로부터이다. 우리가 이러한 방식으로 본질주의를 바라볼 때, 우리는 사회적 상징적 질서를 조정해 나가는 과정에 있어 젠더축(gender axis)을 발견할 것을 목표로 하여 나가는 선상에서 생동감 있게 움직이는 중간 단계로서 본질주의를 간주할 수 있을 것이다.

여성적이라는 개념으로부터 이탈한 이후의 여성주의 미학

여성주의 미학은 어떻게 정의될 수 있는가. 예술과 미학이 여성주의와 만나서 만들어내는 관점, 주제, 과제, 목표는 과연 무엇인가? 여성적 관점으로부터 숭고함과 창조성과 천재와 같은 미적 범주를 충분히 재고하지 않거나, 절대적인 여성적 타자성이라는 이름 하에 미적 이데올로기에 과감하게 도전하거나 거부하지도 않은 사실과 부닥친 후에야 이러한 질문들은 새로운 의미와 중요성을 획득한다.

1980년대 이후 미학에 있어 특별히 여성적인 것에 대한 탐구로부터 현존하는 젠더 구조의 다양한 미적 측면들에 대한 분석으로 그것의 강조점이 이동되었다. 이러한 과제는 후기구조주의 이론이 지배적인 시기에 그 맥락 안에서 형성되었다. 여기서 핵심이 되는 가정은 모든 측면에서 현실이란 복합적인 역사적 문화적 과정에 의해 생성된 결과물이라는 개념이다. 이러한 관점으로부터 모든 사회적 관계는 탈자연화된다. 가족과 같은 가장 명백하게도 '자연적'인 생활양식조차도 혹은 성차와 세대 간 관계가 조직화되는 방식에 있어서도, 그리고 인간의 몸, 성, 성차조차도 사회에 의해 만들어진 구성물들이라는 인식이 커지고 있다. 이러한 새로운 인식의 결과로서 특별한 규칙과 메커니즘에 대해 비판적으로 주목하게 되고, 이것들에 따라서 이러한 구성물이 기능하게 된다. "의미란 사물의 본성에 주어지거나 내재해 있는 것이 아니다. 의미는 기호에 의해 만들어진 결과물이다"(Pollock, 1992, 27면)라는 중요한 통찰을 우리는 기호학으로부터 얻는다. 우선, 이 명제는 언어적 기호에 의한 의미의 생산을 지칭한다. 그러나 그것은 사실상 일반적으로 미적 기호 생산의 영역으로 확장될 수 있고 또한 확장되어야만 한다. 상징적 생산의 전체 영역이 여성주의적 관심을 받을 때만 우리는 젠더와 성차의 구성에 대한 철저한 이해에 도달할 것이다.

이러한 반성은 예술과 문학 개념들 내부에서의 변화와 일치한다. 즉 이와 같은 반성은 주어진 현실 세계를 그대로 묘사할 뿐만 아니라, 그 세계를 구성하는 데 있어 능동적인 역할을 수행한다. 달리 말하면, 그것은 지각의 도식과 형태를 제공함으로써 모든 측면에서 현실을 창조하는 것을 돕는다. 이것은 미학과 정치학 사이에 놓여 있는 이원적 입장과 더불어, 재현론과 개념에 대한 최근의 괄목할 만하게 성장하고 있는 관심을 근거지우는 원인이기도 하다. 즉 "재현, 이데올로기와 주체 간의 관계에 대한 이러한 연구는 여성주의자들과 여성주의 예술가들을 위해 상당히 생산적이라는 점을 증명한다"(Iversen, 1991, 86면).

재현의 메커니즘, 언어적 기호와 미적 기호의 생산은 일반적으로 사회제도를 구성하는 데 중요한 역할을 한다. 그러나 그것들은 젠더와 성차의 사회적 질서화에 특별히 중요한 영향력을 행사한다. 젠더 정체성과 젠더 차이와 젠더 위계 질서 안에서 미적 범주가 중심적 역할을 한다는 것은 정당하다. 성차/젠더 차이는 가시적인-비가시적인 것과 같은 이원론에서 혹은 '시선의 힘'이나 '남성의 시선'과 같은 시선의 범주에서 그 표현을 발견한다. 성차와 젠더 차이는 미학의 언어로 번역되기도 한다. 예를 들어, 한편으로는 남성성과 숭고함/존엄성을 동일시하는 것과, 다른 한편으로 여성성과 아름다움/매력을 동일시하는 것이다. 숭고함과 남성성의 동일화와 존엄성과 남성성의 동일화가 상대적으로 느슨한 반면, 여성적 동일화에 대한 미적 범주화는 확고하게 고정되어 있다. 아름다움의 여성적 함축은 일반적으로 '공정한 성차'(fair sex)를 미적 성차로 만들고 그리하여 확실하게 여성을 남성 통제로 종속시킨다.

성차/젠더 구조에 대한 미적 측면의 분석과 비평은 오늘날 여성주의 미학에 의한 연구의 가장 중요하고 진정한 대상으로 보일 수 있다. 그러나 성차/젠더 구조의 미적 구성원들에 대한 분석이 이론 내에서 그리고 이론을 통하여 발생할 뿐만 아니라, 그것은 또한 여성이 생산해내는 예술 내에서도 발생한다. 신디 셔만(Cindy Sherman)과 바바라 크루거(Barbara Kruger)의 작업은 자주 이러한 형태를 띤 비평의 예들로 인용된다. 즉 "그러한 예술의 생산은 곧 이론적이고 논쟁적인 행위이며, 사회적으로 만들어진 젠더 구조 안에서의 문자 그대로 하자면 훼방인 셈이다. 그것은 젠더 구조에 주목할 것을 요청하고, 그 구조를 자세히 보여주며 지적으로 보이게도 한다"(Hein, 1995, 452면).

이러한 의미에서 여성주의 미학과 그것이 영감을 주는 예술은 정치적이다. 이것은 이미 여성주의 미학의 역사적 발전이 여성운동과 여성주의 내에서 다양한 발전 단계와 밀접하게 관계하고 있다는 사실에서 명백하다. 여성주의 미학과 예술의 정치적 속성은 20세기 초반부에 아방가르드에 의해 형성된 예술과 문학에 개입된 개념과는 실질적으로 다르다. 대부분의 경우 여성주의 비평가와 예술가들은 보편적 해방이라는 미래적 유토피아에 대한 아방가르드의 신조에 동조하지 않거나, 예술이 해방된 사회의 선구자이며 개척자라는 신념에도 동조하지 않는다. 여성주의 미학의 대표자들은 롤랑 바르트(Roland Barthes)의 후기 아방가르드 입장에 좀 더 가까운 경향이 있는 듯하다. 즉 "문학에서 자유의 힘이란 시민으로서의 작가의 모습에 의존하는 것도 아니고, 그의 정치적 성향에도 의존하지 않으며…그의 작품세계의 교조적 내용에도 의존하지 않는다. 그러나 오히려 그가 언어에 부과하여 가져 오는 치환(displacement)을 수행하는 작업에 의존한다"(Barthes, 1982, 462면). 그러나 1990년대 말경 의식을 변화시키기 위한 그러한 미적 치환의 가능성은 훨씬 더 회의적인 것으로 여겨졌다. 오늘날 예술의 형식적 미적 성장은 더 이상 사회적이거나 정치적인 의미에서 진보해 가는 것과 동일하지 않다. 영원한 일탈은 그러한 믿음 때문에 미학의 영역에 너무도 충분히 통합되었다. 예술과 미학이 의식의 개인적이며 사회적인 변화를 위한 바탕으로서의 역할을 수행할 수 있다는 점은 지금 그 어느 때보다도 더 의문시되어 나타난다.

달리 말하면, 여성주의 미학의 정치적 속성은 보다 나은 미래를 위한 희망을 제시하는 측면에서는 덜 발전하고 있으며, 오히려 오늘날 여전히 만연해 있고 오랜 전통으로부터 유래한 성차/젠더 구조에 대한 분석과 비평과 더불어 발전하고 있다. 그러나 여성주의 미학이 그것의 옹호자들에게 특정한 미학이나 정치적 프로그램을 따르도록 한다고 믿는 것은 오해이다. 예술의 모든 생산자와 수용자가 그것의 성차/젠더 구조를 분석하고 비평하기 위해 그들의 임무를 수행하리라고는 기대되어지지 않는다. 대신 여성주의 미학이 기여할 수 있는 부분은 여성에게 그들의 역사적, 문화적, 사회적 조건들에 대한 비판적 반성의 기초 위에서 그들 자신의 새로운 예술적 과제들을 시작하기 위한 가능성을 허용하는 것이다.

(최순옥 역)

35. 영화 이론

신시아 프리랜드(Cynthia Freeland)

여성주의 영화 철학은 급속하게 성장하고 있는 새로운 분야이지만 철학 내에서는 독립적인 분과가 아직 전혀 없다. 여성주의 철학자들이 쓴 영화에 관한 논문들은 단지 1980년대 후반과 1990년대에 영어로 쓰여진 미학 논문집이나 선집들에 나타나기 시작했다. 더 일반적으로 미학과 마찬가지로 영화 연구들에서 학문 분과의 경계들은 유동적이다. 많은 분야들—문학, 예술, 신문 방송학, 문화 연구—에서 활동하는 저자들은 철학적 쟁점들을 다루고 철학적 이론을 끌어와서 영화에 대해 결정적인 기여를 했다. 영화 이론의 일반적 분야에서 논의된 많은 질문들은 철학적인 것들이며, 이것들 중에는 여성주의 철학과 미학과 관련하여 중요한 주제들이 있다. 즉 영화는 예술인가? 그리고 만약 그렇다면 왜 그런가? 무엇이 영화의 본질인가? 어떻게 영화가 주체성을 묘사하는가? 영화에 대한 우리의 감정적 반응들과 관심의 본성은 무엇인가? 어떻게 영화의 사진적 본성이 세계에 관한 사실주의적 재현들이나 또는 다른 형태들의 재현들을 구성하는데 사용되는가? 할리우드 생산 체제와 대중 문화 산업의 영상 이미지들의 유통에 이데올로기가 어떻게 작동하는가? '여성주의 영화 철학' 이라는 표식이나 관행을 전문 철학자들에게 제한하는 것은 어려운 일일 뿐만 아니라 독단적이고 오해를 불러일으킬 수 있을 것이다. 그렇다면 이러한 주제에 접근하기 위해서는 여성주의 영화 철학은 여성주의 영화 이론과 영화 이론 전체나 영화에 관한 철학적 저술 및 여성주의 미학을 포함한 다른 분야들과 관련하여 자리매김하는 것이 가장 좋다. 여성주의 영화 철학은 다양한 관심들을 가진 철학자들이 영화에 관심을 돌림에 따라 급속하게 확장되고 있다. 1990년대 중반에 두 개의 영화 관련 선집들에 철학자들이 쓴 여성주의 논문들(Freeland & Wartenberg 1995 ; Bordwell & Carroll, 1996)은 잡지 《영화와 철학》(*Film and Philosophy*) 창간호의 등장과 더불어 이 분야가 급속하게 성장하고 변화하는 시기가 오고 있음을 알려 준다. 나는 가능한 새로운 성장의 방향들과 결론에서 광범위하게 고찰된 여성주의 철학과의 연관들을 논의할 것이다.

여성주의 영화 이론

여성주의 영화 이론은 최근 이론에 해당하며 1970년대로 거슬러 올라간다. 그러나 그것은 이제 거대하고 복잡한 분야가 되었다(개괄과 관련해서는 Erens, 1990). 여성운동 초창기에 비평가들은 여성들이 어떻게 영화에 묘사되는지를 검토하는 연구들에서 영화 속의 '여성들의 이미지들'—예를 들어 어머니들이든지 또는 매춘부들이든—에 초점을 두었다(Haskell, 1974). 그러나 이러한 접근은 로라 멀비(Laura Mulvey)의 논문 "시각적 쾌락과 서사적 시네마(Visual pleasure and narrative cinema)"가 출간된 후로는 쇠퇴하였다(Mulvey, 1975). 이 논문에서 멀비는 전통적 할리우드의 서사적 시네마에서 시각적 쾌락의 젠더화된 본성을 설명하기 위해 라캉의 정신분석과 기호학을 사용하였다. 간략히 그녀는 전통적 시네마가 관음증과 페티쉬즘의 무의식적 과정이라는 용어에 의해 설명될 수 있는 시각적 쾌락을 얻는 남성 관객을 전제한다고 논했다. 여성의 몸은 남성 관객의 강렬한 시선 앞에 '의미의 창조자가 아닌 담지자'로서 드러나게 된다. 히치콕의 《현기증》(*Vertigo*)과 같은 영화에서 여성의 몸은 페티쉬화되고 카메라와 관객의 눈앞에서 아름답고 완벽한 것으로 전시된다. 그러나 이러한 페티쉬화된 이미지는 연속적으로 그것이 숨기고 있는 것, 즉 여성의 거세된 몸을 드러내고 폭로하도록 위협받는다. 이러한 거세의 위협을 극복하기 위해 관객은 시각적 쾌락으로부터 서사(the narrative)로 해결해 나가는 남자 주인공과의 지적인 동일화(intellectual idenfication)로 이동해야 한다. 그래서 그는 대리로 여성을 '소유하며' 남성성과 능동성, 여성성과 수동성 간의 연관관계를 강화시킨다.

멀비의 논문은 놀라우리만큼 영향력이 컸다. 그것은 여성주의 영화 이론 내에서뿐만 아니라 더 일반적으로 텔레비전, 그림, 사진, 광고에 대한 논의에서도 여러 번 재발간되어 빈번하게 인용되었다. 그것은 더 많은 연구를 위한 통로로 제시되었을 뿐만 아니라 어떤 분명한 문제들을 제기했다. 그리하여 즉각 아주 다양한 더 많은 논문들과 책들이 나오도록 하였다. 이 논문은 특정 영화 감독들(Sirk, Hitchcock,

Fassbinder)과 장르들(공포영화, 포르노그래피, 멜로드라마)로부터 기본적인 프레임 작업과 그것의 문제들, 즉 남성의 매저키즘과 여성에 관한 시각적 쾌락이나, 인종과 계급의 차이나 또는 여성관객들의 성적 취향 등 명백하게 설명할 수 없는 것과 같은 문제들에 관한 비판들에까지 관심이 확장되어 있다(Erens, 1990). 그 논문은 많이 비판받았으며 그녀 스스로 수정했음(Mulvey, 1990)에도 불구하고, 어떠한 방식으로는 멀비가 시도한 논의와 분석에 대한 기본적인 범주들의 틀짜기는 그 분야에 지배적인 방법으로 남았다. 왜냐하면 많은 영화 이론가들이 여전히 여성주의 영화 이론의 주요 작업이 시각적 쾌락과 관련하여 젠더의 측면들을 설명하는 것이라는 견해를 공유하였기 때문이다. 최근의 주요 저작들은 계속하여 정신분석적 틀짜기를 주장하고 있다. 예를 들어 카자 실버만(Kaja Silverman)의 《주변부에서의 남성 주체성》(*Male Subjectivity at the Margins*)은 "이 책이 제안할 실제적인 모든 형식화(formulation)를 위한 출발점은 존재의 결여가 주체성의 환원불가능한 조건이라는 가정이다"(Silverman, 1992, 4면)라는 주장과 함께 시작한다. 1990년과 같이 최근 들어 여성주의 영화 잡지인 《카메라 옵스큐라》(*Camera Obscura*)는 '스펙타트릭스'(spectatrix)를 고찰하는데 발생하는 이중적인 문제에 전념하고 있다.

멀비 논문에 대한 철학적 기초와 그것이 나온 전통은 알튀세의 맑시즘, 기호학, 라캉의 정신분석학 이론(자아, 상징적 재현, 욕망 등에 대한 논제들로 인해 철학적이라 불릴 수 있다)의 요소들을 결합하고 있는 독특한 대륙적 혼합이다. 영화 이론 전체와 특히 여성주의 영화 이론은 프랑스에서 광범위하게 구축되었다. 그래서 대륙 철학의 이론들로부터 나온 이러한 유형의 이론적 영향은 놀라운 것이 아니다. 그러나 최근에 영화 이론 내에 이러한 지배적인 특징의 강조는 분석 철학자들로부터 공격을 받아왔다. 이러한 공격들은 여성주의 영화 이론에 대한 주류적 접근 방식들과 분명히 연관성을 가졌다. 가장 시급한 현안은 영화 연구들이 이론을 필요로 하는지, 그리고 이론은 이러한 영역에서 어떻게 해석되어야 하는지 등의 문제들이다. 전통적인 미학에서 훈련받은 철학자들이 하는 공격들은 앵글로-아메리칸 철학적 미학과 영화 이론의 아카데믹한 분야 간의 분열이나 '분리'를 반영한다(Plantinga, 1993). 철학자들의 관점에서부터 영화 이론가들은 지나치게 대문자 'T'와 함께 '이론'(Theory)을 보편화하도록 유혹받는다. 즉 그들은 잘-논의된 토대들로부터 나온 엄격한 분석을 결여하고 있으며, 논리적이거나 경험적 증거보다 현실적인 정치적 결론들에 도달하는데 더 관심이 있다. 다른 한편 영화 이론가들은 철학적 미학자들이 문화 전체와 상호 작용하는 역사적 힘이나 사회적 테크놀로지로서의 영화에 상대적으로 덜 흥미를 가지고 있다는 사실을 주목함으로써 대응한다. 또한 그들은 영화의 정치적 역할과 영향에 덜 관심을 가지고 있다. 영화 철학자들은 여성주의 영화 이론에 대한 이러한 철학적 비판들이 가지는 함축들을 따라갈 때, 그들 스스로 분열되는 것을 발견한다. 한편으로 여성주의 영화 이론의 측면들에 여러 비판들이 적용된다. 그러나 다른 편으로 철학자들은 영화를 역사, 정치학, 문화와 연관시키는 데에서 영화 이론가들의 일반적 관심을 공유하는 듯하다. 여성주의 철학자들은 영화에 관해 더 나은 역사적인 설명을 하려는 영화 이론의 욕구, 즉 여성주의의 광범위한 정치적 목표와 조율하려는 욕구를 나눠 가지고 있다.

영화 이론에 대한 철학자들의 공격들과 대안들은 여성주의 영화 이론과 분명한 관련을 가진다. 그래서 이러한 최근의 논쟁들에서 제기된 핵심적인 지적들을 살펴보는 것이 중요하다. 특히 영화 이론이 "아주 지적인 실패작이며 폐기되어야 한다" (Carroll, 1988, 26면)고 결론짓는 철학자 노엘 캐롤(Noel Carroll)의 작업은 중요하다. 캐롤이 논하듯이, 영화 이론은 문제가 있다. 왜냐하면 그것은 과도하게 복잡한 이론적 전문어에 의존하고 있으며, 본질과 결과 간의 사실적이지만 실제로 마술적이거나 또는 비경험적으로 확인된 연관 관계들을 드러내려는 목적으로 은유들이나 재담들을 사용한다. 더구나 영화 이론가들은 일정하게 대안을 옹호하거나 고려하지 않고도 그 자체로 증거를 결여하고 있는 다른 이론들—정신분석학, 알튀세의 맑시즘, 구조주의 기호학—에 호소한다. 그들은 '욕구', '부재', '상상한 것', '위치지어진 주체' (subject positioning) 등 흐릿하고 애매한 것들을 설명으로서 인용한다. 캐롤이 제기하는 비판의 주요 표적은 영화 이론에 사용된 '이론'은 '포괄적'이거나 총체적이라는 것이다. 캐롤은 대신 영화 생산과 존재론의 장르나 측면들에 관한 더 작은 이론들을 구성하는 것을 목표로 하는 더 단편적이거나 특별한 접근 방식을 추천한다. "영화 속의 여성의 이미지: 패러다임의 옹호"("The image of women in film: a defense of a paradigm", Carroll, 1990)라는 논문에서 캐롤은 멀비가 정신분석학 이론에 의존한 사실에 대해 동일한 비판을 적용한다. 멀비의 접근은 문제가 있다. 왜냐하면 그녀가 감정과 쾌락에 관한 대안적 설명들을 고려하지 않았기 때문이다. 그것은 단순히 이용할 수 있지만 심각하게 논쟁을 일으킬 수 있는 '과학', 즉 정신분석학에 의존하고 있다. 캐롤은 멀비의 일반적 주장에 대해 발렌티노(Valentino)로부터 스탤론(Stallone)과 같은 남성 영화 배우들은 영화에서 추파를 받는 시각적 대상들로 나타났고, 캐더린 헵번(Katharine Hepburn)과 로잘린 러셀(Rosalind Russell)과 같은 여성들은 할리우드 영화에서 종종 '행위자들'(doers)이었다는 사실과 같은 분명한 반례들을 지적한다. 캐롤은 더 오래된 '여성 이미지 접근'을 옹호하며, 그것이 감정에 대한 더 인식론적이고 철학적인 설명으로부터 필요한 만큼의 이론적 단일성을 얻을 수 있다고 제시한다. 이러한 설명에 따르면 감정적 행위는 행위와 칭찬에 대한 성차별적 기준을 강화할 수 있는 '전형적인 시나리오들'(paradigm scenarios)로부터 배우게 되며, 영화는 그러한 시나리오들의 한 가지 원천과 그에 상응하는 표적을 제공할 수 있다.

다른 철학자들은 캐롤의 생각에 일반적으로 동의하며 영화를 이론화하려는 보다 "단편적인" 접근에 대한 제안을 수락하는 듯하다. 따라서 그들은 또한 영화에 대해 이론화하는 여성주의의 대안적이고 더 인식론적인 전략들을 추구했다. 예를 들어 로리 슈레이지(Laurie Shrage, 1990a)는 영화 텍스트들에 집중화하는 현상은 영화들을 보는 심리학적 주체를 보편화시키고 독자/관객의 수동성을 지나치게 강조하게 한다고 주장한다. 슈레이지는 한 관중의 "시네마 습관들" 가운데 고려해 볼 만한 변형을 인식하는 "맥락적"(contextual) 접근을 제안한다. 멀비-유형의 여성주의 영화 이론의 수정으로 슈레이지는 우리가 "여성의 시선이 부재하고 수동화되거나, 또는 배반하는 것을 전 세계적 가부장제의 불가피한 산물로서가 아니라 유로-아메리칸 관중들의 관람 습관들과 어떤 영화들 자체에 각인된 지역적 변형물로서 간주"해야 한다고 논한다(Shrage, 1990a, 142면). 이 제안을 유지하면서 슈레이지는 1933년 영화 《크리스토퍼 스트롱》(*Christopher Strong*)에서 잠재적인 "해방적 문화 정치학"에 관한 그녀 자신의 독해를 제시한다.

다른 사람들도 개별적인 영화 장르들을 검토함으로써 '단편적인' 접근을 탐구한다. 예를 들어 전통적으로 '여성의 장르'로서 간주된 멜로드라마라는 일반적 범주에서 영화에 대한 또 다른 접근은 플로 라이보비츠(Flo Leibowitz, 1996)에 의해 제시된다. 그녀는 여성주의 영화 연구들에서 전형적으로 의심의 여지없이 받아들이지만, 과학적으로 문제가 있는 정신분석 이론에 토대를 둔 정신역동적 접근(a psychodynamic approach)보다는 오히려 수사학적이고 인식론적인 접근을 이용한다. 라이보비츠가 추천하는 대안은 감정들이 인식론적이고 "본래적으로 비합리적이지 않다"는 것을 강조한다. 그녀는 이러한 종류의 인식론적 모델을 관중이 가령 《피아노》(*Piano*)를 포함하는 어떤 형태의 멜로드라마와 동일화하는 과정을 분석하는데 적용한다. 본질적으로 여성혐오적인 것으로 간주하는 여성주의자들에 의해 많이 연구되고 많이 비판되었던 약간 다른 장르인 공포 영화에 초점을 맞추면서, 나 역시 여성주의 영화를 이론화하는데 지배적인 정신분석적이고 정신 역동적인 가정들을 비판했다(Freeland, 1996). 나는 공포 영화의 젠더 이데올로기들에 초점을 맞추면서, 특히 이 실험적이고 참여적인 장르를 파괴적이고 전복적으로 독해할 수 있는 놀라운 가능성들을 발견하는 대안적 접근을 제시하였다.

그러나 어떤 철학자들과 다른 학자들은 개별적인 장르들이나 영화들을 독해를 하면서 여성주의적/정신분석적으로 이론화하는 프랑스의 대안적 견해들을 흥미롭게 사용하고 있다. 예를 들어 니콜라스 파파스(Nickolas Pappas, 1995)는 뤼스 이리가라이의 가부장제에서의 여성의 교환에 대한 이론들을 《위험한 정사(치명적 매력)》(*Fatal Attraction*)과 《사랑의 파도(사랑의 바다)》(*Sea of Love*)와 같은 '새로운 영화 느와르' 영화들을 비판적으로 읽는데 끌어들인다. 켈리 올리버(Kelly Oliver, 1995)는 이리가라이의 모성에 관한 설명을 그녀가 잉그마르 베르히만(Ingmar Bergman)의 《페르소나》(*Persona*)에서 여성들에 관한 헤겔의 이데올로기와 그들간의 "자연적" 관계들이라 부르는 것을 비판하기 위해 사용한다.

영화에 대해 철학자들이 한 또 다른 중요한 기여는 이론으로서 여성주의 영화 이론(과 더 일반적으로 영화 이론)의 철학적이고 이론적인 목표들에 대해 문제를 제기하는 것이다. 이것은 여성주의 이론 전체가 미학 이론으로부터 배울 수 있다고 논하는 힐데 하인(Hilde Hein)과 같은 여성주의 미학의 최근 작가들의 권고에 따르고 있다.

> 여성주의 미학 이론은 더 넓게 이해된 여성주의 이론에 대한 모델과 출발점으로서 사용된다. 분명히 그것의 자료들인 예술 작품들과 현상들에 대해 말하면서 아무런 의심의 여지없이 여성주의 미학 이론은 경험적으로 근거짓고 있다. 끊임없이 제안되는 새로운 자료들에 대해 열린 태도를 가진 여성주의 미학 이론은 "주위를 숙고하는 것" 이외에 다른 대안이 없다(Hein, 1990, 286면).

카렌 한슨(Karen Hanson, 1995)은 영화 이론에 대한 또 다른 일반적인 공격을 제시한다. 그녀는 총체적인 이론을 구성하지 않거나 비평을 그 자체로 무이론적인(atheoretical) 것으로 간주하는 대안적 접근을 추천한다. 한슨은 퉁명스럽게 "진지한 영화 연구는 종종 이론의 형태를 가진다. 그렇게 해야 하는 이유가 있는가?"라고 묻는다(Hanson, 1995, 33면). 그녀는 '학문'(science)의 지위를 목표로 삼는 영화 이론가들을 비판한다. 영화 '이론' 그 자체는 영화 '비평'보다 우월하거나 또는 근본적이라 설정된다. 추측컨대 '학문'으로서의 영화 이론은 더 많은 객관성, 진리, 체계성, 설명력을 제공한다. 그러나 한슨이 지적하듯이 영화 이론가들은 학문적인 철학자들이 아주 논쟁적으로 여기는 많은 개념들—설명과 정당화 및 체계성과 같은 개념들—을 소박하게 가져온다. 그러나 그 학문 분과 내에는 심지어 한 이론의 증거나 검토 또는 확인으로 간주할 만한 것에 대해 동의조차 없는 듯하다. 인위적인 체계성을 얻기 위해 일종의 환원적인 단일화 시도를 통해 영화 연구를 합리적으로 만들려고

하는 대신에, 한슨은 내부로부터 영화의 특수성을 바라봄으로써 이해를 할 수 있다고 제시한다. 그녀는 실용주의 철학자들로부터 나온 합리적 탐구에 대한 구절들을 철학적인 지지로서 인용한다. 가령 윌리암 제임스가 자신의 논문에서 넓은 이론적 목표들에 따르는 "자매 애"(sister passion)의 "합리성의 정서"(The sentiment of rationality)에 대해 논한 것을 예로 들 수 있다. 이것은 이론 구성과 무관한 인식의 특수성, 세부, 구별, 명료성에 대한 열정이다(Hanson, 1995, 45면). 한슨은 영화들을 개별적으로 주의 깊게 탐색함으로써 깊이 있게 이론적이며 철학적인 독해들을 제공하는 어떤 사람의 일례로서 스탠리 카벨(Stanley Cavell)을 언급한다.

카벨의 글들은 영화에 대한 철학적 글쓰기에 관한 어떠한 논의를 언급한다. 그것들은 확실히 복잡한 방식으로 젠더 쟁점들에 대해 관심을 가지는 동안 그것들이 여성주의라는 표식을 붙여야 하는지는 논쟁거리이다. 《행복의 추구》(Pursuits of Happiness, 1981)에서 카벨은 자신이 "재혼의 코미디"라 부른 1930년대와 1940년대의 영화 장르에서 능동적인 여성들과 수동적인 남성 몸의 스펙타클을 묘사한다. 이러한 종류의 관찰들은 멀비의 논문에서 만들어진 보편화된 주장들 가운데 몇 가지에 대해 반대하는 것으로 간주된다. 즉 카벨은 어떻게 남성 배우들이 종종 여성 스타들과 또한 바라보는 관중에 의해 욕구되는 대상들로서 그려지는가를 지적한다. 그러나 다른 한편 카벨은 이러한 영화에 관한 주장들로서 여성들에게 그들 자신의 욕구들을 인식하고 표현하는 방법을 '가르치거나' 또는 여성들을 '자유롭게 하기' 위해 남성 등장인물들이 수동적으로 되어야 한다고 읽는 것을 시인하는 듯하다. 다시 '익명의 여성의 멜로드라마'에 대한 글에서 카벨(1987)은 자주 비판되는 장르를 평가하고 이러한 영화에서 여성의 역할의 중요성을 강조하는데 관심이 있는 듯하다. 그는 다음과 같이 쓰고 있다. "영화는…처음부터 마지막까지 개별적인 남성보다는 개별적인 여성 연구에 더 관심이 있다.…우리가 말할 수 있는 것처럼, 남성들은 군중들 속에서 그리고 상호 갈등 속에서 그것에 관심을 가진다. 그러나 영화의 관심들에 심리적 깊이를 전달하는 것은 여성들이다"(Cavell, 1987, 29면).

카벨의 저작은 젠더 역할이나 성관계 또는 결혼에 반영되는 사회적 가치에 대한 철학적 반성이 가지는 유용성에 동의하지 않는 여성주의자들에게는 문제가 될 수도 있다. 분명히 그의 저작은 멀비 전통의 여성주의 영화의 이론화에서는 아직도 지배적인 주체성과 쾌락에 관한 특수한 종류의 가정들을 철학적으로 비판하는데 발판을 제공한다. 이것은 예를 들어 나오미 셰만(Naomi Scheman, 1988)에 의해 이루어졌다. 그럼에도 불구하고 셰만은 카벨에 비판적이다. 가령 그가 재혼 코미디에서 어머니들와 딸들 간의 연관 고리들이 없는 것에 대해 무심한 것을 문제삼고 있다. 셰만은 카벨이 초점을 두고 있는 두 가지 장르, 즉 재혼 코미디들과 익명의 여성 멜로드라마들이 여성주의 시선이 아니라 여성적인 것을 반영한다고 주장한다. 각 경우에서 시선이 문제가 된다. 왜냐하면 그것은 남성주의자의 세계에 의해 "기록될" 수 있기 때문이다. 이것은 재혼 코미디에서 여성들(여주인공들)과 남성들(그들의 아버지들)과의 적극적인 동일화를 통해 "여성의 자아-실현의 애매한 전설"(Scheman, 1988)만을 허용한다. 그것은 멜로드라마들에서 어머니-딸의 유대와 이성애 간의 풀리지 않는 긴장들을 설정함으로써 일어난다. 셰만은 더 바람직한 형태의 여성 주체성에 대한 탐구를 하기 위해 여성주의 인식론 내에서 "가부장제의 검경의 경제"(specular economy of patriarchy)라는 더 광범위한 최근의 비판들로 나아간다(Scheman, 1988, 88면).

영화에 대한 여성주의 미학과 여성주의 접근

과거 20년 또는 30년 동안 우리는 복잡한 방식으로 여성주의 예술과 여성주의 예술사의 발전과 묶인 여성주의 미학에서의 최근의 중요한 발전들을 보아왔다(34. "미학"을 보라). 말하자면 1970년대 그림과 여성 예술에서 본질주의적 상상의 연관성과 문제들에 대한 잇단 논의들에서 어떤 종류의 관행들은 영화 연구 분야에서 별로 두드러지지는 않았다. 그렇지만 아방가르드 여성주의 영화의 관행들은 진보적이든지, 또는 엘리트주의적이며 문제가 있는지에 대한 흥미로운 논쟁들이 있어왔다(Erens, 1990). 여성주의 음악학자들과 예술 역사가들이 위대한 예술가들의 전형적인 형태가 어떻게 구성되는지를 검토하는 것과 같이, 이와 동일한 몇 가지 작업이 영화 연구에서도 이루어져왔다. 이것은 영화에서 감독과 작가들 등과 같은 여성들의 작업을 재고찰하는 것을 포함하거나, 또는 여성들과 그들의 일상적인 삶을 묘사하는 여성주의 영화들, 즉 찬탈 애커만(Chantal Akerman)의 《쟌느 딜만》(*Jeanne Dielman*, 1975)과 같이 "벨기에인 중산층과 중년층의 가정주부의 일상적인 매일의 활동들에 대한 영화와, 전-미학(pre-aesthetic)이 이미 충분히 미학적이라는 영화"를 제대로 평가하는 것을 포함한다(de Lauretis, 1987b, 131면). 미학에서처럼 영화 이론에서도 작가들은 종종 젠더화된 맥락에서 '고급' 예술과 '저급' 예술 간의 구별에 대해 문제를 제기한다. 영화 연구가 전통적인 할리우드 영화들을 보는 관중과 그의 경험들과 동기들에 대한 멀비 류의 관심의 경험적 확장들을 통해 이론을 수용하는데 더 많은 주의를 기울이는 듯하다(Erens, 1990).

영화 제작자로서 멀비는 영화를 제작하는데 일종의 대안적 접근을 하기 위한 길을 닦는데 자신의 비평의 목표가 있었다. 영화 이론에 대한 다른 글들에서 여성주의 미학과 여성주의 반-시네마(counter-cinema) 간에 비슷한 연관관계가 도입되었다. 테레사 드 로레티스(Teresa de Lauretis, 1987b)의 논문 "여성 시네마의 재성찰: 미학과 여성주의 이론(Rethinking women's cinema: aesthetics and feminist theory)"은 여성주의 영화 이론의 목표와 본성에 관해 보다 명시적으로 정치적 묘사를 하고 있다. 즉 그것은 여성주의 영화 이론을 여성주의 시네마 자체와 함께 젠더에 관한 변형적인 사회적 테크놀로지나 새로운 여성주의 미학을 창조하기 위해 작업하는 것으로 특징 지음으로써 가능하다. 여성주의 반-시네마(counter-cinema)의 창조는 사회적 변형의 정치적 목표들을 넓히는 것과 묶여있다. 즉 "이론가들로서 우리의 작업은 또 다른 사회적 주체를 위한 시각의 조건들과 형태들을 명료하게 표현하여, 미학과 형식적인 지식을 재정의하는 아주 위험한 시도를 하는 것이다"(de Lauretis, 1987b, 134면). 드 로레티스는 푸코의 《성의 역사》에서 성의 테크놀로지에 관한 논의를 지나치게 끌어와 어떻게 시네마가 '젠더의 테크놀로지'로서 기능하는가를 설명하고 있다. 즉 "젠더도 재현과 자기-재현으로서 시네마와 같은 다양한 사회적 테크놀로지의 산물이며, 제도화된 담론들과 인식론 및 일상 생활의 관행뿐만 아니라 비판적 관행의 산물이다"(de Lauretis, 1987b, 2면).

영화 이론에 관한 최근의 많은 저작은 이러한 권고에 따르고 있으며, 영화의 재현을 연구하기 위해 단지 젠더만이 아닌 '차이'에 관한 더 세밀하고 복잡한 설명을 사용하고 있다. 예를 들어 수많은 최근 연구들에서 영화 이론가들은 퀴어(queer) 재현이나 캠프 속의 여성들과 같은 현상들이나, 남성 동성애 속에서의 여성성을 분석하는데 '젠더 충돌'(gender trouble)에 대한 철학적 아이디어들을 사용한다 (Silverman, 1992). 또한 광범위한 문화 연구 분야에서 영화에서의 인종과 젠더 간의 연관관계들을 검토하고, 어떻게 이러한 요소들이 영화 제작과 영화 관람의 정치학에 영향을 주는 사회 계층과 같은 다른 요소들과 상호 연관되었는지를 탐구하기 위해 많은 작업이 이루어지고 있다(hooks, 1992b; Wartenberg, 1995). 이러한 작업은 다른 주제들 가운데 젠더에 대한 관심을 포함하여 보다 전통적인 형태의 맑시즘의 이데 올로기 비판에 따르고 있다.

예측

여성주의 영화철학은 특히 여성주의 영화 이론과 관련하여 새롭다. 물론 여성주의 철학자들이 사용하고 구축하려는 영화 이론에는 많은 가치가 있다. 예를 들어 시선에 대한 작업은 주체성과 몸 이미지에 관해 여성주의 철학적 설명을 하기 위한 또는 데카르트와 같은 전통적 철학자들의 인식론적 편견을 검토하기 위한 기초가 될 수 있다(Scheman, 1988). 여성주의 영화 이론은 공포영화나 포르노그래피와 같은 장르에 대한 중요하고 치밀하고 세밀한 작업을 포함한다. 사회적으로 중요한 쟁점들의 지배적인 재현 형태들에 대한 이러한 작업은 가정폭력, 강간의 에로틱화, 현재 여성주의 포르노그래피 논쟁들과 같은 주제들에 대한 최근 입장들을 비판하고 넘어서기를 원하는 철학자들에 의해 유용하게 고려될 수 있다(예를 들어 Williams, 1989). 남성성의 구성이나 탈-젠더적 행동의 구성, 어떤 영화들에서 '진영'(camp)과 자의식적인 젠더화 수행의 구성과 관련하여 영화 이론가들이 하고 있는 최근의 작업도 젠더의 재현들이 자아와 동일성 개념의 형성에 중요하다고 생각하는 철학자들에게 많은 흥미를 끌 것이다. 이것은 심지어 영화 이론의 논의들 내에서 사용된 철학적 가정들이 철학자들에 의해 문제가 있다고 생각될 수 있을 때 (예를 들어 Silverman, 1992, 파스바인더의 영화들을 분석하기 위해 푸코의 이론을 사용한 것) 조차 참이다.

그러나 분명히 여성주의 철학도 여성주의 영화 이론에 많은 것을 제공한다. 현대 여성주의 철학에는 아직 어떠한 영향도 주진 않았으나 영화를 논할 때 유용할 수 있는 접근 방식들이 있다. 예를 들면 여성주의 윤리학 분야의 논의들(모성 윤리학과 보살핌의 윤리학이나 레즈비언 윤리학)은 여성의 우정과 사랑 또는 어머니-자식 관계들을 묘사하는 것과 같은 수많은 종류의 영화들을 세부적으로 독해하거나 비판적으로 분석하기 위한 이론적 틀을 제공할 수 있다. 철학자들은 이러한 영화들에 대해 다양한 접근 방식을 선택할 수 있다. 그들은 영화를 비판적으로 읽도록 윤리적 이론들을 사용할 수 있거나, 또는 대안적으로 그들의 이론들을 시험하기 위한 일종의 경험적 자료로서 영화를 바라볼 수 있다. 다시 성이나 젠더의 생물학적 토대들을 반영하는 '자연적' 행동에 관한 영화의 묘사들을 비판하기 위해 좋은 토대를 제공하는 과학 철학 내부에는 수많은 현대적 실마리들이 있다. 특히 기록 영화들에 관한 여성주의 분석들은 확실히 인종과 젠더나 또는 젠더와 질병 등과의 정형화된 연관들을 비판하는 여성주의 과학 철학 내부의 최근 작업으로부터 도움을 얻을 것이다.

비록 드 로레티스(1987b)가 《젠더의 테크놀로지들》로 여성주의 영화 이론의 관심을 끌었지만, 놀랍게도 여성주의적 작업은 영화 테크놀로지 자체의 변화하는 역할과 영향에 대해 한 것이 없다. 철학자들은 계속하여 과학공상영화나 심지어 종종 여성 혐오적으로 보여지는 공포영화들에 관한 대안적이며 더 적극적이며 자유로운 여성주의 독해를 할 수 있을 것이다 (예를 들어 드 로레티스는 《불길속에 타오르는》

(*Born in Flames*)이라는 리찌 보덴(Lizzie Borden)의 과학공상 영화를 독해한다). 영화 테크놀로지의 평가는 영화제작의 생산적 테크놀로지에 대한 여성의 관계를 고찰하는데 제한되어서는 안되며, 여성들이 영화에 접근하거나 경험하는데 있어 테크놀로지 변화의 역할을 탐구해야 한다. 예를 들어 린다 윌리암스(Linda Williams)의 《하드 코어》(*Hard Core*, 1989, 231면)는 홈 비디오 시장의 도래와 함께 X-등급 포르노그래피의 소비자로서의 여성의 참여가 극적으로 (1987년 40%까지) 증가하였다는 것을 지시하는 통계치를 인용한다.

영화에 대한 여성주의 철학의 본성을 예고하기는 어렵다. 왜냐하면 영화에 관한 철학적 연구와 활용 그 자체는 비교적 새롭고 다양하기 때문이다. 그러나 최소한 영화는 그 자체로 드라마와 문학 작품들과 같은 방식으로 철학적 반성의 원천으로 보여지기 시작하고 있다. 이것은 여성주의 철학자들이 더 발전된 탐구를 하기 위한 중요한 마지막 수단을 제공한다. 그들은 영화에서 창조적이고 잠재적으로 변형될 수 있는 사회적 견해들을 읽어내는 방식들을 발견할 수 있다.

(장영란 역)

제8부

윤리학

36. 도덕 인식론

마가렛 어반 워커(Margaret Urban Walker)

도덕 인식론은 도덕적 이해의 원천과 패턴들을 탐구한다. 그 질문에는 다음과 같은 것들이 포함된다. 어느 정도까지 도덕성은 지식으로 이루어지는가 또는 어떤 종류의 지식에 의존하는가? 도덕적 지식을 가능하게 하는 것은 무엇인가? 그리고 어떻게 그런 지식은 근거를 갖거나 정당화되는가? 도덕성에 관한 철학적 주장들과 우리가 가지고 있는 도덕적 이해는 어떤 관계에 있는가? 즉, 윤리학—도덕성의 철학적 재현—은 도덕성 자체와 어떤 상관이 있는가? 여성주의 도덕 인식론은 이상의 물음들에 대답해 온 방식들과 대답될 수 있었을 방식 둘 다에 젠더와 그 밖의 위계들을 재생산하는 사회적 노동분업, 기회, 권력, 승인이 어떻게 영향을 미치는지를 질문한다.

어떤 이는 여성주의 윤리학과 여성주의 인식론이 만나는 지점에서 여성주의 도덕 인식론을 발견하기를 기대할지 모른다. 그러나 여성주의 철학의 이 두 잘 발달된 영역은 다른 문제들에 대응하는 데서, 대부분 평행선을 형성했다. 여성주의 인식론은 서구 철학과 과학에서 지식의 지배적 패러다임들과 실행들을 검토한다. 그것은 젠더 구조와 그 밖의 다른 사회적 지배 형태들에 뿌리내려 있는 편향성을 드러내고 시정해 줄 정당화의 실행을 찾는다. 여성주의 윤리학은 도덕성과 도덕철학의 확립된 전통 속에 있는 젠더 편향성을 폭로하고, 여성주의적 행동주의, 억압당하는 남성들과 더불어 여성 연대성의 실행, 여성의 젠더화된 경험 위에서 이끌어낸 대안들을 건설한다(재거, 1991).

여성주의 윤리학은 인식론적 주제들에 큰 비중을 두어왔다. 이런 작업이 도덕적 이해에 대한 기존 그림들에 도전하고 또 다른 것을 제안하는 방식들을 개관하겠다. 그 도전은 "우리의" 도덕적 삶이라고 표상된 것들의 적합성과 권위에 관한 근본적인 질문을 던진다. 여기에는 여성주의 윤리학의 표상들도 포함된다. 나는 여성주의 윤리학이 자신의 인식론적 주제들을 최근 발전된 여성주의 인식론 논의들과 연결시킬 때 가장 잘 나갈 수 있을 것임을 논증할 것이다.

질문할 만한 포지션들

여성주의 윤리학은 주류인 영미 윤리학의 이론들 안에서 젠더 편향성을 발견한다. 칸트론자, 공리주의자, 계약론자 및 권리론자와 같은 근대 도덕 이론들이 대부분의 주목을 차지하고, 토론할 문제들을 설정하며, 학회지, 학회, 강의실 및 20세기 영어로 된 윤리학 교재 등에서 평가기준으로 영향력을 행사한다. 학문적으로 제도화된 입장들이 산업화된 서구 국가들에서 권리, 의무, 복지에 대한 공적으로 권위 있는 담론들을 반영하고 재강화한다.

여성주의자들은 이들 담론과 이론들 속에서 일련의 편견, 가정, 관점을 발견한다. 이것들은 활동 공간, 사회적 역할, 사회적으로 유리한 남성들과 관련이 있는 이상적인 성격을 반영하고 있으며, 남성들에게 일반적으로 적용되는 것이 아니라면, 최소한 아주 특권적 위치에 있는 남성들에게 적용되는 남성성의 규범을 반영하고 있다 (바이어, 1994a; 벤하비브, 1987; 프리드먼, 1993; 헬드, 1987a; 휘트벡, 1983). 지배적 견해들은 규율(혹은 역할)에 따르는 자발적 상호작용에서 자율성을 유지하거나 자기이익을 증진할 것을 추구하는 상호 무관하고 독립적인 동료들 관계를 이상화한다. 그렇게 해서 출현된 규범적 주체는 "21세, 백인, 자유인"인 남성이다. 즉, 이상으로 제시된 대표적("the") 도덕 행위자는 (전형적으로) 여성, 어린이, 불리한 위치에 있거나 천시받는 경제적, 교육적, 인종적, 민족적, 성적, 종교적 정체성이나 지위에 있는 이들이나, 몸, 마음, 정신에 병력이 있거나 일시적 혹은 진행중에 있는 장애인은 아니다.

우리 누구도 항상 이런 도덕적 행위자일 수 없으며, 우리 중 많은 이들은 한번도 그런 행위자일 수 없다. 특히, 이 정상적인 도덕 행위자의 이미지와 그들의 선택의 맥락은 서구 사회에서 역사적으로 여성에게 할 것을 기대하거나 요구했던 많은 것들을 무시하거나 왜곡한다. 전형적으로 여성에게는 (육체적으로 때로는 감정적으로 친밀한 방식으로) 타인을 보살피는 변화무쌍하고 임의적인 의무들이 임금노동으로나 무임노동으로 배당되었다. 보살핌을 받는 타자들은 의존적이고 취약한 이들이며,

이들을 마음과 정성을 다해 여성들이 돌볼 것으로 기대된다. 여성들은 종속되거나 의존적인 경제적, 사회적, 정치적 역할을, 사심 없이 아니면, 순종적으로 충직하게 수행할 것을 기대받는다. 여성은 가정 내 재생산적이고 성적인 장치들을 받아들이도록 압력을 받거나 강제되고, 남성 권위에 의해 강제된다. 그리고 그런 여러 장치들은 개인적인 표현을 제한하고 (계약) 조건의 협상 가능성을 제한한다(오킨, 1989a; 만, 1994). 따라서 주류 도덕 이론들은 일부 남성의 전형적인 상황과는 가깝지만, (지금까지도) 여성에게는 거의 해당되지 않는 위치에서 도덕적 세계를 본 것 같다. 이것은 이론 제작자들이 "우리의" 도덕 세계에 관해 무엇을 알 수 있었는지에 대해 무언가 보여준다(프라이, 1983).

주류 이론들에서 도덕 판단의 정전이 되는 형식 역시도 젠더화된 사회적 위치와 특권의 흔적을 드러낸다. 도덕적 판단이나 정당화는 몰개인적으로(impersonally) 행위를 지도하는 법과 같은 원칙들을 공평한 관점에서 적절하게 유사한 사례들에다 동일하게 적용하는 것으로 간주된다. 이런 "이론적-법판결적" 그림에서 "표준적인"("the") 도덕적 행위자는 법적, 제도적 맥락, 혹은 행정적 맥락 또는 게임하는데 적합한 패턴의 판단을 구사하는 법관, 경영인, 관료, 게임맨과 유사하다(워커, 1992). 이 그림은 법률적으로 구조화된 실행의 참여자 또는 경쟁자라는 호혜적 사회적 위치나, 법률이나 정책을 공정하게 사례들에 적용할 권위를 갖는 이들의 위치를 시사한다. 이 같은 위치나 운용은 서구 사회에서 역사적으로 남성들에게 확보된 역할, 직책, 활동들의 특징을 갖기 때문에, 그것은 이론제작자들이 일부 남성들이 아는 것(으로 추정되는 것)을 알고 있는 것처럼 보인다.

판결을 내리기 위해 법의 권위에 호소하는 독립적인 동료들 간의 굳건한 형제애라는 심상(imagery)이 학문적 도덕 이론에 너무나 만연해 있어 일부 철학자들은 서구 윤리학 프로젝트 자체가 절망적이라고 불신받고 있다고 생각한다. 윤리학은 젠더화되어 있을 뿐 아니라 "인종, 계급, 역사적으로 특수"하며(프라이, 1990), 위계적 사회질서에서 통치적인 위치에서 정전으로 인가한 견해(호그랜드)들일 뿐인가? 아니면 우리는 더 나은 윤리학을 필요로 하는가? (이때) 더 나은 윤리학이란 서술적으로 그들이 요구하는 도덕적 이해와 다양한 사회적 위치들에 적합하고, 규범적으로 사회 정치적 비판을 지원할 수 있게 갖추어진 도덕관(conceptions of morality)을 의미한다. 많은 여성주의자들은 적합한 도덕 이론이라면 최소한 여성의 젠더화된 위치와 역할에서 유래한 도덕 지식을 정교화해야 한다고 생각해 왔다. 그러나 이들은 젠더 및 다른 위계들 안에서, 강제적으로 할당된 그리고 강제적이고 교묘하게 지속되어 온 것으로, 여성과 많은 남성에게 부당하고 억압적인, 사회질서의 일부이다. 그렇다면 이들이 갖고 있는 지식은 어떻게 살아야하는가를 이해하는 데 있어 어떤 위치에 있는 것인가?

표상의 문제들

윤리학에 대한 여성주의 비판이 보여주는 것은 도덕 철학이 도덕적 삶을 표상한다는 그들의 주장에 단순히 잘못이 있음을 보여주는 것이 아니다. 오히려, 여성주의 비판이 보여주는 것은 도덕 철학자들이 특정 종류의 사회질서 속의 일부 사람들의 현실적인 지위와 관계들을 어떻게 추상적이고 이상화된 이론적 형식으로 표상했었는가 하는 것이다. 그 사회질서는 그들 위치의 유효성과 전형성이 젠더, 나이, 경제적 지위, 인종 및 권력과 승인의 형식을 차등적이고 위계적으로 분배하는 등등의 다른 요인들에 의존해 있는 곳의 질서이기도 하다.

따라서 주류 도덕 이론들은 자기-이미지, 선택의 특권을 투사한다. 즉, 모든 방식이나 아무 방식이 아니라 일정한 방식으로, 우리와 같은 사회에 놓여있는 사람들의 책임성의 형식을 예견하고 특정 도덕적 추론의 패턴을 요구하는 것이다. "그와 같은" 사람의 도덕적 행위성은 문화적으로 권위 있는 철학적 설명의 서술에 의해 명예가 부여되고 "규범화"(nomalized)되는 것이다. 그 서술은 어떤 특정 위치를 실재의, 충분한 혹은 완전한 도덕적 행위자의 표상으로 천거한다. "그와 같을" 수 없거나 같지 않은 이들은 그런 설명 속에 나타나지 않은 채로 남겨져 있거나, 도덕적인 관점에서 온전하지 못하거나, 문제 있는 것, 다른 것으로 표상된다. 그러나 그런 도덕 이론들은 "우리의" 도덕적 삶을 특징짓는, 직관, 정의감, 실천적 지혜나 합리적 선택 패턴들을 밝혀주는 "유일한"("the") 도덕 행위자에 대한 설명으로 여겨진다(캘훈 1988).

이들 이론이 여성의 삶, 노동 및 책임의 특징을 반영하고 있는지 있다면 어디에 있는지를 심문하는 데 있어서 여성주의 비판은 현대 도덕 이론의 파울라인에 기댄다. 이들 이론이 우리 모두 (혹은 대부분, 성인 대부분)에게 공통적인 도덕적 삶이라고 상정했던 표상으로부터 그들의 권위를 도출하려 한다면, 그들은 문제에 부딪친다. 그 문제란 많은 이들의 삶이라기보다는 소수의 삶의 어떤 측면만을 묘사하고 있다는 것이다. 그 묘사가 우리 대부분의 도덕적 삶을 거의 나타내지 못한다는 점을 시인함으로써 대표성 주장의 신빙성이 유보되는 것이라면, 이들 견해는 "우리의"(훨씬 덜 "인간적인") 도덕적 삶을 대표하는 것으로서의 권위를 잃는다.

이런 식으로 여성주의 비판은 도덕적 삶에 관한 대표 주장의 권위와 신빙성에 호된 질타를 가한다. 도덕성을 철학적으로 이론화한 많은 것이 그런 주장의 형식을 취하거나 또는 그런 주장에 의존하기 때문에, 도덕적 이론화의 실행 그 자체가 비판의 표적이 된다. 사실상 이것은 누구를 대표하고 있는가? 그들이 표상하고자 한 것에 대해 얼마나 표상자의 앎의 위치와 앎의 수단이 적합했는가? 두 질문에 대한 대답은 도덕성과 도덕적 지식에 관한 주장이 정당화될 수 있는지 여부에 달려 있다. 이들은 또한 도덕성의 범위 안에 드는(within) 주장들의 신뢰성을 테스트한다. 즉 가치, 의무, 책임, 권리에 대한 판단은 그 판단이 내려지는 구체적인 사회적 위치들에 의해 어떻게 영향받는가? 사회질서 그 자체의 도덕적 수용가능성에 대해서는 어떤 술어를 적용해야 하는가?

도덕 이론에서 여성의 삶을 배제하거나 왜곡한 것을 바로 잡기 위한 한 가지 전략은 여성의 도덕적 지각, 가치관 그리고 행위성과 책임에 대한 이해를 공감적으로 온전히 대변하는 것이다. 그 목적은 "여성의 일"이었고 지금도 여전한 실행들 속에 새겨져 있는 도덕적 이해를 나타내려는(표명하려는) 것이다. 그 결과가 보살핌 윤리, 모성적이고 우정적인 패러다임의 도덕적 관계, 상호의존성, 취약성, 신뢰의 상황에서의 도덕적 책임에 대한 매우 풍부한 창조적 저술들이다(바이어, 1994a; 콜과 코울트랩-맥퀸, 1992; 헬드, 1993, 1995b; 매닝, 1992; 나딩스, 1984; 러딕, 1989; 트론토, 1993; 휘트벡, 1983).

이들 문헌은 다음의 인식론적 테마들을 가지고 도덕적 판단에 대한 주류 이론에서의 독백적, 보편주의적, 연역적 그림과 대결한다. 적절한 도덕적 이해는 현실의 타자에 대한 구체적이고, 아주 감응적인 주의를 기울이는 데서 가장 잘 성취된다. 구체적인 사람을 세심히 보살핀다는 것은 이들 사람과 이들의 관계가 갖는 특수한 역사에 대한 인식을 포함한다. 낯익은 패러다임에의 유비는 도덕적 의미를 깊게 하며, 서사적 구성은 실제 개인적이고 상호개인적인 역사의 특수함을 정교화해준다. 과거는 가능한 미래들과 이어지고 의미들을 발굴하고 다른 선택이 치러야 할 비용을 말해준다. 많은 서사들은 진행되고 있는 관계에 대한 이야기들이다. 그들은 모두 도덕적 정체성과 정합성 혹은 그것의 상실이나 결여에 대한 진행중인 이야기들이다(마이어, 1994; 워커, 1996b). 도덕적 관계는 고정된 원칙들에 기초한 일면적 선택을 위한 장소가 아니라, 우리가 서로 타자의 정체성을, 그리고 그것을 구성하는 관계를, 그것이 표현하는 가치들을 협상하고 인정하는 장소이다. 도덕적 결정 지점에서의 소통과 제휴는 책임 있는 도덕적 숙고가 갖는 가장 핵심적인 특징이라 보여진다. 도덕적 능력은 명제적 지식─"knowing that"─에서 오기도 하지만, 습관화된 정서적 반응(habit of emotional response)에 의해 지지되는 지각적, 상상적, 표현적 능력에서 오기도 한다.

　모든 이들 능력과 이해는 우리들이 처해 있는 어떤 실행과 관계들 및 이들을 의미 있게 하는 도덕적 담론이나 그 밖의 담론들로 이루어진 특정 문화적 세팅 속에서 형성된다. 그러나 지급된 술어나 훈련들은 동일한 형태가 아닐 수도 있고, 동일하게 이해되지 않을 수도 있다. 젠더, 인종, 계급 및 다른 요인들의 상호작용에 의해 계층화되고 분절된 사회 안에서, "우리"가 모두 똑같은 것을 알게 되는 것은 아닐지 모른다. "우리"는 상호대치될 수 있는 도덕적 위치를 점하고자 하지 않을 수 있으며, 균등하거나 비슷하게 책임지고자 하지 않을지도 모른다. 사실, 다른 관계적 도덕적 위치를 갖춘 차별화된 도덕적-사회적 질서는 예외적인 것이라기보다는 인류가 함께 해온 규칙인 것처럼 보인다. 이것이 도덕적 문제인지 여부가 한 쟁점이다. 그러나 그것이 인식론적 도전장을 제출한 것은 지금 분명한 것 같다.

　여성주의 도덕 인식론은 우리—무차별적으로 혹은 상호대치가능하게—가 도덕적으로 아는 것을 합리적으로 재구성하거나 반성하는 주류 도덕 이론의 표상적 태도와 대치한다. 비록 여성주의 윤리학의 어떤 견해들이 근대 도덕 이론의 이론적-판결적 공식을 비판하는 데서 다른 비여성주의 윤리학의 견해들(아리스토텔레스나, 실용주의, 혹은 계약론적 견해들)과 중첩되긴 하지만, 무엇보다 여성주의 윤리학의 독특한 업적은 정치적으로 교묘하게 계획되고 스스로 재강화하는 인식적 도덕적 권위에 대항하는 도전에 있다. 벌써 여기에서 여성주의는 자신에게 비판을 돌린다. "여성의" 도덕적 경험을 대변한다는 주장은 여성주의자들이 소수 남성에 의해 "우리의" 도덕적 삶을 대변하는 전통과 실행을 지배해왔던 것에 대해 이의를 제기했던 것과 아주 유사한 방식으로 논전을 벌였다. 그 목소리와 시야에서 모든 여성이 자신을 발견하는 것도 아니고 오직 여성들만이 자신을 발견한 것도 아니다(루고베스와 스펠만 1986). 여성주의 윤리학이 "여성"의 유일하고 보편적인("the") 도덕적 경험을 대변했는가? 그런 경험이 있기나 한가, 그리고 어떤 여성의 경험이 그런 것으로 간주될 것인가? 그리고 젠더 위계들로 인해 도덕적으로 결함이 있는 사회질서 속에서의 여성 경험이란 것이 있다면, 왜 억압의 혹은 억압 아래의 경험이 도덕적 이해의 패러다임이어야 하는가? 그 경험들은 도덕적으로 왜곡되고 변형하는 환경 속에서 생존하고 또는 적응하려는 시나리오의 징후는 아닐 것인가?(카드, 1990a).

　심리학자 캐롤 길리건(Carol Gilligan)의 저서에 대해 주어진 반응이 "여성의" 도덕적 경험을 가시화하려는 시도가 갖는 함정을 예증하고 있다. 길리건(1982a)은 자신의 도덕발달 연구가 비교적 통합적이고 성숙한 두 가지 뚜렷이 구분되는 도덕적 성향, "정의"와 "보살핌"을 밝혀냈다는 것과, 보살핌의 추론은 그녀의 (사회적으로 유리한 위치에 있는) 표본들 중에서 여성에 의해, 특히 일종의 뚜렷한 도덕적 접근으로서, 사용되는 경향이 유의미하게 더 많았음을 논증했다(프리드만, 1993; 워커, 1989b). 길리건의 주장이 보살핌 윤리에 불을 지핀 반면, 그것은 또한 보살핌 사유 방식이 정말 "여성"과 연결되어 있는지, 그것이 정치적으로 여성을 위한 해방적인 자원인지 여부를 둘러싼 논쟁에 불을 당기기도 했다(그림쇼우, 1986; 하넨과 닐센, 1987; 키테이와 메이어스, 1987; 라라비, 1993; 무디-아담스, 1991).

역설적이게도, 보살핌과 여성에 관한 주장에 비추어, 길리건의 책 서두에서 언명한, 사소한 언급이 누구의 도덕적 견해가 권위를 갖고 대표적 지위를 가지는가의 문제를 정확히 예고한다. 길리건은 자신의 논지는 어느 한쪽의 성에 관해 일반화하고자 하는 것이 아니라, 사고의 두 가지 양식의 차이점을 강조하고, 해석의 문제에 초점을 두고자 한다고 말했다(길리건, 1982a, 2면). 문제는 "표상에서의 문제, 인간 조건에 대한 이해의 한계, 삶에 관한 어떤 진실들의 생략"(2면)이라는 것이다. 도덕 발달의 규범들을 확립하는데 성인남성과 소년들의 견해를 사용하는 데 있는 "일관된 관찰적, 평가적 치우침"을 길리건이 밝혀낸 반면, 그녀가 언급한 문제는 완전히 일반적이다.

구획되고 계층화된 사회에서 아주 다르게 위치되어 경험하는 사람들 사이에서 도덕적 문제에 대한 성격, 특징, 구조 및 합리적 해결책에 대해 어떤 중대한 견해 차이가 없다고 한다면 그것이 오히려 놀랄 일일 것이다. 다른 상황에 놓여져 있는 사람들은 비슷한 것을 다르게 경험하거나, 다른 도덕적 문제를 갖는 경향이 있을 것이다. 그들은 대가, 위험, 적합성에 관해 당연히 다르게 이해할 것이다. 그들은 자신에게 현실적으로 열려있는 다른 반응들을 대할 것이며, 다른 해결 전략을 건전한 것으로 본다. 만약 그렇지 않다면, 현실과 달리 도덕성이 다른 사회적 실행들 및 이해들과 별개의 관계에 있지 않는 것인 한, 놀라운 일일 것이다.

분절화되거나 계층화된 사회질서가 잠재적으로 경쟁적인 서로 다른 도덕적 이해의 스타일들(과 아마 행위성과 책임에 대한 다른 파악 역시)을 생산해내는 경향이 있다면, 거기에는 "표상에서의 문제"가 있게 될 것이다. 이들 스타일들은 상대적인 지위만을 두고 경쟁하는 것이 아니라, "도덕적인" 것으로 간주되는 것을 두고 경쟁할 수도 있다. 규범적 도덕 이론(혹은 도덕 심리학)이 표상한다고 상정되는 종류의 것을 위한 기준을 설정하는 것은 그 모두 다인가, 아니면 그 중 일부인가, 혹은 아무 것도 아닌가? 여기에서 문제는 탐구 그 자체의 영역을 한정하는 것이다. 누구의 도덕적 이해, 어휘, 적절감, 해결 전략, 행위성에 대한 파악, 책임감 개념이 권위 있고 적절한 것인가? 이들 질문은 학문적 분과에서나 크고 작은 사회적인 생활 무대에서 대답될 일이지만, 그 대답과, 그 위에 세워진 것의 권위와 신뢰성은 재검토되어야 하고 경쟁에 열려 있어야 한다. 이제, 많은 여성과 많은 남성의 억제된 도덕적 목소리를 증폭하는 프로젝트는 활발하다. 이들은 지배적인 목소리와 중지된 목소리들의 실제 사회적 위치를 추적하는데 도움을 줄 비교 대상들을 제공한다. 이들은 차별화된 사회에 내재해 있는 다언어적 도덕-사회적 세계를 드러낸다. 도덕철학과 그 인식론은 이것을 말해야 한다.

이제, 어디에서 시작할 것인가? 일부 철학자들은 남아서 잘 확립되어 있는 도덕적 사상의 전통과 그 동류의 인식론, 특히 칸트와 아리스토텔레스의 것이 여성주의 비판에 효과적으로 투입될 수 있다는 것을 설득한다(허먼, 1993a; 호미액, 1993; 오닐, 1993; 너스바움, 1995). 그 대신, 나는 여성주의 윤리학은 최근의 여성주의 인식론을 필요로 한다고 주장한다. 이것은 우리가 있는 곳에서 시작하라고, 그렇지만 우리가 어떻게 해서 거기에 있게 되었는지에 면밀한 주의를 기울이라고, 자연화된 인식론의 방식으로, 우리에게 말해준다. 그것은 우리가 더 이상 있기를 바라지 않는 장소로부터 출발하는 비판적 전략으로 우리가 스스로를 도울 수 있는 방법을 보여주며, 우리가 가야 할 필요가 있는 곳을 우리에게 보여준다.

사회화된 인식론

여성주의 인식론은 철학과 과학적 실행과 근대 지식 철학의 규범적인 인식 주체를 비판한다. 일부 여성주의 인식론자는 지식이 상호주관적인 성취물일 수밖에 없다고 단언한다. 그들은 또한 지식의 주체는 개인이 아니라 공동체임을 주장한다. 공동체가 지식을 생산하고 합법화하는데 필요한 담론적이며 그 외 다른 물질적 자원들 및 사회적 인식적 실행을 유지한다는 것이다(알코프와 포터, 1993; 롱기노, 1993a; 넬슨, 1990; 셰만, 1993b). 이들 여성주의 인식론은 주어진 자명하고 견고한 정당화의 기초를 가정하는 토대주의를 거부한다(안토니, 1993). 대신 그들은 믿음을 형성하고 고착화하거나 가설을 내고 확증하는 현실의 실행들을 검토할 것을 요구한다. 이것은 이들 과정들을 보증하는 공동체의 구조에 주목할 것을 요구하는 것이다.

인지적 권위 관계와 실행은 실재 사람들과 제도들 속에 구현되어 있고, 방법론과 방법들, 담론과 배경 가정 속에 마찬가지로 구현되어 있다. 이들의 효과와 신빙성을 우리가 안다고 생각할 좋은 이유가 있는 모든 것을 어느 때고 사용하여 따져 봄으로써, 우리는 대체로 지식 주장과 그 주장에 도달한 방식 둘 다에 대해 적격 부적격을 가린다. 우리가 지금 믿어야 할 좋은 이유가 있는 것은 사실상(de facto) 인지적 권위가 사회적 권력 분배를 쫓아간다는 것이다. 예를 들어, 여성주의자들은 특권적 남성들이 권위 있는 지식-제조를 장악하고 여성에게는 신용불량성과 경신성을 사회적으로 강제함으로써 추진한 신뢰받을 수 없는 이론화의 역사와 정치학에 관해 어렵게 쟁취한 지식을 갖고 있다(코드, 1991).

바다에 떠있는 동안 배를 재건축하는 일은 지식에 관한 새로운 아이디어가 아니다. 사회적 권력과 억압에 관해 다양한 비판적 각도에서 알려진 정보를 통해, 지식 제조자 사회에 대한 분석들을 사용한다는 것은 여전히 의심쩍게 보일만큼 색다른 것이다. 그러나 그렇게 하는 것이 증거와 정당화로부터 지식론을 방향 전환시키는 것은 아니다. 증거와 정당화에 대한 보다 엄격하며 비판적 견해를 지향하는 것이다. 인식적 공동체는 인식적으로 담론, 도구, 실행 및 권위 관계를 검토할 인식적 책임이 있으며 그렇게 함으로써 지식이 만들어진다(아델슨, 1991). 여성주의 인식론들은 인식자의 사회적 장소와 그것이 지식에 갖는 의미를 재인식하는 객관성의 기준이 필요함을 역설한다(해러웨이, 1991b; 하딩, 1993b). 이들은 공동체들의 의해 그리고 공동체들을 위해 생산된, 지식에 대한 정치적으로 비판적인 인식론들이다.

도덕적 지식을 사람들 속에서 개별적으로 행위를 지도하는 이론으로 보는 대신, 사람들의 상호작용 속에서 구성되고 유지되는 일종의 공동산물과 과정으로 보는데서 여성주의 윤리학은 이익을 얻는다. 나는 이런 도덕성 이해를 "표현적-협동적" 모델이라 부른다(워커, 1996a). 도덕적 담론은 고유한 술어와 패턴을 번성시키고 그것을 통해 사람들은 상호 인정할 수 있는(또한 고칠 수 있고 협상할 수 있는) 방식으로 자신의 정체성, 관계, 가치들을 표현하고 밝힌다. 사회적으로 새겨진 도덕적 해명의 실행들이 사람들로 하여금 책임을 배당하고, 가정하고 혹은 일탈하게 할 수 있으며, 공유하는 도덕적 이해가 있기에 그들은 그렇게 행하는 것의 상호개인적인 함의들을 파악할 수 있다. 도덕적 실행은 독립적 단위가 아니며 그럴 수도 없다. 그것은 특수한 습속들, 관계들, 제도들, 환경들 속에서 형성되며 또 이들을 형성하기도 한다.

도덕적-사회적 세계는 여러 권력과 압력에 의해 굳게 유지되거나 변화되는데, 여기에는 권위의 장소에서 도덕적 삶을 표상하는 권력과 사람들이 실제로 어떻게 사는가에 대한 대중의 이해가 가지는 압력이 있다. 우리가 서로 이해를 유지할 수 있는 경우는 삶이 그들에게 부과한 실행, 이해, 의무들이 그나마 평형을 유지하는 범위에 있을 때이다. 이 평형은 우리가 그것의 조건들과 결과들을 우리들 사이에서 분명히 할 수 있을 때 성찰된다. 때로 이를 행하는 과정에서 평형이 흔들리거나 깨지기도 한다. 비록 불균형이 혼란이나 갈등을 일으킨다 하더라도, 그것은 또한 비판과 변화를 위한 기회를 열 수 있다. 여성주의 윤리학은 이들 기회를 만들기도 하고 이용하기도 한다.

여성주의 비판은 도덕적 제도와 그것에 대한 이해를 좀 더 투명한 방향으로, 즉, 누가 무엇을 하며(어떤 위치에서 하는지), 이들 행동들(또는 태만함)에 대한 책임을 인식하고, 평가하고 할당하는데 무슨 용어들이 사용 가능한지를 우리가 좀 더 명확히 볼 수 있는 조건을 향해 가도록 촉구한다. 이것은 우리의 용어와 제도들이 정말 어떤 것인지, 무엇이 이들을 유지시켜왔는지, 그 안에서 다양하게 위치해 있는 사람들에게, 이것에 드는 비용들이 어떻게 할당되어졌고, 일상생활이 그들에 의해 얼마나 당연한 것이 되는지를 이해하게 해준다.

사람들이 공유된 도덕적 용어를 사용하는 집단들의 생활이 어떤 점에서 공통적인 곳에서라 하더라도, 그에 대한 감각은 그렇지 않을 수 있다. 다르게 위치되어 있는 사람들은, 이들 제도들이 무엇이었는지 그리고 무엇이었을 수 있는지를, 다르게 볼 수 있으며, 다르게 가치평가할지 모른다. 이들 차이들이, 기존의 도덕적 용어의 적용 방식이 변화하고, 혹은 새로운 도덕적 담론들이 새로운 혹은 새롭게 가시화된 실행을 둘러싸고 출현하는, 새로운 공유된 이해를 촉발하거나 일으킬지 모른다. 변화를 위한 기회, 그것의 성공, 그 어느 것도 보장되지는 않는다. 그것은 현실에서의 참여자들에게 작용할 권력과 압력에 달려있다.

예를 들어, 여성주의자들은 (젠더화되어 있을 뿐만이 아니라, 인종화되고 계급화되어 있는(트론토, 1993) 보살핌이나 애정 노동에 대한 도덕적 무관심을 폭로한다. 공식적인 도덕적 형제애는 이들 활동 위에 바탕해 있으면서도, 이런 뒷받침 체계의 필요불가결성이나, 그것을 반복하게 하는데 요구되는 강제적 조처들에 대해서는 공식적인 용어로 인정하지 않았다(바이어, 1994a). 이런 투명성은 임금 노동력에 여성들이 전례 없이 참여하게 된 것을 포함해 여러 사회적 경제적 변화들에 의해 발휘될 수 있었다. 또한 이것은 학문적 담론과 전문적인 담론의 인식적 권위에 여성들이 접근할 수 있게 됨으로써, 그리고 권위에 대한 1970년대와 1980년대의 여성 운동이 제공한 도덕적-정치적 이해와 의미에 의해 그리고 이들 새로운 입지와 실천으로부터 나온 개념들과 이론들에 의해 가능해질 수 있었다. 보살핌 노동은 여전히 절대적으로 젠더화, 인종화, 계급화되어 있으며 (자주 문서화되지 않으며), 지불과 부불 노동의 확연한 성적 분업은 이 시대 삶의 사실이다. 비록 그렇긴 하지만, 지금 여성주의 도덕 담론은 변화를 자극하는 방식으로 이들 제도들을 가시화하고 비판할 몇 가지 도구들을 제공하고 있다.

"여성"의 "유일한"(the) 경험을 대표한다는 보편주의적 주장들을 쳐내면서, 여성주의 윤리학은 그 투명성을 계속해서 추구하고 있다. 이것은 윤리학에 대한 공적,

전문적, 대중적인 수사학과 정치학들을 노출시킬 자원과 고안된 테크닉을 제공한다. 여성주의 활동과 실천적 대화(재거, 1995b) 공동체에서의 도덕적 실행들과, 비주류 문화적 정체성을 갖는 사람들의 도덕적 이해방식이 현실적인 대안들을 보여주며, 비교되는 모델들을 드러내준다(안잘두아, 1990; 콜린스, 1990; 혹스, 1984; 루고네스, 1991). 집단주의적 도덕 이론은 인식적 권위와 정치적 접근을 차별화함으로써 구조화된 사회적 상호작용들 속에서 도덕적 지식이 어떻게 생기고 은폐되는지를 가르쳐준다(아델슨, 1994a). 도덕 민족지학(ethnography)은 도덕적 이해의 문화적 전제들을 밝히면서 문화적 상호 이해를 위한 조건들을 만들고, 또한 사회 간에 그리고 한 사회 안에서의 정치적 타협을 만들어낸다(슈레이지, 1994). 그것은 비가시화된 견해들을 탈자연화하도록 해주면서 "우리"가 무엇을 의미하는 것인지를 드러내준다. 우리의 흠 많은 서로 다른 사회적-도덕적 현실 질서들에 대한 비판적 분석은 우리로 하여금 어떻게 "우리"임이 현실의 공동체들 속에서는 아무 것도 아닌지를 깨닫도록 해 준다(카드, 1996; 무디-아담스 출간예정, 워커 출간예정). 공통체 안에 있는 문화적으로 규범적인 편견들을 퍼뜨리는 코드들을 흠집 내면서 재규정하는 실천을 배가시키는 것은 투명성을 발휘하는 것이며 동시에 정치적인 행동이다(혹스, 1994; 메이스, 1994; 넬슨, 1995; 영, 1990a).

여성주의 윤리학에서 인식론적 부분은 좀 더 나은 사람들 간의 도덕적 이해와, 좀 더 나은 사회적 제도로서의 도덕성 이해에로 이끌어줄 사유 및 정당화의 실행들을 탐색한다. 이 두 종류의 보다 나은 이해들이란, 젠더를 포함해 사회적 지배 서열과, 그것을 유지하고 있는 책임의 할당과 행위성의 정의에 저항하는 이해를 말한다. 이들 좀 더 나은 도덕적 정치적 이해를 이루기 위해, 우리는 무엇이 도덕적 지식인지에 대해 좀더 정확하고 정교화된 이론을 가질 필요가 있다. 그것이 무엇인지, 그것이 어디에서 왔으며, 그것은 무슨 인간 능력들을 (지식을 위해서뿐 아니라) 요구하는지, 그것이 어떻게 수용되고 재생산되는지, 특정인의 '지식을 도덕적 지식으로 만드는 공동체의 실행 등을 알 필요가 있다.

두 종류의 보다 나은 이해로 나가는데 오래된 도덕철학의 자기-이해가 방해가 된다. 이것은 윤리학을 "순수한", 반성과 추론에 의해 개인들이 할 수 있는, 개인에 관한 사심 없고 무시간적인 도덕적 진리 탐구라고 보는 견해이다. 나는 이런 오래된 견해로부터 탈피하는 것이 온전히 비판적이고 정치적으로 책임있는 여성주의 윤리학을 위해 필요하다고 믿는다. 동시에, 그것은 20세기를 마감하는 시점에서 철학적 윤리학을 위한 하나의 좋은 실례 및 다른 과제들을 설정한다.

(허라금 역)

.

37. 행위성

다이애나 메이어스(Diana Tietjens Meyers)

도덕적 행위성의 문제

도덕적 행위자란 누구인가? 무엇이 옳고 그르고, 좋고 나쁘고, 가치롭고 가치롭지 않은지에 관해 판단을 내리고 그 판단에 따라 선택하고 행위할 수 있는 개인이다. 그러한 개인들은 자유로우며 따라서 자신의 행위에 책임을 진다고 생각된다. [하지만] 자유와 책임에 대한 장애물들이 도덕적 행위성에 관해 철학적 문제들을 제기한다.

도덕적 행위성에서 첫 장애물은 능동성과 수동성 사이의 대조 맥락 안에 틀지어질 수 있다. 사람들은 그들의 사회적 경험에 의해 심대하게 영향을 받기 때문에 어떠한 선택도 문화적 규범과 압력으로부터 절연되지 못한다. 따라서 사회적 순응성이 규칙이다. 더욱이 사회적으로 규정된 규범을 무시하는 품행이라도 충동이나 심리적 장애로부터 유래할 수 있다. 내면화된 규범에서 유래한 품행과 마찬가지로 충동이나 심리적 장애로부터 유래한 품행도 개인의 자유를 표현하지 않는다. 이런 견해에서 보면 비록 사람들의 선택과 행위가 그들의 사회적 환경에 의해 결정되지는 않는다 해도 그들의 내적 강제에 의해 결정되어 버린다. 따라서 사람들은 자신들이 통제할 수 없는 힘을 나르고 있는 수동적 도관이며 능동적 행위성은 하나의 환상이다. 도덕적 행위성에 대한 두 번째 장애물은 도덕성과 무도덕성(amorality) 사이의 대조 맥락 안에 틀지어질 수 있다. 도덕적 행위자는 이기주의적 관심에 의해서 전적으로 동기화되지 않는다. 자기-이익이 도덕적 행위자의 관심 속에 있을 수는 있지만 다른 사람에 대한 고려를 완전히 가릴 수는 없다. 그렇지만 사람들은 자기들 자신의 이기적인 이익을 추구하는 일을 제외하면 아무 목적도 고려하지 않는 듯하다. 타인을 돕거나 타인에게 해가 되는 일을 삼간다 해도 이것들은 단지 그들 자신의 이익을 확고히 하는 일에서 부수적으로 일어나는 것 같다. 따라서 사람들은 본질적으로 무도덕적이며 도덕성은 하나의 환상이다. 수동성과 무도덕성의 이중 위협을 극복하기 위해 많은 철학자들은 개인들이 자유롭고 책임 있게 선택하고 행위하기 위해 이성을 사용할 수 있는 방법을 설명하려고 애쓴다.

여성주의 철학자들은 도덕적 행위성의 개념을 정치화했다. 왜냐하면 이들은 이 주제에 대한 규준적 취급 방식을 통틀어 젠더 편견의 낌새를 탐지했기 때문이다. 도덕적 행위성에 대한 고전적 설명은 특권화된 남성의 도덕적 경험을 들여온다. 반면에 여성주의자들은 다양한 여성들의 도덕적 경험이 마찬가지로 진지하게 들어와야 한다고 주장한다. 그렇다고 [여성의 경험을] 무비판적으로 승인하자는 것은 아니다. 이렇듯 여성의 경험에 주의를 기울임으로써 지금까지 무시되었던 도덕적 선택과 행위의 맥락이 조명된다. 이것은 관습적으로 여성성, 그 중에서도 특히 친밀한 개인 간의 관계성과 연관된 것들이다. 여성주의자들은 도덕적 행위성의 설명이 이방인들 혹은 친밀하지 않은 동료들 간의 관계들을 포함하는 맥락들뿐만 아니라 이러한 [친밀성의] 맥락들을 충족시켜야 함을 주장한다. 마찬가지로 여성 경험의 이질성은 새로운 쟁점들을 부각시킨다. 여성주의자들은 [생물학적] 남성의 지배가 여러 형태와 여러 양상으로 이루어지고 만연해 있다고 생각한다. 그리고 그들은 도덕적 행위성에 대한 설명은 이러한 부정의가 어떤 외양을 취하든지 간에 이를 인식하면서 효과적으로 대항할 수 있는 능력 둘 다를 이해할 것을 요구한다.

철학의 주요 전통들은 여성적인 것으로 상징화된 행위성의 형태들을 무시하거나 훼손해왔다. 그리고 젠더에 토대를 둔 지배와 종속이 여성의 행위성을 제한하고 왜곡한다. 그렇지만 여성의 행위성은 여성의 해방에 필수적이기 때문에 여성주의 철학자들은 이 쟁점에 우선성을 두었다.

도덕적 행위성에 대한 전통 철학적 설명에 대한 여성주의적 비판

도덕적 행위성에 대한 주된 철학적 설명에 대한 비판은 일반적으로 객관적이고 불편부당한 관점을 취할 수 없었다. 사람들을 자유롭고 평등한 원자적 개인들로서 간주하는 인식틀이 여성주의 비평의 주요 표적이었다.

많은 여성주의자들은 원자적 개인주의가 철학적 상상력을 그토록 강력하게 장악해 온 것에 경악과 실망을 표현한다. 이 견해를 수용하면 신체적 의존과 심리적 의존의 현실을 부인하거나 적어도 철학적으로 봉쇄한다. [우리는] 유아기와 아동기 그리고 노후에 허약해지고 쇠약해지는 시기에 타인에게 의존하며 또한 정서적 유지와 성취를 위해서 그리고 지적인 자극과 풍요를 위해서 타인에게 평생 심리적으로 의존하는 것이 현실이다. 많은 여성주의자들은 인간의 상호연관성을 이렇게 거부하는 것은 모성적 보살핌과 여성에게 관습적으로 기대되는 정서적 노동을 여성 혐오적으로 부인하는 것으로서 해석한다(Baier, 1987b; Benhabib, 1987; Code, 1987b; Flax, 1983; Held, 1987a, 1987b, 1993). 문화적으로 코드화된 여성성의 역할과 많은 여성들의 관심과 기여는 도덕철학과 정치철학에 부적절한 것으로 간주된다.

독립적인 개인들의 사회 계약 이론이 자신들이 가정하는 것처럼 진정 자족적인지는 여전히 의심스럽다. 수잔 오킨(Susan Moller Okin)은 서구 도덕 이론과 정치이론의 주요 저작들을 관통하는 여성의 전통적 일에 대한 의존이라는 하위 텍스트를 추적한다(Okin, 1979). 사회적 쟁점을 토론하고 사회를 지배하는 데 참여하는 자유롭고 평등한 남성인 시민들을 칭송하는 철학자들은 여성이(어떤 이론에서는 노예도 마찬가지로) 비록 열등한 일이긴 하지만 필수 불가결한 가사 지원 서비스를 제공하면서 눈에 띄지 않게 일하고 있다고 가정한다. 여성의 정치적 평등을 포고하는(그리고 노예제를 공격하는) 철학자들조차도 여성(그리고 모든 남성)이 정치적 동등자로서 참여하게 되자마자 가사 서비스를 끝마칠 수 있는 방법을 설명하는 데 실패한다. 이들이 일반적으로 현상유지를 선호하는 사회적 관성을 고려함으로써 가사노동을 재분배할 프로그램을 제안하여 강경하게 투쟁하기에 실패했다는 것은 아주 소수의 여성들만 명목상의 정치적 동등자 이상이 될 수 있음을 뜻한다. 당대 철학자들이 젠더 평등에 대해 의무적으로 입에 발린 말을 하고 있음에도 불구하고 여성의 종속적 지위 및 이에 상관되는 행위성의 결여에 관한 유해한 가정들이 도덕적 주체에 대한 지배적인 인식틀에 계속 영향을 미치고 있다.

여성의 도덕적 행위성에 대한 장애물들

여성주의자에게 여성의 행위성에 대한 장애물들을 진단하는 일은 중요하다. 이것은 문화, 사회적 구조, 발달 경험, 개인 간의 관계성들과 개인 정체성 사이에 복합적인 관계들을 조명하는 프로젝트이다. 일부 여성주의 이론가들은 맑스주의와 반식민주의적 전통으로부터 허위의식 혹은 식민화된 의식이란 개념을 전유한다(Bartky,

1990a; Hartsock, 1983). 여성스런 아름다움과 태도에 대한 문화적 이상은 여성의 의무와 품행에 대한 규범과 더불어 여성을 종속시키는 기능을 한다. 하지만 여성들은 바로 이러한 이상들과 규범들을 종종 받아들인다. 더욱이 여성들이 빈번히 그러하듯이 이 이상들에 부합되지 못하거나 이 규범들에 순응할 수 없을 때 [어떻게 하는가?] 그들은 여성성에 대한 그런 식의 개념틀들에 항의하고 그것들이 강화하는 종속에 대항하는 대신에 [문제를] 자신들 탓으로 돌리면서 스스로 모자람을 느낀다. 억압적인 표준들이 내면화되자마자 여성의 좌절감과 분노는 내부로 향하고 수치심과 자기 증오로 변형된다. 여성의 순종을 확고히 하기 위해 공공연히 힘을 행사할 필요가 없다. 왜냐하면 이 표준들을 비판하고 변화를 요구할 여성들의 잠재력이 효과적으로 무력해지기 때문이다.

일단의 여성주의 학자들은 보살핌의 윤리란 이러한 기만적이고 자기-반박적인 여성적 규범이 취하는 하나의 형식이며 이 윤리를 여성이 수용한다면 남성 지배가 영속하기를 돕는 것이라고 주장한다(Bartky, 1990a; Card, 1990a; Houston, 1987; Morgan, 1987; 보살핌의 윤리에 대한 설명은 38. "보살핌"을 보시오). 타인에 대한 집중 및 보살핌의 윤리와 통합적인 이타주의적 책임감은 보살피는 자(caregiver)의 욕구와 열망을 질식시킬 수 있다. 더욱이 여성은 아낌없이 보살핌을 주어야 하고 남성과 아이들은 풍부한 보살핌을 받아야 한다는 추정이 사회에 만연해 있다. 이에 항복하는 것은 여성의 계속되는 종속을 보장하는 비교호적인 보살핌 증후군의 덫에 빠뜨린다. 따라서 보살핌의 윤리에 대한 옹호자들에 의해 초래되는 자기-말소와 노예화의 위험성은 부인될 수 없다.

이와 관련된 맥락에서 일부 이론가들은 여성을 함정에 빠뜨리는 도덕적 이중 곤경을 분석한다. '여성의' 덕은 악으로서 경멸당하지만 '남성의' 덕을 획득하면 여성은 여성스럽지 못한 것으로 낙인찍힌다(Morgan, 1987). 여성은 무력하다. 그러므로 여성은 여러 방식으로 스스로를 보호한다. 여성은 '여성의' 덕을 도착시키는 유혹에 굴복할지도 모른다. 여봐란 듯이 행하고 뽐내는 보살핌은 수혜자를 조종하고 강제하는 데 사용될 수 있다. 아니면 자기 고유의 결정에 대해서는 책임을 부인하는 반면에 자신들이 통제할 수 없는 사건들에 대해서 책임을 짐으로써 여성은 책임을 회피할지도 모른다. 참으로 좋은 [사람]이면서 여성일 수 있는 길이 없기 때문에 여성의 도덕적 행위성은 혼란스러운 것이 된다.

여성의 도덕적 행위성을 재구성하기 위한 여성주의 접근법

도덕적 행위성에 대한 여성주의 이론의 선차적 과업은 명백하다. 여성이 식민화된 의식을 극복할 수 있는 방법, 여성이 자신의 종속에 협조하지 않고 보살핌의 가치를 실행할 수 있는 방법, 그리고 여성이 자신들의 자기-지각을 왜곡시키고 그리하여 삶의 선택을 왜곡시키는 여성성의 이중 곤경을 분쇄할 수 있는 방법에 대한 설명을 포함한다. 여성주의 학자들은 이 목표를 추구하기 위해서 흥미롭게도 서로 다른 두 가지 전략들을 사용해왔다. 하나의 전략은 어머니면서 보살피는 자라는 여성의 전통적 역할과 연관된 경험을 [들여다] 보자는 것이다. 즉 사회적으로 멸시당하지만 진정한 가치의 보고이며, 따라서 도덕적 질문에 관해 통찰력있게 생각한다는 것이 무엇인지 그리고 도덕적으로 행위한다는 것이 무엇인지에 대한 우리의 개념틀을 재형성할 기회의 제공자로서의 역할이다. 이 전략은 소위 여성적 경험을 재해석하고 재평가함으로써 우리가 배울 수 있는 바가 무엇인지를 묻는다. 두 번째 전략은 여성의 경제적이고 정치적인 주변화와 여성이 작업장에서, 집에서, 사회화 과정에서 취약해지는 다양한 형태의 학대에 대해 더욱 초점을 둔다. 이 전략은 여성이 비판적 관점을 획득하고 그들에 대한 학대에 저항할 수 있는 방법을 묻는다.

이 두 접근법은 비록 구별되기는 하나 일정한 가정들을 공유한다. 두 전략 모두 자아를 사회적인 것으로 간주한다. 사회화는 우리의 믿음, 가치, 목표 등을 형성하고, 우리의 사회적 맥락이 우리의 사회적 정체성을 구술해준다. 여성주의자들은 여전히 여성의 경험에 대해 존중되어야 마땅한 자원으로 취급한다. 그리고 그들은 여성주의적 실천과 짝을 이루는 의식 고양에 대해 이러한 경험을 존중하면서 이 경험 위에 구축되는 하나의 방법으로 취급한다. 두 전략들 모두 하나의 대안적인 담론 공동체를 확립하려고 애쓴다. 한 전략 하에서 전통적인 여성의 활동들이 재평가되고 그들의 여성주의적 잠재력이 채굴되거나 아니면 또 다른 전략 하에서 여성의 종속과 희생이 비판되고 전복적인 주도권이 취해진다. 이들 상이한 초점들이 제시하는 바대로 이들 전략들은 여성주의의 도덕적 행위성의 문제를 상당히 다른 방법 안에 틀짓는다. 하나의 전략은 도덕적 행위성에 대해 보살핌에 기반한 설명을 산출한다. 또 다른 하나는 도덕적 행위성에 대해 반대되는 설명을 산출한다. 나는 이제 이 두 설명들을 살펴볼 것이다.

보살핌에 기반한 도덕적 행위성

보살핌에 대한 여성주의적 설명들이 많은 점에서 다양하긴 하나 자아에 대한 관계적 개념틀을 공유한다. 보살핌에 대한 여성주의적 제안자들은 도덕적 주체란 관계-안의-자아(self-in-relation)라고 본다. 즉 친밀성을 가치평가하고 향유하는 개인을 말한다. 그녀의 정체성은 상당한 정도로 그녀가 사람들 사이에 맺고 있는 유대를 통해 정의되고 그녀의 관심은 다른 사람의 관심에 상호의존적이다. 관계-안의-자아는 어떤 것은 자발적이고 또 어떤 것은 비자발적인 관계성의 망 안에, 혹은 또 어떤 것은 평등한 사람들 간에 또 어떤 것은 의존하는 사람들 간에 형성되는 관계성의 망 안에 끼어 있다. 이러한 자아는 도덕적 선택이란 타인에 대해 해를 주지 않고 관계성을 유지할 수 있는 방식으로 타인에게 반응할 수 있는 방법의 문제라는 맥락에서 해석한다(Gilligan, 1987).

도덕적 행위성에 대해 보살핌에 기반한(care-based) 설명을 발달시키면서 일부 여성주의자들은 여성들에게 기대되고, 많은 어머니들이 자녀에게 주고 있는 임신과 출산 및 양육의 경험들을 경청한다(예를 들어 Baier, 1986; Held, 1989; Ruddick, 1989). 그렇지만 다른 여성주의자들은 연인들, 성인 가족구성원들, 그리고 친구들 간의 관계를 포함하여 사람들 사이에 펼쳐지는 더 광범한 스펙트럼의 관계성들을 탐구해왔다(Walker, 1987; Friedman, 1993). 도덕적 행위성에 대한 질문이 이러한 친밀성의 맥락들 안에 자리잡을 때는 이방인들 간의 관계가 도덕적 관계의 패러다임으로 들어올 때와는 상이한 집합의 도덕적 능력과 기술이 현저하게 표출된다.

첫째 보살핌에 기반한 도덕적 행위성은 특정인 지향적이다. 보살피는 자는 [다른 사람과] 구별되는 한 개인에 집중해야 하고 그의 욕구를 충족시켜야 한다. 둘째로 보살핌에 기반한 도덕적 행위성은 일반 이론으로부터 기계적으로 결정을 끌어낼 수 없고 즉석에서 진행해야 한다. 보살피는 자는 특별한 욕구를 발생시키거나 우선 순위를 불가피하게 재조정하게 만드는 유동적이며 때로는 특이한 상황들에 정신을 똑바로 차리고 있어야 한다. 셋째로 보살핌에 기반한 도덕적 행위성은 상호작용적이다. 우리는 다른 사람의 욕구를 이해한다고 추정할 수 없다. 우리는 소통을 위한 선들을 열어놓고 집중해서 경청해야 한다. 넷째로 보살핌에 기반한 도덕적 행위성은 정서를 배제하지 않는다. 타인과의 애정어린 유대는 도덕적 감수성을 향상시킬 수 있고 정서적 수용성은 도덕적 지각을 예리하게 할 수 있다.

필자가 지금까지 언급한 능력들 모두가 타인-지향적이다. 그 결과로서 그것들은 일부 여성주의자들로 하여금 보살핌이 탄탄한 여성주의 윤리를 제공하는지 의심하도록 촉구해온 자기희생적인 이타주의에 대한 반론들을 상기시킨다. 여성의 경험을 친밀한 사회적 맥락들 안에서 되찾으려는 여성주의자들은 보살핌의 윤리가 여성의 종속과 차출 안에서 [행했던] 역사적인 역할로부터 구출될 수 있음을 보여주어야 한다.

여성주의 학자들은 타인의 이해에 기여하고자 하는 불요불굴의 성향을 여성들에게 돌리는 여성 윤리의 고정관념을 거부한다. 보살핌을 주는 자는 동등하게 보살핌을 받을 가치가 있기 때문에 자신들도 보살핌의 궤도 안에 포함시켜야 한다. 누군가를 보살핀다는 것은 그 사람 자신의 욕구, 욕망, 가치, 열망 등등에 대한 지식을 선제한다. 그 때문에 우리로 하여금 우리의 계획을 실현시킬 수 있게 해주는 상상적, 계산적, 의지적 기술과 함께 내성적인 기술이 보살핌에서 필수 불가결하다. 그렇지만 자기—지식과 자기—확인은 사람들 간의 긴장과 갈등으로 이끌 수도 있기 때문에 여성주의적 보살핌 이론가들은 보살핌을 도덕적 사고의 한 형태로 해석한다. 이 도덕적 사고는 특징적으로 인지적이고 표현적인 능력을 요청하면서 궁극적으로는 명민한 판단으로 귀결된다. 보살핌에 기반한 행위성은 개인들로 하여금 쟁점이 되고 있는 도덕적 관심들의 경중을 따지고 이 관심들을 평형 상태로 유지하는 행위 노선을 발견할 수 있게 해주는 균형잡기 기술들을 요구한다. 또한 개인들로 하여금 불화의 관계성 없이 자신들의 욕구를 진술하고 자신들의 선택을 표상하는 표현 기술을 요구한다. 요약한다면 보살핌은 기술들의 목록 즉 도덕적 능력을 가동시켜서 개인으로 하여금 그녀 고유의 도덕적 정체성을 정의할 수 있게 해주고 타인에 대한 감정이입적인 이해와 그녀 자신에 대한 내성적 이해 둘 다를 고려하는 도덕적 정체성을 즉석에서 실행할 수 있게 해준다(Walker, 1987 ; Meyers, 1987, 1994). 보살핌은 타인에게 그리고 자기 자신에게 반응성을 명령한다.

보살핌에 기반한 도덕적 행위성에 대한 여성주의적 설명은 문화적으로 코드화된 여성성의 활동과 경험을 되찾고 재평가하려는 신념 안에서 시작된다. 그렇다 해도 이런 설명이 요청하는 능력은 모성적 실천과 여타의 친밀한 관계성으로부터 도출해서 제시하는 것보다 훨씬 더 넓게 적용된다(Benhabib, 1987 ; Ruddick, 1989 ; Tronto, 1993). 더욱이 새로이 부활한 여성주의적 보살핌은 여성의 정체성을 다른 사람의 정체성 안에 침몰시키지 않으며 여성의 삶을 대리만족으로 전환시키지 않는다. 그리고 여성의 자기 성취를 차단하지 않는다. 진정으로 보살핌은 유해한 관계성을 끊을 것을 명령할 수 있고 유해한 사회적 실천에 대한 반대가 보살핌의 이름 안에서 탑재될 수 있다. 따라서 보살핌의 윤리 혹은 더 좋게는 특정한 보살핌 주제들을 통합시키는 윤리가 여성주의 윤리의 중요한 구성요소라는 합의가 커지고 있다(Ruddick,

1989; Manning, 1992; Held, 1993; Tronto, 1993; Baier, 1987b; Kittay, 1995). 회의론도 여전히 근거가 있다. 왜냐하면 타인들과 조절하고 경합하는 이해를 조정하고 기존 관계성들의 유지를 선호하는 보살핌의 가정이 사회적 비판을 빗나가게 하고 희석시키며 대항의 정치학을 흐린다고 논쟁할 수 있기 때문이다. 이러한 염려의 견지에서 많은 여성주의자들은 자아와 도덕적 행위성에 대한 대안적 모형을 옹호한다.

대항적인 도덕적 행위성

관계-안의-자아가 보살핌에 기반한 도덕적 행위성에 대한 여성주의적 설명에 기초가 되는 반면에, 여성주의자들은 자아에 대한 두 가지 원칙적인 개념틀 위에서 대항적인(oppositional) 도덕적 행위성 설명을 제언한다. 그것은 맑스주의에서 나온 유물론적 개념틀과 포스트모더니즘에서 나온 담론적 개념틀이다. 유물론적 견해는 개인을 형성하는 데서 사회적 제도와 시행의 역할을 강조한다. 젠더 차이는 성적 노동분업의 함수이다. 남성과 달리 여성은 아이 보살핌과 가정 관리 및 [가족] 생산에 책임이 있다(Hartsock, 1983; Jaggar, 1983; Ferguson, 1984a). 대가를 받지 못하고 사사화된(privatized) '여성'의 노동은 무시당하고 여성은 경멸당한다. 대조적으로 담론적 견해는 개인을 정의할 때 상징 체계의 역할을 강조한다. 젠더 차이는 여성을 타자성, 즉 종속된 차이(Scott, 1990)와 연관시키는 위계적인 이항 대립의 체계 안에서 부호화된다. 담론들은 젠더화된(gendered) 주체들에게 입장들을 공급한다. 이 입장들과 더불어 개인들은 일체감을 형성하고 젠더의 사회적 의미를 표현하는 행동규범을 재생산함으로써 영속화한다(Butler, 1990, 1993; Mouffe, 1992).

대항적인 도덕적 행위성에 대한 논의에서 공통 주제는 사회적 힘들의 영향력이 심원하고 피할 수 없다는 것이다. 그 힘이 유물론적이건 담론적이건 혹은 둘 다건 간에 그렇다. 이 견해에서 그렇다면 여성들이 자신들을 구성하는 사회적 힘들에 비판하고 저항할 수 있는 길이 무엇인가 하는 점이 필수적이다. 대항적인 도덕적 행위성에 대해 상이한 견해를 지지하는 사람들[도] 본질적으로 이 질문을 조회하는 동일한 전략을 채택한다. 그들은 사회적 힘들의 일원성을 부인하고 사회적 힘들의 복수성이 펼치는 유익한 상호작용에 호소한다.

이데올로기는 비일관성을 담고 있고 이러한 담론적 단층 선들이 폭로되고 해석될 수 있다(MacKinnon, 1982). 마찬가지로 사람들은 상이한 사회적 분야들 안에서 상이하게 행위할 것을 기대받기 때문에, 그리고 모든 이들이 상이한 사회적 분야들로 진입하기 때문에 어느 누구도 통일적인 정체성을 갖지 않는다. 그리고 모든 이들은

[서로] 불일치하는 내면화된 가치들과 규범들을 가지고 요술을 부릴 수밖에 없다 (Ferguson, 1984a; Mann, 1994). 문화적으로 복수적인 사회 안에서 사람들은 다양한 가치과 실천들과 조우한다(Friedman, 1993). 비교적 동질적인 사회 안에서조차 역사적 변화는 젠더 규범들에서 통시적인 갈등을 낳는다. 반면에 젠더 규범들에 대한 그릇된 복제가 공시적으로 번창함으로써 이들 규범들의 자의성과 변덕을 노출시킨다(Bartky, 1990a; Butler, 1990). 더욱이 정서는 일정 간격으로 조직되지 않으며 관습상 그릇된 방향을 향하고 불균형 상태에 놓여 있다고 간주된 자발적인 정서적 반응이 사회질서의 적법성에 관한 의심에 불을 붙일 수 있다(Jaggar, 1991). 마지막으로 어떤 언어의 유능한 화자라는 것은 새로운 문장들을 생산할 수 있는 능력 및 그에 따라 참신한 사회적 형식을 명료화하고 참신한 삶의 방식을 받아들일 수 있는 능력을 부여받았다는 것이다(Meyers, 1989; Hekman, 1991). 젠더 정권(gender regimes)을 체화하는 사회적 실천들과 담론들은 비록 헤게모니적이긴 하지만 전체화하지는 않는다.

자아에 대한 이러한 견해로부터 추론되는 중요한 점은 정체성을 구성하는 데서 인종, 계급, 종족, 나이, 성적 지향 등등의 역할에 대한 민감성이다. 젠더가 정체성의 이러한 여타의 차원들로부터 고립될 수 없으므로 대항적인 행위성에 대한 여성주의 이론은 예컨대 라틴 레즈비언 혹은 아프리카-아메리칸 할머니의 복합적인 의식과 교차적 충절에 부합해야 한다(King, 1988; Spelman, 1988; Lugones, 1990; Crenshaw, 1993). 마찬가지로 억눌린 인종차별주의, 계급적 속물근성, 외국인 혐오증, 동성애혐오증, 그리고 여성혐오증이 자아를 쪼갠다는 것을 인식하는 것이 중요하다. 그 결과 한 사람이 공언한 평등주의적 신념들은 무의식적인 고집불통의 신념들에 의해 부정된다. 비록 후자가 부인된다 해도 그것들은 작동을 하면서 배타적이고 종속시키는 품행 안에서 표현된다(Piper, 1990; Young, 1990a; Kristeva, 1991; Meyers, 1994). 한 편으로 편협성을 억누르는 사람들은 위험하다. 왜냐하면 그들은 자신들이 편견에 차 있음을 시인하지 않고 부정의한 품행과 정책의 공정성을 철석같이 옹호하기 때문이다. 그렇지만 다른 한편으로 그러한 파편화로부터 기인하는 판독할 수 없는 감정들과 당혹스런 행위는 자기-정사(精査)와 비판적인 도덕적 성찰을 일으킬 수 있다.

자아에 대한 유물론적이거나 담론적 구성 둘 다 혁신에 빗장을 걸 수 없음은 분명하다. 여전히 사회적으로 구성된 자아는 불길한 측면을 갖고 있다. 여성이 행위자의 권력을 주장하고 도덕적 행위자로서 인정을 획득하고 있는 바로 그때에 영향력 있는 사상가들이 자아와 행위성의 해소를 떠벌리는 것은 걱정스럽다(Flax, 1987). 또한 여성주의자들은 도덕적 행위성을 하나의 무정부적인 환상으로 보면서 버릴 것을 함축하는 [식의] 주체성에 대한 설명에 저항해야 한다. 왜냐하면 이들은 개혁적인 여성주의 정책과 퇴행적인 반여성주의적 정책 사이의 구별을 이해해야 하기 때문이다. 대항적인 도덕적 행위성에 대한 여성주의적 설명은 여성으로 하여금 비판과 권한 증진에 대한 여성주의 정치학을 입안할 수 있게 해주는 정서적, 지성적, 담론적, 조직적 능력을 목록으로 만들어야 한다.

대항적인 도덕적 행위성은 여성의 정서들이 공통적으로 받고 있는 경멸에 찬 취급에 반대로 행동해야 한다. 왜냐하면 이들 정서들은 사회적으로 인정되지 않았던 부정의 혹은 억압에 대한 징후일 수 있기 때문이다. "그녀는 모질다", "그녀는 히스테리칼하다", "그녀는 과민하다"는 말들은 그럴싸한 수사학적 책략들이다. 그것들은 여성주의의 저항을 정서적 병리로 만드는 데 종종 성공을 거두며 변화에 대한 절박한 요구들로부터 주의를 흩뜨려버린다. 자신들의 분노에 대해 명명할 수도 없고 주장할 수도 없는 여성들은 자신들이 겪고 있는 잘못된 일들을 확인할 수도 그것에 저항할 수 없다(Frye, 1983; Lorde, 1984; Spelman, 1989; Spelman, 1993b). 마찬가지로 [삶의] 신산(辛酸)을 포기하고 기운을 내는 것은 우리가 겪어온 잘못된 일들에 대한 정서적 이해를 상실하고 그에 따라 우리의 삶에 관한 진실을 배반하는 일이 될 수도 있다. 부정적 정서들은 때때로 은폐된 사회적 실재들에 대한 단서를 제공한다.

정서들은 계시적일 수 있다. 그러나 정서들은 투명하지 않다. 여성 경험의 다른 국면들이 그렇듯이 정서들은 재해석을 요구한다. 의식 고양 집단은 고립 지대로서 기능하는데 그 안에서 여성의 이단적 지각들이 마땅한 대우를 받고 이 지각들이 여성주의 이론으로 합체된다.

불행히도 다른 여성의 경험을 신뢰하려는 의지는 명령에 의해 소환될 수는 없다. 따라서 의식 고양은 정서에 대해 두 가지 목적을 더 등재시킨다. 즉 여성주의의 통일성을 건설하고 여성주의적 해석을 촉진시키는 일이다. 일부 이론가들은 사랑 혹은 우정과 같은 개인적 정서들이 상이한 인종, 계급, 종족, 나이 그리고 성적 지향을 갖는 여성들을 분리시키는 경험적 간격에 다리를 놓기 위해 필요하다고 주장한다. 반면에 다른 이론가들은 연대성이란 정치적 정서를 사안으로 삼는다(Lugones, 1987; Lugones & Spelman, 1986; hooks, 1984; Meyers, 1994). 모든 사람들이 정서적 유대란 여성으로 하여금 서로의 경험을 받아서 서로의 경험으로부터 이익을 보게 해주는 것으로 간주한다. 즉 다양한 여성의 사회적 입장들 사이에 공통성과 차이를 분석할 수 있게 해주고 그것들의 의미에 빛을 비춰주는 것이다.

무엇이 여성주의 이론과 여기에서 흘러나오는 정치적 요구를 정당화시키는지를 묻는 것은 여전히 필수적이다. 대다수 여성주의 사상가들은 경험과 이론 그리고 실천 사이의 상호 조정이란 변증법적 과정을 서술한다. 많은 사람들이 이 역동적인 과정이 실용적이고 오류가능해야 함을 확신하고 있다(Fraser & Nicholson, 1990). 많은 사람들이 독립적인 정당화 즉 어떤 종류의 인식론적 혹은 형이상학적 보장과 같은 것이 필요하다고 생각한다. 여성주의 입장론에 선 이론가들은 종속된 집단에 의해 점유된 사회적 입장으로부터 이론화하는 것이 [우리에게] 필요한 인증을 제공한다고 주장한다(Hartsock, 1983 ; Jaggar, 1983). 분리주의자들은 자신들의 억압자로부터 빠져나와 여성 중심적인 지성소를 창조함으로써 여성은 자기-이해를 오염으로부터 막는다고 주장한다(Frye, 1983). 또 다른 제안들은 변형적인 여성주의 경험을 용이하게 하는 조건들을 창출하기 위해서 억압적인 맥락적 구조들을 치워버릴 것을 옹호한다(Babbit, 1993). 마지막으로 일부 여성주의자들은 객관적 사실 혹은 관심에 주의를 돌린다. 어떠한 여성주의 이론도 여성의 종속을 부인할 수 없다(Alcoff, 1988). 혹은 여성주의 이론은 자기-존중, 존엄 그리고 인간적 분투를 전도(電導)시키는 것이어야 한다(Babbit, 1993 ; Jaggar, 1989).

여성주의 철학이 광범위한 견해들로 [표명되는] 대항적인 도덕적 행위성을 포괄하고 있음은 분명하다. 모든 설명들에서 그러한 행위성은 사회적 관계들 안에 확고하게 닻을 내리고 있다. 대항적인 도덕적 행위성의 개념틀들이 상이한 곳은 그 개념틀들이 여성주의 이론화에 부과하는 제약과 관련되어 있다. 일부의 설명은 절차상의 제약을 도입한다. 또 다른 설명들은 경험적인 혹은 도덕적인 제약을 옹호한다. 더욱이 대항적인 도덕적 행위성에 대한 상이한 설명들은 상이한 영역의 여성주의 활동을 가리킨다. 유물론적 개념틀은 여성을 위한 빈곤 개선과 기회 보장을 목표로 하면서 사회 정책 논쟁 안에 참여할 것을 지지한다(Ferguson, 1987 ; Fraser, 1989c). 담론적인 설명은 여성에 대한 지각을 구조화하고 여성의 종속을 규범화하는 젠더에 대한 문화적 신화와 구성을 전복하는 일의 중요성을 강조한다(Irigaray, 1985b ; Cornell, 1991 ; Meyers, 1994). 물론 이들 두 접근법이 서로 배타적이지 않다. 반대로 이것들이 상보적인지에 대해서는 논쟁의 여지가 있다(Meyers, 1994).

책임성과 자율성에 대한 여성주의적 접근법들

젠더의 렌즈는 도덕적 행위성의 쟁점을 재구조화한다. 여성의 전통적 역할을 재평가하고 여성의 종속을 극복한다는 이중 목표는 도덕적 행위성 주제에 대한 여성주의의 작업을 두 방향으로 진행시킨다. [즉] 보살핌에 토대한 도덕적 행위성과 대항적인 도덕적 행위성이다. 이들 개념들들은 지배적인 주류 철학적 견해를 넘어서서 두 가지 의미심장한 진전을 이룬다. 여성주의 문헌에서 책임성의 주제는 구성적인 방식으로 해석되고 자유의지의 주제는 선택과 행위에 관한 더욱 구체적이고 실천적인 질문들에 의해 능가된다.

책임성에 대한 철학적 논의들은 전형적으로 통제의 쟁점과 칭찬 특히 도덕적 행위자의 비난의 타당성을 중심으로 이루어진다. 책임성의 주제는 처벌의 주제에 보조적이다. 비록 여성주의자들이 예컨대 성희롱, 여성 구타, 성폭행을 논의할 때 유죄성(culpability)의 쟁점을 제기하는 것을 싫어하지 않음에도 불구하고 책임성과 도덕적 행위성에 대한 여성주의 이론의 논의는 다른 관심에 의해 인도된다.

책임성에 대한 한 가지 여성주의적 접근법은 억압이라는 더 큰 맥락에 이 쟁점을 놓는다. 억압적 실천이 일반적으로 수용 가능한 것으로 여겨질 때, 그리고 많은 여성들이 억압적 규범을 내면화할 때 여성주의자들은 억압자가 그들의 억압적 행위에 책임을 지는 자로 주장될 수 있는지 그리고 억압의 희생자는 억압적 실천에 저항할 책임을 지는 자로 주장될 수 있는지를 묻는다. 널리 퍼져 있는 억압의 효과는 그러한 실천의 '잘못'에 대한 도덕적 통찰을 차단하고 있다. 그 때문에 억압적 행위에 참여하는 사람들이 사악한 개인들이라고 가정할 이유가 없다[고 본다]. 그리고 그들이 비난받아 마땅한지에 대해서 의심한다. 여전히 도덕적 비난은 지배와 종속의 체계적 관계에 관해 사람들을 교육시키는 데 봉사하기 때문에, 도덕적 비난은 사람들로 하여금 이 잘못들을 영속시키는 방식으로 행동하는 것을 멈추도록 동기부여하기 때문에, 그리고 도덕적 비난은 억압자들이 스스로 야기하는 해악에 무지함에도 불구하고 그들의 행위에 책임을 져야 함을 주장하면서 사람들의 도덕적 행위성을 승인하기 때문에 요점을 갖고 있으며 그 이유로 인해 보장될 수 있다(Calhoun, 1989). 이와 평행한 쟁점들이 피억압자의 관점에서 발생한다. 일부 희생자들은 억압적 가치들과 규범들에 스스로를 일체화하며 따라서 그들이 겪고 있는 잘못된 [실천들에] 무지하다. 또 다른 희생자들은 자신들의 희생화에 너무 민감한 나머지 자신들에게 해를 끼치는 사람들에 대해 비난할 행위자적 권력을 소모시키고 책임성 있는 대항적인 행위성에 대한 그들 고유의 잠재력을 인식하지 못한다. 여전히 많은 희생자들은 자신들에게 유용한 선택 범위를 인식하기 위해서 억압적인 사회 관계를 이해하고자 투쟁한다. 또한 좋은 선택을 내리기 위해서 적합한 정도의 책임성을 가정하고 사람들이 온전히 책임성 있는 행위자로 기능하기에 어떤 사회적 변화가 필수적인지를 판단하고자 투쟁한다(Wendell, 1995). 해방적 변화를 가져다 줄 책임성에 대한 담론과 실천의 역할은 여성주의자에게 최고로 중요하다.

　도덕적 행위성에서 보살핌에 기반한 설명은 사람들이 언제 자신들의 행위에 책임을 질 수 있는가에 대한 쟁점으로부터 사람들이 어떤 책임성을 가정해야 하는가에 대한 쟁점으로 이동한다(Card, 1990a). 따라서 행정적이고 율법주의적인 관심은 도덕적 관심에 의해 대치된다. 자아와 타자에 대한 책임성을 갖는 것은 개인에게 부과된다. 사람들로부터 격리되고 사람들에게 무관심한 것 즉 사람들의 취약성과 욕구를 알아차리고 그에 반응할 수 없는 것은 책임성의 파기이다. 이 주제를 흥미롭게 비틀면서 산드라 하딩은 보살핌의 훈령을 상대적으로 특권화된 사회적 집단의 성원들과 종속된 사회적 집단의 성원들 사이의 관계라는 맥락 안에 위치시킨다. 하딩은 그러한 집단들 간의 장벽을 허물고 서로에게 유리한 정치적 연합을 만들기 위해서 전자의 집단은 자신들의 사회적 정체성에 대해 책임감을 가져야 한다고 주장한다(Harding, 1991). 여기에서 보살핌에 기반한 도덕적 행위성과 대항적인 도덕적 행위성의 연속성이 확립된다.

　도덕적 행위성에 대한 여성주의적 작업에서 처벌이 [불가결한가 아닌가의] 문제를 옆으로 밀쳐놓는 것은 자유 의지에 대한 고전적인 철학적 질문들도 비슷하게 삼가게 하는 전조가 된다. 사회적으로 구성된 자아에 대한 여성주의적 신념이란 견해에서는 하나의 주제로서 자유 의지의 중요성은 뒤로 밀리고 그것과 관계된 개념들이 재해석될 것으로 예상된다.

　예를 들어 자율성은 자유 의지를 통한 사회적 관계의 초월과 같지 않다. 여성주의자들이 자율성의 개념을 이용할 때 그들은 생애 사회화와 개인적 상호의존성의 망이란 맥락 안에서 자율성이 획득될 수 있다고 주장한다(Govier, 1993; Nedelsky, 1989; Meyers, 1989). 사회적 관계성들은 자율성에 대한 위협으로 보이지 않는다. 왜냐하면 자율성이란 핵심 자아의 현실화가 아니라 사람들로 하여금 자신들을 이해하고 자신들을 필요에 따라 재정의하고 자신들 고유의 삶을 향하도록 해주는 기술의 연습이기 때문이다(Meyers, 1989). 양육과 교육은 이러한 기술의 발달에서 빼놓을 수 없다(Meyers, 1989). 그리고 이러한 기술들의 연습은 이에 도움이 되는 사회적 맥락을 요구한다(Nedelsky, 1989). 이러한 기술들을 능률적으로 연습함으로써 개인들은 자신들의 욕구들, 욕망들 그리고 가치들을 정체화할 수 있고 그것들을 행위로 번역할 수 있게 된다. 이런 식으로 우리의 정체성을 실행하는 것은 자율성의 특징인 자기-보장, 권력, 그리고 유쾌함의 느낌과 연합되어 있다. 더욱이 자율성을 확실히 해주는 기술들은 삶의 기회와 제약에 대한 창의적인 반응을 용이하게 한다. 따라서 자율성에 대한 여성주의적 설명은 개별적인 자부심 혹은 개인적 공적과 같은 개념들의 논리에 반대되는 것으로서 통제와 만족이란 익숙한 경험들의 현상학 안에 닻을 내린다.

유사하게 여성주의자들이 진정한 여성주의적 가치들과 프로젝트에 대하여 말할 때 이들은 이러한 가치들과 프로젝트들이 역사를 초월한 여성성 즉 범문화적인 본질로 추적될 수 있음을 가정하지 않는다. 오히려 비판적 반성과 해방적 행위로 진행되고 있는 성찰적 과정을 통해 이들 가치들과 프로젝트들은 정의되고 재정의되어야 한다. 개인의 자율성에 대한 설명과 집합적이고 대항적인 도덕적 행위성에 대한 설명 둘 다에서 여성주의자들은 여성 종속의 형태들과 기제들에 대한 통찰력이 어떻게 획득될 수 있는가, 여성주의적 저항 행위가 어떻게 가능한가, 그리고 여성들이 어떻게 자신들을 개인들로서 완수해가는 삶을 끌어갈 것인가를 분석하는 데 주요하게 관심을 갖는다. 또한 따라서 여성주의자들은 억압적 조건들이 여성의 행위성을 제한하고 왜곡시키는 방법에 초점을 두면서 여성 행위성의 범위를 확장시키도록 설계된 물질적, 제도적, 조직적, 담론적인 변화들을 제안한다.

여성주의 철학자들이 도덕적 행위성에 대한 통일된 설명을 정하지 않았다는 것은 그리 놀랍지 않다. 왜냐하면 여성들의 다양하고 복잡한 삶이 제시하는 기회들과 요구들은 상이한 형태들의 도덕적 행위성을 요청하기 때문이다. 여성(그리고 남성)은 보살핌을 주는 활동들이 보살핌을 주는 자를 불가피하게 수동성과 보조자 역할로 인도하지도 않으며 본래적으로 행위성을 배제하지도 않음을 알 필요가 있다. 우리들은 보살핌을 주는 행위가 도덕적 행위성의 승인일 수 있고 승인이어야 하며 보살핌에 토대한 행위성이 친밀한 관계들로 한정될 필요가 없음을 파악할 필요가 있다.

그렇지만 여성들은 보살핌에 토대한 행위성이 불운하지는 않다 해도 부적합한 것 같은 셀 수 없는 상황들에 전형적으로 직면한다. 가혹한 광고와 '전문가'의 조언은 여성으로 하여금 체중 감소와 화장 미용법들을 통해 그리고 그 밖의 다른 수단들이 실패로 돌아가면 외과적 개입[수술]을 통해서라도 자신들의 몸을 '완벽하게' 만들라고 충동질해댄다. 고용주들은 [그런] 여성을 고용하지 않거나 월급을 덜 주고 승진을 시키지 않음으로써 차별한다. 결혼이나 아이 갖기를 거부하는 여성들은 비난을 받고 모욕을 당한다. 이들은 거리에서 야유하는 소리나 곁눈질로 들볶인다. 이들은 상관과 동료에 의해 성희롱 당한다. 때로는 낯선 사람에 의해 또 종종 지인에 의해 강간당한다. 가정 내 배우자에게 매를 맞는다. 여성은 이러한 실천들을 수치스럽게 만들고 이러한 공격에 저항할 수 있는 방법을 이해할 필요가 있다. 그러나 그러한 흉포하고 공모적인 적대행위에 직면했을 때 보살핌을 주는 여성의 역할 안에 암묵적으로 깔린 도덕적 행위성의 형태가 여성들에게 크게 도움이 되리라고 생각할 이유는 없다. 이러한 맥락에는 정치화되고 집합적인 대항적 형태의 도덕적 행위성이 더 잘 어울린다.

　관계-안의-보살핌을 행하는 자아건 반항적이고 대항적인 자아건 여성이 직면한 도전들 모두를 만족시킬 수는 없는 것 같다. 아마도 여성의 행위자적 욕구 전부에 대해 충분한 도덕적 주체와 도덕적 선택 그리고 행위를 모형화할 길이 있을 것이다. 그렇다면 그것은 장차 여성주의 철학이 탐구할 프로젝트이다.

(윤혜린 역)

38. 보살핌
안드레아 마이호퍼(Andrea Maihofer)

1. 서론

1980년대 초반 무렵부터 시작된 보살핌의 윤리에 대한 여성주의의 논쟁은 그 범위가 매우 광범위하여 그 논쟁을 개관하기조차 어려울 지경이다(Feder and Meyers, 1987; Brabeck, 1989; Nunner-Winkler, 1991; Larrabee, 1993; Nagl-Docekal and Pauer-Studer, 1993). 그 논쟁의 결과로 도덕에 대한 전통적 개념들을 비판적으로 확장하거나 대안적인 독해 방법들을 제시하는 수많은 논문들이 쏟아져 나왔을 뿐만 아니라, 보살핌 윤리에 관한 일련의 독자적인 모델을 만들어 내었다. 길리건(Carol Gilligan)은 자신의 책 《다른 목소리로》(*In a Different Voice*, 1982a)를 통해 논의에 불을 지피는 역할을 하였다. 길리건은 그 책에서 여성과 남성의 서로 다른 도덕 발달 이론에 관한 윤곽을 잡았다. 길리건에 따르면, 도덕에서의 '남성' 개념이 정의의 윤리학으로 이해될 수 있다면, '여성'의 개념은 주로 보살핌의 윤리학으로 보여질 수 있다. 이러한 논제는 그것의 경험적 정확성과 일반화의 타당성에 대한 거센 찬반 논의에 불을 지폈다(Nails, 1983; Auerbach et al., 1985; Nunner-Winkler, 1986, 1991a, 1991b; Flanagan and Jackson, 1987; Nicholson, 1983b).

또한 보살핌의 잠재적 사용을 위한 여러 제안들이 활발하게 교환되었으며 미국 이외의 다른 지역에도 그러한 논의가 계속되었다. 3절에서, 나는 보살핌의 윤리가 어떻게 전통적인 도덕의 잠재적인 비판적 보완으로 또는 고전적인 도덕의 개념들을 다시 독해하는 방법으로 사용될 수 있는지에 대한 여러 이론들의 윤곽을 그려 볼 계획이다. 4절에서, 나는 독자적인 윤리의 대안으로서의 보살핌 윤리의 유용성에 관한 영향력 있는 비판가들의 주장들을 강조할 것이다. 그러나 이러한 시도들 모두는 크게든 작게든 길리건의 논제에 의존하고 있기 때문에 우선적으로 나는 2절에서 다소 자세하게 보살핌 윤리의 공식화를 개관해 볼 것이다. 그리고 5절에서 도덕을 이해하기 위한 몇 가지 비판적 반성들을 제시함으로써 끝을 맺을까 한다.

2. 보살핌 윤리로서의 도덕의 여성적 개념에 대한 길리건의 재구성

길리건은 분석의 출발점으로서 여성을 항상 보다 낮은 도덕 단계에 할당하는 콜버그(Lawrence Kolberg)의 도덕 발달의 단계 모델에 만족하지 못했다(Kohlberg 1981, 409면). 그녀는 남녀를 불문한 연속되는 면담을 하면서, 그들에게 자아 이미지와 도덕에 관한 질문들을 던졌는데, 이를 통해 여성의 도덕 발달이 남성의 도덕 발달과의 관계에서 아무런 결함도 발견할 수 없었지만 서로 다른 논리를 따른다는 사실을 발견하였다(Nicholson 1983b).

(a) 분리와 개체화의 경험에 발달이 맞춰진 '남성' 자아의 관점에서 볼 때 사람들은 서로 독립적이며 주관적인 권리로 설정된 개개인들이다. 남성은 타자를 주로 자신의 의지를 축소시키는 존재로 그리고 개인의 권리를 침해하는 존재로 이해한다. 사회에서의 공존은 각자의 영역 테두리에서의 서로 다른 개개인들의 공생으로 상정된다. 그러므로 '남성'의 관점에서 볼 때 사회는 원초적으로 독립적인 개개인들의 모임 이후에나 만들어지며 모든 사람들에게 적용될 수 있는 공동의 규칙들로써 유지된다. 이러한 '남성'의 관점을 수반하는 도덕에 대한 이해에서 도덕적 딜레마는 주로 경쟁하는 요구들과 권리들 간의 충돌이다. 수학적 등식으로 볼 때 도덕적 딜레마는 경쟁하는 권리들 간의 균형을 찾는 문제이며 올바른 규범이나 규범들의 서열을 구체적인 사례에 적용하는 문제가 된다. 이것은 첫째, 도덕적으로 올바른 하나의 해결책이 있을 수 있으며, 도덕적 의사결정은 특히 추상적인 원칙들을 구체적인 상황들에 적용하는 것임을 의미한다. 길리건에 의하면 이것이 바로 정의의 도덕으로서의 도덕에 대한 '남성'의 개념으로 간주되는 것이다.

(b) 이와 대조적으로 도덕에 대한 '여성'의 개념은 보살핌과 공감의 용어들로 둘러싸여 있다. 여성의 자아의 발달을 유대(solidarity)와 정체(identification)의 경험에 따라 일어나는 '여성'의 자아의 관점에서 볼 때, 개개인은 사회적 관계의 그물망 내에서 그리고 그 토대 위에서만 존재한다. 따라서 여성은 다른 사람들을 주로 구속하는 존재로서 아니라 자기 자신의 존재 가능성의 조건들로서 보게 된다. 이것은 사회

란 고립된 사람들로 구성되는 것이 아니라 관계들로 구성되며, 규칙들의 체계를 통해서 형성되는 것이 아니라 인간적 연결들에 의해서 형성되는 것임을 의미한다(Gilligan, 1982a, 42면). 이러한 '여성'의 관점을 수반하는 도덕의 개념은 사람들의 사회성 경험에 의거하고 있으며, 또한 사람들 간의 이러한 구속에 대한 인식은 서로 간의 상호적 책임을 인정하고 또 공감능력의 필요성에 대해 이해하는 것이다(43면). 그런데 이러한 도덕의 개념은 '전형적인 여성'의 방식, 다시 말해서 거리감 없는 오로지 정서적이고 감정이입적인 것만은 아니다. 오히려 그것은 정의에 입각한 도덕의 개념의 세계와 비교할 때 다른 세계에 대한 판단과 다른 지식일지라도 판단과 지식에 의거하고 있다. 이러한 관점에서 도덕적 딜레마는 무엇보다도 사회적 관계의 복잡한 그물망 내에서 경쟁하는 책임들로 이루어지는 것이며 그 해결책은 상호 책임들을 명료히하고 사회적 밀착을 유지하는 것이 될 것이다.

　도덕이 추상적이고 자율적인 개개인에 토대를 두는 정의의 윤리와는 달리 보살핌의 윤리의 도덕성 전면에는 구체적인 개개인과 인간관계의 심리학적·사회적 결단성이 놓여 있다. 이렇듯 도덕 문제의 구체적 문맥을 재구성하는 일은 보살핌 윤리의 관점에서 나온 도덕 판단에 있어 결정적인 것이다. 특정한 상황에 기여하는 도덕적 의사결정은 문맥에 의존하기 때문에 유일하게 가능한 합리적인 근거에서 선택된 것이 아니며, 그 도덕은 다른 상황들에 대한 일반화가능성이나 적용가능성에 있는 것이 아니다. 그렇다고 해서 도덕적 '진리'가 항상 관점과 구체적 문맥의 문제라는 사실이 의사 결정에 있어 주의깊은 숙고와 토대의 기준이 없다는 것을 의미하는 것은 아니다. 그리고 이러한 탈인습적 맥락화(Gilligan and Murphy, 1980, 83면) 내지는 이러한 도덕적 '진리'의 상대성은 도덕적 상대주의나 허무주의와 혼동되어서도 안 된다. 그 대신에 보살핌 윤리의 관점에서 나온 도덕은 특수한 문맥에 대한 각각의 해결들이 지닌 한계성을 보여준다. 특별한 도덕적 의사결정은 다른 시나리오에서는 적합하지 않을 수도 있지만 이러한 도덕적 의사결정의 과정은 다른 도덕적 충돌에 적용될 수도 있다(Gilligan, 1982, 33면).

　이렇듯 정의의 윤리에서의 도덕 판단은 규칙들/보편적 원칙들을 특수한 상황에 연역적으로 적용함에 따라 만들어진 것이라면, 보살핌의 윤리내에서의 도덕 판단들은 최상의 것이 결부된 모든 것에 영향을 미치는 해결책을 귀납적으로 찾음으로써 형성된다. 전자의 경우에서 의사결정의 도덕은 일차적으로는 응용 규범들의 합리적 토대에 놓여 있으며 단지 부차적으로만 구체적인 의사결정 과정에 있는 것이다. 이와 달리 후자의 경우에서 의사결정의 도덕은 특수하고 구체적인 의사결정의 합리적 토대 위에 놓여 있다. 그리고 전자에서는 주요한 도덕의 기준이 정의와 공정성이라면 후자에서는 보살핌과 공감이 도덕의 기준이 된다.

(c) 길리건에 따르면, 적어도 두 개의 도덕적 입장이 있다. 각각의 '진리들'은 서로 환원될 수도 그리고 더 높은 도덕의 위치를 차지할 수도 없지만, 각각은 다른 편의 '일방성'에 대한 생산적 비판들을 표출한다. 이렇듯 도덕에 대한 '여성' 개념의 발달은 보살핌과 공감의 규범적 우선성을 유지하면서 평등한 권리들의 개념 통합을 요구한다. 바꿔 말해서 이러한 도덕에 대한 개념은 다른 개념들을 통합한다(1984, 292면: 1991, 97면 이하). 두 개의 도덕들의 상호 관계를 설명하기 위해서 길리건은 형태 이미지(Gestalt image)를 개개인의 관점에 따라 오리로도 토끼로도 볼 수 있는 모호한 형상으로 사용한다. 그녀의 매우 중요한 업적들이란 형태(Gestalt)에서 한 개인은 양쪽 모두의 해석들을 발견할 수 없으며 어떤 이미지의 해석이 '참인' 이미지인지를 결정하기 어렵다는 사실들이다.

그러나, 길리건에 따르면 도덕에 대한 서로 다른 개념들은 결코 어느 한 성에게만 확보될 수 있는 것이 아니다. 어떠한 도덕도 공적인 영역이나 사적인 영역으로 제한되지 않는다. 실로 길리건은 각 개념들의 비환원성 때문에, 각각의 도덕적 관점들을 전환하는 것이 필요하며 각자의 관점에서 문제를 평가할 수 있어야 한다고 생각한다. 더 나아가 그녀는 명료성의 부족이 주는 긴장을 견뎌내기 위해서 각 사람은 높은 수준의 "애매성에 대한 아량"을 요구받는다고 결론내린다(1982, 25면).

궁극적으로, 두 개의 도덕에 대한 길리건의 논제는 비판의 봇물을 터뜨렸으며, 이러한 논쟁들 속에서 나는 그녀의 주장 속에서 가장 생산적이고 가장 도발적인 것이 무엇인지를 이해하게 된다.

3. 전통적인 도덕의 비판적 확장과 재독해로서의 보살핌 윤리

(a) 하버마스의 담론 윤리학에 대한 비판적 확장

벤하비브(Seyla Benhabib)는 여성의 도덕 개념에 대한 길리건의 논변들에 비추어서 전통적인 도덕에 대해 숙고하기 시작한 사람들 중의 한 사람이다. "일반화된 타자와 구체적 타자: 콜버그-길리건 논쟁과 여성주의적 이론"은 고전적 논문으로 볼 수 있다. 그녀의 비판적 접근 또한 그 논의를 개척하는 역할을 하였다.

벤하비브에게 있어, 보살핌 윤리의 규범적 잠재성은 특히 문맥 의존적인 특성에 있다. 여성은 도덕적 숙고들 속에서 "'특수한' 타자의 관점"을 취하려 하며 이러한 관점은 전통적 개념들이 평가되어질 수 있는 규범적인 표준이 된다. 그녀는 홉스

(Hobbes)로부터 롤즈(Rawls)와 콜버그에 이르기까지 전통적 개념들에서의 도덕은 "'일반화된' 타자의 관점"에 의거하고 있다고 주장한다. '무지의 베일'을 이야기하는 롤즈의 이미지가 생생한 사례라 할 수 있다. 롤즈는 도덕적 의사결정이 이상적으로 만들어지는 조건들, 다시 말해서 자기 자신도 타자도 동의하지 않는 상태에서 관련된 당사자들 중의 어느 누구의 개인적 특성들이나 사회적 지위에 대해서는 전혀 알 수 없는 조건을 약술한다(Rawls, 1971). 그러나 이러한 방식으로 도덕을 정의하는 일은 도덕이 단지 추상적이고 자율적인 개개인의 관점에서 개념화될 수 있다는 것을 의미한다(개개인의 이러한 추상적 이미지는 사람들을 독립적이고 서로 아무런 관계를 갖지 않는 지상에서 나온 독버섯들에 비유한 홉스에서 특히 명백하게 드러난다). 이러한 제약은 도덕적 의사결정이 배타적인 독백적 구조를 갖고 있다는 것을 의미한다. 바꿔 말해서 홀로인 개개인들의 사유 놀이는 특수한 구체적 개별성을 무시하게 된다.

한걸음 더 나아가 도덕에 대한 전통적인 개념들은 벤하비브가 논증하고 있듯이, 추상성의 토대를 구체적 타자와 그녀 혹은 그의 차이에 두고 있기 때문에 가역성과 보편화가능성을 예측하지 못한다. 이러한 문제 이외에도, 여성의 관점에서 볼 때, 그러한 추상성은 도덕의 영역을 협소하게 하는 문제에 봉착하게 되며, 이러한 방식으로 정의의 문제들과 좋은 삶의 문제들 간의 다시 말해서 공적인 것과 사적인 것 간의 엄격한 구분에 이르게 된다(Benhabib, 1986, 405~10면). 이러한 방식으로 여성의 경험과 이해관계는 도덕의 영역으로 들어오지 못하고 사적인 것으로 되어 버린다.

벤하비브는, '이러한 형식적-보편주의적 도덕 이론들'과는 대조적으로 하버마스(Habermas)가 담론 윤리에서 발전시켰던 '상호적 보편주의(interactive universalism)'는 '차이를 반성과 행위의 출발점으로' 간주한다고 주장한다. 벤하비브는 담론 윤리를 통해서 양쪽의 입장을 생산적으로 결합시킨다. 첫째 담론 윤리는 도덕적 의사결정들이 보편적 원칙들에 의거하며 또한 보편화될 수 있다는 점을 보장한다. 벤하비브는 이 두 규범적 기준들을 여성주의적 관점을 보장해주는 중요한 것으로 이해한다. 둘째 벤하비브는 담론 윤리를 다음과 같이 제시한다. 즉 사람의 태도들이 상황과 관련이 있건 없건 그 상황을 결정하지 않는 도덕적 선판단이란 있을 수 없으며, 따라서 그 상황의 특수한 매개변수를 인정하지 않는 선판단이란 있을 수 없다는 것이다. 벤하비브가 강조하고 있듯이, 담론 윤리에 대한 이러한 해석은 하버마스가 생각하고 있는 것과는 정반대의 것이다(Habermas, 1986). 그녀에게 있어, 실천적 담론은 사전적 제약을 갖지 않을 때만 그녀의 혹은 그의 구체적 개별성과 구체적 욕구 속에서 타자를 인지하는 일이 보장될 수 있다(Fraser, 1989a, 144면 이하).

(b) 롤즈의 정의론에 대한 비판적 재공식화

롤즈의 도덕에 대한 오킨(Susan Moller Okin)의 비판은 여성주의 이론 형성의 두 가지 국면들을 동시적으로 보여준다. 첫째 오킨은 롤즈의 정의의 개념에서 여성의 실존과 경험 영역의 배제뿐만 아니라 젠더 범주의 부재에 대해 강조한다. 그녀는 롤즈의 구성물인 '무지의 베일' 이론 안에 있는 이러한 결함들을 효과적으로 폭로한다. 롤즈의 무지의 베일은 기본적인 도덕 원칙들을 발견하는 동안 개개인으로부터 그녀 또는 그의 사회적 지위와 가치 체계 등을 숨긴다. 물론 롤즈는 젠더와 젠더 관계의 문제들을 충분히 언급하지 않았으며 또한 무시해 버렸다(Okin, 1989a, 91면). 이것은 롤즈에겐 젠더와 가족 관계는 정의 문제들의 범주로 포섭되지 않음을 의미한다. 그리하여 그는 수많은 방식으로 여성에게 문제가 되어 왔던 공사 간의 전통적인 구분을 재생산한다. 이외에도 롤즈는 가족을 개개인의 도덕 교육의 핵심적 원천으로 만들고 있기 때문에, 그의 젠더 배제는 뻔뻔스러운 모순임이 증명된다(9면). 그러나 오킨은 다음과 같이 묻는다. 자식에 대한 부모의 사랑이—롤즈에겐 이것은 도덕적 퍼스낼리티의 발달의 결정적 토대이다—부정의에 의해 오염되지 않을 수 없을 때, 개개인은 가부장적이고 성차별적인 구조를 가진 가족으로부터 어떻게 정의감을 발달시킬 수 있는가?

오킨은 롤즈에 대한 이후의 비판에서 다소 다른 방향을 취한다. 그녀는 이제 일차적으로 젠더-특유의 사회 구조에 대한 전제조건들이 롤즈의 정의 이미지에 어느 정도 영향을 미치고 있는지를 그리고 그러한 전제조건들이 어떻게 비일관적인 논증으로 나아가고 있는지를 묻는다(Okin, 1989b). 이리하여 그녀는 이성과 정서의 분리를 두는 칸트적 전통을—정서는 도덕적 토대를 가지지 못하며 도덕은 그것의 토대로서 이성적 통찰력과 일상적인 구체성으로부터의 추상화를 갖는다—수용할 때 롤즈가 존재하는 젠더-특유의 노동 분업을 무비판적으로 받아들이고 있음을 증명한다. 오킨은 롤즈가 정의감의 발달은 어린시절의 사랑의 수용 경험에 의거하고 있다고 주장하고 있기 때문에 그의 이성과 정서의 분리는 그의 나머지 이론과 조화를 이룰 수 없음을 발견한다. 그녀는 롤즈 이론을 면밀히 검토해 봄으로써 정의의 일반 원칙의 우선성(prioritization)은 감정이입적 능력과 그녀의 혹은 그의 차이 속에서 타자를 인정하는 능력에 달려 있음을 보여준다. 또한 그녀는 차이의 인정뿐 아니라 보살핌도 정의 개념의 구성요소임을 증명한다. 바꿔 말해서, 오킨은 롤즈의 정의에 대한 독해를 통해서 정의의 윤리와 보살핌의 윤리가 합류하는 것은 불가능하다는 길리건의 주장의 타당성과 보편화와 차이의 인정을 결합시키는 벤하비브의 옹호 모두 승인할 수 있게 된다. 그러나 롤즈 이론을 개작하는 오킨에게 남은 문제는 '무지의 베일' 뒤에서 발견되는 일반적인 정의 원칙들이 왜 보살핌의 관점의 흔적을 그 안에 함유하고 있지 않는지를 설명하는 것이다.

(c) 칸트의 도덕 철학의 재독해

나글-도체칼(Herta Nagl-Docekal)은 정의와 보살핌은 서로 다른 두 논리를 따른다는 길리건의 주장을 문제삼고 반성하는 일로부터 출발한다. 나글-도케칼은 길리건의 이론이 권리와 도덕 간의 차이가 불충분하다고 본다. 다시 말해서 길리건은 '보편주의'라는 용어를 부정확하게 사용할 때 특히 명백하게 드러나는 문제점에 의존하고 있다는 것이다(Nagl-Docekal, 1993, 19면). 이렇듯, 나글-도체칼은 개개인의 특수성으로부터의 추상화는 법에 대한 칸트 교의의 특징이지 그의 도덕 철학의 특징이 아니라고 주장한다. 칸트는 도덕 철학에서 개개인의 특수성을 무시해야 한다고 주장하지 않는다. 오히려 그는 그러한 특징들에 초점을 맞추길 주장하며 가능한 한 개개인이 그녀의 또는 그의 특별한 행복의 꿈을 추구하는 것을 지지한다(24면)(O'Neill, 1993, 346면 이하). 이리하여 나글-도체칼은 칸트의 도덕 철학에서 보살핌 행위가 일반법의 형태로 개개인에게로 향하고 있음을 발견하였다. 그리고 이러한 이동은 보편적 타당성과 그녀의 또는 그의 특수성 속에 있는 구체적 개개인에 대한 보살핌을 통합하고 있는 것이다. 그러나 결론에서 나글-도체칼은 칸트의 개념이 실제로 개개인의 특별한 행복의 꿈을 의미하고 있는지, 또는 모든 사람들에게 적용될 수 있고 모든 사람들이 추구하리라 (나는 이것이 칸트의 정식화에 보다 가깝다고 생각한다) 생각하는 행복의 여러 측면들을 의미하고 있는 것인지에 대해서는 언급하지 않은 채 있다.

이렇게 길리건의 이론을 새로이 연구하고 있는 위의 모범적인 세 가지 독해는, 칸트, 롤즈 그리고 하버마스의 개념들과 같이 도덕의 핵심적 개념은 이미 보살핌 윤리의 핵심적 측면들을 포함하고 있으며, 이러한 측면들을 드러내기 위해 적합한 독해를 요구하고 있음을 전제하고 있다. 그러나 이러한 재독해들은 그것들이 실제로 각각의 도덕적 입장들의 규범적 '핵심'을 놓치고 있는지 또는 그렇지 않은지 그 여부의 문제에 대해서는 전혀 고려하고 있지 않다. 이러한 태만은 주목할 만한 일이다. 왜냐하면 보살핌의 윤리의 핵심적 측면들 중의 하나는 서로 다른 규범적 '진리들'의 가능성과 이에 상응하는 다수의 도덕을 수용하는 주장이지만 전통적인 정의의 개념은 하나의 진리나 옳음만을 허용하기 때문이다. 오늘날 정의 관점이 헤게모니를

질 수밖에 없다는 것은 두 개의 도덕적 입장들을 통합하려 하는 비판가들의 의지에서도 명백하게 드러날 뿐만 아니라 이러한 시도들이 정의 관점의 정교화에 의거하고 있다는 사실에서도 명백하게 드러난다. 프리드만(Marilyn Friedman)은 자신의 입장을 '보살핌을 넘어서'라고 부른다. 왜 그녀는 자신의 생각을 '정의를 넘어서'라고는 부르지 않는가?

4. 보살핌의 윤리

이 장에서는 러딕(Sara Ruddick)의 모성적 사유의 개념과 트론토(Joan C. Tronto, 1993)의 '보살핌의 윤리' 개념을 집중적으로 살펴볼 것이다. 그 개념들은 보살핌이라는 독자적 윤리의 가장 의미있는 변형들을 대표할 뿐만 아니라 '보살핌'이라는 용어의 폭넓은 영역을 증명하고 있다.

(a) 모성적 사유

러딕은 '모성적 사유'를 다듬는 작업을 할 때 다음의 가정에서 출발한다. 즉 도덕적 · 이론적 규범들 즉 지식의 형태들과 진리의 기준들은 모두 특정한 사회적 실천들(practices)에서 비롯된 것이며(18면 이하) 독자적인 규범적 관점으로서 재구성하고 있는 모성적 사유는 '모성적 프락시스(praxis)'로서 현재에도 지속되고 있는 것을 설명하는 한 방법이라는 것이다. 그녀는 이러한 프락시스를 이행하는 개개인들이 배워야 하고 발달시켜야 할 지적이고 정서적 능력들과 특별한 상황에서 행위하고 의사결정을 할 때 따라야 할 규범적 기준들을 설명한다.

어린이의 실존적 삶과 결부되어 있는 '모성적 프락시스'는 그것이 생물학적 프락시스가 아니라 사회적 프락시스이기 때문에 남녀 모두가 실행할 수 있다. 그러나 노동의 성별 분업으로 인해 여성이 주로 실행한다. 그리고 노동의 성별 분업이 역사적 · 개인적 차이들로 인해 전적으로 변화한다 해도 모성적 프락시스는 특별한 시기들 내지는 '요구들'을 갖고 있다. 러딕은 그것들을 보존, 성장 그리고 수용가능성이라 부른다. 보존 또는 보호 그리고 양육에 따른 성장은 어린이라면 어머니에게 하는 요구들이다. 한편으로 어린이는 '보존애(preservative love)'를 필요로 한다. 이것은 어머니의 역할을 하는 사람에게 러딕이 '결단(commitment)'이라고 기술한 일차적인 행위를 요구하는 것이며, 러딕은 여기서 어린이에게 보존적이고 보호적인 주의력을 강조한다. 다른 한편으로는 어머니의 역할을 하는 사람은 어린이의 정서적 지적인 발달을 촉진시키기 위하여 성장하는 어린이의 변화를 잘 인지해야 하는 능력뿐 아니라 어린이와의 분리 즉 그대로 성장하도록 허락하는 수용력을 필요로 한다. 세 번째 요구인 수용가능성은 주로 사회로부터 상세하게 말하자면 구체적인 사회적 환경으로부터 나온다. 어머니의 역할하는 사람은 현행 관습들에 따라 어린이를 성장시켜 사회를 수용할 수 있는 방식으로 발달시켜야 한다. 그러나 러딕이 강조하고 있듯이 이러한 특수한 요구사항은 지배 문화의 가치들에 대한 순응과 무조건적인 수용이라는 위험을 함축한다.

러딕에게 있어 중요한 사실은 이러한 요구들이 단순히 정서적 본능일 뿐만 아니라—그것들은 사랑이나 감정이입과 같은 감정들일 뿐만 아니라—반성, 지식, 그리고 이성의 능력을 요구한다는 것이다. 따라서 그녀는 일차적으로 '모성적 사유'에 대해 이야기하며 '모성적 프락시스'를 다른 학문적 훈련들과 마찬가지로 특별한 통찰력과 진리의 기준들과 가치들을 끌어낼 수 있는 학문적 활동으로 간주한다.

러딕이 다른 훈련들과 모성적 훈련을 비교한다는 것은 이해할 만한 일이지만 모성적 사유와 다른 규범적 개념들을 비교하지 않았다는 점은 문제의 소지가 있다. 그녀의 비판적 실천의 목표는 규범적 관점으로서의 모성적 사유를 가령 군국주의와 전쟁에 대한 비판으로서의 공적인 영역으로 당당하게 가져오는 것이다. 이것은 이러한 사회적 실천이 여성주의적 모성적 평화 정치학으로 발전될 수 있는 도덕적 통찰력과 가치들과 관련되어 있다는 것을 의미한다. 그러나 이러한 통찰력과 가치는 여성의 속성도 남성의 속성도 아니다(러딕에겐, 평화를 사랑하는 여성의 본성은 남성의 폭력만큼이나 신화에 불과하다). 오히려, 그것들은 사회적 실천 속에서 계발된 능력들이다. 그러나 독자적인 규범적 대안으로서의 러딕의 모성적 사유의 제시는 도덕적-이론적 발달을 필요로 하며, 나는 이것을 도덕성의 여성주의적 그리고 전통적 개념들이 지닌 도덕적 문제들에 대한 비판적 분석을 의미한다고 본다. 그러나 그녀의 이론이 그러한 도덕적-이론적 발달을 설정해 놓고 있지 않다면 단순한 이론에 불과할 것이다.

(b) 보살핌의 윤리/타자들을 위한 보살핌의 윤리

세계를 변화시키는 데 정치 이론이 제 역할을 하지 못하는 현실에서, 트론토(Joan Tronto, 1993)는 자신의 책을 통해 적어도 또 다른 세계를 즉 "일상적으로 사람들이 서로 보살피는 것이 인간 경험의 귀중한 전제가 되는" 세계를 일별하기를 원한다. 러딕과 마찬가지로 트론토는 지식, 통찰력 그리고 가치의 형태들은 구체적인 사회적 프락시스 안에서 발전한다는 가정에서 출발하여 타인들을 위한 일상적인 보살핌의 프락시스로부터 보살핌의 윤리를 구성하려고 한다. 그러나 그녀의 이론을 면밀히 검토해 볼 때 러딕과 다른 점은 트론토는 그녀 자신의 사상의 토대를 타인들에 대한 매우 폭넓은 개념, 다시 말해서 '보살핌'을 넘어 '타인들을 위한 보살핌' 개념 위에 놓는다는 것이다. '보살핌'과 비교해 볼 때 그러한 폭넓은 용어는 남성들 또한 이행할 수 있는 수많은 행동을 포함하고 있기 때문에 여성 독점적인 도덕의 구성물로 오해될 위험을 내포하고 있지 않다. 그러나 '타인을 위한 보살핌' 활동이 격하된다면 성차별주의뿐 아니라 여성들 사이에서도 일어날 수 있는 인종차별주의와 계급차별주의의 문제가 발생할 수도 있다(112면 이하).

타인을 위한 보살핌 프락시스가 가지는 규범적인 함의를 발전시키면서, 트론토는 '보살핌의 네 가지 국면들'을 구별한다(105면 이하). 보살핌의 네 가지 요소들은 다음과 같다. 첫째 염려하고 주의하는 것(caring about) 다시 말해서 보살핌에 대한 필요를 인식하는 것이다. 둘째 돌보는 것(taking care of), 즉 보살핌의 책임을 맡는 것이다. 셋째 보살핌을 실천하는 것(care-giving), 즉 충족시켜 주어야 할 보살핌의 실제 노동이다. 넷째 보살핌에 응답하는 것(care-receiving), 즉 보살핌을 받는 사람이 보살핌에 응답하는 것이다. 이렇듯 트론토에겐 타인을 위한 이러한 보살핌의 성공은 첫째 그러한 필요에 책임을 맡을 준비뿐만 아니라 다른 사람들의 요구를 인지하는 것에 달려 있다. 그러나 보살핌의 행위는 만약 보살핌을 받는 사람의 보살핌에 대한 반응이 맨 먼저 고려되지 않는다면 부적당할 것이다.

더 나아가서 트론토는 타인들에 대한 보살핌의 프락시스로부터 "네 가지 보살핌의 윤리적 요소들, 즉 주의력(attentiveness), 책임(responsibility), 능력(competence), 응답(responsiveness)"을 추론한다(127면). 타인을 위한 보살핌 윤리의 첫 번째 요소는 타인의 필요에 더 정확히 말하자면 특수한 역사적 사회적 상황 속에 놓여 있는 그 사람의 구체적 개별성에 대해 주의를 기울이는 것이다. 그러나 우리 사회에서 그러한 주의력의 능력이 제 역할을 하기 위해서는, 타인을 위한 보살핌의 행위에 종사하는 사람들에 대해 더욱 더 존경심을 가져야 한다(130면). 이 외에도 트론토는 타인들의 필요를 인지하고 충족시킬 수 있는 사람들만이 타인들의 필요에 주의를 기울이는 수준에 도달할 수 있다고 주장한다.

트론토는 두 번째 윤리적 요소로서의 책임을 의무(duty)나 책무(obligation)와 구별한다(131면). 그녀에게 중요한 것은 타인을 위해 어떤 일을 하려는 욕망 내지는 그 일을 기꺼이 하려함(willingness)이다. 의무감으로부터 나온 행위는 문제가 되는 상황과의 추상적 관계 속에서 있는 의무감을 의미하지만, 트론토는 오히려 '책임'의

의미를 각각의 구체적인 문맥에 따라 이동하는 '융통성 있는 책임 개념'으로 이해한다. 그녀는 또한 책임은 보살핌의 일을 성공적으로 실행할 수 있기 위해서는 어느 정도의 능력을 요구한다고 생각한다. 그녀는 보살핌에 응답하는 것 즉 네 번째 윤리적 요소는 타인들을 위한 보살핌이 취약성과 불평등의 조건들 하에서 일어나며 따라서 타인들에게 주의를 기울이는 능력을 요구하는 통찰력 위에 근거하고 있다고 말한다. 그리고 여기서 트론토는 자신의 네 가지 요소들이 서로에게 토대를 마련하며 얼마나 밀접하게 협동하는지를 보여준다(136면 이하).

트론토는 설령 보살핌의 윤리의 구성을 독자적인 규범적 개념으로 이해할지라도 동시에 그것을 정의의 관점과의 결합의 필요성을 강조한다. 정의는 오늘날과 같은 사회에서 중요한 기능을 담당한다. 그러나 만약 우리가 "선한 보살핌을 구체화하는 보다 정당한 세계"라는 트론토의 비전을 실현하려 한다면 정의의 개념은 보살핌 윤리와의 연합을 통해서 변화되어야 한다(12면). 그러나 이러한 변화가 정확히 어떻게 일어나야 하는지는 아직은 분명하지 않다.

5. 결론

이러한 모델들 중에서 일차적인 목표는 도덕을 한 차원 더 발전시키는 것이다. 도덕이 권력, 지배, 그리고 억압과 어떤 관계를 갖고 있다는 지적들은 그리 명백해 보이지 않는다. 또한 이러한 이론들은 전통적 도덕의 몇몇 측면들에만 한정된 것이다. 흥미롭게도 이 이론들은 주로 가부장적인 억압의 요소들인 보살핌과 공감과 같은 도덕적 규범들을 문제 삼으면서, 한편 정의와 평등과 같은 규범들이 가부장적인 지배와 내재적으로 연결되어 있음을 무시한다(Nagl-Docekal, 1993; Rommelspacher, 1992, 63면 이하). 뿐만 아니라 현대의 부르주아 도덕적 담론에 대한 또는 도덕 그 자체에 대한 근본적인 비판은 결코 주요 주제가 되지 못했다. 따라서 도덕의 사회적 기원, 기능 그리고 의미에 대한 비판적 고찰들은 결코 이러한 논쟁 안으로 들어오지 못하게 된다.

이런 점에서 나는 이러한 도덕을 패권적 담론과 같은 것으로서 이해한다. 도덕의 개념들은 단지 사람들이 따르거나 따라서는 안 되는 어떤 규범들이나 사회적 기대들의 집합이 아니다. 오히려 그것들은 사유와 감정과 행위, 몸 프락시스들(body praxes), 지식의 형태들, 사회적 관계들, 그리고 제도들이 지닌 다양성의 방식들의 복잡한 결합물들이다. 사유와 감정 그리고 행위는 이러한 것들 안에서 제도화될 뿐만 아니라 규범화되고 검열되고 규율된다. 이것은 개개인들이 어떻게 현대의 부르주아

도덕적 담론 내에서 자율적인 도덕적 주체들이 되는가를 말해준다.

젠더-특유의 서로 다른 도덕적 오리엔테이션에 대한 길리건의 정식화는 서구 부르주아 자본주의 사회의 지배적인 도덕적 담론들 내에서 전 인격을 구성하는 패권주의적 '효과'에 대해 생생하게 드러낸다. 그녀의 이론은 이러한 효과가 젠더가 구별되는 도덕적 주체들을 만들어냈을 뿐만 아니라 바로 그러한 주체와 젠더에게 본질적인 기여를 했다는 것을 보여준다(Maihofer, 1988, 1995). 그녀의 이론에서 명백한 것은 사회적 관계들을 개별화하고 인격화하는 도덕―그리고 보살핌 윤리―의 조직적 경향이다.

그러므로 나는 규범적 담론과의 단절을 주장하는 것이 아니다. 이것은 정치적으로 현명하지도(도덕이 사회를 위해 핵심적인 것으로 남아 있는 한) 실용적이지도(개개인이 도덕적 주체의 토대로 남아 있는 한) 않다고 생각한다. 그 대신에 나는 유용하게 사용되기 위해서 지배적인 도덕의 본질적이고 구조적인 요소들의 비판적 분석과 변화를 옹호하는 바이다. 내 생각에는 길리건이 정식화 한 보살핌과 감정이입의 관점이 지닌 폭발적 효과는 개개인의 규범들이나 전통적인 도덕에 대한 비판에 있는 것이 아니라 (적어도) 두 개의 도덕적 관점들의 존재를 증명한 데 있다. 그리고 내가 전통적인 보편주의에 대한 생산적 비판을 찾은 것은 바로 여기에서이다. 보편주의에 대한 일원론적 개념과 단 하나의 도덕이 있을 수 있느냐 또는 전혀 없느냐의 믿음과는 대조적으로 도덕의 적어도 두 개의 개념들에 대한 강력한 주장은 다원적 보편주의의 이념 쪽으로 향하고 있는 것이다. 한 사회 내에서 그리고 세계적인 수준에서 서로 다른 문화에 따른 규범 표준들의 상호 충돌을 생각해 볼 때, 동등하고 타당한 도덕에 대한 몇 가지 개념들의 공존 이념이 최우선시되어야 할 것 같다. 다원적 보편주의의 이념은 다음 세 가지 영구적인 자기 비판적 반성을 널리 제도화할 필요가 있다. 첫째 규범들 자체의 보편적 타당성에 대한 고유한 패권적 예상을 토대로 한 전통적인 보편주의의 구조적 제국주의에 대한 반성이다. 둘째 그 자체의 규범에 대한 사회적 상대성과 제약에 대한 반성이다. 셋째 도덕의 개념들은 항상 권력과 지배의 현존하는 사회적 관계들의 구성적 요소들이며 규범들의 분석들 또한 항상 권력과 지배의 사회적 관계들의 분석의 결과라는 사실에 대한 반성이다. 이 외에도 다원적 보편주의의 개념은 상호적이고 서열화되지 않은 사회·문화적 차이들의 인식, 즉 다원적 보편주의의 역설적 이념이 지향하는 목적을 보장할 수 있는 규범적 규칙들과 정치적 프락시스의 발전을 필요로 한다.

(이혜정 역)

39. 불편부당성

메릴린 프리드만(Marilyn Friedman)

서구 근대 철학에서 불편부당한(impartial) 추론은 도덕적 관점을 정의해왔고 도덕적 정당화 전략을 결정해왔다. 정치철학자들도 마찬가지로 특정한 정부와 사회 제도를 합법화하기 위해서 불편부당한 추론을 끌어들였다. 그렇지만 규범적인 불편부당성(impartiality)은 최근 몇 년 사이에 매우 논쟁적인 문제가 되었고 여성주의자들은 이 토론에 실질적으로 기여해왔다.

불편부당한 추론은 두 가지 의미에서 편파적(partial)이지 않다. 첫째 그것은 불완전한 것이 아니라 관련된 모든 이해들을 완전하게 혹은 적어도 충분히 고려할 것을 포함한다. 둘째는 더욱 중요한 것으로서 그것은 관련된 이해들 사이에서 한쪽으로 기울거나 편향되어 있지 않다. 불편부당성은 특수한 종류의 일관성을 나타낸다. 즉 도덕적 추론자의 주관적인 신념과 관계없이 유사 사례들은 유사하게 고려되어야 한다는 것이다. 차별적 고려는 그 사례들 자체에서 일정하게 진정한 차이가 있을 때 행해지며 한갓 추론자의 충심(loyalty)에서의 차이의 문제가 아니다. 전통적 논의에서 인간은 불편부당한 관점에 근접할 수 있다고 가정되는데 이는 정당화된 규범적 추론과 숙고에 대한 명시적 표준으로서의 역할을 보증하기에 충분히 유의미한 정도라는 것이다.

여성주의자들은 불편부당성 개념을 규범적으로 사용하는 주요한 두 경우 모두에서 그 개념에 도전했다. 우리는 도덕적 관점에 대한 하나의 정의로서 불편부당성을 사용하는 것에 이의를 제기했고 또한 우리는 정치 제도를 합법화하기 위한 불편부당성의 능력을 논박했다. 여성주의 철학에서 이러한 경향들은 주류 도덕철학 안에서 그 고유한 근대 전통에 대한 최근의 비판적 발전과 평행을 이룬다. 그렇지만 여성주의적 비판은 이러한 운동에다 젠더, 위계 그리고 억압의 문화적 실행과 그러한 실행들을 유지하는 데서 불편부당성의 규범적 전통이 행한 역할에 대한 변별적인 관심을 끌어들였다. 많은 여성주의자들에 따르면 [불편부당성 개념이] 모든 이해들에 대한 편향되지 않은 관심이란 관념을 표현함에도 불구하고 불편부당성의 이론과 그것의 실제적 적용은 여성의 종속에 기여해왔다.

도덕철학에서 불편부당성

윤리 이론에서 불편부당성은 종종 모든 사람들의 이해들에 대한 평등한 고려로서 표현된다. 이러한 일반 요건은 근대 철학에서 주요한 두 윤리적 전통 안에서 다르게 명료화된다. 공리주의 안에서(Mill, 1979) 불편부당성은 우리가 우리의 행동에 의해 영향을 받는 모든 사람의 웰빙을 고려할 것, 그리고 올바른 행위를 결정할 때 친구뿐만 아니라 적과 이방인 등 서로 맞서 있으면서 영향을 받는 모든 당사자의 고통과 쾌락을 가늠해 볼 것을 요구한다. 칸트 윤리학 안에서(Kant, 1964) 불편부당성은 도덕법칙을 순수 이성이 파악할 것, 우리 자신의 주관적 정서(emotion)와 애착을 무시할 것, 모든 사람을 본질적으로 가치 있는 목적 그 자체로서 동등하게 간주할 것, 그리고 밀접한 개인적 관계 안에서라도 일차적 도덕적 동기가 도덕법칙에 대한 의무와 존중의 인식일 것을 요구한다. 칸트 윤리학은 필경 불편부당성 윤리 전통의 패러다임으로서 봉사해왔다.

적어도 두 가지 문제와 관련하여 불편부당성의 전통적 이상은 예로부터 내려 온 여성의 도덕 능력에 대한 폄하에 기여한다. 첫째 불편부당성 개념은 근대 도덕 이론으로 하여금 도덕적 정서를 희생하면서 도덕적 합리성을 강조하도록 단단히 붙들고 있다. 남성보다 더 감정적이고 덜 합리적이라는 여성에 대한 오래된 스테레오 타입 때문에(예를 들어 Kant, 1960) 불편부당성의 이상은 여성에게는 불가능하다고 가정되었던 또 다른 합리적 성취를 정의한다.

둘째 주관적 이해를 향하거나 그것에 반하는 어떤 편견도 없을 것을 요구하면서 불편부당성은 그에 따라 도덕적 행위자가 그녀 자신의 충심, 계획, 그리고 정서로부터 초연한 상태에서 추론할 것을 요구한다. 그렇지만 이러한 형태의 초연함은 밀접한 개인적 관계를 유지하는 데 요구되는 것과 적대적이다. 개인적 관계는 정서적 애착, 우선적 헌신, 연인의 특이성에 대한 반응성, 일차적 도덕 동기로서 그녀의 웰빙에 대한 직접적인 관심을 요청한다. 따라서 겉보기로는 불편부당한 이성이 우리의 삶에 그토록 중요한 밀접한 개인적 관계에 동기가 되거나 그 관계를 정당화할 수 없는 것 같다. 불편부당한 이성에 대한 근대 도덕철학의 강조가 밀접한 개인적 관계의 도덕성에 대한 이론적 무시의 만연과 일치했음은 우연의 일치가 아닌 것 같다.

여성의 도덕적 지평은 밀접한 개인적 관계, 특히 가족 관계에 대한 그들의 헌신들 및 그들이 헤어나올 수 없다고 간주된 헌신들에 의해 제한된다고 오랫동안 간주되어 왔다. 밀접한 관계가 갖는 도덕적 중요성을 평가절하하는 듯한 태도에 의해서 불편부당성의 전통적 이상은 또 다시 여성의 도덕적 능력과 관심에 대한 경의를 감소시킨다. 비록 모든 여성이 전통적인 여성의 역할에 종사하지 않는다 해도 여성에 대한 사회적 경의는 일반적으로 전통적인 여성의 작업에 부합된 사회적 가치의 정도에 중하게 달려 있는 것 같다. 따라서 많은 여성주의자들은 그 작업 안에 체화된 가치들, 특히나 정서성(emotionality) 및 밀접한 개인적 관계에 대한 집중의 가치들을 옹호하는 것을 중요시한다.

1980년경 도덕 심리학자인 캐롤 길리건(Carol Gilligan)은 그녀가 서술한 여성의 변별적인 도덕적 목소리 즉 보살핌을 향한 윤리적 지향을 명료화함으로써 10년 동안에 행해진 다른 이론가들의 관련 작업을 능가하였다(Gilligan, 1982a). 길리건의 연구들은 정서성과 특정 타인을 위한 보살핌이 여성이 취하는 도덕적 입장의 변별적 면모임을 지지하였다. 전통주의자들은 이러한 특질들을 도덕적 결함으로 간주해 온 반면에 길리건은 보살핌의 윤리가 권리와 정의의 문제에 몰두해 있는 불편부당적(그리고 명백히 남성주의적) 윤리학과 대조되는 도덕적 동등자라고 부르며 환영하였다.

보살핌의 윤리는 관련 당사자 모두에 대한 동등한 관심 및 다른 이해들보다 어떤 특정한 이해들을 우선시하지 않음이라고 하는 불편부당성의 요건을 무시하는 것 같다. 보살핌 윤리의 관점은 그러한 정서적 초연함과 해리(解離)를 요구하지 않는다. 그 대신에 특정한 타인의 이해에 대한 우리 자신의 관심 자체가 보살핌의 관점을 정의한다. 덧붙여 보살핌 지향은 도덕 법칙에 대한 이성적 존경에 토대를 둔 칸트식의 불편부당한 동기라기보다는 연인과 그녀의 웰빙에 대한 직접적인 정서적 관심이라는 도덕적 동기를 요청하는 것 같다. 이방인을 향한 친절과 관대함조차도 종종 불편부당성주의(impartialism)에서 벗어난다. 도움이 필요한 사람들 가운데서도 차별적으로 특정인들을 향해서 행해지기 때문이다(Blum, 1987, 321~35면). 보살핌 윤리, 특히 밀접한 개인적 관계의 도덕성은 따라서 단연코 불편부당하지 않은 도덕적 지향(moral orientation)을 요구했던 것 같다.

불평부당한 도덕 이론을 옹호해 온 사람들은 이러한 비판에 대해 폭넓게 반응해 왔다(예를 들어 Hill, 1987, 131~1면; Baron, 1991, 838~44면). 그들은 밀접한 개인적 관계가 인간의 삶의 완성에서 중심이며 연인에 대해 우리가 각자 느끼는 편파적인 관심은 대다수 인간이 다른 사람들 모두에게 동등하게 느낄 수 있는 어떤 것은 아니라는 것을 인정한다. 그렇지만 불편부당성론자들은 도덕 추론을 정당화하는 데 요구되는 추상적 입장과 그녀를 목전에 두고 있는 특별한 상황에서 무엇을 해야 할지를 결정할 때 도덕적 행위자가 취하는 실천적 입장을 구분한다. 그들은 불편부당성이란 도덕 원리와 판단을 정당화하는 데 요구되는 착지점이지 우리가 다른 모든 이가 아닌 어떤 사람에 대해 보살피는 일상의 도덕적 상황들 안에서 무엇을 해야 할지 숙고하기 위한 착지점이 아니라고 주장한다. 특정한 사람들로서 우리는 우리의 일상 생활에 직면하고 있으며 우리는 확실히 우리 자신이 다른 모든 사람들의 웰빙에 대해 무차별적으로 동등하게 책임이 있다고 생각하지 않으며 그래야 하는 것도 아니다.

그렇지만 불편부당성론자들이 말하듯이 만일 우리의 편파적인 사랑과 충성심이 도덕적으로 허용될 수 있거나 혹은 요구되기 위해서는 그것들은 불편부당한 혹은 주관적으로 편향되어 있지 않은 입장에서 정당화될 수 있어야 한다. 이는 우리 자신의 이해 혹은 우리가 특별하게 관심을 갖게 된 사람들의 이해에 특별한 가중치를 부여하지 않는 이유들에 부합되게 정당화될 수 있어야 함을 의미한다. 예컨대 한 어머니로서 내가 내 자식을 우선적으로 보살피는 일이 도덕적으로 허용될 수 있거나 혹은 올바르다면 이 올바름은 불편부당하게 인지되어야 한다; 그것은 내 주관적인 편애에서만 따라나오지 않는다(Hill, 1987, 132~3면; Baron, 1991, 842~4면).

의무의 불편부당한 동기를 옹호하는 사람들은 그 동기가 어떤 행위를 하는 이유로서 그 행위의 도덕적 올바름을 취하고 어떤 행위를 하지 않는 이유로서 그 행위의 그름을 취하고자 하는 신념을 체화한다고 주장한다(Herman, 1993b, 2장). 그것은 '이차적 동기'로서 중요하게 기능하는데 즉 한 행위자가 수행할 다른 목표와 계획 상에서 제한 조건이 된다. 그 행위자는 그에 따라 도덕적으로 허용되는 것만을 하고자 하는 신념에 따른다. 사랑과 충심은 본질적으로 그렇게 동기화하지 않으며 우리가 사랑하는 사람들을 위해서 올바름을 행하고자 하는 것만큼 우리로 하여금 그름을 행하도록 쉽게 몰아갈 수 있다. 더 나아가 의무의 동기는 특정한 다른 사람을 보살피려는 동기화의 동시적 영향과 양립 가능하다. 다른 말로 하면 의무가 애정과 일치할 수 있다. 그렇지만 최선의 정서와 애착의 보살핌은 도덕적인 것에 대한 신념에 의해 인도되는 것이다.

　더 나아가 불편부당성론자들은 일정한 형태의 특정 타인을 향한 보살핌, 헌신, 그리고 우선적 관심에 연관되어 있는 도덕적 위험을 경고한다. 예를 들어 성차별주의나 인종차별주의처럼 어떤 형태의 편파성은 도덕적으로 문제가 많다. 편파성에 대한 지나친 강조는 한갓 '나만의' 친구들, 가족, 혹은 종(kind)에 대한 관심만으로 제한된 편협한 도덕적 태도를 허가해줄 수도 있다(Friedman, 1993, 2장). 불편부당성의 견해에서 볼 때 불편부당한 도덕 원리들은 도덕적으로 허용될 수 있는 편파성을 허용될 수 없는 형태로부터 차별화시키는 최상의 토대로 남는다.

　당대의 도덕적 불편부당성론자들은 따라서 도덕적 정당화 과정 안에서 불편부당성이 행한 역할을 선발해서 옹호함으로써 윤리학에서 '인격적 전환'(personal turn)을 조정한다. 의식적인 불편부당한 추론이 일상이 도덕적 숙고와 반응성을 위해 반드시 요구될 필요는 없다. 그렇지만 그것은 도덕적 근거 위에서 행동을 정당화하기 위해 필수적인 입장이다. 만일 도덕적 행위자 자신이 도덕적으로 행동하고자 하는 그녀 자신의 신념을 나타내는 방식으로 행위하려면 그녀는 이제 불편부당한 입장에서 그녀의 일상 행위들을 안내하는 규칙, 판단, 격률, 동기 그리고 반응의 도덕적 정당성을 고려해야 한다. 불편부당한 도덕 이론가에게 불편부당성의 정당화 역할은 확고하며 환원불가능하다. 어떤 편파적인 관점도 도덕적 규칙, 판단, 격률, 동기 혹은 반응에 대한 충분한 도덕적 정당화를 제공할 수 없다. 어떤 관점이 불편부당하면 할수록 그것은 도덕적 정당화를 위한 이상적 견해에 더욱 더 근접한다.

　이러한 불편부당성론자의 반응이 논쟁의 맥을 이동시킨다. 이제 질문은 불편부당한 이성이 밀접한 개인적 관계에 의해 요구되는 관심과 정서성을 동기화하는 데 충분한지 아닌지 하는 것이다. 불편부당성론자들은 그것으로 충분하지 않음에 동의한다. 그렇지만 도덕적 입장으로부터 그런 관심을 정당화하는 일이 여전히 필요하다. 따라서 불편부당성론자들은 도덕적 정당화를 위해 요구되는 견해에 대한 하나의 정의적 표준으로서 불편부당성의 무소부재성을 거듭 언명한다. 불편부당성론자에 따르자면 사회정의와 같은 넓은 규모의 문제든지 가정 내 친밀성과 같은 작은 규모의 문제든지 고려중인 도덕적 문제와 상관없이 이 요건이 유지된다.

　따라서 불편부당성에 대한 새로운 옹호는 일반적으로 도덕적 정당화 안에서 그것의 탁월한 역할을 고수하는 반면 도덕적 숙고 면에서 그것의 제한적 역할을 시인하는 것으로 구성된다. 도덕성에 대한 불편부당성의 기여는 따라서 분명해지고 인증된다. 그렇지만 불편부당성에 대한 비판은 줄어들지 않았다. 그 논쟁의 현 상태를 보면 가장 적실성있는 도전은 불편부당성 및 그것을 획득하기 위해 최근에 개념화된 방법들이 도덕적 정당화에 대한 필요한 기준 혹은 충분한 기준을 제공하는지 아닌지 하는 그런 질문이다.

오늘날 불편부당성의 이상을 도덕적 정당화를 위한 충분한 기준 혹은 기준을 제공하는 것으로 간주하는 여성주의자들은 별로 없다. 많은 여성주의 철학자들은 (1) 불편부당성은 도덕적 정당화를 위한 이상으로서 완전히 무용지물이다. 혹은 (2) 불편부당성은 아마 필요하고 유용하지만 일정한 방식에서 불충분하다. 왜냐하면 그것은 다른 도덕적 능력과 자원에 의해 보충될 필요가 있거나 아니면 그것이 제한된 도덕성 영역에만 적용되기 때문이다. 많은 여성주의자들은 이에 덧붙여 불편부당성의 이상이 종종 여성을 희생시키면서 이론적이고 실천적인 맥락 둘 다에서 확실히 오도하는 양식으로 전개되어 왔다고 주장한다.

일부 여성주의자들은 불편부당성이 인간에게 획득 불가능하기 때문에 도덕적 정당화를 위해서 무용하다고 결론내렸다. 인간의 사고는 그 기원이 되는 사회적이거나 역사적인 맥락으로부터 전적으로 동떨어질 수도 없고 그것을 동기화하는 열정과 신념으로부터 완전히 절연될 수 있는 것도 아니다(Young, 1990a, 103~5면). 우리는 여하간 '무지의 베일' 혹은 보편화가능성과 같이 저명한 철학자들에 의해 최근에 추천받은 어떤 주요 방법들에 의해서도 우리가 불편부당성을 달성했음을 충분히 신빙성있게 알 방법이 없다(Friedman, 1993, 1장).

불편부당성이 인간적으로 가능한지 아닌지의 질문을 우회한 채 여타의 여성주의자들은 불편부당성이 단지 도덕적 정당화 과정을 안내하는 데 유용하지만 제한적인 이상이라고 간주한다. 하나의 견해에서 볼 때 불편부당한 입장은 주로 비인격적인 관계의 공적 영역과 공정함의 의무에 의해 정의되는 공식적 사무소의 실행에 적용된다. 불편부당성은 우리가 직관적으로 개인적 관계에 도덕적으로 필수적이거나 중요하다고 간주하는 다양한 행동들 모두를 정당화하거나 적절하게 동기화할 수는 없다. 가령 한 친구를 보살피는 일은 불편부당한 동기에 토대를 두었을 때보다 특정한 사람에 대한 보살핌에 토대를 두었을 때 우정의 요건을 더 잘 충족시킬 것이다. 한 사람의 매우 특수한 충심, 사랑, 신념, 그리고 보살핌 반응은 공적 영역에서 불편부당성이 그런 것과 꼭 마찬가지로 개인적 영역에서 도덕적 정당화를 위한 입장을 정의하는 데서 적당하다(Blum, 1980, 3장; Blum, 1994, 2장).

이와 대조적으로 다른 여성주의자들은 보살핌과 개인적 관계의 문제들은 종종 불편부당한 도덕적 관심의 범례로 봉사하는 정의의 공적 쟁점들만큼 똑같이 불편부당한 도덕성의 일부라고 역설한다. 이런 견해에서 볼 때 진짜 문제는 전통철학에서 불편부당한 이성이 밀접한 관계와 보살핌을 그것의 영역에서 배제한다고 잘못 생각한 데에 있다. 그렇지만 정의의 문제들과 함께 그러한 관심은 모든 사람에게 동등한 가치를 부여하고 타인의 관점에 대해 동등하게 존중하는 전제를 갖는 불편부당한 관점의 범위에 포섭된다(Benhabib, 1992b, 178~89면).

여전히 여타의 여성주의자들은 불편부당한 윤리적 추론이 공적 혹은 행정적 맥락에서조차 불완전할 수 있다고 경고한다. 불편부당성은 인간과 상황이 일반화 가능한 범주에 의거하여 개념화될 것을 요구한다. 이러한 접근법은 특정한 상황의 풍부한 맥락적 세목들을 무시한다. 그렇지만 특정성을 파악하는 것은 도덕적 이해에 결정적인 부분이다. 그것이 관료적 효율성을 위해서 간과되어야 한다면 그 귀결로서 주어진 사고의 일반성은 이상적이기보다 비록 필요하긴 하나 결핍된 절충물이다(Flanagen and Adler, 1983; Walker, 1989a, 23면).

불편부당한 이성이 [도덕적] 정당화를 위해 불충분하다는 것과 관련된 하나의 비판은 그것이 도덕적으로 현저한 인간의 차이들, 가령 성 혹은 인종의 문제를 조정할 수 없다는 것이다. 불편부당성은 인간과 상황을 서술하기 위해 사용된 도덕적으로 적실성 있는 범주들이 실제 사례와 가능한 사례들을 아울러 일관성 있게 적용되어야 함을 요구한다. 도덕적 주체와 상황을 차별화하고 일반화될 수 있는 범주들을 통해 파악될 수 없는 그런 특수자들(particulars)은 무시된다. 그리하여 도덕적 사고에서 '차이'에 대한 인식을 빠뜨리는 것이다(Young, 1990a, 97~9면)

그에 덧붙여 우리가 불편부당한 사고를 목적으로 할 때 의지해야 하는 일반화 가능한 범주들은 종종 불편부당한 이성으로 뿌리뽑을 수 없는 숨겨진 편견들을 감추고 있다. 사람들과 그들의 경험들을 이해한다는 것은 보통 문화적으로 전승된 도덕적 이미지들과 개념들에 전거하여 수행된다. 이러한 표상들은 사회적으로 지배적인 집단의 관점을 표현하는 경향이 있으며 매우 평가절하되거나 주변화된 집단들의 정체성, 표현, 그리고 관점을 잘못 표상한다. 예컨대 젠더에 대한 이해는 그러한 문화적 선입견으로 가득 차 있다.

문화적으로 구축된 편견들은 도덕적 주체의 의식에 명백하지 않을 수도 있고 분명한 어떤 비일관성도 품고 있지 않을 수 있다. 알아차릴 수 있는 비일관성 혹은 편견이 부재한 채 불편부당한 사고를 위해 관습적으로 추천되어 온 방법들은 문제가 되는 그 편견들을 인식하거나 교정하는 데서 무력하다. 균형잡힌 도덕적 행위자는 문화적으로 만연되어 있는 집단 단위의 편견을 교정할 수 있는 불편부당한 이성의 전략에 덧붙여 성찰적 전략을 필요로 한다. 이러한 견해에서 볼 때 불편부당성은 도덕적 정당화에 필수적이지만 만일 도덕적 정당화가 철저한 것이 되려면 가령 타인에 대한 감정이입과 같은 여타의 도덕적 능력들 및 자원들에 의해 보충되어야 한다(Meyers, 1994).

더 나아가 불편부당성의 이상은 도덕적 추론이 갖는 복합적인 성질을 지나치게 단순화하고 잘못 표상하는 양상으로 개념화되고 전개되어 왔다. 예를 들어 불편부당성의 수사학은 초연하고 연관되어 있지 않은 고립적인 판관/행정가적 추론의 입각점을 전제했다. 이러한 묘사 안에서는 가령 인간적으로 도달할 수 없는 완전한 지식과 같은 자원들이 강조된다. 동시에 그 소묘는 인간의 유한성, 불확실성, 그리고 위험의 조건 하에서 인간의 실제 도덕적 추론과 이해에 기여하는 진정한 능력을 조명할 수 없는데 가령 관심어린 집중성과 개인 간의 대화와 같은 것이다(Walker, 1989a, 1991).

또한 불편부당성은 전통적으로 '독백'의 기획으로서 즉 타인들과의 대화가 주는 이익 없이 그녀 자신의 지적 자원들에 의존하는 고립된 추론자의 업무로서 해설되어 왔다. 이러한 그림은 도덕적 지식의 사회적 공유라고 하는 성질을 숨긴다. 최선의 그리고 아마도 유일하게 진정한 도덕적 이해는 상이한 관점을 가진 사람들 속에서 실제로 대화하는 과정으로부터 창발한다(Young, 1990a, 106~20면; Benhabib, 1992b, 163~70면).

마지막으로 설령 불편부당성이 모든 도덕적 영역들을 아우르는 도덕적 정당화를 위한 충분한 입장이라고 해도 도덕적 이해에는 한갓 도덕적 정당화보다는 무엇이 더 있다. 정당화에 대한 강박은 예를 들어 도덕적 성찰을 위한 성인의 능력이 발달하게 된 기원, 즉 여성에게 특별한 관심 주제를 무시하는 쪽으로 도덕철학을 끌고 갔다. 여성의 양육 노동은 그러한 과정에 중심이었다(Calhoun, 1988, 456~8면). 그것은 또한 철학자들로 하여금 도덕적 이해에 결정적인 여타의 능력들 즉 가령 만일 우리가 실제의 인간의 욕구와 상황을 파악하는 데 필수적인 특정한 사람들을 위한 보살핌의 집중성과 같은 것을 탐구하는 것에서 빗나가게 했다(Blum, 1994, 2장).

불편부당성과 도덕 이론에 대한 여성주의의 견해를 요약해 보면 불편부당성은 기껏해야 도덕적 정당화에 대한 부분적인 이상일 뿐이고 여타의 도덕적 능력들과 자원들에 의해 보충될 필요가 있다는 것이다. 그리고 최악 상태에서 그것은 [우리가] 획득할 수 없고 그렇기에 완전히 오도적인 이상이다. 불편부당성이 획득가능하다고 간주하는 사람들은 그것을 비인격적인 관계와 공식적으로 정의된 역할의 도덕적 영역 범위 안에 제한하든지 아니면 보살핌의 연관, 가정 생활 그리고 젠더 관계에도 마찬가지로 확장시키든지 간에 의견의 차이를 드러낸다. 그렇지만 불편부당한 추론을 달성하기 위한 최근의 이미 개발된(state-of-the-art) 설명들은 종종 인간적으로 불가능한 성찰적 업무(예컨대 주관적 초연함과 완전한 지식)를 요청한다. 이에 덧붙여 그 설명들은 유한하고 제한적인 인간이 현실 세계의 도덕적 정당화를 위해서 요구하는 여타의 도덕적 능력들과 자원들(가령 감정이입과 대화)의 역할을 모호하게 한다. 다시 말해서 이러한 능력들은 미심쩍게도 남성들보다는 여성들과 연관되는 경향이 있다.

정치철학에서 불편부당성

자유주의 정치철학 안에서 불편부당성은 정부, 국가 그리고 시민사회의 '공적' 영역에 대한 합법적 이상이었다. 거기에서 (남성) 시민들은 가정상 평등인으로서 오랫동안 그들 공동의 정치 생활에 권리를 충족시켜 왔다. 20세기까지 공적 영역으로부터 여성의 거의 완전한 역사적 배제는 적어도 부분적으로는 여성이 공적 영역이 요구하는 불편부당성을 보유할 능력이 없다고 간주되었던 것에 의해서 합리화되었다. 동시에 불편부당성은 결정적으로 가족과 가정 생활의 '사적' 영역에 대해서는 이상화되지 않았다. 여성에게 가정된 합리적 능력의 결여는 또한 사적 영역 안에서 남성이 여성을 합법적으로 지배하는 데 기여했다(Young, 1990a, 107~11면). 부편부당성의 이상이 해 온 역사적 역할을 염두에 두면서 여성주의자들은 오늘날 정치적 제도를 정당화하는 데 사용되는 불편부당성에 대한 어떤 호소도 의심쩍게 바라본다.

불편부당성 관념은 자유주의에 대한 사회계약론적 옹호에 특히 만연되어 있다. 계약 이론에 따르면 정부 형태는 그녀 혹은 그의 기초 이익이라고 가정되는 바에 최상으로 기여할 수 있을 법한 정치적 제도에 관해 특정하게 정의된 양상 안에서 추론하고 있는 각각의 시민들에 의해 동의의 대상이 되었을 때 혹은 가정상 그럴 수 있을 때 합법적이다. 상이한 상황에 처한 시민들의 다양한 관점 아래 놓여 있는 이성의 공통성을 모형화함으로써 계약론적 사고는 모든 시민들이 동의하는 것이 합리적일 법한 정치적 기구의 형태를 드러낸다고 가정된다.

존 롤즈(John Rawls)의 사회 계약 이론은 자유주의적 계약주의의 한 범례로서 최근 앵글로-아메리카의 정치 철학을 지배해 왔다(Rawls, 1971, 1993). 롤즈의 사회계약자는 '무지의 베일' 뒤에서 추론한다. 그녀는 다른 사람의 웰빙에 본래 관심이 없으며 그녀의 실제 사회적 지위와 특권들(혹은 특권들의 결여)을 포함하여 자신을 정체화하는 어떤 특정 지식에 대한 호소도 회피한다. 이러한 계약적 추론자는 그녀가(그리고 어떤 사람이라도) 이익상 추구하고자 하는 기초 선 및 사회 생활의 일반 지식에 호소할 것이다. 따라서 그녀의 추론은 어떤 합리적인 사람이 그녀의 사회를 규제해야 하는 정의의 원리들에 대해 어떻게 사고할 것인지를 대표하는 것으로 가정된다(Rawls, 1971, 136~42면).

롤즈의 불편부당한 이성에 대한 여성주의적 관심의 하나는 그것이 전통적인 도덕 이론 일반과 공유하는 '독백적' 성질이다(Benhabib, 1992b, 163~70면). 롤즈는 계약적 사고에 대해 이상적으로 정의로운 사회의 원리들을 결정하는 홀로 선 추론자의 고립된 성찰로서 묘사한다. 규범적인 정치적 추론에 대한 이러한 고독한 초상은 규범적인 정치적 사고가 갖는 근본적으로 개인 간에 일어나는, 사회적인, 소통적인, 혹은 '대화적인' 성질을 모호하게 한다. 자유 민주주의에서는 특히 간주체적으로 공유되는 도덕적 이해가 정치적 제도와 실천들의 합법적 기준을 확립해야 한다.

롤즈 이론에서 또 하나의 문제는 사회 계약자들을 어떤 특정한 이익 혹은 정서적 관심을 서로 결여하고 있는 합리적 숙고자들로서 생각하는 데 있다. 여성이 정서와 역사적으로 연관되었음을 받아들인다면 도덕적 이해에 대한 어떤 이론이라도 정서를 무시할 때 의심쩍다. 그렇지만 일부 여성주의자들은 불편부당성에 대한 롤즈의 설명이 도덕적 정서와 조화되도록 치료될 수 있다고 주장한다(Okin, 1989b, 238~49면). 롤즈가 기대하는 것처럼 만일 롤즈식의 계약자가 다른 모든 사람들의 관점을 평등하게 대변하기 위해서는 그녀는 그런 사람들을 이해해야만 한다. 그 일은 그들에 대한 감정이입과 관심을 필요로 하는 위업이다.

불편부당성에 기반한 사회계약 이론의 또 다른 문제는 분배적 정의의 문제에 대해 강박적으로 집착한다는 점이다. 모든 사람에 대한 동등한 고려라고 하는 불편부당의 관념은 사회적 이익과 부담의 평등한 분배에 대한 문제들에서 이론적 편애를 낳고 있다. 그렇지만 이러한 접근법은 깊이 개인주의적이며 가령 문화적 주변화처럼 엄밀한 분배적 부정의를 구성하지 않는 집단적 억압들 모두에 대한 고려를 배제한다(Young, 1990a, 1장, 112~20면).

계약론적 불편부당성론자들은 역사적으로 남자 시민을 계약적 추론자 모형으로 가정해왔다(Benhabib, 1992b, 152~8면). 오늘날 진지한 정치철학자 누구도 남성에게만 시민권을 제한하지 않을 것이며 실로 롤즈는 무지의 베일 뒤에서 추론할 때 그들의 성 정체성을 완전히 무시할 것을 계약적 추론자들에게 요청한다(Rawls, 1971, 24~5면). 그렇지만 여성주의자들은 그러한 무성적인(sexless) 추론의 가능성을 의심한다(Okin, 1989a, 106~8면). 그들은 예컨대 모든 사회 계약자들이 전통적인 남성적 역할 정체성인 '가장'으로 간주되어야 한다는 롤즈의 제시 안에 남성적 편견이 무성성을 가장하여 암묵적으로 재등장하지 않는지 의심해왔다(Rawls, 1971, 128면).

가장이라는 심상이 갖고 있는 명백한 남성적 편견은 여성을 제한하고 불리하게 했던 분할 즉 공적 영역과 사적 영역 사이의 역사적으로 자유주의적인 분할을 롤즈가 유지하고 있음에 의해 강화된다. 롤즈의 1971년 사회계약 이론은 가족 및 가정 내 관계와 개인적 관계의 영역을 사적 영역에다 제한하고 그에 따라 그것들을 불편부당한 이성과 정의의 공적 원리들의 범위로부터 배제한다. 이러한 접근법은 가령 여성 구타와 같은 가정 내 폭력에 대한 법적 개입에 방패가 되고 남성적 권력으로 하여금 가정 생활을 지배하게끔 허용한다. 잘 알려져 있는 여성들의 학대 문제가 발생한다면 가정 생활과 젠더 관계는 확실히 불편부당한 정의적 추론을 위해 확실히 적합한 주제들이다(Okin, 1989a, 5장)

불편부당한 추론자는 자기 정체화하는 그녀 자신의 지식을 무시해야 한다는 롤즈 식의 요건 또한 공격의 대상이 되었다. 여성주의자들은 그런 식으로 [관계에서] 해리된 추론이 특히나 자기 정체성을 확립하는 사회적 관계와 공동체에 관련해서 가능한 것인지 그리고 남성보다는 여성에 의해서 더욱 즉각적으로 인정되는 것인지 질문을 던진다(Benhabib, 1992b, 155~62면).

계약적 추론자들은 자기 정체화하는 특수자들을 결여하고 있다고 보는 견해는 더 나아가 그들을 차별화된 정체성이 사라진 '일반화된 타자들'로 전환시킨다. 개인에 대한 이런 개념틀에 의거한 도덕적 추론은 도덕적으로 중요한 특수성과 타인들의 구체적 정체성을 무시한다. 자아들은 더 이상 개별화될 수 없으며 타자의 관점을 존중하고 받아들인다는 관념은 그런 형태의 추론 하에서는 무의미해진다. 이러한 문제에 대한 치료는 자아들을 '구체적인 타자들'로 보는 것 안에 있다(Benhabib, 1992b, 158~66면).

일반적으로 불편부당성에 대한 공적인 호소는 정치적으로 기만적이었고 여성을 또다시 희생시킨다. 정부와 시민 참여의 공적 영역에서 불편부당성의 수사학은 사회적으로 지배적인 집단의 권력 행사를 가린다. 입법과 관료 행정은 그러한 과정을 통제하고 문화적 표상과 이해에 영향을 미치기에 충분한 권력을 지닌 사람들의 이익을 반영한다. 그러한 집단들의 권력은 공동선의 이름으로 편파적이고 특정한 이익을 초월하는 이상화된 국가의 수사학과 정치와 이데올로기를 초월하는 것으로 가정된 이상적 입법자 혹은 판관의 수사학 이 양자에 의해 모호하게 된다(Young, 1990a, 111~16면). 불편부당성 개념에 대한 이런 식의 남용은 그 자체로 그 개념이 본래적인 결함이 있음을 보여주지 않는다 해도 그것은 불편부당성에 대한 호소가 실제로는 억압적으로 오용될 수 있음을 보여준다.

정치철학에서 불편부당성에 관한 여성주의 견해를 요약해보면 합법적인 정치 제도를 위한 이상으로서 불편부당성이 실제로는 역사적으로 신뢰할 만하지 않다는 것이다. 왜냐하면 그 개념은 특히 남성성 및 공적 영역과 동일시되어 왔고 사적 가정 내 영역 안에 여성을 제한하고 종속시키는 일을 합리화하는 데 사용되었기 때문이다. 가족 및 젠더 관계의 가정 내 제도들은 그것에 의해서 법과 공공정책의 범위에서 차폐되어 왔으며 그리하여 가정과 젠더 생활에서 남성의 지배에다 자유로운 통치권을 부여해주었다. 그러한 연관 없이 재개념화한다고 하더라도 불편부당성의 현재 관념들은 정치적 권위의 정당화 안에 여전히 제한되어 있다. 예를 들어 롤즈의 사회계약 이론 안에서 불편부당성은 서로 소통하지 않으며 자신 혹은 타인에 대한 특정한 지식에 호소하는 것이 금지되어 있는 사람들의 조건이다. [그러한 특정한 지식만으로] 그들은 진짜로 대안적 관점들을 파악하고 표상할 수 있을 법하다. 더 나아가 공정함에 대한 불편부당성론자들의 강조는 불편부당성에 토대한 이론들의 초점을 분배적 정의의 문제를 향하여 편향시켰다. 그에 따라 집단에 토대를 둔 분배적이지 않은 억압의 문제들을 무시한다.

(윤혜린 역)

40. 레즈비언 윤리(학)

사라 루시아 호그랜드(Sarah Lucia Hoagland)

레즈비언 윤리(학)은 저항의 윤리(학)이며 창조의 윤리(학)이다. 그것은 일련의 올바른 행위 규칙들이나 의무 및 책무에 대한 명령들이 아니며, 공리주의의, 의무론의 그리고 덕론의 논문에서 발견할 수 있는 선한 인물에 대한 묘사도 아니다. 그것은 억압적이라고 인정되는 문맥에서 벗어나는 해방적 개념 여행이며, 전통적 영국-유럽계 윤리(학)이 지닌 진술되지 않은 어떤 전제들에 그 자체로 도전하는 해방적 개념 여행이다. 레즈비언 윤리(학)은, 만약 레즈비언의 삶이 주어진다면, 가치들을 변형할 수 있는 가능성에 대해 꿈꾸고 토론하는 것이다. 그처럼 레즈비언 윤리(학)은 도덕적 개선의 문제, 실존하는 가치들을 보존하고 더 잘 고수하는 문제가 아니다. 그것은 다른 유형의 도덕적 변화, 도덕적 혁명을 요구한다.

레즈비언 윤리(학)은 여성해방운동으로부터 출현하기 때문에, 남성적 담론이 만들어낸 여성적 허구에 의해 규정된 생물학적 여성의 행위성이라는 개념에, 즉 좋은 (선한) 여성이라는 모델에 도전한다. 레즈비언 윤리(학)은 또한 레즈비언들 가운데서 억압의 피해자로 그리고 억압의 가해자로 [나타나는] 다양한 결과의 억압들에 대해 문제제기를 한다. [레즈비언] 이론가들은 해방적 가치를 지니는 질문들을 이러저러하게 고찰한다.

초기 여성해방운동의 많은 일들은 여성의 삶에 대한 가부장제적 거짓말들—가령 레즈비언의 불가시성, 모성의 신비 그리고 이름 잘못 부르기, 여성에 대한 남성 폭력의 사소화 그리고/또는 자연화—을 폭로하는 것이었고, 그것에 의해서 침묵을 깨는 것이었다. 1979년에 아드리엔느 리치(Adrienne Rich)는 여성들 사이의 거짓말에 대해 문제제기를 했고, 서로를 대하는 우리들의 응대 방식들에 도전장을 던졌다. "힘이 없는 모든 사람들에 의해서 계속 진행되는 위험이 있는데, 그 위험은 우리가 거짓말을 하고 있다는 것을 망각하는 것이며, 또 거짓말은 우리보다 높은 권력을 쥐고 있지 않은 사람들과의 관계로 우리를 이월시키는 무기가 된다는 것이다." "여성과 명예"에서 그녀는 여성을 위한 새로운 윤리(학)을 요구한다. 우리들 가운데 진리가 존재할 수 있을 때까지 명예로운 관계는 불가능하다. 왜냐하면 거짓말은 "다른 사람의 인격성을 관통하는 지름길"이기 때문이다. 종종 어떤 사람이 다른 사람에게 거짓말을 한다면 그것은, 그녀가 타인의 반발에 직면하기를 원치 않기 때문이다 (Rich, 1989b).

메리 데일리(Mary Daly, 1978)는 여성주의적 메타윤리(학)인 산/부인학을 탐구하기 시작했고, [그 속에서] 가부장제적 가치가 선과 악에 대한 우리의 사유를 구축하는 방식들을 폭로했고, 이브에서 출발했다. 가부장제적 범주들과 신화들은 도덕적 가치들을 만들고 그리고 한정한다. 한 예로, 서구 여신들이 파괴되면서 우리에게는, 우리가 주류 기독교 사회에 접근하는 유일한 여성적 의사-신성에 해당되는 성모 마리아가 남겨지며, [그래서] 성모 마리아는 일종의 약탈 희생 제물이라는 패러다임이다. 이러한 신비적 텍스트들은 "여성 존재의 지위를 떨어뜨리는 제도를 합법화하고" 여성의 행위성을 저지한다. 고대 여신들은 사회 안에서 강력한 지배력을—지혜의 여신, 사냥의 여신, 정의의 여신, 직조의 여신, 복수의 여신 등—지녔었다. 데일리는 가부장제적 신화를 통해서 야기되는 여성의 행위성이라는 의미—여성의 권력도 여성의 연대도 포함하고 있지 않은 '좋은(선한) 여성'이라는 이성애적 가부장제적 범주(강력한 여성은 사악하다)—에 도전한다. 그녀는 자기-창조, 여성-정체성, 여성 행위성의 가능성들을 탈/은폐하는 배경을 연구하고, 우리가 우리의 자아를 재/구성원(기억)화 하는데 도움이 되는 새로운 윤리(학)을 연구한다. 글로리아 안잘두아 (Gloria Anzaldua)의 기록에 따르면, 코트리큐와 토난친은 멕시코의 성모 마리아인 과달루페(Guadalupe)의 경우와 유사하게 억압받았다(Anzaldua, 1987).

모니크 위티그(Monique Wittig, 1992)는, 그녀가 유물론적 레즈비언주의라고 부르는 것을 전개하면서, 레즈비언들은 여성(women)이 아니라고 주장한다. 이것은 생물학의 논점이 아니다. 이성애(heterosexuality)는 남성에 의한 여성의 복종과 전유에 의존하는 정치적 체제이다. 그녀는 이것[레즈비언]을 계급투쟁에 비유하면서, 노동자와 고용주 간의 투쟁이 노동자가 저항할 때 명백해지는 것처럼, 남성과 여성 간의 투쟁도 여성이 저항할 때—한 예로 여성이 여성을 사랑할 때—명백해진다고 주장한다. 여성 간의 사랑은 규범과 타자[비규범]로의 분할이라는 남성의 자의적 분할을 무시한다. '차이' 개념에 도전하면서, 그녀는 '남성'과 '여성'이라는 범주들은 파괴되어야 한다고 주장한다. 그녀의 입장에서 중요한 것은 남성/여성을 구별하는 물질적 조건들이다. 남성이 여성[의 권리]를 경제적으로, 성적으로 그리고 정치적으로 침해한다. '레즈비언'은, 도망간 노예가 노예제도라는 체제 밖에 존재하는 것과 거의 유사하게 남성에 의한 여성의 분류 밖에 존재하는 범주이다. 이런 식으로 '레즈비언'이라는 범주는 지배를 모사하지 않을 가능성을 지닌다.

  (퀘벡과 프랑스에서) 프랑스어를 사용하는 급진적 레즈비언과, 좀 더 보편적으로 [말하면] 프랑스 여성주의자들은 해결의 열쇠로서 '차이' 개념에 초점을 맞춘다. "Viva la difference"라는 진부한 표현은 남성과 여성 간의 '자연적 차이'라는 관념에 호소한다. 시몬느 드 보봐르를 추종하는 모니크 위티그는 생물학적 본질주의에 도전한다. 그녀는, 권력을 지닌 사람들이 이해관계의 충돌을 은폐하여 지속적으로 지배하려는 목적을 위해 성 차이와 인종 차이를 구성한다고 주장한다. 차이는 본질적으로 이원론적이고, 그래서 위계적이다. 주류 프랑스 여성주의자들과 상이하게도 급진적 레즈비언들은 차이를, (즉) 타자성을 낭만적으로 표현하고 구체화하는 것을 거부한다. 프랑스어를 사용하는 급진적 레즈비언은, 남성주의적 담론이 여성적 공간을 [인위적으로] 지정하는 것을 거부하기 때문에 남성이 여성에게 할당하는 바로 그 특징들을 받아들이지 않으며, 여성을 축소하고 배제하는 이유라고 동시에 인용하는 반면에 가치있다고 주장하는 바로 그 특징들을 받아들이지 않는다.

  우리가 보편성 개념에 호소하든 아니면 헤겔 변증법과 맑스 변증법에 호소하든 간에, '차이' 개념의 결론은, 타자가 언제나 타자로 남아있도록 운명지어진다는 것이다. 명명하기(이름부르기)의 권력을 포함하여 행위성은 [언제나] 일자로 되돌아간다. 모니크 위티그는 한 예로 공산주의 혁명의 실패를 인용한다.—부르주아는 교환의 구조를 관통하는 경우를 제외하고는 프롤레타리아트의 행위성을 부인했기 때문에 명명하기의 권력을 계속 보유했다. 차이의 우위성에 기초하는 사유는 지배의 사유이다. "성차들(성별), 성차들 간의 차이, 남성, 여성, 인종, 흑, 백, 본성(자연)은 이성애자(straight mind)의 일련의 매개변수들의 핵심이다. 그것들이 우리의 개념, 우리의 법, 우리의 제도, 우리의 문화를 형성했다." 위티그는 주류 프랑스 여성주의자들에게 도전하기 때문에, 만약 레즈비언이 여/남성(wo/man)이라는 범주들을 고수한다면, 전유와 착취의 물질적 조건들의 지지를 받는 범주들을 수용하는 것이라고 주장한다. 그 대신 우리는 우리 자신을 우리 역사의 개별적 주체로 구성하고 세계를 개념적으로 재평가하는 역사적 필연성을 직시해야 한다.

  미국 안에 있는 우리들은 맑시스트 이데올로기의 영향을 다소 덜 광범위하게 받아왔다(미국에서는 유럽 국가들에서 존재하는 것과 같은 어떤 '공산당' 유권자 범주도 존재하지 않는다. 그리고 맑스는 지성사의 중요한 인물로서 정식으로 가르쳐지고 있지 않다). 다른 한편으로, 미국에서 '노동자'는 '백인'으로 구성되었고, 그에 반해 '흑인'은 지배 이데올로기에서는 경제적 낭비(배수로)로 구성되어 왔다. 유색[인종] 이론가들은 강력한 반-헤게모니적 담론(대부분 길들여지고, 전유된, 그리고/또는 백인 아카데미에 의해 무시되는 담론)들을 창출했다. 유색 여성은, 백인 여성이 곧바로 인종을 고려하도록 만들었다. 그래서 미국과 캐나다에서는 맑시스트적/사회주의적 여성주의자의 강력한 계보들을 이론으로 만들고 있지만, 레즈비언 중에서도 차이에 대한 질문에 중요하게 초점을 맞추고 있지만, 차이에 관한 논쟁들은 유럽의 많은 급진적 레즈비언과 여성주의자들의 논쟁과는 다르게 전개되었다.

아마도 가장 반향을 일으키면서 재정립되는 차이 이론은 인종주의를 무시하는 백인 여성에게 도전하는 오드리 로드(Audre Lorde, 1984)에게서 시작되었을 것이다. 그녀는 변증법과 같은 맑스/헤겔적 차이 개념에서 출발하지만, 그러나 위티그와는 다른 방향에서 탐구한다. 많은 서구 유럽의 역사에서 우리들간의 차이는, 우리들 중 한 명은 틀림없이 열등하다는 것을 의미했음을 인정하지만, 그럼에도 불구하고 로드는 차이 개념에서 새로운 가치를 위한 가능성의 원천을 발견한다. 그녀는 한 예로 사랑이라는 이름을 걸고 있는 우리 두 사람 간의 차이를 부인하는 것은 관계를 포기하는 것이라고 주장한다.

그러나 그녀는, 차이가 권력을 쥐고 있는 백인 남성에 의해 구성된다고 생각하지는 않는다. 로드의 통찰력은 이원론에 기초하는 것이 아니라 다원론을 향하여 나아가는 것이다. 레즈비언과 여성들은 우리들의 서로 다른 삶이 지닌 개개의 내용들에 대해, 즉 그들이 특수한 문맥에서 어떻게 발전하는지, 억압의 조건들이 그들에게 어떻게 영향을 미치는지, 인종주의와 계급주의(계급차별주의)가 한 예로 성차별주의와 이성애주의와 마찬가지로 그녀들에게 어떻게 알려지는지에 대해 주목할 필요가 있다. 만약 우리가 그에 대해 주목하지 않는다면, 우리는 우리의 다양한 저항 방식들을 인정하거나 이해하지도 못할 것이고, 억압에 대한 다양한 표현들도 이해하지 못할 것이며, 억압을 자각하지 못해서 억압을 영속화시키는 방식으로 우리가 어떻게 교육받아 왔는지도 이해하지 못할 것이며, 그리고 대안을 어떻게 창출해야 하는지도 이해하지 못할 것이다.

기본적으로 로드는, 타자는 차이(들)을 무시함으로써 창출된다고 주장한다. 한 예로 백인 여성이, 우리가 백색의 권위에 붙박혀 있다는 것을 무시하고 여성을 우리 자신의 경험에 의해 (재)규정한다면, 그때 유색 여성은 타자가 된다. 백인 여성은,

타문화의 여성이 저항 수단을 그들 내부의 상이한 전통에서 구성해 왔다는 사실을 말소하고 백지화하며, 그 때문에 백인 여성은 영국-유럽적 저항 형식들에 의존하고, 그 결과 우리의 개념적 가능성에 대해서도 영국-유럽적 문화에 의존하는데, 심지어 그것의 억압적 가치 때문에 그 문화에서 벗어나고자 할 때조차도 그러하다. 그리고 영국-유럽에 의존하는 것은 유색 여성을 타자로 만드는 입장으로 백인 여성주의자들을 몰아간다. 이와 같이 여성은 타자이며 현실적으로 많은 종류의 타자들이라는 점을 인정하는 한에서, 로드는 차이에서 물러서는 것이 아니라 차이 속으로 진입해 들어간다. 아주 중요하게도 그녀는 차이를 낭만적으로 묘사하거나 차이를 균일한 것으로 간주하지도 않으며, 차이를 규범과 더불어 이원론적 관계 속에 남겨두지도 않고, 오히려 그녀는 규범을 거부하며 동시에 규범이 측정의 척도가 되는 것을 거부한다. 그녀는 차이에 대한 탐구를 서로 다른 문맥 속에 있는 많은 상이하고 특수한 여성들의 바로 그 현실적인 삶 속에 위치지운다. 이러한 작업은 여성과 레즈비언의 힘의 원천이고 저항의 원천이다.

얼마 후 체리 모라가(Cherrie Moraga)와 글로리아 안잘두아의 명문집인 《이 다리는 나의 과거를 불러일으켰다》(1981)가 유명해졌다. 급진적 유색 여성, 많은 레즈비언들은 근본적으로 독특한 경험들을 토로하기 시작했고, 때때로 이야기(storytelling)를 통해서 이론을 구성했다. 이 작업은 이해를 복잡하게 만들고 유럽 중심적 윤리 이론에 의해서는 다뤄지지 않는 개념을 전개한다. 하나의 주제는 모순들과 더불어 살아가기를 배우는 것과 관련이 있다. 특히 억압은 지배적 (백인) 문화와 일치하는 것이지만, 반면에 성공은 자기-파괴에 이르는 것이라고 자각하는 모순과 더불어 살아가기를 배우는 것과 관련된다. 다른 주제는, 백인 여성이 유색 여성을 희생시켜서 인종적 특권을 어떻게 사용하는지와 관련된다. 한 예로 한 명의 유색 여성이 말했던 것을 백인 여성의 이론을 지지하는 데는 사용하지만, 그렇지 않으면 거기에는 마치 배울 만한 어떤 것도 그녀 자신의 이론에 도전할 만한 어떤 것도 있지 않은 것처럼 유색 여성의 작업을 어떻게 무시하는지와 관련된다. 세 번째 주제는, 한 사람이 가해자이면서 피해자일 수도 있다는 것이다. 이러한 전개는 규범의—이 경우에는 백인 규범의—개념적 구조 속에 존재하는 계략에서 벗어나거나 규범에 의해 구성된 타자라는 계략에서 벗어날 수 있는 방식들에 대해 계속해서 탐구한다.

나는, 레즈비언들이 이성애적 가부장제의 계략들을 벗어나고자 하는 우리의 노력들을 어떻게 손상시키는지를 고려한다. 특히 우리가 서로에게 저항하여 우리의 생존 기술들을 사용할 때 그리고 우리가 윤리(학)의 규범의 구조로 인해 익사할 때 그러하다. 정치적 분석은 복잡하게 전개되기 때문에, 여성주의 활동가들은 의견 차이를 억누르기 위해서, 즉 종종 차이를 무시하기 위해서 전통적 영국-유럽적 윤리 개념들에 무비판적으로 손을 뻗쳤다. 이러한 윤리적 개념들은 개인적 행위성과 완전성을 허용하기보다는 오히려 '의견일치'를 강요한다.

우리는 레즈비언의 삶에 의지하여 여성의 행위성의 가치를 발견하고, 여성의 행위성이 자기-희생에 의해 전개되는 이성애주의에서 장려되는 것과는 구별되는, 그리고 공동체가 지배권을 쥔 것으로 이해되고 차이가 위협으로 이해되는 이성애주의에서 장려되는 것과는 구별되는 공동체의 가치를 발견한다. 한 예로 이성애적 가부장제에서 자기-희생은 이기성과 대조를 이루며 좋은(선한) 여성은 자기-희생적이며 타인을 배려한다. 자기 자신을 선택하는 여성은 이기적이다. 이러한 이분법에 포함되어 있는 것은, 선택이 일종의 상실을 포함한다는 것이다.—나는 두 가지(나 자신이나 나의 남편/아이들) 중에서 하나를 선택해야 하며, 나머지 하나(나 자신)는 희생해야 한다. 이것의 배후에는 우리가 둘 중의 하나를 선택할 때처럼 우리에게 해당하는 것을 상실하는—존재하는 것은 우리의 것이거나 우리의 것이어야 한다는—제국주의적 이념이 내재한다. 그러나 레즈비언들 사이에서는 존재하는 어떤 것도 우리의 것이 아니다. 존재하는 레즈비언이 [지닌] 어떤 것도—집, 잡지, 서점, 커피점, 축제, 심지어 레즈비언 모성애조차도—레즈비언들에 의해 창조되어 왔다. 그래서 레즈비언의 삶에서 우리는 행위성이 창조적이지 희생적이지 않다는 것을 알 수 있다. 선택은 권력을 가능케 하는 원천이다. 내가 나의 관심에 초점을 맞추고 나의 에너지를 집중시키는 곳, 그곳에서 나는 의미를 창조한다.

레즈비언 공동체는 또한 새로운 개념적 가능성들, 새로운 가치를 보유한다. 우리는 [백인 여성 문화가 아니라] 모든 문화의 출신이기 때문에, 영국-유럽적 문화와는 구별되는 방식으로 차이를 이해할 가능성을 지닌다. 백인[중심]적, 식민지적, 이성애적 가부장제 아래서 우리는 차이를 대립적인 것으로 간주하는, 따라서 일종의 위협으로 간주하는 헤겔적 이해에 의해 고양된다. 내가 자기-의식적으로 인식하려면 나는 타인(타자)들에 의해 [나에게] 되돌아 와서 반성할 필요가 있지만, 만약 타인들이 내가 이해되길 원하는 것처럼 나를 반사하지 않는다면, 나는 나 자신을 상실한다. 그래서 나는 타인이 나를 지배하려고 하듯이, 타인을 지배하려고 한다. 만약 우리가 헤겔의 일-대-일의 적대적 관계 속에 살고 있다면, 타자의 가치나 나의 가치들 중 하나가 우세해야 하고, 따라서 차이는 나를 전멸시킬 수 있어야 하는 것처럼 보인다.

그러나 우리는 다수 중의 하나로 존재하듯이 아우토쾨너스리하게(autokoenously) 공동체의 자아로 존재한다. 내가 너를 만날 때, 너는 나를 내가 나 자신에 대해 생각하는 것과 다르다고 자각(자기-의식)하도록 만들 수 있다. 상대가 나를 나와 다르게 의식하게 만드는 것은 폐기되지 않는다. 한 예로 유색 레즈비언은 백인 레즈비언을 새로운 지식으로 인도할 수 있는 방식으로, 즉 백인 레즈비언의 인종(우월)주의를 폭로하는 방식으로 백인 레즈비언을 비춰줄 수 있다. [그러나 새로운] 지식은 만약 백인 레즈비언이 이러한 비춰줌을 단순히 평가절하해 버리면 결코 접근할 수 없는 지식이다. 다른 한편으로 백인 레즈비언은 유색 레즈비언을 인종 차별적으로 비춰줄 수 있다. 이것[인종 차별적으로 비추는 것]은 정말로 평가절하될 수 없으며, 제거되고 저지되어야 한다. 그러나 그것은 하나의 가치만이 존속한다는 것을 수반하지는 않는다. 그 대신 우리가 공동체 안에서 [서로를] 다층적으로 비춰줄 때, 우리의 자아는 굴절되고 복잡해진다(Lugones, 근간). 그리고 공동체 내부에서 나는 반사경(거울)들을 평가할 수 있고, 생명력 있는 정보를 얻을 수 있고, 그리고 내가 저지하고자 하는 것과 내가 (나 자신의 가치들을 타인의 가치들과 마찬가지로) 발전시키고자 하는 것을 고려할 수 있다. 우리는 이것을 이해하자마자 차이가 위협이 아니라는 것을, 즉 로드가 주장하듯이 차이는 우리의 생존의 중심에서 지식의 원천이라는 것을 깨닫는다. 그리고 공동체는 하나의 국가나 하나의 형식적 제도로 간주될 수 없고 새로운 의미, 즉 레즈비언의 의미가 등장할 수 있는 문맥으로, 지시 공간으로 간주될 수 있다(Bechdel, 1986, 1988, 1990, 1992).

차이 문제를 제기하는 동안에 가치들의 변형을 추구하면서 안잘두아(1987)는 경계인(la mestiza)이라는 개념을 발전시킨다. 경계들은 공간을 안전하다와 안전하지 않다로 한계지으며, '우리'를 '그들'로부터 구별하는 분할선이다. 그녀는, '우리/그들'이라는 이분법은 모든 폭력의 근간이며 실재는 둘로 분열된다고 주장한다. 경계지, 즉 양쪽에 거주하지만 어디에도 적용되지 않은 사람들이 귀속하는 곳으로서 두 문화 사이의 장소에 사는 사람은 전환 모드에 익숙하게 된다. 그들은 기묘한 사람, 잡종, 즉 경계인이다. 의미심장하게도 안잘두아는, 경계지에 있는 타자는 그 자신의 동일성을 나르시스적 규범 의식에서 분리시키며, 게다가 이원론을 초월하는 사람들, 즉 규범도 타자도 아닌 사람들이 존재한다고 분명하게 말한다.

이렇게 경계인은 두 개의 대립하는 권력의 종합을 넘어서며, 사실상 그녀는 심지어 두 개의 대립하는 권력들에서 분리될 수도 있다. 그 대신 둘 내지 그 이상의 문화에 어중간하게 걸쳐 있고, 그리고 믿음들이 구성되지 않는 곳이면서 어떤 정의도 존재하지 않는 곳에 붙잡혀 있음으로 해서, 그녀는 의미 상실과 행위감(행위성의 느낌)을 경험하고 친숙한 공포 상태를 알아차린다. 여기에 이르자마자, 경계인은 공포를 삼켜버리는 코트리큐에게 청하고 그리고 받아들이기를 거부하는 저항 장치의 힘

116

을 권위 외부에서 발견하여 새로운 의식을 창조하고 새로운 능력을 발전시킬 수 있다. 그러나 그녀는 안전성이라는 모든 가면[안전하다는 모든 가면]을 포기해야 한다. 왜냐하면 아마도 불유쾌한 관념들이 들어오지 못하도록 하는 경계들은 우리의 확립된 습관과 행위 패턴들이기 때문이다. 경계인은 낯선 방식의 보기, 낯선 방식의 사유하기, 모호함에 대한 그녀의 관용과 그녀의 유연성을 강화하기와 같은 낯선 방식에 그녀 자신이 공격받기 쉽도록 한다. 왜냐하면 경직성은 죽음을 의미하기 때문이다. 경계인의 작업은 주관-객관 이원성을 파괴하고 다른 문화를 창조하는 것이다. 즉 새로운 신화를, 특히 안잘두아가 주장하듯이 우리의 욕망은 관계적이기 때문에 서로 관계하는 새로운 방식을 창조하는 것이다.

메릴린 프라이(Marilyn Frye, 1983)는 우리의 관계들과 욕망을 다루기 위해 이성애적 소설에서 전개된 것과 같은 사랑 개념을 분석하고 세계를 남성 자신과 관련지어 조직하는—모든 것은 그에게 찬성하거나 아니면 그에게 반대하는 것이다.—거만한 눈과 [거만한] 사랑 개념을 연결시킨다. 오만한 지각자(arrogant perceiver)의 기대는, 타자가 적응해야 하는 환경을 창조한다. 그녀는 그를 섬기는 것에 흥미를 느끼는 사람이 된다. 만약 그녀가 그렇지 않다면 그녀는 무언가 (도덕적으로) 잘못이다. 이와 반대로 자발적 연합의 징후는, 어떤 사람이 다른 사람을 불쾌하게 만들면서도 살아남는 것이다. 사랑을 하는 사람이 이기적이지 않은 것은 아니다. 그녀는 그녀 자신의 욕망을 알며 자신의 욕망을 지닌다. 그러나 그녀는, 타인이 지속적으로 위협적 자세를 취한다거나 그녀의 봉사를 받기 위해 존재한다는 전제 없이도 타인을 지각한다. 그녀는, 그녀의 관심이 떠나고 타인의 관심이 출발하는 곳이 어디인지를 알기 때문에 확실하게 관심을 표명한다. 사랑에 빠진 눈은 타인의 독립성을 알고 그녀를 복합적으로 안다.

마리아 루고네스(Maria Lugones, 근간)는 특히 인종주의와 자민족주의라는 관점에서 오만한 지각의 문제를 다룬다. 그러나 그녀는 타인의 독립성을 강조하기보다는, 오히려 백인이 유색 인종과 동일화되는데 실패하듯이 타인과 동일화되는데 실패하는 것에 초점을 맞춘다. 그녀는 이것을 사랑의 실패라고, 즉 교차-인종적으로 그리고 교차-문화적으로 사랑하기를 실패한 것이라고 일컫는다. 그녀는, 백인 여성이 종종 심지어 유색 여성이 현존하는 동안에도 어떻게 유색 여성을 무시하고, 배척하고, 정형화하고, 상징화하는지에 대해, 또는 어떻게 유색 여성이 보이지 않도록 하는지에 대해 기록하고 있다. 그녀는, 그녀가 그녀의 어머니를 사랑하기를 실패한 것과 유사하게 기술하고 있다. 그녀의 어머니를 사랑하는 것은, 그녀가 그녀의 어머니의 독립성을 인정하는 것을 곧바로 필요로 하는 것이 아니라 그녀도 그녀의 어머니의 눈으로 보는 것을, 그녀 자신과 그녀의 어머니 모두를 그녀의 어머니의 세계에서 구축되어 있는 그대로 그녀가 지각하는 것을, 그녀가 그녀의 어머니의 세계로 여행하는 것을, 그녀의 어머니가 거기에서 어떻게 저항하는지를 그녀가 보는 것을, 그리고 그녀가 그녀 자신을 그녀의 어머니 세계에서 목격하는 것을 필요로 한다. 그때만이 그녀는 그녀를 무시하기를 중단할 것이고, 그때만이 그들이 서로에게 충분하게 주체가 될 수 있을 것이다.

루고네스는 '놀이하는(유희하는) 세계-여행'(playful world-travel)이라는 개념을 발전시킨다. 그리고 그녀는, 비록 백인 세계가 유색 인종에게 적대적이고 유색 인종에 의해 행해지는 많은 여행이 유색 인종의 의지에 반하는 것이라 해도 세계-여행을 한다. 놀이하는 세계-여행은 하나의 인격이 되는 것에서 다른 인격이 되는 것으로의 변화를 포함한다. 이것은 승패, 경쟁, 규칙들 그리고 싸움들에 의해 전개되는 남성의 놀이 관념과는 구별된다. 놀이하는 세계-여행은 우리와 완전히 다른 사람들이나 그들의 세계를 파괴하려고 하지 않으면서도 우리와 완전히 다른 세계에 가려고 하는 것을 포함한다. 그것은, 거기에 있는 다른 인격이 된 자신을 발견하기를, 모호성을 포용하기를, 불확실성과 놀랄만한 사건—안잘두아가 '교차 경계들'이라 불렀던 것—에 개방적 태도를 취하기를, 한 패의 의미들에만 경의를 표하는 '진지성'을 회피하기를 포함한다. 그것은 타인으로 있는 것이 무엇인지를, 그리고 그들의 눈 속에서 우리 자신으로 있는 것이 무엇인지에 대한 이해를 포함한다(Anzaldua, 1987, 1990). 놀이하는 세계-여행을 수행함으로써 우리는 서로에게 주체가 된다(그에 반해 헤겔의 수행은 우리를 객체로 만든다).

클라우디아 카드(Claudia Card, 1994)는 독립성을 확언하지도 경계를 교차하지도 않는 수행에 초점을 맞추기 때문에, 적대적이고 객체화하는 어떤 유형의 수행의 동역학을 탐구한다. 즉 인종(우월)주의가 아니라 근친상간과 레즈비언의 폭력과 스토킹을 탐구한다. 그녀는 가부장제에서 제기된 레즈비언 공동체들은 시한-폭탄들이며, 여성 관리인들이 종종 서로에게 고문 도구들이 되는 특별한 장소라고 주장한다. 친밀한 침해라는 테러리즘은 한쪽[사람들]에게서 행위성을 강탈하며 한쪽[사람들]이 공포에 사로잡히도록 한다. 갑작스런 폭력은 너를 무방비 상태에 붙잡아 두고 너를 고통 속으로 끌어넣고 너를 (야구) 타자의 행위성에서 벗어나게 한다. 계략에 걸려 들어있다는 것에 초점을 맞추기 때문에 피해자는 탈출로 향하는 외부 세계를 주시할 수 없다. 폭력에 의한 이러한 행위성의 상실은 레즈비언 윤리(학)에 대해 특별한 문제제기를 한다.

조이스 트레빌콧(Joyce Trebilcot, 1993)도, 우리가 지배적 가치들에 순응하도록 하고 타인들도 그것에 순응하도록 하는 죄[의식]의 강제와 마찬가지의 저항적 침해, 즉 침투에 관심을 갖는다. 한 예로 그녀 자신이 모성의 신비에서 일탈한 것에 대해 죄책감을 느끼는 어떤 어머니는 [자신의] 죄의식을 그녀의 딸이 모성의 신비와 합치되도록 하는 데에 적용한다. 트레빌코트는 우리 자신들 가운데서 부분적 해결책으로 남성 역할을 하는 동성애자(dyke)의 방법들을 제안한다. (1) 그녀 자신만을 대변하기. (2) 다른 여성(wimmin: 여성운동가로서 여성)들이 그들 자신의 믿음 대신에 그녀의 믿음을 받아들이도록 하려고 시도하지 않기. (3) 주어져 있는 것은 어떤 것도 없다는 것을 인정하기. 이 원리들은 통제받는 것에 대한 노여움에서 유래한다. 그녀는 주로 [간섭받지 않고] 혼자 남겨지기를 원하며 그녀의 모든 삶에서 타인들이 그녀에게 요구하는 것을 행하기를 거절했고 이것이 낳는 열광으로 향한다. 그녀는 피해자의/생존자의 이해력은 손상되기보다는 특별하게 명석해 보인다고 주장한다. 그녀는, 우리의 감정들, 특히 우리의 죄의식들은 구성되어 온 것이라고 주장한다. 우리는 죄의식들에 대해 생각할 수 있고, 죄의식들을 맥락화할 수 있고, 죄의식들에 따라 행동하지 않도록 선택할 수 있으며, 그렇게 해서 우리의 에너지를 새로운 방향으로 돌릴 수 있다.

메리 데일리(Mary Daly, 1984)는 여성의 존재-함(be-ing)을 축소시키고 여성의 열정들을 둔하게 만드는 전(前) 의식이나 표층의식의 기만들을 지독하게 해부하고, 인공적 열정들로부터 실재적 열정들을 구별한다. 걱정, 죄의식, 의기소침, 적개심, 분노, 체념 그리고 직무 수행을 포함하는 인공적 열정들은 억압의 행위자들이라는 점을 은폐하는 기능을 하고 끝없이 분절되는 것과 관련이 있음에 틀림없다. 격노나 갈망 같은 실재적 감정(e-motion)들은 분명하게 객체로 정의되며 여성을 침체 상태로부터 동요시킨다.

카드(1994)는, 몇 가지 어려움들은 보다 더 친밀한 배경이 되는 제도들이면서 생물학적 여성의 우정을 지지하는 제도들에 의해 완화될 수도 있다고 주장한다. 사실상 그녀는, 우리가 경계선들을 정식화하고 심지어 역할들까지도 정식화함으로써 우정을 제도화한다고 주장한다. 그녀는 재니스 레이몬드(Janice Raymond, 1986)의 뒤를 이어서, 제도들은 단지 제한을 가하는 것만은 아니고 행위성의 형식들을 창조할 수 있다고 주장한다. 레즈비언의 우정을 촉진하려면 존경(존중)이라는 창조적이고 지속적인 필요 조건이 요구된다. 존경 그리고 존경에 부차적으로 수반되는 거리는 일종의 우정이지만, 친밀성과 친함이 없는 우정이다. 그녀는, 참된 친구인지 아닌지를 식별하는 것은 아마도 타인의 개인사나 선호하는 것들 그리고 혐오하는 것들에 대해 많이 알지 않아도 우정을 정초할 수 있는 성격일 것이라고 주장한다. 로드

(1984)는 동의하지 않을 것이다. 보편화보다도 계급이나 인종적 차이를 더 뛰어난 것으로 이해하는데 실패하는 것은 한 예로 여성에게서 서로의 에너지와 창조적 통찰력을 빼앗아 간다.

나는 규칙들과 제도들에 대한 신뢰에 도전한다. 원리들이나 규칙들은 그것들을 적용하고자 할 때는 우리들에게 말을 걸지 않으며, 선의가 실패할 때는 그것들도 경계선들도 아무런 도움이 되지 않는다. 나는 가치를 자유롭게 변화시키고 발전시키고자 하는 사람들을 불러내기 때문에 통제의 윤리(학)에 반대한다. 다른 한편으로, 카드(1994)는 공격 상황에 초점을 맞추기 때문에 통제는 자기 방어에 필수적이라고 논증한다(사람들은, 행위자가 되기 위해 자신의 자아로의 접근을 통제해야 한다). 사람들은 행위성을 얻기 위해 그리고 한 예로 특별한 친밀성은 침해라고 판단하기 위해 경계선의 감각을 지녀야 한다.

영국-유럽적 윤리(학)의 메시지에 따르면, 우리의 의지는 자유롭거나 아니면 우리는 도덕성을 지닐 수 없거나이기 때문에, 나는 복잡한 행위성에 초점을 맞춘다. 그렇지만 우리가 도덕적 선택을 하는 것은 자유 의지와 결정론에 관한 논쟁들이 시사하듯이, 우리가 자유롭고 도덕적인 행위자들이기 때문에 그런 것은 아니다. 오히려 우리는 선택을 함으로써 한계 내부에서 행위하며 그 때문에 우리 자신을 도덕적 존재로 선언한다.

루고네스(근간)는, 행위성이 가치를 변형시키는데 언제나 중요한 것은 아니라고 주장한다. 문제가 되는 행위성은, 사람들이 비굴한 의향들을 [법률처럼] 제정하지 않을 수 없는 억압 상태의 행위성이다. 지배적인 구조 내부에서 행위성으로 간주되는 것은 자유롭지 못할 것이다. 혁명적인 것은 (지배적) 의미의 경계 밖에 존재한다. 게다가 적대적 관심을 끄는 문제를 고찰하는 동안 루고네스는 판단 능력의 상실을 카드처럼 경계(선)의 상실과 동등한 것으로 생각하지는 않는다. 사실상 의미의 경계, 즉 정상적인 것의 경계 밖으로 이동하는 것은 우리가 저항적 사유를 발전시키는데 도움을 주는 것이다. 결국 가부장제적 범주들을 가로지르면서 무지 속에서 행해지는 선의의 수행이 사람들에게서 행위성을 빼앗아 가기 때문에, 루고네스와 안잘두아는 적대적 수행에 초점을 맞추기보다는 오히려 하나의 세계보다도 더 많은 세계에서 억압받아온 그녀의 주체성과 전략들에 초점을 맞춘다. 루고네스는, 다중의 억압 구조들 속에 있는 우리가 다원적 자아들을 지닌다고 주장하면서, 마치 경계인은 행위성이 해결책이 아닌 구조들 사이에서 활동하여 코트리큐 국가에 도달하듯이 그녀도 저항적 사유를 발전시킬 수 있다고 제안한다. 그리고 만약 그녀가 다른 문맥에 있을 때 이전 문맥에서 어떻게 있었는지를 기억할 수 있다면, 바로 그때 그녀는 다층적으로 사유하기 시작할 수 있다.

이런 이유 때문에 세계-여행, 즉 경계를 교차하는 것은 중요하다. 게다가 세계-여행 능력이 결여된다는 것은, 우리가 우리 자신의 논리 안에서는 저항을 인정할 수 있을지 모르지만 타인들을 저항적 시선으로 보는 데는 실패하며 그들의 저항 논리를 이해하지 못한다는 것을 의미한다. 그 대신 우리는 그들을 지배적 가치들, 즉 규범을 통해서 판단한다. 한 예로 비판적 학회 회원이 깡패의 주변 경제를 어떻게 문화적 절멸에 대한 저항으로 지각할 수 있겠는가? 사람들이 자유로운 상상력을 발생시키기 시작할 수 있는 것은 단지 구조들간의 공간, 즉 경계지에서뿐이다.

이런 식으로 나는 레즈비언 공동체들을 통해서, 즉 아버지의 의제에 고정되지 않았던 그리고 모든 문화의 레즈비언들이 구성하는 문맥들을 통해서 자유로운 가능성을 추구한다. 카드(1994)가 관심을 갖는 것은 이성애적 가부장제 내부에서, 특히 여성 폭력에 저항하여, 여성의 연대를 촉진하고 피해자를 보호하는 제도들, 구조들이다. 그리고 루고네스는 자유로운 상상력을 가능케 하기 위해 코트리큐 국가를 주시하는데, 그곳은 습관적인 사유가 없는 곳, 즉 구조들과 경계들 간의 국가이다.

의미심장하게도 행위성의 상실에 초점을 맞추는 것은 활동성이나 능력들을 경시하는 것은 아니다. 한 예로 놀이하는 세계-여행은 진지성과 엄격성을 손상시키는, 유희 기술과 유연성의 기술들을 포함한다. 그러한 놀이는 고정된 자아라는 착상으로 인도하는 역할-놀이가 아니다. 놀이할 수 있기 위해, 우리는 우리의 세계/실재/질서의 의미를 놓아버려야 하고, 그 반면에 우리들 스스로 [우리 자신들과 더불어] 다소 편안한 자세도 취해야 한다. 이것은 신뢰에 매달리는 것이 아니라 불신에 매달리는 능력, 즉 제도들과 규칙들에 의해 촉진된 그리고 제도들과 규칙들 밖에 놓여있는 모든 경계들에 의해 촉진된 불신에 매달리는 능력이다.

개념들은 감수성을 손상시키기 때문에, 나는 의무와 마찬가지로 개념들에 도전하면서 미제국 사회의 억압적 경쟁보다는 오히려 협동적 상호작용을 지속시키는 능력들을 탐구한다. 로드(1984)가 주장하길, "여성들 간의 상호의존은, 습관적인 '나'가 아니라 창조적인 '나'가 되기를 허용하는 자유로 향하는 유일한 방법이다." 루고네스는, 만약 우리가 우리 자아들을 활동적이고 창조적인 자아들로 개조하고자 한다면, 만약 우리가 우리의 행위성을 (재)구성하고자 한다면 이러한 상호의존, 즉 타자와 더불어 있는 것(타자존재)은 필수적이라고 주장한다.

안잘두아는 경계인의 능력을 추적하는 가운데 표층 현상 속에서 더욱 심층적인 실재성의 의미를 지각하는 능력—즉 사람들의 습관적인 지각을 저지하는 어떤 것, 사람들의 방어와 저항 속에 있는 빈틈을 야기하는 어떤 것, 지각의 변화를 야기하는 어떤 것을 논한다. 메리 데일리는 전경 현상(가부장제적 현상) 속에 전도되어 놓여 있는 배경 패턴들을 발견하는데 도움을 주는 새초롬한 신중성을 고무시킨다. 이러한 기술들은 판단하는 방법을, 즉 우리의 안전하고 손쉬운 무지/무시하기를 상실하는 방법을 심화시킨다.

다른 능력은 사기꾼(광대)의 능력이다. 사람들은 구조들을 가지고 놀면서, 타인의 무지/특권을 이용할 수 있기 때문에, 바보처럼 놀 수 있다. 루고네스는, 경멸스런 미국인이 그녀를―전형적으로 열정적이라고―구성하듯이, 라틴 아메리카 사람처럼 놀 수 있거나, 아니면 그녀가 실재로 그렇게 놀 수 있다. 놀이하는 세계-여행에 대해 어떤 것도 알지 못하는 안젤라는 차이를 알아차릴 수 없을 것이다. 사기꾼, 즉 어릿광대는 전제정치의 심각성과 특혜의 권력을 해체하기 위해 중요하다. 왜냐하면 만약 그녀가 무지 상황(무시하는 상황)을 고수한다면, 광대는 사람들을 바보로 만들 것이기 때문이다. 사람들은 그녀의 문화에 대해 자기-의식적이고 비판적인 전문가가 되어야 한다. 이러한 능력이 결핍된다면 레즈비언 윤리(학)에 심각하게 방해가 된다.

레즈비언 윤리(학)에 관한 저널들은 가치의 변형과 레즈비언의 연대를 추구하며, 억압자의 가치 평가를 해부하는 반면에 차이들을 명료하게 표현하고 차이들과 협정을 맺는다. 최근의 주제들은 인종주의, 반유대주의 그리고 '재결합한' 독일의 민족주의를 포함한다. 성·욕망·젠더, 돈·계급·노동, 역사에서의 레즈비언들, 남성 사회에서의 레즈비언들(Ihrsinn), 학대와 생존, 계급, 분리주의, 우정과 배신, 다중 자아들, 레즈비언들과 우리의 어머니들, 그리고 공동체(《레즈비언 윤리(학)》). 그리고 신뢰와 공동체, 늙은 레즈비언들/남성 역할을 하는 동성애자들(dykes), 동맹자, 레즈비언의 저항들 그리고 레즈비언의 육체(불길한 지혜: *Sinister Wisdom*).

(이정은 역)

41. 의사소통적 윤리

조안나 미헌(Johanna Meehan)

《철학없는 사회비판》이라는 에세이에서 장-프랑수와 리오타르, 주디스 버틀러, 린다 니콜슨, 낸시 프레이저 같은 포스트모던주의자의 비판에 의해 자극을 받은 여성주의는 본질주의와 근본주의(foundationalism)를 거부하고, "메타서사를 향한 포스트모던적 불신과 여성주의의 사회-비판적인 권력(Nicholson, 1990)"을 어떻게 결합시킬지에 관해서 깊이 사색한다. 리오타르는 이성의 점진적이고 불가피한 진보에 대한 계몽의 이야기와 그것에 수반되는 인권 개념과 같은 '정당화의 거대 서사들'이 더 이상 믿을 만하지 않다며 그것들을 철저히 부정하는 논거를 제공했다. 그와 같은 서사들이 과거에는 사회적인 제도들, 실천들, 담론들을 참이며 온당한 것으로 정당화하기 위해 기능했었지만, 이제는 더 이상 그럴 수 없다고 그는 주장했다. 그 서사가 근거하고 있는 형이상학은 더 이상 설득력이 없으며, 따라서 우리는 경쟁적이고, 똑같이 특권이 없는 담론들의 다신론을 인정할 수밖에 없다는 것이다. 프레이저와 니콜슨은 여성주의자들이 그와 같은 서사들에 형이상학적 근거를 가진 이론적 개입을 하기 때문에, 문제가 있는 근본주의와 본질주의에 자주 빠져들게 된다는 것을 인정하면서, 이러한 근대주의자의 실수를 피하겠다고 맹세하는 여성주의자들이 평가와 분석의 이론적 틀을 포기할 필요는 없다고 주장한다. 왜냐하면 포스트모던 이론의 개념에 본래적으로 모순적인 것은 없기 때문이다(Nicholson and Fraser, 1990, 34면). 그들의 주장에 따르면, 리오타르 자신은 그와 같은 전망을 정당화할 수 있는 규범적이고 정치적인 이론화의 가능성을 배제하면서도, 역설적이게도 스스로를 관리하는 민주적인 그룹으로 만들어진 좋은 사회에 대한 규범적인 전망을 내놓고 있다는 것이다(Nicholson and Fraser, 1990).

이와 비슷하게 주디스 버틀러는 "여기 어떤 형태의 교활한 문화적 제국주의가 보편적인 것의 기호 아래서 그 자신의 법을 제정하는가?"라고 묻고는, "비판자의 주체적 위치를 포함해서 그것의 용어들을 협의하고자 하는 바로 그 개념적인 장치에도 권력이 퍼져 있기" 때문에 우리는 규범적인 정치 이론의 주장들을 특권화하는 것을 경계해야 한다고 경고했다. 어떠한 이론도 좋은 것이 아니다. 왜냐하면 "권력의 유희를 벗어난 곳에 자신을 위치지우고, 권력관계의 협의를 위해 메타정치학적인 토대를 확립시키고자 하는 입장—가설적이고, 반사실적이고 상상적인—에 의지하는 것이 아마도 권력의 가장 교활한 책략"(Butler, 1990, 39면)이기 때문이다.

프레이저의 지적에 따르면, 사람들이 정체성에 대한 버틀러의 해체적인 비판을 이해할 수 있지만, 그녀의 해방에 대한 개념은 규범적인 결점을 지니고 있다. 정체성 그 자체를 본래적으로 억압적이라고 보면서, 버틀러는 궁극적으로 여성의 해방을 정체성으로부터의 해방으로 이해한다. 따라서 그녀의 해체적인 비판과 재구성적인 입장들에 대한 언명은 의심스럽게도 규범화하고 억압적인 것으로 보여지고 있다. 그러나 프레이저가 주장한 바와 같이, 여성주의자들은 "규범적인 판단들을 하고 해방적인 대안들을 제공할 필요가 있다. 우리는 무엇이든 상관이 없다는 입장이 아니다." 버틀러가 요구하고 있는 정체성의 확산은 그 자체로 저절로 탈사물화하거나 해방적인 것은 아니다. 프레이저의 주장에 따르면, 여성주의자들은 "해체와 재구성, 의미의 고착화반대와 유토피아적인 희망의 기획을 동시에" 필요로 한다(Fraser, 1990, 71면).

이러한 욕구들을 생각하면서, 낸시 프레이저를 포함한 수많은 여성주의자들은 하버마스의 규범적 정치 이론에 의지하게 되고, "그 끝없는 다양성과 단조로운 유사성을 지닌 성차별주의"(Nicholson and Fraser, 1990, 34면)를 분석하기 위한 유용한 도구들을 발견했다. 왜냐하면 하버마스의 이론이 리오타르가 거부하고 버틀러가 여전한 권력의 또 다른 책략으로 해석한 것과 같은 종류의, 계몽주의에 의해 고무된 규범적인 정치 이론이라고 할지라도, 윤리학에 대한 그의 담론이론은 정치학과 도덕적 사회적 규범에 대한 가장 체계적이고 통찰력 있는 현재의 성찰들 중의 하나이기 때문이다. 따라서 하버마스가 특별하게 성별(gender)을 이론화하는 데에는 실패했을지라도, 그의 이론은 프레이저가 요구하는 바 정치학과 정체성을 재구성하는 분석 같은 것을 하려는 여성주의자들에게는 매우 큰 관심의 대상이다. 하버마스의 작업은 근대적인 삶의 구조를 분석하고, 정치적인 억압, 시장 조작, 지배 등이 같이 증대하는 면을 고려하여 근대성의 해방적인 가능성을 평가하기 위한 규범적이고 정치적인 틀을 제공하기 때문에, 성별이 남성의 지배와 여성의 종속을 생산하고 재생산하기 위해 작용하는 방식들을 해명하고자 하는 여성주의자들에게 그것은 다양한 방식으로 이용되고 있다.

하버마스의 의사소통 윤리 이론

하버마스가 구축한 윤리 이론은 '담론 윤리학' 또는 '의사소통 윤리학'으로 지칭된다. 왜냐하면 그 이론은 의사소통적인 능력에 대한 이론을 핵심으로 해서, 정체성을 구성하는 상호주관적이고 언어적인 과정들을 강조하며, 규범의 사회적인 토대를 담론에서 분석하기 때문이다. 칸트와 마찬가지로 하버마스는 도덕성의 가능성을 인간의 언어적이고 인지적인 능력에 기초하는 것으로 보았으나, 칸트와는 달리 규범적인 담론들과 그것들의 사회적이고 정치적인 제도화과정을 역사적인 성취물로 보았다. 따라서 담론 윤리학은 칸트의 실천 이성에 대한 관념을 재구성한 것이다. 즉 보편성에 대한 강조는 유지하면서도 도덕적인 행위자를 역사적으로 자리매김되고 상호주관적으로 구성된 자로 인식하고, 규범들을 사회적으로 생성되고 담론에 의해 시험될 수 있는 것으로 생각한 것이다. 윤리적 상대주의자들에 대항하여 논의를 전개하면서, 그는 규범적 주장들이 도덕적인 담론을 사회적으로 구성하는 실천과 그 담론의 초월적이고도 실용적인 분석을 비판적으로 성찰함으로써 접근될 수 있는 이성들에 호소하는 한, 규범적 주장들을 객관적인 주장들에 유사하게 만드는 의사소통적인 합리성이 존재한다고 주장한다.

하버마스의 역사적으로 구성된 윤리학은, 의사소통적인 합리성의 역사적 기원과 그 합리성이 전략적 합리성과 근대적인 경제적 영역과 갖고 있는 갈등관계에 대한 분석에 근거하고 있다. 《공적 영역의 구조적인 변형》(*The Structural Transformation of the Pubic Sphere*, 1989)이라는 그의 가장 초기 작품으로부터 《사실과 규범》(*Between Facts and Norms*, 1986)이라는 그의 최근 작품에 이르기까지 하버마스는 근대성이 생활세계의 합리화를 증가시켜왔다고 주장해 왔다. 신화론적인 세계관에서 원래는 통합되었던 담론의 다중적인 영역들은 분리되었고, 성찰적 이론 구축의 주제로 되었다. 막스 베버 그리고 테오도르 아도르노와 막스 호르크하이머를 포함하는 프랑크푸르트학파의 초기 구성원들은 이러한 세계의 "탈주술화"를 전적으로 부정인 것으로, 즉 전략적인 합리성의 은밀한 잠입으로 보았다. 하버마스는 전략적인 합리성의 발전에 대한 분석을 특히 자본주의 시장의 관계로 제한하는 것이 초기 프랑크푸르트학파로 하여금 근대적 제도들과 행동들의 규범적인 성격이나 이론적, 실천적, 미학적인 합리성의 영역에서의 성과를 인지하거나 설명할 수 없게 만들었다고 본다. 의사소통적인 합리성의 분석이라는 관점에서 볼 때, 세계가 과학적, 미학적 그리고 도덕적인 것의 다중적인 영역으로 분화된 것은 하나의 긍정적인 발전이다. 왜냐하면 그것은 사회적이고 정치적인 규범들에 대한 성찰성의 증대를 가능하게 하고, 탈중심화되고 성찰적인 도덕적 관점을 가능하게 하기 때문이다. 이는 규범에 의해 조정되는 담론을 요구하고 발전시키는 제도들 안에서 표현되고 구현된다. 따라서 하버마스는 헤겔의 질문, 즉 어떻게 이성이 그와 같이 사회적이고 정치적인 제도들 안에 의사소통적인 합리성을 위치시킴으로써 실천적으로 될 수 있는가라는 질문에 답한다.

프랑크푸르트학파의 초기 구성원들과 마찬가지로 하버마스는 자본주의를 근대성의 가장 특징적이고 문제적인 계기로서 자본주의 스스로 요구하고 발전시킨 전략적 합리성과 동일시한다. 하버마스에게 근대성의 문제들과 갈등들은, 자본주의적인 시장 관계들 안에서 그 관계들을 통해서 사회적이고 정치적인 세계의 조직과 접속된 도구적 합리성의 지배로부터 생긴 것이다. 이러한 문화와 사회의 일차원적 합리화는 권력과 돈의 논리에 의해 지시된 도구적 합리성의 형태들을 문화적으로나 제도적으로 지배적이게 하고, 의사소통적인 합리성과 상징적인 표현을 사회적인 삶과 정당성의 맨 끝 자리로 쫓아낸다. 하버마스는 의사소통적인 합리성을 훼손하는 것, 사회적인 상호작용의 본질적인 조정자, 의미의 발생과 해석을 위한 자리를 시정할 수 있는 것은 오로지 삶의 더 많은 영역들을 공적인 정책의 쟁점들에 대해 개방적이고 공적인 토론을 허용하는 의사소통의 형식들에 개방하는 것이라고 결론짓는다. 따라서 하버마스는 막스 베버에 의해서 기술된 근대성의 '철장'의 관료주의와 금전주의를 완화시킬 수 있는 것은 진정으로 기능적인 민주주의적 제도라고 주장한다.

이와 같이 윤리와 도덕성에 대한 하버마스의 성찰은 본래적으로 정치적이며 역사적이다. 왜냐하면 전략적인 합리성의 잠입이 억압으로 이끌어간다는 것에 동의하면서도, 그는 "억압과 경직의 정도를 완화시키면서, 규범들의 역할의 차이와 유연한 적용—억압없는 사회화—의 증대를" 허용해 온 것은 근대성이 가능하게 만든 의사소통적인 합리성의 증대라고 주장하기 때문이다(Habermas, 1979, 1987). 그러나 근대성이 가능하게 만든 도덕적이고 정치적인 성과에 대한 그의 낙관주의가 소박한 것만은 아니다. 그는 전략적인 합리성에 의해 뚜렷이 나타나고 미디어에 의해 조종되는 돈과 권력의 메커니즘이 의사소통적인 합리성에 의해 인도되는 사회적 상호작용으로부터 구별될 수 있다고 주장하고 있지만, 전략적인 합리성이 때때로 의사소통적인 합리성을 붕괴시킨다는 것을 잘 알고 있다. 따라서 그는 의사소통적인 상호작용의 해방적인 잠재력을 실현하는 것은 '생활세계의 식민화'에, 즉 도구적 합리성의 논리에 의한 사회적, 문화적, 정치적 생활에서 지배의 증대에 효과적으로 저항하는 데에 달려있다고 믿는다. 그는 정치적 저항의 잠재력이 저지하고자 하는 바로 그 체계가 가진 필연성에 의해서 약화되고 있다는 것도 알고 있다. 여기서 하버마스는 가장 최근의 현대 해체주의자들뿐만 아니라 프랑크푸르트 초기 구성원들과 구별된다. 그는 합리성—의사소통적 합리성으로서 재개념화된—이 잠재적으로 해방적이며, 계몽주의의 기획이 미완성으로 남아있는 한, 민주주의의 약속들도 미완성으로 남겨진다는 계몽주의적 확신을 받아들이고 있다.

하버마스 이론의 여성주의적 전유

여성주의자들은 하버마스의 담론이론에서 상당히 가치있는 규범적인 자원들을 발견했고, 윤리와 도덕성을 역사적이고 정치적인 맥락에서 이론화한 것에 갈채를 보냈다. 하버마스의 민주주의 비판과 우리 시대의 해악에 대한 진단은 착취, 이데올로기적인 왜곡, 공적인 담론의 악의적인 조작에 대한 분석을 제공한다. 그러나 개인, 사회적인 관계, 정치적인 요구와 기대들에 대한 그의 이해는 대부분 자유주의적인 개인주의와 권리의 개념적인 도식에 끼워져 있다. 이러한 도식들은 보편적으로 적용될 수 있는 것으로 말해지고 있지만, 남성들(적어도 일부의 남성들)은 사회적, 경제적, 정치적인 행위자로서 묘사되고, 여성들(적어도 일부 여성들)은 결혼과 가정이라는 맥락에서 정의되고 소진되는 행위라는 관점에서 이해되는 성별화된 세계를 반영하고 있다. 따라서 공적인 권리와 사적인 요구들 간에 선이 그어지고, 우리 자신의 것과는 매우 다른 사회적인 맥락에서 개인과 행위의 개념들이 서술되었다. 그리고 그것은 꼭 맞지는 않는다 하더라도 그러한 경계설정과 서술을 분명하게 만드는 것이다. 결론적으로 근대국가, 자본주의 시장, 개인의 공적이고 사적인 행위의 역사적으로 변화하는 관계들에 대한 하버마스의 설명이 주는 통찰력에 의존하기를 원하는 낸시 프레이저, 장 코헨(Jean Cohen), 메리 프래밍(Marie Fleming), 셀라 벤하비브(Seyla Benhabib), 조안 랜즈(Joan Landes)와 같은 여성주의자들은 권리, 욕구, 시민권, 행위의 쟁점들을 성별화된 관점으로부터 숙고하기 위해서 그의 사상을 많이 고쳐 써야만 했다. 비판과 논의의 방향이 그들 간에 서로 다르기는 하지만, 그들 모두는 하버마스의 설명이 남성과 여성이 사회적 정치적으로 다른 지위를 가진 것을 보지 못하게 하는, 즉 성별문제에 대한 맹점이 있는 한, 그의 근대성 모델은 부족한 것이고, 수정과 재개념화를 필요로 한다는 데에 동의한다. 낸시 프레이저는 전통적인 자본주의에서 공적이고 사적인 생활의 다양한 영역 중에서 상호제도적인

(interinstitutional) 관계에 대한 하버마스의 정교한 분석들을 심화시켜서 가족 구성원, 소비자/고객, 군인, 시민들의 역할에 대한 역사적인 형상화에서의 성별의 분배를 주제화하였다. 자본주의 경제에서 공적인 것과 사적인 것 사이의 구분에 대하여 일반적으로 공인된 이원론적 접근을 넘어서서 하버마스의 설명이 성취한 진전에 주목하면서, 프레이저는 자신의 실패를 만회하려는 그의 설명을 "그가 기술하고 있는 관계들과 배열들의 성별적인 하부텍스트를 주제화"하는 데에로 확장시킨다.

장 코헨은 국가, 경제, 가족, 공적인 영역들 사이에 존재하는 관계들의 복합적인 상호작용에 대한 하버마스의 분석에 대하여 낸시 프레이저와 관심을 공유한다. 그녀는 하버마스의 설명이 성별화될 경우, 근대성에 대한 그의 예견 중의 일부가 부정확하고 불완전하게 보여질 수 있다고 주장했다. 그녀는 예를 들면 하버마스가 공적인 영역과 사적인 영역 사이의 유동성을 이해하는 데에 실패함으로써 가장 현대적인 사회적 운동들(많은 계기들에서 여성주의를 포함하여)을 단순히 특수한 것이자 방어적인 것으로, 따라서 근대성의 보편적이고 해방적인 목표를 증진시키지 않는 것으로 설명하게끔 했다고 주장했다. 그녀는 이러한 운동들이 연대성의 새로운 관계들을 발생시키고, 시민사회의 본성과 구조를 변경시키며, 오래된 공적 공간들을 활성화하고, 새로운 공적 공간들을 창출한다는 것을 하버마스가 인지하는 데에 실패하고 있다고 본다. 따라서 정체성과 성별관계를 재구성하기 위한 여성주의의 투쟁은 시민사회와 정치사회의 제도들을 재구성하는 데에 있어서 아주 중요한 계기인 것이다 (Cohen, 1995).

메리 프래밍(1995)과 조안 랜즈(1988)는 하버마스가 부르주아적인 공적 영역으로부터의 여성 배제를 단순히 부르주아가 그 자신의 규범적인 이상들을 깨닫는 데에 실패한 것으로 보는 것은 잘못이라고 논하면서, 공적 영역의 출현에 대한 역사적인 설명을 재평가한다. 그들은 하버마스의 설명을 확대하여 여성의 배제 그리고 여성적인 영역과 연관되는 정서와 관심의 배제는 합리적인 것과 비합리적인 것, 공적인 것과 사적인 것 사이의 부르주아적인 균열을 역사적으로 형성하고 있는 것으로 드러낸다. 그러므로 하버마스의 공적 영역은 평등, 이성과 일치되면서, 다른 것에 비해 특정한 능력과 관심들에 호의를 보이고, 사실상 의도하지는 않았을지라도 남성주체들이 그것의 지배적인 거주자가 될 것을 보증하고 있다. 그러나 정치와 격식이 뒤엉켜있는 현대사회에서 정치에는 놀이가 있고, 놀이에는 정치적인 행위와 제스처를 위한 잠재력이 놓여 있다. 따라서 랜즈는 정치적인 것은 행위, 구경거리, 육체, 격식에 의해 가능해진 비-담론적인 비판과 전복을 통해서 사적인 영역과 불가피하게 연결되어 있다고 주장한다.

일부 여성주의자들이 근대 사회조직들을 구성하는 상호제도적인 하버마스의 분석을 확장하고 교정하면서 공적인 것과 사적인 것의 상호작용에 대한 분석에 초점을 맞춘 반면에, 다른 여성주의자들은 하버마스의 주체성, 합리성, 도덕성, 정의개념을 심문하고, 교정하며, 확장하고, 거부하기 위해 성별에 대한 분석이 제공하고 있는 통찰력을 사용했다. 그와 같은 성찰은 여성주의 담론으로 하여금 성별 불공평(injustices)의 정체를 밝히고, 더욱 해방적인 사회적 정치적 관계들을 개념화하기 위해 강력한 담론 윤리학의 틀을 사용하도록 허용하면서, 하버마스의 핵심 개념을 구성하고 재정의하도록 이끌었다.

정체성 형성에 대한 하버마스의 상호주관적인 설명은 이 점에서 특히 성과가 있는 것으로 증명되었다. 하버마스는 우리가 먼저 개인이고 그 다음에 서로 관계하는 사회적인 행위자들이 아니라, 오히려 오로지 사회적인 관계들의 결과로서 개별적인 자기 자신이라고 주장한다. 자아의 구성은 사회적인 관계들의 확립에 부수적으로 따라오는 것인데, 이 관계들은 그 자체가 평등 혹은 불평등, 자유 혹은 억압, 권위 혹은 이성이라는 규범들에 의해 구조화되어 있다. 우리는 육체적으로, 사회적으로, 심리적으로 취약한 존재이기 때문에, 사회적인 상호작용은 공동체적 삶을 규범적으로 유지하고 재생산하는 것에 의해서만 오로지 가능하다. 따라서 도덕성은 사회적인 교류를 구조화하는 일상의 제도와 선이해에 대한 분석을 통해서 발견될 수 있는 보상적인 기제로서 기능을 한다. 이는 여성주의자들로 하여금 자기-타자 관계에 대한 규범적인 이상들과 그들이 협의되는 명시적으로나 암묵적으로 성별화된 담론적 맥락을 숙고하게 하는 이론적인 공간을 펼쳐 보인다. 이는 공적인 것과 사적인 것 사이, 개인적인 것과 정치적인 것 사이의 균열을 가로지르는 가능성을 창출한다.

하버마스의 작업에 대한 많은 여성주의적 독해는 의무론적인 윤리학에 대한 여성주의의 중요한 비판으로부터 생겨나는 단절을 메우기 위해 하버마스의 담론이론을 사용하려는 시도를 성찰하는 것인데, 이는 보편과 특수의 문제에서부터 일반화된 타자에 대한 하버마스의 설명에 대한 비판, 자율성과 사회적이고 도덕적인 재인식에 대한 토론에 두루 걸쳐 있다. 담론윤리학의 규범적인 요지가 여성주의자들에게 매력적인 것이지만, 이와 동시에 자율적인 도덕적 정체성과 규범들에 대한 그의 설명의 특성이 하버마스의 이론의 가장 문제적 측면의 하나로 확인되어온 것은 다분히 아이러니가 아닐 수 없다. 심지어 다른 경우에 호의적인 여성주의 독자들조차도, 하버마스가 칸트로부터 롤즈에 이르는 의무론적 윤리 이론의 많은 단점들을 되풀이하고 있다고 주장했다. 그 단점들이란 주체성이 특수하거나 역사적이기보다는 추상적이라는 것, 합리성이 중심을 차지하고 감정은 주변화된다는 것, 권리가 선으로부터 쉽게 근절될 수 있는 것으로 생각된다는 것, 공정성이 보살핌의 개념을 배제하고 연대성의 결속을 충분히 강조하지 않는 정의의 이상적 형태와 연관하여 설명된다는 것, 자율성이 격찬되고 의존성은 인지되지 않거나 회피된다는 것 그리고 정체성이 성별, 인종, 계급에 의해 구성되는 측면들이 별 관계없는 일로 생각된다는 것이다. 그럼에도 불구하고 정체성을 철저하게 상호주관적인 것으로 생각하고 동시에 평등주의적인 관계와 담론에 대한 규범적인 설명을 제공하기 때문에, 일부 여성주의자들은 담론윤리학의 틀 안에서 주체, 정체성, 상호주관성, 자율성, 정의에 대한 하버마스의 개념들을 재구성하고, 재분석하며, 재인식하려는 노력이 의미있는 것이라고 생각했다.

사회적인 관계들이 더 낫거나, 더 진실되거나, 더 정의롭기 때문에 그것이 더 정당한 인간 사회의 발전을 이룰 수 있다는 전망은 아닐지라도, 여성주의 비판은 희망 속에서 기술된다. 타당성, 정의, 평등과 상호성의 규범들에 대한 하버마스의 설명은 정치적, 사회적, 개인적인 관계에서 이데올로기적으로 옹호된 권력의 불공평함(inequity)을 비판하고 비난하려는 여성주의자들에게 유용한 자원이다. 왜냐하면 하버마스의 설명이 실제 정치적이고 개인적인 관계들과 담론들을 측정하고 비판할 수 있는 여성주의적 척도를 명시할 수 있는 근거를 제공하기 때문이다. 특히 하버마스는 규범적인 주장의 힘이 그것의 합리성과 보편성에서 유래하며, 규범적인 주장들은 과학적인 주장들과 다르긴 하지만 그와 유사하게 진리에 대한 주장을 한다고 주장한다. 담론 윤리학은, 하버마스가 보는 바와 같이(그에 대한 여성주의적 독자와 여성주의적이지 않은 독자들 양측의 일부 견해들과는 대조적으로) 추상적이고 보편적인 관점에서 검토될 수 있는 정의의 문제와의 관계해서만 도덕적 관점을 재구성한다. 담론 윤리학의 의무론적인 특징을 유지하는 것으로써 하버마스는 그것이 보편주의와 공평성을 보유하고 있음을 보증하고자 시도한다. 권리에 대한 순수하게 형식적인 개념을 확립함으로써 그는 선에 대한 다양하고 합법적인 전망들의 다양성과 복수성이 갖는 정당성과 실재성을 고려한다.

세일라 벤하비브는 평가적인 관심과 정의의 쟁점들을 하버마스가 쉽게 구분하는 데에 반대하고, 구체적인 도덕적 행위와 선택들에 대한 숙고는 얼마나 이 두 문제들이 불가피하게 얽혀 있는가를 곧바로 드러낸다고 주장한다. 그녀는 캐롤 길리건이 관계적인 의무와 보살핌의 쟁점들을 '도덕성의 중심에 속하고 주변에 속하지 않는', 진정으로 도덕적인 것으로 본 것은 올바른 것이며, 하버마스의 담론 윤리학은 단순히 형식적인 절차주의에 대한 요구가 아니라 '확장된 인간성의 대화적인 모델'로서, 보편주의적인 윤리의 관점이 그것의 바람직한 보편주의를 유지하면서도 길리건의 통찰력을 구체화하는 것을 가능하게 하는 모델이라고 주장한다. 단일한 주체와 계몽주의 이후의 도덕성을 형이상학적으로 기초지우는 설명에 대한 포스트모던적인 비판의 중요성을 인정하면서도, 그녀는 주체개념을 단일한 서사적인 관점으로서 그리고 윤리적인 규범들을 담론에 의해 협의할 수 있고 보편성을 지닌 것으로서 옹호한다.

또한 이러한 비판들과 성찰들은 비록 다른 뉘앙스에도 불구하고 헤르타 나글-도체칼(Herta Nagl-Docekal), 조디 딘(Jodi Dean), 안드레아 마이호퍼(Andrea Maihofer), 조지아 원크(Georgia Warnke), 앨리슨 와이어(Alison Weir), 조안나 미헌(Johanna Meehan)의 작업에 반영되어 있다. 나글-도체칼과 마이호퍼는 권리와 선의 구분과 여성주의적인 관점이 도입되었을 때 권리와 선이 혼동되는 방식에 초점을 맞추었다(Maihofer, 1988; Nagl-Docekal, 1994; Dean, 1995; Warnke, 1995; Weir, 1995; Meehan, 1995). 딘은 사회적이고 도덕적인 정체성의 형성에 대한 하버마스의 설명에서 타자의 '객관적' 위치를 채택하는 주체의 능력이 결정적이지만, 이 능력은 제삼자적인 관찰자와 일반화된 타자의 구조화 사이의 결정적인 구분을 배제하는 두 개념의 융합을 포함하고 있다고 주장했다. 이러한 배제의 중요성은 성별의 관점으로부터 보았을 때 분명해진다. 관찰자의 관점을 채택하는 어린이의 능력은 통념적 단계를 넘어서는 도덕적 의식을 성취하는 데에 필수적이고 특수한 상호작용으로부터 좀 더 광범위하고, 규범적으로 정의된 역할에 이르는 일반화를 포함하고 있는 반면에, 하버마스가 이러한 관찰자 관점에 속한다고 생각하는 중립성은 사회적인 위치에 따른 내용을 고려하는 데에 실패하고 만다고 딘은 주장한다. 다르게 가치평가된 성별관계의 세계에서 성별이 논의되는 한, 주체 및 제3자의 관점과 일반화된 타자를 구조화하는 내용은 위계적으로 배열된 성별관계들로부터 분리되어서 생각될 수 없다.

원크(Warnke)는 논증에 대한 하버마스의 개념을 재인식하는 데에 찬성하고, 또한 모든 해석들을 똑같이 중요한 것으로 보지 않는 반면, 해석된 견해들의 다중성을 허용하는 해석의 미학적 모델을 갖고 더 나은 논의에 대한 합의에 도달하려는 하버마스의 요구에 찬성하여 논의를 전개한다. 더욱이 가치들과 규범들은 일치하지 않는 것이 합리적일 수 있는 선에 대한 평가적 개념들의 다중성에 근거하고 있는 것으로 보여질 수 있다. 원크가 다시 읽어낸 하버마스의 담론 윤리학은 해석에 대한 가다머의 개념과 이상적 담론에 대한 하버마스 개념의 새로운 종합을 제공한다.

와이어와 미헌(Weir and Meehan)은 정체성 구성의 정치적인 특수성들과 그것들이 하버마스의 규범에 대한 설명을 복잡하게 만드는 방식들을 숙고했다. 와이어는 개체, 행위성(agency), 자율성에 대한 여성주의 비판뿐만 아니라 다루기 힘들어 보이는 차이에 대한 토론이 지적하는 것은 자아에 대한 생각을 재개념화하는 것에 대한 비판적인 요구라고 주장한다. 그녀의 주장에 따르면, 행위성에 대한 유용한 설명은 세계를 배우고, 변화시키며, 해석하고 재해석하는 행위자로서 인간에 대한 전망을 유지하면서도 동시에 개인의 정체성은 사회적, 정치적 언어적 힘들에 묻혀 있고, 체화되고, 지역화되고, 구성되고, 단편화되고, 연약하며 상처받기쉽다는 것을 인지해야만 한다. 그녀는 근대적인 정체성의 가장 중요한 특징은 자꾸 갈등을 일으키는 다중적인 정체성들을 화해시키고, 서로 갈등하는 정체성에 대한 해석들을 이해하고 비판하며 그것들과 함께 살아갈 수 있는 능력이라고 주장한다. 차이와 비동일성(nonidentity)을 배제하거나 억압하지 않고 갈등을 화해시키는 능력은 차이를 성찰을 통해 다룰 수 있는 능력을 갖춘 자아(ego)를 요구하는데, 즉 타자와의 연관성을 거부하는 것이 아니라, 자신을 상호주관적으로 구성되면서도 자율적인 능력이 있는, 타자에 의존하면서도 또한 타자로부터 독립적인 자로서 스스로를 인지하는 자아를 말한다.

미헌과 와이어는 정체성 형성이 항상 근본적으로, 사회적으로 주어진 의미를 협의하고 해석하는, 심리적, 사회적, 상징적으로 중재된 과정이라고 주장한다. 미헌은 상호주관적으로 정체성이 구성된다는 것은 주체성 형성이 항상 성별, 인종, 계급과 성적인 정체성의 권력관계를 포함하는 권력관계의 연결망에서 이루어진다는 것을 의미한다고 지적한다. 이는 행위성과 인정(recognition)의 쟁점들이, 비록 그 담론에 대한 성찰에서 감추어지거나 무시되는 경우가 많지만, 권리에 대한 규범적인 담론들에 불가피하게 얽혀져 있다는 것을 의미한다.

일부의 여성주의자들은 여성주의적인 사회적 실천에 대한 하버마스 이론의 연관성에 대해 성찰했다. 제인 브래튼(Jane Braaten)은 매우 중요한 의미에서, 하버마스의 의사소통적 합리성이 여성주의의 이상에 수렴되며, 그것이 정치적인 비판과 기획들을 이론화할 경우에 여성주의 공동체에 의해서 잘 사용될 수 있다고 주장한다. 이와 동시에 그녀는 하버마스가 의사소통적인 합리성을 비실질적으로 이해한 것을 비판했고, 연대성을 추구하는 여성주의는 결국 하버마스 논의의 전개의 순서를 역전시켜서 연대성의 이상들을 합리성의 개념이나 평등의 추상적인 이상들에서 이끌어내기보다는 합리성과 지식의 기준을 연대성과 공동체의 실질적인 이상들로부터 이끌어내고 있다는 명제를 전개한다. 시몬느 챔버스(Simone Chambers, 1996)는 이상적인 담론을 현실적인 것으로 만드는 데에 따르는 어려움들을 지적했고, 그와 같은 담론들을 구체적으로 예시하기 위해 있어야 하는 조건들의 일부를 명시화했다. 예를 들어 하버마스는 전적으로 합의에 이르는 담론이 말할 권리와 수단만을 요구하는 것은 아니라고 주장하고 있지만, 그는 이러한 권리의 행사를 가능하게 혹은 유의미하게 만드는 것이 무엇인지를 설명하지는 않는다는 것이다. 합의에 이르는 담론은 말할 권리와 수단만을 요구하는 것이 아니라 거기에 덧붙여서 언설이 귀 기울여질 수 있고 온전한 의미에서 경청될 수 있을 가능성도 요구한다. 그것은 참여자들이 담론의 절차적인 규범들을 추상적이며 중요한 의미를 갖고 실행되지 않은 권리 그 이상이 되게 하는 긍정적인 환경을 창출해내면서 서로를 향한 태도와 반응을 수용할 것을 요구한다(Braaten 1995).

하버마스의 규범적인 보편주의에 대한 여성주의의 반응들을 간단히 요약하기는 어렵다. 어떤 사람들은 하버마스의 많은 부분들을 수용하고, 하버마스 윤리학의 칸트주의적 요지에 대한 해체주의적인 비판을 '부정적인 것에 머무는 위험한' 것이라고 비난하면서 하버마스의 많은 부분들을 재구성하는 데에 열중했다. 하버마스에 대해 더욱 비판적인 견해를 지닌 사람들은 모더니즘에 대한 해체주의적인 비판들, 진리와 권력의 연관성과 주체의 생산에 대한 해체주의적인 분석들이 특별히 성별의 쟁점들을 이해하는데 통찰력과 새로운 깨달음을 주는 면이 있다고 하면서도 동시에 하버마스의 비판이론의 규범적인 내용 때문에 그 이론의 의미를 캐내기를 희망하였다. 하버마스를 수용하는 단일한 여성주의 입장은 존재하지 않지만, 여성주의적인 관점으로부터 재인식된 담론 윤리학이 소중하다고 보는 사람들은 올바르게 전유되고 실행된 담론의 힘이야말로 설득의 유일한 도덕적 형식이고, 사람들의 가슴과 마음을 변화시킬 수 있는 유일한 방식이라고 믿는다.

(노성숙 역)

42. 건강관리

수잔 셔윈(Susan Sherwin)

서문

우리가 기대할 수 있는 것처럼 여성주의 건강관리(health-care) 윤리학은 여성주의 윤리학과 건강관리 윤리학(또는 생명의학 윤리학과 생명윤리학으로도 알려져 있다)이 교차되는 지점에서 생겨났다. 그것은 여성주의 관점들과 장치들이 건강과 건강관리의 영역 안에서 일어나는 일련의 윤리적 문제들에 영향을 미치려는 광범위한 노력을 포함한다. 이러한 노력들은 양쪽 분야들에서 논쟁들을 확장시키고 수정시키고 있다. 즉 그것들은 명백히 젠더-중립적인 의료 윤리학의 전통에 젠더 분석적인 관점을 덧붙이고 있다. 그리하여 건강관리 진료의 구체적 현실과 복잡성에 초점을 둠으로써 종종 여성주의 윤리학에 관한 이론적 논의들을 풍부하게 하고 있다.

건강관리 윤리학이 궁극적으로 윤리학의 영역인 것처럼, 여성주의 건강관리 윤리학은 여성주의 윤리학의 특수 영역이다. 그것은 도덕적인 문제들에 대해 접근하는데 여성주의의 쟁점들과 분석들을 포함하게 함으로써 다른 윤리학적 정초들과 구별될 수 있다. 전통적 사유가 전형적으로 윤리학의 영역으로부터 정치적 문제들을 배제하는 지점에서 여성주의 윤리학은 권력과 특권에 관한 문제들의 도덕적 중요성을 깨달았다. 특히 억압이 정치적 잘못일 뿐만 아니라 도덕적 잘못이라는 것을 인식하고 있다. 비록 여성주의자들이 젠더 억압에 특별히 관심을 갖고 있지만, 그들이 제기하는 도덕적 반론은 모든 형태의 억압을 포함하고 있다. 대부분의 여성주의자들이 젠더 억압은 여성, 계급, 인종, 신체적 능력과 정신적 능력의 정도에 따라 변화할 수 있는 복잡한 현상이라는 사실도 인정한다. 추상적이며 보편적인 주장들을 위해 사회적 위치에 관한 세부 사항들을 무시하거나 또는 모호하게 하려는 윤리학에 대한 전통적 접근들과 대조적으로, 여성주의 윤리학은 개인적 관계들과 정치적 관계들의 양상들을 포함하는 맥락적인 세부 사항들을 가지고 윤리적인 논의를 마련하는 것의 중요성을 깨달았다. 특수한 관행이나 정책들의 도덕적 지위를 탐구할 때, 여성주의 윤리학은 우리에게 그것의 관계적 (단지 개인주의적이지만은 않은) 차원들과 함축들을 고려할 것을 요구한다. 특히 현재 당면한 관행과 정책이 현존하는 억압의 형태에 미칠 영향들을 조사할 것을 요구한다.

　이러한 방식으로 건강관리 윤리학의 영역을 정초할 때, 우리는 여성주의 윤리학이 토론을 유발하고 개입하고 변형시킬 수 있는 여러 차원들을 확인할 수 있다. 이것들은 다음과 같은 것을 포함한다. (1) 명확한 여성주의적 관점으로부터 생명윤리학 분야의 표준적인 문제들을 탐구하는 것, (2) 전통적인 방향들이 생각하는 관점들을 넘어서는 것들을 확대하는 것, (3) 기존에 추구되었던 윤리적 문제들의 안건들을 확대하는 것, (4) 생명윤리학을 반성적으로 고찰하면서 사용한 용어들과 방법들을 수정하는 것, 나는 이러한 영역들을 모두 간략하게 다시 고찰할 것이다.

전통적인 문제들

　아마도 여성주의 건강관리 윤리학이 미친 가장 분명한 영향은 생명의료 윤리학 분야에서 논의된 다양한 주제들에 여성주의 윤리학의 전략들과 개념들을 적용한 것이리라. 여성주의자들은 검토되고 있는 다양한 건강관리 제안들의 잠재적인 억압적 본성이 이러한 논의들에서 도덕적으로 중요한 요인으로서 다루어진다고 확신하고자 한다. 또한 젠더(인종, 계층, 섹슈얼리티, 나이, 장애)에 대한 문제들을 제기하면서 종종 친숙한 논쟁들에 중요한 차원을 덧붙인다. 생명윤리학에서 탐구되는 실질적인 모든 주제에 대해 여성주의적 분석을 할 수 있는 영역이 있었을 수도 있지만, 여태까지는 단지 소수의 영역들만이 체계적인 여성주의 연구의 대상이 되었다.

　가장 광범위하게 여성주의가 개입하고 있는 분야는 출산과 특히 임신중절에 대한 의학적 개입과 새로운 재생산의 테크놀로지들을 둘러싸고 있는 일련의 윤리적 문제들이라 할 수 있다. 이러한 문제들에 대한 비여성주의적 접근들은 인간의 삶의 존엄성이라는 절대적 원리나(Brody, 1975) 또는 개인의 자율성에 대한 자유로운 책무(Robertson, 1994)에 기초하여 분석한다. 어느 쪽이든 그들은 추상적이고 보편적인 원리에 호소하여 주요 문제들을 해결하려고 한다. 여성주의 논의들은 여성의 보다 폭넓은 사회적 자유가 여성 자신이 가지는 출산 통제력과 깊이 연관되는 방식들에 민감하게 반응하는 출산의 자유에 관한 해석들에 토대를 두고 있다(Petchesky, 1985; Overall, 1987; Callahan, 1993). 그들은 임신중절이나 새로운 출산 기술들에 대한 문제들을 그것들이 제기된 맥락으로부터 분리시킴으로써가 아니라 각 시술이 서로 다른 여성들의 사회적 역할과 지위에 영향을 주는 방식들을 검토함으로써 접근하고 있다(43. "출산"을 보라).

　여성주의 전망은 인간 주체에 대한 치료적 연구 사업의 윤리에 대한 논의들 속에 발견될 수도 있다. 비여성주의 문학에서는 착취와 악용으로부터 치료적 연구의 주체들을 보호하기 위해서는 강한 윤리학적 지침이 필요하다는데 폭넓게 합의하고 있다. 특히 그것은 자선단체의 인구들과 정신적 장애를 가진 사람들과 같이 특별히 상처받기 쉬운 집단의 구성원들을 다룰 때 필요하다(Rothman, 1987). 억압받고 사회적으로 천대받는 집단의 구성원이라는 사실이 착취를 연구하는 과정에서 상처받기 쉽게 만들 수 있기 때문에, 여성주의 윤리학의 연구 지침은 명시적으로 억압받는 집단의 구성원들을 무모한 실험의 남용으로부터 보호해야 한다고 제안한다(Sherwin, 1992). 동시에 여성주의자들은 다음과 같은 역사적 패턴에 반론들을 제기하였다. 치료적 연구가 대개 사회의 가장 특권층(대개 백인 남자)이 갖는 욕구와 반응에 맞추어져 있는 반면에, 다른 집단들(가령 여성이나 가시적인 소수집단)의 구성원들이 갖는 건강의 욕구들은 등한시하고 있다. 그러한 연구 안건들은 연구 대상이 되는 인구들에 대한 신뢰할 만한 건강 자료들을 제공하고 있다. 그러나 그것은 건강관리 제공자들에게 소외 계층의 환자들을 위한 치료를 결정하는 데에 충분치 않은 자료들을 남긴다(Dresser, 1992). 여성주의 윤리학자들은 더 많은 연구 자금이 여성에게 특수한 건강 분야(가령 유방암, 더 나은 피임)에 투자되도록 요구하며, 여성들이 치료학의 주제 등에서 체계적으로 배제하는 정책들을 연구하려는 목적에 천착할 중요한 이유를 보여주었다. 나아가 인식론에서 여성주의 작업을 하면서 여성주의 건강관리 윤리학자들은 전통적인 연구 모델들에 고유한 주제들을 객관화하는데 도전하고 있다. 그들은 연구 안건들을 설정하고 연구 계획을 하고 모집단을 선택하는 사람들의 지위별로 더 다양한 목소리들을 포함하자고 강변한다.

　여성주의자들은 또한 건강관리 제공자와 환자 간의 관계의 본성에 대한 논의들에 지대한 공헌을 하고 있다. 가장 서구적인 건강관리 체제의 핵심에 있는 의학적 모델은 의사들(과 더 적은 정도로 다른 건강 전문가들)이 지식이 부족한 환자들의 웰빙(well-being)과 관련하여 결정할 권한을 부여하는 전문적인 지식을 가지고 있다고 가정한다. 이러한 가정은 특별히 환자들이 대개 무지하고 비이성적이라고 생각되는 집단에 속할 때 강해진다. 비여성주의 생명윤리학자들은 의학적인 전문지식만으로도 의사들이 자기 환자들의 웰빙에 대해 신뢰할만한 결정을 할 수 있다는 다년간의 믿음에 의문을 제기하지만, 그들도 환자의 '평가'(values)가 (만일 그 환자가 이성적이라면) 궁극적으로 결정적이어야 한다는 사실에 기초하여 그렇게 한다. 그들은 대개 의사들이 효과적인 의사-결정(decision-making)을 하는데 필요한 '지식'을 가진다는 생각을 받아들인다(가령 Beauchamp & Childress, 1994). 대조적으로 여성주의자들은 경험적 지식에 대해 기술적이고 전문적인 지식이 가진 특권을 문제삼으며, 또한 우리도 알다시피 환자들(과 그들의 가족 간병인들)도 선별 치료를 결정하는 과정에 포함되어 존중받을 만한 관련지식을 가지고 있다고 주장한다(가령 Lebacqz 1985). 덧붙이자면 여성주의자들은 자율성을 포함하든 또는 온정주의를 포함하든 이러한 논쟁들이 가진 전통적인 이분법적 틀에 도전한다. 대신 어떤 사람들은 의학적 의사-결정이 전형적으로 자율성과 온정주의를 모두 포함하는 방식들을 인식하는 보다 복잡한 제3의 대안을 발견할 필요가 있다는 것을 제시하였다(Mahowld, 1993).

그렇다면 분명히 건강관리 윤리학의 많은 핵심적인 영역들에 중요한 여성주의 논의들이 포함되어 있다. 그러나 여전히 많은 중요한 허점들이 있다. 예를 들어 여성주의 견해들이 단지 삶의 종말을 포함하는 쟁점들을, 특히 안락사와 의사의 도움을 받는 자살을 논의를 하기 시작하였다(Downie & Sherwin, 1996; Wolf, 1996). 이것은 여성들이 어떠한 정책들이 나오든 간에 독특한 방식으로 영향을 받을 것 같기 때문에 여성주의가 관여할 필요가 있을 듯한 영역이다. 그러나 이 문제는 특히 여성주의자들과 복잡하게 뒤얽혀있는 문제이다. 왜냐하면 그것은 일반적으로 매우 아픈 환자들이 그들 자신의 죽음의 시간과 수단을 선택하는 것을 허용하지 않을 때 그들을 돌보는 부담이 적절하지 않게 여성 건강 노동자들과 여성 가족 구성원들의 어깨에 떨어지는 경우가 있기 때문이다. 그럼에도 불구하고 여성주의자들은 특히 법제화된 안락사에 대해 사회적 강제력을 약화시키는 위험을 걱정할 필요가 있다. 왜냐하면 자발적 안락사가 법제화되거나 널리 받아들여진다면 결과적으로 무-자발적 안락사 (non-voluntary euthanasia)의 관행들을 주도해갈 수 있기 때문이다. 그러한 경우에 젠더와 인종 등에 기초하여 평가절하된 사회 구성원들은 특히 그러한 남용에 상처 입기 쉽다. 우리 사회에서 억압의 희생자들에 대한 편견들을 줄일 수 있을 때까지, 우리는 생명을 보존할 만한 가치가 없다고 판단되는 사람들을 죽이는 것을 반대하는 제한조항들을 느슨하게 하는 어떠한 정책도 다음과 같은 실질적인 위험을 증가시키지 못한다. 즉 우리 문화에서 천대받는 사람들이 의료혜택이나 의료비 절감 효과라는 명목으로 비도덕적인 죽음을 당하게 할 수 있다는 것이다.

　　보다 확장적인 여성주의 분석을 기다리는 다른 영역들은 어떤 종류의 질병들, 특히 에이즈와 정신병과 연관되어 생겨난 영역들이다. 두 가지 상태들은 다른 사람들에게 심각하게 비난을 받는 원인이 된다. 그래서 어느 쪽 상태로 진단을 받든 환자들은 잠재적으로 심각한 사회적 고통과 경제적 고통을 받게 된다. 더욱이 환자의 성별에 따라 두 가지 상태들을 다르게 특징짓고 취급한다. 의학 연구와 같이 윤리학의 논의들에서 에이즈는 일차적으로 남성들에게 영향을 주는 질병을 여겨졌으나, 현재 남성적 경험은 대부분 논의들을 시대에 뒤떨어지게 만들었다. 즉 상대적으로 에이즈가 여성들에게 미치는 위험이나 또는 영향을 주는 독특한 방식에는 거의 관심을 기울이지 않는다. 에이즈 전염의 위험은 여성들과 동성애자들에게 억압적인 섹슈얼리티를 지배하는 규범들을 개선시키고 규제할 면허증(license)으로써 사용되었다. 전통적으로 성적인 문제들에 대해 여성들을 비난하는 문화에서, 에이즈의 두려움은 성적으로 능동적인 여성들을 악마화하는 것을 피하는 섹슈얼리티에 관한 여성주의 분석들이 필요하다고 촉구하게 되었다. 여성주의 접근들은 또한 여성들만이 태아에게 인체면역결핍 바이러스(HIV)를 전염시키는 잠재적인 원천들이라 생각될 수 있으며, 그래서 여성들을 어린 아이들의 전염률을 감소시키려는 정책들의 유일한 주체들로 만드는 사실이 함축하고 있는 중요성을 탐구할 필요가 있다. 더욱이 흑인, 히스패닉, 토착 인구들 가운데 상대적으로 높은 인체면역결핍 바이러스 감염률은 다음과 같은 사실을 특히 중요하게 만든다. 즉 의약이 에이즈를 이해하고 그것에 상응하는 방식들을 이해하도록 하는 정책들을 평가할 때 우리가 젠더뿐만 아니라 인종과 계급 및 문화에 민감한 분석들을 개발한다는 것이다.

　　에이즈와 대조적으로 정신병은 남성들보다 여성들 사이에 훨씬 흔하게 발견되는 상태로서 오랫동안 생각되어왔다. 종종 정신병의 일종으로 특징짓는 상태들로 되는데 사회적 기대치나 억압적 규범들이 하는 역할을 아는 것이 중요하다. 여성들과 다른 억압된 사회적 집단들의 구성원들은 정신병의 영역에서 심각한 이중적 속박에 직면한다. 여기서 그들은 자신들에 배정된 종속적 지위를 받아들이도록 만드는 듯한 특히 억압적인 정신 건강 기준에 영향을 받는다. 여성주의 역사는 여성들이 전통적인 이성애 사회의 기대치에서 벗어나려고 할 때, 정신적으로 아프다고 진단을 받게 되고 공포스러운 형태의 '치료'를 처방받는다는 여성들의 이야기로 가득하다. 더욱이 정신 의학은 전형적으로 비관습적인 행동들과 심각한 형태의 불행을 그러한 '징후들'을 드러내는 개인들을 변화시키려는 명상이나 다른 노력들을 필요로 하는 인격적인 문제로 생각한다. 대조적으로 여성주의자들은 많은 여성들의 삶의 관용적 태도가 그들의 '문제들'을 설명하는데 하는 역할을 고려하라고 요구한다. 여성주의 치

140

료사들은 문제들의 원천을 정치적으로 분석하는 맥락에서 개인들이 위기에 대처할 수 있도록 대안적인 치료 모델들을 제공한다. 그들은 의뢰인들과 그들 자신의 치료의 방향과 범위를 조절하고 그들 자신의 경험과 사회적 패턴들과의 관련성을 검토하도록 격려한다고 주장한다(Laidlaw & Malmo, 1990).

입장 바꾸기

여성주의 건강관리 윤리학은 전통적인 생명윤리학의 안건들에 깊이 개입한다. 비여성주의 의학 윤리는 대개 의사들과 상급 건강 행정관들의 입장들로부터 나온 윤리학적 문제들에 초점을 두고 있다(가령, Beauchamp & Childress 1994). 다른 데에서처럼 여기서도 여성주의자들은 환자들, 건강관리팀의 다른 구성원들, 환자의 친구들과 가족 같은 보다 덜 강력한 참여자들의 입장들에서 나온 문제들에 대한 접근이 중요하다는 사실을 알고 있다(Warren, 1992). 간호사들과 다른 건강 전문가들이 생명윤리학에 대해 관심을 가지고 자신들의 독특한 접근방식을 발전시키지만, 이러한 논의들은 중요한 생명윤리학의 주변부에 제한되고 특수화되는 것으로 보이는 경향이 있다. 간호 윤리학은 간호사들이 자신들의 일과 의사들의 일을 구별하는 방식들을 강조한다(Pence, 1990). 전형적으로 간호 윤리학은 의학적인 접근들에 아주 흔하게 나타나는 원리에 기초한 전략들과는 대조적인 윤리학과 관련된 접근들을 촉구한다. 간호 윤리학에서 다음과 같은 두 가지 요소들이 특별히 두드러진다. 즉 간호사들이 자신의 전문적인 활동들을 치료보다는 보살핌에 더 초점을 두고 있다고 이해하는 것의 중요성과, 간호가 일차적으로 여성의 직업으로 발전했다는 사실이다(Leininger, 1981). 따라서 보살핌의 윤리학은 특별히 간호 윤리학에서 환영을 받았다. 그렇지만 간호 윤리학의 모든 업무가 여성주의적이지는 않다는 것을 주목하는 것이 중요하다. 간호 윤리학의 많은 부분이 다른 형태의 억압에 대한 관심은 물론이고 어떤 특수한 젠더 분석을 결여하고 있다. 그리고 많은 설명들이 간호의 독특한 여성적 본성을 알아내지만, 자주 무비판적으로 정형화되고 (억압적인) 젠더 규범들을 영구화한다. 만약 문제의 간호 윤리학의 견해가 여성주의적이라면, 단순히 그것이 의존하는 이론적 개입들이 보살핌에 대한 여성의 전통적인 책임을 정립하는데 그쳐서는 안되며, 오히려 정치화된 (여성주의의) 상호독립성이라는 사회적 이상과 보살핌에 대한 집단적 의무들을 증진시키면서 억압적인 젠더 규범들에 도전해야 한다(가령 Nelson, 1992).

여성주의 건강관리 윤리학은 전통적으로 위계적인 의학적 구조들, 즉 건강 전문인들을 건강관리의 주요 대리자들로서 보며, 환자와 가정 간병인들을 건강 봉사의 단순한 대상들이나 도구들로서 다루는 구조들을 거부한다. 그리하여 그것은 서비스의 선택과 서비스 전달 방식에 대해 상당한 통제를 하면서 능동적인 참여자들로서 환자들에게 권한을 갖도록 돕는 구조를 위해 일한다(Whitbeck, 1982). 따라서 대부분 여성주의자들은 여성-중심적이며, 경험적으로 여성의 생식과 관련된 건강에만 접근이 제한되어 있다. 또한 그들은 여성이 생식과 관련된 사건들, 즉 월경, 피임, 임신, 출산(낙태), 탄생, 수유, 폐경 등을 경험하는 능력을 의학적으로 전유하는 것을 거부한다. 그들은 의학적으로 제한된 건강, 질병, 생식에 관한 규범들에 관한 새로운 해석들을 요구하고, 건강을—제한하지 않고—지원하고 증진하는 보다 온건한 역할을 의학에 맡긴다.

더욱이 여성주의는 건강 문제들을 전적으로 개인의 신체에서 일어나는 것으로 정의하고 말하는 의학의 지속적 경향을 문제삼을 것을 촉구한다. 질병과 장애는 개인들에게 해당되는 것으로 보여지고 개별적으로 다뤄지며 소개된다. 우리는 여전히 개인들의 요구에 대응할 필요가 있지만, 많은 문제들이 개인들에 대한 그들의 영향력에만 우리의 관심을 제한함으로써 충분히 소개될 수 없었다는 것도 알아야 한다. 또한 우리는 단지 각 사건마다 상해를 입은 정도를 확보하려고 노력할 뿐만 아니라 사회적 태도와 정책을 변화시키고 불공평한 관행들을 종식시킬 것을 요구함으로써 가정 폭력, 원치 않는 임신, 인종, 젠더-비대칭적인 지불 범위와 같은 관행들을 인식하고 대응할 필요가 있다. 여성주의 건강관리 윤리학은 다음과 같은 여성주의 운동의 두 가지 중요한 표어들의 진실을 반성한다. 즉 인격적인 것은 정치적이며, 어떠한 사적인 해결도 없다. 여성들이 자신에게 보살핌을 필요한 건강관리 체계를 제시할 때, 우리는 항상 이러한 특수한 개인들이 어떤 보살핌을 필요로 할 뿐만 아니라 그들의 상황이 어떠한 더 큰 쟁점들을 표현하는지를 물을 필요가 있다.

의학은 여성이 정신병이나 원하지 않는 임신, 불임, 장애, 유방암, 노령과 벌이는 투쟁의 정치적 차원만이 아닌 인격적인 차원을 보도록 촉구한다. 전형적으로 생명윤리학은 이러한 의학적 편견을 그대로 물려받았다. 그리하여 그것은 문제의 환자가 가령 에이즈, 계약 임신, 자살 방조, 장기 간호와 같은 복잡한 문제들을 일으키는 치료법을 찾을 때 무엇을 원하는지를 발견하도록 요구한다. 대조적으로 여성주의 생명윤리학은 확인된 의학적 또는 사회적 문제들을 둘러싸고 있는 맥락에 대한 문제들을 제기한다. 예를 들어 유방암은 단지 수백만의 여성들에게 영향을 주는 비극적 질병으로서 뿐만 아니라, 아마 아직은 충분히 연구되어야 할 환경적 요인들 때문에 금세기에 드라마틱하게 증가했던 건강 상태로서 검토할 필요가 있다. 강간과 빈곤과 같이 암도 단순히 기술적으로 다룰 의학적 문제가 아니다. 즉 그것은 희생자들이 고립되어 자신들의 상태를 당혹스럽게 느끼며 의학적 개입의 대상으로 취급할 때보다는 함께 모여 격려하고 집단적으로 행동할 때 더 잘 다룰 수 있다. 여성주의 생명윤리학은 환자들에게 주는 권한을 증진시키고, 의학적 의사결정이 특권적이고 영향력이 있을 뿐만 아니라 불이익을 주고 비권위적이라는 확신을 증진시킨다(Roberts, 1996).

안건들 늘리기

여성주의 건강관리 윤리학에 독특한 또 다른 특징은 이야기할 만한 주제들의 안건들을 늘린다는 것이다. 예를 들어 여성주의자들은 미용 수술의 관행에 지침이 되는 규범들에 문제를 제기한다. 이러한 경우에 미용 수술은 여성들이 여성의 아름다움에 관한 인위적이고 파악하기 힘든 규범들에 더 잘 적응하도록 돕기 위해 원래 여성들에게 시술되는 위험하고 고비용의 '선택적' 수술이다(Morgan, 1991). 절차에 따른 심각한 의학적 위험이 있지만, 미용 수술은 어떠한 명시적인 건강상의 필요가 없어도 폭넓게 시술된다. 우리가, 알려진 적절한 동의 기준들을 다음과 같은 경우에 어떻게 확인할지는 결코 분명하지 않다. 즉 문화가 계속하여 여성들이 나이 들거나 또는 뚱뚱해지는 모습들을 용납하지 않는 분위기일 때, 그리고 어떤 여성들이 만약 우리 모두를 둘러싸고 있는 여성적 아름다움의 억압적인 외적 기준들에 일치한다면 정확하게 일과 사랑에서 성공의 기회가 훨씬 향상될 것이라고 정확히 계산할 때를 말한다. 그럼에도 불구하고 비여성주의 생명윤리학 문헌에서는 미용 성형수술과 연관된 도덕적 문제들이 실제로 검토된 적이 없다.

더욱 폭넓게 여성주의는 의학적으로 보는 방식들에 고유한 신체 이론들에 의문을 제기할 필요를 알도록 도와준다 (32. "신체 정치학"; 33. "장애"). 신체에 관한 '과학적' 또는 의학적 견해는 비록 그것이 규범과 가치에 대해 중요한 선결문제의 오류를 범했지만 근대 문화에서는 표준이 되었다. 신체와 그 부분들을 그 안에 '사는'(inhabits) 인격과는 분리될 수 있는 것으로 다루는 것은 이질화시키는 경향이다. 의학은 우리에게 우리의 신체를 감시의 대상으로서 경험하도록 가르친다. 즉 정기적으로 '침범'이나 '붕괴'의 신호를 확인하도록 충고한다. 비록 우리 자신의 의견이 전문가의 진단에 빈약한 대체물로 생각되기는 하지만 말이다. 우리는 의학 전문가들이 신체에 머무르는 인격들보다 우리의 신체를 더 잘 안다고 믿기 때문에 의학의 권위에 점차 더 많이 의존하게 된다. 더욱이 그들은 병가, 건강 보험, 다른 관료적 혜택에 대해 우리가 자격이 있는지를 궁극적으로 인정해주는 독재자들이다.

우리가 여성주의 건강관리 윤리학의 입장을 취할 때 확인될 수 있는 문제들의 범위는 아무런 제한도 없는 것처럼 보인다. 새로운 개척자들에 관한 다른 예들은 장애의 기준을 지배하는 규범들 속에 함축된 억압을 말하는 여성주의 장애 이론들의 발전을 요구하는 이론가들의 노력들 속에 표현되어 있다(Wendell 1989). 다른 사람들은 식욕 장애에 관한 적절한 이해가 의학계에서는 거의 파악되지 않는 정치적 분석들을 요구한다고 보여준다(Bordo, 1993). 아직도 또 다른 사람들은 사회 문제들을 '유전학화'하는 변화에 도전한다(Lippman, 1991). 또한 여성주의는 의학적인 섹슈얼리티의 윤리적 함축들을 주의깊게 검토할 필요를 드러내게 도와주며, 건강관리 체제의 위계적 구조를 검토할 것을 촉구한다(Sherwin, 1992).

새로운 도구들

덧붙여 여성주의 건강관리 윤리학은 대안적 방법론적 도구와 개념적 도구의 사용을 통합한다. 방법론적으로 여성주의 건강관리 윤리학자들은 사실과 가치, 그리고 이론과 실천 간의 전통적인 구별을 거부하는 경향이 있다. 그들은 종종 아카데믹한 이론화와 사회적 행동주의 간의 인위적 경계들을 가로지르는 것으로 보여질 수 있다. 개념적으로 건강관리 윤리학의 핵심개념들 등 많은 것들은 여성주의적 재해석을 요구하는 것이 분명하다. 예를 들어 여성주의자들은 '환자'라는 불만족스러운 이름표를 대체할 용어를 발견하기 위해 투쟁해왔다. 그것이 수동성과 의존성의 은유로 표현되었지만, 그것의 사용은 건강제공자들과 그들의 보살핌을 필요로 하는 사람들 간의 관계의 본성에 대해 수용하기 어려운 가정들을 영구화시킨다. '소비자' 또는 '의뢰인'과 같은 대중적 대안들은 그들 자신의 문제를 드러내지 못한다. 왜냐하면 그들은 중요한 방식으로 건강관리 제공자들과의 관계를 왜곡시키는 시장의 이념들을 가져오기 때문이다. 합리적 윤리학에 기울인 여성주의의 노력은 소위 환자들과 건강관리 제공자들 간에 존재하는 많은 종류의 관계들에 대해 보다 풍부한 모델들을 제공하는데 도움을 줄 것을 약속한다.

정의의 원리는 최근의 많은 건강관리 논쟁들에 중심이며, 여성주의는 이러한 원리에 관한 대안적 해석들과 적용을 제안해왔다(Nelson & Nelson, 1996). 비여성주의 문헌에 나타나는 정의에 관한 논의들은 거의 보편적으로 턱없이 부족한 건강관리 재원들의 할당에 관한 것으로 해석되었다. 또한 그것들은 분배적 정의의 법칙들을 포함한 것으로 인식되었다. 그러나 여성주의자들은 일관성있게 분배적 정의의 표준

개념들의 한계에 도전해왔다(49. "정의"). 여성주의는 정의의 개념을 한편으로 권력과 특권의 문제에 관심을 가지고, 다른 편으로 억압과 지배의 문제에 관심을 가지는 데까지 확장시켜야 할 필요를 드러낸다. 많은 비여성주의 저자들이 하는 것처럼 건강관리를 소비자 선택의 문제로 다루는 것은 그들 자신의 특권을 버리는 것이며, 더 불이익을 당하는 시민들의 삶 속에서 건강관리의 본질적이며 접근하기 어려운 지위에 대해 설명하는 데 실패한다. 모든 환자들이 동등한 상황에 있는 것처럼 진행하는 건강관리 분배에 관한 논의들은 다른 형태의 부정의가 사회의 어떤 구성원들을 다른 구성원들보다 질병에 더 잘 걸릴 수 있게 만들지만, 동시에 건강관리를 별로 받을 수 없게 하는 방식들을 애매 모호하게 만든다. 여성주의자들에게는 여성들이 남성들보다 건강관리 서비스에 더 의존적이지만 대개 치료를 받을 재원들이 더 적다는 사실이 중요하다. 재정적으로 특권층인 저자들은 개인 보험 없는 사람에게 단지 '최소한의 적당한 건강관리'만을 제공할 것을 제안하는 반면에 더 많고 좋은 서비스를 선택할 수 있는 다른 사람들의 권리를 유보할 때, 그리고 더 나이가 많은 사람들에게 건강관리를 배분할 것을 지지할 때, 명확하게 젠더 중립적이며 인종 중립적인 이러한 정책들에 의해 영향을 받는 사람들에 관해 말하고 있다. 여성주의 분석은 대부분 빈곤이 여성과 아이들의 조건이며, 특히 소수 집단과 장애자들에게 흔하며, 매우 나이 많은 노인들의 대부분이 홀로 사는 여자들이라는 것을 우리에게 상기시킨다. 젠더와 인종 및 계층은 그러한 정책들의 영향권 안에 있는 핵심적인 요소들이며, 생명윤리학의 제안들 속에서 애매 모호해져서는 안 된다.

　더욱이 여성주의 생명윤리학자들은 우리 건강 개념을 확장하도록 촉구한다. 그러면 우리는 (전통적인 논쟁에서처럼) 집약적인 보살핌 단위로 침대들의 적정한 분배뿐만 아니라 우선적으로 건강을 증진시키는 수단들의 적정한 분배를 요구하는 것이 공평하다고 볼 수 있다(Purdy, 1996). 그러한 척도들은 가령 적절한 음식과 집, 유독환경과 물리적 폭력으로부터의 안정, 자부심을 발전시키는 기회들, 건강 교육에의 접근 등을 포함한다. 이러한 방향 정립은 건강 서비스와 건강관리 윤리학이 현재 공격적이고 한 단계 높은 기술적 중재에 집중하는 데로부터 건강의 일차적 결정요소들에 초점을 맞추는 더 공통적이지만 덜 비싼 종류의 전략들로 초점을 변화시킬 것을 함축하고 있다.

　일단 우리가 분배적 정의의 패러다임이 가진 제한들을 넘어설 때, 건강관리 전달체계의 조직에 의해 제기되는 사회적 정의와 부정의 문제들을 탐구할 수도 있다. 건강관리 체계의 위계적 제도들은 다른 사회 제도들과 같이 대부분 남성, 백인의사 및 상급 행정관들이라는 엘리트 집단의 손에 힘을 집중시키는 데 의존하고 있다. 그러나 그들은 대부분 여성, 백인 간호사 중간 매니저들의 노동에 의해 지원을 받는다. 반면 소수 집단에 속하는 사람들은 대개 청소나 요리를 하는 육체 노동을 하지만 건강관리 제도에서 의사 결정하는 데 포함되지 않는 빈약한 지원을 받는 직원들의 반열로 떨어진다. 건강관리 윤리학에 관한 여성주의 논의들은 중요한 건강 수단들에 대한 폭넓은 접근 방식을 제한하는 구조적 체계와 건강 정책을 결정하는 권력에 도전한다. 그것들은 우리의 건강관리 전 체계의 급진적인 변화를 지원하고, 가장 직접적으로 영향을 받는 사람들에게 건강 문제에 대한 통제력을 되돌려주는 수단을 제공한다.

(장영란 역)

43. 출산

로라 샤너(Laura Shanner)

여자는 임신을 하지만 남자는 그렇지 않기 때문에, 또한 생식 결정이 여성의 건강, 경제적 안정, 사회적 지위에 커다란 영향을 주기 때문에, 출산이 진작부터 흔하게 여성주의 학문의 주제가 되어 왔다는 것은 새삼 놀라운 일이 아니다. 최근 몇 년 동안 불임 치료, 임신 진단, 태아의 조직 사용, 유전학 등 급속도로 발전하고 있는 기술들 속에서 여성에 초점을 맞춘 출산 분석은 특별히 긴급한 것이 되고 있다. 날로 발전하고 있는 기술에 대응하는 것은 학제 간의 연구를 요구한다. 다시 말해서 가치 명료화와 개념 분석에 있어서 전통적인 철학적 방법들 이외에도, 의료 기술 평가, 법, 건강 정책, 사회학, 그리고 다른 영역들의 협동을 필요로 한다. 심지어 가장 기본적인 개념들조차도 재검토를 요구받고 있다. 죽음의 법적, 도덕적, 철학적 의미에 관한 연구에는 지대한 심혈을 기울이는 것과는 대조적으로, 탄생(birth)의 중요성에 대해서는 여성주의 연구이외에 철학적 관심을 거의 갖지 않았다는 것은 놀라운 일이다(Held, 1989 ; Warren, 1989).

공통 주제들

"이것은 여성에게 어떤 의미가 있는가?"라고 물음을 던짐으로써 피임, 새로운 출산 기술들(NRTs), 임신 테스트, 임신중절, 임신, 출산의 신체적 위험들에 관한 분석에 더욱 박차를 가하게 한다. 여성주의자들은 약물과 침투적인 수술 절차들이 여성의 신체에 얼마만큼 해를 입히는지 그 여부에 대해서 일관된 목소리를 내고 있으며, 어떤 경우들에는 시술 의사들을 따르기보다는 더 나은 결과 자료들을 수용해 왔다. 생식과 유전공학에 저항하는 여성주의적 국제 네트워크(the Feminist International Network of Resistance to Reproductive and Genetic Engineering)는 공적 인 대화와 정책 토론에서—특히 호주에서 있었던—체외수정(IVF)과 같은 새로운 출산 기술들의 안전성과 성공률에 대해 관심을 갖게 하는 데 특별한 영향력을 끼쳐 왔다. 여성과 아기 모두에게 있어 체외수정의 성공률과 장기적인 안전성과 같은 문 제들은 세계적인 시술이 이루어진 지 15년이 지난 작금에야 체계적인 연구가 시작 되고 있을 뿐이다.

여성들과 그 가족들은 이러한 신체적인 위험들을 경험할 뿐만 아니라 생식 간섭 과 유전적 간섭으로 실질적인 정서적, 사회적 그리고 재정적 비용을 치르게 된다 (Corea et al., 1987; Stanworth, 1987; Overall, 1987, 1993; Rothman, 1989b; Sherwin, 1992). 여성의 생식 선택들을 형성하는 정치적 구조들은 출산 장려책이 여 성과 자녀 그리고 인구 과잉의 지구에 대해 끼치는 영향에 대한 특별한 관심과 더 불어 분석을 요구한다. 단지 생식하는 것이 아닌 건강하거나 또는 '양질의' 자식을 출산하는 일의 사회적 중요성으로 말미암아 침투적인 임신 '경영'(management)을 후원하는 일이 늘고 있다.

난자와 배아 이식과 관련된 새로운 기술들은 생물학적 어머니됨(motherhood)의 통합된 초기 과정을 분절시켜 왔다. 1978년까지만 해도 인간 역사에 있어서 임신 여성은 태아의 유전적 조상일 수밖에 없었다. 유전과 관련없는 배아나 태아를 품고 있는 임신은 이제 우리에게 다음과 같은 질문을 촉구한다. "이 아이의 엄마는 누구 인가?" 이러한 임신의 분절화에 대한 공포는 다음과 같은 비일관적인 법적 · 사회적 인식과 관련해서 일어나게 된다. 즉 누가 '진짜' 엄마(Rothman, 1989a)가 될 것인 가가 문제가 될 때, 유전적 기여와 관련된 임신이 평가절하되는 반면에 (난자와 비 밀 그리고 가족 관계의 불연속성을 회복하기 위해 점점 커지는 침해와 위험에도 불 구하고) 난자와 정자의 동등한 역할이 주장될 때, 그리고 여성 자신이 생식 결정에 서 날로 평가절하되고 소외될 것이라는 두려움이 일어날 때 그렇다.

성적 대상으로서의 여성의 이미지는 출산 장려라는 렌즈를 통해서 볼 때 생식 용 기나 '아기 제조기'의 이미지가 되고 있다(Corea et al., 1987; Scutt, 1988). 여성은 실제로 태아에 초점이 맞춰진 영상 기술들 속에서 사라지게 되며, 여성의 인간다운 삶은 난자 '배양' '자궁 환경' 그리고 애초에 농장과 '축산'을 위해 개발된 치료 대 상이라는 농업적 은유들로 낮게 평가된다(Morgan, 1989).

다른 목소리

대부분의 출산 문맥들에는 다양한 여성주의적 관점, 결론 그리고 불일치가 있다. 이러한 풍부한 목소리들의 합창은 여성의 경험의 다양성을 훌륭하게 반영하고 있을 뿐만 아니라 여성주의 내에서 발생하는 근본적인 분열을 보다 폭넓게 지목한다.

예컨대 하나의 기본적인 불일치 지점은 출산 그 자체가 여성의 무능력의 근원인가 아니면 여성의 가장 위대한 힘인가이다. 보브와르(Simone de Beauvoir)는 임신을 "여성에겐 개인적인 이득이 없는 고된 노동이면서 엄청난 희생을 요구하는 것"으로 기술하였다(1952, 33면). 알렌(Jeffner Allen)은 여성의 몸이 남성에 의해 "가부장주의를 재생산하는 자원으로" 전용될 때, 근본적으로 어머니됨을 "여성의 전멸"과 동치시키는 급진적 주장을 한다(1983, 317면).

이와 대조적으로 '모권적' 관점은 출산(childbearing)을 여성의 고유한 힘의 근원으로 묘사한다. 이러한 힘을 조종하려는 남성의 욕망은 남성의 사회적 지배 확장을 설명해 준다(Corea, 1979). 피임과 임신중절을 통제하고 가정 분만에서 병원 분만으로 이동시키며, 출산과 유전 기술들을 개발하는 일은 "여성의 무시무시한 창조적 힘에의 선망을 승화시키고, 그러한 창조적인 힘을 모방하고, 추출하며, 마지막으로는 여성의 힘을 쫓아 버리기 위한 남성의 시도로" 볼 수 있다(Bunkle, 1988, 96면). 섹슈얼리티, 결혼, 이혼 그리고 전문직과 정치 영역에서의 여성의 참여에 폭넓은 방식으로 사회적 제약을 가하는 일은 간접적인 것일지라도 여성의 생식 능력들을 통제하려는 널리 퍼진 기제들이다. '자궁 선망'은 페니스 선망에 뿌리 박혀 있는 프로이트(Freud)의 여성 신경증 이론들을 뒤집어 보려는 의도에서 나온 것이다(Kittay 1983b).

파이어스톤(Shulamith Firestone)은 보기 드물게도 유전 공학과 인공 자궁들이 생식에 있어서 여성들을 생물학적 제약들로부터 자유롭게 할 것이라는 낙관주의를 표방한다. 그러나 사람들은 새로운 기술들이 여성들을 가부장주의의 굴레로부터 자유롭게 하지 않을 것이며 오히려 기만적이게도 여성들의 삶을 더욱 조이는 유혹적인 부드러운 올가미가 될 것이라고 의심을 한다.

대부분의 여성주의자들은 남성, 의사, 국가 또는 가부장적인 사회 체제에 의한 통제로부터 자유로운 생식 결정권을 차지하기 위해 여성의 자유와 권리를 강조하며, 더 나아가 생식을 하지 않을 권리를 강조한다. 인권에 관한 국제 법전들은 여성들을 위한 사회 정책과 건강 정책에서 중요한 변화들을 담고 있다(Cook, 1993). 또 다른 전략들은 어떤 생식 선택들을 (가령 임신 계약) 옹호한다. 그것은 여성의 공로 때문에 그러한 것이 아니라 어떤 관행들을 제한함으로써 여성들의 생식 자율성을 제한하는 위험한 선례를 남기기 때문이다(Andrews, 1988). 자유에 대한 이러한 강조는 여성주의자들이 직접적으로 옹호하지 않는 전통적인 윤리적 자유주의와 동일한 것은 아니다. 다른 행위자들의 자유에 대한 평등한 권리를 침해하지 않는 한도 내에서의 자율적이고 합리적인 행위자들의 자유에 대한 권리를 강조하는 자유주의적 윤리는 임신중절, 하이테크 불임과 임신 간섭, 유전적 진단과 선택, 생식에 관한 계약들, 난자·정자·배아의 판매, 임신 서비스에 관해서 최소한의 제약만을 요구한다. 중요한 사실은 황혼의 나이에도 아이들을 생산할 능력을 갖고 있는 남성들과 마찬가지로 새로운 기술들의 발달로 인해 폐경 여성도 황혼의 나이에 동등한 생식능력을 갖게 되었다는 것이다. 그러나 여성의 선택을 확장하려는 이러한 바람에도 불구하고 대부분의 여성주의자들은 이러한 시술들 중에서 어떤 시술들에 대해서는 탐탁치 않는 시각으로 본다.

대부분의 자유주의적 분석들은 자유로운 생식 선택을 통해서 태어난 아기들의 이해관계에 대해서 심각하게 고려하지 않는다. 헬드(Virginia Held)가 논평했듯이, "아기를 어머니와 계약하는 합리적이지 못한 계산가로 상정하는 것은 (자유주의자가) 철학자들보다도 훨씬 더하다"(1987, 120면). 아기를 우리 마음대로 얻을 수 있고 매매할 수 있고 창조할 수 있는 대상으로 상정하고, 자손이 받을 수도 있는 해악들에 대해서는 전혀 고려하지 않는 자유주의적인 출산권의 요구는 특별한 관심의 대상이 되고 있다(Purdy, 1992).

사회주의 여성주의자들은 자유의 문맥적 한계들에 주의를 기울이면서도 여성의 생식과 관계된 삶의 문제보다는 사회적·문화적 제도들을 조직화하는 일을 더 선호한다(Rothman, 1989b; Sherwin, 1992; Shanner, 1995). 예컨대 체외수정은 일로 인해 출산을 미루었던 여성들에게 상품으로 되어왔다. 자유주의적 여성주의자들은 체외수정을 사용할 여성의 권리를 옹호하지만, 사회주의 여성주의자들은 여성들이 경제적 안정을 확보하고 가장 여유로울 때 가족을 꾸릴 수 있게끔 교육 제도나 기업의 체제를 조직화하길 원한다. 또한 사회주의적 여성주의는 사회 전체를 위해 그리고 타인들과의 평등한 거래를 할 수 없거나 불리한 상태에 있는 사람들을 위해 개인의 선택들이 치르는 도덕적 대가들에 매우 주의를 기울인다. 이러한 입장에서 볼 때, 임신 계약과 난자 매매는 가난한 여성들과 또는 아이들을 착취할 위험이 있으며, 유전적 간섭과 '정상'에 관해 변화하는 정의들은 불임자들에게는 위협적인 것으로 볼 수 있다.

급진적 여성주의는 출산에의 간섭을 전적으로 거부하면서 사회주의적 접근보다도 훨씬 명료한 결론들에 도달한다(Daly, 1978; Arditti et al., 1984; Rowland 1992). 임신 자체는 억압적인 것으로 간주되며 출산과 관련된 어떠한 간섭도 의심스러운 대상이 된다. 급진적 비판들은 출산 대상으로서의 여성에 대한 가장 생생한 모습을 제공해 왔으며, 폭주하는 기술에 대한 극도의 공포를 표출한다.

몇몇 이론가들은 노동과 출산은 일상적으로 생산 노동이라는 경제적 논의들 속에서 무시되고 있으며, 출산은 보상받지 못하는 여성 활동의 또 다른 형태라고 주장한다(Schwartzenbach, 1987; Anderson, 1990; Moody-Adams, 1991). 생산물로서의 아기의 이미지는 혼란스러우며, 산업 경제에 대한 마르크스적 비판이 지니는 충만한 힘은 특히 출산 문맥들에서 신랄한 비판을 취한다(Oliver, 1989). '소외'의 마르크스적 용어는 아기들에 대한 여성의 거리감을 기술하며 심지어는 자신의 아기를 침투적인 치료들과 분절된 출산 생식 과정들 덕분에 태어난 존재로 기술한다. 이러한 관점은 특히 아기가 특정한 유전적 특징을 갖고 있는 욕구 대상으로 취급되거나 임신 협정(arrangement)에서 누군가에게 매매되어질 수 있는 생산품으로 취급될 때 적합해 보인다.

보살핌의 규범 윤리학은 길리건(Carol Gilligan)의 저작(1982a)에 그 토대를 두고 있으며, 그녀의 독창적인 연구들은 임신중절을 고려중인 여성들을 포함시키고 있다. 자유주의를 뒤집어 보는 일은 규칙들과 추상적인 원칙들에 의해서 구성된 것으로서의 자유와 자유의 한계에 초점을 두는 것이며, 보살피는 행위자는 문맥적 욕구에 응답하고, 인간관계를 공고히 유지하며, 약자에 대한 강자의 의무들을 강조한다. 보살핌 윤리에 대한 정부 차원의 첫 번째 채택으로서 캐나다의 왕립 위원회는 새로운 출산 기술에 관해(1993) 보살핌을 여덟 가지 윤리 원칙들로 보완되어야 할 기본적인 도덕적 오리엔테이션으로 간주한다. 보완적인 원칙들은 보살핌 윤리에 관한 두 가지 중요한 비판들을 예증한다. 정의와 자유와 같은 원칙들은 도덕적 추론에서 충분조건은 아닐지 모르지만 필요한 것이며, 보살핌 행위는 행위를 위한 특별한 지침을 주진 않는다는 것이다.

출산 윤리학의 주제들

여성의 통찰력은 새로운 문제들을 확인하고 새로운 용어들을 도입함으로써 다양한 출산의 논쟁들에 관한 담론을 바꾸어 왔다. 여성주의자와 비여성주의자 간의 논쟁뿐만 아니라 여성주의자들끼리의 논쟁은 출산 윤리학에서 학문적으로 예민한 사항을 드러낸다.

임신중절

임신중절의 주된 논쟁은 주로 태아의 도덕적·법적 지위를 강조하는 것이다. 태아가 생명권과 맞먹는 권리를 지닌 인격체라면 임신중절은 살인과 동일하다. 태아가 강력한 도덕적 주장들을 갖지 못한다면 임신중절은 여성의 몸에서 도덕과는 무관한 조직을 제거하는 것이다. 배아와 태아는 하찮은 미물들보다는 높은 지위를 지니지만 인격체보다는 여전히 낮은 지위가 부여되며, 유전적으로, 발생적으로 그리고 임신을 통해서 우리와 연결되어 있는 존재로 기술될 수 있다(English, 1975). 비록 태아가 인격체로 간주된다 할지라도, 톰슨(Judith Jarvis Thomson, 1971)은 다른 사람의 몸과 생명을 사용할 수 있는 권리의 제약을 증명해 보였다. 톰슨의 정당 방위 논변들은 두 세대에 걸치는 학문의 장에서 여성의 생명뿐만 아니라, 여성의 정서적, 사회적 그리고 경제적 복지를 보호하는 차원으로까지 넓혀 왔다(Warren, 1973; Kamm, 1992).

여성주의적 관점에서의 특유한 점은 임신한다는 것이 어떤 것인가에 대해 세심한 주의를 기울이는 것이다(E. Martin, 1987; Eisenstein, 1988; Sherwin, 1991; Gatens-Robinson, 1992; Mackenzie, 1992). 태아의 생명을 유지시켜 주는 임산부 없이는 태아도 없다. 임신을 생생한 하나의 현상 또는 여성의 삶의 이야기로 기술한다는 것은 종종 등한시되어 온 사실에 관심을 갖고 다시 초점을 맞추는 것이다. 의식이 있는 행위로서 그리고 단순히 신체적인 것으로서의 임신에 관한 경쟁적인 기술들은 제작자와 벌꿀—인간의 창조성 대 지성이 없는 본능적인 활동—간의 마르크스의 구별에 호소하여 왔다(O'Brien, 1981; Overall, 1987; Nelson, 1994). 길리건(1982a)은 여성들이 자신의 태아들을 인지하는 관계와 책임을 명료히하였다. 즉 중요한 것은 임신중절, 입양 그리고 부양하지 못하는 아기를 돌보는 일은 모두 어머니의 역할 관계의 유지를 도덕적으로 실패한 것으로 볼 수 있다는 것이다.

태아 조직 사용

임신중절 논쟁은 특히 미국에서 연구나 이식을 위한 태아 조직의 사용에 관한 논의를 좌절시켜왔다. 태아 조직 사용으로부터 일어나는 이득들은, 포로 수용소 희생자들을 고문함으로써 얻게 된 나치의 실험 자료와 마찬가지로, 임신중절시 얻게 되는 이득들의 이유들로 인해서 종종 도덕적으로 '타락한' 것으로 인식되어왔다. 많은 사람들이 임신중절을 옹호하고 태아 조직 사용을 '타락한' 것으로 보지 않기 때문에, 여성주의자들은 종종 막다른 골목에 처한 좌절을 표출하기도 한다.

초미의 관심의 대상이 되는 것은 태아 조직을 기부하라는 강제성과 임신중절시 여성의 안전성에 대한 것이다. 태아 조직의 기부는 임신중절시의 오명과 죄의식을 감소시킬 수도 있지만 점차 증가하는 태아 조직의 사용은 그 조직을 기부하라는 압력을 만들어 내거나 심지어는 원치 않는 임신중절을 강요하는 일이 발생하기도 한다. 임신중절 절차의 시기와 방법은 보다 유용한 태아 조직을 얻어 내기 위해 바뀌게 될지도 모른다. 이 경우에 여성은 보다 큰 위험이나 불쾌감을 경험할 수 있을지도 모르며, 또한 여성의 동의없이 기준 절차를 바꾸거나 태아 조직을 사용할 수도 있다. 태아의 아버지가 태아 조직을 기부할 의사 결정에서 어떠한 방식의 역할을 할지는 분명하지 않지만 의사결정 역할을 할 수 있다는 것은 충분히 가능한 일이다. 특히 특정 친지의 치료를 위해 의도적으로 임신시킨 후 태아 조직을 공급하기 위해 중절시킬 가능성도 있다는 것은 충분히 논쟁의 대상이 될 수 있다. 여성 쪽의 가족에 의한 착취의 위험들은 생식적 자유권 행사를 통해서 사랑하는 사람의 고통을 경감시켜 주는 기회와 견주어지게 된다.

새로운 생식술과 배아 실험

체외수정과 그 변형들은 규칙적으로 한 달에 하나씩 배출되는 난자 대신에 5~15개의 난자를 성숙시키기 위해 다량의 호르몬, 난자의 외과적 검색, 몸 밖에서의 수정, 배아들의 자궁 이식, 그리고 다음 사이클에서 이식하기 위해 과잉 배아들을 냉동 보관하는 일을 필요로 한다. 이때 체외수정으로 몰고 가는 출산 장려책이 모든 여성들의 불임 치료에 평등한 접근을 촉진시키지는 않는다. 배우자의 유무, 성적 지향(Hanscombe, 1993) 그리고 수입은 종종 보조 생식의 방해물들이다.

새로운 출산 기술들은 발전하는 기술들이 시술되기 전에 그 안전성과 성공률을 부적절한 방식으로 테스트한다. 한편 인간 배아를 포함한 잘 조직화된 연구는 배아 지위에 대한 우려감 때문에 어떤 나라의 경우에는 논쟁중이며 심지어는 금지되어 왔다. 그 결과로서 설령 좋은 연구에 대한 엄격한 과학적·윤리적 틀들이 '치료' 조약들 안에 보통 실려 있지 않는다 해도, 여성들과 그 자식들은 진행중인 실험의 의심할 여지없는 피험자들이 된다(Rowland, 1992). 한층 더 나아가 수정과 인간 배아학에 관한 과학적 탐구를 위한 연구 지침들은 보통 배아들의 치료를 강조하면서도 이러한 배아들이 불임치료를 하고 있는 여성에서 나온 것임을 잊고 있다(Rowland, 1987).

폐경기 이후의 임신 또는 배우자의 수태에 문제가 있어 건강한 여성들의 난자에 정자를 주입하는 등의 최근에 급속도로 발전한 다양한 형태의 체외수정은 때때로 누구나 자유롭게 선택할 수 있게 문을 활짝 열어 놓고 있다. 그러한 체외수정들은 가능한 모든 선택을 열어 놓고 있기 때문에 여성들에게 침투적인 불임치료를 지속시켜려는 압력을 증가시킨다. 건강한 중년의 수태 무능력을 극복하는 일은 출산 윤리학과 여성의 사회적 역할과 개인적인 이미지에 대한 여성주의적 논의를 연결시킴으로써 폐경을 보는 태도들에 대해 문제를 제기하는 것이다.

유전학, 임신 진단, 그리고 임신 경영

태아의 진단이 여성의 다양한 생식 선택의 문을 열어주지만 대부분의 여성주의자들은 급격히 성장하는 실험실들을 의심스러운 눈으로 바라본다. 초음파와 양수검사가 이미 실용화되고 있듯이, 광범위하게 이루어지고 있는 유전적 실험이 일상적인 것으로서 오히려 피하기 어려울 것이라는 두려움이 널리 퍼져 있다. 대부분의 건강 관리 시스템(health-care system)에 관한 비용 절감 압력들은, 보험 회사들이 임신 중 테스트하도록 직접적인 압력을 가하지 않는다 해도, 고비용이 드는 출산의 단점을 보완하도록 수락할 것이다. 생생한 경험으로서의 임신의 문맥에서의 태아 테스트는 정서적인 망각 상태를 만들어 낸다. '시험적인 임신'(Rothman, 1986)에서 임산부와 배우자는 중단될지도 모르는 임신을 기뻐할 수 없으며, 아직 일어나지 않은 상실감으로 비탄에 빠지지도 못하며, 자신이 선택한 일에 대해 책임감을 느끼지도 못한다.

확인된 유전적 결함에 적합한 치료책이 없다면, 임신중절이나 배아의 처분은 아기에게 가해질 해악을 막는 유일한 선택이다. 보다 많은 테스트들이 효과를 나타낼수록 여성들은 원치 않는 임신을 해야 하는 압력을 받게 될 것이라고 생각할지도 모른다. 배아들의 유전적 결함을 알아내는 능력은 가임 여성들에게 산전 진단과 임신중절을 피하도록 하기 위해서 난소 자극과 외과적 난자 검색의 위험들이 있는 체외수정을 결정하게 할 수도 있다. 어떤 기형적인 태아들은 태어나기 전에 자궁내의 외과 수술로 정상 태아가 된다. 물론 이러한 일은 어머니에겐 외과 수술을 수반한다. 법으로 잘 갖추어진 제왕절개 수술은 강제적으로 태아를 치료하기 위한 곤란한 선례를 제공해 준다.

또 다른 두려움은 점점 증가하는 테스트는 우리로 하여금 만족스러운 아기가 아니라면 낙태해야 할 생산물로 보도록 한다는 것이다. 만약 아기들이 낙태된다면 아기들을 생산해 내는 여성들도 이와 유사하게 거부될 수 있을지도 모르며 적어도 보다 큰 사회적 통제를 받게 될지도 모른다. 배아에 관한 유전 공학은 가능만 하다면 우리 아기들의 특징들을 선택할 자유를 크게 증가시킬 것이다. 그러한 선택은 우리가 원하는 아기들을 맞춤 주문하도록 할 수 있을 것인가? 성 선택이 유전적 선택들에 있어 끔찍한 성차별적 형태인가(Holmes, 1985) 아니면 우리가 상상하는 것보다는 덜 곤란한(Warren, 1985) 일인가? 이러한 관심사들은 여성의 자유를 증진하려하면서도 억압적이고 대상화하는 사회적 관행들에 도전하는 여성주의 내에서의 긴장들을 잘 설명해 준다.

임 신 계 약

여성주의자들이 겪게 되는 가장 논쟁적인 출산 문제는 임신 협정 또는 '대리모'이다. 많은 학자들은 그 이슈에 관한 양면성을 인정한다(Andrews, 1988; Tong, 1990). '대리모'라는 단어가 어머니 자격을 분절시키고 임신을 주변화시키고 유전적으로 관련된 아기를 원하는 사람(들)의 이해관계에 초점을 맞춤으로써 임산부와 자식의 관점들을 무시할 때, 그 관행의 수식적 이름조차 논쟁이 된다.

그 관행이 임신 관련 서비스를 확장해주는 것인가 아니면 생산물로서의 아기를 제공해주는 것인가에 대한 실질적인 불일치가 있다. 전자보다 후자가 훨씬 이의가 제기될 만하다. 이타적인 협정이 도덕적으로 바람직한 일이므로 여성들에게 아기 판매에 상당하는 위험과 노고의 대가로 어떤 보상을 해 주어야 하는가 또는 보상없는 협정은 여성의 노동을 착취하고 아기를 하나의 대상으로 다루는 일이 되는가? 위에서 고찰한 출산에 관한 경제적이고도 마르크스적인 분석들은 특히 계약 임신에 관해 귀중한 통찰력을 제공해주었다.

임신 계약은 흔히 성매매에 비유되며 논쟁의 씨앗이 된다. 임신 계약이나 성매매 모두 여성에게 자신의 신체적 능력을 통제함으로써 그로부터 이득을 줄 수 있을지도 모르지만, 폭넓게 볼 때에는 착취적이고 비인간적이며 친밀한 신체적 경험들을 소외시키는 것으로 볼 수도 있다. 능력있는 다른 여성들보다 가난하고 사회적으로 주변부에 위치하고 있는 여성들이 성매매와 임신 협정에 훨씬 손쉽게 빠져들게 되며 여성보다는 남성이 성 또는 아기의 일차적인 수령자일 수 있다는 것은 특별히 주목해야 할 점이다.

다른 생식적 선택과 마찬가지로 임신 계약은 많은 역설들을 야기하고 속박을 이중화한다. 어머니됨이 분절될 때, 임신의 중요성과 어머니-태아 관계를 강조하는 것은 수용할 수 없는 여성성과 어머니의 역할을 강화할 수 있지만, 이러한 관계를 무시하는 것 또한 여성을 단순한 태아의 용기로 특징짓는 위험을 내포한다. 출산 협정에의 자유는 그 자체로 여성의 자유를 폭넓게 제약하는 출산 장려를 강화할지도 모르지만, 이러한 생식 선택을 통제하는 일은 위험한 전례를 만드는 것이다. 여성주의자가 어디에 서 있어야 할지 알아내기란 정말 어렵다.

결론

다양한 여성주의적 결론들 중의 하나는, 여성이 자신의 몸과 생식적 삶에 행사하는 권한을 극대화하려는 욕구를 공유하고 있다는 것이다. 그러나 피임과 수정 치료를 개발하는 연구가들, 배아와 태아를 실험하는 유전학자들, 아기를 '제작하는' 수정 전문가들, 아기를 '분만시키는' 산부인과 의사들, 심지어 중절을 시행하는 의사들 모두는 주로 남성들이다. 임신은 여성만의 생생한 신체적 현상이며, 출산은 생식에 있어서의 의사 결정과 생식에 관한 인식에 영향을 주는 가족, 의료 제도, 사회 규범, 그리고 권력 구조 내에 위치하고 있다. 남성 지배적인 의료 전문가들이 남성 지배적인 종교적 위계질서와 정치적 구조들과 공존할 때, 여성들이 어떻게 이러한 과정에서 실제로 보다 큰 통제력을 획득할 것인가는 이해하기 어렵게 된다.

여성주의 학자들은 남성 관찰자들이 사용할 수 없는 인상적이고 의미있는 용어로 임신의 경험을 명료화하고 있다. 그러나 비록 캐나다와 호주에서 어떤 정치적 진일보가 있었다 해도, 그러한 서술들은 지금까지 일반적인 담론이나 문학 속으로 완전히 통합되지 못했다. 또한 어머니와 태아 관계를 분석하는 일에 더 큰 작업이 요구된다. 즉 설령 자유로운 권리 담지자로서의 태아들에 대한 묘사가 폭넓고도 정당하게 거부된다 해도, 우리는 여성의 자유권을 지원하면서도 무책임한 출산과 성장하는 태아에 대한 해악을 막기 위한 충분히 개발된 전문용어와 도덕적 틀이 부족하다.

여성주의적 분석들은 생식적 문맥에서 그리고 보다 큰 사회적 구조 안에서 여성의 몸에 대한 남성의 특권과 통제력에 강력하게 도전해 왔다. 남성과 여성의 서로 다른 생식의 역할들 때문에 개개의 남성들의 생식에 관한 합법적인 이해관계들과 여성의 이해관계들이 어떻게 조화를 이루게 될 것인가에 대해서는 분명하지 않다. 권력이나 돈 또는 사회적 지위와는 달리, 출산의 역할들은 양성 간에 재분배되거나 평등하게 될 수 없으며 그렇기 때문에 현 상태에 대한 이의제기만으로는 다른 영역에서처럼 출산 정책의 개혁을 위한 명확한 지침을 제공하지 못한다.

가장 커다란 도전은 근본적인 이론적 분열을 이야기하고 해소하는 일이다. 여성주의는 다른 사람들보다 여성의 이해관계를 우위에 두는가, 또는 여성의 이해관계를 남성, 어린이 그리고 공동체의 이해관계와 통합시켜야 하는가? 자유와 상호의존 간의 이러한 긴장은 우리로 하여금 더 큰 명료성과 완벽한 논변들을 촉구할 뿐만 아니라, 공유할 수 있는 다양한 여성주의적 통찰력을 모호하게 할 정도로 위협적이다. 우리는 가임 여성과 불임 여성, 사회적 또는 경제적 이득을 보는 자와 그렇지 못한 여성, 어머니됨에 가치를 부여하는 여성과 그것을 거부하는 여성을 싸움붙일 위험에 놓여 있다. 여성주의적 출산 윤리는 어찌되었든 철학적인 논쟁 속에서 여성의 명료화된 진리들을 잃지 않으면서, 이러한 관점들 모두를 위한 공간을 마련해야 한다. 무엇보다도, 출산 윤리를 단순히 학문적인 것으로 보아서는 안 된다. 생식 통제, 의료적 간섭, 그리고 사회적 기대들은 모든 여성들의 삶에 급속도록 퍼져 나가게 되어 매우 중요한 의미를 가질 것이며 따라서 실생활에서 이러한 문제들에 대한 신중한 지침이 긴급하게 요구되고 있다.

(이혜정 역)

제9부

사회

44. 교육

제인 로랜드 마틴(Jane Roland Martin)

서언

서구의 위대한 정치적, 사회적 철학자들은 교육의 중요성에 대해 의심한 적이 없었다. 과거의 여성주의 철학자들 역시, 그들 자신의 작업들이 지니는 교육적 이론과 철학에 대한 중대성을 이해하고 있었다(Martin, 1985). 그러나 오늘날, 여성주의 철학 텍스트 안에는 어떤 하나의 '교육 공백(education gap)'이 있다고 여겨진다. 이 분야의 저서들은 교육의 주제에 거의 관심을 기울이지 않고 이 교육 영역에서의 여성주의 연구자료를 인용하는 일이 거의 드물다. 따라서 여성주의 철학에서 광범위하게 회람되는 도서목록들과 이 분야의 개관들은 여성주의 철학적 연구의 전체 영역을 눈에 보이지 않는 내밀한 것으로 만들어 버리는 경향이 있다(Addelson, 1994; Ferguson, 1994 참조). 여성주의 이론가 겸 활동가인 샤롯 번치(Charlotte Bunch)가 예전에 말하였듯이, 여성주의 이론은 다른 무엇보다도, 있는 것을 있어야하는 것으로 어떻게 변화시킬 것인지(즉, 사실을 당위로 변화시키는 방법)에 대한 가설을 세워야 한다(Bunch, 1979). 그렇다고 해서 번치가ー필자도 물론 그렇게 보지 않지만ー'당위적으로 있어야 하는 것'에 대한 고려를 주창하는 모든 여성주의자들 역시, 희망해온 결과들을 어떻게 성취하느냐 하는 실제적인 문제들에 대해 반드시 이야기 해야 한다고 말했던 것은 아니다. 그러나 만일, 젠더 자체에 대한 언급이 아니라, 여성주의 철학자들이 지지하는 결혼, 가족, 재생산, 작업장, 과학, 사회에 대한 변혁의 성취가 이에 상응하는 그 문화의 교육적 이론과 철학의 상당한 변혁에 영향을 미치지 않고서도 가능하다면, 이 점에 대해서 사람들은 의아해 할 것이다.

성별화된 교육제도

무엇이 교육보다 더 중요할 수 있으랴? 하지만 만일 이 교육이라는 주제에 대한 여성주의 문헌이 무언가를 조금이라도 보여준다면, 그것은 여성주의 미래를 향한 우리의 꿈들을 위험에 처하게 하는 성별화된 과학제도(science-gender system)가 존재한다는 경우와 마찬가지로(Keller, 1985; Harding, 1986과 비교) 우리의 작업들을 역시 궁지로 몰아넣는 어떤 성별화된 교육제도(education-gender system)가 있다는 것이 된다. 이 문화의 지배적인 교육적 실제들과 이념으로 이루어져 있는 이 시스템은, 제도적인 형태들과 구조들, 인정된 교수법들, 교과과정에 대한 표준적 접근법들과 교과목의 편성들, 학교 기능의 정의들, 교육받은 자에 대한 개념들 등, 이와 같은 항목들 다수를 포함하고 있다.

여성주의 학자들은, 바깥일/집안일(public/domestic) 이분법에 대한 몇몇 해석들이 지니는 기술적(記述的) 적절성에 대해 상당히 정확하게 부인하여왔다. 그럼에도 불구하고, 우리 문화의 교육적 사고는 이러한 이분법 위에서 서술되고 있다(J. Martin, 1985, 1992, 1994a). 사회적 실재성을 '사적인 가정(home)의 세계'와 '일, 거래, 정치 그리고 전문직업들의 세계'로 암암리에 분리시킴으로써, 거의 우리 모두들은—부모, 정치가, 학교교사, 행정가 그리고 그저 평범한 시민들인 우리들은—교육의 기능이란 어떤 한 곳에서 그들의 삶을 지금까지 잘 살아온 어린이들을 다른 세계의 일원으로 변화시킨다는 것을 당연하게 여긴다. 사적인 집이 하나의 자연적인 기관이라는 점, 그리고 따라서 그 속의 한 일원이 된다는 것은 사람이 성취해야 하는 어떤 것이 아니라 주어진 것이라는 점을 전제하게 될 때, 이것과 관련된 과제들과 활동들을 수행하도록 사람들을 준비시켜야하는 아무런 이유도 우리는 발견하지 못한다. [반면에] 공적인 세계를 인간의 창조물로 파악하고 그 속의 일원이 되는 것을, 사람에 따라서 성공하거나 실패할 수 있는 어떤 것, 그래서 그만큼 문제가 되는 어떤 것으로 지각할 때, 우리는 교육의 일(the business of education)을 이 공적 세계와 관련된 과제들과 활동들을 수행하기 위한 준비과정의 일환으로 만든다.

이것 자체가 우리의 교육제도를 성별화된(gendered) 것으로 만들지는 않는다. 하지만 그 성별화된 성질이 교육에 부여되는 것은, 문화적으로 말해서 공적인 세계와 사적인 가정의 세계는 성별로 코드화되어진(gender-coded) 것이라는 그 사실에 의해서 이다. 하나는 남성의 영역으로 고려되고 다른 하나는 여성의 영역으로 고려되는 점과, 교육의 이념과 실제들이 이 이분법위에서 서술되어진다는 점이 주어졌을 때, 젠더는 전체 교육제도의 기본적인 차원이 되어간다.

예를 들어보자. 교양 있게 되어가는 것(becoming educated)이란 생각하고 느끼고 행동함에 있어 새로운 방법들을 습득하는 과정이라고 전제하는 것은 성별에 대해 중립적인 것으로 나타날지 모른다. 그러나 그렇지 않다. 교육제도가 "합리적인" 것이어야 한다고 할 때, 이러한 새로운 방법들은 공적 세계의 삶과의 관계 속에서 반드시 기능적이어야—또는 기능적인 것으로 여겨져야— 한다. 그런데 이는, 역사적으로 말해서 남성적 영역이었으며 오늘날까지 이 사실을 반영하고 있는 세계 안에서 그 방법들이 기능적이어야 한다고 말하고 있는 셈이다. 더 나아가 이렇게 성별화된 교육제도의 문맥에서는, 새롭게 습득된 생각하고 느끼고 행동하는 방법이, 사적인 가정의 세계, 즉 그 세계 거주자들이 여성적이라고 추정되는 그런 세계와의 관계 속에서 기능적일—또는 기능적으로 고려되어야 할—필요가 전혀 없다. 한편, 이 두 세계들은 양극의 대립물들로 문화적 차원에서 표상되기 때문에, 하나의 세계에서의 삶을 위한 준비가 다른 세계에서 기능적인 사고, 감성, 행위의 방법들을 조성해주리라고 기대하지 않을 것이다.

교육철학의 논문으로도 유익하게 읽혀질 수 있는 《삶의 기니(동전)》(1938)를 쓴 버지니아 울프는 말하였다(J. Martin, 1994a). 사적[영역]인 가정으로부터 다리를 건너온 세계에서의 삶은 경쟁적이다. 그리고 거기 공적 영역의 사람들은 성공하기 위해 싸움하기를 좋아해야 하고 소유욕이 강해야 한다. 서구에 사는 우리들은 다음과 같은 점을 전제함으로써 이러한 이분법에 대한 동의를 쉽게 나타내곤 한다. 사랑, 양육, 그리고 보살핌-관심-연결성(care, concern, connection: the three Cs)의 성질과 특징들은 사적세계인 가정과 그리고 물론 여성과 관계가 있으나 이는 교육의 존재 이유에는 반하는 것이라는 점 말이다. 사실상 우리는 이러한 성질들을, 아이들이 공적 세계의 삶을 준비해가는 그 목적을 성취하는 데에는 장애물이라고 여기고 있다. 그래서 우리는 집, 여성, 가정성(domesticity)과 관계된 태도, 가치 그리고 그와 관련된 사고와 행위의 유형들을 버리는 것이 초등교육의 주된 과제들 중 하나라고 여기는 것이다(Martin, 1992).

이런 의미에서 1980년대에서 90년대에 출판된, 미국의 교육 조건에 관한 보고서들이 '가정'에 대해서는 그 요건으로 전혀 취급하지 않고 있다는 것은 확실히 우연이 아니다. 그들은 어린이들을 공적 세계에로 가고 있는 여행자들로 보기 때문에 그들에게 있어 '학교'란, 어린이들이 그들의 목적지에 다다랐을 때 필요하리라고 예상되는 지식, 기술, 자세, 가치들을 습득하기 위하여 떠난 그 여행에서 어린이들이 도중에 머무는, 마치 길거리 여관과 같은 곳으로 여겼다. 일단 어린이들이 학교에 들어가면 이 검토되지 않은 시나리오에 따라서 다시는 '집'으로 돌아가지 않는다. 어른이 되어서도 결코 돌아가지 않는다. 이러한 [시나리오] 책들을 만들어 내는 작가들은, 삶이 두 가지 장소 모두에서 이루어진다는 사실을 완전히 잊어버리고 있는 것이다. 게다가 교육관계 이론가들, 실무자들, 비평가들 그리고 심지어 교육 개혁가들조차도 역시 이 사실을 잊어버리고 있다.

이 건망증이 우리의 성별화된 교육제도의 원인과 결과 모두를 구성하고 있다고 보았을 때, 이는 놀라운 것이 아니다. 낸시 쵸도로우(Nancy Chodorow)의 '엄마 역할 하기(mothering)'에 대한 정신분석학적 연구에 주된 결론의 하나가, 여성들의 마더링은 "그것 자체의 재생산을 위한 수용력을 포함한다"는 것이었다(Chodorow, 1978, 206면). 사람들이 쵸도로우의 논지를 받아들이든, 받아들이지 않던 간에, 우리의 성별화된 교육제도가 그것 자체의 재생산을 위한 수용력을 포함한다는 것은 의심의 여지가 없다. 이 메커니즘은 바로 잠재적 교과과정(hidden curriculum)이다.

《탈학교 사회》(Deschooling Society)에서 저자 이반 일리치(Ivan Illich)는, '학교생활하기(schooling)'는 학교에 의존하기를 가르치는 숨겨진 교과과정을 통하여 그 스스로를 영속시킨다는 입장을 견지하였다. 과정과 본질을 혼동하고 있는 학교는, '교육받기 위해서는 학교에 가야 한다'라는 교훈을 성공적으로 전수시킨다(Illich, 1972). 자, 그렇다고 하면 교육도 역시 그 스스로를 영속시킨다고 할 수 있지 않을까. 그러나 필자는 교육받은 사람들이 다 교육에 중독이 되어간다는 점을—그것이 사실일지도 모르지만—말하려는 게 아니다. 필자의 요지는, 우리가 '교육은 고정된, 변하지 않는 본성을 가지고 있다'는 신념에 의해 교화된다는 것이다. 그래서 우리는 '대부분의 여성주의 학자들은 근본적인 교육적 변화란 실질적으로 생각해 볼 수 없는 것으로 여긴다'는 점에 정말로 교화된다(J. Martin, 1994a).

마릴린 프라이(Marilyn Frye)는 여성의 존재를 "남근정치적(phallocratic) 실재가 하나의 전경(前景)이라는 점에 대항하는 배경(背景)"으로서 기술하고 있다(Frye, 1983, 167면). 즉 "앞에 그려진 사물들의 모습에 초점을 맞춘 눈 때문에 보이지 않게 되는" 하나의 배경 말이다. 교육도 프라이의 여성존재 기술과 같은 위치에 있다. 거의 우리 모두가, 교육을 본질화하는 덫에 빠져들어간다. 왜냐하면 전통적인 학교생활에 잠재적 교과과정이 학생들로 하여금 교육을, '변화무쌍한 사회, 정치, 경제, 문화적 사건들이 크고 작게 일어나는 것과 대조하여 고정된 배경막'으로 여기도록 부추겨지기 때문이다. 여성주의 철학자들이라고 해서 이 교화의 과정으로부터 면제되지는 않는다. 백인 남성의 작품들을 심문하고, 규범이라는 관념을 문제시하고, 성별과 인종에 대한 개념들을 역사적으로 고찰하고, 인간의 몸 자체를 하나의 사회적 구조물로 취급하는 것에 훈련되었음에도 불구하고, 우리 역시 '교육의 현 개념적 틀이

―그것의 논리적 지형이라고 말할 수 있겠는데―세계를 구성하는 맹목적인(brute) 사실들 중의 하나'라는 신념 안에서 우리의 학교생활을 암암리에 수행하여 온 것이다.

이는 교육의 본질화 안에 잠재적 교과과정에다 또 하나를 더하는 것이 되는데, 그것은 인문교육이 '가정'이라는 주제에 대해 침묵하고 부정적 태도를 취함으로써 전수하고 있는 바로 "가정공포증(domephobia)"―가정적인 것들의 가치를 평가절하시키면서 이를 병적으로 두려워하는 것―안에 잠재적 교과과정으로, 이것이 가르치는 역사와 문학 안에서 구체화되었다(Martin, 1992, 4장). 그리고 이것이 교육의 성별화를 너무 쉽게 간과하게 되는 이유이다. 그럼에도 불구하고, 교육적인 것이 정치적, 사회적, 문화적일 때라도, 그 정치적인 것, 사회적인 것, 문화적인 것들은 꼼짝없이 교육과 맺어져 있다. 그래서 교육을 변화시키기 위해서는 정치, 문화, 사회에 대한 이해가 요구되어지는 것과 마찬가지로 정치, 문화, 사회를 변혁시키는 데는 교육에 대한 이해가 요구된다.

마치 플라톤이 《국가》에서 추구하는 정의로운 나라의 남녀 지도자들을 위하여 '교육 이론'을 요구했던 것처럼, 여성주의 철학자들은 남녀 시민들과 그들이 구상하는 사회의 가족 구성원들의 교육에 대하여 깊이 잘 생각해서 나온 이론을 필요로 한다. 그러한 이론은, 교육적 이론과 실제에 대하여 이제 고도로 성별화 되어진 구조들을―이들이 결국에는 이미 전제되어진 것이 되어버리지 않도록―인정하기를 요구한다. 시작할 때부터 마칠 때까지 철저하게 성별에 얽매이고 성별에 선입견을 가지고 있는 그런 교육을 받아온 구성원들로 이루어진 사회 안에서는, 정의(正義) 또는 그 외의 어떤 다른 것에 대한 '젠더-평등주의적 이상들'이 현실화될 가능성이 없다고 필자는 생각한다. 전쟁 또는 평화, 직장 또는 학원, 여성에 대한 폭력 또는 아동 학대, 인종차별주의 또는 동성애 혐오증, 가난 또는 십대 임신, 과학 또는 기술 등을 생각해보라. 교육은 이 문제에 관련이 있고 따라서 교육은 반드시 그 해결에 역점을 두어서 다루어야 한다.

관계 문헌의 개관

전술한 토론이 제시해주었듯이, 교육에 관한 여성주의 문헌의 주요부가 있다는 것에 대하여 이제는 본격적으로 논의하고자 한다. 이 작업은 성별화된 교육제도에 대한 해석에만 배타적으로 매달려 있는 것은 결코 아니다. 그러나 심지어 젠더에 대한 분명한 언급을 삼가는 그러한 탐구들이라도 이 성별화된 문화적 구조에 대해 사람들이 이해하도록 하는 잠재력은 가지고 있다고 여겨진다.

　미국철학회(APA) 안에서 일어나는 여성주의 철학의 고군분투에 대해 기술하면서 캐서린 파인 에들슨(Kathryn Pyne Addelson)은, 이 분야는 "이러한 내적 싸움들에서 승리하여 철학 안의 하위분과학문의 지위를 성취했다"고 판단했다(Addelson, 1994b, 217면). 여성주의 교육철학에 있어서는 그것이 속하는 전문 조직체인 교육철학학회(PES)와의 관계에 대해서도, 위와 같은 경우라고는 말할 수 없지만, 이 분야가 그 학회에서 하나의 활발한 분과가 된 것이 1980년대 초반 이후이다.

　교육철학에 대한 여성들의 저술들에 관한 메리 리치(Mary Leach)의 중요한 서평은 우리들에게, 1980년대 이전에도 교육철학의 공적인 구역 안에 몇몇 여성주의 활동가들이 있었음을 상기시켜준다(Greene, 1978 ; Morgan, 1979). 그러나 여성주의 교육철학이 성년기로 왕성한 성장을 보인 때는 1980년대 그 10년간 이었다.

　여성주의 철학과 여성주의 이론 사이의 경계들에 대한 투과성, 즉 그 경계들이 무너질 수 있음에 대해 언급하면서 앤 퍼거슨(Ann Ferguson)은 여성주의 철학에 대한 하나의 개관에(1994) 전문 철학자들뿐 아니라 시인과 인류학자, 경제학자와 심리학자들이 이루어 놓은 공헌들을 수록하였다. 여성주의 교육철학을 조사하는 데 조사망의 확장이 함께 중요한데, 왜냐하면 일반적인 여성주의 이론으로부터, 그리고 특정한 여성주의 교육이론들로부터 '여성주의 교육철학(교육에 대한 여성주의 철학 feminist philosophy of education)'을 나누는 경계들 역시 쉽게 무너지기 때문이다. 이에 관하여 다음과 같은 문헌들을 생각해볼 수 있겠다.《거짓말, 비밀 그리고 침묵에 대하여》(*On Lies, Secrets and Silence*, 1979a)에 있는 아드리엔느 리치(Adrienne Rich)의 여성의 고등교육에 관한 강연, 캐롤 길리건(Carol Gilligan)의 소녀 및 여성들의 발달에 관한 연구와 보살핌의 윤리학에 관한 연구(1982a, 1988, Gilligan and Brown 1992), 벨렌키(Belenky), 클린치(Clinchy), 골드버거(Goldberger), 그리고 타룰(Tarule)이 함께 엮어 낸《여성들의 앎의 방식》(*Women's Ways of Knowing*, 1986), 벨 혹스(bell hooks)의 여성주의 교수법과 여성 고등교육에 대한 에세이들(1984, 1989). 넓게 읽혀지고 있는 이러한 저술들 이외에도, 광의로 정의된 여성주의 교육철학은 다음과 같은 연구물들을 포함하게 된다. 데일 스펜더(Dale Spender)의 여성교육에 대한 검토(1982), 마델린느 구르멧(Madeleine Grumet)의 여성과 교수법에 대한 실험들(1982), 파티 라더(Patti Lather)의 교과과정 분석(1991), 조앤 파가노(Jo Anne Pagano)의 여성주의 이론과 교수법에 대한 연구(1990), 오스트렐리아 (호주대륙의) 상황에서의 젠더와 교육에 관한 린 예이츠(Lyn Yates)의 연구(1993)와 빅토리아 포스터(Victoria Foster)의 연구(1996), 파트리샤 톰슨(Patricia Thompson)의 가정경제와 여성주의에 대한 저작(1986), 발레리 월커딘(Valerie Walkerdine)의 영국 여학생에 대한 조사가 있다(1990).

이러한 작가들 중 상당수가 린다 스톤(Lynda Stone)이 편찬한 1994년 논문집 《교육에 관한 여성주의 독본》(*The Education Feminism Reader*)에 제시되어 있다. 그러나 만일 교육철학에서 이 분야에 대한 일종의 협의의 조건적 정의(定義)를—너무나 오랫동안 사용해, 여성에 관한 그리고 여성에 의한 연구들을 배제시킬 수 없는 그런 정의(Martin 1982)를—받아들이는 것이 현명하지 않다면, 자기 자신을 교육철학자라고 전문적으로 인식하는 사람들이 수행하는 여성주의 연구는 특별한 주의를 요한다. 말할 필요도 없이, 이 연구의 중심부는 방법의 다양화로 조직될 수 있다. 이 논문을 쓰면서 필자는 이에 관하여 세 가지의 서로 다른 연구 프로그램들을 분리해보면 도움이 된다는 것을 발견하였다. 그 프로그램들 모두는 1980년대 초반에 시작하여 90년대까지 계속되어오고 있는 것들이다. 이렇게 세 가지로 분류하는 필자의 범주들은 철학적 학파들을 반영하지 않기 때문에 오히려 필자가 개관하려는 이 연구 프로그램들은, 일반적인 여성주의 철학이 그러하듯, 철학적 접근과 방법론들에 있어 광범위한 것들을 포함하고 있다고 필자는 감히 말할 수 있다.

첫째로, 계속되고 있는 그런 연구 프로그램의 하나는, 소녀와 여성의 교육에 대한 역사적인 이론들을 교정하고, 재구성하고, 재해석하는 데 이바지해온 것들이다. 여성교육에 대한 철학적 대화가 시작된 것은 주전(主前 B.C.) 세기들이었고 그 후 현대까지 계속되고 있지만(Kersey 1981), 교육 사상사 안의 표준 문헌(교과서)들과 논문집들에서는 무시되어왔다. 여성들이 이 여성 교육에 대한 토론에서 기여한 바는 기록으로 남아있지도 않을뿐더러, 정전(正典)으로 인정된 텍스트들에다 여성교육에 대한 내용을 포함시켰을 때에도 이 역사적 이론 재구성의 주제에 공헌한 부분은 거절되었다. 그렇다면, 역사적으로 방향을 잡은 여성주의 교육철학 연구 프로그램은 적절한 근거에서 두 가지 가닥을 가지고 있다(즉, 두 마리 토끼를 한꺼번에 잡게 된다). 표준적 역사 연구들에 대한 재해석들을 포함하게 되면, 이것은 또한 여성의 목소리를 그 대화 안으로 가져오게 되니까 말이다.

재해석의 범주에서는, 루소와 플라톤의 교육 철학들을 다시 읽어보는 필자 자신의 연구들을 들 수 있는데 이것은 후에 필자의 《담화 교정하기: 교육받은 여성의 이상》(*Reclaiming a Conversation: The Ideal of the Educated Woman*, 1985)을 위한 출발점이 되었다. 수잔 라이어드(Susan Laird)의 듀이 교육철학에 대한 중요한 연구들이 (1988a, 1994) 또한 여기에 속한다. 필자의 《담화 교정하기》에서 여성교육에 대한 진지한 철학 논문들을 써준 메리 울스톤크래프트(Mary Wollstonecraft), 캐서린 비쳐

(Catharine Beecher), 그리고 샤롯 퍼킨스 길만(Charlotte Perkins Gilman)의 연구가 바로 이 새로운 목소리 범주에 속한다. 이 범주에는 또한 루이자 메이 알콧(Louisa May Alcott)의 교육 사상에 대한 라이어드의 혁신적인 해석들과(1991, 1995b), 마리아 몬테소리의 업적에 대한 필자의 재해석(1992)이 속한다. 메리 케서린 베이스하트(Mary Catharine Baseheart)가 여성교육에 대한 에디스 쉬타인(Edith Stein)의 철학을 재구성하는데(Baseheart, 1989) 적절한 여성주의 교육철학의 문헌들을 인용하지 못했거나 또는 이런 연구 프로그램에 대해 인식하고 있었다는 증거가 전혀 없을지라도, 베이스하트의 에세이는 계속 진행되는 이 첫 번째 프로젝트와 분명하게 관련이 있다. 그리고 마가렛 아더톤(Margaret Atherton)이 편집한 책, 《초기 근대의 여성 철학자들》(Women Philosophers of the Early Modern Period, 1994) 안에 수록되어 있는 메리 아스텔(Mary Astell)의 여성교육에 대한 연구 부분 역시 여기에 해당한다.

여성주의 교육철학 연구 프로그램의 두 번째 것은—앞의 것과 매우 다른 것인데—'돌봄의 윤리학'에서 출발한다. 《다른 목소리로》(In a Different Voice, 1982a)에서 길리건(Gilligan)에 의해 이 목소리가 주어졌고, 넬 나딩스(Nel Noddings)의 1984년작 《보살핌: 윤리와 도덕교육에 대한 여성적 접근》(Caring: A Feminine Approach to Ethics and Moral Education)에 의해 그 철학적 정교성이 입증되면서, 이 이론은 지금까지 많은 철학적 주목을 받아 여기서 더 소개할 필요가 없다. 그러나 돌봄의 윤리학에 대한 관심을 보여준 사람들이 단지 도덕 철학자들만은 아니었다. 교육에 대한 여성주의 철학자들은 그의 관심분야가 윤리학이 아니어도 "보살핌"이라는 시각을 더 분명하게 정의내리거나 비판해보면서 더 넓은 범위의 맥락에 적용하였다.

그리하여, 예를 들어 앤 딜러(Ann Diller)는 (위의 나딩스의 책) 《보살핌》에 대한 사려 깊은 장문의 서평에서 보살핌의 윤리학에 대한 주요 비평들을 개관하였고 그것이 지니는 교육에의 중요성을 전체적으로 고려하였으며, 나아가 여전히 대답되어야 할 물음들을 지적하였다(Diller et al., 1996). 이와 동등하게 명민한 탐구로서 바바라 휴스톤(Barbara Houston)은 "미래의 보살핌을 향한 서문"(Prolegomena to future caring, 1989)"에서 길리건과 나딩스의 이 윤리에 대한 형식화 작업에 대하여 비판적으로 평가하였다. 나딩스 자신은 《보살핌》의 마지막 장에서 도덕교육의 주제로 보살핌을 이야기한 이래로 이 이론이 가지는 도덕교육적 함의를 더욱 발전시켰으며(1989, 1992), 이 보살핌의 시각을 교수법에 적용시켰다(1988). 또 한편, 오드리 톰슨(Audrey Thompson)은 이 이론을 우정의 개념을 밝히는 데에 사용하였고(1990), 딜러는 보살핌의 윤리학이 교육에서의 다원주의 접근으로 작동하도록 만들었으며 또한 양육과 교육적 비평 사이의 관계에 대하여 논의하였다(Diller et al., 1996). 바바라 타이어-베이컨(Barbara Thayer-Bacon)은 돌봄과 비판적 사고의 관계를 탐구하였고(1993) 휴스톤은 이 이론을 아동의 권리 분야에 적용하였다(1993).

필자가 구별하고 있는, 교육철학 안에서의 여성주의 연구 프로그램의 그 세 번째는, 남녀 양성 모두를 위한 교육에 대하여 하나의 규범 철학(a normative philosophy)을 계발시키는데 이바지해온 것들이다. 이 연구는 적어도 다섯 가지의—사실, 밀접하게 연결되어 있지만—가닥으로 나뉘어 있다.

첫째는 지배적인 교육 패러다임들에 대한 여성주의적 비판들이다. 여기에는 인문교육에 대한 기존 이론과 교양인에 대한 지배 이상을 해체하는 필자의 논문들과(1985, 1992, 1994a) 나딩스의 인문교육에 대한 비판론(1992), 라이어드의 교육에 대한 철학적 표준 분석을 거부하는 저술들(1988b, 1989, 1991, 1995b; Martin 1987b), 그리고 파트리샤 로어(Partricia Rohrer)의 교육에서의 개인주의 비판(1994)들이 있다.

둘째 가닥은 젠더와 분명하게 관련된 교육 개념들과 실제들에 대한 분석으로 이루어져 있다. 예를 들면 다음과 같은 것들이다. 휴스톤의 "젠더 이론화하기: 얼마나 더 필요한가?"(Theorizing gender: how much of it do we need?)(Diller et al., 1996), 메리앤 아임(Maryann Ayim)과 휴스톤의 교육과 성차별주의에 관한 개념적 분석(Diller et al., 1996), 여성운동과 교육의 가치 및 목표 사이에 절실히 느껴지는 반목에게 하나의 이론적 토대를 주려는 린다 니콜슨(Linda Nicholson)의 시도(1980)와 또한 이를 찬성하는 행위에 대한 그녀의 논의(1983a), 아임, 케서린 몰간, 휴스톤이 펼친 심포지엄, "공교육은 젠더에 중립적이어야하는가?(Should public education be gender free?)"(Diller et al. 1996), 몰간의 남녀합반(androgynous classroom)에 대한 실험과 교육 평등이 지닌 세 가지 신화에 대한 그녀의 분석(Diller et al., 1996), 교육에서의 성 평등을 증진시키려는 정책 발의들에 대한 수잔느 드 카스텔(Suzanne de Castell)과 메리 브라이슨(Mary Bryson)이 제기한 의문들(1993), 그리고 남녀공학에 대한 라이어드의 비판론이다(1994, 1995b; Martin, 1992).

이와 아울러 개별 교과과정 영역에 대한 여성주의적 논의가 있는데, 이것이 세 번째 가닥이다. 가장 중요한 몇 가지를 열거하자면, 물리 교육에 관한 딜러와 휴스톤의 에세이들과(Diller et al., 1996), 몰간의 성 교육에 관한 철학적 탐구(Diller et al., 1996), 문학 교육에 관한 드앤느 보간(Deanne Bogdan)의 저서(1992), 그리고 과학교육에서의 성 편견(gender bias)에 관한 필자의 에세이(1991)뿐 아니라, 사고와 교육에 관해서는 제임스 게리슨(James Garrison)과 앤 필란(Anne Phelan)의 연구(1990), 베티 시첼(Betty Sichel)의 논문(1993), 타이슨-베이컨의 논문들(1992, 1993), 그리고 마틴의 연구(1992)가 있다.

이 연구 프로그램의 네 번째 가닥은, 여학생 교육과 관련된 교과과정, 교과목표, 교수법들 및 이와 유사한 것에 대한 물음들을 구체적으로 명확하게 이야기하고 있는 것들이다. 예를 들자면, 라이어드의 "누가 여학생들을 돌보는가(Who cares about girls, 1995b)"와 필자의 "교육받은 여성의 모순과 도전(The contradiction and challenge of the educated woman, 1994a)"이 있다. 그리고 마지막으로 다섯 번째 가닥은, 학교생활을 위한 일반적인 제안들을—사실 서로 꽤 다르지만—잘 계발시켜서 겹쳐놓은 두 가지 저술들을 포함하는데 그 두 책은 모두 1992년에 출판된 것으로, 넬 나딩스의 《배려 교육론: 인간화 교육을 위한 새로운 접근》(The challenge to Care in Schools)과 필자의 《학교가정: 변화하는 가족들을 위한 학교에 대한 고찰》(The Schoolhome: Rethinking School for Changing Familes)이 그것이다.

결언

이 성별화된 교육제도의 해체에 이바지할 별도의 연구 프로그램의 윤곽에 대해서는 필자가 왜 그리고 있지 않은지 의아해 할지 모르겠다. 그 이유를 말하자면 한편으로는, 필자가 오늘날의 여성주의 교육철학이 이루어 놓은 모든 업적들을 바라볼 때 그것이 직접적이든 간접적이든 이 현상을 조명하여 주고 있다고 판단하기 때문이다. 더 나아가서, 필자가 위에서 기술한 세 가지의 각 프로그램들 안의 몇 연구들은 의도적으로 이 해체의 작업에 종사하고 있다고 생각하기 때문이다. 따라서 필자는, 이 성별화된 교육제도에 대한 해석과 비판을, 그러한 탐구들만의 단일하고 독립된 연구 단위로 보기보다는, 교육철학 내의 여성주의 연구가 가져온 결과 내지는 부산물로 생각하기를 바란다. 그렇다고 해서 모든 여성주의 교육철학자들이 의도적으로 이 구조를 연구해야 한다는 뜻은 전혀 아니다. 사실상 《배려교육론》과 《학교가정》 사이의 주된 차이의 하나는 전자가 젠더를 교육에서 중대한 영향력을 행사할 요인이라고 취급하고 있지 않다는 것과 심지어 그 책의 색인목록에는 성차와 성별에 대한 주제들이 들어가 있지도 않다는 점이다. 이와는 대조적으로, 후자는 성별화된 교육제도에 대한 통찰을 제공하면서 또한 그것을 서서히 폐지하는데 필요한 수단들을 제안하고 있다. 하지만 이제는, 교육에서 젠더 역할을 크게 부각하여 문제삼지 않는 여성주의 연구들조차도 궁극적으로는 이 성별화된 교육제도 문제에 대한 설명을 돕고 있다고 볼 수 있다.

필자가 이미 암시하였지만 교육철학의 분야는 여성주의 연구에 대해서, 철학일반이 이 연구에 호의적이라고 에들슨이 평가하는 만큼, 그렇게 호의적이지 않았다. 그 교육철학 전문직의 사람들은 여학생들에 대한 교육을 따로 하나의 본격적인 연구주제로 만드는 것을 피할 만큼 그들 분야의 영역에 대해 협의의 정의(定意)들에 집착해왔다. 그들은 진정한 교육 철학자들로 취급되어야할, 마리아 몬테소리(Maria Montessori)와 같은 여성 교육 사상가들의 요구들이 손 밖으로 떠나가 버리게 해왔다. 거의 몇 예외들을 제외하고는(가장 두드러진 것은 Norris, 1995), 그들은 이 분야의 지배적 패러다임들 안에 도사리고 있는 성 편견(gender bias)을 진지하게 실증해내는데 실패해왔다. 그들은 심지어, 개혁가 정신 안에서 산출된 저술은 철학이 아니라고 말하고 있으리만큼, 여성주의 연구에서 너무 멀리 가버렸다.

이제 필자는, 교육철학 텍스트 안의 젠더 공백과 여성주의 철학 텍스트 안의 교육 공백이 여성주의 교육철학에 미치는 영향을—만약 그런 것이 조금이라도 있다면—측정하는 문제들은 후배들에게 남겨 놓겠다. 이 분야에 인상적인 작업이 행해져왔고 지금도 이뤄지고 있다는 점에 대해서는 전혀 의심하지 않는다. 필자의 소원은 그러한 공백이 메워져 갈 때, 좀 더 많은 학자들이 필자가 개관한 세 가지 연구 프로그램들에 헌신하기를 원하게 되기를 원하며, 그리고 이 연구에 아주 새로운 프로그램들이 더 많이 착수되기를 바란다.

(이지애 역)

45. 일

바바라 힐커트 앤돌슨(Barbara Hilkert Andolsen)

일은 특별히 유용한 결과를 지향하는 목적의식적인 인간의 활동이다. 그러나 일이 오로지 인간적인 필요의 충족만을 겨냥하지는 않는다. 그것은 즐김 또는 이완을 우선적으로 보증하는, 인간 활동을 둘러싼 여가와는 구분된다. 일은 임금 노동 그리고 결코 인간 존재에게 유용한 재화나 서비스를 제공하지 않는, 보상이 주어지지 않는 활동 양자 모두를 포함한다. 양육하는 노동—아이들의 삶을 떠받치고, 그들이 사회에서 성숙한 참여자가 되도록 준비하는 노동 또한 일이다.

인간 노동은 남성에 의한 것이든 여성에 의한 것이든, 철학사를 통해 제한적인 주목을 받아왔다. 아리스토텔레스가 정신의 삶에 대비해서 손으로 하는 노동을 열등한 것으로 생각했던 것이 그후 남성 철학자들 사이에서 상당히 전형적인 입장이 되었다. 아리스토텔레스는 사회 속에서의 노동 분업을 논의하면서, 인간 존재의 특정한 집단들에게 특별한 능력의 자연적 배분에 따라 정당하게 임무가 할당되어야 한다고 주장했다. 자유인 여성들과 노예들은 자연적으로 그들에게 적합한 가사의 의무를 수행했다. 비-시민 집단은 자연이 그들에게 특별히 능력을 부여한 상업과 수공업에 종사했다. 이것은 엘리트 남성시민들을 가장 귀중한 인간적 노고인 정치와 철학에 집중하도록 자유롭게 남겨두었다. 아주 중요한 예외들이 있기는 하지만—소유권의 토대로서의 노동에 대한 존 로크(John Locke)의 고려, 일을 통해 노예가 도달하는 자기-의식(self-awareness)에 대한 헤겔(Hegel)의 규정, 그리고 육체노동에 대한 존 듀이(John Dewey)의 존중([이는] 그가 경험을 이해의 자원으로서 강조한 것과 연관된다)과 같은 [예외들이 있다]—인간의 노동은 철학자들 사이에서 상대적으로 경시된 주제였다.

　일과 관련된 철학적 사유의 지속적 결여에 대한 또 다른 중요한 하나의 예외가
《인간의 조건》(*The Human Condition*)에서의 한나 아렌트(Hannah Arendt)의 분석이
다. 그녀가 말하는 '노동'의 범주는 특히 이 장에 적절하다. 아렌트에게 있어 노동은
육체적인 생존에 필수적인 반복적 인간 활동 모두를 포괄한다. 음식 만들기와 같은
노동은 노동하는 자들이 그것을 만들자마자 거의 모두 소비되는 생산물로 귀착된다.
그러므로 노동은 "끝나기가 무섭게 곧 다시 시작되어야만 하는"(1958, 100면) 수고
를 포함한다. 가사일은 노동의 가장 일차적인 예이다.

　인간의 삶을 지탱하는데 필수적이며 반복적인 노동에 대해 적절한 서술을 제공한
사람이 여성 철학자였다는 사실이 아마도 우연은 아니었을 것이다. 그러나 노동이
인간 활동성 위계의 맨 밑바닥에 놓인다는 점에서 아렌트의 분석은 아리스토텔레스
의 분석을 반영했다(공적 세계에서 자기를 드러내는 참여가 최절정에 놓인 '활동'
이다). 《인간의 조건》에서 아렌트는 여성들의 공적 영역에로의 접근이 제한되었다는
사실에 대해서도, 또 여성들에게 노동의 대부분을 담당할 것이 요구되었다는 사실과
여성들은 '활동'을 위한 기회를 훨씬 적게 가지고 있었다는 사실 사이의 연관성에
대해서도 인정하지 않았다.

맑스주의와 일에 대한 여성주의적 분석

　여성주의 사상가들은 아렌트가 무시했던 노동의 젠더화된 측면들을 탐구했다. 하
지만 이론가들은 중요한 부분에 대해서는 아렌트의 저작보다는, 칼 맑스(Karl Marx)
의 사유를 출발점으로 삼았다. 이들 학자들은 생산적 일과 재생산적 일이라는 맑스
의 구분을 재검토했다. 맑스에 따르면 재생산의 일은 개별자와 종의 생존에 필수적
이지만, 특별히 인간에게 만족에 도달하는 통로를 제공하지는 않는다. 재생산 노동
은 일하는 사람의 생활과 노동력을 유지하는데 소모되는 에너지를 포함한다. 일하는
사람의 식사를 만들어내는 데 포함된 노고는 재생산 노동의 한 예이다. 어린이의 재
생산과 다음 세대의 일꾼이 되도록 어린이를 기르는 것 또한 재생산 노동이다. 대부
분의 재생산 노동은 여성들에 의해 수행된다.

　안젤라 데이비스(Angela Davis)는 가사노동을 "비가시적, 반복적, 소모적, 비생산
적, [그리고] 비창조적"인 것으로 기술하면서(1981a, 122면), 재생산 노동에 대한 낮
은 가치평가를 영속화했다. 데이비스는 여성들이 더 이상 개별적인 가정에서 가사노
동을 행해서는 안 된다고 제안했다. 오히려 가사노동은 효과적이고 기술적으로 정교

한 방법을 사용하는 전문화된 노동자에 의해서 이루어져야 한다는 것이다. 데이비스는 이와 같은 서비스가 수익성이 없는 동안에는, 정부가 가사노동을 감당할 수 없는 가족들을 위해 가사 서비스를 보조해야 한다고 주장했다. (반면, 루쓰 슈워츠 코완(Ruth Schwartz Cowan, 1983)은 19세기의 독점화된 가사 서비스 제공 실험은 더 많은 개인적 선택과 더 많은 사생활[보장]을 원하는 가정들[의 욕구]로 인해 실패했다고 보고했다.)

다른 맑스주의 여성주의자들은 여성의 재생산 노동에 훨씬 더 위대한 가치를 부여했다. 사실 앨리슨 재거(Alison Jaggar)와 윌리엄 맥브라이드(William McBride)는 그것이 "불공평하고 남성 편향적인"(1985, 185면) 것이라고 비난하면서, 생산과 재생산에 대한 표준적인 맑스주의적 구분을 공격했다. 이탈리아의 해설자들, 특히 마리아로사 달라 코스타(Mariarosa Dalla Costa, 1975)는, 주부는 그 활동이 자본주의 체계의 기능에 절대적으로 본질적인 중요한 노동자층으로서 착취당하고 있다고 선언했다. 가정주부는 남편이 직업에 최선을 다해 에너지를 쏟을 수 있도록 뒷받침한다. 그리고 그녀는 다음 세대의 일꾼을 길러낸다. 가정주부들이 남편과 아이들의 노동력에 직접적으로 공헌해왔으므로, 몇몇 저자들—특히 이탈리아와 영국의 몇몇 저자들은 이 노동력에 대해 보상하는 임금을 가정주부들이 받을 만하다고 주장했다. 가사노동에 대한 임금을 주장하는 사람들은 가사노동을 임금노동으로 전환하는 것이 여성적 일의 중요한 영역을 경제적으로 '가시화'할 수 있다고 말했다. 많은 제안자들은, 임금이 가정주부들에게 더 많은 경제적 독립을 [보장해] 주고, 그들의 자존감을 향상시키고, 가정 내에서 그들의 협상 능력을 확대할 것이라고 주장했다.

그러나 다른 이들은 가정주부의 급료는 단지 많은 여성들을 또 다른 저임금의 여성 직업에 옭아매게 될 것이라고 경고했다. 무엇보다도 임금 지급 제안에는 현실적인 어려움이 있었다. 누가 임금을 지불할 것인가? 남편이? 회사가? 정부가? 가사노동에 대한 [임금] 지불에 반대하는 이들은 종종 비지불 가사노동이 남편과 아내 간에 더 공정하게 분배되어야 한다고 주장했다. 가사(household)의 수행과 어린 아이를 기르는 의무에서의 성 형평성(sex equity)은 여성들이 본성적으로 가사 일에 적합하다는 압제적인 이데올로기의 토대를 침식하게 될 것이다(Andolsen, 1985).

여성주의적 사유에 대해 답하면서, 필립 케인(Philip Kain)은 잠재적으로는 내재적 만족을 제공하는 가사 유지(housekeeping)와 아이 보살피기(child care)가 본질적인 여성적 의무로 여성들에게 강요되면서, 어떻게 억압적인 것이 되었는지를 조사했다(1993, 128면). 결혼이 비지불 '2 교대'[노동으]로서 여성에게 임금소득을 이차 수입원으로 요구할 때, 가사 일은 특별히 착취적이다('2 교대'에 대한 사회학적 분석

176

에 대해서는 혹실드(Hochshild, 1989)를 보라.

길리아나 폼페이(Giuliana Pompei, 1978)는 가사 일의 성별 분업을 사회적으로 변형하지 않고서는, 여성들이 경제적 압박의 시기 동안 자신들의 공동체를 인간답게 만들어야 하는 불균등한 부담을 계속 지게 될 것이라고 단언했다. 여성들은 임금 불경기에 수지를 맞추기 위해 투쟁한다. 정치가들이 사회 복지 서비스를 삭감할 때, 여성들은 가족 구성원들과 이웃을 돕기 위해 뛰어든다. 최근 전 지구적인 사회 복지 국가에 대한 공격들은 폼페이의 경고를 선견지명이 있는 것으로 만든다.

여성의 재생산 노동에 대한 철학적 논법에서 또 다른 하나의 돌파구는 어머니 역할(mothering)의 일에 대한 사라 러딕(Sara Ruddick)의 통찰력 있는 분석이었다 (1989). 러딕은 어린이의 양육은 아기에 대한 여성의 용이하고 본능적인 책임이 아니라고 주장했다. 그것은 판단력과 창조성을 요구하는 어려운 일이다. 사실 그녀는 어머니 역할을 실천적 추론의 특별하고 가치 있는 형식의 근원이 되는 실천으로 묘사했다. 그녀는 또한 어머니 역할의 일은 여성들만큼이나 남성에 의해서도 잘 수행될 수 있다고 주장했다.

감정 노동과 미용

산드라 리 바트키(Sandra Lee Bartky)와 수잔 보르도(Susan Bordo)와 같은 철학자들은 최근 여성들에게 기대되는, 그러나 명시적으로는 거의 논의된 적이 없는 노고의 [또] 다른 형식들을 검토하기 시작했다. [그것은] 외모 가꾸기(beauty work)와 감정 노동이다. 외모 가꾸기는 여성들이 여성의 아름다움에 대한 사회적으로 구성된 이상에 더 가까이 가기 위해 행하는 모든 일들을 포괄한다. 다이어트, [타인에게] 잘 보이기 위한 화장품과 의상의 구입 그리고 화장(makeup)의 응용은 외모 가꾸기의 예들이다. 아름답게 보이기 위한 노고가 종종 자기표현의 형식 또는 여성이 남성인 성적 파트너를 매혹하기 위한 수단으로 여겨지는 동안, 여성들은 또한 다양한 직업에 적당한 외모에 도달하기 위해 노동해야만 했다. 접수계원(receptionist)과 같은 많은 전통적인 여성 직업들은 고용인으로부터 매력적인 외관을 드러낼 것을 요구받는다. 전문적인 여성들은 종종 사무적인, 그러나 여성적인 외관을 성취할 것을 강요당한다. 보르도는 외모가꾸기에 좀더 성공적인 특정한 여성들에게—비록 종종 이 여성들은 낮은 자존감이라는 높은 비용을 지불하지만—허용되는 '특권, 돈 그리고 시간'에 주의를 기울인다(1993, 247~8면). 바트키에 따르면, 모욕은 조심스럽게 구성된 여성의 몸이 부분적으로 여성들 자신의 외모가꾸기를 통해 '지배당하는 몸, 즉 열등한 지위가 새겨진 몸'이[된다]는 사실[에 있]다(1990a, 71면).

여성들은 또한 사회[적으로] 대부분의 감정 노동을 수행할 것을 요구받는다. 체셔 캘훈(Cheshire Calhoun)은 감정노동의 일에 대해 다음과 같은 예들은 제시한다: "화를 진정시키는 것, 자신감을 갖도록 격려하는 것, 긍지를 북돋워 주는 것, 마찰을 예방하는 것 그리고 자아의 상처를 어루만지는 것"(1992, 118면). 바트키는 남성이 여성을 위해 하는 것보다 더 많은 정서적 지지를 여성이 남성을 위해 보일 것이 요구될 때 일어나는 불공평에 대해 탐구한다(1990a, 100면). 감정 노동은 많은 여성-지배적인 직업들에서 명시적이거나 암묵적인 직업 업무이다. 감정 노동에 대한 뛰어난 사회학적 연구로 비행 승무원에 관한 연구인 《관리된 마음》(*The Managed Heart*)이 있다(Hochschild, 1983).

여성주의 철학자들은 '보살핌'의 일에서 육체적인 노동과 얽혀 있는 감정 노동의 요소를 비판적으로 검토할 필요가 있다. 타인을 보살피는 일은 다면적인 경험이다. 보살핌은 때때로 독립적으로 스스로를 돌보는(self-care) 활동을 수행할 수 없는 타인의 필요와의 조우가 수반된, 정신적이고 육체적인 노동을 의미한다. 보살핌은 또한 타인의 안녕(well-being)을 위한 세심한 관심의 자세를 의미하기도 한다. 보살핌을 받는 사람의 필요에 대한 세심함은 타자에 대한 적극적인 정서적 애착에 의해 촉발될 수 있다. 그러나 여성주의 철학자들은 보살핌의 적극적인 정서적 차원을 강조함으로써 보살피는 일에서의 육체노동이 가려지거나 가치절하되지 않도록 주의해야 할 필요가 있다. 예를 들어 철학자 넬 나딩스(Nel Noddings)는 언젠가 윤리적으로 훌륭한 보살핌은 타자를 위한 적극적인 느낌을 수반해야만 한다고 주장했다. 그녀는 다음과 같이 말했다. "우리를 지배할 심원한 인간적인 감각에 [근거해서] 나의 보살피는 행위가 피상적이거나 마지못해 하는 것이라면, 나는 [타인을] 위한 보살핌을 주장할 수 없다"(1986, 9면). 그녀는 또한 돈을 벌기 위해 제공하는 보살핌을 지나치게 미심쩍게 여겨왔다. 이론가들은 '좋은' 보살핌을 공급하는 데 개입된 정서노동의 윤리적 차원을 더욱 철저히 탐구해야 한다. 좋은 보살피기(caretaking)는 보살핌의 정서를 포함해야만 하는가?

여성들의 복지(welfare)는 '애정이 깃든 보살핌'(loving care)의 이상화에 의해 손상될 수 있다. 여성들이 보살피기에 적합한 자연적 본성을 가지고 있다는 믿음은, 여성들이 보살핌에 부합하는 의무를 갖는다는 것을 암시한다. 이 견해에 따르면, 보살핌을 제공하는 것은 더 좋은 보살핌을 제공하는 '애정이 깊은' 여성들에 의해 행해질 때 사회적 효용이 더 상승한다. 최근 우리는 위험한 윤리적 아이러니에 직면하게 되었다. 즉 여성의 보살핌에 대한 윤리학적 헌신은 정부 공무원들에 의해 착취당할 수 있다[는 것이다]. 그들은 부드럽고 여성적인 보살핌의 '가정 가치'를 신성시하는 찬양을 공표하면서, 어린이—보살피기와 가정의 건강—돌보기 프로그램을 후원하는 공적 자금을 회수해 간다.

사회 정의 이슈와 보살핌의 노동

여성의 보살핌 노동과 관련된 중요한 사회적 정의(正義)의 문제가 있다. 예를 들어 사라 러딕은 모성의 일에 대해 불충분한 사회적 지원을 제공하는 공공정책에 의해 어머니의 노동은 종종 훼손당한다는 사실을 여실히 보여주었다. 그녀는 어머니의 "자신과 아이들의 삶을 결정하는 능력은 그녀로서는 최소한의 통제권만을 가진 경제적이고 사회적인 정책에 의존한다. 신화와는 반대로 어머니들은 사적으로 일하지 않는다. 그들은 언제나 공적으로 존재한다"(1986, 35면, 강조 추가).

특별한 정의(正義)의 문제는 중, 상층 계급 백인 가정들이 가사와 어린이를 보살피는 노동자, 그리고 가정 건강 보조자로 유색인 여성을 착취적으로 고용할 때 발생한다(Kittay, 1995; Tronto, 1993; Andolsen, 1993). 메릴린 프리드맨(Marilyn Friedman)은 복지 수혜(welfare benefits)의 삭감은 이와 같은 가사노동 직종을 수용하는 가난한 여성들의 수가 증가하도록 강제한다고 논증했다. 그녀는 "여성의 가사노동에 대한 가부장적 통제가 가정과 정부차원의 [복지] 행정 관료주의로부터 계급적으로 구조화된 시장으로 주요하게 재배치되는 것"을 감지한다(1988, 148면).

수잔 오킨(Susan Okin, 1989a)은 관련된 문제에 대한 철저한 분석을 제공했다. 그녀는 기혼 여성들과 그 자녀들이 이혼이 널리 퍼져 있는 사회 내에서 경제적으로 취약하다는 사실을 강조한다. 아내와 어머니에게 요구되는 가사 일은 시장 안에서 그들을 경제적 경쟁자로서 심각하게 불리한 입장으로 몰아넣는다. 노동자로서의 여성들의 불리한 지위는 그들을 경제적으로 남편의 임금에 의존하도록 만든다. 그들 자신의 권리[차원]에서 한정된 경제적 자원을 지닌 기혼 여성들이 이혼과 더불어 심각하고 불균형한 경제적 손상으로 고통 받을 때, 정의는 침해당한다.

몇몇 사상가들은 이혼한 여성의 경제적 취약성이 그들의 에너지를 가정 만들기에 바치는, 여성들의 일차적이며 합리적인 선택을 결과한다고 답한다. 앤 쿠드(Ann Cudd, 1994)는 여성들이 자신의 성공 기회에 앞서 가사의 책임을 우선시하는, 전적으로 자율적인 선택을 한다는 생각에 도전했다. 그녀는 여성들의 선택은 가정과 직장에서의 성적 불이익이 얽힌 체계 내에서 강요된 것이라고 주장한다. 경제적 압박, 부분적으로는 남성과 여성 사이의 임금 격차는 가사 일에 대한 존중을 선택하도록 여성들을 강요한다. 낮은 임금을 받는 여성 노동자가 가사 의무의 더 큰 몫을 떠맡게 되면, 가족의 생활수준은 보다 높아지게 된다. 가사의 잡일로 인한 부담을 짊어지면서, 여성들은 미묘하게도 낮은 임금과 낮은 존중을 받는, 그러나 가사 책임 완수를 용이하게 하는, 다소간 유연성을 지닌, 전통적으로 여성적인 직업으로 밀려간다. 이와 같은 사회적 환경 하에서 가정과 성공 사이에서의 여성들의 선택은 전적으로 자율적인 것이 아니다.

돈을 버는 여성들, 재생산, 그리고 공정한 대우

20세기 동안 줄곧 지불 노동력에 합류하는 여성들의 비율은 꾸준히 늘어왔다. 더 많은 여성들이 임금노동을 하는 동시에 아이를 가지게 되면서, 경쟁적인 사회 정의의 이슈가 성장했다. 1980년대 초반에 여성주의자들은 임산부 여성을 위한 모성 휴가(maternity leave)의 보장을 요구해야 하는지 여부에 대해 논쟁했다.

임신과 출산은 일반적인 고용자 의료 휴가 정책 하에서 보장되어야만 한다고 주장한 사람들은, 그들이 특별한, 비용이 많이 드는 모성 휴가를 요구한다면, 아이를 양육하는 동안 여성들은 차별을 받게 될 것이라고 경고했다. 바버(H. E. Baber)는 만일 여성 노동자들이 확장된 모성 휴가를 받는 것을 선택한다면, "모든 다른 경우들과 마찬가지로…고용주는 이미 보다 헌신적인 노동자를 선호하는 그의 권리의 범위 안에 있[게 된]다"(1990, 326면)고 규정했다. 다른 이들은 임신의 육체적 요구에 특별히 초점을 맞추는 것이, 여성들은 육체적으로 허약하고 덜 믿음직한 노동자라는 고정관념을 영속화시킬 수 있다고 경고했다. 임신에 특별히 초점을 맞추는 것은 여성이든 남성이든 많은 노동자들이 건강상의 이유로 직장을 결근한다는 사실을 간과한다. 이러한 보편주의적 여성주의자들은, 고용주들은 의료상의 요구가 있는 [한] 어떠한 고용인이든 온당한 의료 휴가를 제공할 윤리적 의무가 있다고 논증했다 (Williams, 1982).

특별한 모성 휴가 보호를 지지하는 이들은 정상적인 출산으로 완결되는 임신은 질병이 아니라고 주장했다. 의료 휴가 정책으로 임신과 출산을 다루는 것은 임산부 여성을 장애인으로 꼬리표를 붙이는 위험이 있다. 법정의 사례들 혹은 입법을 통해 강제적인 모성 휴가를 위해 싸우는 일은 상응하는 의료 휴가를 제공하지 않는 회사들의 임산부 노동자에게 꼭 필요한 보호를 제공할 수 있을 것이다. 또한 다른 이들은 태아를 품고, 생명을 주는 노동은 귀중함에도 불구하고 인정받지 못하는, 사회를 대신해서 여성이 수행하는 일이라고 주장했다. 이러한 관점에 따르면 모성 휴가는 인간 재생산에서 여성이 담당하는 귀중한 육체적 일에 대한 사회적 인정을 제공한다.

　다른 윤리적 이슈는 태아보호 정책을 수반한다. 법인들은 태아기에 유독물질에 노출되기 때문에 심각한 출산 장애의 위협이 있는 아이들에게 해악을 줄이기 위해 이와 같은 정책들을 구상했다(그들의 어머니들은 [이미] 오염된 일터에서 일해 왔다). 태아보호 정책을 가진 회사들은 또한 자궁 내에서 일터의 유독물질에 노출되었던 아이들이 고통당하는 그 해악에 대해 합법적으로 책임을 회피하기 위해서 노력해 왔다. 몇몇 사례들에서 회사는 모든 가임 연령의 여성들을 불임 여부에 대한 테스트도 없이 독물이 있는 장소에서 행하는 직무에서 제외했다. 이러한 정책은 일반적으로 여성들이 [이제 막] 더 높은 임금을 받는 비전통적인 직업을 얻기 시작했던, 육체노동자 계층(blue-collar)의 일터에 존재했다.

　메리 깁슨(Mary Gibson, 1983)은 이러한 정책들이 여성 노동자들에게 가해지는 재생산 상의 해악에 관심을 기울였지만, 남성들이 직면하는 재생산 상의 해악은 외면했다고 비판했다. 그녀는 그와 같은 장소에서 여성들을 제외시키는, 육체노동자 계층의 일터에서 [행해진] 여성들에 대한 차별의 역사는 특히 반대할 만한 것이라고 논증했다. 그녀는 태아에 대한 유독성이 입증된 물질에 노출되는 것으로부터 임신한 노동자를 보호하는 것 이외의 다른 방법이 없는 경우 외에도, 그리고 노동자의 다른 정당한 이익을 보호하지는 않으면서, 위험한 작업 환경으로부터 생식능력이 있는 노동자들을 제외하기만 해서는 안 된다고 주장했다. 예를 들어 생식 능력이 있는 노동자들은 임금, 이익 또는 선임자 특권(seniority)의 손실 없이 덜 유독한 환경으로 자리를 옮기는 것을 제안받아야 한다.

　태아를 보호하는 정책을 검토한 여성주의 학자들은 여성과 남성의 재생산 능력이 가능한 한 가장 넓은 범위에서 보호되는 것을 포함하여, 가능한 한 가장 안전한 작업환경을 제공해야 하는 것이 고용주들의 의무라는 점을 우선 강조해야 한다는 데 동의했다. 많은 주석자들은 모든 여성들을 잠재적인 임산부로 보는 고용주들의 경향에 격렬히 반대했다. 그들은 여성들은 그들 자신과 그들의 가족을 위한 최선의 이해관계 안에서 자신의 재생산 능력을 실현하는 적극적인 윤리적 행위자라고 반격했다. 조안 캘러한(Joan Callahan, 1994)은 태아 보호 정책을 강타한 연방 대법원의 결정(자동차 제조 노동자 연합 대 존슨 콘트롤 사건)은 문제를 안고 있다고 경고했다. 캘러한에 따르면 연방 대법원의 결정은 고용주들에게 아기의 태아기 검사 의무를 면제해 주면서도, 일터가 오염되지 않아야 한다는 것을 그들에게 요구하지는 않았다. 또한 이 결정은 자신의 재생산을 통제할 여성들의 자유와 위험한 직업을 선택할 여성들의 자유를 지지하면서도, 여성들이 결함을 가지고 태어난 아이에 의해 고통당하는 해악의 희생자가 되어야만 하는 위험을 [감수하도록] 만들어 냈다.

사회 정의와 임금 노동의 성별화된 분할

거의 모든 철학자들은 여성의 임금노동[이 처한] 특수한 현실에 대해 면밀한 주의를 기울이지 않아 왔다. [단] 하나의 예외가 사회주의 여성주의 정책에 대한 분석에서 보여준 앨리슨 재거(Alison Jaggar)의 여성의 임금노동에 대한 논의이다(1983). 감소하고 있기는 하지만, 직업에서의 성 분리(sex segregation)는 정의(正義)와 관련된 중요한 물음들을 제기하는 근본적인 경제 현실로 남아 있다. 대부분의 여성 노동자들은 여전히, 재봉-기계 기사, 비서 그리고 간호사와 같은 전통적으로 여성적인 다양한 직무에 밀집해 있다. 설령 여성들, 특히 유럽과 미국의 여성들이 전문직과 관리직에서 큰 몫을 차지하고 있다고 할지라도, 거기에는 여전히 여성들이 이러한 직업 범주에서 최고위로 상승하는 것을 방해하는 차별의 '유리로 된 천정(glass ceiling)'이 존재한다.

1983년 재니스 물톤(Janice Moulton)과 프랜신 레이논(Francin Rainone)은 부당한 성-역할 규정의 결과로 여성의 직업 선택권은 부당한 방식으로 압축된다고 경고했다. 사회적으로 여성들에게 적합한 것으로 규정된 직업들은 낮은 임금, 적은 권력 또는 적은 특권을 제공했다. 직업의 성 차별의 감소, 원래 '남성적인' 업무를 위한 훈련을 받고자 하는 여성 수의 증가, 그리고 적극적 조치(affirmative action)라는 노력에도 불구하고, 여성들은 여전히 고용에서의 젠더 부등성에 기초한 불이익으로 고통당하고 있다.

직무상의 성 분리에 기초한 지속적인 경제적 불평등에 대한 하나의 해답은 임금 평등(pay equity) 또는 비교 가치(comparable worth)라고 불리는 제안이다. 임금 평등 계획은, 요구되는 교육[정도], 관리 책임 또는 일 조건의 특징과 같은, 일련의 표준화된 기준에 따라 모든 직업 범주들을 평가하는 것을 포함한다. 만일 여성적인 직업 범주들에 [대해] '보수를 지급할 만한 특성들(compensable features)' [항목]에서 비슷한 점수를 받은 남성적인 직업보다 심각하게 임금이 덜 지급되고 있다면, 고용주들은 여성적인 직업들의 급료를 인상해야 한다는 것이다.

임금-평등 체계는 주의 깊은 윤리적 조사를 요청한다. 바바라 버그만(Babara Bergmann)은 평가를 하는 사람이 여성들의 꼼꼼함과 세심함 같은 기술은 과소평가하는 반면, 무거운 것을 운반해야 하는 의무 등을 포함하는, 남성적인 직업 특성 요

182

소에 더 큰 비중을 두는 것을 경고해왔다(1986, 182면). 평가하는 사람들은 감정노동을 포함하는 직업적 요구들에 적합한 가치를 부여해야만 한다. 교육상의 자격 조건에 지정된 비중은 계급 편견인지 [여부가] 꼼꼼히 검토되어야 한다.

임금 형평성은 1980년대 초에 진지하게 논쟁되었다. 그러나 최근의 보수적이고, 자유-시장주의적인 정치적 풍토에서 휴지기에 들어선 것으로 보인다. 사실 몇몇 주석가들은 방해받지 않는 노동시장의 공평무사한 메커니즘 이외에 공평한 임금을 사정하는 다른 정당한 방법은 없다고 주장했다. 데보라 로데(Deborah Rhode)는, 여성들의 일의 가치, 특히 유색 여성들의 일의 가치에 대한 지속적인 과소평가는, "시장의 힘들"은 "공평한 보수(compensation) 구조의 신뢰할 수 없는 관리인"(1988, 1128면)이라는 사실을 입증하는 증거라고 반격한다.

아이리스 마리온 영(Iris Marion Young, 1990a) 그리고 데보라 로데와 같은 학자들은, 노동인구에서 여성들을 위한 공평성을 획득하기 위해서 기초적인 문화·경제적 사회 구조에 대한 사회정의 분석이 요구된다고 주장해 왔다. 어느 누구도 언급한 적이 없는 긴급한 문제는 아프리카계 미국 흑인 여성들과 유럽계 미국 여성들 사이의 경제적 격차가 확장되고 있다는 점이다. 1970년대 미국에서의 시민권 운동, 적극적 조치 프로그램, 그리고 서비스 직종의 성장의 결과로 아프리카계 미국 흑인여성들과 유럽계 미국 여성들의 풀타임 고용에 대한 임금은 거의 등가에 도달했다. 아프리카계 미국 흑인여성들의 지위가 더 많이 개선된 것은, 가사노동에서 사무직과 소매업으로의 이동에 기인한 것이었다. 그러나 다른 인종, 다른 민족 집단의 여성들을 위한 고용기회의 집중은 일시적인 현상이었다. 좀더 최근에 높은 비율의 젊은 유럽계 미국 여성들이 전통적으로 남성의 [직업으로 인식되는], 관리, 전문직 직업으로 움직이고 있다. 종종 양질의 교육[으로의] 접근을 통해 매개된 사회적 계급이 점차 여성들의 일자리 기회를 결정한다. 기술의 변화는 여성들 사이의 분리를 격화시킨다(Andolsen, 1989). 제한적인 교육을 받은 더 어린 여성들은 낮은 임금의 막다른 서비스 직종으로 비껴들어간다. 마찬가지로 미국 내에서 '지식 노동자' 계급의 여성들은 어느 때보다도 높은 임금을 받는다. 서로 다른 직업군에 속한 여성들 사이의 임금 불평등의 확장은 정의(正義) 이슈로 검토될 필요가 있다. 이러한 경제적 맥락에서 영이나 로데 같은 학자들의 통찰력은 특별히 점점 더 중요해진다. 그들은 정의는 불평등 구조의 폐지, 즉 여성들을 남성 동료들과 비교해서 불리한 지위에 묶어두는, 그리고 여성들 사이의 불평등을 영속시키는 문화적이고 경제적인 울타리의 폐지를 수반한다고 주장한다.

여성의 정의(正義)는 현재 구조화되어 있는 노동임금에 대한 평등한 접근 이상의 것을 요구한다. 정의는 지불 노동과 어린이 보살피기를 포함하는 가사노동 사이의 보다 인간적인 연결을 허락하는 소위 '일터'의 근본적인 재구조화를 요구한다. 여성들의 '비가시적인' 일—보살피기와 감정 노동은 재인식될 필요가 있으며, 남성들과 더 많이 공정하게 나누어질 필요가 있다. 특권화된 남성들은 가정과 직업에서—아렌트의 구분을 사용하자면—본질적이고, 반복적인 노동에서 더 많은 몫을 수행해야할 필요가 있다. 그렇게 되면 여성들과 덜 특권화된 남성들도 인간 존재가 연합하여 공공 세계를 구성함으로써 자신의 인격적 자질을 발전시키는, 공동체적 기획의 일에서 만족을 경험할 기회를 더 많이 갖게 될 것이다.

(김애령 역)

46. 프라이버시

아니타 알렌(Anita Allen)

들어가는 말

　설령 여성주의가 프라이버시(Privacy)에 대해 어떤 자세를 취해왔다 해도 그것은 애매하다. 프라이버시라는 개념틀은 여성주의자들이 서구 사회의 '자유주의적이고' '가부장제적인' 차원이라고 말하고 있는 많은 비판점에서 중심이 되어왔다. 프라이버시가 어떻게 여성주의에 중심적인 [문제가] 되어왔는가 하는 바로 그 점이 탐구할 가치가 있는 주제이다. 여성주의 사상 안에서 프라이버시란 개념틀이 비판의 과녁임과 동시에 비판의 도구로서 기능해왔다는 점이 흥미롭다. 일부 여성주의자들은 프라이버시를 과녁으로 삼아 여성 해방에 장애가 된다고 비난하는 반면 다른 여성주의자들은 프라이버시를 여성 해방의 도구로서 기꺼이 환영한다.

　비판의 과녁으로서 프라이버시의 개념틀은 고립과 개인주의라는 문제를 안고 있는 이상들을 의미함으로써 양육과 보살핌과 같은 일정한 이상들과 갈등한다(Williams, 1991b ; West, 1990 ; Colker, 1992). 또한 그 개념틀은 여성은 정숙해야 하고 전통적인 가정 내 역할에 한정되어야 한다는 원치 않는 조건들을 의미했다(MacKinnon, 1987b). 프라이버시는 때때로 가정과 가정 생활의 사적인 영역과 동의어가 되어왔는데 이는 여성이 전통적으로 사회경제적 의존 관계 안에서 예속되어 왔던 맥락이다. 어떤 지역 사회나 지역 정부가 '사적'이라고 꼬리표가 붙은 남성 지배적인 제도들과 실행들에 대해서 책임성을 파기한다면 가정 생활이나 상업 활동의 어떤 분야들 안에서라도 취약한 여성과 어린이들에게 해가 닥칠 수 있다. 따라서 여성을 위한 자유, 평등 그리고 안전을 옹호하고 있는 일부의 여성주의자들은 프라이버시 [주장을] 마음에 들어하지 않는 경향을 보여왔다.

다른 여성주의자들은 그렇지 않았다. 출산 통제와 낙태에 대한 법적 권리가 미국에서는 '프라이버시의 권리'라는 기치 아래 쟁취되었다. 일부 여성주의자들이 성, 재생산, 가족 그리고 건강에 관하여 독립적이며 자율적인 의사 결정이라는 이상들을 표현해주는 도구로서 프라이버시라는 개념틀을 승인하는 것은 이해할 만하다(Allen, 1988 ; Roberts, 1991 ; McClain, 1992b).

이 논문의 목적은 여성주의자들이 프라이버시란 중요한 개념틀에 대하여 경합 관계에서 [각기] 취하고 있는 우호적인 입장과 비우호적인 입장을 서술하는 것이다. 나는 여성주의 안에서 프라이버시가 놓여 있는 애매한 위치에 대해 서술적으로 분석하기 위해 미국 안에서 프라이버시와 연관된 도덕적·법적인 교의들에 대한 기본적인 특징을 포함시킬 것이다. 미국 안팎으로 프라이버시는 도덕, 정치, 법 안에서 역할이 더욱 커지고 있다.

중대한 문화적 편차가 있기는 하지만 도덕 면에서 일상적인 교제는 일정한 주거, 소통 및 행동의 프라이버시에 대한 상호 존중을 기대하는 속에서 제한된다(Moore, 1984 ; Pennock & Chapman, 1971). 정치, 특히 서구 스타일의 민주주의 안에서 보면 프라이버시는 자유주의의 핵심 가치로서 자유와 평등과 사실상 동급에 위치한다. 그러나 정치적 가치로서 프라이버시는 자유주의 정권에 국한되지 않는다(Sandel, 1996, 92~119면). 세계의 국민들은 훌륭한 정부의 핵심 기능이란 적어도 일단의 프라이버시상의 이익들(privacy interests)을 보호해주는 것으로 간주한다(Blaustein & Franz, 1994). 법 안에서 보면 거의 모든 국가의 헌법이나 그에 상당한 기초 법률에서는 권한을 부여받은 정부[라 할지라도] 국민과 소유에 대한 접근을 제한하는 프라이버시 원리들을 포함한다. 유럽 각국의 민법과 유럽 공동체의 공식적 지침들은 개인 정보와 상업 정보의 폭로에 대한 표준을 포함한다. 법적 규범으로서 프라이버시는 특히 미국 안에서 널리 퍼져 있다. 미국 헌법에서 1차, 3차, 4차, 5차, 14차 수정안은 프라이버시의 권리를 암묵적으로 인지한다(Allen, 1996a, 1996b ; Rubenfeld, 1989). 법령, 관습법 및 주 헌법들은 비밀에 대한 원치 않는 침해, 공개, 불이행으로 인한 미국인 희생자들에게 프라이버시의 부가적 권리를 부여한다.

한때는 간과된 주제로서 프라이버시

프라이버시는 한때 간과된 주제였다. 로마법에서 사물(res privatae)에 대한 학문적인 논의는 '사유' 재산과 '사유' 재산법, 계약, 불법행위와 함께 수세기 동안 상투어에 불과했다. 그러나 20세기 이전에 소수의 수필가들, 법률가들, 철학자들, 사회과학자들이 프라이버시에 관해 저술하였다. 그들 가운데 샬롯 길먼(Charlotte Perkins Gilman)이 있었다. 길먼은 그녀의 책인 《여성과 경제학》(*Women and Economics* [1898]1966)에서 가정 내 프라이버시라는 이상을 면밀히 분석했다. 그녀는 집이 일반적으로 프라이버시의 안식처로 간주된다 해도 가족 생활은 고독을 위한 기회를 거의 제공하지 않는다고 주장했다. 특히 여성, 어린이, 가난한 사람에게 더욱 그렇다는 것이다.

'프라이버시에 대한 권리'라는 관념은 19세기말에 눈에 띄게 미국 관습법 안으로 진입했다. 그 관념은 1960년대에는 헌법으로, 그리고 1970년대와 80년대에는 연방 법정 무대로 길을 개척했다. 오늘날 스파이 노릇을 하거나 험담을 늘어놓는 사람들은 민사소송을 각오해야 한다. 피임이나 타인종 간의 결혼을 금지하는 법률을 실행했던 주 정부들은 즉각적인 헌법적 도전에 직면해 있다. 이러한 [상황은] 미국인들이 이제 실정법적으로 프라이버시 권리 일습을 갖고 있기 때문이다. 거기에는 '개인 대 개인의'[문제를 관장하는] 관습법, 신체적 격리와 제한적 공개에 대한 헌법과 법령의 권리, 그리고 '정부 대 개인'의 [문제에서는] 사람들이 평화 안에서 상대적인 자율성을 지니고 일련의 결정들을 내릴 수 있게 내버려 두는 제한적이고 관용적이고 중립적인 정부에 대한 헌법적 권리가 포함된다.

여성의 이익과 여성주의적 행동주의는 미국에서 프라이버시 법률과 학문의 발달에 주요 역할을 해왔다. 미국 법에서 프라이버시에 대한 권리는 여성과 관련되었을 때 예속시키는 충동과 해방시키는 충동의 모순의 결과물로서 실정법의 한 특징을 보이고 있다(Allen, 1996a, 1996b; Allen & Mack, 1990).

결정의 토대로서 프라이버시 권리를 인용하고 있는 미국 최초의 판례인 드 메이 대 로버츠(1881) 재판에서는 신참 조수로 하여금 한 여성의 산고와 자녀 출산을 목격하도록 허용한 한 외과의사에게 책임이 있다고 판결하였다. 법원의 서면 견해는 기혼 여성의 정숙에 대한 특별한 염려를 나타낸다. 가족 내 격리와 여성의 정숙에 대한 관심은 프라이버시 불법행위 법에서 중요하게 등장했다. 그 법은 1890년에 그 저명한 《하바드 법률 논총》(*Harvard Law Review*)의 논문에서 루이스 브랜다이즈(Louis Brandeis)와 사무엘 워렌(Samuel Warren)이 만들었다(Allen and Mack, 1990). 피임기구 사용에 대한 여성의 법적 권리는 미국 대법원이 그리스월드 대 코네티컷(1965) 재판에서 최초로 프라이버시에 대한 헌법적 권리를 인지했던 때에 중심 쟁점이었다. 로우 대 웨이드(1973) 재판은 최초로 여성의 낙태권을 확립한 미국 판례로서 아이를 낳을 것인지 말 것인지의 결정은 프라이버시에 대한 근본적인 헌법적 권리에 의해 보호된다고 판결했다.

미국의 학자들, 정치가들 그리고 일반 대중은 1960년대, 70년대 그리고 80년대 후에 프라이버시에 강렬한 관심을 표명하였다. 이들 중 일부는 그리스월드와 로우의 판례 및 뒤이은 건강 관련, 성 관련 그리고 가족 관련 판례들이 준 충격에 기인한다. 그러나 프라이버시 [문제의] 폭발은 또한 재계와 정부에 의해 발달된 전자 감시와 컴퓨터 데이터뱅크에 관련하여 높아진 관심에서도 유래하였다. 마약, 알코올, 인체 면역 결핍 바이러스(HIV) 및 유전자 검사의 함축에 대한 관심은 프라이버시 폭발에 다 더욱 기름을 부었다. 이 현상들은 '프라이버시'라는 용어가 갖는 적어도 세 가지 평범한 의미에서 그것에 관한 관심을 끌어올린다. 즉 신체적, 정보적, 의사결정적 프라이버시가 그 예이다.

신체상의 프라이버시

널리 퍼져 있는 프라이버시의 한 의미에 의하면 '프라이버시'는 원치 않는 신체적 관찰 혹은 신체 접촉으로부터의 자유이다. 프라이버시는 격리, 고독 혹은 친밀성을 욕구하는 사람들에 대한 제한된 접근을 의미한다.

미국인, 유럽인 그리고 세계인들은 이렇듯이 신체적인 의미에서 프라이버시를 가정 및 가정 생활과 종종 연관시킨다. 법과 사회적 실행의 문제로서 성인들은 배타적인 개인적 지배권의 영역으로 존중된 신체 구조들을 일반적으로 소유한다. 어떤 사람들에게 가정은 개인적 프라이버시의 안식처이다. 그렇지만 부모 노릇을 하면서 아이들을 돌보는 책임을 지는 여성들에게 가정은 개인 프라이버시의 안식처로서 봉사하지 않는다(Allen, 1988). 어떤 여성들은 학자로서 혹은 예술가로서 고독한 독신의 삶을 이끌어가기 위해 결혼과 출산을 회피하고 지연시킬 방법을 궁리한다.

그렇지만 어떤 여성들은 고독이 아닌 동료 관계와 보살핌을 추구한다(Allen, 1988, 72~5면). 그녀들에게 복작거리고 시끄러운 가정은 파멸이 아니라 은혜가 될 수 있다. 그러한 가정들은 가족 구성원 서로에 대해 신체상의 프라이버시를 거의 제공하지 않는 반면에 가족 단위로는 나머지 세상에 비하여 엄청나게 큰 신체상의 프라이버시를 제공한다. 개인적인 고독을 위해 [인간] 관계들과 어린이들을 피하려고 하는 사람들은 신체상의 프라이버시를 추구하고 있는 것이지만 가족이나 가정 내 배우자들과의 배타적 친밀성을 갈망하는 사람들 역시 마찬가지이다. 공유적이고 공동체적인 가지각색의 프라이버시가 큰 호응을 얻는다. 실로 '프라이버시'가 타인으로부터의 고립과 독립을 내포하는 한 그것은 어떤 여성들에게는 공감을 자아내지 못할 것이다.

신체상의 프라이버시는 집안에서의 기대 사항이지만 그것은 또한 집 밖, 즉 공공장소에서의 기대 사항일 수도 있다(Allen, 1988, 123~52면). 작업중이거나 쇼핑 중일 때, 레크리에이션 활동에 참여하고 있거나 단지 길거리 공공 장소를 걸어가고 있을 때라도 사람들은 일정 정도 타인으로부터 신체적으로 분리되기를 기대한다. 심지어 혼잡한 지하철 안에서조차 접촉과 눈 맞춤에 적당한 표준이 있다. 공공의 거리에서 성희롱에서 자유롭고자 하는 여성은 분주한 도시의 한가운데서 완전한 프라이버시가 불가능함을 이해한다. 그녀는 그럼에도 불구하고 자신이 스토킹, 이유없는 쇄도(gratuitous crowding), 성추행 및 이와 유사하게 매우 공격적인 접촉으로부터 자유로울 자격이 있음을 믿는다.

신체상의 프라이버시는 어떤 사람이 법률 집행과 교도관의 후견 하에 있을 때 종종 중대한 관심사가 된다(Allen, 1988, 153~79면). 아무리 합법적이고 정당하다 할지라도 몸, 체강(體腔), 그리고 감방 수색이 그렇듯이 경찰 구금과 체포는 프라이버시를 감소시킨다. 고독하게 갇혀 있는 남성 혹은 여성에게 교도소는 너무나 많은 신체상의 프라이버시라고 표현될 수 있는 바를 교묘히 제공하는 것 같다.

신체상의 프라이버시는 종종 구금되어 있지 않는 사람들이 감시의 대상이 될 때 관심사가 된다. 신체상의 프라이버시는 또한 건강진단과 의료처치 및 수술 그리고 약물남용에 대한 고용주의 검사라는 양쪽 맥락에서 관심사가 된다(Allen, 1995a). 이들 맥락 전체에서 프라이버시가 위협받고 있다는 인식이 접촉, 주사 구멍, 칼 자국과 같은 신체적 침해 사실과 연관되어 있다. 더 나아가 감추어지거나 비밀 개인 정보로 남의 신체적 침해가 폭로될 수 있다는 사실에 의해 프라이버시가 위협받게 된다.

정보상의 프라이버시

그 표현의 두 번째 의미에서 '프라이버시'는 비밀, 기밀 혹은 정보의 익명성이다. 그것은 사람들, 복사 견본, 파일, 기록, 컴퓨터 혹은 데이터뱅크로부터 얻은 개인적 정보의 폭로에 대한 제한을 요구한다. 정보상의 프라이버시에 대한 관심은 종종 폭로 후에 차별이 뒤따를지 모른다는 두려움에 의해서 동기를 부여받는다. 기혼 여성에 대한 차별에 대응하여 1960년대와 70년대에 신용거래 혹은 직업을 지원하는 여성들로 하여금 그들의 혼인상 지위를 드러내야 할 필요로부터 자유롭게 해주는 법률이 실행되었다. 일부 생명윤리학자들은 강제적인 유전 검사와 HIV 검사를 찬성하지 않는다. 그 검사가 고용, 교육 및 보험에서 차별을 용이하게 한다는 근거에서이다(Allen, forthcoming). 유전 정보의 폭로에 대한 법적 제한을 옹호하는 이들은 보험회사와 고용주에 의한 차별을 두려워한다.

오늘날 많은 입양이 공개로 이루어진다. 공개 입양에서 아이의 생부모들은 특정한 양부모를 고르는 데 참여하고 그 아이의 일생에서 그들과 일정 정도의 접촉을 유지한다. 그러나 아이를 익명적으로 입양시키려고 계획하고 있는 여성은 입양기관의 직원, 변호사, 의사의 기밀 유지에 의존해야 한다. 정보상의 프라이버시에 관한 관심은 여성의 재생산 건강 클리닉으로 하여금 낙태 고객의 이름들에 대해 일반 대중이 접근할 수 있게 할 정부기록보관법에 반대하도록 이끌었다. 정보상의 프라이버시의 토대 위에서 여성의 재생산 건강 클리닉은 또한 그들의 시설에 들어오는 사람들을 촬영하거나 비디오로 녹화하는 낙태 항의자들에게 반대한다.

컴퓨터 기술은 프라이버시의 정의를 확장시켰는데 그에 따르면 '프라이버시'란 소위 '공정 정보 관행'(fair information practices)을 지시한다. 이것은 예를 들어 신상이 확인될 수 있는 개인들의 정보를 수집하는 정부, 기업 및 여타의 기관들은 다음의 요건들 즉 (1) 대중에게 노출되지 않도록 개인 정보를 보호할 것, (2) 정보를 검증하고 갱신하기 위해 합당한 단계를 취할 것, (3) 자신이 대상이 되는 기록에 대해 개인이 접근할 수 있게 할 것, (4) 개인 정보를 허가받지 않고 사용하기 전에 먼저 동의를 얻을 것 등의 요건들을 충족시켜야 한다. 데이터 보호 규범은 건강관리와 소매 서비스의 주요 소비자로서 여성들에게 특별한 중요성을 갖는다.

의사결정상의 프라이버시

마지막 의미에서 프라이버시는 정부나 원치 않는 다른 개입에서 자유롭게 우리가 자기 자신의 결정을 내리고 이 결정을 실행할 수 있는 능력을 뜻한다. 의사결정상의 '프라이버시'에 대한 철학적 원리는 종종 제한된, 관용적인, 중립적인 정부의 이상들을 통합시킨다(Rubenfeld, 1989; Richards, 1986). 존엄성과 자율성의 담지자로서건 혹은 이익의 담지자로서건 인간 존재에 대한 도덕적 개념틀 덕분에 우리들은 우리 자신의 선택에 의한 삶과 유대를 가져야만 한다(Feinberg, 1983; Bloustein, 1964). 아니면 둘 다 덕분일 수도 있다. 미국 대법원은 개인들의 의사결정상의 프라이버시 권리를 피임기구의 사용(그리스월드 대 코네티컷, 1965)에, 낙태 의술(로우 대 웨이드, 1974)에, 인종 간 결혼(러빙 대 버지니아, 1967)에, 그리고 포르노그래피의 소비(스탠리 대 조지아, 1967)에 대해 귀속시키고 있다. 대법원 혹은 하위 정부와 연방법원은 대리모 계약(In re Baby M, 1988) 당사자들 또는 합의에 의한 항문성교에 대한 범죄 처벌의 위협으로부터 면제받고자 하는 게이들과 레즈비언들에게는 의사결정상의 프라이버시 권리를 귀속시키기 거부했다(바워즈 대 하드윅, 1986).

프라이버시 [개념]의 '의사결정상'의 용례는 포화 세례를 받았다(Ely, 1973). 낙태법의 프라이버시 원리의 비판자들은 빈번하게 낙태권이 여성의 평등과 자유를 촉진하지만 프라이버시와는 아무 관계가 없음을 주장해 왔다(Sunstein, 1992). 이들 비판자들은 '프라이버시'를 신체적이고 정보적인 의미로 받아들인다. 첫째로 많은 사람들은 해방, 자유 혹은 자율성의 측면인 의사결정상의 프라이버시가 프라이버시의 범례적 형태인 격리와 기밀 같은 개념들과는 동떨어져 있음을 주장한다(Parent, 1983). 둘째로 만일 우리가 대법원을 따라서 '의사결정상'의 프라이버시에 대해 말한다면 우리는 프라이버시와 해방, 자유 혹은 자율성을 구별되는 개념들로서 설명할 수 있는 우리의 능력을 감소시키게 된다(Gavison 1980). 대법원이 초기의 재생산 권리 판례에서 프라이버시 개념을 혼동하여 사용함으로써 이러한 반론에 일정한 장점을 보태주고 있다.

프라이버시 [개념]에 대한 의사결정상의 용례를 옹호하는 사람들은 '의사결정상'의 프라이버시가 이름 값을 한다고 역습한다. 그들은 비록 의사결정상의 프라이버시가 해방, 자유 그리고 자율성의 측면을 표시하기 하지만 그것은 적법한 사회적 연관을 넘어서 사적 생활에 대해 심층적으로 느껴진 개념들에 속하는 이들 측면들을 표시함을 강조한다(Allen, 1995a; Decew, 1987; Gerety, 1977). 적법한 사회적 관심의 밖에서 내려지는 의사결정의 영역을 표시하기 위한 '프라이버시'의 사용이 이제 미국과 수많은 외국에서 확고하게 실행되고 있다.

공적인 것과 사적인 것

일부에서 '프라이버시'라는 말을 의사결정상의 경우에 사용하는 일은 사회적 생활이 공적 영역과 사적 영역으로 뚜렷하게 구분될 수 있음을 전제하는 것 같다. 여기에서 사적 영역이란 성, 재생산, 결혼 그리고 가족에 관해 개인적인 의사결정을 내리는 곳이다. 그런 식으로 생각된 '의사결정상'의 프라이버시는 고전 고대 시기에 기원을 두고 있다. 그리스인들은 폴리스(polis) 혹은 도시 국가라는 '공적' 영역을 오이코스(oikos) 혹은 가정이라는 '사적' 영역과 구분지었다(Habermas, 1989; Arendt, 1958). 로마인들도 비슷하게 공동체의 관심사인 공물(res publicae)을 개인 및 가정의 관심사인 사물(res privatae)과 구분지었다(*ibid*). 공적 영역은 재산과 경제적 지위로 시민권을 양도받은 자유로운 남성이 집단적인 통치에 참여하는 부문이었다. 이와 대조적으로 사적 영역은 경제적이고 생물학적인 생존을 도모하는 세속적인 부문이었다. 아내들, 어린이들, 노예들 그리고 하인들은 사적 영역에 거주하면서 보살핌을 주는 남성에게 종속된 보조자로서 삶을 영위하였다. 사회적 생활은 공적 영역과 사적 영역으로 조직화되어야 한다는 고전적인 전제가 서구의 후기계몽적 자유주의 전통에서도 살아남아 있다. 따라서 사적 영역은 주로 가정, 가족 그리고 비정치적인 친밀한 결사체로 구성된다는 전제 역시 살아남아 있다.

사회적 생활을 개념적으로 잘 경계가 지어진 사적 영역과 공적 영역으로 나누면서 프라이버시에 대한 법적 권리를 열망하는 것은 하나의 아이러니이다. 공적 영역은 모든 곳에 편재한다. 법률, 그리고 따라서 '공적' 정부의 권력은 개인 대 개인 관계 및 개인 대 정부 관계의 복합체를 정의하고 매개한다. 예를 들어 어떤 사람이 차 운전을 하고, 아이를 입양하고, 예배를 보고, 타인종과 결혼하고, 외과의사의 기밀 유지를 기대하고, 배타적인 사적 클럽에 가입하고, 그리고 경구 피임약을 먹는 것 등이 모든 것이 정부에 의해 만들어지고 시행된 법률적, 헌법적 조항 때문에 허가된다. 더욱이 정부는 치안과 판결의 필수 불가결한 기능을 행하며 그것 없이는 대부분의 사람들에게 개인적인 프라이버시가 불가능할 것이다. 만일 어떤 사람이 프라이버시가 침해당하는 방식으로 성희롱을 당하고 있다면 그/그녀는 경찰을 부를 수 있다. 만일 어떤 사람이 타인의 프라이버시 이익에 해를 입힌다면 그/그녀는 손실을 보상받기 위해서 소송을 할 수 있을 것이다.

사적 영역은 정부에 의해 침윤되어 있다. 정부가 가부장적이고 이성애적 이상들에 휩싸여 있는 정도만큼 남성과 여성의 프라이버시 권리들은 사적 영역에 대한 가부장적, 이성애적 이상들을 반영하기 쉽다. 한 여성으로서 '나의' 법적 프라이버시는 좋은 삶에 대한 '그의' 그리고 '그들의' 개념틀에 의해 제한된다. 따라서 평화롭게 여자 연인과 살면서 그녀 자신의 혹은 입양한 자녀들을 키우고자 하는 한 레즈비언의 욕망은 좋은 가정과 가정의 가치에 대한 타인의 개념틀에 의해 좌절될 수 있다.

'공적인 것'과 '사적인 것'에 대해 [이것들이] 마치 좋은 정부를 제약하는 고정 범주인 것처럼 말하는 자유주의자들에 대응하여 때때로 비판자들은 공과 사를 개인들, 사회적 집단들, 그리고 정부 사이에 권력이 할당되어야 하는 방식에 대한 개연적이고 변형가능한 개념틀임을 주장한다(Radest, 1979). 자유주의에 대한 여성주의 비판자들은 공/사 구별이란 요컨대 백인 유산자들이 다른 집단을 지배하는 사회들 안에서 종속을 위한 이데올로기적 도구라고 주장하는 경향이 있다(MacKinnon, 1987a; Olsen, 1989). '프라이버시'는 사회적 자원들에 대한 배타적 독점 및 많은 여성과 아이들의 '사적' 삶을 특징짓는 폭력과 빈곤에 대한 사회적인 무관심을 정당화한다(Schneider 1991). 자유주의 사회는 열린 정부와 닫힌 개인적 관계들 위에서 번성한다. 여성주의자들은 닫힌 개인적 관계들로 인해 심각한 해악이 들키지 않고 진행될 수 있는 가능성을 높인다고 역설해왔다. 부모-자녀 관계는 아이가 성적으로 학대받거나 혹은 노부모가 방치되는 하나의 관계일 수 있다. 결혼은 한쪽 배우자가 매를 맞거나 강간당하는 하나의 관계일 수 있다. 법적으로 재가된 프라이버시의 경계가 가족 주위를 높이 둘러싸고 있다면 정부는 가정 내 폭력에 취약한 시민들을 보호할 수 없다.

공/사 이분법을 거부하지 않는 여성주의자들은 때때로 여성으로 하여금 그들 자신의 몸과 생명에 대한 더 큰 권력을 허용할 수 있도록 공적인 것과 사적인 것 사이의 선이 다시 그려져야 한다고 주장해왔다. 공과 사 사이의 선은 이미 강간에 대한 형법에서 다시 그려졌다. 다른 판결들에서 '혼인의 프라이버시'는 더 이상 기혼 남성들로 하여금 그들의 아내에 대한 강간으로 기소당하는 것을 면제해주지 않는다.

대부분의 자유주의자들은 사적인 의사결정에 정부가 개입하는 것으로부터의 자유라는 측면에서 보면 정부의 규제를 제한하는 프라이버시 권리가 부정적인 해방이라고 묘사한다. 부정적 해방의 접근법은 '프라이버시에 대한 권리'가 공공 부문이 지원 없이 낙태할 능력이 없는 빈곤 여성의 낙태 비용을 지불해야 함을 요구하지 않는다고 판결한 대법원의 결정을 지지한다. 공과 사를 재사유하려는 시도 속에서 여성주의자들은 프라이버시 권리가 공공 부문에 대한 복지상의 수요를 창출할 권리를 함축할 수 있다고 주장했다. 때때로 프라이버시에 대한 권리는 의료보장 자격이 있는 빈곤 여성의 낙태에 대해 정부가 지불할 것을 판시한 판례에 대해 파기가 아니라 지지를 보낼 수 있다고 논의된다(Pine and Law, 1992; Roberts, 1991).

정의와 가치

많은 여성주의자들을 포함하여 학자들은 이제 프라이버시에 대해서 얼마나 최상의 정의를 내리고 가치를 매김하고 규정할 것인지를 정기적으로 토론한다(De Cew, 1987; Schoeman, 1992a; Inness, 1992; Wacks, 1989; Allen, 1988). 프라이버시에 대한 정의와 그 가치 설명에서 보편적 동의를 얻은 것은 아무 것도 없다. 이론가들은 프라이버시에 대한 정의와 가치평가에 대한 접근법에 관해 동의하지 않는다. 프라이버

194

시가 하나의 가치로서 정의되어야 하는지 혹은 하나의 사실로서 정의되어야 하는지에 대해서 불일치가 계속 되고 있다. 프라이버시가 하나의 도덕적 주장으로서 정의되어야 하는지 하나의 권리로서 정의되어야 하는지 그리고 프라이버시의 정의가 그 용어의 이상적인 사용을 처방해주어야 하는지 혹은 실제 용례를 서술해야 하는지에 대해서도 마찬가지이다.

프라이버시에 대한 학자들의 정의는 워렌과 브랜다이즈가 대중화시킨 '홀로 놔두게 함'(being let alone)에서부터 웨스틴이 더욱 명시화한 '언제 어떻게 그리고 어느 정도로 자신들에 대한 정보가 타인에게 전달될지를 스스로 결정하고자 하는 사람들, 집단들 혹은 기관들의 주장'에 이르기까지 범위가 넓다(Westin, 1967, 7면). 많은 작가들은 프라이버시가 사람들, 그들의 정신적 상태, 혹은 그들에 대한 정보에 대한 제한적인 접근의 조건을 지시한다고 말한다(Gavison, 1980; Allen, 1988; Bok, 1983). 가비슨(Ruth Gavison)에 따르면(1980, 428면) "완전한 프라이버시 안에서는 누구도 X에 대한 정보를 갖지 못하고, 누구도 X에게 주의를 기울이지 않으며, 누구도 X에게 신체적으로 접근하지 않는다." 그렇게 생각하면 프라이버시는 하나의 '우산' 개념으로서 기능하여 각 개념이 다른 개념에 대한 제한적 접근의 형식을 지시하는 개념들의 가족을 포괄한다. 이론가들은 프라이버시 가족의 성원에 대해 불일치하고 있다. 그 성원들은 은둔, 고독(독신), 자율성, 기밀, 정숙, 친밀성, 침묵 그리고 비밀을 포함할 것이다.

"사람들, 그들의 정신적 상태 그리고 그들에 관한 정보에서 제한적인 접근"에 대신하여 수많은 정의들은 통제를 강조하는데 이는 정보에 대한 통제 혹은 관찰 수단에 대한 통제가 된다(Parent, 1983; Fried, 1970; Westin, 1967). 다수의 법과 도덕 이론가들은 프라이버시를 규범적 기능을 가진 하나의 사회적 실천으로 특징짓는다(Post, 1989). 이러한 맥락에서 라이맨(Jeffrey Reiman, 1976)은 프라이버시를 개성과 인격성의 형성과 연결짓는다. "프라이버시는 그의 고유한 실존에 대해 한 개인의 도덕적 권리가 수여되는 수단이 되는 하나의 사회적 의례이다"(Reiman, 1976, 39면).

신체상, 정보상의 프라이버시는 웰빙을 저해하는 것으로 간주된 관찰과 폭로를 제한하는 데 기여한다(Altman, 1976). 심리학자들은 오랫동안 개인들에게서 사회적으로 정의된 프라이버시의 양식에 대한 기회를 박탈함으로써 초래되는 불건강성을 강조해왔다(Schneider, 1977). 도덕 철학자들은 많은 형식의 프라이버시를 존중하는 일이 인간의 존엄성과 인격성, 도덕적 자율성과 실행가능한 공동체 생활을 존중하는 데서 최고라고 주장한다(Schoeman, 1992a; Kupfer, 1987; De Cew, 1987; Feinberg, 1983; Pennock and Chapman, 1971). 많은 철학자들은 성, 재생산, 그리고 건강관리에 대한 정부의 통제에 맞서는 프라이버시 권리들의 도덕적 토대로서 제한되고 관용적인 정부의 정치적 도덕성을 지적한다(Richards, 1986). 법률가들은 종종 프라이버시의 높은 도덕적 가치가 프라이버시의 법적 권리를 위한 정당성이라고 말한다(Allen, 1988 ; Feinberg, 1983 ; Gavison, 1980 ; Westin, 1967).

프라이버시에 반대하는 여성주의

프라이버시의 이상들은 여성의 권리와 책임성에 대한 자유주의 여성주의자의 평가에 중심이 되어 왔다. 비록 프라이버시 개념이 재생산에서 의사결정을 내리는 여성의 권력과 책임성을 내포하긴 하지만 그것은 또한 전통적으로 사적인 역할에서 여성의 무력과 의존을 나타낸다. 따라서 여성 이론가들은 반대 방향들로부터 프라이버시에 접근해 왔다. 한 방향은 프라이버시의 조건들과 프라이버시의 권리들을 통해 여성들이 자신의 삶을 통제해 가고 있음을 강조하는 우호적 입장이다. 또 하나의 방향은 남성 지배적 영역 안에서 여성의 무력이나 프라이버시의 이상들과 보살핌과 자비라는 이상적 윤리 사이의 갈등을 강조하는 비우호적 입장이다. 후자의 방향은 프라이버시를 인간의 핵심 가치로 승인하는 자유주의 도덕철학의 성미에 맞지 않는다. 정확히 무엇 때문에 프라이버시가 부정적인 여성주의 비판의 목표가 되었는가? 왜 일부 여성주의자들은 여성주의적 활동의 도구로서 프라이버시 담론에 대해 그저 마지못해 박수를 치는가? 나는 여성주의자들이 프라이버시에 대해 퍼붓는 세 가지 비판점들을 언급할 것이다. 그것은 각각 낮은 참여(under participation)에 대한 비판, 폭력에 대한 비판, 그리고 보수주의 경향에 대한 비판이다.

많은 여성주의자에게 '프라이버시'와 '사적 영역'은 집 안에서 그리고 보살핌을 주는 가내 역할에서 여성의 격리와 종속이라는 문제 많은 조건들을 내포한다. 이러한 격리와 종속은 여성이 일반적으로 사회 안에서 자신들의 온전한 능력을 다하여 참여할 수 없었음을 뜻했다. 여성의 참여는 낮았다.

여성주의자들은 여성에게 합당한 역할이란 주로 가내 의무들과 더불어 딸, 아내 그리고 어머니로서 남성의 권위 아래서 '사적 영역' 안에서 살아가는 것이라는 가정을 공격해왔다. 여성에게 전통적인 보살핌 업무는 요리, 장보기, 원예, 세탁, 그리고 자녀 양육을 포함했다. 이들 업무들은 많은 여성들의 삶이 가족의 프라이버시 안에 집중되도록 놔두었다. 여성의 순결과 정숙의 관습은 성적 선택과 자기 표현에 대한 막대한 희생을 대가로 프라이버시라는 덮개를 씌워 여성을 차폐시켰다. 정서적 친밀성의 기대는 유익한 개인적 유대를 촉진했다. 원예, 요리, 그리고 바느질은 창조성의 출구로 기여했다. 동시에 여성에게 처방된 역할은 개인적 형태의 프라이버시와 독립적으로 선택한 개인적 결사체를 위한 그들의 기회를 제한했다. 어머니 역할과 사회적 역할은 여성을 사적 영역 안에 머무르게 하였다. 그렇지 않았다면 여성 사업가로서, 학자로서, 정부 지도자, 그리고 예술가로서 공적 영역에서 두각을 나타냈을 터였다. 사회 안에서 여성 참여를 증진시키기 위해 여성주의 활동가들은 여성의 재산권, 투표권, 그리고 남성들이 보상받는 것처럼 여성들이 보상받을 수 있는 다양하게 서술되는 직업 안에서 집 밖에서의 노동권을 위해 싸워왔다.

미국 및 서구 민주사회 안에서 명목상 사적 생활의 사실상 모든 국면이 직·간접적 정부 규제의 초점임에도 불구하고 정부 및 여타의 외부적 간섭으로부터 자유로운 사적 영역이라는 이상이 유통된다. 결혼은 하나의 사적 관계로 간주되지만 정부는 허가와 의료검사를 요구하고 연령 제한을 부과하고 일부다처, 근친상간 및 동성 결혼을 금지한다. 출산과 자녀양육은 사적인 것으로 간주되지만 정부의 아동학대 및 방치에 대한 법률은 부적절할 때도 있지만 부모 및 가임 여성이 그들의 책임성을 어떻게 발휘해야 하는지를 규제한다. 사적 영역이라는 이상이란 단지 대다수 직접적 형태의 정부의 개입과 제약으로부터 비교적 자유롭게 선택할 수 있는 일반 시민의 능력이라는 이상에 불과할 수 있다.

이 이상의 가치에 대해 미국 안에서 문제가 제기되어 왔다. 거기에서 가정 내 폭력의 문제는 전통적으로 '사적' 영역인 집과 가정 생활 안에 덜 관여할 것이 아니라 더 많이 관여해야 할 필요성을 제시한다. 비록 폭력이 집 안에서 일어난다고 해도 어떤 남성 혹은 여성이 배우자나 연인을 구타하는 것은 더 이상 법적으로 허용가능하지 않다. 혹은 부모나 후견인이 화가 나서 또는 훈육의 이름으로 아동들을 심하게 구타하는 것도 마찬가지이다.

어떤 여성주의자들은 프라이버시 개념에 대해 보수주의가 대단히 크게 유통되고 있는 서구 자유주의 사회 안에서 원체 보수주의적인 경향을 띤다고 본다. 프라이버시의 기치는 여성의 과소 참여와 남성 폭력 혹은 성희롱으로 이끌어 온 관행적 행동 표준을 재창출하기 위해 계획된 공적 개입을 흔들어 놓는다. 법 여성주의자들은 공통적으로 '프라이버시'라는 자유주의 이데올로기가 원체 보수적이며 그에 따라 취약한 여성 계급에 유익한 법의 증가를 늦춘다고 주장한다(Olsen, 1989).

보수주의자들은 일반적으로 정부의 복지 프로그램, 특히 긴요하지 않은 것으로 특징지어진 프로그램에 대해서는 특히 반대한다. 그렇다면 그들이 일반적으로 빈곤 여성의 '선별' 낙태에 대한 정부 기금 운용에 반대해 온 것은 그다지 놀랍지 않다. 많은 보수주의자들과 자유주의자들은 출산에 대하여 정부가 의사결정하는 것에 반대하는 부정적 권리로서 피임과 낙태의 맥락에서 프라이버시에 대한 권리를 해석한다. 즉 지불할 능력이 안 되는 사람이 피임과 낙태 서비스를 받을 수 있도록 설계된 정부의 프로그램에 대한 긍정적 권리로서 보지 않는 것이다(Sher 1982). 어떤 사람들에게는 프라이버시 권리란 공적 부문에서 지불해야 하는 어떤 것이 아님은 논리상의 문제처럼 자명하다. 많은 여성주의자들은 빈곤 여성의 낙태에 대한 정부 기금의 확보를 위한 법적 노력의 실패가 낙태법에서 프라이버시를 강조한 탓으로 돌린다(Olsen, 1989 ; Mackinnon, 1987b ; Colker, 1992).

결론

철학자들은 프라이버시가 실제적이고 이론적인 논박이 일어나게끔 다양하게 적용되는 복잡한 개념임을 관찰한다. 여성주의자들은 사적 영역의 '프라이버시'가 과거에 여성에게 무엇을 의미해왔는지 그리고 '프라이버시에 대한 권리'의 수사학과 법학이 미래를 위해 무슨 신호를 보낼 수 있는지에 대해 비판적인 입장을 취할 좋은 이유를 갖는다. 동시에 자신의 삶에 대한 더욱 큰 통제력을 추구하는 여성들은 적합한 형태의 신체상, 정보상, 의사결정상의 프라이버시에 대해 높아진 사회적 존중으로부터 이미 혜택을 받았음은 의심할 나위가 없다. 프라이버시에 대한 여성주의 이론을 낱낱이 검토하고 찾아낸 이 통찰들은 궁극적으로 우리에게 프라이버시의 적용에 대한 조심성 있는 태도를 채택할 것을 제안한다.

(윤혜린 역)

47. 공동체

마리아 루고네스(Maria Lugones)

우리는 왜 공동체(community)에 대해서 쓰는가? 누구를 위해서? 누구와 함께? 어떤 사람들 속에서? 어떤 집합체 내부로부터? 어떤 전통 아래서? 어떤 '위치'로부터? 어떤 자기-이해 아래서? 무엇을 하는 와중에? 그대로 있으면서 혹은 운동 안에서? 움직이는 와중에 쉬면서? 움직일 준비를 하면서? 우리 자신의 지도 그리기는 어느 정도로 운동의 방향을 향해 있는가? 글쓰기/계획하기 안에서 우리는 얼마나 많은 목소리를 들을 수 있는가?

'하나'(One)를 문제삼기: 엘리자베스 스펠만(Elizabeth Spelman)은 《비본질적 여성》(*Inessential Women*)이란 책 안에서 '여성'을 하나의 도식(schema)으로 사용하여 [어떤 것들을] 채워 넣을 것을 나에게 가르쳐 주었다. 여성은 [인간] 종을 성별화한 암컷(female, 생물학적 여성)이다. 거기에서 젠더의 지형도는 사회들마다 그리고 해당 사회 안에서도 매우 유의미하게 다양할 수 있다(Spelman, 1988, 134면). 이 글에서 나는 '여성'을 하나의 도식으로 사용함으로써 얻게 된 통찰들을 잃지 않고 구체적인 복수성 안에서 획득함으로써 그 단어를 의미화하고자 한다. 나는 '여성'과 '레즈비언'과 같은 단어들을 복수성 안에서 그리고 결단코 끝없이 열려 있는 [의미 체계 안에서] 구체적이고 특수하게 발화하기/쓰기 그리고 읽기/듣기라는 실천을 시작하고자 한다. 이것은 마치 네가 상호 관계된 무수한 주체들에 집중하면서 그들 사이에서 네 고유의 특수성과 그 특수성의 문제적 성격 안에서 네가 네 자신을 생각하고 느끼고 이해하고 있는 것과 같다. 연대와 착취, 다정다감과 학대의 관계에서 보듯이 바뀌어가고 역사적으로 누벼질 뿐만 아니라 화석화된 관계들 안에서 곤란에 빠져 있는 것과 같다.

　나는 내 단어들을 이러한 다수성 안에서 만들기 때문에 나는 내 목소리를 듣고 내 목소리를 듣고 있는 너의 목소리를 듣는다. 나/너는 내 자신/너 자신을 뻗쳐 나가거나 뒤로 물러선다. 나는 주체들 가운데 나의/너의 토대 위에 서 있고 나의/너의 구체성을 고려한다. 나는 해당 역사 안에서 당대의 상황 안에서 우리의 관계를 살아가고 생각하기 때문에 나는 세부 사항들과 더 거대한 일격들을 숙고하고 협상한다. 강탈당한 키스와 애정어린 포옹, 올가미 씌우기와 고문, 그리고 불가피하게 정체성의 표지들과 공동체 관계들, 많은 파편화되고 복수적인 공동체들을 [생각한다]. 내가 내 토대를 느낄 때 [공동체는] 구체적인, 복잡한, 환원불가능한, 툭하면 싸우는, 살을 맞대는, 상호 관계된, 입장을 갖는 주체들 한 가운데 있다. 그리고 [공동체는] 어떤 용이한, 추상적인, 윤곽이 뚜렷한, 단순한 분류 안에 담길 수 없다. 내가 공동체의 문제를 고려하고자 하는 것은 이러한 다수성 안에서부터 비롯된다.

　나는 공동체에 대한 당대의 세 가지 성찰들을 고려할 것이다. 그리고 그들에게 내가 처음에 열거한 질문들을 내가 취하는 복합적인 입장들로부터 물을 것이다. 즉 메릴린 프리드만(Marilyn Friedman)의 "여성주의와 현대의 우정: 공동체를 탈구하기"(1995), 사라 호글랜드(Sarah Hoagland)의 《레즈비언 윤리학》(*Lesbian Ethics*, 1988), 벨 훅스(bell hooks)의 《열망》(*Yearning*, 1990) 안에서 그들이 공동체를 취급하는 방식에 대해 검토할 것이다.

　나는 저항과 해방의 정치학 안에서 공동체 및 집의 장소와 의미를 재고하는 과정에서 이러한 아이디어들을 상이한 '공동체들'에 적용시켰다. 나는 미국 안에서 제도적 삶을 포함하여 일상의 삶에 대한 '상식적' 이해에 대해 성찰을 이끌어내기 위해 다른 대중적인 교사들과 함께 이론적인 워크숍, 연습 그리고 대화를 궁리하면서 그 아이디어들을 포함시켰다. 우리는 이 아이디어들을 뉴멕시코 시골, 시카고 안의 멕시코인과 푸에르토리코 공동체들, 미네소타, 뉴멕시코 안의 여성 공동체들과 공동체들 안의 여성, 레즈비언의 삶, 토지 투쟁과 물 투쟁, 여성에 대한 폭력에 초점을 두는 다양한 집단들에 적용시켰다. 이러한 아이디어들을 상이한 '공동체들'로 데려가는 과정은 매우 집합적이었고 그 과정을 통해 상이한 다수의 집합성들(collectivities)이 교차했다. 지리적으로/개념적으로 이동하는 과정에서 이러한 이해방식은 비판당했다. 우리는 상이하고 상호연관되는 의미(의식) 영역을 통해 이 운동 안에서 굴절되었다. 우리는 우리 자신과 타인들 각각의 복수성을 깨닫게 되었다. 그 비판을 공표하는 한 방법은 운동과 정지의 결합을 통해서 여기에서 보여지는 것 안에서 해방의 가능성들을 평가하는 것, 그리고 재개념화해야 할 긴급한 필요성 안에서 공동체의 이상을 만드는 분리와 복수성 둘 다를 지적하는 것이다.

그렇다면 이 글은 '공동체/들을 만들기'라는 프로젝트의 부분이며 또한 이 작업을 문제삼고 있다. 이것은 위험과 약속 사이에 불안정하게 높이 걸려 있는 프로젝트이다. 위험이란 공동체와 집이 주는 외형적 안전 안에서 숨어서 기다리고 있는 것들을 말한다. 약속이란 삶을 기존의 억압적인 의식 안에서 맞추어가지 않고 화만 내는 존재로 운명짓는 고독과 분리를 극복하는 데서 공동체와 집이 제공하는 것들을 말한다. 집합성은 가능성이면서 대단한 불편의 의미가 함께 깃들어있다. 때로는 자기 배반의 지점이어서 해결이라기보다는 해소되어야 할 문제가 된다.

집합성의 필요를 설명해주는 것은 해방적 의도이다. 여기에서 해방이란 긴장 안에서 경합하면서 동시에 존재하는 실재의 복수적 구성들에 초창기부터 의존해 있음이라고 이해된다. 상이하게 입장지어진 주체들은 상이한 구성들을 인지하고 종종 '복수적 시각'을 실행한다. 이들은 동시에 존재하는 하나의 구성 이상을 인지한다. 구성 각각이 사회적이긴 하나 이 모든 구성이 제도적 삶에 대한 동일한 권력을 갖지는 않는다. 어떤 구성들은 억압의 논리와 함께 어떤 주체들을 만들어낸다. 그런 논리 안에서는 피억압자들에서 행위성(agency)의 근본적 결여가 존재한다. 그런 논리 안에서 지배의 정체를 드러내는 피지배 주체의 가능성은 없다. 그러한 폭로는 이미 주체를 억압의 논리 외부에 있는 논리 안에 위치시켰을 터이다. 억압의 논리 안에서 하위 주체(subaltern)는 지배자/피지배자의 비대칭성을 명명할 수 없으며 해방적 의식을 말할 수 없다.

자기 자신들의 다양한 억압적 구성들과 협상하고 경합을 벌이는 저항하는 주체들과 그들의 가능성들이 자신들의 종속에 대해 그리고 일정 차원으로 분절된 여타 형태의 종속을 이해한다. 때때로 이해는 명료하게 분절되지 않고 저항의 행위 의미 안에 포함되어 있다. 저항 행위의 해석이 저항을 불러오는 억압의 특이성을 드러내준다. 저항적 구성들은 일상 삶의 해석들로서 경쟁한다. 그러나 이 구성들은 어느 정도 제도적 인식을 결여하거나 그들이 만들어내는 제도들 자체가 지배 문화의 제도들이다. 따라서 저항자는 그녀 자신을 포함하여 사회적 세계의 여러 구성들 안에서 사회적으로 움직인다. 해방은 저항 의식의 명료화와 발전 둘 다를 요구한다. 의식의 발전은 저항자들 속에 사회성을 요구한다. 이 저항자들은 공동체/집을 매력적일 뿐만 아니라 필수적인 것으로 만들고자 하지만 때때로 억압에 대해 매우 모호한 이해와 모호한 저항 기법을 공유한다.

공동체들은 대안적 의식을 발전시키는 과정을 창출해내고 의식 자체를 발전시키는 장소로서 매력적이다. 특히 우리가 서로 맞물리고 있는 억압들에 저항하는 공동체들을 생각하고 있을 때 소통은 어렵고 주인의 혀 안팎에서 갈팡질팡한다. 이해를 기대하거나 심지어 이해의 가능성조차 기대할 수 없다. 그 점이 의식 만들기의 방법 혹은 과정에 집중해야 하는 이유이다. 의식이 이미 만들어져 있을 것을 기대할 수 없다. 종종 소통은 제스처나 비언어적 소통 및 행위를 통해 이루어진다.

[우리는] 현존 공동체들이 목소리 없는 엄청난 복합성을 담고 있을 때조차도 공동체들을 또한 공통성 관계로서 혹은 공통성에 토대해 있는 것으로서 이해해왔다. 오드리 로드(Audre Lorde)가 말하는 소위 '비지배적 차이들'(Lorde, 1984, 111면)에 따라 공동체들을 변형적, 창조적, 주의깊은 것으로서 생각할 때 항상 어떤 위험이 존재한다. 즉 공통성을 고수하거나 침묵하기, 파편화, 단일 목소리의 소통을 극복하는 데서 난점들에 주의하지 않을 위험성이다. '비지배적 차이들'에 주의를 기울이는 공동체들은 복합적인 소통의 발달을 요구한다. 경계 안에, 사이 안에, 저항 공간 안에 함께 서 있음만으로 집합성을 제공하지 않는다. 그것은 차라리 집합성을 문제로 만든다. 분산의 가능성, 소통 부족, 파편화의 반복을 피하려면 구별적인 당대의 급진적 태도를 발달시킬 것을 요구한다. 관계 안에서 자아에 대한 고도로 굴절된 이해를 유지하는 태도를 말한다.

실재의 억압적인 구성과 저항적/해방적 구성 사이의 구별은 추상적인 구별이다. 그 구별은 다른 논리를 배제하는 하나의 논리적 배타성 안에서 혹은 그 논리적 배타성과 더불어 특정하게 위치한 사람들이 기능하고 있는 식으로 사회적 실재에로 지도를 그리지 않는다. 대다수의 특정한 주체들은 양쪽의 논리와 더불어 일한다. 모든 주체들은 억압의 논리가 어떤 사람들을 수동적으로 만들 때조차도 그것에 대한 적극적인 기여자로서, 그 안에서 협력하는 자, 혹은 그런 실천의 창조자로서 이해될 수 있다. 즉 저항과 억압은 일상 삶의 구성들로서 경쟁한다. 이 요점을 서술하는 한 방법은 특정한 주체들을 억압하고-있는 자(혹은 협력하고-있는 자) 혹은 억압당하고-있는 자, 그리고 저항하고-있는 자들로서 생각하는 것이다.

"여성주의와 현대의 우정: 공동체를 탈구하기"라는 글 안에서 프리드만은 여성주의와 공동체주의 전통 사이의 교차점에 위치하는 여성주의적 공동체주의를 제안한다. 그녀는 공동체주의 철학의 시금석들 중의 하나 즉 자아의 사회적 구성을 보존하는 공동체에 대한 이해를 주장한다. 그러나 여성에게 매우 억압적이었던 사회적 역할과 구조들에 대해서 그런 자아를 변경없이 형성하는 공동체적 자아의 정의를 수용해야만 한다고 보지 않는다. 프리드만은 공동체들 내부에 그리고 공동체들을 횡단하는 억압을 인식할 수 있게 허용해주는 공동체적 자아에 대한 이해를 원한다.

프리드만이 제안하는 자아관은 사회적으로 형성되고 공동체적이라는 둘 다의 의미에서 사회적이다. 공동체적 주체는 그녀가 '본의 아니게 묶여 있는' 공동체들(장소의 공동체들)뿐만 아니라 선택의 공동체들과 관계하여 형성된다. 우리의 원래 공동체들은 그러한 공동체들을 통합시키는 규범에 동의하거나 따르는 자아들로서 우리를 필수적으로 확립해주지 않는다. "우리들 중 일부는 우리의 원래 공동체에 의해서 일탈자와 저항자로서 형성된다. 그리고 우리의 도전은 그런 공동체가 의거해 있는 가장 기초적인 사회적 역할들과 관계들의 기초가 되는 토대적 사회적 규범들에 잘 빠질 수도 있다"(Friedman 1995, 197면) [우리가] 선택하지 않은 공동체들은 때때로 우리가 진정 누구인지를 깨닫기 위해서 떠나야만 하는 공동체들이다. 장소의 공동체 안에서 만들어진 정체성들은 선택의 공동체 안에서 의문시되고 변형되어 갈 수 있다. 프리드만은 대부분의 삶이란 "관계성들과 공동체들의 혼합으로서 일부는 주어진/찾아진/발견된(given/found/discovered) 것 그리고 일부는 선택된/창조된 (chosen/created) 것을 담고 있는 것으로 묘사한다. 대부분의 사람들은 어느 정도 그들의 장소의 공동체들에 의해 뿌리깊게 확립된다"(203면). 그녀가 특히 마이클 샌들 (Michael Sandel)과 알라스데어 매킨타이어(Alasdair MacIntyre)와 같은 '새로운 공동체주의자들'처럼 장소의 공동체들을 생각할 때 그녀는 가족, 이웃, 학교, 교회, 국가에 의해 정의되는 공동체를 염두에 둔다(188~90, 194면). 선택의 공동체들은 자아와 공동체에 대한 비판적 성찰을 위한 입장뿐만 아니라 대안적 사회 관계성에 대한 모형을 제공함으로써 그러한 비자발적인 공동체들 안에서 억압적이고 학대적인 관계 구조에 맞설 수 있게끔 우리를 돕는다. 장소의 공동체에 대한 그녀의 이해에 따르자면 장소의 공동체는 그렇게 할 수 없다.

　프리드만은 우정 공동체와 도시 공동체들이 선택의 공동체들을 위한 모형을 제공한다고 생각한다. 그녀는 그 둘 다 자발적인 공동체라고 생각한다. 우리 자신의 필요, 욕망, 관심, 가치, 흡인력으로부터 발생하는 것으로서 본다. 그리고 이것은 우리의 찾아진 공동체들에 의한 동기부여나, 할당되고 귀속되고 기대되고 혹은 요구된 기대에 대조되고 종종 반대된다. 우리는 관습이나 전통에 의해 할당된 친구들이 아니다. 도시 환경에서 여성들은 자기들 고유의 가치들을 개발하기 위한 결사체 (associations) 안에서 서로 합류할 수 있다. 프리드만은 도시적 관계성이란 더욱 커진 자발적 토대 안에서 현대적인 특징을 갖고 있는 것으로 생각한다.

　장소의 공동체와 선택의 공동체 사이의 프리드만의 구별은 나의 정치학의 부분이 된 구별이다. 나는 그 구별을 염두에 두면서 그것을 대중적인 교육 워크숍에서 시도해보기 위해서 '공동체들'로 갔다. 그러한 시도 속에서 나는 그 구별을 장소의 공동체로 적용해 보는 일의 문제점을 볼 수 있었다. 즉 사람들이 그 공동체들을 떠나고

204

자 하지 않을 때, 그 공동체들에 대한 구조화된 비판을 시작함으로써 논의 지점이 그들로 하여금 그 공동체들을 떠나게 하는 것이 아니라 오히려 변형시키도록 이끌 때 [난감해졌다]. 나에게 선택의 공동체 개념에 관해서 결정적인 대목은 대중 교육 상황에서 특징이 되는 비판적인 전환으로 그것이 이끌어줄 가능성이었다. 장소의 공동체와 선택의 공동체 사이의 구별은 나에게 비판의 거리 즉 장소의 공동체들과 상식의 공동체들을 형성하는 제도들에 대해 우리가 비판적으로 되어 가는 곳인 '장소'를 확보하는 문제였던 것 같다.

호글랜드의 텍스트에서 그녀는 '공동체' 용어에 관해 의도적으로 모호한 태도를 취한다. 해방적 가능성에 대한 그녀의 탐색에서 그녀는 사회적 실재란 굴절된 것으로서 이해한다. 그녀는 사회적 실재란 동시 발생적이고 중첩되는 여러 사회적 맥락들에 의해 형성되는 것으로서 독해한다. 이 맥락에는 상이한 가능성들이 들어 있으며 [이 맥락은] 각기 다른 것들과 관련하여 중요한 긴장 안에 있다. 이성애주의는 [생물학적] 여성의 행위성을 말소시키는 억압적 맥락을 형성한다. 레즈비언 공동체는 억압을 확실하게 만들지 않을 뿐 아니라 [생물학적] 여성의 행위성에 의해 형성되며 그 행위성을 형성하는 대안적 맥락을 형성한다. 억압의 맥락에서 레즈비언은 우선적으로 속죄양이 되거나 열등하거나 혹은 문화적으로 퇴행적인 것으로서 특징화되지 않는다. 레즈비언에 대한 억압은 하나의 관계성이 아니다. "아버지들의 사회는 차라리 공식적으로 레즈비언의 존재를 부정한다.…여성을 사랑하는 여성이란 관념은 불가능하고 생각될 수 없는 것이다"(Hoagland 1988, 4면). 호글랜드는 레즈비언에 대한 이러한 말소를 [생물학적] 여성의 행위성으로 연결시킨다. 레즈비언 공동체는 레즈비언의 존재와 [생물학적] 여성의 행위성 둘 다가 하나의 실재이며 가능성인 그런 맥락이다. 레즈비언 공동체는 "기본적으로 레즈비언으로서 정체화하는 사람들의 느슨한 네트워크이고 상상된 것이면서 동시에 지금 존재하는 것이다. 내가 '레즈비언 공동체'라고 부르고 있는 바는 특수한 실체가 아니다. 그것은 우리의 존재-함의 근거이다. 그리고 그것은 우리가 여기에 존재하고 지금 그것 위에서 움직이고 있기 때문에 존재한다"(3면). 레즈비언 공동체는 레즈비언이 새로운 가치를 창출하는 맥락이다.

호글랜드가 불러들이는 자아의 의미는 공동체와 분리될 수 없다. 그러나 이 공동체는 장소의 공동체와 선택의 공동체 사이의 구별 안에 맞아떨어지지 않는다. 정확히 왜냐하면 주어진 것과 창출되어진 것 사이의 구별은 호글랜드가 레즈비언 공동체를 이해하는 방식 안에서 가능하지 않기 때문이다. 공동체 안의 자아는 레즈비언 각각이 공동체에 의해 창출된 맥락 안에서 선택들을 행함을 포함한다(145면). 레즈비언의 맥락은 억압의 맥락과 중첩되기 때문에 여기에서 행위성은 억압 하의 행위성이다. 이성애주의의 개념적 매개변수 바깥에서 새로운 가치를 창조하는 것 그리고 도덕적 행위성의 훼손 즉 도덕적 퇴폐를 피하는 것을 회피하는 것은 '아우토코에노누스(autokoenonous: 자아)' 즉 공동체 안의 자아의 과업을 형성한다.

호글랜드는 레즈비언에 대한 혹은 레즈비언의 맥락에 대해서 정의하는 일을 거절한다. 정의한다는 것은 우리가 규범이 아니고 따라서 규범을 인식하지 않음을 가정하는 일이 될 터이다. 그것은 우리가 외부로부터의 침입과 위협에 반대하여 우리의 경계들을 수호할 필요가 있음을 가정하는 일이 될 터이다. "그러므로 나는 정의에 대한 충동에 휩싸이지 않는다. 그리고 나는 다른 식으로 레즈비언 공동체에 대해 생각하기 시작한다. 나는 공동체에 대해 우리가 레즈비언의 의미를 창출하는 가능성의 토대로서 생각한다"(9면). 호글랜드는 레즈비언 공동체를 안전의 맥락이 아니라(195면) 해방의 가능성의 맥락 안에서 생각한다. "레즈비언으로서 우리가 성장하는 것은 레즈비언 공동체 안에서 창발되는 가치들과 본질적으로 관계된다"(144면). 레즈비언 공동체 안의 멤버십(구성원 지위)은 자발적인 행동이다. 호글랜드는 줄리아 페넬로프(Julia Penelope)의 인식을 끌어들인다. 우리가 공동체에 합류하는 이유는 그 안에서 연대와 지지 그리고 공통된 이상에 대한 헌신을 발견하기 때문이며 공동체는 공유된 경험과 실재 세계 안에서 사건들에 대한 공통 해석에 기초하여 그 구성원들에 의해서 내부적으로 정의된다는(146면) 것이다.

나는 '공동체들'에 대해서 해방의 토대로 이해함으로써 매우 힘을 북돋아주는 호글랜드의 생각을 취했다. 즉 공동체는 해방의 근거로서 억압적이면서 해방적인 맥락이 팽팽히 분리되고 중첩됨으로써 가능하게 만들어지는 의미이다. 대중적 교사의 업무란 나에게 자아, 관계, 실천, 그리고 소재에 대한 억압적 구성들로부터 분리된 맥락들을 승인하는 과업이 되었다.

나는 프리드만과 호글랜드의 통찰력에 영향을 받아서 대중적인 교육 작업을 해나가는 과정에서 그들의 문화적 구체성 안에서 이해되었던 장소, 환경, 관계, 복수적 억압, 그리고 저항으로부터의 추상화를 이해하게 되었다. 나는 또한 장소의 공동체/선택의 공동체라는 구별을 완전히 폐기하도록 이끌었던 방식 안에서 추상화를 현저히 상이한 것으로서 보기 시작했다. 그러나 호글랜드가 주의의 재초점화, 즉 인식적 전환을 통해서 해방의 가능성을 이해한 [대목]은 보유했다.

내가 벨 훅스에게서 매우 가치롭다고 발견한 부분은 공동체들이란 사람들이 저항 안에서 자신들을 이미 실천하고 있는 장소이며 '선택'은 이미 공동체 삶의 구성요소로 들어와 있는 그런 장소라고 인식한 점이다. 우리가 한 곳에서는 수동적이고 다른 곳에서는 적극적이 되는 공동체들 간의 구별은 프리드만의 설명에서 문제가 되는 대목이다. 훅스는 '가정'[자기집, homeplace]을 흑인 여성의 저항의 맥락에서 이해한다. 흑인 모두가 대상이 아닌 주체가 되기 위해 분투할 수 있는 곳…공적 세계 안에서 우리에게 부인되고 바깥에 있는 존엄성을 우리 자신에게로 되찾을 수 있는 곳"(hooks, 1990)인 집 만들기에 의해서 [만들어지는 저항이다]. 훅스는 여성에게 집 환경을 만드는 업무를 위임하는 데서 보이는 성차별주의를 인정한다. 그러나 그녀는 저항의 모습으로 이 업무를 존경하며 "억압과 지배의 한 가운데서 자기 집의 중요성"을 강조한다(43면). 그녀는 가사(domesticity)에 대한 생각과 '어머니 숭배'라는 아프리카-아메리카인의 전통 둘 다 비방한다. 가사는 여성의 역할과 흑인 여성이 의식적으로 실제로 발휘한 '집'에 대한 관념 둘 다를 이런 식으로 재조명하는 일을 흐려놓는다. 후자는 흑인 여성이 자기 집을 창출하는 것을 자연적 역할 혹은 역할 의무의 완수로 환원하고 그에 따라 '선택과 의지'를 말소시킨다(45면). 이렇듯 인종주의적이자 성차별주의적인 독해는 저항 주체성의 말소에 공모한다. 장소의 공동체와 선택의 공동체 간의 구별은 이 저항을 흐려놓는다.

'가정'에 대한 훅스의 묘사는 그것으로부터의 결별을 뜻한다. 물화된 제도로부터 추상적인 이탈이 아니라 소리, 냄새, 구체적 공간 환경에 대한 부착과 부담의 상실이다(41~2면). 훅스는 '가정'의 연약성에 관해서도 분명히 인식한다. "항상 침범과 파괴에 종속되어 있다"(47면)는 것이다. 그러므로 그녀는 흑인 여성들에게 가정에 대한 정치적 헌신에서 갱신할 것을 요청한다.

그러나 훅스는 가정의 구체적인 공간성으로부터 결별했다. "변경을 선택하기"라는 글에서 가정으로부터 나와 변경을 선택하고 그녀의 다수의 목소리들을 위한 간주관적인 공간을 발견하는 데서 곤경들과 함께 하는 여행의 공간성이 생생하게 전개된다(146~7면). 그녀는 집의 침묵과 떠나고 되돌아옴에 대한 두 가지 욕구에 대해 말한다. 귀환은 또한 하나의 공간적인 서술로서 "집으로 가는 길에서 산의 험한 쪽으로 올라가는 것"(148면)이다. 이 여행은 '집'의 의미 자체를 거꾸로 재형성한다. "집은 다양하고 계속 변화하는 관점을 가능하게 하고 촉진하는 장소이다. 우리가 실재를 보는 새로운 방식들, 즉 차이의 국경들을 발견하는 장소이다. 우리는 더욱 온전하게 우리가 누구인지를, 우리가 누구로 될 수 있는지를 계시하는 새로운 세계 질서의 구성의 일부로서 산포와 파편화에 직면한다. 이것은 망각을 요구하지 않는 질서이다"(148면).

훅스는 집에 대한 이러한 재형성을 공간적 맥락으로 명료화한다. 그녀는 재사유된 변경(margin)에 대해 말한다. 이 변경은 저항과 "[우리의] 말 안에서뿐만 아니라 존재 습관과 생활 양식 안에서 발견되는 대항 헤게모니의 생산"을 위한 중심 소재지이다(149면). 그녀는 변경성(marginality)에 대해서 우리의 상상력이 완전히 식민화되는 위험성을 안고 있는 절망의 장소로서 이해하기를 거부한다. 나는 훅스가 흑인 여성으로 하여금 가정에 대한 헌신을 갱신할 것을 요청하기를 포기하는 것이 아니라 가정의 재형성과 더불어 그 헌신을 가정에 결합시키고 있다고 해석하고 있다. 그녀는 '대항 언어'의 형성을 과거의 기억과 연관짓는다. "대항 언어는 우리의 정신, 우리의 존재 자체를 탈식민화하여 말하는 방법을 제공하고 있는 것으로서 부서진 언어들의 회상을 포함한다"(150면).

호글랜드와 마찬가지로 훅스는 이러한 억압에서 저항으로의 인식적 전환을 가르친다. 그러나 훅스는 그 전환이 바로 그렇게 위치지어진 전통 안에서 실행될 때 저항을 위한 감각적 민감성을 개발시킨다. 내가 대중 교육이 '공동체들' 안에서 행해져야 한다고 주장한 이유는 저항 공간의 연약성뿐만 아니라 공간성, 감각성, 역사성에 대한 이런 집중이다. 그렇지만 훅스가 산의 험한 쪽으로 올라가듯 집에 가는 것은 그녀에게 식민자(colonizer)로서 인사한 사람들과의 조우에서 대단한 집중성을 증거한다. [그럼에도 불구하고] 그녀는 그녀에게 인사하지 않았던 사람들 속의 대단한 다양성에 대한 집중성을 보여주지 않으며 이 점은 결정적이다. 따라서 그녀를 집에 대해 재형성된 의미 그리고 그 가능성에 대해 안정적이고 문제화하지 않는 의미로 되돌리는 저항의 전통에 일의성이 존재한다.

나는 프리드만을 잘못된 전환 쪽으로 이끌어간 원인의 일단은 샌들과 매킨타이어와의 대화를 통해서 작업을 시작했던 것이라고 생각한다. 그녀로 하여금 장소의 공동체를 가족, 이웃, 교회 그리고 국가의 맥락에서 이해하도록 하고 그것들을 단일문화의 맥에서 생각된 경화되고 구상화된 제도들로 환원시키게 했던 것이 이 대화이다. 프리드만은 샌들과 매킨타이어의 공동체주의에 대한 해석본에 대해 무척 비판적임에도 불구하고 그녀는 우리를 수동적으로 구성하는 공동체들이 존재한다는 그들의 관점을 공유하는 것 같다. 프리드만은 그들의 공동체 이해를 문제삼는 것 대신에 그러한 이해를 '장소의 공동체'로 개명하고 공동체들 자체를 거부한다. 역사로 주어진 의미, 아이며 성인으로서 우리가 단지 제도적 명령을 지각하고 재복제화한 것은 사회 관계성에 대해 우리에게 너무나 수동적인 이해를 준다. 이러한 해석은 사회적인 것으로서 저항의 존재를 설명할 수 없다. [또한] 주체의 해방적 개념을 도입함 없이 "우리 자신의 욕구, 욕망, 관심, 가치, 그리고 매력으로부터 발생하는 동기화의 존재를 설명할 수 없다. 동기화에 대조되는 그리고 종종 반대에 있는 것은 찾아진 공동체들에 의해 할당된, 귀속된, 기대된, 혹은 요구된 기대들이다." 모순적 정체성이 장소의 공동체 안에서 형성될 때 이들 공동체들이 평온한 상식을 반복하고 체화하면서 일의적인 것으로서가 아니라 정체성 형성의 복잡하고 팽팽한 장소로서 드러난다고 생각하지 않는가?

나는 프리드만 안에서 하나의 혼란을 본다. "우리는 우리의 찾아진 공동체 안에서 존재하기로 선택하지 않았다"와 "우리는 그 공동체 안에서 수동적이다" 사이에 혼란이 있다. 그 혼란의 원인은 프리드만이 샌들과 매킨타이어와 대화함으로써 장소의 공동체 안에서 수동성, 즉 경화된 위계질서와 역할을 보기 때문이다. 프리드만은 이웃, 가족 내 성원들, 그리고 둘 중 하나로 쉽게 위치될 수 없는 관계를 맺고 있는 사람들 속에서 이루어지는 관계성 내부에 있는 재간과 끊임없는 창조성을 놓치고 있다. 프리드만은 여성이 제도화된 삶과 협상하는 저항적 창조성을 놓치고 있다. 이웃과 가족의 유대에서 '찾아짐'은 사람들의 규범, 실천, 믿음, 그리고 욕망이 그 안에서 '찾아짐'을 함축하지 않는다. 일상적 삶의 저항적 협상은 우리를 장소의 공동체로부터 들어올리는 결사체들의 형성을 요구하지 않는다. 오히려 장소의 공동체들 안에서 삶을 형성한다. 확실히 그것은 비자발적인 활동이 아니고 저항적 활동이다. 여성과 남성이 술을 살 돈을 요구하며 문을 두드리는 알콜중독자를 다루기 위한 전략들을 짜내고, 사회복지사가 우리의 일용할 양식을 위해 경찰서로 가고, '알 라 레냐'(a la leña)에 갈 수 없는 사람을 위해 충분한 나무를 베기로 결정하고, 퇴거에 맞서 저항할 수 있는 방법을 결정하는 반면에, 왜 우리는 심각한 전략적 장소 뒤에 선택의 공동체 안에서 폭행을 다루기 위해 순찰대를 만드는 여성들이 장소의 공동체들 안에 편입되어 있다고 생각하는가? 제도들은 일원적으로 집행되지 않으며 우리들 외부에 있지 않다. 일상의 관계맺음에 대한 규범들은 끊임없이 다시 만들어지고 경합하고 조종하는 와중에 있다. 저항은 자체로 사회적 역사를 갖는다.

나는 프리드만의 구별을 고려하면서 우리는 선택의 공동체와 장소의 공동체로부터 어떻게 나갈 것인가에 대해 의아했다. 프리드만은 여성이 의도적으로 또는 자기변형의 필요에서 원래의 공동체를 변형하는 과업을 포기해야 함을 뜻하는가? 이와 관련하여 프리드만의 텍스트에는 애매성이 존재한다. 강조점이 장소의 공동체의 변형이 아니고 자기 변형에 두어지기 때문이다. 그러나 이리저리 왔다갔다 함이 존재한다고 할지라도 일상 삶의 현상이란 저항적 전통에 대한 평가로부터 동떨어져 장소의 공동체 바꾸기의 업무 안에서는 오만과 탈인격화가 존재할 것이다. 거기에는 대화가 없을 것이다. 개인적으로 생각된 주체들에게 저항의 기술 안에서 권위를 수여함으로써 시작하는 상호작용이 없을 것이다. 장소의 공동체와 선택의 공동체 간의 구별은 장소의 공동체들에 대한 무관심 또는 그것들의 변형 안에서 고도의 비인격적인 대결 둘 중의 하나를 제시한다. [그것은] 저항하는, 체화된, 위치해 있는 주체들에 대한 애정에 의해 채워지지 않은 대결이다. 그것은 망각을 요구하는 대결이다.

또 다른 식으로 논점을 확립하기 위해 뉴멕시코 시골로 가보자. 그곳은 멕시코계 미국 여성과 남성이 조상 대대로의 물 권리에 대한 통제권을 위해 투쟁하는 곳이다. EID나 EPA(환경보호국) 관리들에 맞서 대치가 일어날 때, 우리는 원주민과 1960년대에 그 지역으로 이주한 앵글로 대항 문화인 사이의 목소리에서 차이를 알 수 있다. 대항 문화적 환경론자들이 토착 주민의 입장을 지원하는 증언을 할 때 그들은 쟁점에 대한 이해에서 더 큰 권위를 부여하는 것으로서 장소의 언어를 넘어 독특하게 선택의 언어를 사용한다. 그들은 무엇이 보존되어야 하는 가치인지에 대해서 더 잘 알고 있다고 주장한다. 거기에서 살기로 선택했기 때문이라는 것이다. 이 입장으로는 물의 사용에서 토착적 공동체들이 행한 보살핌을 이해할 수 없다. 내부 식민주의와 이러한 특정한 문화적 맥락에서 물질 생활의 토대가 되는 자원의 황폐화에 저항하는 보살핌이다. 즉 그 지역은 물을 둘러싼 대치가 식민화의 일부이고 식민화에 대한 저항인 그런 곳이다.

내가 프리드만 자신의 텍스트를 더욱 살펴볼수록 그것은 현대 텍스트로 더욱 더 이해되었다. 장소의 공동체와 선택의 공동체 간에 강한 구별 안에서 매우 추상적인 공간 개념을 담고 있는 것이다. 선택에 대한 프리드만의 강조를 이해하기 위해서 우리가 필요로 하는 것은 현대 텍스트이다. 장소의 공동체 안에서 영토가 강조된다. 선택의 공동체 안에는 영토로부터 비행이 존재하는 것 같다. 선택의 공동체는 어디서라도 정의로울 수 있는 의미가 존재한다. 선택을 위한 장소로서 영토로부터의 추상화는 우리가 노마디즘, 중산층 체류자, 문화인류학자, 여행자에 대한 불신을 도입하도록 돕는다. 이것은 매우 광범위한 주제. 그러나 우리가 이리저리 가는 운동이 위치지어진 책임감과 헌신을 동반하는 복잡하고 해방적인 가능성들에 대한 비식민주의적 설명을 발달시켜 줄 공동체에 대해 생각할 때 나는 지리, 운동과 정지에 대한 성찰의 필요성을 도입하고자 한다.

내가 훅스와 호글랜드로부터 배웠을 때 나는 또한 저항의 세계를 복잡화할 필요성을 알게 되었다. 그들이 매우 상이한 저항 세계들에 대해 생각하고 있음은 그 자체로 흥미롭다. 프리드만처럼 훅스와 호글랜드는 저항의 토대로서 공유된 경험을 강조한다. 프리드만 안에서 이것은 장소의 공동체로부터 떠나 공유된 욕구, 관심, 경험에 의해 창시된 공동체들로 옮겨가는 것에 의해 완수된다. 호글랜드 안에서 그것은 공동체의 의미를 즉각 유용한 것으로 만드는 레즈비언들의 추상적 이해로 옮겨가는 것이다. 이것은 레즈비언들 사이의 다양성에 대한 호글랜드의 주의를 무시하는 것이 아니다. 오히려 그 다양성의 구체적 소재성과 식민주의와 파편화 사이의 간주를 강조하는 것이다. 그것은 극도로 공간적인, 고문당하는, 파편화하는 여행으로서 가정으로부터 레즈비언 공동체로 가는 유색 레스비언의 여행을 강조한다. 혹스 안에는 저항적 위치의 특이성이 존재한다. 예를 들어 라틴계 레즈비언을 '집'으로 가는 그녀의 여행에서 어떤 종류의 동반자로서 볼 수 없는 것이다.

일상적 삶에 대한 억압 아래서의 저항적 협상들이 여러 곳에서 일어나고 있고 역사적으로도 다양하다는 것을 의식하고 있는 다수의 억압들에 대하여 [우리는] 공동의 저항을 구성할 필요가 있다는 점을 나는 그 난점들과 함께 제시한다. 바로 이 공동 저항에 있어서, 나는 [지금까지 살펴본] 공동체들의 복합적 재형성이 중요한 역할을 해줄 수 있다는 점을 암시하였는데, 그러한 공동체들이란 우리로 하여금 복합적 의사소통 안에서 다양하게 유창한 능변을 발달시켜 주고, 자아들과 관계들에 대한 고도로 굴절된 의식을 갖게 하고, 가정에 대한 어떤 체험된 의미에 대하여 안/밖 구별을 문제삼게 하며, 공적 공간을 재형성시키고, 나아가 얽히고설킨 억압에 저항하는 지역적 투쟁들 속에서 상호연관성을 주목하면서 각자의 구체화된 위치지어진 세계 안에서 특수하고 특별한 저항자–거주자가 되어갈 필요성을 우리 자신들 안에서 발달시켜 주고 있기 때문이다. 나는 이런한 [공동체의] 재형성이, 구체적 복수성으로 사유된 여성과 레즈비언의 해방을 위하여 결정적 역할을 해줄 것으로 본다.

(윤혜린 역)

48. 인종주의

린다 마틴 알코프(Linda Martín Alcoff)

여성주의 철학은 처음부터 역사적 이유뿐만 아니라 개념적 이유에서도 인종 및 인종주의와 관련이 있어왔다. 역사적으로, 성차별주의에 저항하는 싸움은 20세기와 마찬가지로 19세기에도 노예제도와 인종주의에 저항하는 싸움이 보여준 선례를 지속적으로 따랐다. 노예제도와 인종주의에 저항했던 여성은 여성의 역할에 대한 공통의 믿음을 재고하기 시작했고 노예제도 폐지론자와 시민권 투쟁들에서 영감을 얻었다. 19세기의 선험론자(transcendentalist)인 마가렛 풀러 오솔리(Margaret Fuller Ossoli, 1875)는 인간의 자유에 대한 불공정한 제약인 노예제도를 백인 여성에 대한 사회적 경제적 제약과 개념적으로 유비시켰다. 시몬느 드 보봐르(Simone de Beauvoir, 1952)는, 노예와 백인 여성이 유사한 방식으로 어린아이 취급을 받아왔다고 주장했다. 초기의 많은 여성주의자들은 성차별주의에 대한 설명을 노예제도와 인종주의의 분석들에서 차용하여 설명했고, 이 설명들이 열등성과 의존성이라는 속성들을 통해서 어떻게 정당화되었는지 그리고 피억압자의 주관성에 어떻게 영향을 미쳤는지를 설명한다.

보다 최근의 여성주의자의 철학적 작업이면서 본 논문에서 다룰 과제는 이런 유비가 지닌 한계와 위험성들에 초점을 맞추는 것이다(Stimpson, 1971; Simons, 1979; hooks, 1984; Spelman, 1988; Rothenberg, 1990). 백인 상류 계급 여성을 '가부장제'라는 무차별적 체계 속의 '노예'로 묘사하는 것은, 권력이 있는 백인 여성이 비 백인 여성과 비 백인 남성 위에 군림하는 것과 마찬가지로, 백인 여성과 비 백인 여성의 경험을 세력화할 때 접근법이 유사하지 않다는 점을 희석시켜 버린다. 인종주의와

성차별주의 간의 유비는 종종 백인 여성의 경험을 성차별주의의 전형으로 그리고
흑인 남성의 경험을 인종주의의 전형으로 간주하기 때문에, [이 유비는] 성차별주의
분석들을 충분히 한계짓지 못하도록 하는 것과 마찬가지로 유색 여성의 경험들을
간과하도록 만든다. 인종주의와 성차별주의를 비교하려는 시도는 그것들의 분리가
능성을 전제하며, 그렇게 함으로써 여성들 간의 인종적 차이들을 다루지 않아도 성
차별주의가 묘사되고 분석될 수 있다는 잘못된 주장을 하게 만든다. 그러므로 여성
주의 철학의 과제 중 하나는, 여성주의 이론이 개념적 유산과 인종차별주의자의 가
정들에 기초했던 철학적 방법론을 유지했던 방식을 탐구하는 것이었다.

하나의 개관

여성주의 철학은 인종 및 인종주의와 관련하여 다음과 같은 많은 질문들을 추적
해 왔다. 인종차별주의자의 이데올로기와 성차별주의자의 이데올로기가 어떻게 교
차하는가? 인종차별주의자의 이데올로기는 성차별주의자의 이데올로기보다 덜 근원
적인가 아니면 더 근원적인가? 상이한 인종의 여성들은 어떻게 그리고 어느 정도까
지 연합(동맹)할 수 있는가? 특히 여성주의자들은, 다양한 여성 공동체들이 직면하
는 비판적 논쟁들에 대해 대변하는 방식으로 생식(재생산) 권리 및 성폭력에 관한
정치적 의제들을 어떻게 명료하게 표현하며, 그리고 임신 중절의 용이성과 반강간법
의 강력한 필요성 사이에서처럼 강요된 불임 수술 문제와 인종차별주의자의 거짓
고발 문제 사이에서 어떻게 협상을 벌여야 하는가? 유색 여성들은 이미 적들에게
둘러싸여 있는 그들의 공동체 내부에서 어떻게 성차별주의와 싸울 수 있는가? 여성
주의는 전통적 믿음 체계들을 근절하면서 억압받는 공동체들간의 연대를 강화하고
그들의 저항을 가능케 하는 생활 방식들을 필요로 하는가? 북아메리카 여성주의자
는 예전에 식민지가 된 나라 출신의 여성과 비교하여 어떤 정치적 의무들을 지니며
그리고 이것들[정치적 의무들]을 어떻게 최대로 수행했는가? 백인 여성들은 사회적
권력과 특권의 지형도에서 어디에 놓여 있는가? 모든 인종을 포괄하는 여성 억압
이론을 개발하거나, 모든 여성을 하나의 분석 범주로 묘사하는 것이 참으로 가능한
가? '여성'(woman), '여성의 경험' 또는 '여성의 억압'이라는 바로 그 범주들이 인
종적 공동체들을 관통하여 다소 의미심장한 방식으로 수행될 수 있는가? 주류 여성
주의는 어떻게 그리고 왜 인종차별적이었고 반 유대적이었는가?

이런 질문에 대한 대답들은 반드시 여성의 삶과 현존하는 사회 구조에 대한 경험
적 연구들을 필요로 하며, 그래서 사회 과학과 관련이 있다. 그러나 여성주의 철학

자들이 본격적으로 다루기 시작했던 이 질문들에는 개념적, 방법론적, 윤리적 그리고 인식론적 논쟁점들도 포함되어 있다. 한 예로 인종적이고 성별화된 동일성 형이상학을 이해하는 방법에 대한 질문들이 있고, 인종이 무엇인지(인종의 본질)와 사회적 동일성을 형성하는 것이 성별과 어떻게 연관되는지에 대한 질문들이 있다. 그리고 인종주의를 단언할 만한 인식론적 권위를 누가 갖는지, 맑스주의 계급 분석이 억압에 대한 인과적 설명으로 성차별주의와 인종주의를 모두 설명할 수 있는지, 그리고 여타의 철학적 사유의 전통들—자유주의, 실용주의, 그리고 포스트구조주의—중에서 어떤 것이 맑스주의와 마찬가지로 금후의 방식을 조명하는데 도움을 줄 수 있는지에 대한 질문들이 있다.

(1960년대부터) 두 번째-물결 여성주의 이론은 인종주의를 그리고 여성들 간의 인종적 차이들을 다루어야 할 중요성을 일반적으로 인정했다. 초기 명문집들은 가족[문제]와 같은 여성주의적 논쟁점들에 관해 흑인과 라틴계의 관점에서 쓴 논문들을 포함시켰고, 비 백인 여성이 직면하는 특수한 형식의 성차별주의를 탐구했다. 바스케즈(Enriqueta Longauex y Vásquez, 1970)는 유색 [인종] 공동체들 안에서 필수적인 정치적 동맹들을 해체하지 않을 여성주의적 실천 형식들을 개발할 필요성에 대해 설명했다. 흑인 여성, 아시아 여성 그리고 라틴계 여성들은 가족과 남성에 대한 아주 상이한 정치적 접근법을 제공했고, 강력한 공동체들을 유지할 필요성에 반대하면서 억압적인 전통적 제도들 및 관계들에 저항할 필요성에 무게 중심을 두었다. 그 다음 10년 동안 여성주의 내부에서 가짜 보편주의와 자민족중심주의에 대한 예리한 비판들이 벨 훅스(bell hooks, 1981, 1984)와 같은 여성주의 이론가들에 의해 발표되었고, '여성과 소수자들'이라는 문구에서 '여성'은 언제나 백인이었다는 관례들을 폭로했다. 백인 여성이 겪은 성차별주의 경험에 배타적으로 초점을 맞추는 것은 때때로 인종주의에 의해 '왜곡되지' 않았다는 근거에서 정당화되었다. 그러나 훅스와 그 밖의 다른 사람들은, 백인 여성이 겪은 성차별주의 경험들은 인종적 특권에 의해 영향을 받았다는 점을 지적했다. 실수는, 백인 여성이 인종주의적이지 않다는 가정 속에 놓여 있다. 게다가 아다 마리아 아이사시-디아즈(Ada María Isasi-Díaz, 1985)가 주장하듯이 평등에 대한 참된 요구는 인종적으로 위계적인 사회에서는 적당하지 않다. 왜냐하면 그 사회는 인종주의를 소멸시키기보다는 오히려 백인 남성과의 평등을 절대적으로 요구하기 때문이다. 그 대신 여성주의자들이 요구하는 것은 해방이나 사회혁명이다.

그러나 비록 상당히 훌륭한 연구가 있어왔다고 해도, 인종과 인종주의 문제와 관계하는 여성주의 철학의 비율은 아직도 매우 낮다. 대부분의 초점은 흑/백 관계들로

214

제한되어 왔다. 여성주의 이론은 종종 백인 인종 중심적 문맥을 어떻게 전제하는지를 보여주는 초기 비판들을 아직도 반복하고 있다. 그러나 인종주의와 여성들 간의 인종적 차이에 대한 관심은 1980년대 초 이래로 여성주의 이론 내부에서 비판적 논쟁들 대부분의 배경이 되어왔다는 것 또한 명백하다. 본질주의와 보편주의에 대한 논쟁들은 대부분 백인 앵글로 여성의 삶을 지나치게 일반화하는 경향과 관련하여 동기 유발이 되어왔다. 여성의 억압에 대한 단일 원인론적 설명들은 성차별주의와 가족 구조들의 다양한 형식들에 직면하여 차차 소멸하는 경향이다. 그리고 관점[주의] 인식론들과 포스트모던한 형식들을 취하는 여성주의가 발전함으로써, 여성들 간의 환원할 수 없는 차이들을 다루어야 할 절실한 필요와, 그리고 보다 더 기교적인 여성주의 방법론들과 이론적 접근법들이 생겨나고, 이런 차이들에 대한 대답을 불가능하게 하기보다는 오히려 생산적 대답을 발견해야 할 절실한 필요를 느끼게 되었다. 어떤 사람들은 문화적 특수성을 은닉할 수 있는 토대 개념들을 회피함으로써, 그리고 필연적으로 배타주의자가 되고 싶어하는 '여성' 또는 '여성의 경험'이라는 보편적 범주를 거부함으로써, 여성주의적 포스트모더니즘을 여성주의 이론에 내재하는 차이를 만드는 최선의 방법으로 간주한다. 다른 사람들은, '도처에서 관점'을 지닌다는 포스트모더니즘의 함축적 주장이 자민족 중심주의적 지배력을 영속화시키며 권력과 특권에 주의를 기울이지 않고서 차이에 대해 피상적인 그리고 유람하는 식의 태도를 증진시킨다고 주장한다. 그러나 이런 모든 논쟁들 속에서[도] 인종적 차이와 인종주의 문제는 점차적으로 만족스런 여성주의 이론을 위한 중요한 충분조건으로 작용한다.

성차별주의와 인종주의: 유용한 유비인가?

성차별주의는 다음과 같은 방식에서 인종주의와 유사한 억압 형식처럼 보인다. 양자는 인격 범주 전체에 걸쳐있는 본질주의적 하위 속성들을 포함하며, 이렇게 해서 양자는 근본적으로 동일성에 기초하는 억압 형식들이다. 인종적 동일성이나 성차적 동일성은 특히 삶의 원대한 포부들, 성취 가능한 기술들, 그리고 지적 능력들을 결정한다고 얘기되어 왔다. 두 경우 모두에 적용되는 결과는 폭력과 경제적 약탈에 의해 강화되는 특유한 영역들로 일종의 사회적 분리(인종 차별)가 [일어나는 것]이다. 게다가 차별 대우와 감소되는 정치적 경제적 자유들은 종종 두 경우 모두 복지와 관련된 공리주의적 논쟁을, 즉 관선 그룹들은 자-치(self-governance)에는 적합하지 않고 자선심이 많은 감독 하에서 더 잘 지낸다는 논의를 정당화해왔다. 어떤 사람들은, 성차별주의와 인종주의는 차이에 대한 자기-방어적 두려움을 [이겨내려고 만들어낸] 가짜-합리적 응답의 산물이라고 주장했다(Piper, 1992~1993). 마지막으로, 하위 속성들과 피지배가 필요하다는 점은—관선 그룹들이 그들의 자연적 운명이라 간주되는 일에 대한 보수를 덜 받을 수 있거나 거의 받을 수 없는 방식으로—노동력을 실재적이고 경제적으로 착취하는 것을 은폐했다.

그러나 성차별주의와 인종주의가 비록 경제적 동기들을 지니기는 하지만, 대부분의 이론가들은 이런 억압 형식들을 재생산하고 영구 보존하는 것은 강력한 자-존 이데올로기를 필요로 한다고 강조한다. 결과적으로 이론가들은, 문학과 예술이 [하는] 문화적 재현들에 대한 그리고 교육과 법과 같은 사회적 제도들에 대한 관심을 증가시켰다(가령 hooks, 1989, 1990; Ferguson, 1989; Davis, 1990을 보라). '백인 지상주의'와 '남성 지상주의'는 각각의 억압 형식에 상응하는 자연화된 사회 계급 구조들을 경제와는 별개의 것으로 그리고 경제로부터 반-자치적인 것으로 묘사하기 위해 개발된 평행 개념들이었다.

이렇게 해서 인종주의와 성차별주의 간의 유사성들을 탐구하는 데 유익한 정당화도 있었지만, 그러나 그것들의 비유사성들을 강조하는 논쟁들도 발전했다. 비유사성을 강조하는 논쟁에는 캐더린 스팀슨(Catherine Stimpson, 1971)처럼 유비가 흑인 해방 운동의 위력을 너무나도 백인 전형적인 방식으로 손쉽게 전유해버렸다고 지적하는 것도 있다. 다른 여성주의자들은, 성차별주의가 원초적이기 때문에 인종주의와 성차별주의는 유사하지 않다고 주장했다. 초기 급진적 여성주의자의 작업은 인종주의를 성차별주의의 확장으로 묘사하는 통합 모델을 발전시켰고, 이렇게 해서 성차별주의를 근본적인 것으로 만들었다. 예를 들면 슐라미스 파이어스톤(Shulamith Firestone, 1970)은, 인종주의는 비 백인 남성을 성별화함으로써, 그리고 그들을 하위 단계로 묘사함으로써 그들을 여성적으로 만든다고 주장했다. 파이어스톤의 견해에 따르면, 성차별주의가 맨 처음에 전개되고, 그 다음에 [성차별주의가] 모든 다른 형식의 사회적 위계(계급)에 대한 모델을 제공한다. 백인 여성들 사이에 존재하는 인종주의는 일종의 불확실성이거나 그들의 참다운 관심들을 대변하지 않는 허위 의식들이다. 메리 데일리(Mary Daly, 1978)도 유사하게 성차별주의가 근본적이라고 주장했다. 그녀의 견해에 따르면, 여성주의자들에게 저항하는 인종차별적 비난들은 여성들 간의 불화를 촉진시켜서 가부장제적 목적들에 이바지한다. 여성주의자들은 인종, 국민, 또는 민족성을 생물학적 남성에 의해 창조된 동일화로부터 떼어내야 한다.

다른 여성주의자들은 이러한 견해를 비판했다. 마가렛 시몬스(Margaret A. Simons, 1979)는, 성차별주의가 원초적이라는 주장은 인종차별적 억압을 사소하게 만들고,

성차별주의만이 대량 학살과 전쟁에 관해 적합한 설명을 제공할 수 있다는 받아들이기 어려운 가정을 한다고 주장했다. 그리고 그녀는 광범위하게 읽히는 파이어스톤의 책《성의 변증법》(1970)에 [나타나는] 수많은 인종차별적 전형들을 지적했다. 시몬스는 모든 사회에 상당히 [많은] 성차별주의적 억압 형식이 존재한다는 사실이 가부장제라는 절대적 개념을 정당화하거나, 모든 남성과 모든 여성을 하나의 무차별적 분석으로 일반화하는 개념을 정당화하지는 않는다고 주장했다.

글로리아 조셉(Gloria Joseph, 1981)도 그들의 분석 대상을 '여성'이라는 하나의 획일적 범주로 간주하는 어떤 형태의 통합 모델도 비판했다. 그녀의 주장에 따르면, 백인 여성은 인종주의의 도구와 후원자 모두에 해당되며 여성주의자들은 백인 여성의 사회적 지위를 억압자와 피억압자 둘 다로 인정하고 그렇게 불러야 한다. 백인 여성은 강간 고발과 관련해서는 사회 생활의 다른 영역에서와 마찬가지로 흑인 남성에 대한 직접적 권력을 행사한다. 이런 이유들 때문에 조셉은, 백인 여성의 즉각적인 자기-이해관계는 인종주의를 견지하게 되고 이렇게 해서 백인 여성은 흑인 여성 해방 투쟁과는 모순되는 동맹자들이라고 강력하게 주장했다. 게다가 성별 차이들을 가로지르는 백인의 연대가 인종 차이들을 가로지르는 남성의 연대보다 더 강하다면, 흑인 여성은 그들이 백인 여성과 동맹을 맺는 만큼 흑인 남성과 동맹을 맺을 충분한 이유를 지닌다. 조셉에 의하면, "가부장제는 여성에 대한 남성의 지배와 맞먹는다"는 주장은 남성의 서로 다른 사회적 지위 때문에 지나치게 단순화되었고 부정확하다. 우리는 '백인 남성 지상주의'와 마찬가지로 '백인 여성 지상주의'라는 개념을 탐구할 필요가 있다. 조셉은 인종주의 문제를 계급 문제로 환원하고자 하는 맑스주의 해석들도 비판한다. 그녀의 설명에 따르면, 인종주의는 그 자신의 독자적 원동력을 지니며, 다른 체계의 억압과 착취로 환원될 수 없다.

인종주의와 백인 여성

이런 비판에 비추어 볼 때, 아드리엔느 리치(Adrienne Rich, 1979)는 백인의 관점을 암암리에 보편적인 것으로 간주하는 인종차별적 지각에 따른 실천들을 묘사하기 위해 '백인 유아론'이라는 개념을 발전시켰다. 색맹, 즉 사람들의 인종적 동일성을 지각하지 못하는 이상(ideal)은 백인 유아론으로 전락하기 때문에 거부되어야 한다. 인종차별적 사회에서는 참으로 접근 가능한 어떤 색맹의 관점[인종차별을 하지 않는 어떤 관점]도 있지 않다. 그래서 백인들이 색맹이라는 관점을 견지하는 것은 바로 백인들의 지각이 [지닌] 편파성을 숨기는 데 일조한다. 다른 한편으로, 인종주의에 대한 백인 여성의 떳떳치 못한 감정들은 백인 여성이 지닌 선입견들을 [백인 여성] 자신이 지닌 감정 때문에 보유하게 되므로 백인 유아론을 영속시킬 뿐이다.

그래서 리치는 인종주의를 승인할 때는 데일리보다도 더 나아갔다. 그러나 리치는 성차별주의를 계속해서 모든 여성의 삶의 중심에 두었고, 백인 여성을 인종주의를 지탱하는 데 도움을 주는 행위자들이라기보다는 오히려 원초적으로 인종주의의 희생자들이라고 묘사했다. 리치는, 백인 여성은 인종주의를 창조하지는 않았지만 인종차별적 제도들에 이바지하지 않을 수 없었고 인종주의에서 이득을 얻는다고 생각하는 백인 여성들은 기만당한 것이라고 주장했다. 백인 여성의 인종주의는 그들 자신의 무기력함에 대한 분노 때문에 현실적으로 출구를 잘못 잡았다. 리치의 설명에 따르면, 노예제도는 백인 지상주의 사회보다는 가부장제 제도들이라고 묘사하는 것이 더 정확하며, 백인 여성을 비난하는 것은 백인 여성과 비 백인 여성 간의 정치적이고 감정적인 관계들을 날조하는 과정을 방해하는 것이다. 리치는 억압의 순위를 매기는 게임에 참여하는 것에 대해 경고하고 백인 여성의 억압이 비록 비 백인 여성의 억압과 다르기는 해도 상당히 중요하다고 주장한다. 가부장제에서 소수의 백인 여성을 분명하게 보호[하는 태도는] 유아스러움과 무기력함을 강화하여 백인 여성의 지위를 떨어뜨린다. 그러므로 백인 여성의 참된 관심은 남성과 연대하는 것이 아니라 다른 여성들과 연대하는 것이다.

매릴린 프라이(Marilyn Frye, 1983, 1992b)는, 백인 여성이 성차별주의의 혹독함에도 불구하고 인종적 특권을 완벽하게 벗어나지 않는다는 것이 무엇을 의미하는지를 탐구했다. 백인 여성은 유색 여성의 요구들과 비판들을 듣거나 듣지 않을—그리고 응답하거나 응답하지 않을—선택권을 지닌다는 것이 이러한 인종적 특권의 모습이다. 이와 같이, 인종주의는 개입되어 있는 모든 것을 선택하고 지각할 수 있는 회로망을 왜곡하고 제한한다고 프라이에는 주장한다. 그리고 그것은, 한 예로 백인이 종종 모든 사람의 참되거나 정확한 인종적 동일성을 결정할 권리를 전제하듯이 판단하고 결단하는 것에 대한 일반적인 인식론적 권위를 차별적으로 분류한다.

프라이의 견해에 따르면 '백색임'(백인임)은 사회적으로 구성된 권리와 권위를 의미한다. 백인 여성은 당연하게도 인간으로 대우받기를 원하기 때문에, 그녀들은 종종 '백인임'의 권리들을 추구한다. 평등에 대한 요구는 실천적으로 백인 남성과의 평등에 대한 요구를 의미했다. 한 예로 치카노(멕시코계 미국인)와의 평등은 거의 해방을 의미하지 않는다. 그러나 백인 남성과 평등하다는 요구는 필연적으로 백인임을 획득하는 것에 대한 요구, 즉 그것이 지닌 권력과 자율 때문에 인종차별적인 사회적 관계 구조들에 의존하는 지위를 달성하는 것에 대한 요구이다. 그러한 권한 부여 전략은 백인 여성을 억압하는 백인 남성과의 동일화를 증가시키기 때문에 백인 여성의 관심사는 아니다. 게다가 프라이는, 인종주의가 백인 집단을 재건하기 위해 강제적 모성애를 제도화하는 것과 마찬가지로 백인 여성을 목표로 삼았다는 것을 백인 여성이 이해할 필요가 있다고 주장했다.

철학자 안젤라 데이비스(Angela Davis, 1981b, 1990)는 인종주의의 성차별적 형식들에 대한 설명을 전개하면서 인종주의가 특히 흑인 여성의 삶에서 어떻게 나타났는지를 납득시키는 데에 이바지해왔다. 비록 그녀는, 연합과 동맹이 [서로] 얽혀있는 억압 형식들을 방해하는 유일한 방식이라고 주장하긴 했지만, 그녀 또한 강간 문제와 관련하여 몇몇의 백인 여성주의자의 논문—그것은 미국의 폭력적인 제재(특히 사형제) 문제를 무시했다.—에 현존하는 명백한 인종주의에 대해 중요한 비판을 제공했다. 수천의 흑인 남성이 순수한 백인 여성 집단을 표면적으로 더럽혔다는 이유로 고문당하고, 불태워지고, 신체를 절단당하고 살해당해왔다. 이러한 역사가 사실이라면, 반-강간법들을 강화하는 것은 백인 남성과 유색 남성에게 서로 다른 결과를 낳는다. 어떤 백인 여성주의자들조차 이러한 문제를 인정하거나 탐구하기는커녕, 유색 남성이 특히 강간을 저지르는 경향이 있다는 신비를 영속하도록 만들었다. 데이비스의 결론은, 성차별주의와 인종주의 사이에 얽혀 있는 이러한 관계들을 해결하기 위해 반-강간 운동이 반-인종주의를 의제의 핵심 요소로 구성해야 한다는 것이다.

인종적 차이라는 맥락에서 여성주의

오드리 로드(Audre Lorde, 1984)는, 여성주의는 여성들 간의 차이에 직면하는 것을 두려워해서는 안 된다고 주장했다. 왜냐하면 그러한 두려움은 성차별적 억압 형식들간의 유사성을 지나치게 강조하도록 조장하기 때문이다. 차이들을 무시하거나 약화시키는 경향은 분노, 소외감만을, 그러한 경험과 관점들을 망각하는 사람들에 대한 불신만을 낳으며, 그리하여 연대할 수 있는 기회를 축소시킨다. 그리고 로드도 우리의 차이들을 단지 여성주의 운동에 대한 방해로 간주하는 것은 실수라고 지적했다. 우리는 차이들을 최소화시켜야 할 하나의 문제라기보다는 차라리 하나의 자원과 풍부화로 이해하기를 배워야 한다.

앤 퍼거슨(Ann Ferguson, 1989, 1991b)과 앨리슨 재거(Alison Jagger, 1983) 같은 사회주의 여성주의자들은 이러한 분석들에 비추어서, 성차별주의에 우선권을 부여하고 여성만의 조직체들을 촉진시키는 급진적 여성주의 형식들은 인종주의 문제를 결코 충분하게 다루지 못하거나 폭넓은 연합들을 창출할 수 없다고 주장했다. 성차별주의는 역사적으로 최초의 것이고 보다 더 보편적일지도 모르지만, 그것이 언제나 근원적인 것은 아니다. 사회주의 여성주의는 인종주의, 성차별주의 그리고 계급 착취 간의 상호 연관을 폭로하는 지성과 정치적 실천 형식들을 추구하기 때문에 좀더 잘 프로그램된 접근법이다. 퍼거슨은 사회를 세 가지 형식의 착취와 서로 다른 사회 권력간의 상호 관계로 분석하는, 즉 (1) 자본과 노동의 관계들, (2) 남성과 여성의 관계들, (3) 인종들 간의 관계들로 분석하는 계급/성별/인종이라는 3중-체계들을 발전시켰다. 퍼거슨에 따르면 이러한 접근법은, '가부장제'의 존재를 단순하게 정립하는 것이 사회 이론을 위해서는 별로 유용하지 않다는 것을 드러낸다. 우리는 가부장제를 역사적으로 특수하고 상이한 형식들로 이해할 필요가 있다. 봉건 제도의 가부장제가 있고, 또는 아이들이 사용할 수 있는 재원들을 아버지가 통제했던 '부-권' (father-right)이 있다. 그 다음에는 임금을—버는 남편이 임금을—벌지 않는 부인들을 지배하는, 공사 영역의 분할에 기초하는 '남편-권'(husband-right)이 있다. 그리고 마지막으로 국가가 여성들을 통제하는 규칙들에 기초하여 아이들에 대한 재원들도 관리하는 공적 가부장제 형식이 있다. 그 다음으로 가난한 비 백인 여성들에 대한 욕설을 인종주의와 마찬가지로 가부장제의 모습이라고 폭로하기 위해서 이런 가부장제 형식들은 백인 지상주의와 상관 관계가 있고 백인 지상주의와 관련하여 분석될 수 있다. 우리는 이러한 복잡성들을 적합하게 분석하기 위해 '인종적 성별들' (racial genders)이라는 새로운 범주들을 개발할 필요가 있다.

많은 이론가들 중에서 벨 훅스(1981, 1984, 1989, 1990, 1995)의 작업은 인종주의, 성차별주의, 계급 착취 간의 이러한 상호 연관들에 대한 분석을 진척시켰다. 데이비스처럼 훅스는, 흑인 여성이 노예 제도와 그것의 영향 아래서 겪었던 억압 형식들을 이해하기 위해 인종차별적 성차별주의와 성차별적 인종주의라는 범주들이 필요하다고 주장했다. 훅스는, 흑인 여성이 인종주의와 성차별주의라는 이중 부담을 경험하기 때문에 백인 여성보다 더 강하고, 더 자신만만하고, 더 유능하다고 거짓되게 묘사하는 문화적 진술들을 비판했듯이, 정부 보고서들에서 광범위하게 사용되는 흑인 모권제(matriarchy)라는 개념도 비판했다. 실제로는 흑인 여성이 권력도, 돈도, 자유도 더 적게 지닌다. 다른 한편으로 생물학적 여성이 수장이 되는 가족들은 병적이라는 주장과 흑인 남성은 인종주의에 의해 거세당해 왔다는 주장은, 남성이 여성을 보호하고 경제적으로 지배해야 한다는 성차별주의적 전제를 포함한다. 훅스에 따르면 노예 제도의 유산 중 일부는, 백인 여성 혐오증이 흑인 문화와 흑인 해방 운동에 스며들어 있다는 것과, 백인 여성은 보다 더 가치있는 재산으로 간주되는 데 반해 흑인 여성은 아직도 품위가 떨어지는 재산으로 간주된다는 점이다. 흑인 남성의 성차별적 행위는 인종주의에 대한 응답이 아니며, 그들이 겪고 있는 인종주의에 대한 합법적 보상도 아니다. 오히려 폴린 테레롱제(Pauline Terrelonge, 1989)도 주장했던 것처럼, 성차별주의는 흑인 공동체 내부에서 그 자신의 동력을 지니며, 인종주의와 때로는 중요하게 연관되어 있고 때로는 연관되어 있지 않다.

혹스는, 여성주의가 백인 여성의 특권이거나 발명품이라는 견해도 비난했다. 노예제도 폐지론, 시민권 그리고 흑인 해방 운동 내부에는 성차별주의에 거스르는 오랜 투쟁의 역사가 있다. 그리고 자신들의 공동체 안에서 성차별주의를 비판하고 성차별주의에 거슬러서 작업하는 흑인 여성은 배신자가 아니라 오랜 투쟁의 전통을 지속시키고 있다. 게다가 테레롱제는, 흑인 공동체 내부에서 어떤 문제들과 어떤 분할들은 성차별주의에 기인하며 성차별주의를 약화시키는 것은 말하자면 이 공동체들을 강화시킨다고 지적했다.

어떤 정책들과 어떤 프로그램들이 여성주의자를 인종주의 및 성차별주의와 싸우도록 고무시킬 것인가? 아니타 알렌(Anita Allen, 1992/3)은 학생들에게 역할 모델에 도움이 되도록 하기 위해 특히 유색 여성의 고용을 촉진시키는 '역할-모델 논쟁들'을 분석했다. 알렌은 대개 혼합되어 있는 역할-모델 논쟁을 세 가지의 상이한 측면들로 구별하는데, 그 속에서 역할 모델들은 민족적 주형들(ethnical templates), 상징들, 또는 양육자들로 간주된다. 알렌은 역할 모델들에 대한 필요를 전적으로 거부하지는 않지만, 그 반면에 이러한 고찰이 신규 채용을 결정하는 데 가장 중요한 항목이 될 때는 불리한 결과를 낳는다고 주장한다. 그것은 비 백인 집단에게는 '완전하게 흑인'이거나 '완전하게 생물학적 여성'이라는 부당한 부담을 가중시킨다. 그것은 백인 남성 집단에게는 그들이 유색 학생들의 선도자(mentor)일 수 없거나 선도자여서는 안 된다는 것을 전달할 수 있다. 그것은, "전통적 가치가 있는 관념들에 굴복하거나 아니면 그 관념들에 공격적으로 이의 제기를 한다는 근거에서" 임용하는 것이 아니라면 심지어 열등성 신화들을 강화할 수도 있다.

여성주의 철학 내부에서 인종주의를 감소시키는 방법이라고 장려되어 왔던 다른 정책은 피억압자에게 인식론적 특권을 부여하는 것이다. 왜냐하면 피억압자는 지배적인 관점에서는 잘 보이지 않는, 다른 원리의 실재성을 더 잘 알 듯이 억압의 본성에 대해[서도] 더 잘 알 것이라는 근거에서이다. 부분적으로, 이러한 견해에 반대하는 우마 나라얀(Uma Narayan, 1988)은 피억압자가 억압의 일상적 조건들에 대해 더 잘 아는 것과 동시에 억압의 원인들도 [더 잘] 아는 이점을 지니는 것은 아니라고 주장했다. 그러나 '아웃사이더들'은 방법론적 신중을 기하며, 그들이 '인사이더들'과 일치하지 않을 때는 그들 스스로 좀 더 강한 의미의 오류를 범하기 쉬울 것이다.

그리고 백인 여성과 유색 인종 모두가 소문 자자하게, 보다 더 큰 격렬한 감정에 기초하여, 종종 품위를 떨어뜨려 왔다는 사실에도 불구하고, 어떤 부분이 피억압자의 인식론적 특권을 구성하는가는 억압에 대한 감정적 반응에 의해 주어진다.

여성주의 이론 비판하기와 여성주의 이론 강화하기

여성주의 철학은 일반적으로 철학자들의 사회적 동일성을 철학자들이 생산하는 철학들과 관계가 없는 것처럼 만드는 추상적이고 현실 유리적인 철학 개념들에 반대하는 의견을 주장해왔다. 그래서 철학의 압도적인 남성다움은 역사적 규범의 목록에서, 그것이 다루었던 질문의 종류들에서, 그리고 그럴듯한 것으로 간주되는 대답들의 범위 안에서 실체적 차이를 만들어 왔다고 논의되어 왔다. 여성주의 철학자들 자체는, 우리의 목소리는 '이성의 목소리'인 것만은 아니고 부분적으로 여성의 목소리이기도 하다는 점을 결과적으로 인정했다.

그러나 사회적 동일성은, 어떤 사람이 백인이든 아니면 비 백인이든 간에, 사실은 언제나 복합적이다. 총칭적 '여성'이라는 개념은 총칭적 '남성'이라는 개념처럼 가장 배타적이다. 일반 여성은 철학적 담론에 참여하는 데서는 침묵을 지켜왔지만, 그러나 이러한 침묵의 정도는 여성들 중에서는 인종과 계급에 의해 서로 다르게 분류되어 왔다. 그리고 이론적 저작물을 지배적인 앵글로-유럽 철학 특유의 것이라고 규정하는 것은 비 백인을 철학으로부터 소원하게 만들었으며, 심지어 여성주의 철학 안에서조차도 이론을 기술하는 사람과 이론화되는 사람 간의 위계를 창출했다.

그래서 마리아 루고네스(Maria Lugones)와 엘리자베스 스펠만(Elizabeth Spelman 1986)은, 여성주의 이론은 단지 '한 명의 여성의 목소리'로 말한다고 가정할 수는 없다고 주장했다. 유럽 중심적 전제들과 더불어 남성중심 철학이 지닌 남성중심적 전제들을 복제하지 않도록 하기 위해 여성주의자들은 진정한 호혜성 속에서 서로 다른 여성의 목소리를 포함하는 이론을 만드는 대화 모델을 개발할 필요가 있다. 여성주의자들도 여성주의 이론은 모든 여성에게 그럴 듯 해야 하고, 모든 여성을 위해 쓰여야 하며, 의무에서가 아니라 우정의 정신에서 나온 것이어야 한다고 주장한다.

여성주의 철학은 백인 여성을 모든 여성의 표준으로 간주함으로써 불구가 되어 왔다. 스펠만(1988)은 '여성과 노예'에 관한 아리스토텔레스의 논증에 대해 토론하여 이것을 증명했다. 게다가 그녀의 견해에는 사회적 동일성의 여타의 측면들을 제쳐놓고서[도] 특징지을 수 있는 성별 억압에 관한 어떤 '기본 형식'도 존재하지 않는다. 이것은, 성별이 취하는 형식이 여타의 변화가능성에 의존하므로 성별 동일성은 특히 인종 그리고 계급과 분리될 수 없기 때문이다. 인종과 성별 간의 분리 가능성을 전제하는 부가적 분석은 동일성 형이상학을, 즉 상이한 사회적 기록자는 분리되지만 단일한 개체를 구성하기 위해 서로 병존하는 동일성 형이상학을 가정한다. 자아(self)에 대한 이런 형이상학적 견해가 적합하지 않다는 사실은, 여성주의가 여성 일반의 조건을 남성 일반의 조건과 대조할 수 없으며 보편적으로 비교할 수 없다는 것도 의미한다. 킴벌리 크렌쇼(Kimberle Crenshaw, 1989)가 지적했듯이, 백인의 성별 전형들과는 달리 흑인 남성은 유능하고 강력한 것으로 간주되지 않으며, 흑인 여성도 수동적이고 의존적인 것으로 간주되지 않는다. 어떠한 본질적인 '여성다움'도 없다.

도대체 여성주의 철학의 미래는 무엇인가? 스펠만의 견해에 따르면, 여성주의 철학은 특권화된 입장이 지닌 함정에 대해 더 반성적이어야 하는데, 특권화된 입장에서 여성주의 철학은 언제 그리고 어디에서 차이를 포함하고 차이에 대해 관대한지를 결정할 수 있으며, 특권화된 입장에서 '차이' 개념 자체는 종종, 여성들 간의 권력 관계들은 다중적인 차이이면서 평등한 차이들이라는 다원론적 존재론으로는 통찰될 수 없다는 그런 방식으로 제시된다. 그러나 이것은 여성주의의 종말을 의미하지 않는다. 성별은 문자 그대로 모든 것과 연관되어 있기 때문에 비판적으로 중요한 분석 개념으로 잔존하며, 그리고 우리가 성별 자체만을 연구할 수 없는 것과 마찬가지로, 이러한 성별 특수성들에 주의하지 않고서는 인종이나 계급 자체도 연구할 수 없다.

여성주의 철학은 철학적 논증이 지니는 보편주의적 열망을 다시 사고하고 철학 자체 안에서 명백하게 나타나는 비반성적 오만을 비판할 필요가 있다. 스펠만은 지식을 낳는 소크라테스의 산파술 모델이나 모든 참된 주장들의 인식론적 적절성에 대해 판단하는 과학의 여왕보다는 차라리 도제(apprentice) 모델을, 즉 그녀가 다른 사람들에게 의존하듯이 그녀의 결함을 인정하는 도제 모델을 주장한다. 루고네스(1987)도, 그녀가 '오만한 지각'이라고 부르는 것의 대안이 될 수 있는 인식 모델들, 즉 인종적 차이를 관통하는 인식 모델들을 주장했다. 후자[오만한 지각]는 자신의 전제 구조들을 충돌에 의해 변형시키지 않고서도 비호혜적인 방식으로 알 [수] 있다고 가정하는 인식 모델이다. 그러나 루고네스는, 오만한 지각에 대한 여성주의자의 비판이 의사소통을 차단할 수는 없으며 또 여성의 삶에 관한 지식을 서로 다른 인종들로부터 발전시키려고 시도하지 않을 수는 없다고 말한다. 차라리 우리는, 우리 자신이 서로 다른 지각의, 경험의 그리고 관점의 세계들로 여행하고 있다고 이해하는 '세계-여행'에 착수해야 한다. 이것은 타인을 단순히 지식 대상만이 아니라 또 다른 인식 주체로 조망하는 것을 포함한다. 그리고 이것은 타인의 언어, 타인의 공동체 속으로 잠입하여 세계 속에 존재하는 방식을 필요로 할 것이다. 루고네스의 충고에 따르면, 우리는 위험-무릅쓰기를, 놀라움에 대한 개방성을, 자기-해체를 지닌다는 의미에서, 이전의 개념들을 수정할 필요가 있다고 발견할 때 [사람들은] 두려워하는 태도보다는 기뻐하는 태도를 지닌다는 의미에서, 성공적 세계-여행자들이 되는 유희(playfulness)의 정신을 계발할 필요가 있다.

  인종주의와 성차별주의의 교차점들에 대해 언급하는 것은 여성주의적 분석을 약화시키는 것이 아니라 강화시킬 것이다. 우리는 한 예로 백인 지상주의가 '순수한' 백인 인종을 갱신하기 위해 백인 여성의 성과 생식 능력들에 대한 백인 남성의 통제를 강화하는 데 어떻게 중요한 역할을 수행했는지를 이해하기 시작할 수 있다. 우리는, 평등과 포섭에 대한 자유주의 여성주의자의 요구들이 다소 추상적이고 일반적으로 적용 가능한 척도보다는 오히려 실제로는 백인 중류 계급과 상류 계급 남성의 사회적 지위를 어떻게 획득하고자 했는지를 식별하기 시작할 수 있다. 우리는 아마도 미래에는 생식 (재생산) 선택권을 위한 정부 기금 형성을 요구하기 위해 우리의 자격을 제한하는 사적 권리들을 조건으로 삼아 법률상의 임신중절에 대해 논쟁하는 것과 같은 실수를 회피할 수 있을 것이다. 우리는 개인들을 일자 아니면 타자로 획일적으로 특징지우는 억압자/희생자 이원성이라는 한계들도 극복하기 시작할 수 있다. 여성주의 이론 안에 인종적 차이를 포함할 필요에 대한 응답으로 오늘날에는 새롭고 보다 더 복잡하고 세련된 방법론적 접근법들과 개념적 구조들이 개발되고 있다.

(이정은 역)

제10부

정치학

49. 정의

엘리자베스 키스(Elizabeth Kiss)

그 모든 다양성 속에 있는 여성주의 이론은 여성들의 삶을 형태 짓는 사회적, 정치적, 문화적 장치들이 부정의하다는 신념에서 시작한다. 생물학적 성은 알려진 모든 사회에서 여성을 남성에게 체계적으로 종속시키면서 사람들의 지위, 권력, 기회들을 결정짓는 주 요인이다. 여성주의자들은 이들 종속의 패턴들을 이해하고 종식시킬 것을 목표한다. 그러나, 로마인들이 정의를 한 여인으로 묘사하면서도, 정의 이론은 여성의 종속적 지위를 정당화하거나 그것을 비가시화시키려는 경향이 있었다. 정의로운 사회적 장치들에 대한 여러 설명들은 여성에 대한 남성의 통치를 가부장적 규범들에 호소함으로써 합법화했다. 또 다른 이들은 여성에 대해 아예 언급하는 것을 무시하거나, 그들을 정의의 고려 범위를 벗어난 곳에 놓여있는 분리된 가정 영역에다 위치시켰다. 따라서 정의는 여성주의와, 여성주의적 문제 의식을 기각하거나 저항해온 논변의 전통 둘 다를 위한 핵심 프로젝트를 대표한다. 이제, 정의를 둘러싼 논변들이 그렇게나 많은 이론적이고 실천적인 난제들을 일으키고 당대 여성주의 철학에서 가장 활발한 논쟁들 일부를 생산하고 있는 것은 별로 이상한 일이 아니다.

정의와 젠더

정의는 전통적으로 모든 이가 자신의 몫으로 받아들여야 할 덕목 혹은 규범으로 정의되었다. 정의 이론들은 도덕적으로 적당한 사회적 이득과 부담, 보상과 처벌, 지위와 목소리의 분배를 규정한다. 정의를 이해하는 데에 여성주의가 했던 가장 기본적인 기여는 여성의 지위가 그 출발에서부터 정의의 쟁점을 일으킨다는 것을 보여준 것이었다. 이 논점을 만들기 위해, 여성주의자들은 여성의 종속은 피할 수 없는 자연적 운명이 아니라 젠더라 불리우는 제도화된 사회적 서열의 결과임을 논증하면서, 성적 차이를 정치화했다(Okin, 1989a, 6면). 그러나 이 논변은 성과 정의에 관한 공통 직관 앞에서 날아간다. 널리 퍼져있고 명백한 것처럼 보이는 여성과 남성 간의 행동적 차이에 대한 생물학적 토대는, 정의가 요구하는 것은 같은 것은 같게, 다른 것은 다르게 취급한다는 아리스토텔레스 금언과 결합하여 여성의 종속이 부정의하다는 주장을 훼손하도록 할 수 있다. 여성주의자들은 젠더화된 행동의 범위가 생물학적으로 정해진 피할 수 없는 것으로 이해하는 것이 어떻게 가당할 수 없고, 또 사회적인 힘들과 맞물려 일어난 산물임에 틀림없는지도 보여줌으로써 이런 직관들에 대해 반격했다(Frye, 1983). 젠더를 구성하는 힘들은 전통적인 공적 영역, 정치, 법률, 교회, 경제와 사적인 영역 성과 가정 생활 둘 다를 넘나들며 작동하기 때문에 여성주의 논변들은 정치적인 것에 대한 전통적인 경계들에 도전한다. 권력 관계는 가정 생활에 침투해, 여성의 공적 권력과 기회들을 약화시킨다. 동시에, 이들 가정의 위계질서는 법적으로 확인되고 유지된다(Olsen, 1995, 107~42면). 그래서 젠더를 주목하면 공과 사의 복잡한 상호침투가 드러난다(Pateman, 1989b, 6장). "개인적인 것은 정치적인 것이다"라는 슬로건은 성적 차이를 젠더 위계로 재서술하고 젠더를 부정의한 것이라 비판하는 일종의 여성주의 논변의 넓은 범위를 요약하고 있다(Millett, 1970; MacKinnon, 1987a, 1989; Okin, 1989a).

젠더 위계가 부당하다는 데에는 모든 여성주의자들이 동의하는 반면, 그들은 그것의 원인과 주된 성격에 대해 매우 다른 분석들을 내놓는다. 어떤 이들은 여성의 종속이 기본적으로 노동 분업, 특히 가사 노동에서 일어나는 것으로 본다(1989a, 7장; Delphy, 1984). 또 다른 이들은 성적인 지배와 폭력을 젠더의 요체로 주목한다(MacKinnon, 1989). 이들 일련의 분석들의 어떤 것도 다른 하나로 환원될 수 없는 것처럼 보이며, 둘 다 여성 종속의 중요한 측면들을 간과하고 있다. 그런 분석들을 심화시키고 계급과 인종과 같은 사회적 최소 수혜자들의 다른 축들과 함께 이들 서로 간의 중첩되는 부분을 탐구하는 노력은 미래 여성주의 이론 발전에 중요할 것이다. 그러나 젠더의 단일한 원인을 확인하라는 요구는 잘못된 것으로, 그것은 사회적 문화적 복잡성에 주목하기보다는 이론적 단순함을 따르는 것임을 반영한다.

여성주의 이론가들은 임신과 수유 이외의 어떤 성-차화된 행동 형태들이 부정의한 젠더 위계로부터 나온 것이고 어떤 것이 (있다면) 그렇지 않은 것인지에 대해서도 의견이 일치하지 않는다. 그리고 그들이 젠더 위계의 특정한 예가 부정의하다는 데 의견일치가 있을 때조차도 그들은 그것을 변화시키기 위해 무엇을 하도록 허용할 수 있는가에 대해 매우 다른 견해들을 가질 수 있다. 예컨대, 여성보다 남성에게 우호적인 가구 내에서 이루어 지는 수입 분배 패턴들은 아주 흔히 볼 수 있는 젠더 위계의 일종이다. 그러나 국가가 보다 평등한 분배를 강제해야 하는가? 어떤 여성주의자들은 정의는 강력하게 국가 개입을 요구한다고 주장하는 반면(오킨 1989a), 또 다른 이들은 그런 처방을 그것이 비판했던 애초의 사회적 질병보다 더 나쁜 것으로 간주한다(엘슈타인, 1990).

그러나, 실질적으로 모든 여성주의자들 간에는 정의로운 사회에서는 여성과 남성이 동등한 지위를 가지게 될 것이라는 합의가 있다. 그러므로 여성주의는 정의가 사람들을 동등한 자로서 대우할 것을 요구한다고 단언하는 다른 근대 서구적 정의관과 "평등주의적 고원"(egalitarian plateau)을 공유한다(Kymlica, 1990, 4면). 이런 여성을 위한 평등한 지위와 권력이라는 목표를 둘러싼 합의에도 불구하고, 젠더 평등의 수단(means)과 목적을 정체화하려는 여성주의의 노력은 "성적 평등이라는 이상과 눈에 보이는 성적 차이라는 현실" 사이의 긴장으로 인해 계속해서 고전(분열 to be worn)하고 있다(Jaggar, 1990, 239면).

수단에 대한 논쟁: 젠더와 평등한 대우

수단을 둘러싼 논쟁은 정의가 젠더-중립적 정치과 법률을 통해 가장 잘 발전될 것인지 아니면 젠더-의식적인(gender-conscious) 것에 의해 가장 잘 발전될 것인지의 여부에 모아져 있으며, 이것은 여성주의 법 이론가들 사이에서 가장 활발하게 다루어져 왔다(와이스버그, 1993; 올센, 1995). 젠더 중립적인 법과 정책 변호자들은 여성에 대한 차별화된 대우가 젠더 평등을 침해하고 젠더 스테레오타입을 재강화한다고 주장한다(재거, 1994). 젠더 의식적인 법과 정책의 지지자들은, 반대로, 젠더 중립적인 언어로 공식화된 법률과 정책들이 어떻게 여성들에게 체계적으로 불리할 수 있는지를 지적한다. 예를 들어, 무책(no-fault) 이혼법은 여성에게 경제적 손해를 끼치는 것으로 귀착한다(와이츠만, 1985). 그리고, 보기에는 젠더 중립적인 채용 관행과 보험 정책들은, 예컨대, 1974년 게둘딕 대 아일로(Geduldig v. Aiello) 판례, 모든 여성이 임신중이거나 임신을 하게 되는 것은 아니기 때문에 이들 프로그램이 성 차별에 해당하는 것은 아니라는 근거로 미국 대법원이 확정한 소송절차(에서처럼), 임신 비용 지불을 거절함으로써 여성에게 불이익을 줄 수 있다.

젠더-중립적인 법률과 정책의 차별적인 효과들은 여성주의 이론이 부딪쳐야 할 하나의 문제라는 점이 이제는 일반적으로 인정되고 있다. 최근 몇 년간 이론가들은 젠더 정의가 젠더 중립적인 법률을 고수함을 통해서만 추구될 수 있다는 주장을 다음 밀접히 연관된 두 근거 위에서 공격했다. 첫째, 그들은 어떻게 하여 젠더 중립성이 모두 남성 규범에 기초해서 너무나 자주 정의되는가를 보여주었다. 젠더 차이는 검증되지 않은 편견의 맥락에서만 특별 대우가 필요한 문제로 지각되게 되었다. 따라서, 예컨대, 키가 작은 사람들이 사용하기에 적당하게 장비를 바꾸는 것(그럼으로써 보다 많은 여성들이 전에는 젠더 중립적인 최소 키 규정에 의해 배제되었던 직무를 수행할 수 있도록 하는 것)이 보다 나은 것으로 인식되었다. 즉, 어떤 규범에 벗어난 여성의 부분을 보상해주기 위한 특별 대우의 한 예로서가 아니라, 그 자체 중립적이고 직무 수행과도 관계가 없는 차이들을 수용하도록 고안된 젠더-포괄적인 실행으로서 인식되었다. 유사하게, 임신한 여성을 직장 차별로부터 보호하는 법률은 임신한 여성을 위한 특별한 특권으로서가 아니라, 1987년 대법원이 판결한 것처럼, 남성과 마찬가지로 여성도 "직장을 잃지 않고도 가족을 가질" 수 있음을 확인하는 수단으로서 좀 더 잘 이해된다(미노우, 1988, 57면; 미노우, 1990, 3장). 두 번째, 이론가들은 법률과 정책이 젠더 중립성에 대한 공식화된 주장에 의해서가 아니라 좀 더 젠더 평등을 육성하고 여성의 현실적 불리함을 중화하려는 배려에 의해서 인도되어야 한다고 주장했다(Rhode, 1989; 맥키넌, 1987a, 1993a; 코넬, 1992).

이들 두 논변은 "평등한"과 "다른(차이)" 혹은 "특수한" 대우 사이의 구분이 자주 잘못 이해되고 있다는 점, 그리고 사람들을 평등한 것으로 대우할 것을 목표하는 정책에서 중요한 것이 무엇이어야 하는지가 명료하지 않다는 점을 보임으로써 수단에 대한 논쟁을 발전시키고 있다. 참으로, 최근 젠더와 평등한 대우에 관한 여성주의논변들은 법 아래에서의 평등성에 대한 우리의 이해를 "같음이 아니라, 위계 없음"으로 심화시키고 있다. 이것은 젠더를 넘어선 많은 이슈들과 맥락에도 적용 가능한 통찰이다(맥키넌, 1993a, 102면; 미노우, 1988, 47면).

그럼에도 불구하고, 이들 논변들이 젠더 중립적인 것과 젠더 의식적인 수단들 간의 그 본래적인 전략적 딜레마를 완전히 해소시켜 주는 것은 아니라는 점을 인식하는 것이 중요하다. 그들이 젠더 중립적인 정책을 지지하는 자들이 제기한 염려들을 확실하게 잠재우지는 못한다. 예컨대, 여성주의자들은 성희롱 고발을 판결하는 법정에 지침을 주기 위해, 엘리슨 대 브래디(1991)의 9번째 순회 재판에서 정교화된 바 있는, "합리적인 여성"(reasonable women) 기준과 같은 법적 규범이 권장할 만한 것인지를 둘러싸고 양분되어 있다. 합리적인 여성 기준이 판사, 변호사, 및 정책 입안자들로 하여금 좀 더 여성의 경험에 면밀히 주목하도록 강제함으로써 젠더 위계를 중화하는 데에 기여하고 그럼으로써 법 체계 속에서 여성에게 보다 평등한 대우를 이끌어낼 것인가?(Abrams, 1995b) 아니면, 그것은 온정주의적 보호가 필요한 약하고 과민한 피조물로서 억압적인 여성의 젠더 고정관념을 재강화하고 그럼으로써 보다 낮은 여성의 사회적 법적 지위를 재강화할 것인가? 이런 질문에 쉬운 대답은 없다. 그것은 우리에게 복잡한 경험적 판단을 하도록 요구한다. 따라서, 수단에 대한 논쟁을 마치 젠더 의식적인 것과 젠더 중립적인 접근 사이에서 전반적인 선택을 요구하는 것처럼 판단하려는 것은 도움이 되지 않지만, 특정한 젠더 의식적 수단들이 젠더 평등을 이루려는 노력에 도움이 될 것인지 방해가 될 것인지 여부에 대한 논쟁들은 예견가능한 미래에도 계속 지속될 것이다.

목적에 대한 논쟁: 정의와 젠더의 미래

젠더 평등과 차이 간의 관계 역시 여성주의적 정의의 목적에 관해 중요한 질문을 일으키며, 젠더 차이를 없애려는 충동과 찬양하려는 충동 사이에서 여성주의 안에 있는 긴장을 두드러지게 한다. 젠더가 여성을 종속시키는 위계적인 사회 제도라면, 수잔 오킨(1989a)이 적고 있듯이, "정의로운 미래는 젠더가 없는 미래일 것"이며, 그 미래에서 사회 구조와 실행들은 "눈 색깔이나 발가락 길이"에 대해서 보다 더 성(sex)에 대해서 일치시키는 것이 더 이상 적절하지 않을 것이다(171면). 젠더 없는 사회를 지지하는 이들은 젠더 의식적 정책이 현재 요구되긴 하지만, 그들의 궁극적 목표는 젠더 모두를 초월하는 것이라고 주장할지 모른다(Phillips, 1991). 그러나 또 다른 이들은 여성주의의 중심 목표는 젠더 위계 아래 평가절하되는 경향이 있는 여성의 경험과 역량이 인정되어야 한다고 주장했다. 여성주의 철학에서 많은 저작들은 여성과 관련되는 실천들을 재평가하는 이런 프로젝트에 심혈을 기울여왔다.

제임스 스테르바(James Sterba, 미간행, 4장)가 지적하고 있는 것처럼, 젠더를 없애려는 욕구와 전통적으로 여성을 연상시키는 어떤 차이들을 찬양하려는 욕구 간에는 아무런 모순이 없다. 예를 들어, 정의로운 사회에서는 여성과 남성이 평등하게 아이들의 "엄마 노릇"을 할 것이라고 주장하면서 (동시에) 엄마일의 가치를 긍정할 수 있다. 이것은 젠더 정의의 공통 근거이다. 그리고 젠더 정의의 이상을 정교화하려는 대부분의 미래 노력도 그것을 공유하고자 할 것이다. 그렇다 하더라도, 두 충동들 간에 어떤 긴장은 남는다. 젠더 부정의를 강조하는 이론가들은 여성과 관련되는 모든 덕목이나 실천을 의심을 가지고 접근하는 경향이 있을 것이며, 그것이 성차별적 고정관념이나 역사적으로 종속에 적응한 것을 나타내는 것이라는 점을 경계할 것이다(맥키넌, 1987a, 39면). 그들은 젠더가 엄청난 권력의 불평등에 해당한다는 것을 강조할 것이다. 반대로, 여성과 관련된 실천들을 재평가하는 데에 초점을 둔 작품의 이론가들은 문제가 "양성 간의 단순 평등이 아니라, 양성 둘 다를 위한 삶의 질"이란 점을 강조하면서(로드, 1989, 320면), 젠더 평등의 이상이 정의를 향한 여성주의 열망을 제대로 표현하고 있는 것인지에 대해 회의적이 될지 모른다(재거, 1990).

정의는 반여성주의인가?

어떤 여성주의자들은 결론짓기를, 여성의 특징적인 목소리와 경험에게 정의를 행사하려면 정의의 목소리를 함께 내버리라고 요구한다. 그렇지 않으면 적어도 정의가 여성주의 이론과 실제 관례 내에서 어떤 중심역할을 했던 대신에 그 자리를 다시 잡아야 한다고 한다. 캐롤 길리건이 정의와 권리라는 남성적 윤리와 보살핌과 관계라는 여성적 윤리와를 대조하여 영향력을 발휘했던 그 대비를 자주 인용하면서 여성주의자들은 정의라는 도덕성은 젠더 편견적이며 여성주의자의 희망과 관심에게 적대적이라고 주장한다.

정의에 대한 많은 고전 이론과 현대 이론들은 반여성주의이며 젠더에 무지하다는 데에 의심의 여지가 없다(엘슈타인, 1981; 오킨, 1989a, 1992). 그러나 이런 비판이 더 심화되면, 정의에 대한 일반적 고려가 여성주의자들에게는 도덕적인 문제라고 주장한다. 이러한 비판 중 가장 강력하고 설득력이 약한 해석은, 여성주의자 혹은 보살핌이라는 여성적 윤리를, 정의에 대한 고려들을 대신할 포괄적인 대안으로서 제안하는 것이다(나딩스, 1984). 이러한 관점에서, 우리가 필요한 건 오로지 보살핌이다 —아니면, 보살핌이 다른 가치들의 보충을 받아야 하더라도, 정의는 기여하는 바가 거의 없거나 전혀 없다(나딩스, 1990). 많은 비판이 지적해왔듯이, 문제는, 그러한 관점이 어떤 것이 보살핌을 적절하게 분배를 하게 하는지를 결정하는 데에 아무런 안내를 해주지 못한다는 것이다. 즉 누가 보살핌을 주고 누가 받는지, 누가 보살핌을 원하며 기대하는지, 또 우리가 친한 사람들과 낯선 사람들에게 보살핌을 어떻게 베풀어야 하는지를 결정하는 데에 안내가 없다는 것이다. 이러한 관점은, 다른 사회적 이익과 짐, 또는 지위와 목소리와 보살핌과의 관계성에 대해서도 언급이 없다. 가장 뛰어난 여성주의자가 보살핌의 윤리를 다듬으려고 시도하는(Tronto, 1993) 가장 훌륭한 여성주의자는 정의 고려의 지속적인 적합성과 절박성을 강하게 인식한다.

흄의 유명한 주장에서 보았듯이, 결핍과 유한한 동정심이 인간 조건의 영원한 특징임을 확인하게 하는 치유적 덕목이 정의이다. 정의는 너그러울 수도 있고 인정이 많을 수도 있지만, 또한 칼을 품고 있기도 하다. 강제적 강요의 가능성이 거의 모든 정의 담론의 배경 안에 숨어 있기 때문이다. 어떤 도덕과 정치 사상가들은 이러한 그림에 불만스러워 정의의 필요성을 초월한 세상을 상상으로 창조하였다. 이 세상에 서는 한정된 욕망이나 무한한 자원이 보편적인 동정심과 결합하여 정의라는 어려운 문제를 폐기해 버린다. 또한 여성주의자들은, 정의라는 개념에서 벗어나며―예를 들어, 우리의 관심을 정의에서 벗어나 좀더 동정적인 쪽으로 변하는 데에 초점을 맞 추어, 우리는 부정의를 사라지게 할 수 있다. 그렇지 않으면, 관계윤리를 채택하여 모든 갈등적 관계를 협동적인 관계로 변화시킬 수 있다. 이는 아주 비현실적이다. 여성주의자들이 정의를 내버리면 도움도 안 되며 무책임한 일이다. 왜냐하면, 여성 이 만나게 될 실제 투쟁을 무시하고 있으며 젠더를 넘어서서 만나게 되는 상처와 불평등을 무시하기 때문이다.

그렇다고 해서 보살핌, 동정심, 관계성에 대한 모든 여성주의 저술이 도움이 안 된다는 뜻은 아니다. 정의의 필요성을 부인하는 심각한 실수이긴 하나 여성주의 이 론가들이 "정의 그 이상의 것이 필요함"을 수긍해 왔다(Baier, 1987b). 잘 알려진 정 의에의 접근들은 두 가지 이유 때문에 보살핌, 감정이입, 신뢰와 같은 가치에게 더 많은 주의를 기울여야 한다. 첫째는, 현대의 정의이론가들은 도덕적 능력과 성향에 는 별로 주의를 기울이지 않거나 전혀 무관심한 경향이 있다는 것이다. 그들은 바른 원리를 산출해내는 데 초점을 맞추지만 사람들이 그러한 원리에 맞추어서 살아가게 하는 게 무엇인가에 관한 문제는 소홀히 한다. 그러나 바른 원리로 살아가려면 도덕 적 상상력과 민감성, 책임감과 감정이입이 필요하다(Blum, 1994). 사실, 세상을 보다 더 정의롭게 만드는 노력은, 사람들의 합리적 원리들을 구별해내는 능력을 정련하는 것에 보다, 다른 사람들과 관계해서 공감해 나가는 능력을 계발하는 것에 더 많이 좌우된다(바이어, 1987b, 1994a). 정의에 대한 지배적인 접근들은, 정의를 가능하게 하는 도덕적 성향이 무엇인가를 탐구하는 일에 철학적 관련성이 부족하다고 생각하 니, 비평가들은 그 점이 문제라고 비판한다. 그래서, 예를 들어, 가족 내에서의 도덕 교육은 도덕 이론의 "실제" 내용보다 우선하는 것이라고 당연하게 여긴다. 얼래스다 이어 맥킨타이어와 버나드 윌리엄스처럼 현대 도덕철학의 칸트적 공리주의의 주류 가 하는 비판을 통해 이와 비슷한 도전을 제기한다. 그들은 젠더에 아무런 관심이 없거나 별로 없는 사람들이다. 그러나 여성의 생활과 경험에 대한 관심 덕에 정의와 윤리에 대한 현대적 접근 안에서 이러한 허점을 찾아내며 도움을 주었다.

여성주의 이론가들은 또한, 정당한 원리와 정책을 구성하는 데 진지하게 주의를 기울여 강력한 사례가 되어 왔다. 이러한 비판주의의 두 번째 입장은, 어린이 양육과 보호가 필요한 사람들을 돌보는 기본적이고 보편적인 인간적 이슈들을 정의 이론이 얼마나 소홀히 했는지에 초점을 맞춘다(킴리카, 1990; 허쉬만, 1992). 합리적이고 자율적이며 건강한 성인을 연구의 출발점으로 삼아서 많은 정의 이론가들은 인간적인 필요성과 의존성이라는 사실을 간과했고 돌보는 일의 필요성과 사회적 중요성도 간과하였다.—이러한 일은 우연히가 아니라 어쩔 수 없이 여성이 수행했다. 의존성, 상처받기 쉬움, 질병, 그리고 무능력 등은 예외적 조건이 아니라 인간 생활의 기초적 특징이다. 상처받기 쉬운 사람과 보호가 필요한 사람, 또 그들을 돌보는 사람을 정당하게 대우하려면 어떻게 하는 것인가? 어떤 영향력 있는 정의 이론가들은 이 질문에 해당되는 이론적 자원을 제공하는 한편,—특히 롤즈의 차등의 원칙은, 사회적 불평등이 가장 이익이 적은 사람들에 맞춰 정돈해야 한다(롤즈, 1971)—이 이론가들은 이 영역에서 정의가 요구할 수도 있는 대내적이고 경제적인 정돈을 하면서도 변화를 탐구하는 데에는 별로 주의를 기울이지 않는다. 최근에는 정의에 대한 여성주의 저술이 이러한 이슈에 초점을 맞추는 경우가 많아졌다(프레이저, 1994, 1989a, 7～8장: 오킨, 1989a, 7～8장: 로드, 1989: 트론토, 1993: 영, 1995).

정의는 여성주의 프로젝트에서 중심이며 또 중심을 유지해 갈 것이다. 그러나 여기서의 두 논의가 보여주듯이, 여성주의자들은 잘 알려진 정의 이론들의 어떤 면 때문에 실망한다. 왜냐하면 이러한 이론들이 젠더와 대내적인 생활을 정의의 원리라는 시각에서 나오게 되는 사회적 현상이라고 하여 무시해 버리는 경향이 있기 때문이다. 그러나 많은 여성주의 이론가들은 이러한 문제와 그 치유는 좀더 일반적으로 진술될 수 있다고 제안해 왔다. 정의 이론을 여성주의(그리고 다른) 도덕적 관심에게 호의적이 되도록 하려면, 정의와 관련된 도덕적 추론의 모형에 변화가 필요하다. 정의는 너무나 추상적으로 이해된다(벤하비브, 1992a), 정의는 공평성과 보편성이라는 비현실적 개념과 연결되어 있다(영, 1990a, 4장), 그리고 정의는 분배라는 이슈에만 너무 좁게 초점을 맞추고 있다(영, 1990a, 1～2장: 프레이저, 1995). 여성주의자들은 좀더 상황 의존적인 정의에게 접근하고, 특정한 입장이나 견해에서 비롯하여 이론화하는 것을 인식하고 있는 정의에게, 또 폭력, 지배, 문화적 부정의와 같은 이슈에 더 많이 주의를 기울이는 정의에게 접근하도록 옹호해야 한다.

정의에 대한 이러한 논의들은 여성주의 이론에 가장 통찰력 있는 저술에서 나타난다. 불행하게도, 그러한 논의들은 또한 정합성과 설득력을 유린하는 방식으로 과장된 진술에게는 의심을 품는다. 그러한 논의들을 설명하고 평가하면서 그들이 공유하는 두 가지 특징들은 아무 가치가 없어진다. 첫 번째 특징은, 그 논의에, 젠더의 렌즈를 통해서가 아니라 계급, 인종, 민족성, 종교, 문화와 같은 다른 사회적 범주에 더 세심히 신경을 쓰며 정의에 대해 생각하려는 노력이 반영되어 있다는 것이다. 그 논의들은 최근 15년 동안 여성주의에 저항하는 쪽인 비판주의를 진지하게 받아들인다. 젠더가 다른 사회적 차별성, 범주, 정체성 등과 교류하는 방식에는 무지하기 때문이다. 복합적이고 상호 교차적인 사회적 차이를 이해하려는 시도 때문에 이러한 문학이 특히 그의 시각에서 야심차게 만들어 주었다.

두 번째로는, 이러한 논의들이 정의에 대한 특정 논의에는 일차적으로 저항하는 방향으로 흐르고 있는데, 그 뿌리는 자유주의적 사회계약의 전통과 칸트 윤리학에 두고 있다 (그리고 어느 정도는 사회주의적 접근과 다르다). 비판주의의 일차 대상은 존 롤즈, 로버트 노직, 위르겐 하버마스와 같은 이론가들의 저술이며 예를 들어 자연법 이론가나 정의에 대한 전통적 가부장적 시각은 아니다. 이러한 맥락은 정의에 대한 여성주의 비판에서 과장진술 쪽으로 흐르는 경향을 설명하는 데 도움이 된다. 비판주의와 재구성의 프로젝트에 참여하는 이론가들은 자신의 입장과 자기들이 비판하는 대상을 지나치게 과장하여 비교하는 경우가 흔하다. 이는 다 함께 나쁜 것은 아니다. 즉 예리한 진술이 지적으로 명료해질 수 있기 때문이다. 그러나 또한 잘못된 방향으로 흐를 수도 있거나 혹은 정확하지 않을 수도 있다. 어떤 여성주의자가 보편주의에 대한 자유주의적 개념에 반대하여 지적한 점이 예를 들어 계몽주의가 여성에게 있어서는 가장 나쁜 것이었다(-즉, 역사적으로 옹호되기 어려운 평가)라는 인상을 줄 수도 있다. 정의에 대한 여성주의자들의 접근과 현대 자유주의의 주류가 취하는 접근과의 차이는 지나친 과장으로 왜곡하지 않아도 실제적이며 충분히 흥미를 끈다.

정의에 관한 접근에서 추상성 대 상황 의존성

여성주의자는 정의에 대한 추론을 비판하고 재구성하려는 여성주의자는 세 가지 점으로 묶어 볼 수 있다. 첫째는 부적절한 추상성을 비판하는 일이다. 이러한 비판에 따르면, 정의에 관한 현대적 접근이 너무나 높은 추상 수준에 올랐으며 따라서 도덕적으로 적합한 인간의 경험과 차이를 무시한다는 것이다. 정의에 대한 추론은 좀더 상황 의존적일 필요가 있으니 인간의 경험을 구체화하는 데에서 시작하여 구성하는 "상향식" 접근법을 취해야 한다는 것이다.

여성주의자들은 정의 이론에 부적절한 추상의 사례들을 많이 찾아내었다. 예를 들어, 건강한 성인이 포함된 사고 실험을 통해 사회의 이익과 짐의 정당한 분배에 대한 문제에 접근하는 사회계약 이론이 결국은 의존성과 상처받기 쉬움이라는 보편적 인간 경험과 가족 생활의 전반적인 영역을 무시하게 된다(페이트만, 1988 ; 허쉬만, 1992). 이론가들이 명백하게 추상해 내는 것은 그 원리의 내용에 영향을 미친다. 많은 정의 이론 안에서는 여성이 등장하지 않으므로 여성에게 특수한 상해와 박탈이 너무나 많아 부정의하다고 미처 이해하지 못했던 이유를 설명하는 데 도움이 된다. 그리고 젠더 자체의 범주가, 인종과 같은 다른 요소들의 결과로서 경험되는 상해와 박탈을 가리도록 도와준다면 젠더라는 범주는 부적절한 추상이 될 수 있다(Grenshaw, 1989).

이러한 통찰은 구성적 양식으로 다시 공식화될 수 있다. 정의이론가들은 그들이 이론화하는 대상이 되는 사람들에 대해 그들의 생활을 구체적으로 이해하면서 시작해야 한다. 정의 이론 덕분에 우리는 타인의 관점을 채택하도록 명령받기도 한다. 그러나 이렇게 할 때에 따라오는 도전은 과소평가된다. 그러므로 정의는 일반적인 남보다는 구체적인 남과의 상상적인 만남이 필요하다는 벤하비브의 주장(1992a), 그리고 존 롤즈의 원초적 입장을 이러한 종류의 만남이 필요하다고 재구성하는 수잔 오킨의 공감적 재구성(오킨 1989a, 101면), 이 둘은 모두 정의 이론 안에서 인간 경험과 차이를 구체화하는 세심함에게 중심역할을 주려고 노력하는 것이다. 이러한 상향식 이론화 작업은 또한 개인적 이야기를 이론적 작업에 통합시킴으로써 여성주의의 관심을 점점 키워 가는 데에서도 나타나고 있다. 그러나 또한 이 방법은 훨씬 더 추상적인 수준에로 올라간 논의를 형성하기도 한다. 그래서 예를 들어, 아이리스 매리언 영이 설명했던 "다섯 가지 강압"—착취, 소외, 무력함, 문화 제국주의, 폭력—은 주류 이론보다도 더욱 풍부한 색깔로 채색된 부정의의 초상화를 제공한다. 영은 불리한 위치에 있는 개인과 단체의 경험에 더욱 주의를 기울였기 때문이다.

그러나 부적절한 추상을 비판한다고 해서 여성주의가 추상을 피해갈 수 있거나 삼가야 한다는 뜻은 아니다. 정의에 대한 이론이 상황 의존적 일수록 여성주의 시각에서 볼 때 더 훌륭하다는 뜻도 아니다. 이론화 작업은 모두가 추상화를 수반하며 또 여성주의 이론들도 분명히 예외는 아니다. 젠더의 권위적 계층구조를 확인하는 일 자체가 엄청난 추상화 활동이며, 그리고 모든 인간 존재는 보살핌을 필요로 한다는 주장도, 모든 인간 존재는 자신의 자기 이익을 추구한다는 주장 못지 않게 추상적이다. 더구나, 오킨이 존 롤즈와 마이클 왈쩌의 저술을 비교하며 밝혔듯이(1989a, 3, 5장), 정의에 대한 더 추상적인 이론이 보다 상황 의존적인 이론보다도 여성주의에게 이론적 자원을 더 많이 줄 수도 있다. 비록 상황 의존적 이론이 왈쩌의 사례가 그렇듯이 젠더 이슈에 더욱 명백한 주의를 기울인다. 정말로, 상황에 주의를 기울이려는 욕구는, 무엇이 도덕적으로 적합하고 도덕적으로 적합하지 않은가에 대해 안내가 없다면 그 욕구는 공허해진다. 그리고 킴리카가 지적했듯이(1990, 267면), 이러한 안내는 도덕 원리를 통해서 제공된다. 따라서, 예를 들면, 정의는 불리한 사람들의 생활에 세심한 주의가 필요하다는 주장은 평등에 대한 원칙있는 수행에 따라 좌우된다. 도덕적 성향이 없는 원리는 가치가 없어질 수 있으며 우리는 그 원리가 여러 상황에 적용될 때 뜻하는 바를 모르고는 그 원리를 평가할 수 없다. 그러나 원리가 없다면 도덕적 성향은 맹목이다.

여성주의자들은 "추상성"에 비해 "상황"을 전면적으로(아이러니컬하게도 가장 추상적으로) 더 선호해야 한다는 데에 압도당해서는 안 된다. 그 대신, 온건한 추상화 과정이 정의 이론 안에서 도덕적 태만을 얼마나 명백하게 활짝 드러내게 할 수 있는지를 밝혀주는 그 방식에 이 비판의 힘이 있으며—그리고 그러한 태만을 개선하고 피해가려면 정의 이론가들은 어떻게 해서 다른 사람의 생활이 처한 구체적 환경에 더욱더 관심을 기울일 필요가 있는지를 밝히는 데에 비판의 힘이 있는 것이다.

공평성의 가치와 가능성에의 의문제기

두 번째 여성주의 비평은 공평성에 대한 정의 이론을 강조하는 데에 의문을 갖는다. 칸트가 범주의 정언을 공식화한 이후 이론가들은 정의와 도덕성을 공평한 관점과 보편적 관점에게 관련짓는 경우가 많았다. 그리고 우리가 그런 관점을 채택하게 되면 정의의 원리에 도달하게 되는 것이라고 주장하였다. 어떤 여성주의자들은 공평성이란 것은 달성하기가 불가능하다고 하면서 이러한 접근에 반대한다. 도덕적이고 정치적인 추론들은 모두가 특수하면서도 부분적인 관점에 의해 형성되기 때문이라는 것이다. 더구나 그들은 공평성이라는 이상을 추구하는 일이 반대의 결과를 낳게 되기도 한다고 한다. 불가피하게 사회적 계층구조를 은폐하고 지배층의 이익을 옹호하게 되기 때문이라는 것이다(Young, 1990a, 4장). 공평성과 보편주의는 구제할 길이 없다. 즉 정의 이론은 이러한 이상을 거부해야 하며 개방적으로 특수주의 즉 "이질성(heterogeneity)과 차별적 담론"을 포용해야 한다(Young, 1990a, 112면).

공평성에 대한 잘못된 주장을 드러내려는 노력이 오랜 역사를 지지고 있지만, 여성주의는 분명히 공평한 추론이 어떻게 사회적 계층구조를 표면상으로 숨기고 합법화할 수 있는지에 대해 그 인식을 높이는 데에 기여한 점이 있다. 성에 관한 중립적 법률과 정책은 공정하게 적용되지만 여전히 균형적으로는 여성들에게 불리할 수 있다. 왜냐하면 그러한 법과 정책들은 임신할 수 없는 사람들과 집에 아내가 있는 사람들에게 적용되도록 만들어지기 때문이다. 여성주의 문학은 또한, 이론가들이 그들의 견해의 불공평성을 어떻게 이해하고 또 왜 이해할 필요가 있는지에 대해 통찰력을 제공해 준다. 여성주의란 여성의 하위를 이해하고 종료시키려는 프로젝트라고 하는 자체적 정의에서 그 핵심을 보면 주목받고 있는 관점을 인식할 수 있다. 그렇다고 해도 과거 20년간 서구의 중간층이면서 양성의 차이를 인정하는 여성주의 이론가들은 한 사람의 특수한 경험을 모든 여성의 경험으로 보편화하는 위험에 대해 예리하면서도 가치있는 교훈을 가르쳐 주었다.

그러나 이는, 공평성이 결코 완벽하게 실현될 수 없다고 말하는 것이 하나 있고 또 다른 하나는 되도록 공평하라고 고취시키는 일은 항상 도덕적으로 위험하다는 주장이다. 이 나중 주장은 공평성의 위험을 과장해서 여성주의의 정의라는 그 목표에 기초가 되는 부분을 훼손시키는 일을 끝내려는 것이다.

공평하려는 노력은 비평가들이 주장하듯 항상 지배층에게 이익을 가져다 주는가? 예를 들어, 젠더나 인종에 공평하려는 노력이 필연적으로 남성이나 백인 지배층을 강화시키는가? 이는 믿기 어려울 만큼 전면적인 주장이다. 어떤 맥락에서는 공평하려는 시도는 인자할 뿐만 아니라 의무적이다. 예를 들어, 그룹 안에서 어떤 사람의 작품, 즉 논문, 교향곡, 학설과 같은 것들을 비평할 때, 누구를 위하여 문을 열어줄 때, 또는 어떤 사람의 잔인한 행동이나 무자비한 행위를 평가할 때, 그 지도적 위치를 어떤 방법으로 돌아가며 정할지 결정하는 데에 성차별을 하지 않으려는 노력은 적절한 일이다. 공평성은 또한, 차별성이 부당하게 특권층에 유리하게 해주는 관례에게 정당한 개선책일 수도 있다. 음주운전자를 재판하는 경우에 피고인의 성, 인종, 신분을 양심적으로 무시하는 재판관은 부유한 백인 피고인들의 공동체는 봐주고 가난한 흑인 피고인들에게는 징역형을 주는 재판관보다 더 정당하다.

그런데다가, 여성주의 정의의 목표가 "도덕적 생활과 사회적 생활에서 모든 사람을 포함하는 것이라면, 이는 그들의 특별한 경험이나 정체성과는 전적으로 상관없이 정의를 행사하게 될 그런 원리와 실천을 함께 고안해야 한다는 뜻이다. 그런 다음, 여성주의 정의는 사회의 모든 구성원들을 포용하는 그런 일반적 관점을 정립하도록 해야 한다. 이러한 관점은 어떤 이들을 다른 이들보다 특혜를 주지 않는 선고를 내리는 데에 공평하다. 이는, 공정하기 위해서는 우리가 차이점들을 고려해야 한다고 강조함으로써 공평성의 개념을 재구성하게 된다. 그러나 그러한 고려를 하겠다는 동기는, 지위의 계층구조를 유지하려는 관점에 대항하여 공평성으로 가려는 동기와 마찬가지이다. 그렇다면, 공평성에 대한 무반성적인 주장에 대항하는 경계심을 여성주의들이 역설하는 일은 옳다. 또 차이와 계층적 세계에서 도덕적 이론화의 도전을 강조하는 일도 옳다. 그러나 공평성은 항상 위험하다거나 정의라는 여성주의의 이상은 실재하지 않는다라고 주장하면서 이러한 점을 과장하는 일을 하지 않는 점이 중요하다.

분배의 정치학을 넘어서

마지막으로, 일부 여성주의자들은 정의가 부정의의 다른 중요한 형태들을 무마시키면서 너무 협소하게 분배의 문제에만 집중되어 왔다고 주장한다. 그들은 대부분의 현재 정의론들이 정의란 일차적으로 권리와 자원, 특히 수입과 재산과 같은 경제적 자원의 분배라고 이해하고 있음을 지적한다. 이는, 롤즈의 "자존감이라는 사회적 토대 base"의 기본적 가치처럼, 정의의 핵심 요소를 그런 분배적 틀에 끼워 맞추기 힘든 이론가들의 경우에서 조차 사실이다(Rawls, 1971, 440면; Fraser, 1995, 73면).

그러나 경제적 분배에 초점을 둔 정의의 비젼은 폭력과 희롱에서부터 여성 비하적인 문화적 이미지와 지식(understanding)들에 이르는 젠더 부정의의 주요 측면들을 포괄하는데 어려움이 있다. 마찬가지로 여성과 관련된 문화적 의미를 바꾸려는 여성주의자들의 시도는 정의의 정치학을 기본적으로 법적 혹은 경제적 재분배를 요구하는 것이라 보는 틀로는 포착하기 어렵다.

많은 여성주의 이론가들은 좀 더 차별화되는 정의의 틀이 필요하다는 점을 지적한다. 예를 들어, 아이리스 영은 분배적 접근에 의해서는 제대로 포착되지 않는 부정의의 다섯 가지 형태로, 착취, 주변화, 무기력, 문화적 제국주의, 폭력 등을 제시한다. 낸시 프레이저(1995)는 우리 시대 정의를 재분배를 중심으로 한 것과 승인을 중심으로 한 것 등 두 가지 패러다임으로 구분한다. 재분배적 정의는 사회적 불평등과 위계를 극복할 것을 목표한다. 반대로, 프레이저가(찰스 테일러를 따라) "인정의 정치학"이라 부르는 것은 특수성을 긍정하고 재평가함으로써 문화적 지배를 극복하고자 싸운다. 복지나 의료건강권 요구는 재분배적 주장의 한 예인 반면, 게이와 레스비언 가구의 공적 수용을 획득하려는 노력은 승인의 정치학의 좋은 예이다. 부정의의 두 가지 형태에 놓여있는 사람들은, 재분배 주장이 특수성을 훼손하는 반면, 승인 주장은 그것을 긍정하고 장려하고자 하기 때문에, 딜레마에 부딪힌다(프레이저, 1995, 74면). 여성주의 안에 있는, 젠더를 없애고자 하는 충동과 어떤 젠더 차이를 고무하려는 충동 사이의 긴장이 바로 이 경우에 해당한다. 프레이저는 재분배와 승인의 주장이 서로를 훼손하기보다는 서로를 지지하는 방식으로 결합해야 한다고 주장한다.

이들 논변들은 얼마나 깊이 있고 설득력 있게 주류 정의론에 도전하고 있는가?

240

분배적 틀의 지지자들은 권리와 경제적 자원이 정의롭게 분배되기만 하면 영과 프레이저가 언급한 부정의의 형태들은 일어나지 않는다고 반론할지 모른다. 이것은 부분적으로 사실이다. 이들이 제안한 접근과 이들이 비판한 분배적 틀 간의 차이를 과장하지 않는 것이 중요하다. 무기력, 폭력, 문화적 지배를 시정하기 위한 노력은 최소한 부분적으로 자원의 재분배에 달려있을 것이다. 일반적인 의미로 여성주의적 정의의 요구는 재분배의 요구인 것이다. 즉, 사회적 혜택, 지위, 목소리에 대한 젠더화된 분배를 바꾸자는 요구이다.

그럼에도 불구하고, 분배를 넘어서자는 부름은 정의에 관한 사고에서 중요한 새로운 지형을 열어가고 있다. 영과 프레이저에 의해 강조된 부정의의 몇 가지 형태들, 동성애, 유태인, 여성에게 가해지는 폭력 등은 자원의 분배 문제와는 상당히 다른 독자적인 것일 수 있다. 만연해 있는 폭력과 희롱의 관행들이 많은 사람들의 사회적 지위와 목소리를 결정하는 주요 요인이고, 위계화된 사회적 통제력의 원천이기 때문에, 이것들은 정의론 안에 포함되어야 한다. 그러나 이런(전쟁과 법적 처벌과 같은 공식적인 폭력과는 구분되는) 사회적 폭력의 패턴들은 정의 이론가들로부터 대부분 무시되어왔다.

문화적 또는 상징적 부정의를 시정하려는 시도 역시 분배의 문제를 넘어서는 것 같다. 분명히, 그런 부정의의 극복은 낙인찍힌 사람이나 그룹에게 목소리와 지위의 재분배, 또는 프레이저가 해석과 의사소통의 수단이라고 했던 것에 그들의 접근을 용이하도록 하는 것을 귀결한다(프레이저, 1989a). 그러나 문화적 낙인이나 존중과 같은 관념은 분배적 술어로 번역되면 쉽게 잃게 되는 어떤 본질적인 요소를 갖고 있다. 착취와 주변화 같이, 순수 분배적 술어들에 아주 가까운 것처럼 보이는 범주들조차도, 가난한 사람들의 지위와 목소리에 헤아릴 수 없이 많은 영향을 갖는 경제적 불평등 구조들 간의 차이를 포착한다. 착취되고 주변화된 사람들이 평등하게 가난할 수는 있다. 그러나 그들이 처한 조건의 부정의를 진단하고 시정하려는 시도는 사회적 위치와 경험에서 그들이 갖는 차이들을 설명해야 한다. 다시 한번, 영과 프레이저는 정의 이론에서 사회적 맥락에 보다 면밀하게 주목하는 일이 가치있음을 증명한다. 그들의 작업은, 이들이(성차별주의, 이성애주의, 인종차별주의와 같이) 각기 서로 본질적으로 다른 현상을 나타낸다거나 아니면 이들이 근본적으로 서로 다르지 않은 "정체성의 정치학"의 한 사례들이라고 가정하는 일 없이, 부정의의 주장들을 비교하고 평가할 도구를 제공한다. 영과 프레이저의 작업은 정의 이론이 너무 자주 간과하였던 (전문직의 영향과 정보와 통신의 역할과 같은) 권력 집중의 중요성 역시 강조한다.

정의에 대해 더욱 차별화된 접근을 하기 위해 내놓은 이러한 제안들에 대해 의문들은 아직 많이 남아있다. 예를 들면, 억울함의 악명높은 사례가 정의 문제를 일으키는 한편, 문화적 부정의나 상징적 부정의를 위한 더욱 일반적인 기준들은 아직 모호하게 남아있다. 억울함과 멸시와 같은 유형들은 어떻게 개선되고 또 그러한 개선을 강화시키는 일은 어느 정도가 가능하며 어느 정도가 적절한 것인가? 이러한 개선은 풀뿌리 동원을 통해 이루어지는가 아니면 주정부 기관이 개입해야 하는가? 그렇다면 어떻게 개입해야 하는가? 영과 프레이저는 정의가 요구하게 될 것을 위해 흥미있으면서도 논란의 여지가 있는 제안을 내놓는다. 영은 단체가 구별되는 형태로서의 민주적 참여를 제안하고(Young, 1990a, 95면), 프레이저는 "경제면에서는 사회주의를 문화면에서는 해체"를 제안한다(Fraser, 1995, 91면). 그러나 여성주의자들이 가족 생활에서 개입의 법적인 허용을 어느 정도로 할지에 대해서는 의견이 다른 것처럼 억울함과 폭력을 극복하려는 노력에서 어떠한 정의를 요구하고 허용할지에 대해서도 의견이 다를 것이다. 존중과 인정을 주장하는 요구가 언제 심화되고 강화되는지 그리고 여성주의 정의의 평등주의의 핵심적 수행이 언제 훼손되는지에 대해서는 의견이 다르다.

결론

소크라테스가 《국가》 5권에서 발견했듯이, 정의의 이론가들은 여성의 삶을 고려할 때 그 결과는 무기력하게도 급진적 젠더 정의를 "가정에로"(Delphy, 1984)라는 구호로 귀결될 수 있다. 성적 차별을 성의 권위체계구조로 재정의함으로써 또는 정의는 여성과 남성의 동등한 지위를 요구한다고 선언함으로써 여성주의는 정의의 범위를 도덕적이고 정치적인 이론 안에서만 인식하기 시작하는 방식으로 발전해 왔다.

최근에 여성주의자들은 성 정의의 목표와 이를 획득하기 위한 전략에 대한 토론에서 중요한 논제를 분명히 해왔다. 정의를 거부하거나 정의가 여성주의의 관심과 관련이 있음을 부인하려는 움직임은 들어맞지 않는 주장이며 반대되는 결론을 낳게 되는 동안에 정의에 접근한 비판과 재구성은 흥미로운 통찰을 산출해왔다. 여성주의들은 이제, 불평등과 차별의 세상에서 정당한 원리와 관습을 명확하게 하려는 노력 안에서 중심역할을 하고 있다.

여성주의 정의는 점진적 발달에서 과제 하나가 남아있다. 결론적으로, 나는 특별히 주의를 기울여야 할 영역 세 가지를 말하겠다. 첫째는, 여성주의들이 정의 이론의 다른 전통과의 갈등을 더욱 공정하게 해소할 필요가 있다. 이 영역에서 흥미로운

242

논쟁이 과장된 진술 때문에 나빠지는 경우가 종종 있다. 겹쳐지는 영역을 좀더 잘 확인하고 합의하면 여성주의 논의를 다듬고 명료하게 하는 데에 도움이 될 것이다. 두 번째로는, 눈에 띄는 예외들 몇 가지 즉 수잔 오킨(Suzan Okin)의 주장으로서 배우자에게 소득의 평등법적 자격 부여를 확장하기 위한 주장, 그리고 앤 필립스(Anne Phillips)의 제안으로서 의사결정의 주체에서 여성의 참여와 불이익을 받는 다른 그룹들의 참여를 늘리기 위한 제안(Okin, 1989a, 8장; Phillips, 1995)처럼 정의에 대한 일부 여성주의 논의는 기구나 정책의 변화를 위해 특수한 몇 가지를 추천해준다. 이러한 과묵함에는 이론적으로 훈련받은 우리들 모두가 이미 이해할 수 있는 추상적 논의를 더 선호한다는 것이 반영되고 있다. 이는 또한, 널리 나누었던 신념으로서 최소한 서구 사회에서는 여성운동을 위한 정치적 가능성의 기회를 축소해 왔다는 신념에서 나온다. 그렇다 해도, 특정 정책에 대해 토론을 벌이는 데에 참여하려는 용기가 더 대단하다면 여성주의 정의의 논의는 더 강해질 것이다(Okin, 1989a, 329 ~37면). 세 번째로는 여성주의 이론 역시 성에 관한 정의를 이루려는 노력에 대해 원리적인 압박과 실용적 강요 이 양쪽 모두에게 더욱 주의를 기울여야 얻는 게 있을 것이다. 성에 관한 부정의에 대한 저항을 다른 종교의 자유, 결사의 자유나 표현의 자유, 또는 문화존중에 대한 관심의 자유와 같은 다른 도덕적 고려사항과 어떻게 균형을 유지해야 하는가? 개인적 선택을 공적으로 구성하는 일은 성에 관한 정의를 촉구하는 데에 얼마만큼 허용될 수 있는가? 공적인 의사결정 대부분을 여성주의들의 목표를 지지하지 않는 사람들이 선점하고 있는 세상에서 제안되고 있는 정책들은 의도되지 않았던 결과로서 어떤 것들인가? 이는 정의에 대한 여성주의의 설명을 좀더 완벽하게 해줄 것이다. 그러면서도 또한 여성주의 프로젝트의 핵심이 되는 실제적인 면에서 정의를 모색하는 데에 그들이 기여하는 바는 더욱 높아질 것이다.

(허라금 역)

50. 권리

버지니아 헬드(Virginia Held)

여성주의는 가끔 여성을 위한 평등권 요구와 등치되곤한다. 18세기에 월스톤크라프트(Mary Wollstoncraft)는 루소를 반박하면서 여성에게도 남성(men)에게 적용되는 합리적 원칙에 기초한 똑같은 권리와 자유가 허용되어야 한다고 주장했다(월스톤크라프트, 1975). 19세기, 존 스튜어트 밀과 헤리엇 테일러 밀은 그 당시 만연해 있던 견해를 거부하면서 평등권과 평등 기회를 여성에게 확대함을 통해 여성 종속을 종식시킬 것을 요구했다(밀과 밀, 1970). 여성도 남성과 동일한 권리, 재산을 소유하고, 투표하고, 교육을 받고, 모든 직업에 들어갈 권리를 가져야 한다고 주장한 것이다. 20세기 여성 운동은 여성이 투표할 권리를 미국에서는 1920년, 영국에서는 1918년과 1928년, 프랑스에서는 1946년, 스위스에서는 1971년에서야 얻을 수 있었다는 점을 강조한다. 1960년대 말에 출발한, 미국에서의 여성운동의 제2물결은 합중국 헌법의 평등권 수정조항의 실현(그 수정조항은 지킬 것을 요구받은 수많은 주에서 재가되지 못했다)과 모든 형태의 여성에 대한 차별을 종식시킬 것에 강한 강조점을 두었다(로데, 1989). 여성주의와 상관없이도, 정당한 복지권을 위한 논변들은 여성에게는 특별히 중요한 것으로 비춰졌다. 즉, 살아남을 수단과 아이들을 기를 수단들의 확보 없이 어떻게 자유권이나 법의 평등한 보호권을 향유할 수 있겠는가? 직업을 가지고 아이를 돌볼 수 있어야 하거나, 권리에 의해 생활의 기본재들에 접근하도록 해야 한다. 차별적 방해를 받지 않을 소극적 자유만으로는 불충분하다. 자유롭고 평등한 행위자일 적극적 가능성 역시 권리에 의해 보장되어야 한다(헬드, 1984; 스테르바, 1989).

권리는 도덕적인 것이거나 법적인 것이거나, 아니면 그 둘 다이다. 많은 권리가 강간당하거나 살해되지 않을 권리처럼 정당화될 수 있는 도덕적 권리주장으로, 그것은 또한 현실 법체계 속에서 인정되고 보호되어야 할 법적 권리여야 할 것으로 명료화된다. 그러나 남편에게 법적 권리로 주지 않았다면 강간이었을 것을 아내에게 행할 (남편의) 권리로 많은 법체계에서 주고 있는 것과 같이 어떤 권리는 도덕적 권리로 정당화될 수도 없고, 법적인 권리가 되어서도 안 될 것들이 있다. 그리고 우리가 도덕적으로 그럴 자격(entitle)이 있다고 생각할 수도 있는 것의 어떤 것은 권리로 주장될 수도 있다. 마치 우리가 친구에게 "나는 네가 나에게 진실을 말하도록 할 권리를 가지고 있다"고 말할 때처럼. 그렇지만 그런 도덕적 권리는 법적 권리들과 같은 법적 강제의 개입과 기제에 종속되지는 않아야 한다.

여성이 재산을 소유할 권리나 투표할 권리와 같은 기초적 권리를 부정당할 때, 혹은 여성이 교육과 채용에서 공공연히 차별당할 때, 여성이 동등한 권리를 가질 자격이 있다는 논변은 여성주의 운동에서 큰 역할을 한다. 그러나 여성주의는 그 이상의 것을 요구한다.

여성주의는 지금까지 권리의 개념과 언어에 대한 근본적인 비판들에 기여했다. 전통적인 기존 사회에 퍼져 있는 가부장제를 극복하는 일은 단지 여성을 위한 평등권을 확대하는 것만이 아니라, 어떤 여성주의자들에게는, 권리에서 초점을 돌릴 것을 요구하는 것으로 보인다.

권리에 대한 여성주의 비판

권리 개념들과 정의의 틀에 대한 비판에서 그들이 정교화했던 것은 최소한 두 가지 주요 원천들로부터 왔다. 첫째, "보살핌의 윤리"라 불리우게 된 것을 발전시킨 여성주의자들은 정의와 권리에 초점을 맞추는 전통 도덕 이론들에 의문을 던졌다. 둘째, 현실 법체계를 검토하는 여성주의자는 어떻게 법과 권리가 가부장적 태도와 결합하여 억압적 사회구조를 떠받치고 있는가를 보여주었다.

도덕 이론에서의 권리

여성주의 보살핌의 윤리를 전개한 문헌들은 도덕적 문제를 권리와 정의로 해석하는 사고방식과 이론들에 대한 근본적인 비판을 담고 있다. 보살핌의 윤리는 정의의 윤리에 의해 구성된 주류 도덕 이론과 사유방식과 대조되는 것으로 보여진다. 보살핌의 윤리는 도덕적 쟁점, 가치, 문제들을 인간관계, 특히 가족이나 친구들 사이에서, 특히 여성으로서 경험하고 가치를 두는 이러한 관계들 속에서 검토한다. 주류 도덕 이론이 과도한 개인주의로 보여지는 것과 대조적으로, 보살핌의 윤리는 인격들 간의 연결성에 가치를 둔다. 가족 구성원들과 친구들 간의 관계의 특징인 돌보고자 하는 관심과 인격들 간의 신뢰를 가치 있는 것으로 평가한다. 현실의 취약한 사람을 보살 피는 활동은 감정이입, 민감성, 그 사람의 특정 측면과 필요에 대한 주의 등과 같은 도덕적 고려를 요구한다. 지금까지, 다양한 여성주의 도덕 이론들이 보살핌의 윤리 를 발전시켰고, 그들은 그것을 개선된 도덕성으로서 여성과 남성 모두에게 권장하거 나, 혹은 그것은 정의의 윤리와 함께 모든 적실한 도덕성 안에 결합되어져야 한다고 생각한다(바이어, 1994a; 헬드; 1993, 1995; 통, 1993).

때로 보살핌의 윤리를 지지하는 이들은 권리와 정의의 도덕성을 본래적으로 남성 적인 것으로, 그리고 여성의 경험을 무시할 뿐 아니라 도덕적 문제를 여성들이 해석 하는 것처럼 문제를 다루는 것에 대해 적대적인 것으로 간주한다. 캐롤 길리건 (Carol Gilligan)은 "권리와 불간섭의 도덕성은 여성에게는 그것이 잠재적으로 무관 심과 무배려를 정당화하고 있는 것이라는 점에서 놀라운 것으로 비춰질 수 있다"고 적고 있다(길리건, 1982a, 22면). 넬 나딩스(Nel Noddings)는 보살핌의 맥락에서는 "권리가 규칙과 원칙이 갖는 파괴적 역할의 반영"임을 지적한다. 그녀는 "우리가 만 나는 모든 이들에 대해 갖는 감응의 짐을 가볍게 하라는 규칙에 우리가 의지하게 될지도 모른다. 그러나 만약 우리가 거의 완전히 외부 규칙에 의존하게 된다면 (우 리는) 도덕성의 핵심 즉, '보살핌을 불러일으키는 감수성'과 단절하게 될 것"이라고 주장한다(나딩스, 1986, 47면). 아넷 바이어(Annette Baier)는 "권리, 자율성, 정의 개 념을 발전시킨 도덕적 전통은 최초의 권리-주창자들이 자기들이 하기 싫은 종류의 일을 하도록 한 자들의 억압에 '정당화'를 제공했던 바로 그 전통이다. 가사일은 여 성과 노예에게 남겨졌다" 그리고 공식적 도덕성은 그들의 기여를 묵살했다. "권리는 대개 특권층을 위한 것이었다."고 그녀는 관찰한다. 그리고 "'정의의 관점'과 그것과 같이 가는 법적 의미는 그들의 가부장적 과거에 의해 영향받았다"(바이어, 1994a, 25 ~6면).

비록 일부 이론가들이 그룹 권리도 논증하긴 하지만(니켈, 1994; 영, 1990a), 권리 는 도덕적인 것이든 법적인 것이든 보통 개인으로서의 인격에 부착된 것으로 생각 된다. 전통적인 도덕과 법 이론에서, 권리는 책임이나 책무와 같은 다른 개념들이 그런 것보다 훨씬 강력하게 개인에 대한 주의를 환기시킨다. 권리의 존중은 사회적 신뢰의 맥락을 전제할 것이다. 왜냐하면 사회적 신뢰 없이 권리의 존중은 거의 있을 수 없을 것이기 때문이다. 그런데 권리를 반전시켜온 전통들은 그런 신뢰에 기여하기 위한 일을 거의 한 바가 없다. 아넷트 베이어가 지적하고 있듯이, "권리의 언어는 …도덕적 실행의 참여자를 요구가 많은 일개 개인들로 보도록 우리를 밀어 부친다"(바이어, 1994a, 237면).

많은 여성주의 이론, 특히 개인이나 그들의 권리 및 소유보다는 인격들 간의 관계를 강조하는 도덕 이론은 따라서 정의와 권리의 도덕성과 갈등을 일으키는 것처럼 보인다. 덧붙여서, 많은 여성주의 이론과 실행이 순수 합리적이고 공정한 관점을 추구하면서 실제 맥락을 추상하는 것보다는 실제 인격들과 특정 맥락에 주목하는 것에 가치를 두는 경향성은 오직 이상적이거나 가상적 세계에나 적용가능한 추상적 권리와 정의의 도덕적 결합과는 더욱 더 대조됨을 노정한다. 권리가 의무론적 원리에 기초하는 것으로 보이건 공리적 규칙에 기초하는 것으로 보이건 간에, 그들은 현실의 인격들 간의 많은 관계성을 다루기에 부적절할 수 있다(볼가스트, 1980). 많은 여성주의 도덕 이론가는 보살핌의 윤리가 그것에 훨씬 더 적합할 수 있다고 주장한다. 그러나 그들은 보살핌의 윤리를 개인적 관계에만 제한하지는 않는다. 보살핌은 정치적이고 사회적인 가치로도 전개된다(헬드, 1993; 트론토, 1993).

여성주의들은 도덕적 쟁점이면서도 아직 규칙과 권리의 주류 도덕 이론에 의해 간과되거나 무시되어 온 인간 경험의 모든 영역에 관심을 가질 것을 촉구한다. 아이의 신뢰를 키우는 어머니 역할, 취약한 자를 돌보는 것과 같이 가족이나 사회적 관행과 제도에서 이루어지는 것들을 말한다. 보살핌의 윤리는 그런 맥락에서의 도덕적 이슈들을 이해하는 데 있어서 정의와 권리의 윤리가 할 수 있는 것보다도 훨씬 더 기여할 수 있을지 모른다. 정의와 권리의 자유주의 입장의 전제들을 비판하는데 에바 페더 키테이(Eva Feder Kittay)는 어떻게 "자유주의가 가장을 위한 평등성을 구성했고, …가장을 독립적이고 그 자신을 대표하여 행동할 수 있는 개인으로 간주했는지"를 적고 있다(키테이, 1995, 11면). 다른 이들처럼, 그녀는 이것이 의존성이란 존재하지 않는다는 환상을 일으키고, 사실상 사회적 협동이란 독립적이지 않은 이들을 위한 선행 조건을 요구하는 것임에도, 사회는 독립적이고, 자유로운 동등한 개인들이 연합의 형태를 만들고 사회를 이룬다는 환상을 만든다는 것을 논증한다. 우리 모두는 생의 일정 기간 의존적이며, 우리 대부분은 키테이가 "의존인(을 위한) 노동자"라 부른 그런 자들이다. 의존자는 기본적 필요를 채우기 위해 누군가에게 의존해야 하며, 그 누군가 또한 보살핌을 받는자와 보살핌을 주는자를 부양하는데 필요한 자원 때문에 이차적으로 다른 이들에게 의존하는 이들이다. 그런 의존은 인간 사회의 삶에 중심적이고 핵심적인 유대를 구성하는 광대한 상호의존성의 그물망의 일부분이다. 의존자와 의존인 노동자를 빠뜨리고 있는 정의와 권리 이론들은 의존성이 절박하게 하는 필요들에 부응하는데 적합하지 않다.

물론 사회적 관계를 중심적인 것으로 보고 상호의존성을 실재하는 것으로 보아온 이들이 여성주의들만은 아니다. 맑스주의자들 역시 인간을 고립된 개인들로서라기보다는 사회적 존재로 보며, 개인주의를 위한 권리를 비판해왔다. 그들은 권리의 역사는 공동체를 희생시켜 자신의 재산을 축적한 자본가를 보호하려고 하는 부르주아가 요구 주장의 전개임을 강조해왔다. 사회주의 여성주의자들은 이런 비판의 많은 것을 공유하지만, 어떻게 여성이 노동 계급의 일원으로서만이 아니라 여성으로서 억압받고 있는지를 보여준다는 점에서 그들을 능가한다(퍼거슨, 1989; 재거, 1983). 가족 내 관계 및 돌봄과 연결성의 가치에 대해 주목하는 여성주의자들은 기본적으로 맑시스트들이 강조했던 경제적 의존성과는 다른 종류의 상호의존성에 주의를 환기해 왔다.

따라서 여성주의 사고방식은 권리와 정의의 틀에 대한 다른 새로운 비판을 이끌어 왔다. 여성의 권리와 남성의 권리가 같아야 하는지 혹은 달라야 하는지에 대한 질문들이 수많은 새로운 방식으로 천명되어왔다(아래를 볼 것). 많은 여성주의들은 여성의 종속을 일차적으로 권리라는 말로 생각하는 것이 그런 천명의 최선의 길이 아닐 수 있으며, 여성주의 도덕적 사고방식이 자주 정의와 권리를 예전의 중심 자리에서 몰아내는 것이라고 시사한다.

법 이론에서의 권리

권리에 대한 비판은 많은 여성주의 법학자들로부터도 제기되었다. 패트리샤 스미스(Patricia Smith)는 "가부장제의 거부는 모든 여성주의자들이 동의하는 지점이다" 그리고 "여성주의 법학은 법을 일종의 가부장적 제도로 분석하고 비판하는 것이다"고 적고 있다(스미스, 1993, 3면). 여성주의 분석은 어떻게 법과 그 권리 도식(scheme)이 가부장제도를 뒷받침하고 있는가를 보여준다. 캐서린 맥키넌(Catharine MacKinnon)의 말로 하면, "자유주의 국가에서, 중립적이고, 추상적이고, 숭고하고, 널리 퍼져 있는 법률 규칙이 여성을 지배하는 남성 권력을 제도화하고 있으며 또한 남성 형태로 권력을 제도화하고 있다.…여성 지배적인 남성적 권력 형태는 법에서 개인적 권리로 적극적으로 구체화된다.…추상적 권리는 남성의 세계 경험에 권위를 부여한다"(맥키넌, 1989, 238~48면). 캐롤 스마트(Carol Smart)는 법과 "남성적 문화" 간의 "일치(congruence)"를 보고, 법이 어떻게 "여성의 경험"과 여성의 지식을 폄훼하는가를 검토한다. 그녀는 여성주의는 권리에 중심을 두는 것에 저항해야 한다고 주장한다(스마트, 1989, 2면). 비록 법이 여성에게 동등한 권리를 주는 것처럼 보이는 곳에서조차도 경찰, 검사, 판사는 자주 그 법을 가부장적 권력을 지지하는 방식으로 적용한다. 국가가 여성과 어린이에게 가해지는 폭력을 막는데 한 일은 거의 없다. 낯선 이들 사이에서라면 금지되었을 폭력적 행위가 가족 안에서 일어날 때, 법은 개입하기를 주저해왔고, 그럼으로써 가족 안에서의 남성 패권을 강화해주고 있다(스미스, 1993, 139면). 법체계는 부당한 고발들로부터 여성의, 특히 유색인 여성의, 현존하는 강간 피해로부터의, 보호보다는 백인 남성 보호에 훨씬 신경을 써왔다(크렌쇼우, 1989).

사실상 법률만 여성의 종속을 지원하는 것이 아니라, 다양한 여성주의 법학자들의 견해에서 보면, 현대 법 이론 전체가 지원하고 있다. 로빈 웨스트(Robin West)는 그것을 통틀어 "우리가 '일차적으로' 개인들이고 우리를 관계짓는 것보다 우리를 개별화하는 것이 인식론적으로나 도덕적으로 선행한다"는 논제를 받아들이는 자체가 "본질적으로 그리고 두말할 것 없이 남성적인 것"이라 본다(웨스트, 2면).

일부 여성주의자들은 권리를 본질적으로 추상적이고 성찰적인 남성의 관점으로 본다. 어떤 이들은 권리 담론의 사용은 사회운동으로 하여금 그 목표를 기존 법체계가 허용할 것보다 과도한 목표를 채택하도록 요구하고, 운동 내에 갈등을 조장하고 운동의 힘을 흩뜨려버릴 것이라고 생각한다(슈나이더, 1986). 그리하여 비판적 법학과 탈근대적 접근과 제휴한 자들은 권리 주장을 비판적 분석 아래 두고, 권리에 초점을 맞추는 법 논쟁의 유의미성에 대해 깊이 의문을 제기했다. 그들은 법을 도덕성 혹은 추론적 논변의 표현으로보다는 권력의 표현으로 보곤 하며, 권리에 관한 모든 것을 포함해서, 모든 진리 혹은 객관성에 대한 요구 주장에 회의적이다(슈나이더, 1986; 스마트, 1989; 스미스, 1993).

여성주의적인 권리 재구성

그러나 대부분의 여성주의들이 그런 근본적 비판들을 통해 권리의 거부를 하는 것은 아니다. 오히려, 그것은 (a) 기존 권리 틀을 재공식화(reformulation)할 것을 요구하는 것, (b) 권리 개념의 재구성을 촉구하는 것, (c) 법의 범위를 그것의 적정한 영역에 제한하라는 도덕적 권유로 해석될 수 있다.

기존 권리의 재공식화

법에 대한 여성주의 견해에서 출발하여, 우리는 법률에 의해 유지되고 보호받는 원칙들과 권리들을 개선하기 위해 법의 전체 틀 안에서 일하는 매우 많은 여성주의 법 이론가들을 볼 수 있다. 예를 들어, 여성주의 법학자는 여성과 남성 간의 차이가 현저한 곳에서, 그리고 비슷한 대우가 곧 여성이 그곳의 기존 남성 기준에 적응해야 하는 것을 의미하는 곳에서 단순히 여성을 남성과 똑같은 방식으로 대우할 것을 요구하는 이들보다 더 만족스런 방식으로 동등권 해석을 발전시키고 있다. 패트리샤 스미스가 묻고 있는 것처럼, "법의 동등한 보호가 왜 남성과 상당히 유사해지는 것에 달려있어야 하는가?"(스미스, 1995a, 39면). 그녀는, 여성주의 법학에서의 평등에 대한 분석이 지금은 동등한 대우란 중요한 면에 차이가 있는 이들 간에서 요구된다는 것을 이해하는 수준에서 맴돌고 있다고 결론짓는다. 그녀는 이것은 평등의 해석이 "아리스토텔레스의 전반부 공식에서 후반부로, 즉, 같은 것은 같게 대우해야 한다는 관념에서부터 다른 것은 그들 차이에 비례하여 취급해야 한다는 관념에로 전진하고 있는 것이라 적고 있다(스미스, 1995a 그리고 1993, 1장도 볼 것).

크리스틴 리틀톤(Christine Littleton)은 평등 보호가 요구하는 것은 동일한 대우가 아니라 그런 (동일한) 대우가 가져올 불이익을 평등하게 하라는 것이라고 해석했다. 차이가 불이익으로 이어져서는 안 되며, 비용이 들지 않아야 한다는 주장이다(리틀톤, 1987). 그런 해석은 예컨대, 파트 타임 노동자를 배제하는 성 중립적인 것처럼 보이는 연금 체계가 남성보다는 여성에게 훨씬 가혹한 효과를 갖는다면 그것은 차별적인 것이라는 주장의 기초를 제공한다. 그리고 그것은 어떻게 평등이 임신 휴가와 보육 기관의 지원을 요구할 수 있는지를 보여준다. 차이를 무시하기보다는 존중하는 평등은 실질적인 평등을 가져오도록 정부차원의 조처를 당연히 요구할 수 있다.

여성을 위한 사회적 변화를 결과할 법적 권리가 갖는 잠재력은 성희롱 영역에서 보여질 수 있다. 여성주의 법학은 여성이 일종의 차별 형식으로 오랫동안 경험해온 상해에 관심을 돌려 법적 보호를 추구할 수 있었다. 캐서린 맥키넌은 성희롱 처벌법이 "여성을 위한 사회적 변화가 법을 통해 가능한지"를 시험하는 테스트라고 했다(맥키넌, 1987b, 103면). 성희롱 피해자는 그들에게 성적 압박이 가해짐에도 그것을 거부할 경제적 위치에는 있지 못한 해악에 대해 이름을 가지고 있다. "그들에게 포럼이, 말할 합법성, 주장할 권위와, 가능한 구조의 길이 주어졌다.…성희롱의 법적 주장이 성희롱 사건들을 법적으로와 마찬가지로 최초로 사회적으로도 불법적인 것으로 만들었다"(맥키넌, 1987b, 104면).

여성의 종속을 완화하기 위해 법에 의존하는 것이 갖는 가능성과 또한 어려움은 법정의 강간 법률에 대한 프랜시스 올젠(Frances Olsen)의 토론에서 예시되고 있다. 그녀는 그런 법에서 "권리 분석의 이득과 손해의 구체적 예"를 발견한다(올젠, 1984, 401면). 그런 법은 "여성의 권리를 보호하기도 하고 훼손하기도 한다. 그리고 권리 논변은 법률 안에서 변화를 지지하는 데도, 공격하는 데도, 촉구하는 데도 사용될 수 있다"(402면). 그런 법이 젊은 여성을 강제된 섹스로부터 보호하는데 제공된다 하더라도, 그것은 젊은 남성에 비해 젊은 여성의 사생활과 성적 자유를 침해하며, 성차별적인 스테레오타입을 유지한다. "현재 여성과 남성의 상황의 현실적 차이에 대한 어떤 인정도 여성을 낙인찍고 차별을 영구화한다. 그렇지만 우리가 권력의 차이를 무시하고 여성과 남성이 비슷한 처지에 있는 척한다면, 우리는 효과적인 변화를 제도화하려는 힘을 우리 스스로 약화시킴으로써 차별을 영구화할 것이다"(412면). 벌써 개혁은 사람들의 삶을 변화시킬 수 있고, 변화가 일어나고 변화하고 있으며, 일어난 변화들의 일부가 다른 것들 보다 더 나은 것으로 비춰질 수 있다. 법적 강간(statutory rape)에서 몇 가지 권유된 변화들이 그럴 것이다. 즉, 미성년 여성에게 고소할 것인지 말 것인지 여부를 결정하도록 하고, 미성년 여성의 성적 만남을 자발적인 것인지 강제적인 것인지를 결정할 수 있는 것으로 보는 것이다. 비록 주요한 노력(의 목적)은 법을 넘어선 것―일반적으로 여성을 세력화하고, 성애화된 폭력과 지배로부터 성애화의 상호성으로 섹슈얼리티를 변화시키는 것―에 있음에 틀림없긴 하지만, 법이 가져올 수 있는 변화들은 중요할 수 있다.

여성주의자들은 법의 여러 측면들의 개혁을 요구하고 있다. 예를 들어, 강간법의 영역에서 그들은 왜 여성이 동의하지 않았음을 증명하기 위해서는 그들보다 훨씬 강한 공격자에 의해 그들의 생명이 위협받는 상황에서 "남자들처럼 싸울 것"을 요구받아야 하는지를 묻는다. 여성주의 법학은 어떻게 법과 법정이 여성의 관점을 고려할 수 없게 강간에 관한 기준, 동의, 강제, 저항, 및 합리적 믿음을 사용하는지를 명료히 해왔다. 많은 여성들은 위협받는 상황에 대해 전형적으로 치고 받는 것으로 반응하지 않는 데도, 법의 "합리적인 사람"(reasonable person)의 기준은 반격해 싸우는 자이다. 수잔 에스트리히(Susan Estrich)은 다음과 같이 적고 있다. "합리적인 여성은 일종의 범생 '계집애'가 아닌 것 같다. 그녀는 진정한 남성이다"(에스트리히 1987a, 1114면).

무엇보다 여성에게 가장 중요한 것은 재생산(reproductive) 권리이다. 출산의 자유는 여성을 위한 대부분의 다른 자유나 평등의 전제조건이라고 일반적으로 인식되지만, 아직도 재생산권은 계속해서 논쟁 중이며 위협받고 있다. 패트리샤 스미스 (Patricia Smith)는 "자유 사회에서 상대적으로 영향받는 어떤 남성의 기본적 개인적 자유가 그 자신의 통제 아래 있지 않다는 것은 상상할 수 없는 일이다"는 점을 논증한다(스미스, 1993, 14면). 그러나 임신할 능력은 여성은 갖지만 남성은 결여하고 있는 그런 중요한 능력이기 때문에, 그리고 그것이 전 역사를 통해 남성의 통제 아래 있었기 때문에, 여성에게 재생산권을 주지 않으려는 경향은 특히 심하다. 여성주의자가 셀 수 없는 방식으로 여성의 종속에 도전한 후, 여성이 자신의 섹슈얼리티와 재생산 능력을 통제할 자신의 권리와 더불어 성적이거나 재생산적 대상으로서 상품화되지 않을 권리는 결정적인 것이 되었다(스미스, 1993, 4부).

법 자체가 보살핌에 기초한 가치에 좀 더 수용적일 수 있는 방식에는 여러 가지가 있다. 예를 들어, 증오 언설의 해악을 다루는데 있어서나, 아동의 성적 학대를 다루는 데 있어서 전에 사용할 수 있었던 것들보다 좀 더 만족스러운 방식이 그것이다(매이어스, 1995; 스마트, 1989). 그것은 어떤 권리가 있는지를 결정하는 데서 자주 보여진 것 보다 좀 더 큰 감수성을 포함할 수 있을 것이다. 그렇지만 권리는 어떤 주어진 권리가 있는지 혹은 없는지 또는 그것이 권리를 침해했는지 안했는지의 이분법적인 결정으로 필연적으로 인도하기 때문에, 권리 담론은 자주 여러 가지 도덕적 배려를 염려하는 담론 보다는 덜 적합할지도 모른다. 그리고 사회와 법 자체가 법보다는 다른 제도들이 주어진 종류의 상황들을 다루어야 할 때가 언제인지를 점차 더 잘 알게 될 수 있을 것이다.

사회정의를 위한 운동에 여성주의 권리 논증의 핵심적 역할을 환기시키는 강력한 목소리 역시 있어 왔다. 많은 여성들과 미국 소수자들의 경험이 긍정하고 있고, 패트리샤 스미스가 보여주고 있는 것처럼, 인종, 젠더, 성적 지향으로 인한 지배를 겪고 있는 이들은 그들이 맞닥뜨린 경멸에 맞서는데 권리의 용어로 사고한다(매이어스, 1989). 권리 비평을 비판적 법학의 쟁점으로 다루고 있는 윌리엄스는 "비록 권리가 그 자체 목적은 아닐지라도, 권리의 수사학은 흑인을 위한 효과적 담론 형태였으며 여전히 그렇다"(윌리엄스, 1991a, 149면)고 쓰고 있다. 필요를 서술하는 것이 흑인을 위해서는 정치적으로 효과적이지 못했다고 그녀는 단언한다. 대신 그녀가 권하는 것은 "필요의 부정과 대결할 수 있는 정치적 메커니즘"이며 권리가 이것을 할 수 있다는 것이다(152면)

우마 나라얀(Uma Narayan) 역시 권리를 주장하는 것 대신 보살핌을 강조하는 것에 주의를 촉구한다. 그녀는 피식민인의 복지를 위한 온정주의적 배려의 이름으로 그들의 권리를 부정했던 식민주의자들의 프로젝트를 상기한다. 피식민인은 식민인에 의해 통제되고 지도될 필요가 있는 어린아이 처럼 열등한 것으로 보여졌으며, 보살핌의 담론은 그런 지배를 정당화하기 위해 사용되었다. 대조적으로, 권리 담론은 식민화된 민중 해방에서 강력한 역할을 했다. 그렇지만 그런 운동 속에서도 여성에 대한 전통적이고 억압적인 견해들이 유력하곤 했다. 여기에서 다시 권리 담론은 가부장적 견해들과 겨루는데 여성에게 유용했고 지금도 유용하다(나라얀, 1985).

권리는 고정된 것이 아니라 논쟁적이며, 명백한 권리 부정에 대해 폭넓게 형성된 분노와 새로운 권리를 인정해야 할 설득력 있는 이유들 주위에서 정치적 투쟁은 효과적으로 조직화된다. 여성과 소수자들과 식민지인들이 만들었던 가장 강력한 논변들은 그들이 법에 의해 보장된다고 상정된 최소한의 평등한 존중조차 받지 못했다는 것이다. 최소 수혜자 그룹에 의해 만들어진 가장 실질적인 진전의 많은 것들의 기초는 정의, 평등, 권리로 구성되었다. 물론 이런 담론은 포기되지 않아야 한다.

그러나 이것이 권리논변이 도덕적 혹은 정치적 관심의 전 스펙트럼에 잘 들어맞는다거나, 법 담론이 도덕성이나 정치학의 특권적 담론이어야 한다는 것을 의미하는 것은 아니다. 정의와 권리의 틀은 지배적인 것이라기보다는 여러 담론들 중 하나이어야 한다. 그리고 권리의 담지자로서 개념화되는 인간의 종류가 도덕적 주체 개념으로 완결된다고 상상되지 않아야 한다. 법은 인간을 개념적으로 자기-충족적인 개인으로서 대우하지, 많은 여성주의 이론과 보살핌 윤리의 관계적 인간으로서가 아니다(웨스트, 1988).

여성주의 관점에서, 법과 자유주의 정치이론에서의 개인은 인공적이고 오도된 추상체이다. 그렇지만 그것은 어떤 법적이고 정치적인 목적들을 위해 유용한 추상체일 수도 있다(프레이저와 레이시, 1993). 실수는 그것이 도덕성 일반에 적합하다고 상정하는데 있다.

권리의 여성주의적 재개념화들

사회운동을 위한 권리의 유용성에 관한 앞서의 논변과 관계되는 것은 권리가 이상적이지 않은 것으로서 재개념화될 필요가 있다는 논변이다. 권리를 이상적인 완전한 정의 세상을 위해 작동하는 하나의 일관된 권리와 자유의 도식에 속하는 것으로 생각하는 것 대신, 우리는 권리를 사회적 현실을 반영하는 것으로서, 현실적 억압과 부정의를 감소시킬 수 있는 것으로서 생각해야 한다(매이어스, 1995; 미노우와 쉐인리, 1996).

마르타 미노우는 권리의 수사가 관계성을 무시하게 되는 경향에 대해 매우 비판적이었다. 그녀는 우리가 개인의 권리가 구성되는 권력과 특권의 사회적 관계에 대한 시야를 잃어버리지 않아야 한다고 주장한다. 그녀는 억압적이었던 공권력과 사권력 두 형태 모두에 맞설 수 있는 "관계 속에서의 권리 개념"을 변호한다(미노우 1990, 14면). "우리가 차이를 인식하는데 사용하는 패러다임의 변화, 즉 사람들 간의 구분에 초점을 두는 것으로부터 차이들을 주목하고 구분을 만들어내는 그 관계에 초점을 두는 것으로의 전환"(15면)을 역설하는 것이다. 예를 들어, 가족 안에서 권리의 수사는 "차이의 부담을 여성과 아이들에게 할당한다"(14면) 그렇다고 기존의 권리들을 남성 가장으로부터 다른 가족원들에게 단순히 확장하는 것은 "여성과 아이의 특수한 상황과 필요를 인식하는데 실패한 것이며, 가족내 관계의 중요성을 간과하는 것이다"(268면).

그러나 미노우는 권리를 포기하지 않고 "구해내기를" 원한다. 많은 다른 여성주의자들과 함께 그녀는 "권리를 열망하는 데에는 아주 가치 있는 무언가가 있고, 다른 이의 필요를 주장하는 데에는 너무나 권력을 소홀히 하는 무언가가 있어, 권리의 수사학을 포기할 수는 없다"(307면)고 믿는다.

역시 필요한 것은 권리들이 주어진 범주들과의 관계 속에서 공식화되는 방식들을 재개념화하는 것이다. 킴벌리 크렌쇼우(Kimberle Crenshaw)는 반차별 법은 그릇된 차별을 발생시켜온 기초로서 인종이나 성과 같은 범주를 정체화하는 데서부터 진행하고, 그 다음에 치료책을 찾아야 한다고 지적한다. 그녀는 어떻게 이것이 그녀가 범주의 "교차성"이라 부르는 것을 간과하는지를 보여준다. 예를 들어, 흑인여성은 인종과 성을 교차하는 그들의 경험 때문에 법정에서 뿐 아니라 여성주의 이론과 반인종주의 정치학에 의해서도 주변화되고, 그들은 백인 여성에 대한 성차별의 패러다임에 의해서도 흑인남성에 대한 인종 차별의 패러다임에 의해서도 보호받지 못한다(크렌쇼우, 1989).

법의 범위 제한하기

도덕 이론의 차원에서도 보살핌 윤리의 발달과 함께 권리와 정의에 대한 감사 역시 있어 왔다. 정의의 도덕성은 법과 공공정책의 맥락에서 발달한 전체적인 도덕성 사유 방식의 일반화로 해석될 수 있다. 여성주의자들은 그런 법적 접근이 여러 맥락에 적합치 않은 것이라고 보면서 그들을 확장하는 것에 대해 저항하곤 한다. 그러나 이것이 정의와 도덕적 권리는 없어도 된다는 것을 함의하는 것은 아니다. 중심적인 도덕 개념으로서 보살핌이 정의를 대치해야 한다고 생각하는 이들이 일부 있긴 하지만 다른 많은 이들은 보살핌과 정의는 잘 발달된 어떤 도덕성에도 핵심적인 것으로 인정되어야 한다고 주장했다(헬드, 1995b; 통 1993). 보살핌 윤리학 이상의 것이 억압적인 사회 제도들을 평가하고 다양한 유형의 문제를 다루는데 요구될 것이라는 생각이 있어왔다(카드, 1990a; 휴스톤, 1987). 엘리슨 재거(Alison Jaggar)는 "보살핌 사고의 약점은 상황의 특수성과 구체성에 주목한 나머지 그들에게 사회적 구조가 지닌 의미의 많은 것들을 부여하는 사회적 제도와 그룹화와 같은 일반적 지형으로 부터는 외면하게 하는 점이"라고 주장한다(재거 1995a, 194면). 메릴린 프리드만 (Marilyn Friedman)은 그녀가 왜 "폭력의 문제를 다루는데 전통적인 정의와 권리 개 념이 보살핌 윤리보다 훨씬 나을지도 모른다"고 생각하는지를 보여준다(프리드만 1993, 150면). 다른 이들도 정의가 가족에게도 적용되어야 하고(오킨) 가족에 맞게 재개념화되어야 하지만(러딕, 1995), 확실히 유지되어야 한다고 주장한다.

더 나아가서, 주류 도덕 이론의 추상적 개인 대신에 많은 여성주의자들에 의해 개 념화된 관계적 자아는 아직 관계망에 붙들려 있는 사람들로 하여금 그녀의 상황을 바꾸도록 즉, 가부장적 공동체를 벗어나 억압적인 사회적 인연을 바꿔가는 것을 허 용해야 한다는 견해가 있다. 자율성과 권리에의 호소가 재구성되어야 할 필요는 있 지만, 그것이 없어도 되는 것은 아니다(프리드만, 1993; 매이어스, 1989).

보살핌과 정의가 어떻게 관계 맺어져야 하는가는 보살핌 논의와 정의의 재개념화 가 전개됨에 따라 여성주의 도덕탐구에서 거론되어온 주제이다. 정의를 공적인 삶에 서 인정되는 가치로, 보살핌을 사적인 영역에서 인정되는 가치로 생각하는 것은 마 음에 들지 않는다. 여성과 어린이는 분명히 가정에서 좀 더 큰 정의를 필요로 한다. 즉 강간과 가정폭력으로부터의 보호, 가족 간에 보다 균등한 노동 분담, 온갖 종류 의 아동 학대로부터의 보다 나은 보호 등 그리고 보살핌은 복지국가의 정책과 프로 그램과 사회의 관행들에 주입되어야 할 가치이며, 국제관계에서 역시 그 영향력이 증대되어야 한다. 그러나 어떻게 정의와 보살핌이 맞물려져야 할지는 좀 더 명료화 되고 새로운 제안들을 필요로 하는 여러 가지 질문들을 포함하고 있다.

연구되어야 할 질문들 중에는 다음과 같은 것들이 있다. 정의와 보살핌은 양립가 능한가? 그들은 같은 도덕적 상황에 대해 양자택일적이고 양립불가능한 해석의 방 식들인가? 둘 다 적합한 도덕적 이해를 위해서는 필수불가결한 것인가? 둘 중 하나 가 보다 더 기본적인 것이라면, 보살핌이 정의를 보완해야 하는가, 아니면 정의가 보살핌을 보완해야 하는가? 그들은 다른 영역에 적용하는 것이 적당한가? 아니면 둘 다 모든 혹은 대부분의 영역에 적용되는가? 하나가 다른 것 안에 한 특수한 사 례로 포함될 수 있는지, 그러면 어떤 것이 더 포괄적인 것인가?

 법이 도덕적 사고에서 개념적으로 제국주의적인 역할을 한 것에 대한 비판으로서 보살핌 관점에 서서 권리 비판을 보는 것이 아마 최선일지 모른다. 그것은 법 영역에서 권리를 내치기 위한 것이 아니다. 법적 해석이 다른 모든 도덕적 문제들에도 다 잘 들어맞는다고 상정하지 않고, 그것을 법률 영역에 한정시키고자 하는데 목적이 있다. 일단 정의와 권리의 틀이 모든 도덕 문제들을 해석할 적합한 방식이 아니라 하나의 한정된 방식이라고 이해하게 되면, 다른 도덕적 논변들도 눈에 들어올 수 있고, 사회적 정치적 기구는 정의, 법, 권리의 목적이 아닌 다른 목적들 주위에서 발달할 수 있다.

 이러한 쟁점들은 국제적 차원에서 인권을 이행하려는 현재의 노력들 속에서 예증될 수 있을 것이다. 이들 노력의 일부는 여성의 투표를 거부하거나 여성을 자신의 의지에 반해 결혼시키는 것과 같은 인권 침해들을 종식시킬 것을 명령함으로써 구체적인 방식으로 여성에게 유익을 준다. 그러나 주류의 인권 담론은, 가족과 공동체 안에서 여성의 보다 나은 지위와 대우를 위하고, 다른 여성들과 함께 여성의 협동적인 경제 발전을 위하고, 그 사회의 태도들을 형성하는 미디어 생산물 속에서 좀 더 힘을 북돋우는 여성 이미지들을 위한 것과 같은 여러 가지 필요들은, 인권의 이름으로 가장 강력하게 압력을 넣을만한 쟁점으로부터는 제외시켜 놓을지 모른다(그랜드와 뉴랜드, 1991).

 다양한 이슈들을 기본적으로 정의와 권리의 문제로 해석할 것인지 보살핌의 관점에서 접근되어야 할 문제로 해석할 것인지에 관한 선택이 항상 필요하다. 여성주의자들은 인간이 법과 주류 도덕 이론들이 상상하듯이 실제로 개인주의적이고, 자기충족적인 추상적 실재인 것은 아니라고, 그래서 제한적인 법적 목적을 위해 필요한 것 이상으로 인간을 그런 실재로 여겨서는 안된다고 믿을지 모른다. 만약 인간과 인간 관계 및 도덕성에 대한 좀 더 만족스런 견해가 채택된다면, 여성주의자가 강변하듯, 정의와 권리의 개념들보다는 다른 해석들이 보다 더 적합해 보일 것이다. 예를 들어, 어린이 보육을 위한 사회적 장치들과, 문화가 사회를 형상화해가는 방식들에 좀 더 많은 관심들이 주어지게 될지 모르며, 사회적 변화를 가져올 수 있을 것이다. 이것은 권리가 중요하지 않을 것이라는 것을 함의하는 것이 아니라, 주목의 중심에서 그것이 이동될 수도 있다는 것이다. 법적 체계 자체가 과거보다 덜 핵심적인 사회 조직이 되고 덜 영향력을 가지게 되고, 다른 영향력 있는 태도들과 행동들과 실행들이 보다 큰 역할을 하게 되는 그런 전환을 여성주의 도덕성이 조만간 가져올 수 있을 것이다.

(허라금 역)

51. 민주주의

앤 필립스(Anne Phillips)

우리는 종종 현대 민주주의의 역사적 기원을 정치적 권력의 가부장적 기반을 거부했던 17세기 자유주의에서 찾는다. 17세기 자유주의가 근대 민주주의 발전에 강력한 추진력을 제공하였다는 것은 분명한 사실이다. 자유주의는 위계질서가 '자연적'으로 결정되어져 있다는 가정을 의문시하였기 때문에, 여성과 남성의 평등함을 주장할 수 있는 새로운 언어를 제공하였다. 독단적이고 절대적인 정부에 대한 비판은 남편과 아내와의 관계에 그대로 적용되는 비판임이 너무나 확실함에도 불구하고, 메리 월스톤크라프트가 《여성의 권리에 대한 옹호》(1790/1972)를 썼을 당시까지도 간신히 남성의 권리만이 선포되었을 뿐이다. 그러나 모든 다른 것들과 비교해 볼 때, 민주주의는 매우 늦게 여성에게 동등한 시민권을 인정하였다. 뒤늦게 참정권을 부여받은 후조차도 여성들은 자신들이 여전히 이등 시민에 불과하다는 느낌을 가질 수밖에 없었다.

민주주의에 대한 여성주의 이론은 전형적으로 이러한 난제에서 출발하였다. 평등 원칙을 지지하고 독재적 통치를 반대하는 것으로 정의되어 온 전통적인 민주주의의 그 무엇이 그토록 오랫동안 성평등에 대한 요구를 받아들이지 못하게 한 것일까? 이러한 물음은 우선 이론이 실천을 못 따라가기 때문이라고 말하는 방식으로 답해질 수 있을 것이다. 즉 민주주의 원칙은 항상 성평등을 함의하고 있지만, 남성들이 주도해온 이해관계가 성평등에 관련한 여타 실천들을 지연시킨 것이라고 말할 수 있다. 이러한 방식의 답변은 존 스튜어드 밀이 그의 저서 《여성의 예속》(1869/1983)

에서 주장한 바이다. 밀은 근대를 정의하는 원칙에 있어 가장 크고 유일한 예외가 여성의 예속이라는 주장을 하였다. 밀은 여성의 예속이 지속되는 것은 모든 계급의 모든 남성이 가정에 "노예"를 갖게 됨으로써 얻기 원하는 혜택 때문이라고 본다. 현대의 저자들은 근대 민주주의가 성평등 실현에 실패한 원인이 되는 그 외의 이론적 기반이 무엇인가를 밝히는 데 집중한다. 여성에 대한 편견을 단지 비일관성의 문제이거나 무신경의 문제가 아니라 이론 자체에 깊이 각인된 그 무엇으로 보는 견해가 점점 더 증가해 왔다. 이를 수잔 맨더스(Susan Mendus, 1992, 208면)는 다음과 같이 서술하고 있다. "여성주의자들에게 민주주의란 유감스럽게도 여성들에 대한 약속을 지키는 데 실패한 그 무엇이 아니다. 민주주의 자체가 가지고 있는 철학적 가정에 대한 포괄적인 검토에서부터 시작하지 않는 한, 결코 그러한 기대에 부응할 수 없다는 것이 분명한 이념들을 민주주의는 체화하고 있다."

여성주의자들은 민주적 시민권 개념과 연관된 자질들―즉 정치적 공동체의 온전한 성원으로 인정되는 사람들이 지녀야 하는 특성과 자질, 속성과 태도 그리고 정체성―(존스, 1990, 781면)은 남성성과 남자들에게 특권을 부여하는 일군(一群)의 가치와 경험으로부터 유래된 것임을 주장해 왔다. 원래부터 남성들에게 속하는 것으로 여겨져 온 것들을 여자들에게 확장한다고 해서 민주적 평등이 보장될 수는 없다. 그러한 생각은 앞뒤가 맞지 않다는 것을 입증할 수도 있다. 예를 들어 기원전 5세기 아테네 시민들이 향유하던 고도의 정치 참여에 대하여 생각해 보자. 고대 그리스 민주주의에서 시민권이란 빈번히 열리는 시민 집회에 참석하고 재판이나 시정 의회에서 봉사하는 광범위한 책무를 수행하는 것이었다. 그러나 시민들이 "자유롭게" 이러한 활동을 할 수 있도록 해준 것은 여성들과 외국인과 노예들의 노동이었다. 시민들의 권리와 의무는 이러한 버팀목에 의존되어 있었기 때문에―단지 시민은 수적으로 소수였고, 매우 열심히 일을 하지 않아도 되었기 때문에 비로소 정치에 광범위하게 참여할 수 있었다.―이러한 권리와 의무는 모든 사람들에게 보편화될 수 없었다. 시민의 권리와 책임에 대한 시각 대부분을 수정하는데 실패한다면, 이러한 종류의 시민권은 여성에게까지 확장될 수 없다.

이러한 초기 사례들은 가장 직접적인 것이다. 왜냐하면 이러한 사례들은 남성성 (maleness)이 시민 집합체에 각인되어 있던 시대에 관한 것이기 때문이다. 여성주의자들은 후기 17세기와 18세기의 시민권 개념에도 역시 남성성이 각인되어 있었다고 주장한다. 이 시대에 외관상으로 순수하게 보이는 자유와 평등 혹은 합의와 같은 개념들도 여전히 남성적 경험으로부터 나온 것이었기 때문이다. 《성적 계약》(Sexual Contract)이라는 영향력 있는 저서에서 캐롤 페이트만(Carol Patemann, 1988)은 민주주의가 자유로운 개인들 사이의 자유로운 합의라는 관점에서 고안된 것이지만, 이 자유라는 것이 남성적 패러다임으로부터 유래한 것이기 때문에, 이것을 여성에게까지 확장시키는 것은 쉽지 않다고 주장한다. 페이트만은 민주주의 개념의 역사적 유래를 동의에 기반한 정부라는 사고의 기초를 제공한 사회계약론자들에게로 거슬러 올라간다. 그녀는 사회계약은 동시에 성적 계약이라고 주장한다. 동의에 기반한 정부를 주장하는 새로운 이론가들은 '아버지들의 통치(rule of fathers)'를 한 가지 의미가 아니라 두 가지 의미에서 전복시킨다. 그들은 왕권 통치의 가부장적 기반을 침식시켰다. 그러나 그들은 또한 아버지들을 좀더 상징적인 방식으로 처리함으로써, 여성을 단지 아내라는 지위를 통해 파악하게 하였다. 그리하여 자유는 종속을 전제로 한 것이 되었다. "시민의 자유는 가부장적 권리에 의존한다"(페이트만, 1988, 4면).

페이트만은 이와 더불어 특히 여성의 경험에 적대적인 자유, 계약 그리고 동의 개념이 우리에게 남겨지게 되었다고 주장한다. 민주주의적 주체의 권리와 자유는 페이트만이 '개인을 소유자로 이해하는 남성적 개념'이라고 부르는 것 안에서 정식화되어 왔다(216면). 이러한 개념이해는 육체와 육체의 능력을 거의 물질적 소유물로 취급하며, 자유란 자신의 소유물을 자기 마음대로 할 수 있는 능력이라고 간주한다. 자유의 특징을 이렇게 묘사하는 것은 여성이 자신의 육체와 맺는 종류의 관계에 대해서는 특히 부적절하며(페이트만은 성매매와 대리모 안에 함축되어 있는 다양한 종류의 '육체-계약'을 설명하고 비판한다), 이는 민주주의를 사람들 사이의 '자유로운 합의'를 가능하게 해주는 그 어떤 것으로 간주하는 민주주의에 대한 빈약한 이해로 빠지게 한다. 민주적 평등의 이념이 여성과 남성 사이의 진정한 평등에 부응할 수 있으려면, 이러한 남성적 기원으로부터 해방되어야 할 것이다.

이러한 논변의 한 가지 특징은 여성들이 민주주의에서 경험하는 문제들의 원인을 특별히 민주주의에 대한 자유주의적 해석의 탓으로 돌리는 데에 있다. 이러한 주장은 1970년대와 1980년대부터 진행된 논의의 전형적 특징을 이룬다. 현대 여성운동이 시작된 초기에 자유 민주주의는 공적 영역, 지나친 개인주의, 평등한 권리에 대한 소박한 믿음 때문에 비난을 받았다. 또한 여성주의자들은 특히 자유주의가 공적 삶과 사적 삶의 구분을 완전히 분리된 것으로 설정한 방식에 대해 강한 이의를 제기한다. 이러한 분리는 사적 영역에서의 불평등이 민주주의가 기능하는 데에 중요한 의미가 없는 것으로 취급함으로써, 한 가정에서나 노동력에서의 성적 불평등이 여성들이 정치적으로 평등하게 행동할 기회에 미치는 영향을 무시하였다(필립스, 1991, 제4장). 공사 영역의 강한 분리는 또한 가정 내의 권력관계를 개인의 '선택'의 문제이거나 개인적인 협상의 문제로 만듦으로써, 그것이 민주주의의 한계영역 안에 포함되지 못하도록 하는 결과를 가지고 온다. 이에 반해서 여성주의자들은 민주주의적 이념을 "부엌과 육아실, 그리고 침실" 안으로 끌여들어 실천해야 하는 것으로 보았다. 이러한 보다 야심찬 민주화 프로그램은 여성주의자들로 하여금 자유 민주주의보다는 오히려 참여 민주주의 전통에 맥을 닿게 하였다.

정치이론의 성별 하위 텍스트에 대한 페이트만의 분석은 다수의 상이한 영역에 걸쳐 재적용되었고, 이론가들은 다음과 같은 방식에 주목할 것을 여러 측면에서 요청해 왔다. 즉 자유민주주의 이론에서 '개인'은 결국 남성 가장이라는 것이 드러나는 방식(오킨, 1989a), 남성들은 '시민 전사(citizen warrior)'로 민주주의 안에서 구체화되지만 여성들은 '시민-어머니(citizen mother)'로 편입되는 방식(페이트만, 1992), 평등과 차이 그리고 불이익과 같은 개념들이 '본질적으로 남성적인 정상성의 기준을 가정하는' 방식(멘두스, 1992, 215면)에 주의를 환기시켜 온 것이다. 이러한 논의 중 많은 것이 두 개의 다소 다른 관점들과 결합한다. 우선 첫 번째 논의는 우리가 의례 성중립적이라고 믿고 있는 범주들이 남성 편향적으로 확립되는 방식에 대해 주목한다. 그 자체로 두고 보면, 이러한 논의가 지향하는 것은 양성 구분을 찾아볼 수 없는 보다 참된 성중립성인 것으로 보인다. 그러나 이 첫 번째 논의는 빈번히 성중립성이라는 것 자체가 문제(죄인)라고 보는 두 번째 주장과 연결이 된다. 예컨대 캐롤 페이트만은 그의 저작에서 자유민주주의 이론의 '개인'은 남성이며 또한 탈육체화된 자라고 말한다. 그녀가 제시하는 해결책은 남성적 특징을 완전히 없애 버리는 것이 아니라, 여성과 남성 즉 여성적 특징과 남성적 특징 모두를 인정해 줄 수 있는 민주주의를 발전시키는 것이다. 오늘날 모든 민주주의는 스스로 성차에 대해 무관하다고 표방한다. 그리고 시민권은 여성과 남성 양쪽 모두 동등하게 적용된다고 선포한다. 그러나 바로 이러한 무관함이 여성주의자들이 비판하는 부분이다. 민주주의 이론이 특수한 것, 구체적인 것, 육체적인 것을 탈색키시는 것은 다시 말해 그러한 이론들이 오로지 한 성만을 규범으로 하여 쓰여진다는 것을 의미하기 때문이다.

"시민이 된다는 것은 한 사람의 특수한 정체성을 추상적이고, 공적인 자아와 맞바꾸는 것이다"(존스, 1990, 784면). 그리고 이러한 교환은 특히 남성에게만 유리한 것으로 간주되어 왔다. 남성과 여성은 공적인 삶과 사적인 삶 사이의 균형을 유지하는 문제에 있어 서로 다른 처지에 있음을 고려해 보라. 남성은 그들의 사적이고 가정적 관심사로부터 (실질적으로 그리고 감정적으로) 거리를 갖고 초연하기가 훨씬 더 용이하다. 민주주의 정치의 '남성적' 규범 속에서 공적 세계와 사적 세계 사이의 경계는 비교적 잘 정돈되어 유지되고 있다. 그리고 이러한 경계를 벗어나는 사람들은 (예컨대 정치집회에 아기를 데리고 간다거나 합리적인 논쟁을 하는데 감정을 개입시킨다든가 한다면) 훼방꾼이거나 이상한 사람으로 간주될 것이며. 민주주의적 삶의 기준을 지키지 못하는 사람으로 취급받게 된다. 이러한 기준들은 물론 중립적이라고 표방된다. 즉, 동일한 비판이 여자건 남자건 간에 동등하게 적용된다는 말이다. 그러나 사회적 특징들이 이미 성별화되어 있기 때문에, 일반적으로 중립성이라고 통용되는 것들은 결국 남성이 우선권을 점하는 특권적 대우를 만들어 내게 된다.

성중립성: 해결책인가 문제의 일부인가?

이 물음은 최근의 민주주의 분석에 있어 주요 쟁점들 중 하나이다. 즉 성중립성을 해결책으로 볼 것인가 아니면 문제의 일부로 볼 것인가 하는 질문이다. 이 물음을 특정한 정책 제안으로 바꿔 말해 보면 다음과 같다. 즉, 성중립성을 해결책으로 보는 입장은 성과 관련하여 잔존하는 모든 불이익을 제거할 것을 촉구한다. 그러므로 만일 민법이 아내의 국적으로 국적을 옮기는 것을 남성에게 허용한다면, 동일한 법은 여성들에게도 자신의 국적을 남편의 국적으로 옮기는 것을 허용해야만 한다. 또는 남성들이 그들의 나이나 자녀수와 상관없이 정치적 직무에 합당한 후보로 간주된다면, 여성들이 학령 전 아동을 자녀로 두고 있다 할지라도 그들 역시 동등하게 합당한 후보자로 간주되어야 한다는 것이다. 이러한 모든 주장은 성을 민주주의에 어떤 중요한 의미도 갖지 않는 것으로 만들어야 한다는 말로 이해될 수 있을 것이다. 그러나 반면 여성주의자들이 대표로 선출되는 최소한도의 여성 수(number)를 보장하는 할당제를 옹호하거나 혹은 어떠한 형태이든 여성이 여성을 대표하는 것을 보장해야 한다고 주장할 때, 그들은 상당히 강한 주장을 하는 것이다. 그들은 민주주의적 삶 속에서 성차가 좀 더 뚜렷하게 드러나도록 구축하고자 한다.

이와 같은 두 번째 접근방식을 이론화하는 가운데 아이리스 영은 불편부당한 이성(impartial reason), 즉 어디에도 치우치지 않은 이성이라는 이념 자체를 문제로 삼는다. 영은 그런 이념은 불가능하다고 생각한다. 즉 초월적인 " '어떠한 위치에서도 아닌 시각(view from nowhere)'이라고 하는 것에 이미 특정한 주체나 일군의 주체들이 사물을 바라보는 관점과 속성 및 특성이 실려 있다"는 점을 문제시하였다(영, 1990a, 11면). 그러나 영이 지적하듯이, '불편부당한 이성'의 이념은 현대 민주주의를 근본적으로 비판하는 사람들에게 특히 널리 퍼져 있다. 왜냐하면 기존 정치의 밑바닥에 깔려있는 너무나 많은 이해집단의 천박한 협상을 의문시하는 사람들은 더 많은 공동의 관심사를 증진시킬 수 있는 좀 더 고결한 민주주의에 한층 마음이 끌리기 때문이다. 그럼에도 불구하고 "다른 집단은 억압을 당하고 있는데, 어떤 집단은 특권을 누리는 "사회 속에서" 시민으로서 보편적 관점을 받아들이기 위해서 사람들이 자신의 특수한 속성이나 경험을 제쳐 두어야 한다는 주장은 단지 기존의 특권을 재강화시키는 데에 도움이 될 뿐이다. 왜냐하면 특권을 누리는 사람들의 관점과 이익이 이러한 통일화된 공공성을 주도하게 마련이고, 이와 더불어 다른 집단의 관점이나 이익은 주변화 되거나 침묵당하기 때문이다"(영, 1990a, 257면).

이에 반대하여 영은 서로 다른 목소리와 관점들 간의 대화와 논쟁이 허용될 때에만 민주주의가 비로소 좀 더 정의로운 사회적 성과에 접근할 수 있다고 주장한다. 그리고 현재 억압당하고 있는 사람들을 집단적으로 대변할 수 있는 추가적 기제가 필요하다고 역설한다. 그래야만 여성들이 시민의 대표자이자 여성의 대표자로서 나설 수 있기 때문이다.

이렇게 특수 집단의 대표제를 옹호하는 주장들은 특히 논쟁의 대상이 되어 왔다. 어떤 측면에서 보자면 변화 중에 있는 다수의 정체성을 본질주의적이 될 잠재적 가능성이 다분한 '여성'이라는 범주 속에 동결시키는 위험이 따르기 때문이다. 또, 집단이 그 집단을 대표한다고 주장하는 사람들에 이르기까지 그 책무의 경계를 분명히 하기가 어렵다(필립스, 1993, 5장). 그러나 덜 논쟁적인(그리고 더욱 더 널리 수용되고 있는), 정치 공직에 선출되는 여성들의 최소한 수를 보장하는 여성할당제의 실천도 역시 민주주의의 성별 중립성에 대한 비판으로 이해될 수 있다. 자유민주주의에서는 관습상 시민들이 정책이나 견해 혹은 신념에 따라 그들의 대표를 선택하도록 권장되고 있다. 그래서 만일 자유롭고 공정한 정당경쟁의 과정을 통해 남성들이 압도적 다수를 이루는 의회가 선출된다면, 그것은 단지 유감스러운 사실로 언급될 뿐이다. 그럼에도 불구하고 선출된 대표자들의 성별이 문제가 된다고 여성주의자들이 주장할 때, 그들은 성과 연관되어 공유된 체험들이 대의 민주주의 제도를 만드는데 필수적이라고 말하고 있는 것이다(필립스, 1995). 만일 정치에서 성평등이 중요한 목표로 간주될 수 있다면 이것은 성이 아직도 민주주의에 중대한 의미를 갖기 때문이다.

이 점에 대해서는 여성주의자들 사이에 아직도 합의가 이루어지지 않고 있다. 어떤 사람들은 "성적으로 구별된 시민권" 즉 "여성의 시민권과 남성의 시민권이라는 두 국면"을 인정하는 시민권을 기대한다(페이트만, 1998, 224면). 또 어떤 사람들은 여성주의가 "차이를 제거함으로써 얻을 수 있는 것이 아니라, 차이를 통하여 도달할 수 있는 것이라고 이해되는 새로운 민주주의 개념"을 찾는 작업이라고 주장한다(맨

두스, 1992, 82면). 다른 한편 어떤 사람들은 "성차가 실질적으로 아무런 영향을 미치지 않는 새로운 시민권 개념"을 주창한다(무페, 1992, 82면). 예를 들어 샨탈 무페는 캐롤 페이트만이 주장하는 "성적으로 차별화된(sexulally differentiated)" 형태의 시민권도 거부하고, 아이리스 영이 주장하는 "집단적으로 차별화된(group differentiated)" 형태의 시민권도 거부한다. 그는 민주주의 시민권의 차원에 있어 차별화된 대우는 전적으로 부적절하다고 주장한다. 사회 정책과 관련된 문제라면 남성과 여성의 평등한 대우를 위해서 서로 다르게 대우를 받아야 할 경우가 있을 수는 있다. 그러나 "정치영역에는 그리고 시민권에 관한한 성차가 적절한 구분점이 될 수는 없다"는 것이다(무페, 1994, 82면).

이와 유사한 논조로 메리 디이쯔(Mary Dietz, 1985, 1987)는 정치란 매우 특수한 종류의 활동으로 이해되어야만 한다고 주장한다. 그녀는 민주주의란 "교사나, 상인, 형제, 예술가, 친구, 어머니 등과 같은 개인을 하나의 특정한 종류의 정치적 존재, 즉 다른 시민과 동등한 한 사람으로 변형시키는 그 무엇"으로 본다. 디이쯔의 주장에 따르면 "정치활동에서 인간은 중요한 사안에 대해 판단을 내리고, 공동의 관심사에 대해 숙고하며, 서로 협조하고 행동하는 동등한 인격체로서 관계 맺어야 한다(Dietz, 1985, 28면)." 우리가 정치참여를 할 때에 자신의 다른 정체성들을 모두 다 버릴 수는 없겠지만, 그러나 그런 것들이 결정적인 것으로 간주되어서도 안 된다.

이러한 의견의 불일치가 상당히 중요한 의미를 갖는다는 것은 분명하다. 이러한 견해의 불일치는 결국 "공동의 주요 사안"에 시민들이 참여할 수 있는 그러한 종류의 민주주의를 발전시키기 위해서 차이를 얼마나 인정할 것인가 하는 문제에 대한 불일치로 이해하는 것이 가장 좋을 것이다. 예를 들어 아이리스 매리언 영도 이익집단 간에 오가는 흥정에 대한 근본적인 혐오에 공감한다. 그리고 민주주의적 이상에 대한 그녀 자신의 입론은 서로 다른 사람들 간의 관계맺음이 가지고 오는 변혁적인 효과를 전제하고 있다. 변혁적인 효과란 어떤 일의 과정 속에서 편견과 편파적인 관점이 드러나게 되는 경우에 그것들이 수정되면서 발생하는 효과를 말한다(영, 1993a면). 그녀가 강조하고자 하는 바는 사람들이 상이한 관심과 이해관계, 경험이나 관점들에 노출되면 그런 변화가 일어나기가 가장 쉽다는 점이다. 성적 차이(혹은 다른 종류의 차이)를 좀 더 명확하게 인정하지 않으면, 민주주의적 의사결정은 계속 지배집단의 편견과 선입견을 반영하게 될 것이다. 성이 현저한 의미를 갖는 차이 중 하나라는 것을 인정하지 않는 한, 좀 더 성 평등주의적 민주주의를 성취할 기회는 희박해진다.

여성의 가치: 민주적 실천의 변혁

이것은 이론적 차원이나 정책적 차원 양쪽에서 여성주의자들 간에 지속적인 논쟁의 대상으로 남아 있는 문제이다. 논쟁의 두 번째 영역은 여성의 경험과 문화가 민주주의의 실천과 관습을 교정할 것이라고 기대할 수 있는가 하는 문제이다. 사회에서 돌보는 자(carers)로서 살아가면서 (예컨대 아이들을 돌보는 일과 늙은 부모를 보살피는 일을 일차적으로 책임지는 사람으로서) 여성들이 갖는 경험은 민주주의에 보다 더 관용적이며 덜 갈등적인 모델을 제공할 수 있다고 주장하는 사람들이 많다. 이러한 견해는 통상 더 많은 여성들의 정치참여를 옹호하는 입장의 일부로 주장되어 왔다. 이러한 논변은 여성들이 남성보다 친밀한 관계를 더 잘 받아들이고, 더 기꺼이 남의 말을 경청하고 여성들 자신의 이기적인 관심과 이해관계를 덜 고집하며, 인격적인 호소에 더 민감하다는 널리 통용되는 믿음에 근거한다. 사라 러딕(Sara Ruddic, 1980)은 '모성적 사유(maternal thinking)'에 대한 분석 속에서 종래의 정치적 관습의 특성에 비해 여성들은 훨씬 훌륭하게 더 많은 겸허함과 인격체에 대한 존중감, 그리고 성장에 대한 민감성을 공적세계에 가지고 올 수 있다고 주장했다. 케티 퍼거슨(Cathy Fugerson, 1984)은 관료주의에 반대하는 여성주의적 입장을 개진하면서, 양육, 공감, 보살핌 그리고 결속력(connnectedness)은 여성체험의 구조 속에 축조되어 있으며, 이러한 것들이 지배를 요구하는, 대안적 형태의 조직을 위한 기반을 제공한다고 주장하였다.

이러한 논변들 중 그 어느 것도 여성에게 '본질적인' 본성이 있다는 주장에 의존하고 있지 않다는 점이 강조되어야 할 것이다. 그들이 요구하는 것은 오늘날 여성으로 살아간다는 것 그리고 남성으로 살아간다는 것과 연관된 서로 상이한 종류의 체험들이 그들로 하여금 서로 다른 종류의 가치와 편향성을 갖게 한다는 사실을 인식하자는 것이다. 그러나 여기에도 여전히 위험은 남아 있다. 수많은 여성주의 저자들이 경고한 바와 같이, 그러한 논변들은 여성성에 대한 인습적인 관념들을 재강화시킬 수 있는 위험을 안고 있기 때문이다. 캐서린 존스(Kathleen Jones)는 여성의 경험과 가치가 민주주의의 우선순위와 민주주의적 실천을 재형성할 것이라는 생각에 대체로 동의한다. 그러나 그녀는 여성주의자들이 "모든 대안적 목소리를 자기 희생의 새로운 노래로 변형시키는 위험을 안고 있는 지배의 맥락 속으로 이러한 가치들이 휘말려 들지 않게 할 수 있을 만큼 항상 충분히 신중한 것은 아니었다"는 점을 지적한다(Jones, 1990, 794면). 그녀는 또한 여성주의적 시민 모델은 "모두를 보살피고, 모두를 사랑하는 이상화된 여성 이미지를—여성주의가 비록 그러한 이미지를 창출해내는 가부장적 체계를 거부한다 할지라도—정당화시킬 수 있다"는 점을 지적한다 (앞의 책, 1990, 809면). "모성적 여성주의"를 훨씬 더 강하게 비판하는 가운데 메리 디이쯔(1985)는 사적 영역에서 미덕이 된다고 해서 반드시 그것이 공적 영역에서도 미덕이 될 수는 없다고 주장한다. 어머니가 연약한 아이들에게 줄 수 있는 종류의 주의 깊은 보살핌은 정치적으로 동등한 사람들과 함께 일하는 시민들에게는 모델이 될 수 없다는 것이다. 그러므로 그녀는 여성 체험과 관련된 가치들은 민주주의에 제 한적인 의미만을 가질 수 있을 뿐이라고 생각한다.

이러한 견해와는 상반되게 제인 맨스브리지(Jane Mansbridge, 1990, 1993)는 여성 주의가 민주주의적 공동체의 이슈에 제공할 수 있는 것이 엄청나게 많다고 주장한 다. 예컨대 여성주의가 제공할 수 있는 것은 여성적 가치라고 통상적으로 주장되는 감정이입이나 결속력(connetedness)과 같은 것이다. 그녀에 의하면 공동체를 함께 묶 어내는 어느 정도의 결속 없이는 어떠한 민주주의도 작동될 수 없다. 사람들이 비록 "사람들은 각기 한 사람으로 계산되며, 아무도 한 사람 이상으로 계산되지 않는다" 는 기본공식(혹은 최소한의 공식)에 대해 동의한다 할지라도, 자신들 스스로가 대우 받기를 바라는 방식으로 다른 사람들이 대우 받을 권리가 있다는 것을 이해하기 위 해서는 충분한 공동체감이 있어야 하며 그래야 그러한 공식이 작동할 수 있다. 민주 주의가 항상 이러한 엄격한 절차적 공정성의 기준에 부합할 수는 없다(멘스브리지 는 완벽하게 정의로운 민주주의는 없다고 주장한다). 그러므로 승자도 패자 자신이 속한 동일한 공동체의 일원이라는 것을 이해하게 하는 상호연결의 유대는 패자로 하여금 그들의 실패를 더욱더 잘 받아들일 수 있도록 한다. 주류 민주주의 이론가들 은 공동체가 지니는 이러한 핵심적인 의미를 점차 인정하기 시작하게 되었다. 그들 은 공동체나 결속력을 '여성의 것'으로 인지하기 때문에 이를 받아들이기가 어려웠 고, 그래서 자기이익이나 권리와 같은 더 완고한 언어들을 선호해 온 것이다. 맨스 브리지는 여성과 남성 사이의 차이에 대한 강한 설정에 근거한 논변을 전개하지는 않는다. 맨스브리지는 감정이익의 생리학적 수치—예컨대 아기가 울면 맥박이 빨라 진다든지, 다른 사람들이 시험을 당하는데 자기가 진땀을 흘린다든지 하는 것과 같 은 생리학적 수치는 성별에 따른 차이가 거의 없다는 몇몇 흥미로운 연구결과에 대 해 주목한다. 그러나 좀 더 직접적으로 다른 사람들에 대한 감정이나 감수성에 대한 질문을 하게 되면, 소녀들과 여성들이 보여주는 감정이입의 정도가 소년들이나 남성 들이 보여주는 것보다 현저히 높게 나타낸다. 맨스브리지가 주장하고자 하는 바는 행동에 있어 실제적인 남녀 간 차이가 있는가 하는 문제보다 특정한 성질이나 행위 가 성별에 따라 상이하게 코드화된다는 사실에 주목해야 한다는 것이다. 그러나 성별 코드화는 민주주의 이론 내에서 강한 영향을 끼쳐 왔다. 양육이나 감정의 '좀 더 부드러운' 언어는 경시되거나 경멸되어 왔기 때문에, 그런 서구의 언어 대신 자기이익에 관한 언어의 수렁 속에서 벗어나지 못했던 것이다.

민주주의 이론화에서의 세 가지 발전

위의 실례가 보여주듯이, 이론가들은 여성주의가 민주주의에 특별히 기여한 공헌을 평가하는 데 있어 상당한 의견 차이를 보이고 있다. 그리고 민주주의가 여성의 정치적 평등을 보장하는 데 실패해왔다는 점에 대해서는 광범위한 동의가 아루어졌다고 해도, 그것을 곧 왜 그럴 수밖에 없었는가 하는 이유에 대한 본질적인 합의가 이루어진 것으로 해석할 수는 없다. 그럼에도 불구하고 여성주의와 민주주의에 대한 사유동향에 있어 크게 세 가지 중요한 발전을 확인하는 것은 가능하다. 첫 번째는 여성주의와 민주주의에 대한 제닌 맨스브리지의 논의에서 분명해진다. 맨스브리지는 여성의 특질과 가치를 여성과 남성의 차이에 대한 강한 주장에서 분리시키고 있다. 일반적으로 성차의 중요성과 타당성을 강조하는 이들도 '본질적'으로 여성적인 것이 존재한다는 주장으로부터 거리를 두고자 고심한다. 또한 그들은 평등을 주장하는 것과 성차를 주장하는 것을 서로 강하게 대립시키는 일을 피하고자 노력한다. 1980년대 대부분 여성학은 남성과 여성을 완전히 똑같이 대우하는 엄격한 평등을 주장할 것인가 아니면 다른 대우를 필요로 하는 여성의 독특한 특성을 주장할 것이냐 사이에서 불편한 선택에 직면했다. 이러한 양자택일적 선택은 이제 대체로 과거사가 되었다. 여성주의자들이 성별 중립성의 위치나 성별 차이에 부과하는 정확한 무게에 대해 여전히 논쟁을 계속하고 있기는 하지만 그 논쟁은 이제 보다 더 평등과 차이 양자 모두를 인정하는 연속선상에서 진행된다. 페이트만이 강조했듯이 "시민권의 평등한 정치적 위치는 민주주의와 여성의 자율성을 위해 필수적이다." 그러나 "그것은 모두 시민이 남성처럼 되거나 또는 여성들이 남성과 같은 방식으로 대우받는 것을 의미하는 것은 아니다(1992, 29면)." 여성주의에 있어서 평등이 가장 문제가 되어 온 것은, 평등이 곧 사람들을 똑같이 대우하는 것을 연상시켰기 때문이다. 왜냐하면 이러한 평등개념은 여성 경험에 특수한 그 어떤 것도 거들떠보지 않는 추상적 개념('개인' 또는 '시민')을 주창하는 경향이 있기 때문이었다. 그러나 같음의 개념으로부터 일단 거리를 두면 우리의 차이를 좀 더 적합하게 인정하면서 시민으로서의 평등을 추구하는 것이 가능하게 될 것이다.

두 번째 중요한 발전은 여성주의 이론가들이 민주주의 이론의 주류에 굳건하게 자리를 굳혔다는 것이다. 민주주의가 얼마나 여성들을 저버려 왔느냐 하는 것뿐만 아니라 여성주의가 민주주의 이론의 확장을 위해 무엇을 제공할 수 있는가 하는 데에 그 초점이 모아지고 있다. 여성주의자들은 심의 민주주의 혹은 의사소통적 민주주의 이론 확장에 크게 기여하고 있다(예컨대, 맨스브리지, 1990, 1993; 영, 1993a; 필립스, 1995). 심의 민주주의 이론가들은 투표함을 중심으로 한 익명 정치를 비판하며, 공통의 관심사에 대해 정의로운 판단을 내리는 데 있어서 공적 토론이 얼마나 중요한지를 강조한다. 여성주의자 역시 이해관계에 의거한 투표함 정치에 대한 비판에 동조한다. 즉 이해관계에 의해 추동되는 투표함 정치가 새로운 요구와 관심을 탐색하는데 특별히 만족할 만한 도구가 아니라는 사실이 입증되었음을 주목한다. 그리고 여성주의자들은 정치적 의제를 변화시키는데 도움이 되는 더 포괄적이고 토론에 기반을 둔 민주주의를 지지해왔다. 그러나 여성주의자들 역시 심의 민주주의 이론의 근저에 숨어있는 "공동선(common good)" 개념에 대해 그 불편함을 문제제기해왔다. 왜냐하면 그런 개념들은 "듣고 싶지 않은 목소리를 침묵시키거나 무시할 수 있는 지배집단의 능력을 생생하게 상기시키기 때문에", 여성주의자들은 공통의 이해관계나 공통 관심사에 대한 설익은 호소가 오히려 정치과정에 이미 존재하고 있는 불평등을 재강화할 수 있다는 점에 특별히 의견을 같이하고 있다.

여성주의자들은 다문화적이고 다인종적 사회 속에서 민주주의가 이론화되는데 기여해 왔다. 왜냐하면 여성주의자들은 차이를 통한 평등의 분석이 이질적인 사회의 민주주의 고찰을 위해 매우 적절하다는 것을 알기 때문이다. 그들은 또한 성적 차이와 다른 종류의 차이들 간에 명백한 유비관계가 있음을 비교해왔다. 수잔 맨더슨(1992, 216면)이 지적한 바대로, "차이는 사라져 버릴 것도 아니고, 차이가 나는 사람들이 그것에 대해 사과해야 한다고 느껴야 하는 그 무엇도 아니다." 여성주의자들이 시민들 사이에 존재하는 중요한 차이를 조정하기 위해 민주주의 이념을 수정하고자 애쓸 때, 현대의 논쟁 중에서 가장 난해한 문제들과 연관된 이슈를 대상으로 삼게 된다. 민주주의가 어떻게 차이를 존중하면서 동시에 평등을 성취할 것인가? 시민권을 보편적 권리로 볼 것인가 아니면 차등적 원리로 볼 것인가? 개인, 집단 그리고 국가 간의 관계는 무엇인가? 여성주의 철학은 이 광범위한 질문에 다루는데 특히 필요한 중요 자원들을 제공한다.

이런 탐구들이 자유민주주의의 이해를 상당 부분 수정하는 것이긴 하지만, 자유민주주의 이론의 본질적인 교정은 세 번째 주요 발전과 동시에 발생한다. 주디스 스콰이어즈(Judith Squires, 1994, 62면)는 이 세 번째 발전을 "여성주의 문헌에 시민권에 대한 자유주의적 프로젝트를 재기시키려는 움직임"이라고 묘사한다. 이러한 재기는 모든 종류의 정치이론가들과 여성주의자들이 공유하는 그 무엇이다. 왜냐하면 자유민주주의에 대한 사회주의적 대안이 붕괴된 것은 보다 참여적인 형태의 민주주의에 대한 자신감의 상실과 연관되어 있으므로, 자유민주주의를 재정립하는 것이 거의 유일하게 합법적인 다른 방법인 것처럼 보이기 때문이다. 많은 여성주의자들에게 이러한 보다 일반적인 경향은 여성운동의 틀 안에서 대안적 형태의 민주주의를 발전시키면서 여성들이 경험한 어려움들 때문에 더 재강화되었다. "거의 강박관념에 이를 정도로"(존스, 1990, 788면) 참여를 강조하면서 여성들은 대면적 민주주의 같이 더 직접적인 형태의 민주주의를 좀 더 신뢰한다. 그러나 비공식적이고 비위계적 조직 형태에 대한 선호는 자주 친구들끼리의 배타적인 네트워크를 형성하게 만들며, 이러한 네트워크는 그 외부의 여성에게 장애물로 작동하게 된다. 그 결과로 백인 중산층끼리의 멤버십에 대한 신랄한 비판과 더불어 여성운동은 파편화되었고, 대면적 민주주의와 같은 대안적 형태의 한계가 노정되었다. 점차 여성주의자들은 "친밀한 관계의 논리를 정치적 삶의 조직에 적용하는 것은 많은 모순을 수반한다"는 것을 깨닫게 되었다(존스, 1990, 787면). 그리하여 많은 이들이 자유민주주의 전통 쪽으로 다시 한번 희망을 가지고 돌아서게 되었다. 최근의 논문들은 (예를 들어서 제임스, 1992; 필립스, 1993, 6장; 무페, 1992) 여성주의와 자유주의 프로젝트 간의 관계를 명백히 재구성하고 있다.

일례로 수잔 제임스(Sausan James)는 "시민권에 대한 자유주의적 이해와 여성주의적 이해 사이에는 우리가 일반적으로 생각하는 것보다 더 많은 연속성이 있다"(1992, 49면)고 말하면서 자유주의의 독립성 개념 속에 있는 아직 다 해명되지 않은 잠재력으로부터 여성 시민권의 기반을 찾을 수 있다는 기대를 표명하고 있다. 그녀가 자유주의는 이미 여성주의적 관심에 부응했다고 주장하는 것은 아니다. 다시 말해, 여성에게는 자유주의 이론에 핵심이 되는 독립성이 체계적으로 거부되어왔다. 또한 자유주의는 모든 시민들이 그들의 목소리로 이야기하기 위해 필요한 자기 존중감을 가지고 있다는 것을 당연한 것으로 간주해 왔다. 그러나 그녀는 독립성의 분석이 "전통적으로 여성과 관련되어 연상되는 정서적인 의존 관계와 자유주의에서 그렇게도 중요한 불편부당성에 대한 남성적 규범, 이 양자를 모두 민감하게 받아들이는 시민권 개념에로 나아갈 방법"을 지시해주는 것으로 보고 있다(63면). 그렇게 되면 처음에는 문제로 여겨지던 자유주의가 여성주의와 민주주의를 화해시키는데 필수적인 도구를 제공할 수도 있다는 것이다.

민주주의에 대한 여성주의 이론화는 1980년대와 90년대의 주요 특징이 되었고, 이 짧은 기간을 통해서 광범위한 논쟁의 장을 열어 놓았다. 여기서 다루어진 문제는 민주적 시민권의 본질, 성별 중립성의 역할과 함의, 평등 추구와 차이의 인정 간의 관계, 여성적 가치와 경험이 더 나은 민주주의를 발전시키는데 기여할 수 있는 공헌 등등이었다. 어떤 문제에 대해서도 하나의 통일된 목소리는 없지만 여성주의 철학의 확장된 영역은 주류 이론과 실천에 더 많은 영향을 미칠 것이라는 전망을 보여준다.

(이상화 역)

52. 사회주의

앤 퍼거슨(Ann Ferguson)

정의들

　여성주의 철학은 생물학적 남성의 지배를 영속화할 수도 있는 철학적 입장들을 비판하는 관점에서 착수된 이론적 기획이다. 여성주의 철학은 여성에게 권한을 부여하기 위해 사회에서 변화되어야 할 필요가 있는 것에 대한 보편적 이해도 추구한다. 이러한 보편적 특징 묘사에 따르면 많은 사회주의 사상가들은 여성주의 철학자로 간주될 수 있다. 왜냐하면 그들은, 남성의 지배는 사적 소유 체계에 뿌리를 두고 있다고 추측하며 여성에게 권한을 부여하려면 자본주의에 대항하는 사회주의적 대안을 구축할 필요가 있다고 믿기 때문이다. 그러나 이 논문의 목적을 위해서 나는 여성의 상황과 사회주의 간의 관계에 대해 명확하게 글을 쓴 사상가들만을 고찰하고자 한다. 그러므로 로자 룩셈부르크(Rosa Luxemburg), 시몬느 베이유(Simone de Weil), 그리고 한나 아렌트(Hannah Arendt) 같은 저자들이 비록 반자본주의적 사유 일반을 발전시키기 위해서는 중요할지라도 [여기에서는] 그들을 일단은 제쳐놓겠다.

여성주의 논쟁점의 하나인 사회주의

　프랑스혁명을 이끈 세 가지 요구들(자유, 평등, 박애)은 인민주의자(1917년 혁명 전 러시아의 인민주의)에게는 종교적인, 소농의, 민주적인, 반-노예제도의, (자본주의 발전 초기의) 노동자의 그리고 여성의 권리 운동을 발전시켰던 가치들이었다. 그러나 '자유'와 '평등'에는 처음부터 상이한 정치적 해석들이 주어졌고, [자유와 평등을 실현하는 데 있어서] 주요 장애를 교회로 간주하느냐 귀족정치 국가의 통제로 간주하느냐(고전적 자유주의) 아니면 자본주의 경제의 경제적 계급 불평등으로 간주하느냐(고전적 사회주의)에 의해 자유와 평등[의 해석]이 좌우되었다. 후자(고전적 사회주의)를 강조하는 19세기와 20세기의 여성주의 사상가들은 개인의 자유보다는 사회적 평등에 우위를 두었다. 왜냐하면 고전적 사회주의는 남성 지배의 지속성은 자본주의 체계의 국면이라고 보았기 때문이다. 결과적으로 맑스주의, 무정부주의, 그리고 사회주의적 여성주의를 포함하여 [19세기와 20세기의 여성주의 사상가들은] 다양한 반-자본주의적 입장들을 발전시켰다.

18세기의 프랑스 무정부-사회주의자들인 프루동, 푸리에, 그리고 생시몽은 땅과 생산 자본에 대한 사적 소유와 가부장제적 결혼 체계 안에서의 여성에 대한 남성의 소유를 서로 대비시킨다. 그러한 관념들은 영국, 프랑스, 독일 그리고 미국의 19세기 급진(주의)적 대중 운동 집단들 속에서 대중화되었다(이런 대중 운동을 하는 여성주의 사상가와 연설가에 관해서는 Taylor, 1983와 Rowbotham, 1992를 보라).

비록 18세기 담론들이 여성주의와 사회주의를 연결할 수 있는 가능성과 연결의 본성에 관한 질문들을 예시하기는 했지만, 이 연결에서 [노정되는] 수많은 이론적 불일치들을 표면화시키는 물적-정치적 조건들을 제공했던 것은 사실 러시아와 중국의 사회주의 혁명에서와 마찬가지로 19세기와 20세기의 산업자본주의의 발전이었다. 첫번째 불일치는 국가의 역할과 혁명 과정에서 전위당의 역할에 관한 맑스주의와 무정부주의 간의 불화 속에서 반영되었다(고전적인 무정부적-여성주의 입장에 대해서는 Goldman, 1972를 보라. 로자 룩셈부르크의 대중 파업 정치학에 대해서는 Luxemburg, 1986을 보라. 이러한 논쟁에 대한 간략한 개요에 대해서는 Albert & Hahnel, 1978을 보라). 공상적 사회주의에 대한 엥겔스의 비판(Engels, 1978)은, 풀뿌리 노동자들의 운동이 지닌 여성주의자의 초점이 나쁜 의미에서, 즉 실천적이지 않다는 의미에서 공상적 사고라는 점을 암시했다. 그러나 동시대의 여성주의적 무정부-사회주의자들은, 사회적 평등을 위한 혁명 과정이 틀림없이 예상 가능하다고, 즉 급진적 운동들은 그것들의 지도력, 회원 자격 그리고 유기적 실천들에서 평등주의적 관계를 반드시 드러낸다고 주장한다(Rowbotham et al., 1979; Taylor, 1983; Addelson, 1991b).

두 번째의 중요한 불일치는 개혁 대 혁명으로 계속된다. 맑스주의자와 무정부주의자들은 자본주의 체제의 타도보다는 오히려 개혁에 반기를 들었고, 여성주의자들도 이 논쟁에서 의견이 갈라졌다. 개혁주의자들로는 영국에서는 1969년에 페이비언 사회주의자들[영국의 점진적 사회주의 사상단체]인 웹그룹[페이비언 사회주의는 영국의 웹과 쇼 등이 창립했다]이 있고, 미국에서는 길만(1966)과 이스트만(1978)이 있다. 혁명주의자들은 유럽과 러시아에서는 로자 룩셈부르크, 클라라 제트킨(Clara Zetkin) 그리고 알렉산드라 콜론타이(Alexandra Kollontai, 1927, 1971a, 1971b, 1972a, 1972b, 1975, 1977)를 포함했고, 미국에서는 엠마 골드만(Emma Goldman(1972)을 포함했다. 이러한 불일치는 오늘날의 여성주의에서는 한편으로는 자유주의 여성주의자들(개혁주의자들) 간의 분할 대 다른 한편으로는 급진(주의)적이고 사회주의적인-여성주의자들 간의 분할 속에서 계속되고 있다.

계속해서 관심을 끄는 중요한 세 번째 불일치는 가부장제의 기원에 관한 질문들을 포함한다. 비록 대부분의 반자본주의적 여성주의자들은 시대에 뒤떨어지는 전자본주의적 전통들에 기인하는 자유주의 이론(Mill과 Taylor, 1970을 참고하라)을 거부하기는 한다. 그렇지만 동시대의 급진(주의)적, 무정부주의적 그리고 사회주의적 여성주의자들은 사적 소유 체계에서 야기되는 맑스주의 이론(Engels, 1972; Bebel, 1910; Marx et al., 1951을 참고하라)을 지지할 것인지에 대해, 또는 가부장제가 반자치적인지 아니면 계급에-기초하는 사적 소유 체계들에 토대를 두는, 보다 [높은 곳에서] 아치를 이루는 지배 체계인지(Beauvoir, 1952; Firestone, 1970; Mitchell, 1974; Rubin, 1975; Barrett, 1980; coward, 1983; delphy, 1984; Lerner, 1986; Folbre, 1987, 1994; Ferguson, 1989; Walby, 1990)에 대해 [서로 의견이] 일치하지 않는다. 때때로 가부장제는 그 자체로 연상의 남성이 여성 노동과 유아 노동을 통제하는 생산양식처럼 보인다(Hartmann, 1981a; Folbre, 1987; Courville, 1993).

또 하나의 분열은 여성 선거권을 요구하기 위해 조직했으며, 자율적으로 자유주의적이거나 부르주아적인 여성들(의 운동)과, 자본주의 소유자들에게 저항하는 노동자의 권리가 우선권을 지녀야 한다고 주장하는 노동-계급 여성 지도자들 사이에서 발생했다(Lenin, 1934; Kraditor, 1965; Flexner, 1972; Rowbotham, 1973a; Davis, 1981b). 후자의 입장을 지지했던 사회주의 여성 지도자들은, 여성 해방이 여성을 전적으로 남성에게 필적하는 공적 제도로 인도하기를 요구했고 여성의 사적인 무보수 가사노동과 가정에서 아이 보살피기, 즉 자본주의자들에게는 유익할 것 같지 않은 것을 사회화하는 데로 인도하는 것이라고 요구했던 엥겔스(Engels)와 베벨(Bebel)의 관점을 옹호했다. 20세기 초의 다른 반자본주의 분석들은 골드만(1972)의 분석들을 포함했는데, 그녀는 성매매를 부르주아 결혼의 이면으로 주장했고 자유 연애를 여성 해방에 본질적인 것으로 옹호했으며, 그러는 와중에 그녀와 마가렛 생어(Margaret Sanger, 1920)는 자본주의 국가에 의한 산아 제한 금기를 비난했다. 사회주의 여성주의자들인 샤롯 퍼킨스 길만(Charlotte Perkins Gilman, 1966)과 크리스탈 이스트만 (Crystal Eastman, 1978)은, 비록 길만 자신의 해결책들인 사회주의, 공동 취사장, 그리고 가사노동을 제거하는 유급 서비스들이 미국의 많은 도시 노동-계급 여성들에게는 공상적으로 간주되기는(Kraditor, 1965; Hartmann, 1981a; Hayden, 1985) 했어도, 여성을 경제적으로 남성에게 의존하도록 만드는 가부장제적 결혼과 무보수 가사노동을 비판했다. 여성 해방을 위한 하나의 수단으로서, 자본주의를 적으로 삼는 싸움에 얼마나 많은 권위를 부여하는가에 대한 불일치들은 1960년대와 1970년대의 미국과 유럽의 두 번째 물결의 여성 운동 속에서 다시 출현했다(Jenness, 1972).

사회주의 혁명들과 '여성 문제'

러시아, 중국, 쿠바에서 발생한 20세기의 중요한 세 가지 사회주의 혁명들은 맑스주의에서—영감을 받은 것이었다. 많은 사람들은, 비록 사회주의를 여성 해방을 위한 전제 조건으로 삼고자 관심을 가졌어도 그리고 러시아혁명과 중국혁명 모두에서 여성 소작농과 여성 노동자들이 대량으로 동원되었어도, 그런 혁명들이 견고한 남성—지배 관계들을 전복시키는 데 이론적으로나 실천적으로 모두 부적합했다고 비판했다.

콜론타이는 재기발랄한 사회주의 여성주의 사상가이며 러시아 볼셰비키당의 조직원이다. 그녀는 남성 지배를 제거할 수 있는 사회주의 혁명을 구축하는 과정에서 가부장제적 결혼과 성적인 이중 규범들에 도전할 필요에 대해 주창하는 논문과 소설들을 썼다(그녀의 논문에 관해서는 Kollontai, 1971b, 1972a, 1972b, 1975, 1977을 참고하라. 공동 생활과 여성주의적 자유-연애 실험에 대해 다루는 소설 작품에 대해서는 Kollontai, 1927, 1971a를 참고하라). 비록 콜론타이가 러시아혁명의 초기에 많은 급진(주의)적인 법적이고 사회적인 개혁들—공동 취사장과 공장 취사장, 낙태와 동성애의 합법화, 사생아 개념의 제거, 결혼의, 이혼의 그리고 별거 수당의 평등화—을 설계할 수는 있었지만, 그런 개혁들이 나중에는 스탈린(Stalin)에 의해 축소되었으며, 콜론타이는 그녀의 지도적 지위를 상실했다.

비록 중국, 쿠바 또는 동유럽 혁명에서는 콜론타이처럼 탁월한 어떤 여성주의 지도력도 존재하지 않았지만, 여성에게 이익이 되지만 나중에는 후퇴하는 초기 개혁들과 유사한 과정이 거기에서도 발생했다. 이러한 유사한 과정은 많은 이론가들에게 국가 사회주의 체계에서 가부장제가 지속되는 것은 유물론적이거나 문화적인 후진성, 즉 국가 경제 우선권을 가부장제적으로 재조직하는 것으로서 성적 억압에 기인

하느냐 아니면 다른 가부장제적 성격 특징들에 기인하느냐에 대해 생각하게 만들었
다(Reich, 1970, 1974; Mitchell 1990, 1974; Scott, 1974; Weinbaum, 1978; Croll, 1978,
Stacey, 1983; Kruks et al., 1989을 참고하라). 좀 더 최근에, 미국 학회에서 사회주의
여성주의가 제도화되고 소련이 붕괴하고 동유럽 사회주의 국가들이 몰락하는 현상
은 지금까지 '사회주의적 여성주의자들'과 동일시하던 것에 이런 [사회주의적 여성
주의자들이라는] 라벨을 붙이는 것을 피하고 그 대신 '급진(주의)적 민주주의'에
찬성하도록 만들었다(Philipson, 1985; Laclau & Mouffe, 1985; Eisenstein, 1990을 참
고하라).

유럽과 미국의 제2세대 여성 운동에서 사회주의

1960년대 신좌익 운동에서 자율적인 여성 운동의 소생

최근의 서구 여성주의 철학과 여성주의 이론에서 사회주의 이념의 중요성은 베트
남전쟁 반대, 미국에서 흑인과 그 밖의 소수자의 시민권 운동, 학생 운동을 포함하
여 1960년대에 있었던 유럽과 미국의 여타의 사회 운동에서 야기된 자율적인 여성
운동의 영향으로부터 유래한다. 이 시기 내내 맑스주의 사유는 재생되었고, 부분적
으로는 베트남에서 [자행되는] 프랑스와 미국의 제국주의를 이해하려는 노력에서
재생되었다. 그 결과 많은 전쟁 반대 활동가들은 자본주의 체계 안에서의 인종(우
월)주의와 성차별주의 구조를 이해하는 방향으로 맑스주의 이론을 변화시켰다. 그러
나 이러한 운동의 특징을 이루는 탈중심화와 참여민주주의에 대한 강조는 분파주의
적 전위당으로서 맑스주의 입장에 대한 조바심을 산출했는데, 맑스주의 입장은 자본
주의에 저항하는 투쟁에 우선권을 두며 통일 전선을 구축하기 위해 인종(우월)주의
와 성차별주의를 둘러싼 분할을 경시한다. 그 대신 예상 가능한 정치학에 대한 강조
가 있었다. 즉 참여민주주의 운동들은 그들의 행위와 삶의 양식에서 전망을 제시해
야 했고, 평등주의적 목적 내지 목표들은 불평등한 수단들에 대한 관용을 정당화하
지 않는다. 이렇게 해서 인종(우월)주의, 성차별주의, 계급 특권, 이성애 중심주의 등
에 대한 도전에 우선권을 부여하지 않는 '통합과 투쟁'이라는 슬로건들은 수용될
수 없다.

1960년대와 1970년대의 사회주의자와 무정부주의자의 전망들

1960년대와 1970년대에 미국와 유럽에서 발생한 자율적인 여성 운동 중에서 가장 괄목할 만한 지적 발전 중의 하나는 양성구유(androgyny) 이론과 전망이 확산된 것이었다. 비록 여성주의자들은, 생물학적 남성의 지배는 사회에서 성별로 차별화된 특징들을 구축하기 때문에 으레껏 양성구유는 발생하지 않는다는 입장을 견지하기는 하지만 양성구유는, 모든 인간이 남성적인 것과 같은 특징의 사유와 여성적인 것과 같은 특징의 사유 모두를 발전시킬 근원적 잠재력을 지닌다는 관점이다. 비록 하나의 전망으로서 양성구유는 사회주의에 대한 요구와 필연적으로 연결되지는 않지만, 몇몇 여성주의 사상가들은 이것들을 명백하게 연결시켰다(Firestone, 1970; Dworkin, 1974; Ferguson, 1977; Piercy, 1979; Vetterling-Braggin, 1982).

여성으로만 구성된 사회주의 사회를 기술했던 길만의 공상적 소설인 《그녀들만의 나라》(Herland)가 1915년에 처음 발표되었을 때, 비록 사회주의-여성주의라는 그녀의 각색은 인기를 얻지 못했지만, 그 소설은 1966년에 재출판되었고(Gilman, 1966을 참고하라) 1970년대 미국의 두 번째 물결의 여성 운동이 지닌 공상적이면서 급진(주의)적, 사회주의적인 여성주의 사유가 인기를 끌게 된[미국], 그 곳에서는 여성만을 위한 무정부-사회주의를 마음 속에 그렸던 레즈비언-여성주의자의 분리주의 형식이 번창했다(한 예로 Wittig, 1971; Gearhart, 1979). 몇몇 급진(주의)적 여성주의자들은 양성구유라는 이상적 개념을 거부했는데, 왜냐하면 그들은 양성구유 개념을 [마치] 구조주의적 성차별주의와 이성애주의 간의 연관들을 경시하고자 했던 이성애적 자유주의 여성주의자들에게로 흡수되는 것으로 간주했기 때문이다(Raymond, 1979; Daly, 1978).

참여민주주의를 강조하는 사회주의 경제 모델을 창출하고자 하는 시도는 이렇게 해서 위계적으로 진행되는 (소위 '명령' 사회주의라 불렸던) 소련 스타일의 하향식 경제를 회피하면서 1970년대에 시작되었고 현재에도 계속되고 있다. 무정부주의 사회주의자들은 급진(주의)적 남성 사상가들에 의해 필수적으로 가정되는 위계적인 조직화 과정을 비판했다(Rowbotham et al., 1979; Addelson, 1994a를 참고하라). 몇몇 사람들은 (전위당은 아닌) 노동자의 경영과 참여민주주의를 포함시켰던 민주주의적 사회주의 모델을 발전시키기를 원했다(Pateman, 1970). 나의 책(Ferguson, 1989, 1991b)에서 나는 알버트와 하넬의 의회 사회주의를 옹호한다(Albert & Hahnel, 1978, 1981, 1991를 참고하라). 우리는 미국의 신좌익에 대해 관심을 표현한다. 즉 참여민주주의를 금지하는 국가통제주의의 위험성과 관련되는 흑인 시민권 운동, 남성에게 이익이 되는 성적 노동분업에 기초하는 성차별주의, 인종분리에 기초하는 인종주의, 그리고 보다 더 큰 경제적 원천을 지닌 백인 공동체의 통제에 대해 관심을 표현한다. '의회' 사회주의 모델은 계획 경제를 주창하지만, 그러나 명령 사회주의나 시장 사회주의보다는 오히려 참여민주주의에 기초했던 탈중심화된 경제 모델을 주창한다. 즉 예전의 유고슬라비아에서 그리고 스페인의 몬드래곤 도시에서 작동하는 모델을 주창한다(의회 사회주의 모델에서 성적 노동분업에 어떻게 도전하는지에 대해서는 Ferguson, 1989, 1991b를 참고하라. 시장 사회주의에 대한 방어를 위해서는 Schweickart, 1993을 참고하라).

사회주의 여성주의자들도 고전적 자유주의자와 고전적 사회주의자의 이상적 사회 모델들에 대해 다른 방식으로 도전했다. 아이리스 영(Iris Young, 1990a)은 정의(justice) 개념을 민주주의적 절차적 가치로 개정할 것을 제안한다. 보충적 접근은 캐롤 골드(Carol Gould)에 의해 선호되는데, 그녀는 민주주의적 사회주의를 요구하면서 민주주의와 호혜주의라는 가치들을 정의의 열쇠로 발전시킨다(Gould, 1988). 조안 트론토(Joan Tronto)는 단지 권리를 확실하게 하는 것뿐만 아니라 보편적인 보살핌의 윤리(학)에도 토대를 두는 공공 정책이 필요하다고 주장했고, 낸시 프레이저(Nancy Fraser)는, 우리는 자본주의적 복지 국가를 특징짓는 권력/지식에 대해 급진(주의)적 민주주의의 빈곤 해석의 정치학을 사용하여 저항한다고 시사했다(Fraser, 1989a; Tronto, 1993 그리고 이 책의 14. "언어와 권력"도 참고하라). 생태학적 여성주의자들은 주관/객관, 정신/육체, 사회/자연의 분열을 지니는 서구의 사유는 우리를 자연에 대한 그리고 서로에 대한 보다 더 전체론적인 관계로부터 소외시켰고, 이렇게 해서 초기 맑스로 되돌아가지 못하도록 했다고 주장한다(Marx, 1964; Mies, 1986; Shiva, 1989 그리고 이 책의 21. "환경"도 참고하라).

1970년대와 1980년대에 맑스주의, 급진(주의)적 여성주의와 사회주의적 여성주의 간의 이론적 관계들

사회 운동에 참여함으로써 반자본주의적 관점에 도달하게 된 많은 여성 이론가들은 자본주의 국가에서뿐만 아니라 현존하는 국가 사회주의 사회에서도 생물학적 남성의 지배가 영속적으로 유지되고 있다는 점을 더욱 심도있게 설명하여 맑스주의적 사회 지배 모델을 용이하게 확장하려고 노력했다. 이러저러한 방식으로 그러한 이론가들은, 주류 경제적 관계들이 예를 들면 교회, 가족, 법적 제도들과 정치적 제도들에서처럼 모든 여타의 사회적 관계들의 근저에 놓여있는 근원이라고 정립하는 맑스주의의 탁월한 토대/상부구조 모델을 수정하고자 노력했다(1970년대 여성주의의 이론적 경향들에 대한 일반적 비교를 위해서는 Jagger, 1983；Tong, 1988을 참고하라).

1970년대에는 급진(주의)적 여성주의와 맑스주의적 여성주의 사이에 역동적 관계가 현존했다. 급진(주의)적 여성주의는 미국에서 반자본주의자로 출발했던 하나의 경향(Firestone, 1970을 참고하라)이다. 그리고 급진(주의)적 여성주의는, 가부장제적 관계들이 자본가(자본주의자)와 여타의 사회적 지배 관계들의 원초적 원인이었다는 견해를 점차적으로 발전시켰다(Myron & Bunch, 1974；Daly, 1978；Rich, 1980；Hartsock, 1985). 영향력 있는 급진(주의)적 여성주의자는 메리 오브라이언(Mary O'Brien, 1981)이었다. 그녀는, 생물학적 재생산에서 [나타나는] 남성과 여성 간의 차이들이 생명 연속성으로부터, 즉 아이 및 자연적 과정과의 동일화를 발견하기가 훨씬 용이한 여성이 보유하고 있던 아이와의 생명 연속성으로부터 남성의 소외를 창출한다고 주장한다. 재생산의 차이는, 남성에게 남성들이 지배하는 문화, 국가 그리고 경제라는 공적 영역을 창출하고 그렇게 해서 가부장제를 형성하여 여성을 통제하고자 하는 동기를 유발시킨다. 그 과정에서 남성들은 또한 그들이 통제하는 사적 소유 체계를 만들고 여성을 가정과 자연이라는 사적 영역으로 좌천시킨다. 오브라이언은 생산과 재생산 영역들 간의 변증법을 통해서 변화 가능성을 보는데, 이러한 변증법에서 출산-조절 기술들은 남성과 여성 간의 더 많은 호혜성을 허용함으로써 자본주의와 가부장제 모두를 전복시키고 자연에 의한 인간 소외를 극복하는 유물론적 조건들을 창조할 것이다.

차후에 급진(주의)적 여성주의자인 캐서린 맥키넌(Catharine MacKinnon)에 의해 이루어진 작업은 가부장제의 기원들과 역사적 배경을 탐구하는 것이 아니다. 그녀는, 자본주의 사회 관계들보다는 오히려 가족 안에서의 강제적 이성애 속에서 그리고 포르노그래피처럼 성(sexuality)에 대한 매체적 구성 속에서 동시대에 이루어지는 성별에 대한 사회적 구성이 모든 지배 관계들의 근저에 놓여 있는 원인으로 더 중요하다고 주장한다(MacKinnon, 1982, 1983, 1987b, 1989).

프랑스에서 반자본주의적 급진(주의)적 여성주의는 처음에는 프로이드와 레비-스트로스의 운명론에 대한 비판으로—비록 여성들이 자신의 권리를 지닌 주체라기보다는 오히려 남성들 간의 교환 대상으로 간주되어 왔다는 점에서는 그들 간에도 의견 일치를 이루기는 했지만—발전해 나갔다(Irigaray, 1985b；Wittig, 1992). 독일에서 마리아 미즈(Maria Mies)의 작업(1986)은 가부장제를 자본주의가 기생하고 있는 기본적인 착취 형식으로 만드는 경향에 대한 또 하나의 흥미로운 예를 제공한다. 미즈는 로자 룩셈부르그의 《자본축적》(Luxemburg, 1951；Dunayevskaya, 1991도 참고하라)에서처럼 자본주의는 비자본주의적 착취 체계에서 착복한 자본에서 출발해야 한다고 주장한다. 그러나 그녀는 룩셈부르그와 달리 가부장제는 최초의 착취 체계였다고 주장한다. 인도의 반다나 쉬바(Vandana Shiva)의 작업은 경제적인 '이상 개발'(불완전 개발)로부터 무시무시한 생태학적 함축들을 이끌어내는데, 그녀의 주장에 따르면 이상 개발(불완전 개발)은 자본주의적 가부장제의 파괴적 결과이다(Shiva, 1989). 거다 러너(Gerda Lerner)도, 가부장제는 최초의 노동 착취 체계라고 논증하면서 여성은, 한 부족이 다른 부족과의 전쟁에서 뺏어온 최초의 노예였다고 주장한다(Lerner 1986을 참고하라).

급진(주의)적 여성주의자들과 달리, 맑스주의적 여성주의자들은 모든 다른 사회적 관계들을 자신의 목적을 위해 통제하는 자본주의처럼 지배적인 사적 소유 관계 양식을 구성하는 단일 체계를 가정한다. 그렇게 해서 가부장제, 그리고 인종(우월)주의와 이성애 같은 여타의 사회 지배 체계들은 사적 소유 관계들을 재생산하는 수단으로 기능한다.

맑스주의 여성주의의 대안이 되는 모델들은 많이 있다. 첫 번째 모델은 사회적 인과 관계라는 단일원인론적 모델을 거부하는 알튀세르의 모델이다. 차라리 사회적 관계들은 상이한 사회적 수준에서 발생하며 사회적 수준들 각각은 경제적 기능으로 환원되지 않는 그것들 자신의 인과적 효력을 지닌다. 여성주의적 알튀세르주의자들은 가부장제를 성별 역할들에 의해 영속하는 생명력 있는 이데올로기로 간주하거나 사회적으로 구성된 남녀 간의 관계들로 간주한다. 대부분의 사람들은 [가부장제 이데올로기와 사회적으로 구성된 남녀 관계가] 생산, 재생산, 사회화 그리고 성이 상호 관계하는 영역에서 전개되었다고 주장하는 쥴리엣 미첼(Juliet Mitchell, 1972)의 영향력있는 견해에 동의할 것이다. 그리고 많은 사람들은 이러한 영역에서 가족을 중심 위치에 놓는다(Barrett, 1980; Barrett와 McIntosh, 1982). 대부분의 알튀세르주의적 여성주의 이론가들은 성별 전개에 대한 프로이트 분석을 여성주의적 해석으로 개작했다(Kuhn과 Wolpe, 1978; Chodorow, 1978, 1979; Mitchell, 1972, 1974).

두 번째 맑스주의 여성주의 모델은 맑스주의적 '사회 형성'(social formation) 이론에 기초하고 있다. 이러한 견해에서 어떤 특수한 민족-국가의 경제는 일단의 경제적 관계들만의 인자가 아니라, 그 속에서 경제적 교환들이 상이한 원리들에 따라서 작동하고 그리고 어떤 사회적 그룹들에게 다른 그룹들보다도 더한 특권을 부여하는, 수많은 상이한 경제 영역들이나 제도들을 보유할 수 있다. 이러한 모델에서 마가렛 벤스톤(Margaret Benston)과 세일라 로보탐(Sheila Rowbotham)은 가족-가정 안에서 여성들에게 할당되어 있는 무보수 노동인 '가사노동'을 봉건적인 경제적 생산양식이라고 단정짓는데, 이것은 주류 자본주의 경제 체계 안에서는 종속적 생산양식이며 여성의 억압을 영속시키는 것이다(Benston, 1969; Rowbotham, 1973a; Dalla Costa 1974를 비교하라).

세 번째 종류의 맑스주의 여성주의 모델은 사회 체계 안에서 모든 부분들이 동등 하게 중요하다고 보는 일종의 헤겔적 종합을 가정한다. 그러한 견해에서 가부장제는 생산 관계들에 대부분 초점을 맞추는 고전적 맑스주의에서는 무시되는 자본주의의 재생산 관계들 속으로 위임되어 있다(Vogel, 1983; Foreman, 1977). 기능주의적 상호 작용 체계관에 대한 다른 버전은 '이원론적 체계'를 지니는 [다음에 논의되는] 사 회주의 여성주의 이론에 대해 비판하는 아이리스 영에 의해 일찍이 지지되었는데, 그녀는 그 이론에서 성적 노동 분업이 통합된 자본주의 가부장제를 창조한다고 주 장한다(Young, 1981).

마지막으로, 중요한 입장이지만 알튀세르주의적 여성주의와 원초적으로 다르지 않은 입장은 지금은 그 자체로 '유물론적 여성주의'(materialist feminism)라 불리며, 맑스주의에-정향되어 있는 담론 이론과 포스트모더니즘적 접근법을 선호하는 여성 주의자들에 의해 채택되어 왔다. 그들은 그 스스로 '유물론적' 효력을 지닌다고 사 유되는 이데올로기적 또는 논증적 세계를 정립하고, 담론들과 여타의 훈육적 실천들 간의 관계에 관한 알튀세르와 푸코 간의 화해를 추구한다(Barrett, 1980; Barrett와 McIntosh, 1982; Barrett와 Phillips 판, 1992; Landry와 MacLean, 1993; Hennessy, 1993). 그러한 입장들은, 내가 다음에 논하는 것처럼, 맑스주의 여성주의와 사회주의 여성주의 사이에서 중도적 입장을 취한다.

맑스주의 여성주의와 사회주의 여성주의 간의 구별은 1970년대에 미국에서 전개 되었지만 그러나 영국과 유럽에서는 그다지 뚜렷하지 않은 다소 미세한 구별이다. 이러한 구별이 미국에서 강조되었다는 것은 아마도 그 시기에 미국의 자율적인 좌 파 여성주의적 경향에 기인할 것이다. 자율적인 좌파 여성주의적 경향은 급진(주의) 적 여성주의와 맑스주의적 여성주의가 지니는 요소들을 모두 전유하고 있었지만, 그 러나 두 여성주의가 지닌 환원주의적 경향들에 대해서는 의심했다. 미국의 사회주의 여성주의는 한편으로는 분리주의적인 급진(주의)적 여성주의에 반대하고, 다른 한편 으로는 통합주의적 맑스주의에 반대하여 자신을 규정한다. 사회주의 여성주의는, 자 본주의와 가부장제가 동등하게 근본적이며, 그래서 한쪽은 뿌리라거나 역사적으로 진행되는 다른 쪽의 원인이라는 점을 부인한다(시카고 여성 해방 연합, 1973을 참고 하라). 때때로 사회주의 여성주의 입장들은 '이원론적 체계의' 접근법이나 '다중-체 계의' 접근법을 주창하며 그 접근법 속에서 그들은 자본주의와 가부장제를, 때로는 인종(우월)주의를 다음처럼 간주한다. 즉 때로는 서로를 지지하고 때로는 투쟁하면서 서로의 토대를 잠식하는 자율적인 사회 권력 체계로 간주한다.

이원론적 체계 이론에는 두 가지 유형이 있다. 하나는 줄리엣 미첼의 정신분석학적 맑스주의 여성주의이다. 그녀의 가정에 따르면 사적 소유 경제 체계라는 특징을 지니는 가부장제적 가족 구조에서는 상징적인 성별 형식들이 보편적이다. 달리 말하면 가부장제의 토대들은 상대적으로 안정적이고 변하지 않는다(Mitchell, 1972, 1974) 미첼의 이론은 역사적으로 역동적인 사회주의 여성주의자인 게일 루빈(Gayle Rubin, 1975)의 이원론적 체계 이론과는 대조적이다. 루빈은, 그녀가 '성차/성별 체계'라 부르는 것의 상대적 독립성에 대해, 또는 생물학적 성을 성별 규범들과 성별 실천들로 변형시키는 사회적 협정들에 대해 훨씬 더 강조한다. 나 자신을 포함하여, 루빈에게 영향을 받은 후속하는 사회주의 여성주의자들은 역사적으로 상이한 '성차/성별 양식들'이 있다고 가정하거나, 널리 퍼져 있는 유물론적 가부장제의 통제 형식과 경제적 지배 체계들 간에 투쟁할지도 모르는 '가부장제적 성차/감정적 생산' 양식들이 있다고 가정한다(Ferguson, 1989, 1991b). 이런 유형의 역사적 여성주의 유물론은 가부장제에 관한 두 가지의 상이한 유물론적 기초들을 정립하는데, 한편으로는 계급에—기초하는 경제적 생산양식들이고, 다른 한편으로는 성별에—기초하는 성적이고 친족(관계)적인 생산양식들이다.

비록 루빈이 급진(주의)적 여성주의의 강제적 이성애 개념이나 '의무적 이성애' 개념을 성별 동일성, 성적 동일성과, 성적이고 친족(관계)적인 실천들 간의 남성 지배적 관계라는 분석적 범주로 [발전시키며] 강제적 이성애에 대한 아드리엔느 리치(Adrienne Rich)의 급진(주의)적 여성주의적 정식화가 이성적이고 친족(관계)적인 실천들을 제어하려는 경향을 지닌다는 방식으로 발전시키기는 하지만, 바인바움(1978)은 처음에는 그들의 혁명적 '자매들'을 가지고서 지배 계급의 가장(족장)들에 반대하는 독해, 즉 남성의 혁명적 지도자들에 대한 원초적이고 역사화된 프로이드적 독해를 제공한다. 그러나 바인바움은 국가 권력과 가장(족장)들의 지위 자체를 전제하면서, 한 예로 여성의 조직을 전위당의 남성 지도자에게 종속시킴으로써 여성의 신분을 종속적 아내들로 강등시키려고 행동한다.

하이디 하트만(Heidi Hartmann)은 성차/성별 체계를 지니는 가부장제적 가족 관계들과 자본주의 사이에 긴장을 [이룰 만한] 가능성을 강조하는 방식으로 루빈의 입장에 대한 영향력 있는 발전을 이루었다. 그녀의 논증에 따르면, 이러한 긴장은 19세기 후반에 남성 상업 노동조합주의자들(trade unionist)과 남성 자본가들 사이에서 형성된 타협에 의해 해소되었는데, 타협은 남성조합원에게 그들의 가족 구성원들이 임금 노동에 참여하지 않아도 아내와 아이들의 생계비용을 지불할 것을 허용하는 '가족임금'을 제도화하고, 이렇게 해서 가족 안에서 여성의 무보수 노동에 대한 남성의 특권을 보존하는 것이다(Hartmann, 1981a, 1981b). 실비아 월비(Sylvia Walby, 1986, 1990)와 나는 아버지 가부장제, 남편 가부장제, 그리고 공적인 가부장제처럼 다르게 분절된 가부장제적 관계들의 범례를 묘사하기 위해 가부장제와 자본 간의 긴장을 역사적으로 독해하는 이런 유형을 확장시킨다(Brown, 1981; Ferguson과 Folbre 1981; Ferguson, 1989, 1991b; Folbre, 1994). 그렇게 역사적으로 정립되지 않은 또 다른 이원론적 체계 이론은 크리스틴 델피(Christine Delphy)의 이론이다. 그녀는, 보수를 받지 못하는 여성의 가정 노동은 이혼한 다음에도 남성의 특권을 영속시킨다고 주장한다. 왜냐하면 어머니들은 [이혼한 다음에도] 대부분 아이 보살피기를 계속하기 때문이다(Delphy, 1981, 1984). (가부장제적 결혼 체계 안에서의) 성적 관계에 대한 캐롤 페이트만(Carole Pateman)의 이론은 전형적인 이원론적 체계 이론이다. 그녀는 사회계약이론에 대해 고전적 자유주의 입장을 취하는 저자들은—생물학적 남성은 자연적으로 우월하고 생물학적 여성은 자연적으로 열등하기 때문에—결혼을 생물학적 남성과 생물학적 여성 간의 노예 계약과 유사한 것으로 간주한다고 주장한다. 가부장제적 이해관계들은 동등한 사람들 간의 공적이거나 사회적인 계약 공간을 사적인 가족 공간에서 분리하는 근대적 이론을 창출하는데, 이때 사적인 가족 공간의 자연적 불평등은 자유로운 개인 간의 계약을 배제한다(Pateman, 1988).

인종주의, 차이 그리고 포스트모더니즘

1980년대 초반의 사회주의 여성주의 이론이 지닌 문제점 중의 하나는 인종과 인종주의를 그들의 모델 안에 체계적으로 위치지우는 데에 실패했다는 점이다(Joseph, 1981; Joseph과 Lewis, 1981; hooks, 1984; Spelman, 1988 그리고 이 책의 48. "인종주의"를 참고하라). 성에 관한 동시대의 포스트모더니스트 이론들은 퀴어(동성애의 남자) 이론처럼 본질주의자가 됨으로써 이분법적인 성별 구조들에 기초하는 남성 지배와 유사하게 실패한 이론들이다(31. "섹슈얼리티"와 8. "포스트모더니즘"을 참고하라). 많은 사회주의 여성주의자들은 다중-체계 이론가가 되거나(hooks, 1984; Ferguson, 1991b; Collins, 1990; Folbre, 1994; Eisenstein, 1994; James와 Busia의 저자들 1933) 포스트모던적이고 맥락적인 접근법을 선호하면서 모던적 이론을-만드는 기획을 거부하는(Haraway, 1989, 1991b, 1991d; Fraser & Nicholson, 1990, 이 책의 8. "포스트모더니즘"을 참고하라.) 반응을 보였다.

이원론적-체계를 지니는 사회주의 여성주의 이론은 인종 [문제]에 대해 동등한 이론적 중요성을 부여하는 데 실패함으로써 '유물론적 여성주의'라 불리는 이론적 경향을 낳았다. 지지자들은 초기 맑스주의 여성주의 이론이 지닌 구조주의적 측면들을 수용하지만 그러나 구조주의적 측면들을 후기구조주의적 비판에 종속시킨다. 후기구조주의는 물론 인식론적 권위를 저자들에게 양도하면서 권력/지식을 이분법적으로 정립하는 구조에서 [갖고 있는] 이론가들의 역할을 스스로 문제삼는다 (Hennessy, 1993 ; Spivak, 1987a, 1990 ; Mohanty, 1984 ; Barrett & Phillips, 1992 ; Landry & MacLean, 1993).

이원론적-체계에 기초하는 사회주의 여성주의가 지녔던 보다 초기의 공식들은 성별, 성, 그리고 부모(성)이라는 가부장제적 산출물 때문에 여성들이 인종과 경제적 계급을 가로지르는 성차 계급을 구성한다고 주장할 만큼 극단적이다(Eisenstein, 1979 ; Ferguson, 1989, 1991b). 명백하게도 모든 그러한 이원론적-체계의 접근법들은 인종주의를 가부장제 그리고 자본주의(또는 다른 계급에-기초하는 생산양식들)와 동등한 유물론적 지배 형식으로 이론화할 수 없을 정도로 극단적으로 실패했다. 그러나 인종 [문제]에 있어서 다중-체계를 지니는 동시대의 사회주의 여성주의 이론들은 유물론적 여성주의 입장들과 비교할 때 더 이상 불리하지 않다. 왜냐하면 이제 두 가지 접근법들은 인종주의를 인종적 특권과 인종적 억압 체계를 통해서 역사적으로 여성 중심적인 분할로 간주하기 때문이다. 차이는 이론적 전술에 해당된다. 유물론적 여성주의자들은 후기구조주의자와 포스트모더니스트의 전술을 통해서, 즉 인종을 무시하거나 사소한 것으로 만드는 백인 이론가들의 권력지식 입장들을 문제삼는 전술을 통해서 인종을 다루는 반면에, 다중-체계 이론가들은 인종주의에게 변화하는 유물론적 기초를 제공하는 상이한 인종적 공식들의 실존을 위한 역사적 논증을 제공한다(유물론적 여성주의를 위해서는 Hennessy, 1993 ; Landry & MacLean, 1993 ; hooks, 1990을 참고하라. 다중-체계 여성주의 이론을 위해서는 Ferguson, 1991b ; Young, 1990b ; Collins, 1990 ; Brewer, 1993 ; Courville, 1993 ; Steady, 1993 ; Omi & Winant, 1994 ; Folbre, 1994).

동유럽 국가의 사회주의 체제가 1989년에 붕괴되기 시작하면서 인종, 계급, 성, 그리고 국민성을 관통하는 여성의 차이들과, 모던적 이론화에 대한 포스트모던적 비판은 사회주의 여성주의를 일종의 이론적 경향으로 완전히 약화시켰다. 이전의 많은 사회주의 여성주의자들은 포스트모더니스트가 되었는데, 그 포스트모더니스트들은 '자본주의', '사회주의' 혹은 '가부장제'와 같은 일반 개념들이 그것들을 사용하는 사상가들이 처한 역사적 문맥과 지니고 있는 특수한 관계를 흐릿하게 한다고 주장한다(Nicholson, 1986; Nicholson & Fraser, 1990, 그리고 이 책의 8. "포스트모더니즘"을 참고하라). 가야트리 스피박(Gayatri Spivak), 찬드라 모한티(Chandra Mohanty), 그리고 레이 쵸우(Rey Chow)와 같은 몇몇 포스트모더니스트들은 자본주의의 전 세계적 발전을 설명하는 분석 맑스주의의 범주들을 보유하고 있지만, 그러나 제3 세계의 민족주의적 세대들과 마찬가지로 서구 여성주의자를 문제삼는 해체론적 접근법을 사용한다(Spivak, 1987a, 1987b, 1988; Mohanty, 1984, 1991; Chow, 1991, 1992). 질라 아이젠쉬타인(Zillah Eisenstein)과 샹탈 무페(Chantel Mouffe)와 같은 또 다른 사람들은 '사회주의'라는 단어와 관련된 수하물을 취급하기보다는 차라리 급진(주의)적 민주주의라는 개념을 옹호하는 척한다(Laclau and Mouffe, 1985; Philipson, 1985; Eisenstein, 1990과 참고하라). 그러나 나와 여타의 다른 사람들은, 우리의 계획은 아직도 민주주의적인 여성주의적 사회주의를 우리가 지향하는 하나의 이상으로 옹호할 수 있다고 주장하고 싶다(Ferguson, 1991b). 새로운 이론적 연합은 논쟁되는 핵심어들을 미래에 상당히 변화시키겠다고 약속하는 자본주의를 비판하는 신구 여성주의자들 사이에서 등장하고 있다.

(이정은 역)

53. 영미법(Anglo-American law)*

캐서린 T. 바틀렛(Katharine T. Bartlett)

　여성주의자들의 법이론(jurisprudence)은 사상의 결합체라기보다는 현실적인 것, 바람직한 것, 그리고 법률과 성별(gender)의 관계를 분석하기 위해 사용된 다양한 틀이나 관점들의 군집이다. 이러한 틀들은 상호 배타적인 것이 아니다. 이론가들은 그들이 침투할 수 있는 경계들을 가로질러서 작업하는데, 이러한 작업이 이렇게 성숙한 분야에서 분석의 다양한 양태들을 충분히 다룰 수 있는 것은 아니다. 그럼에도 불구하고 그들은 공통의 주제들과 중요한 분기점들을 다루기 위해 필요한 단순화된 구조를 제공한다.

형식적인 평등

　형식적인 평등이란 비슷한 개인들이 그들에 대한 고정관념들보다는 그들의 실제적인 특성들에 의해서 비슷하게 대우받아야 한다는 잘 알려진 원칙이다. 그 원칙은 개인들 혹은 집단들에게 적용될 수 있는데, 즉 그들 자신의 장점에 의해 대우받아야 할 개인들의 권리는 개인의 자율성의 권리로 간주될 수 있으며, 집단의 구성원들이 비슷한 처지에 있는 다른 집단의 구성원들과 같은 대우를 찾는 경우이다. 형식적인 평등 중의 하나를 논쟁점으로 만드는 것은 그 주장이 비슷한 처지에 있는 다른 개인이나 집단과 관련한 대우에만 한정이 되고 일부의 특수하고, 실질적인 대우를 위

＊ 이 장은 "성별 법"이라는 제목으로 *Duke Journal of Gender Law and Policy*, 1(1994), 1~18면에 처음으로 실렸다.

한 요구로 확장되지 않는다는 것이다.

여성을 위해서 1970년대에 시작된 폭발적인 법률적인 개혁은 주로 형식적인 평등의 모델에 의해 이끌어졌다. 고용, 교육, 신용, 가족의 영역에서의 법규만이 아니라 대법원 판결의 대사건(Landmark)은 남성과 여성의 유사성을 전제하고 있으며 동일한 규칙에 의해서 그들을 취급하는 것이 바람직하다는 것을 전제로 한다. 여성들을 차별하는 규칙들과 실천들에 대항하는 것만큼이나 많은 접근 방법이 여성들에게 유리한 것처럼 보이는 규칙들과 실천들에 반대해서 동원되었다. 왜냐하면 심지어 여성에 대한 '좋은' 대우는 그들을 남성들로부터 분리시키고 그리하여 그들에게 불평등한 태도를 영속시킨다는 것이 형식적인 평등의 전제이기 때문이다(Williams, 1982, 1985). 대부분의 법학자들은, 성에 기반한 규칙들의 실제 전제들을 검토하고, 그것들이 기반하고 있는 고정관념들을 드러내며, 그 목적의 정당성을 의문시할 때, 형식적인 평등과 연관되어 있는 경험적인 방법들을 계속 사용한다—이 모든 것은 여성을 남성과 다르게 취급하는 규칙들은 제거하려는 관점에서 이루어진다. 성차별의 가장 명백한 형태가 제거되었을 때에, 이러한 방법들은, 작업장에서 의상, 외양의 규범, 개인의 자질과 같은 더욱 미묘하고 중립적으로 보이는 실행들이 여성들의 고용기회에 불이익을 주기 위해 어떻게 여성에 대한 고정관념들과 기대감들과 상호작용하는지를 드러내기 위해서 추진되었다(Chamallas, 1990 ; Bartlett, 1994).

형식적인 평등은 남성과 여성의 차이에 기반한 규칙들과 실천들에서 가장 큰 도전에 직면한다. 뒤에 더욱 상세하게 토론하겠지만, 일부 학자들은 이러한 차이의 결과로서 여성이 경험한 불이익을 극복할 수 있는 조치들을 촉구한다. 아이를 낳으려고 일을 그만두는 임산부를 위해 정부적 차원에서 그 직업을 보장해주는 것(mandatory job security)이 하나의 예이다. 형식적인 평등의 지지자들은 이러한 '특별한' 조치에 반대하는데, 남성과 여성 간의 차이가 너무 쉽게 과장되고 그에 따르게 되는 결과—해롭거나 교정적인—들을 거의 정당화시키지 못한다는 이유에서이다. 그들은 여성을 위한 특별한 조정책을 정당화하기 위해서 사용된 논거들과 19세기에 특정한 직업으로부터 여성들을 몰아내고 장기 근무, 부도덕한 영향, 그들의 재생산능력의 손상으로부터 여성을 '보호'하기 위해 사용된 논거들 사이의 유사성을 지적한다. 똑같은 덫을 피하기 위해서, 형식적인 평등의 대변자들은 여성들의 차이에 주의를 불러일으키기보다는 그 차이를 최소화하는 전략을 촉구한다. 따라서 그들은 임신을 남성들도 역시 경험하는 무능력과 대비시키고 그것을 더 나쁘지도 더 낫지도 않게 다루어야 한다고 주장한다. 이와 마찬가지로, 그들은 기질, 폭력 성향, 직업 선호도에서의 차이뿐만 아니라 신체적인 힘, 크기, 속도에서의 평균적인 차이는 무시되어야 한다고 촉구한다. 여성들은 특별한 보호가 필요한 집단의 구성원이라기보다는 개별적인 남성들과 같은 조건에서 경쟁하는―점점 더 많은 여성들이 성공적으로 해내듯―개인으로서 취급되어야 한다. 형식적인 평등의 대변자들이 인정하듯이, 이러한 접근은 여성들에게 단기적인 불이익을 가져오겠지만, 장기적으로는 그것이 계속적인 변화를 초래할 수 있는 최대한의 가능성을 가지고 있다(Williams, 1982/1985).

실질적인 평등

형식적인 평등은 성으로 인한 특별한 방해나 호의 없이 여성과 남성을 똑같은 조건으로 대우할 것을 요구하면서, 규칙의 형식들을 판단한다. 반면에 실질적인 평등은 규칙의 결과들이나 효과들을 주시한다. 형식적인 평등에 대한 실질적 평등의 비판은, 현재의 사회적인 조건들과 성에 기반한 차이의 결과로서 평등한 대우는 불평등한 결과를 낳는다는 것이다. 실질적인 평등의 대변자들은 규칙들이 불공정하고 성별에 연관된 결과들을 회피하기 위해서는 이러한 조건들과 차이들을 고려할 것을 요구한다(Becker, 1988). 그러나 어떤 차이들이 인지되어야 하고, 그것들이 어떻게 고려되어야 하는지가 바로 숙고해야 할 논쟁의 문제이다. 다양한 가능성들이 다양한 실질적인 목표를 반영하면서 중첩되는 몇몇 이론의 형태들로 귀착되었다.

실질적인 평등에 대한 한 가지 형태는 과거의 차별의 결과들을 고치는 데 초점을 맞춘다. 역사적으로 여성들은 법적으로나 사회적인 성별 역할에 대한 기대에 의해서, 어떤 직업을 갖거나 남성이 벌어들이는 것에 견줄 수 있는 임금을 버는 것으로부터 배제되어 왔다. 역사적으로 남성에 의해 지배되었던 직업의 장 안으로 여성들을 밀어 넣기 위해 고안된 '차별수정계획조치'(Law, 1989; Schultz, 1990)가 취해졌는데, 과거 차별의 결과를 역전시키기 위해서 고안된 구제책들의 예로 노동자의 면면이 정규직으로 일하는 남성의 기준에 상응하지 않는 자들에 대한 구조적인 편견을 없애기 위한 것으로 보충적인 비정규직 노동자를 위한 제도의 면밀한 검사(Chamallas, 1986), 그리고 성별에 따른 직업의 구분에 대한 과거의 형태의 효과를 없애기 위해 임금의 단계를 재구성하고 '여성들의 노동'을 재평가하기 위해 고안된 '비교 가치' 도식들(Rhode, 1988)을 들 수 있다.

실질적인 평등의 또 다른 유형은 남성과 여성의 생물학적 차이의 결과들을 제거하는 데 초점을 맞춘다. 몇몇 이론들은 형식적인 평등의 기본 전제들을 수용하지만 여성들 특유의 출산기능에 맞는 세밀한 도움을 주기 위해 논의를 전개한다(예를 들어 Law, 1984; Kay, 1985). 다른 이론들은 부품 조립작업대나 좀더 가벼운 설비의 개조와 같이, 여성들이 평균적으로 신체가 작다는 점과 평균적으로 힘이 약하다는 점을 조절하기 위한 실질적인 평등의 방법을 강하게 요구한다(Littleton, 1987).

사회적이고 문화적인 세력과 연관된 차이는 대인 관계와 일자리, 그리고 교육적 선택과 가족 역할의 선택에 대한 여성의 행동양식에 영향을 끼치기 때문에, 생물학적인 차이와 마찬가지로 평등 분석에 혼동을 일으킨다. 일부 이론가들은 낮은 임금의 직업적 범주로 여성들을 몰아가고 여성들의 남성에 대한 경제적인 의존도를 고무시키고 여성들로 하여금 일차적으로 자녀들을 보살피는 자가 되게 하는 사회적인 기대와 실천들을 변경시키기 위한 대책을 강조한다. 예를 들어 빅키 슐츠(1990)는 고용자들에게 이제까지 남성이 지배하던 직업의 범주를 여성에게 매력적으로 보이게 만들기 위한 기획을 솔선수범해서 하도록 요구해야 한다고 주장한다. 크리스틴 리틀톤(1987)은 여성을 변화시키는 것이 아니라 오히려 '사회적으로 여성적인' 활동에 참여하는 여성에게 불리한 조건을 주는 그 사회를 변화시키기 위해 더욱 과격한 방침을 취한다. 리틀톤은 사회적으로 여성적인 활동과 사회적으로 남성적인 활동에 종사하는 비용을 평등하게 하는 데에 헌신하는 사회를 이론화할 경우, 그 불리한 조건의 혹독함을 드러낸다. 예를 들어 사회의 아이들을 키우는 어머니들이 사회의 전쟁에서 싸우는 아버지와 마찬가지로 보상받는 것이나 사업상의 회의에서 눈물짓는 여성 임원이 화를 내는 남성과 똑같이 취급되는 것을 확신하는 것도 곧 사회일 것이다.

실질적인 평등은 평등한 결과를 추구하지만 반드시 동일하거나 심지어 거울-이미지와 같은 결과들을 추구하는 것은 아니다. 따라서 예를 들어서, 그 대변자들은 여성들도 그들의 특별한 욕구를 충족시키기 위해서 분리된 다른 팀, 클럽, 대학이 필요하다고 논하는 동시에, 남성들의 운동팀, 사적인 클럽들과 대학들에 여성들의 출입을 모색하기도 한다(예를 들어 Rhode, 1986). 실질적인 평등 이론가들은 가족법에서 부인의 재산을 관리하는 권력을 남편에게 주는 규칙들의 삭제를 지지한다. 그러나 이들은 여성들이 직면하고 있는 사회전반의 불이익들을 더욱 잘 제거할 수 있는 것은 현재 통용되고 있는 성별-중립적인 규칙보다는 이혼에서의 재산분할과 이혼생활비에 대한 기준들(Fineman, 1991)이라고 보고 이를 선호하며 또한 자녀양육에 대한 여성들의 불균형적인 투자에 대하여 특별한 고려를 하는 보호기준들(예를 들어 Fineman, 1989; Becker, 1992)을 선호한다. 각각의 사례에서 주장되는 것은 여성들이 그들에게 가장 유리한 것에 대해 권리를 가져야 된다는 것이 아니라, 상황에 대해서 각기 다르게 평등은 때로 남성들의 현재의 구조적인 이익을 없앨 수 있는 확실한 조치를 취할 것을 요구한다는 것이다.

실질적인 평등 이론가들은 형식적인 평등의 대변자들이 이상을 현실로 착각하고 있다고 주장한다(McCloud, 1986). 이러한 비난은 두 진영 사이에 있는 근본적인 전략의 불일치를 확실히 보여준다. 여성이 남성과 똑같은 척하는 것은 자기충족적인 예언인가 아니면 맹목적으로 소박한 것인가? 동등하지 않은 결과들을 교정하는 것은 근본적인 불평등을 강화시키는 것인가 아니면 제거하는 것인가? 평등이 가장 잘 진전될 수 있는 것은 장기적인 이상들에 초점을 맞춤으로써인가 아니면 지금의 현실에 초점을 맞춤으로써인가?

비종속(Nonsubordination)

비종속의 관점은 성별에 근거하고 있는 차이로부터 여성과 남성 사이의 권력의 불균형으로 관심의 초점을 옮겨간다. 지배이론으로도 알려진 이러한 관점은 여성과 남성 사이의 차이를 어떻게 다룰지에 초점을 맞추지 않는다. 사실상 비종속의 관점에서 볼 때에 이러한 초점은 차이를 불가피하게 주어진 것으로서 다루기 때문에 결점이 있다. 그 대신에 차이는 남성들의 권력을 정당화하고 여성들의 종속을 자연적이고 정당한 것으로 보이게 만들도록 고안된, 인간이 만든 사회적인 구성물로서 간주되어야 한다. 비종속이론의 초점은 남성 지배의 이러 저러한 구성물들이 탈신비화되어 결과적으로 그 구성물들이 제거되는 데 있다.

비종속이론은 평등이론에 대해서 복합적인 관계를 지닌다. 캐서린 맥키넌은 비종속이론을 최초로 그리고 가장 강력하게 지지한 자인데, 각 접근들이 남성을 여성이 비교되는 준거점—기본 규범—으로서 내세우고 있다는 점을 근거로 하여 형식적이고 실질적인 평등 접근 양자를 강하게 비판했다(MacKinnon, 1987b, 34~6면). 결과적으로 여성의 평등에 대한 관심은 이미 남성들이 그들 자신의 필요를 위해서 정의한 것에 제한되며, 여성이 요구하고 있는 것으로 확장되지 않는다는 것이다. 이와 동시에 성희롱과 포르노그래피의 영역에서 맥키넌의 주요 작업은, 중립적이라고 알려진 실천들과 법적인 개념들이 어떻게 남성과의 관계에서 여성들로 하여금 불이익을 받게 하고, 여성을 '종속시키는' 성차별의 형식으로서 작동하는지를 논증하고 있다. 따라서 심지어 맥키넌이 평등이론을 여성들의 종속을 조장하는 수단으로 묘사하고 있듯이, 종속이론은 남성과 여성의 상황들이 서로의 상관관계에서 기술되는 비교의 준거틀을 유지하고 있다.

비종속이론이 여성주의 방법론에 주로 기여하고 있는 바는 그 이론이 여성들 자신의 경험을 객관성에 대한 관습적인 이해에 대한 도전으로서 그리고 진리의 근원으로서 설명하는 것을 강조하고 있다는 점이다. 맥키넌에 따르면, 객관성에 대한 관습적인 이해는 실제 남성의 관점인 것을 관점없음(point-of-view-lessness)으로 위장시킨다(MacKinnon, 1983, 636~9면). 여성의 경험, "의식-향상"(consciousness-raising)에로의 전환은 이러한 위장을 폭로하기 위하여(MacKinnon, 1982, 535~7면) 객관적이고 정당한 것으로 확정된 이해를 완화시키는 방법으로서 서사(narrative)와 그 서사의 사용에 대한 상당한 관심을 불러일으켰다.

맥키넌의 지배이론의 개요는 그녀의 성희롱에 대한 작업에서 처음으로 확립되었다. 이 작업에서 그녀는 일하는 장소에서 남성과 여성들 간에 정상적인 교섭으로 오랫동안 받아들여진, 성적인 약탈 행위가 하나의 성차별의 형태를 구성한다는 것을 확증한다. 그녀의 분석에 따르면, 그와 같은 행위는 체계적으로 여성을 성적인 대상으로 떨어뜨리고, 그로 인해 남성의 통제와 권력을 강화시킨다(MacKinnon, 1979). 성희롱이 괴롭힘의 한 형태라는 이론은 결국 법정에 의해 인정되었는데, 행위가 단지 오랫동안 받아들여져왔다는 이유로 수용될 수는 없다는 사실을 점차 수긍하는 판결들이 내려졌다. 수많은 법학자들은 '객관적인' 법 기준에 남성의 관점이 비가시적으로 현존하고 있다는 맥키넌의 근본 통찰을 이용한다. 그리하여 그들은 괴롭힘으로 일컬어진 행위가 달갑지 않은지 혹은 충분히 그런 느낌을 주었는지의 여부를 묻는 질문이 어떻게 남성의 지배와 여성의 복종에 입각하여 널리 나타나고 있는 성별역할(gender-role)의 기대에 의해 미리 결정되는지를 논증한다. 예를 들어, 미니스커트를 입고 화장을 한 여성은 직장에서 반복되는 성적인 제안을 환영할 것으로 추정되고, 심지어 매력적이라고 생각되지 않는 여성조차도 성적으로 주목을 끄는 것을 반길 것으로 생각되거나 혹은 주의를 끌 능력이 안되어 확실한 희생양이 되지는 않는 것으로 생각된다. 동시에 성별로 구분된(sexualized) 작업 장소에서 살아남는 방법으로 성적인 농담에 맞추는 사람이나 희롱하는 태도를 '그렇게 큰 일이 아닌 것'으로 애초에 무시해 버리는 사람은 그 태도가 성희롱을 구성할 만큼 충분히 심하지 않거나 혹은 충분히 그런 느낌을 주지 않는 것을 인정하는 것으로 간주된다(Estrich, 1991 ; Abrams, 1989).

맥키넌의 지배이론이 적용 중에 가장 논쟁을 일으키고 있는 것은 포르노그래피가 성(sex)에 기반한 차별을 구성한다는 주장이다. 맥키넌에 따르면, 포르노그래피는 성적인 사용(과 남용)의 견지에서 여성을 정의하고, 남성들의 성적인 쾌락을 위해 여성을 대상화하는 견지에서 섹슈얼리티를 구성한다. 여성에 대한 성적인 폭력과 그것이 만들어 내는 순종, 고통, 굴욕을 함께 선정적으로 만들면서 포르노그래피는 체계적으로 여성에 대한 공격금지를 감소시키고, 여성의 성적 예속의 수용은 증가시키며, 남성의 지배와 여성의 순종과는 다른 형태로 그들 자신과 섹슈얼리티를 정의하기를 원하는 여성을 침묵시킨다. 법은 언제나 그렇듯이 공모적인 역할을 수행한다. 사실상 가장 과도한 혹은 '외설적인' 자료를 금지시키는 법은 잔류자의 권력을 정당화하고 그럼으로써 강화시킨다. 법정은 첫 번째 헌법수정안이 포르노그래피를 '자유로운 언설'로 옹호하고 있고, 해로운 언설에 대한 적절한 구제책은 그와 반대되는 언(counterspeech)이라고 주장했다. 맥키넌은 포르노그래피가 들을 만한 가치가 있는 어떠한 것도 말할 수 없는 성적인 대상으로 여성을 정의함으로써 여성을 침묵시키기 때문에 이러한 구제책은 기만적인 것이라고 답한다. 사실 그녀는 여성들이 그들 자신을 자유로이 정의할 수 있는 체하는 것은 단지 중립성의 외양을 강화시키고, 그래서 궁극적으로 권력을 가진 자가 기존의 위계질서를 유지하기 위해서 언어와 이미지를 사용하는 비-중립적인 방식을 강화시킨다고 주장한다(MacKinnon, 1987b, 1990).

  비종속이론을 전적으로 부인하지는 않으면서 일부 이론가들은 포르노그래피와 자유로운 언설에 대한 맥키넌의 입장에 완강히 저항했다. 낸 헌터와 실비아 로우(Nan Hunter and Sylvia Law, 1987/1988)는 '성적으로 드러난 여성의 이미지에 의해서 유발될 수 있고 남성들이 책임질 수 없는 자연스러운 생리적인 반응과 함께 무책임한 야수' 로서의 남성에 대한 성차별주의의 고정관념들, 그리고 여성들은 승인할 능력이 없고 '훌륭한 여성은 성을 찾거나 즐기지 않는다' 는 것과 같이 여성에 대한 성차별주의적인 고정관념들을 포르노그래피의 법적인 금지가 강화시킨다고 주장한다(127, 129면). 메리 던랩(Mary Dunlap, 1987)은 자녀들의 문제와 성적인 학대의 다른 형태들, 에이즈와 성적으로 전염된 질병들의 쟁점들 또한 합의적이고 친밀한 관계의 모든 형태들의 개선을 검토하기 위해서는 사회가 성적으로 명백한 표현을 더 적게가 아니라 더 많이 필요로 한다고 강조한다. 잔느 슈뢰더(1992)는 맥키넌의 포르노그래피 이론이 (1) 남성을 그들의 섹슈얼리티 견해를 구성하고 여성들에게 그것을 강요하기 위해서 포르노그래피를 이용하는 자유로운 주체로 (2) 여성을 주체성이 결핍된 비자발적인 행위자로 가정함으로써 남성의 권력을 '영구적으로 재확인' 하고 '남성의 주체성의 신화를 끊임없이 개작하는 것' 이라고 주장한다(179~80면).

  비종속이론가들은 또한 강간과 가정 내 폭력을 남성의 지배를 총체화하고 자기강화시키는 도식 안으로 합치시킨다. 첫 번째 헌법 수정안이 여성을 남성의 쾌락을 위한 성적인 대상으로서 포르노그래피로 구성하는 것을 옹호하는 것과 마찬가지로 강간과 가정 내 폭력의 법은 여성을 육체적으로 학대하는 남성을 보호한다. 수잔 에스트리히는 얼마나 다양한 증거에 입각한 규칙들이 여성보다는 남성이 위험에 반응하는 특징인 승인, 저항, 자기방어라는 개념들을 반영하고 있는지를 논증한다(Estrich, 1987b). 다른 이들은 어떻게 강간에 대한 여성의 설명들이 재판에서 성적인 교류에 대한 틀에 박힌 묘사에 의해서 자주 약화되거나(Maguigan, 1991; Scheppele, 1992) 환상이나 복수의 동기를 지닌 것으로 해석되어 여성들이 자신의 학대를 초래한 것으로 결론이 나도록 하는지를 강조한다(Henderson, 1987; Torrey, 1991). 가정 내 폭력의 맥락에서 여성주의 저술은 왜 여성들이 '이성'의 한계를 넘어서서 그녀들을 때린 자들과 머물러 있을 수 있는지와 왜 그녀들은 그녀들이 즉각적으로 위협받는 것처럼 보이지 않는 상황일 때, 마침내 그녀들 자신을 보호하기 위해 행동하는지 등을 포함하여, 매 맞는 여성의 반응을 그녀들 자신의 용어로 이해하기 위한 법의 필요성에로 주의를 돌린다(Mahoner, 1991; Schneider, 1992). 또한 여성주의 저술은 여성의 남성에 대한 종속의 결과로서, 이혼중재와 같이 여성-친화적으로 보이는 법에서의 어떤 절차에 관한 개혁이 어떻게 학대에 맞서는 위험을 강화시키는지를 강조한다(Grillo, 1991). 종속이론의 렌즈를 통해서 여성의 희생을 검토함으로써 이들 저술가들은 학대당한 여성들의 상황을 단순히 개인적인 문제로서가 아니라 여성에 대한 총체적인 제도적 억압의 한 부분으로 정리한다. 억압의 제도화는 많은 방식으로 촉진되었는데, 그 방식들 중에서 공적인 것과 사적인 것 사이의 이분법은 주로 여성 희생자를 괴롭히는 '사적인' 폭력을 은폐하면서 공적으로 서로 모르는 사람들의 법적인 보호를 정당화한다(Tub and Schneider, 1982; Schneider, 1993).

이러한 비판은 강간과 가정 내 폭력에 관계되는 정당하고 객관적인 규칙들을 만들 수 있는 보편적인 관점을 법이 결여하고 있음을 강조하는 반면, 동시에 그 비판들 자체가 법이나 법개혁자의 예정된 각본에 맞지 않는 여성의 설명들을 약화시키면서 여성의 경험을 보편화시키고 있는 정도에 대해 학자들이 관심을 갖도록 이끄는 면이 있다. 그녀들 자신의 운명을 통제할 수 없는 희생자로서, 예를 들어서 여성들은 그들의 자녀를 후견하려는 열등한 후보자로 법정에 나타난다(Mahoney, 1991; Cahn, 1991). 더욱이, 비종속이론의 분석에서 말해진 희생자 인물설명에 들어맞는 여성들은 그렇지 않은 여성들을 희생시킨 대가로 신빙성을 얻을 것이다(Schneider, 1992; Dowd, 1992). 이러한 관심으로부터 한편으로는 다중적이고 중첩된 종속의 형태를 논증하고, 다른 한편으로는 학대의 희생자들이 그들의 행위의 측면들을 어떻게 유지하는지를 논증하는, 더욱 잘 짜여진 작업이 출현한다(Mahoney, 1991; Schneider, 1992; Abrams, 1995a).

비종속이론은 또 동성애에 대한 차별에 관계해서 적용된다. 몇몇 학자들은 동성애자들에게 결혼하고, 부모가 되며, 관습적인 가족단위에 주어져 있는 다른 이점들을 누릴 수 있는 기회를 부인하는 법률들은 성 차별의 한 형태라고 주장한다. 왜냐하면 그러한 법률들은 여성을 남성에게 종속시키는, 똑같이 고정된 이성애 규범의 중요한 부분이기 때문이다(예를 들어 Law, 1988; Koppelman, 1994). 작업장에서 성희롱을 금지하는 법의 보호를 동성애자들에게 확대하는 것을 꺼리는 것은 똑같은 방식으로 설명된다(Abrams, 1994). 종속을 말하는 데 있어서 법의 적절한 역할에 대한 더욱 진전된 작업은 성적인 지향성의 불변성과 성, 젠더, 성적인 지향성 사이의 상호관계(Halley, 1994; Valdes, 1995; Case, 1995), 그리고 동성애자인 남성과 동성애자인 여성 사이에 있는 관점들의 차이점들(Robson, 1992)에 대한 심오한 질문들에 직면한다.

여성의 '다른 목소리'

성별에 대한 평등과 비종속이론들은 여성들의 차이를 실제 대수롭지 않은 것으로, 치유적인 조정을 통해서 해결될 수 있는 문제로, 혹은 여성을 종속시키는 부패된 체계에 의해 사용된 변명으로 간주한다. 이와 반대로 연계이론(connection theory)이라고 칭해지기도 하는, '다른 목소리 이론'(different voice theory)은 여성들의 차이를 현존하는 '남성'의 특징들과 가치들보다 더 나은 사회적 조직과 법의 모델로 될 수 있는, 잠재적인 가치가 있는 자질로 간주한다. 다른 목소리 이론 안에서, 여성들은 남성들보다 상호연계성(interconnectedness)에 대해 더 예민한 감각을 지니고 있으며 개인적인 권리보다는 관계를 더 중요한 가치로 삼는다고 말해진다. 여성들은 도덕성의 '정의' 혹은 '권리'의 모델보다 '보살핌의 윤리'를 선호하고, 남성들보다 덜 추상적이고, 더 맥락을 살피는 추론의 형태를 사용한다고 알려져 있다(Dubois, 1985; Sherry, 1986; West, 1988; Bender, 1990b). 다른 목소리 이론가들은 이러한 각각의 특징들과 연관해 볼 때에 여성들의 가치가 현존하는 법률을 개선시킬 가능성을 지닌다고 주장한다.

법률상의 개혁을 촉진시키기 위해서 다른 목소리 이론을 사용하는 학문이 법률의 많은 영역들로 확장되었으므로 이 이론의 '주류화'에 대해 말하는 것이 가능해졌다(Menkel-Meadow, 1992). 리스리 번더는 불법행위에 관한 법률에서 '구제의 의무'를 정당화하고, 집단 불법행위의 가능성이 있는 법인 임원들이 그들의 희생자에게 개인적 보호 업무를 제공할 의무를 정당화하기 위해 다른 목소리 이론을 사용한다

294

(Bender, 1990a). 다른 학자들은 노동자들에게 그들의 가족들과 고용주에 대한 책임을 더 잘 통합하도록 허용하는 작업장 정책(Finley, 1986), 연계와 공동체의 가치를 더 잘 인정하는 연합 정책(Crain, 1991, 1992), 보살핌, 책임, 연계, 나눔의 윤리학을 더 잘 반영하는 공동 전략(Lahey and Salter, 1985)을 촉구하기 위해서 다른 목소리 이론을 사용한다. 세금 체계(Kornhauser, 1987), 파산법(Gross, 1990), 국제적인 인권법(Engle, 1992a, 1992b)을 개혁하기 위한 제안들도 연계이론에 의해 촉진된 책임성과 보살핌의 개념을 구체화하고 있다.

실질적인 법률의 변화를 위한 제안에 덧붙여서 이론가들은 법적인 실천의 관습적인 개념들에 깊이 관여하는 과정과 수단의 개혁도 요청했다. 캐리 멘클-미도우(1984)는 미국 법 체제의 중추가 되는 판결의 반대자모델(the adversarial models of adjudication)에 도전하는 협상을 위한 윤리적인 기준과 기술을 제안한다. 일부 이론가들은 법적 추론과 의사결정에서 더욱 맥락을 중시하는 방법들을 요구했다. 왜냐하면 그러한 방법들이 단순히 여성들의 '다른 목소리'에 더 잘 대응해서 뿐만 아니라 또한 추상적인 법의 원칙들의 '남성성'을 조명하고, 차이에 대한 더 큰 존중을 고무시키며, 이성적인 자가 그 자신의 특수한 관점의 중요성을 보다 비판적으로 인식하도록 촉진시키기 때문이다(Minow, 1987; Bartlett, 1990; Radin, 1993). 또한 일부는 좀 더 많은 맥락화뿐만 아니라 공동의 의사결정과 공감을 강조하는 판결 방법들을 요구했다(Resnik, 1988; Sherry, 1986).

다른 목소리 이론에 대한 핵심적인 도전은 여성들의 차이에 대한 주장과 역사적으로 연계되어 있는 종속을 회피하는 것이다. 비록 일부는 이러한 연계가 여성주의적인 법률상의 개혁을 위한 긍정적인 모델을 생산할 수 있는 다른 목소리 이론의 능력을 훼손한다고 주장하기는 하지만(Dubois, 1985; MacKinnon, 1987b; J. Williams, 1991a), 다른 목소리 이론의 가장 최근 분석들은 여성의 자율성과 독립성을 보호하는 테두리 안에서 관계성과 책임성에 대한 관심을 통합하려고 시도한다(Nedelsky, 1989, 1991; McClain, 1992a; Karkan and Ortiz, 1993). 이와 같이 여성의 자율성에 대해 재개된 주목은 부분적으로는, 아래에서 보겠지만, 포스트모던 여성주의의 도전에 의해서 야기되었다.

포스트모던 여성주의

이제까지 기술된 관점들은 법의 합리성, 법의 기초가 될 수 있는 객관적인 진리의 가능성, 법이 작용하는 개인적인 주체의 정합성과 안정성에 대한 공통의 전제를 공유한다. 포스트모던 여성주의는 이러한 전제들에 대해 일련의 비판을 가한다. 포스트모던 여성주의는 비판적인 법학 운동(CLS)을 통해서 처음으로 법에 도입되었고, 법이 비결정적이고, 비객관적이고, 위계적이며, 자기정당화를 하고, 지나치게 개인주의적이고 도덕적으로 피폐화된 것이라고 1970년대에 주장하기 시작했던 좌익 성향의 전문적인 학자들과 느슨하게 제휴했다(Taub and Schneider, 1982 ; Olsen, 1983 ; Dalton, 1985 ; Rhode, 1990b). CLS운동이 그 자신의 비판에서 살아남을 수 있는 긍정적인 프로그램을 개발하는 데에 실패함으로써 심각한 난관에 직면한 반면에, 여성주의 학자들은 이러한 운동의 통찰력을 흡수했고 그것들을 건설적인 여성주의 실천의 기초로 변형시키고자 시도했다(Schneider, 1986 ; Menkel-Meadow, 1988 ; Rhode 1990b). 어떠한 사회적인 제도 혹은 법적인 규칙들도 필연적이거나 자연적인 것은 아니다는 명제에서 출발하여, 그들은 현존하는 비이상적인 사회조건 아래서 가장 정당하게 보이는 제도들과 규칙들을 지지하는 견지에서 이러한 실천을 정의했다(Minow, 1987 ; J. Williams, 1991a).

자율성

포스트모던적인 도전의 가장 중요한 표적은 개인들에게 '목적'을 가질 능력이 있고, '선택' 혹은 '동의'를 행할 능력이 있으며, '이성적인' 사람처럼 생각하고 행동할 수 있는 능력이 있다는 법률상의 전제이다. 개인 혹은 '법적인 주체'에 대한 포스트모던적인 견해는 안정적이고, 일관되며 합리적인 자아에 대한 계몽주의적인 견해와, 다양한 방식으로 중첩되고, 교차하며 심지어 서로 모순되는 힘, 즉 여러 제도적 이데올로기적인 힘들로부터 '구성된' 것으로서 개인에 대한 보다 복합적인 견해를 대조시킨다. 비록 그러한 힘들이 개별적인 주체가 실재로나 진리로 경험하는 현실을 산출하는 데 합류할지라도, 그것은 사실상 '만들어진' 실재이거나 진리인 것이다. 포스트모던의 견해에서는, 실재에 대한 개인들의 경험은 실제적이고, 합리적인 것, 혹은 약간 초월적인 의미에서 진리인 것의 재현이기보다는 오히려 변동적이고, 구성된 가능성들의 작용이다(Bartlett, 1990, 877~87면 ; Cornell, 1991, 1993).

여성주의 이론가들은 법률상의 동의, 목적, 합리성의 개념이 어떻게 성별화된 방식으로 만들어져 왔는지에 대한 분석들과 함께 구성된 주체에 대한 포스트모던적인 견해에 합류한다. 따라서 예를 들어, 특정한 환경에서 여성이 성적인 교제에 동의했는지(Henderson, 1987 ; Scheppeke, 1987m ; Torrey, 1991) 혹은 자녀가 태어났을 때에 포기하는 것에 동의했는지(Radin, 1987 ; Ashe, 1988) 또는 여성들이 계약을 맺고자

의도했는지(Dalton, 1985) 혹은 임신중에 약물을 남용했는지(Roberts, 1991)의 모든 경우들은 여성들의 선택을 강요하고 구성하는 제도적 이데올로기적인 힘들의 관점으로부터 분석된다. 그러나 이러한 이론가들은 자율성을 법적인 허구로 만드는 비가시적인 강제를 인지하고 정의하면서도, 그럼에도 불구하고 자율성의 '더 많고' '더 적은' 것 사이에 의미있는 구별이 있을 수 있으며, 자율성이 여성들에게 긍정적인 목표로 남아 있다는 것을 주장한다(Nedelsky, 1989; J. Williams, 1991b; Abrams, 1990, 1995a; McClain, 1992a).

개별적인 주체에 대한 포스트모던적 통찰력이 법에 영향을 미치게 하려는 일부 여성주의 이론가들은 법이 어떻게 여성의 몸을 제한하고 정의하는지에 초점을 맞춘다. 프랑스 여성주의자들의 통찰력에 근거해서 메리 애쉬(Marie Ashe)는 여성의 육체적인 몸이 어떻게 여성의 재생산 기능의 관리와 통제에 의해 구성되는가를 논증한다(Ashe, 1988). 메리 조 프럭(Mary Joe Frug, 1991)과 드러실라 코넬(Drucilla, Cornell, 1991, 1993)과 같은 다른 이론가들은 성별 억압의 실재—그리고 유혹들—로부터 여성을 해방시킬 수 있는 상상적인 경험의 원천으로서 여성의 몸의 구체적으로 육체적이고 감각적인 측면을 강조한다.

반본질주의

포스트모던 여성주의의 비판적인 날카로움은 외부로, 즉 관습적인 법적 학설에 대해 향해져 있을 뿐 아니라 내부로, 즉 여성주의 이론 그 자체에 대해서도 향해져 있다. 이러한 내부적인 비판의 많은 부분은 '본질주의'라는 비난으로서 명시화된다.

본질주의라는 비난이 지칭하고 있는 현상은 적어도 세 가지가 있다. 하나는 잘못된 일반화 혹은 보편주의에 대한 비판이다. 위에서 논의한 바와 같이, 많은 여성주의자들의 법이론은 객관적이라고 가정된 법 규범들이 사실상 남성의 관심과 관점을 반영하고 있는 정도를 폭로하는 데에로 향해져 있다. 여성주의적 본질주의에 대한 비난은 여성, 여성의 정체성과 관심들을 언급함에 있어서 여성주의자들도 역시 대개 특별하게 우선시되는 규범—백인, 중간 계급, 이성애 여성의 규범—을 전제로 하고 있고, 그 경우 인종, 계급, 성적인 정체성, 그리고 여성의 정체성을 말해주는 다른 특징들에 근거하고 있는 차이들을 부인하거나 무시하는 데 있다. 본질주의는 이러한 맥락에서 그와 같이 명시되지 않은 규범들에 뒤따라오는 배제를 지칭한다(Minow, 1987; Harris, 1990). 이와 관련되어, 비판적인 인종 이론가들에 의해 주장되는 것은 인종과 성은 대개 흑인 여성에 의해 초래되는 차별의 법적인 주장의 두 갈래인데,

이와 같이 배제는 무시되고, 차별로서 인정도 되지 않고 인종과 성별의 교차점에 근거하고 있는 것이다(Crenshaw, 1989; Kline, 1989; Caldwell, 1991). 이러한 비판은 여성주의 학자들로 하여금 그렇게 하는 것이 어려운 일이었음에도 불구하고 그들 자신의 명시되지 않는 전제에 대해 더욱 주의를 기울이도록 했다(Nedelsky, 1991).

　본질주의의 두 번째 형태는 아마도 '자연주의자'의 오류라고 불리는 것이다. 다시 말하면, 본질주의의 이러한 형태는 여성주의자들이 관습적인 법 이론에 반대해서 만들었던 비판의 거울 이미지인데, 말하자면 법적인 원칙들을 사회적으로 구성된 것으로 보는 대신에 본래적이고, 초월적이고, 보편적이며 자연적이라고 잘못 가정한 것에 대한 비난이다. 여성주의자들의 법이론 그 자체에 적용된 바와 같이, 이러한 비판은 여성을 자기-해석적이고 자연적인 범주로서 취급하는 것과, '남성에 의해 만들어진' 억압이나 혹은 억압의 잘못된 형태들만 일단 제거되면 여성들은 그녀들의 '참된' 정체성을 찾을 수 있을 거라고 주장하는 것이 절대적이고, 찾아낼 수 있고, 궁극적인 것으로서의 진리에 대한 잘못된 견해를 수용하는 것이라고 경고한다. 이러한 비판은 특정한 여성주의 프로그램이나 의제를 받아들이지 않는 여성들은 '잘못된 의식'의 희생자들이라는 비난에 대항할 수 있는 특별한 힘을 지니고 있다(Barlett, 1987; Abrams, 1990; Cornell, 1993). 이러한 비난에 대응하여, 학자들은 여성주의의 핵심적인 기획이 여성의 참된 의식을 찾아가는 데에 존재한다는 개념으로부터 점차 벗어나서, 여성자신들을 구성하는 데에 참여하기 위하여 여성들이 지닌 창조적인 가능성들과 사회적인 구속, 양자를 모두 인정하는 여성해방에 대한 견해를 지향한다(J. Williams, 1991b; Frug, 1991; Cornell, 1991, 1993; Bartlett, 1992).

　자연주의자의 오류 비판의 더욱 최근의 형태는 생물학적이고 확정된 것으로 이해되어온 성(sex)과 문화적이고 유동적인 것으로 이해되어온 성별(gender) 사이의 관습적인 구분에 대해 의문을 제기하는 것이다. 성/성별 이분법의 두 부분들 모두 남성과 여성 사이의 경계가 더욱 불분명해지고(in play)(Case, 1995; Franke, 1995; Valdes, 1995), 남성과 여성 간의 문화적인 차이가 점차 자연적인 선택 과정의 유효한 산물로서 설명되면서(Browne, 1995) 비난에 휩싸인다. 이러한 범주들의 붕괴가 법에 대해 지니는 함축성은 이제 탐구되기 시작했을 뿐이다.

　여성주의자들의 법이론의 세 번째 본질주의 비판은 성별 제국주의(gender imperialism)의 하나이다. 이 비판은 여성주의가 차별의 토대로서 성에 너무 많은 우선권을 부여하고 인종, 계급, 성적인 지향성과 같은 억압의 다른 형태들에 너무 적은 관심을 부여한다는 것이다. 이러한 근거로 안젤라 해리스(1990)는 그 부족의 구성원이 아닌 자와 결혼한 푸에블로의 여성—남성이 아닌—구성원의 자식을 푸에블로 구성원으로 인정하지 않는 산타 클라라 푸에블로 부족의 규정(ordinance)에 대한 캐서린 맥키넌의 분석을 비판하는데, 그녀는 맥키넌의 분석이 푸에블로 구성원의 성별에 근거하고 있는 정체성을 그녀의 부족적인 정체성보다 더 중요한 것으로 잘못 가정하고 있다고 주장한다. 더욱 최근에 제국주의 비판은 여성을 남성에게 복종시키는 회교도 사회에서의 관습들, 특히 여성의 생식기를 손상시키는 관습을 비난하는 여성주의자들에게 경고를 하곤 했는데 그 비난이 이러한 관습들의 문화적이고 종교적인 의미를 경시하고 백인, 그리스도인, 미국 여성을 모든 것의 기준으로 삼고 있다(Engele, 1992a; Gunning, 1992)는 근거에서이다. 이러한 논쟁은 객관성과 보편적인 규범들에 대한 비판이 얼마간의 기본적인 여성주의 진리를 주장하기 위해서 얼마나 많은 여지들을 남겨두고 있는지를 정의하고자 애쓰는 여성주의자들의 법이론에의 투쟁을 보여주는 바로 한 예이다(Bartlett, 1990, 1992; Cornell, 1991; West, 1987).

이러한 본질주의의 모든 형태들과 싸우기 위해서 많은 학자들은 서사적인 방법을 더 많이 사용할 것을 촉구했다. 개별적으로나 집단의 서사들은 법의 토대가 되는 지배적인 이야기들이나 보편적인 서사들에 대한 대안을 제공하고, 지배받은 자의 현실적인 경험이자 다른 방식으로 가라 앉아 있는 경험에 발언권을 준다(West, 1987; Austin, 1989; White, 1990; Mahoney, 1991; J. Williams, 1991b). 이러한 대안들이 개인들로 하여금 그들 자신의 명시화되지 않았던 전제들과 이러한 전제들을 공유하지 않는 다른 사람들의 경험을 드러내도록 도와주는 한, 그 대안들은 공감적인 이해도 촉진시킨다(Henderson, 1987; Massaro, 1989). 역설적으로, 서사들은 관점에서의 차이를 드러내는 동시에 또한 여성들 간의 공동의 유대를 정립시키고, 안정시키며, 통합함으로써 일관된 정체성을 창출하도록 돕는다(Abrams, 1991; Dailey, 1993). 서사에 대한 최근의 저술은, 서사들이 단순히 또 다른 보편적인 서사들을 대체하고 있으며, 그것들이 너무 주관적이고, 같은 경험을 갖지 않은 다른 사람들을 배제시키며, 또한 때로 그것들이 단지 '진리'가 아니라는 비판들을 포함해서, 여성주의 서사에 대한 비판들에 주목하고 있다(Abrams, 1991; Cahn, 1993).

결론

여성주의 법학자들이 비판의 안정성으로부터 물러나 법을 긍정적으로 재구성하기에 취약한 토대에로 옮겨가고, 여성주의 방법의 렌즈를 내부에로, 그 자신에로 돌리도록 결정한 것은 여성주의자들의 법이론의 신뢰성과 유연성 모두를 증명한다. 완성적이기보다는 과정적이고, 선언적이기보다는 의문을 자아내고, 자기만족적이기 보다는 자기 비판적으로 자기를 의식하는 여성주의 법이론의 위상은 앞으로 일어날 일을 예언하기 어렵게 만든다. 그러나 바로 이와 같은 특징들이 법의 이론과 실천에서 그것이 더욱 당당해지는 위상을 차지하는 것을 가능하게 만드는 것이다.

(노성숙 역)

54. 회교법

아지자 알 히브리(Azizah Y. Al-Hibri)

이슬람 여성의 관심사에 대한 개관

1995년 가을 중국 호우아이로우(Houairou)에서 열렸던 NGO포럼은 여성들의 전지구적 대화를 통해 이슬람과 관련된 문제들을 규정하게 된 계기였다. 이 행사 이전부터, 특별하게는 이슬람 샤리아법(shari'ah law: 종교의 근본에 근거한 법)에 대한 논의, 그리고 일반적으로는 이슬람에 대한 논의가 서구와 회교국가에서 고양되고 있었다. NGO포럼과 동시에 열렸던, 그리고 여성에 관한 4차 유엔세계대회의 준비일환으로 열렸던 지역회의들에서 이러한 문제를 둘러싸고 지적으로 그릇된 사상 노선이 극단적으로 상이한 두 진영 사이에서 공표되었다. 그 첫 번째 진영은 샤리아법이 낡았으므로 현대 서구의 세속 모델에 부응하도록 폐기되어야 한다고 주장하였다. 두 번째 진영은 현존하는 샤리아법 하에서 발생하는 모든 문제들을 부정하였다. 두 진영은 각자의 입장을 공고하게 붙들고 있었다. 그래서 호우아이로우에서 격전이 붙었다.

결과적으로 발생한 양극화는 진실을 왜곡하는 것이었기 때문에, 몇몇 회교여성단체와 개인들은 NGO포럼 출판물에 글을 기고하였다. 다음은 그 시작 글의 일부이다.

NGO포럼에 나와 있는 이슬람에 관한 지배적·대립적 두 견해는 여성 활동가 그룹으로부터 도전을 받고 있습니다.…첫 번째 견해는 극단적인 보수주의 입장을 반영하여, 이슬람 이념을 서구의 현실과 질병에 비교하는 데 초점을 맞추고 있습니다. 두 번째 견해는 이슬람 보수주의와 이슬람이라는 이름 하에 자행되고 있는 학대에 대한 반동으로서 종교를 거부하고 있습니다. 우리들 많은 이들에게 이 두 가지 견해는 비현실적이라고 생각되며 지지받지 못하고 있습니다. 이슬람은 남성과 여성의 평등을 인정합니다.···이슬람은 여성을 억압한 법과 관습을 정당화하는데 활용되어 왔습니다.···본 그룹은 평등과 정의라는 코란의 근본원칙에 비추어 이슬람 원리들, 절차들, 그리고 관습들을 재구성할 것을 역설합니다(Sisters in Islam et al., 1995, 3면).

서로 반대되는 두 진영의 사상적 차이는 종교적인 만큼 정치적이라는 것을 이해하는 것이 중요하다. 첫 번째 진영의 사상은 성별문제와 관련되어 있는 최근 이슬람의 법적·사회적 변화에서 서구를 능가할 것을 원한다. 두 번째 진영의 사상은 이슬람이 서구의 정치적/문화적 헤게모니를 거부하기 때문에 서구의 모든 것을 거부한다. 현재 등장하고 있는 세 번째 진영의 사상은 이슬람 고유의 역사적 상황과 21세기 세계에 근거하여 이슬람 스스로 정통적인 변증법적 전환을 모색한다. 경우에 따라서는 이 세 진영의 차이가 회교세계의 식민정책의 여파에 의해서 매우 심하게 나타난다. 그러한 정책의 한 중요 측면은 교육적·문화적인 것이다.

예컨대 알제리는 서구노선에 따라 알제리 문화를 변화시키려고 지속적으로 노력하면서, 프랑스어와 프랑스 문화를 교육체제 속에서 강조하고 지방의 언어 및 문화를 훼손하였다. 결과적으로 식민세대에 속한 많은 알제리아인들이 다반사로 자신의 문화와 언어보다는 프랑스 문화와 언어에 보다 더 친숙하게 되었다(Lazreg, 1994, 특히 59~67면). 사태의 이러한 상황은 그들로 하여금 지역 유산에 뿌리를 내린 사회적·정치적 비판을 전개시키지 못하도록 하는 심각한 장애가 되었다.

다른 요인들이 나타나 일부 여성으로 하여금 자신들이 최종적으로 채택할 사상노선을 형성하는데 간접적으로 기여하였다. 그 다른 요인들은 다음과 같은 것을 포함한다. 즉 일부 여성의 경제적·사회적 계층, 관계가 있는 경우에 있어서 일부 여성과 권력구조의 특정관계, 그리고 권력구조의 일반속성 및 권력구조와 여성혐오증의 관계정도를 포함한다.

이 글은 오로지 이슬람 여성주의적(womanist) 사상에 초점을 맞추고 있다('womanist'라는 용어의 사용에 대해서 더 알기를 원한다면, 1996년 9월 베이징에서 발행된 출판물 "카라마: 인권을 위한 회교 여성 법률가들(Karamah: Muslim Women Lawyers for Human Rights, Karamah)"—필자도 창설에 참여한 단체로서 버지니아에 근거지를 둔 단체—을 보라). 필자의 생각에, 이슬람 여성주의 사상의 핵심은 이슬람 사회의 대중, 즉 남성과 여성 모두에게서 비롯된다. 대중은 지배적으로(이슬람이든지 아니든지 간에) 영성을 맹세하는데, 이 영성은 보통 불행히도 종교유산에 대한 가부장적인 해석과 혼동되고 있다. 그래서 결과적으로 이러한 사회에서는 어떠한 근원적인 변화든지 간에—만일 그것이 정신적 틀 안에서 접근된다면—더 나은 성공의 기회를 갖게 될 것이다. 이러한 이유로 여성주의 이슬람 법학의 발달은 최고의 중요성을 갖게 된다.

필자는 회교세계에 대해 간략하게 살펴봄으로써 논의를 시작하고자 한다. 10억 명 이상의 회교도가 있고 이들은 지구 전역에 살고 있다. 그러므로 파키스탄 여성이 직면하고 있는 문제는 이집트, 레바논, 남아프리카, 말레이시아, 혹은 미국의 회교 자매가 직면하고 있는 문제와는 판이할 것이다. 더욱 흥미로운 것은 각 나라들이 회교법전이 최소한 부분적이라도 이슬람 원칙들에 근거하고 있다고 주장하고 있음에도 불구하고, 회교국가의 사적 지위에 관한 법률(가족법)은 상당히 다르다는 것이다(al-Hibri, 1992, passim). 따라서 서로 다른 나라의 여성은 서로 다른 의제를 갖게 된다.

또한 이러한 나라들의 문화는 극적으로 다양하다. 예컨대 할례는 이집트, 수단, 소말리아, 나이지리아 여성의 관심사이지만, 할례관습이 없는 문화의 시리아, 요르단, 쿠웨이트, 튀니지, 모로코, 혹은 레바논 여성의 관심사는 아니다(Tubia, 1995, 54면). 할례를 실천하고 있는 나라는 할례를 정당화하기 위한 종교적 주장을 활용하고 있기 때문에, 그들의 논거에 입각하여 그러한 종교적 주장을 논박하는 것은 필수적이다. 예컨대 상당수의 회교도가 소수이고 기독교가 다수인 나이지리아에서, 가부장적 권위는 기독교와 이슬람 근본에 근거해 있다고 여겨지는 주장을 활용하여 할례라는 문화적 관습을 정당화하고자 한다. 이러한 이유로 회교여성은 물론 기독교 여성도 자신들의 종교적 전통 안에서 이러한 주장을 논박해야 한다(Ras-Work, 1992, vol.2, 62~63면). 이러한 접근은 할례관습을 혐오하지만 이를 거부한다면 신의 처벌을 받을 것을 두려워하는 여성종교인의 공포를 완화시키는 데 있어 매우 중요하다.

이집트의 여성행동가들은 이집트인의 사적 지위에 관한 법률과 여성자유에 대하여 이 법이 주고 있는 제약에 대하여 관심을 가져왔다. 최근에 그들 중 일부는 결혼제도 안에서 여성의 권리를 더 잘 보호하는 결혼계약 모델을 개발하였다(National Committee of NGOs, 1995, 53~59면). 이러한 모델은 결혼이 갖는 계약의 속성을 인정하고 있는 자명하고 전통적인 이슬람 법학에 근거해 있다. 이집트인이 아닌 회교도들은 물론 다수의 이집트 회교도들은 즉각적으로 이 모델을 서구적인 것으로서 이슬람에 배치되는 것이라고 낙인찍고 이 계약결혼 모델에 대해 부정적으로 반응하였다. 이러한 공격은 심지어는 이집트의 무프티(Mufti)—2인의 최고 종교권위자 중의 1명—가 제안된 모델이 종교적으로 수용가능하다고 인정한 이후에도 계속되었다.

　파키스탄 여성은 다른 종류의 억압으로 고통받는데, 그 고통은 부분적으로는 인도대륙의 여성에 대한 역사적 태도로부터 비롯된 것이다. 또 그 고통은 이슬람 전통 법학에 대해 직접적인 지식이 결여된 것과도 관계되어 있다. 파키스탄 여성의 주요 관심사는 현행법 하에서 강간 사례들을 다루는 것에 있다. 어떤 사례들의 경우에 법률은 강간범을 풀어주면서 간강당한 여성을 간통죄로 처벌한다. 이러한 결과는 간통에 대한 회교법을 근본적으로 잘못 해석함으로써 그리고 강간을 간통에 유비시킴으로써 야기된 것이다. 강간을 범죄나 불법행위로 분류하는 자명한·전통적 이슬람 법학에도 불구하고 이러한 경우가 자행된다. 전자의 분류에 따르면 강간은 무장 강도와 유사한 경우로 폭력적 공격이나 강제적 공격으로 간주되고, 강간범은 심한 경우 사형을 받을 수도 있다. 후자의 분류에 따르면 강간은 보상해 줄 수 있는 신체적인 상해의 일종으로 간주된다. 여성주의적 이슬람 사상은 현행법과 현행법의 적용이 의존하고 있는 종교 주장이 근본적 결함을 갖는다는 것을 보여주고자 한다(예컨대 출판될 Quraishi를 보라).

　말레이시아의 경우, 회교여성의 주요 문제로 등장한 것은 1993년 켈란탄(Kelantan) 주에서 채택한 후두드(hudud) 법이다. 후두드 법은 특정 범죄를 저지르는 경우 심한 신체적 처벌이나 사형을 포함한다. 범죄는 강간, 간통 그리고 절도를 포함하고 있다. 말레이시아의 여성주의 단체인 이슬람 자매들(Sisters In Islam: SIS)은 말레이시아의 후두드 법을 비판하는 논문들을 모아 출판하였다(Ismail, 1995). 기고자들 중 한 사람인 살비아 아마드(Salbiah Ahmad)는 간통과 강간에 대한 법은 "합의에 도달한 견해가 아닐 뿐더러…법학자…다수에 의해 지지되지 못하여 진정성을 결여하고 있는" 말리키(Maliki)파의 사상적 입장에 근거하고 있다고 주장한다(Ismail, 1995, 19면). 다른 논문에서 노우라니 오트만(Nourani Othman)은 그러한 법이 시대착오적인 것이 되었으므로 더 이상 실행되지 말아야 한다고 주장한다. 그녀는 "코란에 명백하게 포함되어 있는 샤리아 원칙들은 신성하게 승인되지만, 주정부가 지명한 위원회에 의해서 내려진 샤리아 원칙들에 대한 그러한 해석이 신성하다고 주장하는 것은 별개이다"라고 주장한다(Ismail, 1995, 35면).

　북아프리카의 국가들 또한 독특한 문제들을 갖는다. 예컨대 모로코 여성은 남편의 허가 없이 집 밖에서 일할 수 있는 여성의 권리에 대하여 많은 관심을 가지고 있다. 모로코의 사적 지위에 관한 법률은 프랑스 법을 따랐고 일부 전통 이슬람 법학에 의해 지지되는 조항을 포함하는데, 그 법은 여성은 남편의 동의 없이 집 밖에서 일할 수 없도록 금지시키고 있다(Bennai, 1992, 149면). 이 문제는 앞으로 좀 더 소상히 언급될 것이다.

베이징에서 매우 활동적이었던 한 단체("Collectif 95 Maghreb Egalite")(알제리, 모로코, 그리고 튀니지)는 성별평등—구체적으로 여성의 일할 권리, 자유여행, 자녀의 동등한 상속권을 포함하는—을 보장하는 사적 지위에 관한 법률안을 출판하였다("Collectif 95 Maghreb Egalite", 1995, 17면, 25~26면). 일부 회교여성은 이 단체와 다른 유사한 단체들의 접근이 주로 세속적인 것이라고 생각해 왔다. 그들은 이러한 단체들이 자신들의 제안을 회교대중들에게 보다 구미에 맞도록 하기 위한 시도로서 가끔 종교적 주장을 활용한다고 생각한다.

이와 같은 간략한 지리적 개관은 선택적이기 때문에 필시 불완전하다. 따라서 독자는 이러한 나라들이나 주변 세계의 회교여성들이 여타의 부가적인 관심영역을 갖지 않는다고 결론짓지 말아야 할 것이다. 이러한 지리적 조사는 회교세계의 다양한 지역에서 관심사가 매우 다양하다는 것을 예시하는 문제들만을 강조한다. 핵심적인 사례는 이슬람의 자매들인데, 이들은 후두드 법에 대해서 뿐만 아니라 성별 평등, 여성에 대한 폭력에 관한 이슬람의 입장, 그리고 샤리아 법과 근대 국가 간의 관계와 같은 여타의 근본적인 주제들에 대해서도 말해오고 있다(Otherman, 1994; Sisters in Islam, 1991a, 1991b).

세계 전역에서 회교여성들이 직면하는 쟁점들과 문제들의 다양성에도 불구하고, 나타나고 있는 일부 여성주의 회교사상의 일반 개요를 인식하는 것은 가능하다. 개략적으로 말해서 세 가지 주요 접근이 활용되고 있으며, 경우에 따라서는 이 세 가지가 결합되어 있다. 그 첫째는 현존 문제들은 이슬람교 자체의 결과가 아니라 종교에 대한 가부장제적 해석, 그리고 날조되거나 의심스러운 하디트(hadith)—예컨대 예언자 마호메트에게 귀속되는 진술들—의 활용의 결과라고 주장한다. 이러한 사상 노선은 종교에 근거하고 있는 현재의 법률—가부장적 토대를 드러내고 있는 법률—에 대한 비판적 검토로 인도한다. 두 번째의 사상 노선은 근본이 되는 코란의 법학적 원리들에 충실하면서, 어떤 이슬람 율법은 무용하게 되었으므로 그것들을 단지 정지시키거나 폐기할 필요가 있다고 주장한다. 세 번째 노선은 (이슬람) 율법 자체는 문제가 없고 단지 율법의 현대적 공식화와 적용에 문제가 있다고 본다.

여성할례와 파키스탄의 강간법에 반대하는 주장은 보통 첫 번째 범주에 속한다. 후두드 법에 대한 이슬람의 자매들의 주장은 두 번째 범주에 해당하는 것으로 보인다. 그러나 필자는 더 강력한 주장이 단순히 초기의 명백한 전통 법학—흔히 왜곡되어 왔고 오용되어 온—에 의존함으로써 전개될 수 있다고 믿는다. 이러한 제안적인 주장은 결혼계약 모델을 만들려는 시도와 같은 경우로서 세 번째 범주에 해당할 것이다.

지금까지는 세 가지 사상적 노선에 관한 예들을 살펴보았다. 이제 회교여성의 일반 관심사인 두 가지 주요 쟁점을 선택하여 좀 더 철저한 방법으로 그 쟁점에 초점을 맞추어 보자. 두 가지 쟁점은 (1)성별 평등과 (2)여성의 일할 권리이다.

성별 평등

회교여성은 이슬람이 여성에게 충분한 권리를 부여했다는데 동의하지만, 그러한 권리에 대한 정의에 대해서는 서로 동의하지 않는다. 특히 회교여성은 이슬람이 여성에게 '성별평등'(gender equality) 혹은 '성별 형평'(gender equity)을 인정하는지 그렇지 않은지에 대해서 논쟁하고 있다. 성별평등을 비난하는 사람들은 위험스럽게도 성별평등을 개인주의적 사회관에 근거한 서구의 기계적 평등개념에 근사한 것으로 생각한다. 성별 형평을 비난하는 사람들은 형평이 가부장제적인 적들에 의한 오용의 문을 활짝 열어두고 있다고 생각한다.

호우아이로우에서 매우 열띤 논쟁이 있었는데, 그 논쟁은 '형평과 함께하는 평등'(Equality with Equity)이라는 타협적 슬로건을 채택함으로써 일단락되었다.

논쟁의 핵심을 구성해 보기 위해서, 우리는 베이징에서의 회합들과 연계시키면서 카라마(Karamah)에 의해 출판될 소책자—캘리포니아에 근거지를 둔 단체인 회교여성연맹(Muslim Women's League)에 의해 출판될 풀뿌리 서적— 다른 저자들의 저작들, 그리고 워싱턴 시에 근거지를 둔 단체인 회교여성 죠지타운 프로젝트(Muslim Women's Georgetown Projects)에 의해 간행된 선언문으로부터 발췌해 보자.

카라마와 회교여성연맹은 모두 '평등' 입장을 채택한다. 카라마가 곧 출판할 이슬람과 여성권리에 대한 소책자를 보면, 이들은 전통적인 이슬람 원전에 심히 의존하고 있는데, 이 소책자에서 카라마는 다음과 같이 말한다.

> 토히드(Tawhid: 유일신에 대한 신앙)는 이슬람 법학의 핵심원칙이다. 주님은 최고의 존재이며, 모든 인간이 주님의 유일한 피조물이라는 점을 포함하는 많은 이차적 원칙들이 이로부터 파생된다. 다음으로, 이러한 후 원칙으로부터, 신이 본 바로는 성별, 계층 혹은 인종과 무관하게 모든 인간이 평등하다는 결론이 도출된다. 따라서 오직 자신의 성별에 의해서 남성이 여성보다 더 우월한 것이 아니다.

최근의 한 논문에서 필자는 코란은 분명하면서도 근본적인 성별 평등 원리를 설명하고 있다고 주장함으로써, 이상의 입장을 지지했다(al-Hibri 1996). 나의 주장은 다음과 같은 유명한 구절에 의거해 있다. 즉 "오 사람들아, 하나의 나프츠(nafts: 영혼)로부터 너를 창조하셨고, 그녀(the nafts)로부터 그녀의 배우자를 창조하셨고, 그들로부터 많은 남자와 여자를 퍼지게 하신 주님을 공경하라"(코란 4: 1)는 구절에 의거해 있다.

회교여성연맹에서 발간한 책에서는 이렇게 말한다. 즉 "남성과 여성의 영적인 평등과 책임은 코란에서 잘 전개시켜 놓은 주제이며…인간 노력의 모든 현세적 측면에 있어서의 평등의 근거이다"(Muslim Women's League, n.d.). 책자는 계속해서 다음과 같이 기술한다.

> 성별평등 개념은 아담과 이브에 대한 코란의 해석에서 가장 잘 예시되고 있다.…양성 모두가 사려 깊고 독립적이라고 코란은 말한다. 코란에는 이브가 아담의 갈비뼈로부터 창조되었다는 언급이 없다.…어떤 성이 먼저 창조되었는가의 문제에 대해서조차도 구체적으로 말하고 있지 않은데, 이는 우리의 목적에 대해서도 이 문제가 중요치 않다는 것을 의미한다.

회교여성의 다양한 역할에 대한 토론을 개시한 이 책은 통치자로부터 종교지도자와 전사들에 이르기까지 역사 속에서 그 역할을 해왔다. 카라마와 연맹의 주장은 자신들의 입장을 지지하는 데 있어서, 앞에서 논의한 첫 번째와 세 번째 범주에 속할 것이다.

회교여성 조지타운 프로젝트가 내놓은 논문의 제목 "이슬람: 상호적 협동체계(Islam: A System of Reciprocal Partnership, 1995)"는 사회관계와 권리문제에 대하여 '형평' 관점에서 접근하고 있다. 이 논문은 서론에서 "이슬람의 사회 시스템은 자기보존적인 상호적 의존 시스템 안에서 가족, 공동체, 사회, 정치학 그리고 경제학을 통합 한다"고 주장하고 있다(1995, 1면). 이 논문은 자녀에 대한 부모의 책임을 강조하면서, 가장 가까운 남성으로 하여금 여성을 부양할 것을 요구하는 이슬람 전통 율법을 승인하면서 인용하고 있다. 논문은 다음을 주장한다.

> 그 같은 차별에 대한 이유는 여성은 자신의 인생의 어떤 지점에서 자신이 임신했다는 것을 알게되고 또 다른 생명을 보살피는 과정에 있다는 것을 알게 된다는 것이다. 여성은 이러한 환경에서 그러한 책임을 결코 혼자서 떠맡지 말아야 한다. 왜냐하면 여성의 배우자가 이러한 일을 분담해야 할 의무를 갖기 때문이다. 물론 사회는 새 세대에 있어서는 보장된 권리를 가지고, 만일 여성의 가족이 능력이 없거나 도움을 줄 수 없는 경우라면 그들을 도와야 한다(1995, 1면).

이 프로젝트의 견해가 편부모 가정에서 아이를 양육하면서 집 밖의 일에 지친 미국인 회교여성이라는 상당수의 그룹에 편향되어 있다는 것을 주목하는 것은 중요하다. 이러한 입장은 또한 사우디의 대표적인 여성권리 옹호 지도자인 파티마 나시프 (Fatima Nasif)와 같은 다른 회교여성에 의해서도 지지되고 있으며(Nasif, 1992, 특히 239~240면), 앞에서 말한 세 번째 범주에 해당하는 주장에 의존하고 있다.

그러나 이 프로젝트의 입장은 아직 발전단계에 있어서, 그 결과는 아마도 위 인용문이 제안하고 있는 것보다도 더 복합적일 것이다. 사실상, 위 논문은 '평등'의 입장에 서명하고 있기 때문에, 이 논문의 초고가 쓰여졌을 때 미국 보수주의 회교여성들은 이 프로젝트에 대하여 공격하였다(AMC Report, 1996, 11면).

성별평등에 관한 이슬람의 입장을 서술하는 데 있어서, 말레이시아의 이슬람 자매들(SIS)과 얼마 동안 함께 일했던 미국인 회교학자 아미나 와두드 무신(Amina Wadud-Muhsin)은 다양한 회교여성 그룹의 관심사에 대해 섬세하게 느끼고 있다. 그녀는 이렇게 쓰고 있다.

> 코란은 남성과 여성 간 차이를 말살시키려거나 기능적인 성별 구별이 갖는 의미를 지워버리려고 하지 않는다.···사실을 말하자면, 남성과 여성 간에 호환적이고도 상호적으로 도움이 되는 기능적 관계를 가리키는 것이 사회에 관한 코란의 주요 부분이라고 보여질 수 있다. 그러나 코란은 각 성별에 대하여 모든 문화를 교차하는 배타적인 하나의 역할이나 역할 모음에 대한 하나의 정의를 제안하거나 지지하는 것은 아니다.

가부장적인 남성은 남성이 여성보다 우월하다고 말하고 있다고 해석되는 코란의 특정 구절(코란 4: 34)을 지적함으로서 위의 말을 부정할 것이다. 이 특정 구절로부터 가족과 사회에서 회교여성의 법적 권리에 영향을 미치는 수많은 결과물이 나온다. 그러므로 성별평등에 관한 온전한 논의를 위해서는 이러한 구절에 대해 주의해야 한다.

이 구절의 전반부에서는 "남성은 여성에 대하여 qawwamun하다"고 말한다. 논쟁이 되고 있는 말은 '우월한'(superior)을 의미한다고 해석되어 온 'qawwamun'이다. 이전의 한 연구에서 필자는 언어학적, 문법적, 그리고 다른 근거 위에서 이러한 해석의 타당성에 의문을 제기하였다(al-Hibri, 1982, 217~218면). 그 이후 또 다른 한 연구에서 필자는 이러한 해석을 전적으로 부정하였는데, 코란에 명백하게 그리고 반복적으로 표현된 평등의 근본원리에 모순되기 때문이었다(al-Hibri, 1996, passim). 더욱 중요한 것을 말하자면, 모든 이전의 논의들이 코란의 이 특정구절 자체의 구조를 무시하면서 이 한 단어의 의미에 집중하고 있다는 것이다. 이 구절을 우리가 올바르게 읽는다면, 이 구절은 인간에게 특권을 부여하기보다는 제한을 가하고 있다고 필자는 주장해 왔다(al-Hibri, 1996).

단순히 말하자면, 그 구절은 남자가 여성에게 충고하거나 지도하는 조건(첨언하자면, 여성이 자유로이 무시할 수 있는)을 용의주도하게 규정하고 있다. 두 가지 조건을 분명하게 설명하고 있다. 첫째, 남성은 자신에게 재정적으로 의존하고 있는 여성에 대해서만 충고하거나 지도할 수 있다. 둘째, 남성은 자신이 충고하고 있는 여성보다도 더 알고 있거나 더 경험한 문제들에 관해서만 그렇게 할 수 있다. 환언하면, 그 구절은 단순히 여성이라는 이유 때문에, 혹은 단순히 여성이 재정적으로 남성에게 의존하는 인생의 어떤 단계에 있다는 이유 때문에, 여성의 일에 간섭하는 남성의 능력을 제한하고 있다. 또한 구절은 간섭을 조언하는 기능에 국한시키고 있다.

이러한 해석은 분명히 앞에서 언급한 첫 번째 접근 범주에 해당한다. 의미심장하게도 이 해석은 코란에서 말하는 성별평등에 관한 주요 원칙과 일치한다. 뿐만 아니라 이 해석은 대부분의 전통 학자들에 의해서 확인된 명백한 이슬람의 입장—결혼 상태에서조차도 여성은 충분한 재정적 독립에 대한 자격이 있다는 입장 —과 일치한다(Abu Zahrah, 1957, 128면; al-Jaziri, 1969, vol.4, 46면). 여성의 배우자는 여성의 돈에 손대지 않아야 할 것이며, 여성은 자신의 책임 하에 헤트(het) 사업을 할 수 있을 것이다(Abu Zahrah, 1957, 128면; al-Jaziri 1969, vol.4, 46면). 전통적 법학자들은 이 권리를 부정하지 않으면서, 위에서 말한 구절을 남성이 여성보다도 우월하다는 해석—남편에 '복종' 할 것을 아내에게 요구한다는—에 의거하여 논의해왔다. 이러한 복종의 조건은 (직접적으로든 혹은 간접적으로든) 심지어 오늘날 회교국가에 있어서 다수의 사적 지위에 관한 법률 속에 포함되어 있다. 이러한 입장의 귀결, 즉 많은 명문화는 여성이 집 밖에서 일하기 위해서 남편의 동의를 얻을 것을 여성에게 요구하는 주장에서부터 남성이 가정의 수장이며 여성은 남성이 갖는 권위를 결코 갖지 못한다는 주장에까지 걸쳐 있다.

일할 권리

《부부의 노동 분업》이라는 제목의 책에서 파리다 베나니(Farida Bennani)는 가족 내에서 노동에 대한 전통적 분업을 정당화하는 성별 차이에 초점을 맞춘 전통 법학자의 견해에 대하여 의문을 제기한다(Bennani, 1992, passim). 베나니는 그와 같은 견해, 즉 남편을 가정의 수장으로 선언하는 것과 같은 견해에 대하여 이슬람은 결백하다고 단호하게 말한다(Bennani, 1992, 40면). 베나니는 또한 이 같은 견해가 필연적으로 요구하는 남편과 아내에 대한 고정관념이 자신의 사회에 존재하지 않는다는 점을 주목한다(Bennani, 1992, 78면). 그래서 베나니의 접근법은 앞에서 논의된 첫 번째와 세 번째 범주에 해당된다.

베나니는 모로코에 추종자를 두고 있는 말리키(Maliki)파의 인식—이슬람은 아내에게 가사 일을 하라고 요구하지 않는다는 인식—에 주목한다(Bennani, 1992, 147면). 따라서 말리키파의 학자들은 대신에 관습을 참조하여 자신들의 견해를 만든다. 그들은 여성이 "지방의 관습에 의해 요구되지 않는다면" 그러한 가정 의무들을 수행할 의무를 갖지 않는다고 말한다(Bennani, 1992, 147면). 지방의 관습은 가부장적이기 때문에 최종적인 결과는 여성에게 가사 일을 해야 할 뿐만 아니라 심지어는 들판에서까지 남성을 도울 것을 요구한다. 더 나아가서, 만일 남편이 동의하지 않는다면, 여성은 심지어 집 밖에서도 자신의 잔여노동력을 파는 것이 금지된다는, 더욱 가부장적 결론까지 이끌어 내어진다(Bennani, 1992, 147면).

그러나 어떤 사적 지위에 관한 법률은 그 일(혹은 어떤 법령에 있어서는 시간)이 도덕적으로 수용될 수 있고 가족의 이익과 모순되지 않는 한, 남편의 허가 없이도 여성이 집 밖에서 일하는 것을 허용한다(Egyptian Code No. 25(1920), 개정판 Bk 1. Ch. 1, Art. 1; Kuwaiti Code, Part 1, Bk 1, Title 3, Art. 89). 이러한 유형의 법들은 다른 가부장적 관습, 그리고 많은 경우에 있어서, 경제적 필요성을 반영한다.

앞에서 언급한 평등에 대한 이슬람의 일반 원칙 — 성별이나 인종과 무관하게 평등을 확립하고 있는—이 다양성을 찬양하는 코란의 구절(코란 49: 13)과 함께 관습이 코란의 원칙들과 모순되지 않는 한, 법학자로 하여금 지방 관습을 국법에 포함시키도록 허용케 한다는 점을 주목하는 것이 중요하다. 그러나 가부장적 관습이 종교법에 따라 명문화되었을 때 이러한 재판 규칙의 적용은 그 이념에 미치지 못하였다.

또한 일부 남성 법학자들이 다음과 같이 말한다는 점에 주목하는 것도 중요하다. 즉 아내가 가사 일의 부담을 남편과 나누려고 할 때, 고용인을 둘 권리가 있다고 말한다는 것이다. 사실 남성회교도의 이상적인 역할 모델인 예언자 마호메트 자신은 가사 일에 동참하였다. 역사가들은 마호메트가 했던 가정의 허드렛일의 성격에 대해서까지 기록하고 있다. 허드렛일에는 고기 썰기, 바느질하기, 아이와 함께 돕기가 포함되어 있다(al-Ghazali, 1939, vol. 2, 354면, al-Nadawi, 1997, 370면). 회교 법학자들이 이러한 노선에 따른다면, 공평성은 아내가 집 밖에서 일할 때 남성으로 하여금 가사 일을 하는 아내를 도울 것을 요구한다고 말해야 할 것이다.

그래서 이러한 영역에서의 이즈티하드(ijtihad, 법학적 해석)는 분명히 유동적이다.

우리의 논의에서 누락된 것은 이 주제에 대한 이란 여성의 공헌에 대한 기록인데, 이에 관한 기록의 대부분이 불행히도 내가 읽을 수 없는 페르시아어로 쓰여 있기 때문이다. 그러나 이란에서도 가사일과 이혼과 같은 영역에 있어서 새로운 여성주의 법학이 받아들여지고 있으며 성문화되고 있다는 보고들은 풍부하다. 가사일과 이혼이라는 두 가지 주제는 무관한 것이 아니다. 왜냐하면 가사 일이 여성에게 요구되지 않으며 가사 일이 경제적 가치를 갖는다는 사실에 대한 인식은 이혼에 있어서 이러한 기여의 가치가 부부의 재산과 이혼수당을 결정할 때 고려되어야 한다는 결론을 이끌어 냈기 때문이다.

결론

이 논문은 회교 여성주의 사상과 관련된 두 가지 근본 문제에 초점을 맞추었다. 다른 문제들 또한 이와 같은 사상의 노선 안에서부터 적절하게 논의될 수 있을 것이라는 것이라고 나는 믿는다. 여성 회교도의 해방을 위한 기본법은 코란—예언자 마호메트라는 본보기와 그 주변의 여성지도자들—에 포함되어 있으며, 통상적으로는 초기의 전통적 이즈티하드에도 포함되어 있다. 오늘날 여성주의 법학의 전개에 대한 여성 회교도의 관심은 그들의 해방과정을 극적으로 가속시킬 것이다. 그러나 이슬람 자매들의 노우라니 오트만이 말하고 있는 것처럼, "이슬람의 현대화는 내부로부터 일어나야 하며 회교 자신들에 의해 수행되어야 한다"(Ismail, 1995, 39면). 당연히, 여성주의 회교사상은 회교사회의 변화에 대하여 유일한 현실적 희망을 제공한다.

(안옥선 역)

55. 국제 정의

나탈리 단데카(Natalie Dandekar)

세계의 불공정한 처사들은 여성에게는 더욱 막중한 부담이다.

믿을 만한 보고에 따르면,

(1) 지난 40여 년간 국제 개발정책은 성적 차별이라는 방식으로 농촌을 계속 빈곤하게 만들어왔다. USAID(미국국제개발처)조차 여성에 대한 우려를 표명했는데, 지난 20년간 "절대빈곤층의 남성 수는 30%로 증가된 반면 여성의 수는 거의 50%가 증가했다"(제레이 외, 1992, 14면). 이러한 사실에 비춰볼 때, 국제정의를 위해서는 여성의 발전이 국제적 발전의 한 부분으로 보장되어야 한다.

(2) 전 세계 1800만 명의 난민 중 약 75%가 여성 그리고 어린 소녀들이다. 이들은 "난민 여성들이 일상적으로 겪는 성폭력"의 위험에 처해 있다(Zalewski, 1995, 343면). 국제 정의를 위해서는 여성들이 자신의 몸의 주인이 될 권리, 즉 강간으로부터 안전하게 보호받을 권리가 인권으로 인정되어야 한다. 그렇지만 도시, 교외, 농촌 등에서의 보통 수준의 삶에 있어서조차 성폭력은 그저 일상적인 사건에 불과할 뿐이다. 이때 국가는 거의 항상 그저 허약하거나 무관심한 보호자로 판명될 뿐이다.

(3) 환경파괴는 성차에 근거해서 여성들에게 사회적으로 부과시키는 책임을 수행하기 더욱 어렵게 한다. 예를 들어 여성들이 음식을 준비하기 위해 필요한 땔감을 모아야 하는 곳에서 발생하는 생태계의 멸종 문제는 극빈층 여성들의 무임금 가사 노동 시간을 늘린다. 식량이 충분하지 못한 경우, 가족 내 분배의 사회적 유형에 따라 여성과 어린이들이 가장 적게 먹고 영양실조로 시달릴 것이 확실하다. 환자 간호

314

에 여성이 가장 큰 책임을 져야 하는 곳에서 환경 때문에 발생하는 질병은 그러한 질병으로 고통받는 사람들을 간호하는 중책을 극빈층 여성들에게 떠맡긴다. 국제정의가 성립하려면 환경파괴의 해악을 치유하는 고통이 공정하지 않게 여성들에게만 부과되어서는 안 되는 것이다.

(세계은행과 같은) 채권자들이 최후 수단으로 정부에 강요하는 "구조조정" 정책은 여성들의 난국 대처 기술을 최후수단의 자원으로 착취한다. 구조조정 정책이 요구하는 '효율성'은 여성의 일상적인 가사노동의 부담을 증가시킴으로써, 하루 16시간 노동을 정상적인 것처럼 받아들이게 한다. 돈이 궁한 국가는 여성의 성을 섹스관광을 통해 현금을 벌어들이기 위한 자원으로 착취하게 한다(Enloe, 1898). "우편 주문 신부"(Narayan, 1993)와 "우편 주문 가정부"(Enloe, 1989)가 받는 법적 보호란 다른 부류의 이주노동자들에 비해 미약한 것이며, 가난한 나라에서 온 여성 이주 노동자는 같은 조건의 남성보다 훨씬 더 심각한 피해의 위험을 무릅써야 한다. 그보다 일반적인 수준에서조차 여성들은 "자신들의 사회적 활동이 사회적 인정과 보상, 즉 남성의 경우엔 당연히 부여되는 사회적 인정과 보상을 마땅히 받을 만함에도 불구하고 대신 적절치 못한 성별 인식으로 인해 빈번히 평가절하되고 있음을 발견한다다"(Mann, 1994, 11면).

거의 모든 국가에서 여성들이 겪는 상대적인 정치적 박탈감과 무력화는 심각한 방법론적 물음을 제기한다. 케이트 영(Kate Young, 1993)이 지적한 바대로, 정치적으로 주변화되고 정치세력화되지 못한 여성들은 자신들의 요구를 의제로 만드는 데 어려움을 겪게 될 것이다. 그러나 보다 중요한 것은, 다른 사람들과 관련되었을 때를 제외하고는 자신의 권리를 우긴다거나 욕구를 갖는다는 것에 대해 제대로 의식하지 못하도록 사회화되었기에 전형적으로 자기 자신을 "다른 사람의 안녕을 위한 통로(conduit)"로 인식한다(Young, 1993, 148면). 기획자들 역시 여성주의 인식을 하지 않은 경우에는 주로 모성이나 가족중심적 책무와 연관해서만 여성 문제에 집중한다. 심지어 연구자료조차 성적 특수성에 따른 문화적 책무와 무관한 여성만의 독자적인 관심사를 인정하기는커녕 여성이란 본래 가족 단위 안에 파묻힌 존재며 따라서 당연히 자신이 속한 가족단위의 양육에만 집중되어 있다는 가정을 반영하는 주제들에 치우쳐 수집되고 있다. 국제정의가 이루어지기 위해서는 성적으로 불공정한 모든 종류의 처사들이 교정되어야 한다. 국제정의에 대한 적합한 개념을 수립하려면 그에 적합한 성별에 대한 인식이 필요한 것이다.

국가중심적 입장들

현대 국제정의론 중 "국가중심"적 국제정의론은, 칸트주의 이론이건 공리주의 이론 또는 공동체주의 이론이건 간에, 밀접하게 연관된 두 가지 이유에서 국제적 불평등에 도전하지 못한다. 첫째, 이 이론들은 "성별의 관점에서 무지한"(gender blind) 접근방법을 비판 없이 추종하기 때문이다. 성별을 중심에 놓고 고려하지 않음으로써 이러한 접근방법은 기존의 (외관상으로는 중립적으로 보이는) 이론이나 정책, 그리고 제도 속에서 남성이 특권을 누리고 있음을 간파하지 못한다. 일반적으로 중립적이라 간주되는 규범이 "이성적 남성(man of reason)"을 중심에 두는 한, 각자 동의한 바에 따라 국가 주권을 수립하는 규범적으로 자율적인 인간 행위자란 그 자체가 결국 추상적이고 탈육체화된 남성들일 뿐이다. 이러한 상황에서 성별과 무관하다거나 성별에 무지하다는 것은 여성이 원래 남성 가장에게 종속된 의존적인 존재임을 당연하게 여기는 매우 국한된 영역으로 여성을 몰아 넣는 체계적인 버팀목을 보지 못한다는 것이다. 그러한 성별에 대한 무관심과 맹목성은, 캐롤 페이트만(Carol Patemann)이 보여준 대로, 가장 민주적인 자유주의 국가에서조차 여전히 유지되고 있는 가부장적인 측면을 볼 수 없게 한다는 점에서도 전혀 중립적이 아니다. 둘째, 국가중심적 정의론자들이 성평등을 중심적인 관심사로 제도화시키지 못하는 것으로 미루어 보건대, 그들은 필연적으로 국제정의를 국가 주권에 희생시키게 된다. 구딘(Goodin, 1995)은 공리주의가 공공정책 결정의 최선의 지침이라고 주장한다. 즉 공리주의란 "관련된 모든 사람들이 최대다수의 최대 혜택을 어느 정도로 보장하는가에 따라 결과의 선함을 판단하는—그러므로 결과에 얼마만큼 영향을 주는 가에 따라 행위의 좋음을 판단하는 도덕 이론"이라는 것이다(3면). 구딘은 전 지구적 환경문제와 인권문제에 대한 공리주의의 최선의 해결책은 '국가 가족(family of nations) 모델에 의존하는 것이라고 믿는다. (서구의 중산층 핵)가족에서는 "부모 중 누구 한 사람에게라도 확실히 제 몫의 부담을 짊어질 능력이 없거나 그렇게 할 의지가 없다면, 다른 부모에겐 자녀들의 기본 욕구와 필요를 충족시킬 책무를 전적으로 떠맡을 의무가 있다"(구딘, 1995, 314면). 어떤 국가든지 그 역할을 다하지 못할 경우엔 다른 국가들에게 그 공백을 메울 책임이 있다. 더구나 "자녀 양육 비용을 억지로 지불하도록 법적 강제력을 행사하는 것이 전적으로 적절하다고 간주되는 가족관계의 예에서"처럼 국제적 영역에서 각국은 다른 국가들로 하여금 공유하는 목표를 향하여 각자의 몫을 다하도록 적절하게 압력을 넣을 수 있다는 것이다.

구딘이 주장하는 공리주의적 "가족" 모델은 앞에서 지적한 모든 약점을 지닌다.

첫째로 북미의 이혼한 엄마들이 아이를 기르기 위해 고생하는 상황을 (성과 무관한) 정의 모델이라 추정하는 것이다. 둘째로 국제 정의의 국가적 책무를 실행하겠다는 동기를 갖는 국가들은 그러한 책무를 덜 갖는 국가들에 압력을 가하는 일 외에는 아무 것도 할 수 없다는 점이다. 대부분의 국가에서 참정권을 갖지 못한 여성들은 국제적 행위자로서도 주변적 위치에 있다. 마찬가지로 네이글(Nagle, 1991)의 칸트주의 모델(가설적 사회계약 모델)에서도 국가 주권이 중심적인 것이 된다. 이 모델에 따르면 정의란 "유사한 동기를 갖고 있는 개인들 사이의 일반적 동의의 기초가 될 수 있는 원리들을 발견해내는 것이 목표라 할 때, 그 누구도 이성적으로 거부할 수 없는" 원칙을 찾아내는 데에 있다(Nagle, 1991, 36면). 네이글은 현대적 상황을 "영혼을 병들게 하는 혐오스러운 경제적, 사회적 불평등"(Nagle 1991, 5면)의 상황으로 감지하는 까닭에 "국제적 지원의 최저 도덕적 수준"을 정하려 한다(174면). 그럼에도 불구하고 네이글은 실용적인 사람이라 "세계의 법질서란 비록 수많은 국가들이 도덕적으로 문제가 있더라도 현존하는 거의 모든 국가들이 공유하는 기회들을 만족스럽게 표방해야 하며 또한 대부분의 국가들에 공통된 관심사들을 보호해야 한다"는 사실을 인정한다(176면)

월처(Walzer 1983)의 영향력 있는 공동체주의의 입장은 근본적으로 다르다. 첫째, 그에게 사회정의는 제도화된 지배를 제거하는 것이다. 그러나 그는 지배의 부재를 사회적으로 중요한 혜택과 부담을 분배하는 데 있어서의 복합적인 평등과 동일시한다. 이러한 지배의 부재에는 특정한 정치공동체가 분배의 기준을 구축하는 특별한 방식을 근본적으로 존중할 것이 요청된다고 한다. 이는 그와 같은 특정한 시기에 그러한 특정한 정치공동체들 간의 사회적 상호작용을 통해서 구축되는 사회적 의미에 부합하는 것이다.

세 가지 최소한의 금제(살인, 기만, 심한 잔인성)를 모든 문화권에 공통적인 것으로 인정하지만(Walzer, 1988, 22면), 그럼에도 불구하고 그는 정의의 문제가 전적으로 어떤 정치적으로 조직된 공동체 내부에서 제기된다고 믿으므로 강력한 비개입주의를 주장한다. 베리(Barry, 1995)는 다음과 같이 지적한다. "월처의 특수주의가 직접적으로 뜻하는 바는 국제적 분배의 정의 같은 것은 있을 수 없다는 것이다. 그가 말하는 사회적 재화가 갖는 의미를 모두 함께 이해하는 사람들의 집합인 국제적 공동체는 있을 수 없기 때문이다"(79면). 이를 보다 핵심적으로 오노라 오닐(1993)은 다음과 같이 지적한다. 즉 기존의 공동체가 사회적으로 인정하는 공동체의 의미는 대개 "여성의 삶을 사적 영역에 가두어버리는데, 그 사적 영역 안에는 정의라는 정치적 미덕이 있을 자리가 없다. 또한 정의가 이슈가 되는 적절한 영역인 '공적' 영역에서 여성을 제외시키는 제도를 인준해 왔다"는 것이다(303면).

구딘, 네이글, 월처는 서로 분명한 차이를 드러내지만 그들 모두 국제적인 것을 국가의 행위에 제한되는 것으로 이해되고 있다. 그러나 국가의 주권 행위가 전적으로 국제적 영역을 규정한다는 가정은 우리가 살고 있는 세계를 기술하기엔 당치 않은 것이다. 다국적 기금의 채권자, 초국적 기업들, 적십자사나 국경없는 의사회 같은 휴머니스트 기관, 그린 피스와 같은 비정부 이해 그룹들은 모두 국경을 가로질러 일하면서 국가의 주권이 허구임을 폭로하고 있다. 국가에 기초한 이론들은 또한 내부 붕괴하고 있는 국가들과 실패한 국가들의 현실을 포착하는 데에 실패한다.

왜곡되어 있는 성별성을 인식하지 못한 오류를 인정한다는 것은 여성을 무시하지 않는 국제 정의의 개념을 발견하기 위한 기획에 매우 중요하다. 사회계약론의 고전적 정식은 추상적인 존재로서 자유롭게 동의하는 개인들이 함께 모여 국민 국가를 수립하는 그러한 전정치적 영역을 당연한 것으로 상정한다. 비판가들은 다양한 방식으로 이러한 탈육체화된 개인들은 남성일 뿐이라는 점을 폭로한다. 공적 생활에 진입하는 여성들은 그들 역시 남성인 것처럼 행동하거나 그렇지 않으면 "자신들의 성적 육체로 인해 남성들과 똑같은 정치적 입지를 누리는 데 방해받고 있는 것처럼" 행동해야만 한다(Pateman, 1989b, 4면; Pateman, 1988; Okin, 1979, 1989 참조). 정의가 추상적 개인들(이성적인 탈육체화된 남자/인간)에 의해 자유롭게 합의된 구성적 원칙이라 한다면, 이러한 정의의 원칙에는 이성적 인간에 호소하면서 설정된 탈육체화된 기준에 영합하는 남성들에게 더 많은 특권을 부여하는 경향이 있다는 사실은 놀랄 만한 일이 아니다. 그러한 체계는 여성의 종속과 억압의 특수성을 무시한다(Pateman, 1989, 35면 참조).

가부장적 국가를 국제적 행위의 유일한 단위로 인정함으로써 국제관계 전문가들은 광범위하게 그릇된 가정을 무비판적으로 영속시키고 있다. 자율적인 개인과 연결되어 있는 국가들이 국가적 합법성을 확고하게 지켜내려면 차이에 대한 결정적인 척도를 유지해야만 한다. 외국인이 그저 외국인으로서만 체재해야 한다거나 또는 그 사회가 국가로서의 고유한 정체성을 상실하게 될 것이라면, 정의란 항상 시민들의 공유재산에 불과한 것이 될 뿐이며 외국인에게 기해지는 불의를 조장할 뿐일 것이다. 동시에 국가를 이렇게 방식으로 규정하면 (남성의) 공적 세계를 비옥한 불모지인 정의의 왕국으로 특권화시키게 된다. 여성의 공헌은 평가절하되고 착취되고 사소한 것으로 치부되거나 또는 간과됨으로써 뒷바라지라는 사적 영역, 즉 정의가 우세를 떨치지 못하는 영역으로 떨어져버린다. 이는 여성에 대한 불의를 증대시킨다. 왜냐하면 버지니아 헬드(Virginia Held, 1995a)가 주장하듯이, "가족 안에서야말로 절실하게 정의가 요구되는데…한 가정에 속한 남녀가 보다 평등하게 노동을 분담해야 하고, 취약한 가족 구성원을 가정폭력과 학대로부터 보호해야 하며, 가족 구성원 각각의 인권을 인정해야 하기"때문이다(129면). 국제 정의론은 성별화된 불의에 기초해서 구축된 국가에 대한 고전적 이론을 교정함으로써 이러한 불의들에 대응해야 한다.

베리(1993)의 제2불편부당성과 같이 중립적 보편자를 찾는 것에 중점을 둔 국제적 정의론은 인권이 어디서나 규범적 힘을 갖는 세계를 구체화하는 데 도움이 될 수도 있다. 그러나 남성의 특권이라는 전제가 속속들이 퍼져 있기 때문에, 여성주의의 관심을 반영하는 질문에 의도적으로 초점을 맞추지 않는 한 이론가들은 독립적인 (남성) 도덕적 행위자들에게 긴요한 권리들을 특별히 인정하는 잘못을 영원히 계속 범할 가능성이 크다.

여성을 국제 정의론의 중심에 놓기

국제정의에 대한 다음의 세 가지 이론적 접근은 여성중심의 논의를 전개시킨다. 오노라 오닐(Onora O'Neill)이 발표한 칸트주의, 아마티아 센(Amartya Sen)의 능력 접근 방법 그리고 마타 누스바움(Martha Nusbaum), 반다나 시바(Vandana Shiva)와 같은 에코페미니스트들의 이론 등은 각각 다른 방식으로 여성의 종속과 억압을 중심 논제로 삼고 있다. 오닐에게 "정의란 잠재적으로 상호작용하는 다수의 존재들 거의 모두가 순응할 수 있는 원칙들을 지켜내는 것이 관건이다"(1993, 314면). 성차에 집중함으로써 국제정의의 기준을 전개시키는 데에 필수적인 비판적 균형을 잡을 수 있게 된다. 이때 국제 정의의 기준이란 지극히 이성적이지도 않으며 완전히 자립적이지도 않은 수없이 다양한 행위자들에게 적합한 것이어야 한다(313면).

"행위와 제도는 최소한 다수를 기만하거나 괴롭히는 원리에 기반해서는 안 된다."(315면)

이러한 요구를 실행하기 위해서는 "사회적 약자를 구조적으로 양산해내는 제도적 장치들은 실제로 그러한 장치들에 제약받는 사람들에 의해 어느 정도까지 거부될 수 있는지 또는 재조정될 수 있는지"(원저자 강조, 318면) 물어야 한다는 것이다. 우리가 성차, 취약점 그리고 억압체계 사이의 관계들을 감지해낼 수 있으려면, 불편부당한 원칙을 소위 평등하다고 일컬어지는 행위자들 사이에서 그저 단지 중립적이기만 해서는 안 된다는 것이 오닐의 주장이다. 정의로운 원칙이란 "안전할 때보다 취약할 때 더욱 필요로 하는"것이다(318면). 오닐은 이러한 추상적 인식이 어떻게 빈곤층 여성들의 능력과 기회를 좌지우지하는 제도들, 즉 가족제도와 사유재산 제도에 적용되는지 보여준다.

누스바움과 센도 역시 빈곤층 여성을 국제 정의론의 주된 관심사로 간주하고 집중적으로 논의한다. 그들의 접근방식은 사람들에게 "인간을 위한 최선의 삶을… 구성하는 생활의 양상이란 어떤 것들인지 자문해 보도록"(327면) 촉구한다. 삶의 질을 측정하기 위해서는 수많은 통약불가능한 요소들이 필요함에도 불구하고, 능력접근 방법의 목표는 사람들 각자 최선의 인간적인 삶을 영위할 수 있는 다양한 능력들을 어느 정도까지 발휘하는지 검토 평가하는 객관적인 기준을 발견해내는 것이다.

누스바움이 옹호하는 능력접근 방법은 최소한 두 가지 점에서 오닐의 칸트주의와는 다르다. 첫째, 인간의 모든 최선의 삶이 하나의 단일한 보편가능한 원칙에만 부합할 수는 없다는 것이다. 둘째, 일관성과 보편화 가능성을 통해 윤리적 내용을 만들어갈 것을 고수하는 오닐과는 달리, 누스바움은 감정과 상상력을 통해 중요한 도덕적 작업이 이루어져야 함을 강조하고 있다.

센(1993)은 능력접근 방법을 다른 식으로 여타의 경쟁적인 이론들과 차별화시킨다. 그는 객관적 평가의 네 가지 범주들, "즉 안녕 성취, 안녕 자유, 행위 성취, 행위 자유"를 구별한다(49면). 센(1985)이 기록하듯이, 여성들은 이러한 범주들에 속한 자신들의 상태에 대해 제일 잘 판단하지는 못할 것이다. 가족 내에서 다른 사람들보다 적게 먹도록 사회화된 여성들은 영양실조와 관련된 질병을 앓고 있을 때조차 자신들의 영양상태와 신체적 건강이 좋다고 보고한다. 그러므로 능력접근은 삶의 질에 미치는(성별) 사회화의 영향력을 영향을 측정하는 대안적인 객관적 기준을 제공한다.

불평등에 초점을 맞춰 국제정의의 객관적 기준을 발견하는 것은 누스바움이 말했듯이 "인간의 문제다…. 그러나 지금 당장은 대부분의 사회에서 특히 여성의 문제다"(1991b, 334면). 그러나 능력이론에도 비판의 여지가 있다. 특히 최선의 인간적 삶의 양상들로 상호 연관된 다양한 객관적 기준 사이에 갈등이 잠재할 수 있기 때문이다. 한 논문에서 센(1985)은 인권유린에도 불구하고 중국의 교육과 영양능력 패턴을 선호하는 것처럼 보인다. 그렇지만 센과 누스바움 모두 각기 다른 능력들 사이에서 발생하는 갈들을 가늠하는 데 필요한 국제적으로 적절한 기준에 대한 지침을 제시하지는 않는다.

더욱이 누스바움의 아리스토텔레스주의는 여전히 서구철학의 기존 전통에 깊이 뿌리를 박고 있다. 그렇다면 그의 이론을 어느 정도로 서구의 철학적 전통에 빚지고 있는가? 서구의 이론화가 발전시킨 관점은 국제정의론을 구성하자는 요구에 얼마나 적합한가? 그런 이론들은 어느 정도까지 문화제국주의라는 비난의 희생물이 되는 가?(Lugones and Spelman, 1986, 참조) 누스바움과 센은 객관적인 전문지식이 여성들을 위해 공헌해야 한다고 말하지만, 그러한 전문지식을 제공하는 이론가의 존재를 인정하고 있다. 국제 정의론에서는 여성이 관건이다. 그렇지만 여성의 능력으로 간주될 수 있는 것이 무엇인지 또한 여성의 어떤 권리가 중요한지를 결정하는 것은 전문가다.

반다나 시바와 같은 에코페미니스트들은(Shiva, 1988) 여성이 중심이 되는 다른 방법을 채택한다. 이 방법으로 중심이 된 여성들은 함께 일함으로써 무엇이 문제인지를 결정하는 행위자가 된다. 에코페미니즘은 인간관계에 대한 여성주의적 비판과 생태주의적 분석을 통해서 얻은 통찰을 의식적으로 결합시킨 이론적 태도를 드러내고 있다. 이 이론은 대중의 정치적 활동에서 시작되었다(Lahar, 1991). 생태주의적인 동기를 가진 여성주의 활동가들은 명백하게 실천적인 의미를 갖는 중대한 이슈에 직면하면서 얻은 일관된 깨달음을 다음과 같이 설명하기 시작했다. 즉 (1) 생태학의 실천은 변혁적인 의식에 대한 여성주의적 이해를 요구한다. (2) 억압에 대한 여성주의적 이해와 기술의 자연착취에 대한 여성주의적 이해는 내재적으로 연결되어 있다. (3) 억압과 기술의 자연 착취는 모두 위계적 상품화의 형태로서 보다 존중받을 관계로 변형되어야 한다. 에코페미니스트들에게 소외와 위계적 우월감은 똑같이 (여성이건 자연이건 간에) 타자를 소모시켜 버리는 자원이나 수단으로 다루게 하는 잘못된 전제들이다. 인간 삶의 기회를 왜곡하며 궁극적으로는 우리를 파괴하려고 위협하는 잘못들은 연결되어 있다. 왜냐하면 그러한 잘못, 즉 착취와 억압은 영향력 있는 그 누군가의 편협하고 그릇된 견해에 기인하는 것들이기 때문이다(Dandekar, 1990). 인종적 정체성, 종교 또는 성별에 따라 문화적으로 이용당하는 집단에 속한다는 것은 어쩔 수 없이 스스로를 온전한 인간이 아니라고, 즉 존중받아야 마땅한 인간 존재가 아닌 "이용당하기만 하는" 존재로 여기게 한다.

반다나 시바(1988)가 '나쁜 개발'(mal-development)'이라고 잘 정의했던, "개발"정책은 더 많은 양식과 임금 그리고 GNP와 같은 양적 해결책을 장려함으로써 역사적으로 이전의 착취로 야기된 비참함을 완화시키려고 애쓴다. 이러한 해결책은 계속적인 자원의 착취를 필요로 한다. 예컨대, 인도 농촌 여성들의 투쟁에서 개발된 것과 같은 대안적 실천과 개념들이 대립되는 범주들을 산출하게 된다. 즉 인도의 농촌여성들은 자신들의 생존에 절대적인 숲과 토지 그리고 물을 보존하기 위해 투쟁했던 것이다. 이와 같이 생태학적이면서 동시에 여성주의적인 범주들은 변혁적 행위 모델을 제공하고 비폭력적이며 모든 인간을 포괄하는 대안적 발전 패러다임을 만드는 데에 기여한다(Dandekar, 1990).

국제 정의론의 발전 방향

국제 정의의 한 요소로 '보살핌의 윤리'를 포함시키는 것과 아이리스 메리언 영 (1990a)이 묘사한 다섯 가지 형태의 억압을 제거하는 데에 더 많은 관심을 기울이는 것은 국제 정의론을 심화시키기 위한 두 가지 방향을 제시한다. 트론토(Tronto, 1993)는 보살핌의 윤리에 대한 자신의 이해와 마타 누스바움의 인간 능력과 풍요로워짐의 개념을 특수한 방식으로 연결시키고 있다. 더구나 트론토(1995)는 실질적인 정의의 개념이라는 점에서 보면 보살핌이 전 지구적 이슈에 대한 지도적인 사유의 길잡이가 될 수 있다고 주장한다. 왜냐하면 "보살핌의 윤리는 공적에 대한 일련의 전혀 다른 기준들을 제시하기 때문이다. 즉 사람들은 그들이 필요로 하기 때문에 필요한 것을 가질 자격이 있다. 또한 사람들은 지속적인 보살핌 관계의 한 부분이기 때문에 보살핌을 받을 자격이 있다"(146면). 아마도 국제정의의 실질적인 의미는 욕구를 중심으로 하는 보살핌의 관점과 여성의 권리를 인권에 포함시키는 권리의 관점을 결합시킬 수 있을 것이다. 실라 벤하빕(Seyla Benhabib, 1987)이 지적하듯이, 정의와 보살핌을 연결시키려는 여성주의의 노력은 의사소통적 욕구해석의 모델을 제시한다. 이 모델은 판단을 외부에서 부과된 규칙의 부과로 이해하는 대신 대화적 탐구로 옮겨가는 것이다. 이때 대화적 탐구는 "도덕적이고 정치적인 행위자들이 서로를 일반화된 타자로서 존엄성을 가진 존재로 인정하는 기초 위에서 그들 나름의 구체적 정체성을 규정하도록 허용한다"(Benhabib in Benhabib and Cornell, 1987, 89~93면; Jones, 1993 참조). 그렇지만 국제적인 측면에 초점을 맞춰 욕구의 의미를 이해, 발전시키는 완전한 작업(단순한 결핍이 아닌 진짜 욕구로 간주되는 것은 무엇인가?)과 보살핌의 한계(어떤 때에 보살핌이 정의롭지 못하게 되는가?)는 아직도 저자를 기다리고 있다.

국제 정의의 개념을 더 발전시키는 데 있어서 결실을 볼 수 있는 이론화 작업의 두 번째 방향은, 사회정의란 "집단의 차이를 억압 없이 재생산하고 존중하는 제도"를 필요로 한다는 전제에서 시작한다(Young, 1990b, 47면). 영은 억압의 다섯 가지 형태를 구별한다. 착취란 "소수만이 다른 많은 사람들을 제약하면서 축적할 수 있도록…에너지를 한 집단에서 다른 집단으로 전이시키게끔 하는 (제도화된) 사회적 과정"(53면)인데, 바로 이 착취만이 유일하게 이미 에코페미니스트 비판의 중심 범주였던 것이다. 영이 기술한 억압의 나머지 형태들이 국제적으로 발생하는 것을 분석하는 일은 국제정의에 대한 보다 포괄적인 이론을 발전시키는데 결실 있는 접근 방법을 잠재적으로 제공한다.

예를 들면 주변화란 "인정과 상호작용의 맥락에서 능력을 발휘할 수 있게 하는 문화적 실천적, 제도적 조건"을 한 사람으로부터 박탈함으로써 생겨나는 억압의 형태다(55면). 또한 무력함은 "개인 역량의 개발을 방해"하며, "직장 생활에서 결정권이 없게 만들며, 자신이 차지하는 지위 때문에 모멸적인 대우에 노출되게끔 하는 사회적 노동분업을 반영한다"(58면).

착취와 주변화와 무력함을 설명하기 위해 능력에 초점을 맞추는 것은 분석을 심화시키기 위한 실질적인 토대를 제공한다. 예를 들어 여성들이 자원을 획득할 수 있게 한다는 것은 성평등이라는 전략적 이슈에 아무 영향도 끼치지 못한 채, 성차에 의해 특화된 책임만을 완수하게 할 수도 있다. 그러나 여성이 자신의 능력을 발전시켜 자신의 가치와 행위 그리고 공유된 목표를 개발할 수 있는 조직형태에 참여하는 방식으로 자원을 획득할 수 있다면, 가족의 필요를 위해 돈을 버는 일 역시 여성의 평등을 증대시킬 수 있을 것이다. 주변화와 무력함에 대항하여 싸울 수 있는 능력을 국제정의를 논의하면서 센과 누스바움이 이론화시킨 능력이라는 것에 어떠한 방식으로 위치지을 수 있는지 탐구하는 것은 어떤 능력이 왜 문제가 되는가라는 물음에 답변할 수 있는 길을 마련해 줄 것이다.

사회정의의 의미와 관련된 이론적 기반을 제공함으로써 영(1990)이 논의하는 억압의 나머지 범주들은 문화제국주의와 폭력이다. 영에 따르면 억압의 특징을 갖는 체계적 폭력은 몇 가지 변수들에 따라 문화제국주의와 만나게 된다(1990b, 62~3면). 그러나 국제적 정의에 대한 우리의 이해를 심화시킨다는 측면에서 중요한 관심사는 여성의 권리를 인권으로 보는 차원에 집중되어 있다. 이것은 인권을 위한 논쟁이 서구 인본주의로부터 유래된 문화제국주의의 유산이라고 종종 치부되기 때문에 특히 괴로운 일이다.

문화제국주의란 지배집단의 경험과 문화가 규범으로 보편화되는 것이라고 정의된다. 따라서 (지배집단이 아닌) 집단의 관점은 "비가시화되고 규범과는 다른 타자성을 갖는 것으로 전형화된다"(영, 90b, 58~95면). 국제정의가 온전히 실현되려면 이런 형태의 억압은 극복되어야만 한다. 모니카 라즈렉(Monica Lazrag)은 서구화된 여성들이 아랍, 무슬림 또는 알제리 여성들이 살아가는 특수한 현실을 존중하기보다는 다른 것을 타자성으로 정형화시키는 고정관념을 그대로 적용하여 남성들이 여성에게 가하는 지배권을 여성에 대한 여성의 지배라는 형태로 재생산 해내면서 문화제국주의를 실천하게 된다고 지적한 유일한 사람은 아니다(Monica Lazrag, 1990,

338, 341면; Mohanty, 1984; Ong, 1988). 특정한 문화에 대한 존중을 주장하는 면에서 복합적이기는 하지만, 라즈렉의 주장은 상이한 문화 간의 접촉에 적극적으로 반응하는 복합적 사회조직에 대한 존중으로 인식되어야 할 것이다. 여성의 권리가 문화제국주의의 형태를 띤 서구 휴머니즘의 승리를 표상하고 있다는 두려움 때문에, 강화되고 있는 인권의 측면이 상이한 문화 간의 접촉에 의해 문화적으로 가능한 발전에 박차를 가한다는 사실을 회피할 필요까진 없다.

자신의 노고가 다른 사람들에게 준 영감을 다시 되돌려 받는 식으로 기술된 조지나 애스워드(Georgina Ashworth, 1995)의 저작은 상이한 문화들 간의 접촉을 통해 특정 문화에 도전하는 식으로 여성의 인권 의식을 고양시키는 방법의 교육적 효과를 잘 나타낸 훌륭한 사례이다. 1986년에 출간된 애스워스의 《폭력과 강간: 여성과 인권》(*Of Violence and Violation: Women and Human Rights*)이라는 책은 여성의 인권을 보호할 필요성을 인식시키고자 인권단체들을 교육시키려는 목적으로 쓰여졌다. 이 책에서 애스워스는 태국의 문화와 성매매, 경제와 여성의 인권유린을 각각 연결시키는 작업을 하면서 국가가 여성들에게 냉담하고 변변치 못한 보호만을 제공한다는 점과 바로 이러한 이유로 인권단체가 그 도전을 감당해야 한다는 점을 연결시켜 보여주고 있다. 그녀는 자신의 책 《폭력과 강간》을 유엔 인권 소위원회 위원들을 포함한 수많은 사람들에게 보내어 그 책이 "전 세계에 유포되고…" 인권위원회에서 여성에 대한 폭력에 반대하는 캠페인을 이끄는 교과서가 되는 것을 지켜보았다(Ashworth, 1995, 232~3면). 상이한 문화 간의 접촉을 통해 하나의 문화가 발전하는 것을 보면서, 우리는 여성의 권리를 인권으로 보호하는 작업과 병행하는 식으로 문화 제국주의의 위협으로부터 벗어날 수 있게 된다. 단지 여자라는 이유로 매를 맞거나 죽도록 방치될 수 있다는 것이 문화적 전통으로 간과될 수는 없는 것이다(Zaleewski, 1995).

결론

성별에 따른 불평등이 가시화되면, 불의의 지역적 양상뿐 아니라 전 지구적 양상마저 볼 수 있게 된다. 불의의 전 지구적 양상은 여성에게 불리한 국제개발정책에서 드러난다. 중심적 범주로서의 성별에 주목하게 되면, 전 지구적 양상의 환경파괴가 사회적 책임의 성별 분업이라는 여과장치를 통해 걸러진 성차별의 부담을 여성에게 강요한다는 사실을 인식할 수 있게 된다. 여성들이 음식 준비, 음식 분배, 양육과 뒷바라지에 더 큰 책임을 지는 곳에서 환경파괴로 인한 고난은 성별에 따라 분명히 다른 영향을 미친다. 난민 여성들의 삶을 더욱 어둡게 하는 폭력과 강간의 위험은 만연된 양상을 그저 강하게 표현하고 있을 뿐이다. 대부분의 국가 정부는 폭력과 강간의 위협에서 여성을 보호하지 못하는 것이 현실이다. 세계적으로 거의 대부분의 나라에서 여성들이 겪는 상대적인 박탈감과 비세력화는 불평등을 점점 더 강화시킨다. 정의란 국가에 소속된 것이라는 관념과 국제적인 것은 주권국가가 독립적 행위자로 행동하는 영역이라는 전통적 관념 때문에 지속적인 불평등이 감지되지 않는 일이 자주 일어난다.

일단 이론가들이 국제 정의를 이해하는 데 있어 성별을 중심되는 것으로 만들면, 여성들이 지속적으로 겪고 있는 억압을 인정하고 기록할 수 있게 될 것이다. 뿐만 아니라 더 포괄적으로 정의로운 체계를 제도화해서 문제를 해결할 수 있게 하는 토대와 원칙을 만들어낼 수 있다. 성별을 중심에 가져오는 국제 정의의 이론들은, 오노라 오닐이 보여주는 바와 같이, 보편주의 논변이 제공하는 약속보다 균형적으로 정의를 성취할 수 있게 한다. 센과 누스바움이 보여주듯, 이 이론들은 삶의 질을 측정하기 위해 고안된 객관적 기준이 보완시켜 준 공동체주의의 비전을 확장시킨다. 에코페미니스트들이 보여주듯이, 여성주의의 현장 조직화가 갖는 실천적 함의는 착취의 극복을 전제로 하는 국제 정의론으로 이어질 수 있다.

이러한 접근들 하나하나가 국제 정의에 대한 이해의 주된 발전을 대표하지만, 각기 중요한 비판의 여지를 남겨 둔다. 착취를 없애는 것과 마찬가지로 중요한 것은, 영(1990b)이 논증한 것처럼, 억압이 네 가지의 다른 차원을 갖는다는 점이다. 억압의 각각 다른 형태들에 대항하려는 노력을 탐색하고 활용할 때에야 비로소 국제정의에 대한 접근방법이 온전한 것이 될 수 있을 것이다. 나아가 성별이 중심이 되는 미래의 국제 정의론을 발전시키기 위해서는 국제 정의의 개념 안에 보살핌 윤리를 어떻게 자리매김할 것인가 하는 문제를 비판적으로 해결해야만 할 것이다.

(이상화 역)

56. 평등한 기회
로리 슈레이지(Laurie Shrage)

평등기회에 관한 현재의 논쟁

　미국 민권운동 이후 시기의 구인광고에는 보통 "우리는 기회평등과 적극적 조치를 실행하는 고용주입니다"라는 선언이 포함되어 있다. 기회평등의 이상은 전형적인 구인광고에서 당연한 것으로 간주되는 적극적 조치(affirmative action)의 이념 그리고 실천 등과 복합적인 관계를 맺고 있다. 이 글에서 나는 여성철학자들이 적극적 조치, 산전후 휴가, 육아휴직 그리고 비교가치(comparable worth) 등과 같이 변화를 위한 실질적인 프로그램에 대해 쓴 글 속에 나타난 평등기회 개념을 살펴보고자 한다. 평등기회의 개념이 도덕적, 법적 권위를 획득하면서 사회이론가들은 평등한 기회를 보장하기 위해 현실적으로 필요한 것이 무엇인가 하는 문제에 관심을 집중해 왔다. 현실적인 요구를 찾아내고 설명하는 일은 인종과 성, 빈곤, 불평등한 욕구와 능력 등과 같이 평등한 기회에 장애가 되는 것이 무엇인지를 이해하는 일에 달려 있다. 특히 나는 여성주의 철학자들이 여성의 기회를 확대하려는 의도로 기획된 프로그램을 제안하거나 옹호하면서, 어떠한 방식으로 성에 기반한 차별과 성별에 기반한 욕구의 문제와 씨름해 왔는가에 주목하고자 한다.

　고전적 자유주의 평등 모델에서는 여성들이 남성과 동등한 시민권을 획득하고 정의의 체계가 성별의 관점에서 중립적일 때 평등이 성취된다고 본다. 사회주의 평등 모델에서는 여성과 남성 사이의 계급 차이가 제거되면, 즉 교육과 부, 국가와 생산수단 등에 대한 통제에서 남녀의 차이가 없어지면 평등이 성취된다고 본다. 이상적인 기회평등은 두 모델 사이의 중간 어디쯤에 있다. 그런데 기회평등을 성취하려면 평등에 가해지는 형식적 법적 장애물을 제거하는 것 그 이상이 필요하지만, 그것으로 남녀 간의 모든 계급 차이를 제거할 수는 없는 것이다. 오늘날의 논쟁에서 기회평등을 성취하는 것은 법적으로 평등을 성취하는 것 외에도 사회적 재화와 혜택이 서로 경쟁하는 상대들에게 공평하게 분배되는 것까지 포함한다. 서로 경쟁하는 상대들에게 재화와 혜택을—특히 고임금의 직장과 질높은 교육 프로그램 덕택에 받을 수 있게 되는 재화나 혜택을 공정하게 분배한다는 것은 모두에게 똑같이 분배한다는 것이 아니라, 각자 특정한 재화를 추구할 때 사회의 방해를 받지 않고, 정말 자격이 있는 사람들이 혜택을 얻고 이익을 취할 수 있다는 것을 뜻한다. 요컨대, 평등기회를 성취하는 것은 자원에 대한 경쟁을 공평하게 함으로써 평등한 결과를 성취한다기보다는 "운동장을 판판하게 하는 것", 말하자면 자원에 대한 경쟁을 공평하게 하는 것을 의미한다. 이런 식으로 평등기회의 개념은 급진적 평등주의 이념보다는 분배적 정의에 대한 자유주의 원칙에 더 많이 연결되어 있다(Eisenstein, 1984; Rawls, 1971, 83∼90면). 평등기회에 대한 논쟁은 불행히도 고용 공급과 교육기회를 제한하는 구조에 대해 근본적으로 따져야 할 질문들을 미리 배제해버리는 경향이 있다. 어떻게 특정한 경제적, 정치적 세력들이 어떻게 극심하게 경쟁적이고 갈등적인 환경을 만들어내며, 고용과 교육의 성공을 개인의 능력과 가치로 정당화하거나 설명하는 환경을 만들어내는가?(Young, 1990a)

기술과 추천서 그리고 자격증을 기반으로 하는 경쟁을 통해 기회가 분배된다면, 우리가 어떻게 여성들이 자신들의 특정한 목표를 추구할 때 평등하지 못한 사회적 장애물에 부딪힌다고 단정할 수 있는가? 이러한 물음을 중시하는 여성주의자들은, 예컨대 우리 사회에서 어떤 직업이나 교육 프로그램을 위한 경쟁에서 한 발짝 물러서게끔 여성들과 소녀들이 사회화되는 방식, 여성의 자질과 기술이 평가절하되는 방식, 여성의 생리 출산 그리고 가족 내에서 여성에게 부과된 책무가 학위와 직업을 추구하려는 노력에 지장을 초래하는 방식 등과 같은 주요 이슈에 관심을 갖는다. 우리 사회에서 지위와 영향력을 갖는 자리에 가고 싶어 하는 여성들의 꿈을 좌절시키는 미묘한 방식은 무엇이며, 또한 그렇게 미묘하지는 않은 방식은 무엇인가? 여자아이가 자신을 낮게 평가하고 야망이 부족한 것은 그들의 능력이 부족한 데서 오는 것인가, 아니면 기대감이 낮기 때문인가? 우리 문화에서의 여성성에 대한 규범이 여성의 힘을 빼앗고 무능하게 하는가? 여성들에게는 가족과 파트너십을 유지하기 위해 경력을 희생하는 일이 남성보다 많이 예상되는가? 일자리를 얻는 데 개인을 측정하는 기준이 그 체격의 크기나 힘, 기대와 경험 등과 관련된 남성적 규범에 의해 왜곡되는가? 현재 고위관리직이나 정치적 지위를 차지한 여성들이 별로 없고, 성별 임금 격차가 지속되며, 여성 세대주의 빈곤이 증가되는 현상들이 남녀 간 업적이 불평등한 것을 반영하는 것인가, 아니면 동일한 업적에 대한 보상이 불평등함을 뜻하는가? 단지 출산이라는 고유한 능력 때문에 성공의 평등한 기회를 가지려고 퇴직이나 양육자의 혜택을 받고자 할 때 여성들이 남성과는 다른 대우를 받아야 하는가? 여성주의 사회과학자들과 이론가들은 위와 같은 다양한 질문들을 다뤄왔는데, 나는 이 질문들을 여성철학자들이 어떻게 다뤄왔는지에 초점을 맞추고자 한다.

평등기회의 장애물

지난 몇십 년간 진행된 실증주의 여성학 연구의 결과로 이제는 거의 모든 직업과 산업의 특권, 권위, 보상의 위계에서 위로 올라갈수록 여성의 비율이 점점 낮아진다는 사실에 이의를 제기하는 사람이 없다. 쟁점이 되는 사항은 이러한 상황을 야기시킨 원인이다. 반여성주의자들은 여성이란 원래 야심이 없고, 권위나 권력이 있는 지위를 위해 경쟁하려 하지 않거나 그러한 지위에 적합하지 않다고 주장한다. 여성주의자들은 여성들이 야심적이지 않거나 덜 경쟁적이고 고위직을 수행할 준비가 제대로 되어 있지 않다면 그것은 본성 때문이라기보다는 우리 사회가 여성들을 사회화하고 고정관념화하는 방식 때문이라는 반론을 제시한다(O'niell, 1977; Richards, 1980). 영국철학자 존 스튜어트 밀은 저서 《여성의 예속》(1869)에서 이 문제를 다루고 있다.

> "두 남녀의 본질을 이들이 유지하는 현재의 관계 속에서만 본다면 아무도 그 본질을 알지 못하거나 알 수 없다. 현재 여성의 본질은 매우 인위적인 것이다. 즉 어떤 방향에서는 강요된 억압의 결과이고, 다른 방향에서는 비자연적인 자극의 결과다."(1978, 22면)

여기에서 밀은 현 상황의 원인을 자연적이라고 하는 주장이 빠질 수 있는 함정에 대해 경고한다. 즉 우리가 자연적이라고 생각하는 것의 형성에는 눈에 보이지 않는 사회적 세력이 작용한다는 것이다. 사실상 현재와 과거의 업적과 행동유형을 자연적 힘의 탓으로 돌리는 것은 사회문제를 희생자의 탓으로 보는 접근 방법을 취하게 된다. 즉 동등한 지위에 올라가지 못하는 것을 집단 구성원들이 모두 갖고 있을 것이라 추정되는 어떤 열등한 특성의 탓으로 돌리는 것이다. 현상유지나 현상태를 방어하기 위해 이러한 '본질주의'의 접근을 채택하는 사람들은 사회변화를 초래하는 것

328

이 얼마나 힘든 일인지 여실히 보여준다. 그들의 이러한 사변은 현재의 정황이 어떻게 성인여성의 본질에 대한 사회문화적 고정관념과 편견을 다시 강화할 수 있는지를 보여주기 때문이다. 그러한 고정 관념과 편견은 바로 여성의 기회를 박탈하는 데 쓸모있게 이용되어 항상 동일한 결과를 영속시키게 하는 것이다.

여성철학자들은 '자연/양육' 논쟁을 해결하려 하기보다는 우선 여성이 진입하려고 하는 운동장이 어떻게 기울어져 있는지 그 방식을 드러내는 데 관심을 가져 왔으며, 둘째로는 여성들에게 재화와 혜택이 공정하게 분배되는 더 나은 기회를 주기 위한 제안들을 정당화하는 데 관심을 가져왔다. 나는 아래에서 교육제도, 가족제도, 그리고 직장이 여성의 기회를 제한하는 방식에 대해 개관하고, 여성주의 철학자들이 평등기회의 기준에 호소하면서 옹호해 온 변화를 위한 제안들을 고려하고자 한다.

공교육에서 학생들은 자신들의 성별에 기반한 특정한 방향으로 진로를 결정한다는 점은 수많은 사람들이 관찰해온 사실이다(J. Martin, 1994a를 보라). 특히 초등학교와 중등학교 교사, 그리고 카운슬러들은 여학생들이 당연히 고등수학이나 과학 같은 과목을 잘 해내지 못할 것이라 생각하기 때문에 그런 과목을 선택하지 않는 방향으로 여학생들을 지도한다. 고등학교 교실과 대학 강의실에 여교사와 여교수의 역할 모델이 없다는 사실은 기존 학생들과 교수들의 선입견을 종종 확인시켜 준다. 고등수학이나 과학 같은 과목에 정통하게 되는 것은 공학, 의학, 컴퓨터 프로그래밍과 디자인 영역에 진입하려면 필수적이기 때문에 이런 과목들에서 멀어진 여학생들은 그와 같은 영역에 진입할 자격을 얻지 못한다. 불행히도 여학생들이 이 과목들을 이수하지 않도록 말리는 미묘한 방식이 있다. 이 과목들의 교과서들은 이 분야에서 여성들이 이루어낸 업적을 반영하지 않을 수 있다. 이런 과목들을 가르치기 위해 사용되는 예제와 사례들은 남학생들이 더 많이 가질 가능성이 높은 문화지식(야구공을 사용한다든지, 군사적 예라든지)을 사용하거나 끌어들인다. 교재에 쓰여진 언어는 '과학자들'이나 '수학자들'을 언급할 때 남성 대명사만을 사용하기도 한다. 그리고 이 분야에서 공부하는 여성들이 소수라는 사실은 여학생들 스스로 국외자 같은 느낌을 받게 할 수도 있다.

우리의 공식 교육체계는 여학생들을 다른 방식으로 다르게 대우할 수도 있다. 남자아이들과 비교해서 여자아이들이 더욱 복종적이고 수동적이도록 사회화되는 사회적 맥락에서 실행되는 권위주의 교수방법 모델은 여학생들이 교실에서의 여학생들의 참여를 적극적이지 못하게 함으로써 과제나 아이디어에 있어서 남학생들보다 주목받지 못하게 될 수도 있다. 점수와 상을 받기 위해 학생들이 경쟁해야만 하는 교육체계나 남학생보다 경쟁적이지 않도록 사회화되어야 하는 사회에서 여학생들은 보다 낮은 성과를 보여줄 수도 있다. 원치 않는 성적 관심을 남학생들보다 더 많이 받는 학교 환경에서 여학생들을 성공과 멀어지게 된다. 학교 또한 설비나 기기 같은 자원들은 남학생들의 활동을 더 선호하는 방식으로 분배할 수도 있다. 그리고 마침내 대학들마저도 입학을 허가하는 기준으로 여학생보다는 남학생에게 더욱 유리한 것들, 예컨대 스포츠 참가라든가 또는 여성의 성공률이 더욱 낮을 것이라 예상되는 "객관식" 시험점수와 같은 기준을 이용할 수 있다(Sadker and Sadker, 1994).

가족이나 가정 환경도 여성의 기회의 폭을 좁힌다. 수잔 오킨(Susan Okin)은 다음과 같이 쓰고 있다.

> "가족은 우리가 살면서 갖게 될 기회를 결정짓는, 즉 우리가 무엇이 '될' 지 결정짓는 절대적인 요인이다. 진정한 기회 평등에 관심을 갖는 사람들은 흔히 가족이 문제를 노정하고 있음을 인정해 왔다.… 아이들이 자라나는 물리적 정서적 환경, 동기 부여 그리고 자녀에게 제공할 수 있는 물질적 혜택 등의 측면에서 볼 때 여러 가족들 사이에 존재하는 불평등이 아이들의 삶의 기회에 엄청난 영향력을 미친다는 사실은 이미 파악되었다. …그러나 이런 불평등이 어느 정도 제거된다 하더라도 모두를 위한 평등기회에 도달할 수는 없을 것이다. 이는 가족 내부에서의 불평등 즉 성별구조 그 자체가 기회 평등의 주된 장애라는 사실이 여서주의 문헌과 집단에서를 제외하고는 평등기회의 문제로 인정되지 못했기 때문이다.… 여아와 여성들의 기회는 주로 가정생활의 구조와 실천에, 특히 대부분의 여성이 일차적 양육자라는 점에 좌우된다."(16면)

오킨과 그 밖의 사람들은 자녀양육과 가사노동의 책임을 여성에게 더 많이 할당한 점이 여성들이 임금노동을 하면서 성공할 수 있는 기회를 제한한다고 지적했다(Held, 1982, 1993; Moulton and Rainone, 1983b). 이는 결혼이나 파트너십에 파탄이 나거나 배우자와 사별했을 때 여성들을 특히 취약한 처지에 처하게 한다(Rhode 1989, 50면). 또한 공적으로든 또는 다른 방법으로든 지원받을 수 있는 자녀양육을 선택할 여지가 없는 경우 이러한 상황이 여성의 삶에 미치는 영향은 남성과는 다르다. 게다가 가족 내에서도 여성과 여자아이들의 교육과 취업에 대한 관심에 도덕적, 감정적 지원이 불평등하게 분배되고 있다는 사실, 그리고 여성과 여자 아이들이 추구하는 것에 양적으로 불평등하게 분배되는 자원 등도 여성들의 기회에 영향을 미친다. 더구나 우리 사회의 많은 여성들에게 가정은 그들을 육체적 성적으로 학대하는 장소로서 여성의 삶의 기회에 극악한 영향을 미친다.

여성이 남성보다 자녀 양육과 가사노동에 더 많이 기여해야 한다는 일반적 기대 때문에, 그래서 전형적으로 가정 밖에서의 활동에 가족으로부터의 유, 무형의 지원을 제대로 받지 못하기 때문에, 가족의 규모를 통제하는 것은 여성의 평등기회라는 문제에서 매우 중요한 의미를 갖는다. 가족 규모에 대한 통제력을 발휘하려면 여성들에게 적절한 출산조절과 비용이 저렴하며 의학적으로 안전한 낙태가 허용되어야 한다. 이런 방식으로 출산을 통제할 권리를 갖는 것이 여성을 위한 평등기회의 이슈이다. 그러나 자녀에 대한 책임을 여성과 남성이 보다 균등하게 나누고, 사적인 가정과 보다 더 큰 공동체가 함께 자녀에 대한 책임을 공평하게 나누는 사회에서 그것은 기회평등의 문제가 되지는 않을 것이다(Jagger, 1980a).

여성들이 집 밖에서 일할 수 있는 기회도 여성들이 가족 내에서 떠맡은 책임을 감안하지 않는 직장 구조 때문에 제한받게 되어 있다. 예컨대 노동시간이 과도하게 길거나 저녁과 주말에도 계속 노동해야 하는 경우 노동자들은 아이 돌보기가 힘들어진다. 유연하지 못한 작업 스케줄을 따라야만 하는, 여성노동자들은 자녀가 아플 경우, 아이가 학교를 결석하는 바람에 결근하게 되면서 채우지 못하게 된 노동시간을 메우기 위해 병가를 사용할 수밖에 없다. 빈번한 출장을 수반하는 업무는 자녀들을 위한 특별한 조치가 없는 경우 여성들에게 남성들과는 다른 영향을 미친다. 또한 노동자들을 순환 배치하는 고용형태의 경우에도 마찬가지다. 여성들의 경우 업무배치에 따라 함께 이사를 할 용의가 있는 배우자와 산다는 것은 쉽지 않다. 필요한 경우에 자녀들이 작업장에 와 있을 수 있도록 허용하지 않은 일터는 일차적 양육자인 여성들에게 더욱 심각한 영향을 미친다. 임신 및 출산휴가를 얻기 위해 희생을 겪어야 하고 육아휴직이 불이익을 가져오는 경우 직업이란 남자들보다는 여자들에게 더 문제가 되는 것이다.

임금노동에서 여성의 기회는 다른 방식으로도 불공평하게 제한되어 있다. 수많은 연구서들은 구직자들의 자격과 능력을 판단하는 데 성별이 어떤 식으로 영향을 미치는지 보여준다. 여성의 이름이 쓰인 이력서는 똑같은 내용이라도 남성의 이름이 쓰인 이력서보다 부정적으로 평가된다(Rhode, 1989, 170면). 고용주들은 많은 경우에 여성들이 직업에 대한 참여의욕이 낮고 일차적 생계부양자가 아니라는 신화에 영향을 받아 결정을 내리거나(Warren, 1977), 여성을 비전통적이고 비여성적 역할에 배치시킬 때 느끼는 곤란에 좌우되기도 한다. 고용주들이 자신은 성별에 대한 편견을 갖지 않는다고 믿을지라도 고객이나 남성고용주들의 편견을 투사해서 반응하는 경우도 꽤 있다. 여성들은 구직에 도움을 줄 수 있는 비공식적인 사회적 통로를 알지 못하는 경우가 많다. 많은 여성들이 자신감과 업무수행 능력을 잠식할 위험이 있는 부정적 태도를 내면화하기도 한다. 많은 여성들이 외모나 의복 등과 같은 무관한 특성에 의해 더 자주 평가받는다고 믿고 있다. 마지막으로 우리 사회에서 여성들은 쉽게 성폭력의 희생자가 되기 때문에 위험한 지역에서 밤늦게 혼자 해야 하는 작업과 같이 여성들이 미리 수많은 예방책을 마련해야 하는 직장은 여성들과 고용주들 모두 수용하기 어려운 것이다.

가족의 자원과 고용기회로의 접근도가 낮기 때문에, 평균적으로 여성들은 남성들보다 적은 재산을 소유하며, 또한 여성들의 금융 자산은 남성들보다 적다. 따라서 여성들은 대출이나 신용과 같은 금융 자원이나 금융 서비스를 받기가 더 어려운 것이다. 자원이 없는 상태에서 여성들이 사업을 시작한다거나 장기적인 물질적 안정을 제공하는 취득물, 즉 부동산을 매입한다는 것은 남성들보다는 어려운 일이다.

평등 기회의 성취

여성들이 직면하는 다양하고 견고한 장해물 앞에서 "적극적 조치"의 기회와 필요성을 깨달은 사람들이 바로 여성주의 활동가와 이론가들이다. 어떤 사람들은 여성들이 직업과 승진에서 남자와 동등한 기회를 가지려면 적극적 조치 프로그램이 반드시 필요하다고 주장한다(Fried, 1976; Harris and Narayan, 1994). 이러한 주장의 본질적인 요점은 다음과 같다. 즉 현재의 사회적 세력들이 보다 매력적인 직장을 위한 경쟁에서 평균적으로 여성보다는 남성에게 우선권을 주기 때문에, 자격을 갖춘 여성 구직자들을 최소한 일정 비율로 할당해 고용할 수 있도록 목표를 설정한다면 여성들이 확실이 동등한 기회를 가질 수 있게 된다는 것이다. 다시 말하면, 성별은 서로 다른 여러 후보들을 보고 판단해야 하는 고용주에게 영향을 미치기 때문에 고용을 결정하는 데 있어 여성의 자질이 간과되거나 평가절하되는 경우가 많으므로 가장 적합한 자격을 가진 사람들이 성별과 관계없이 고용되기 위해서는 적극적 조치가 필요하다는 것이다. 궁극적으로는 여성이 일자리나 그 밖의 다른 혜택을 얻을 때 불리하게 작용하는 사회적 세력을 변화시키기 위해서 노력해야 하지만, 그때까지 적극적 조치는 여성들이 더 동등한 대우를 받을 수 있게 하는 임시방편을 제공하는 것이다. 적극적 조치는 또한 유능한 여성들에게 전통적으로 여성들이 차지하기 어려웠던 일자리를 부여하면서 결국에는 여성들의 기회를 제한하는 견고한 사회적 태도를 몰아내는 데 일조할 수 있는 정책을 수립하게 한다. 그러나 불행히도 이러한 적극적 조치는 학교나 가정에서 받는 차별 때문에 자격을 갖추기 어려운 여성이 가족 내에서의 책임 때문에 임금고용에서 경쟁하기 어려운 여성들을 도울 수는 없다.

평등기회의 이념에 기반을 둔 적극적 조치의 간단한 논거는 다음과 같다. 우리사회에서 남녀의 기회가 진정으로 동등하다면, 직업에서의 남녀의 성공률(고위직과 고

332

소득 직종을 차지하는 비율로 측정할 때)은 크게 다르지 않을 것이다. 하지만 직업에서 남녀 성공률의 차이는 매우 심각하다. 그러므로 우리 사회에서 남녀의 기회는 전적으로 동등하지 않다. 따라서 기회가 동등해질 때까지는 여성과 남성의 동등함을 보장하는 적극적 조치가 필요하다. 이러한 논변에는 이에 반론을 제기하는 사람들에게 어떻게 각기 다른 직업 유형에서의 상이한 성공률이 남녀가 동등한 기회를 성취하는 것과 합치될 수 있는지 설명해야 하는 부담이 있다. 어떤 경제학자들은 여성들의 직업 선호도가 남성들과 특징적으로 다르기 때문에 여성의 직업선택에 있어서 이런 선호도는 여성 스스로를 표현한다고 믿는다 그리고 그럼으로써 결국 여성의 직업 유형은 (남성과는) 다른 것이 된다고 한다. 여성들은 아마도 가족 안에서의 역할에 지장을 주지 않는 직장과 경력을 선호할 것인데, 이 일은 지위와 임금이 낮을 가능성이 크다. 물론 이런 반응에서는 왜 여성들이 그런 직장과 경력을 선호한다고 알려졌는지 또한 왜 남성들은 그렇지 않다고 하는지 묻지 않는다. 또는 그저 그 이유엔 문제될 것이 없다고, 즉 본성이거나 성역한 사회화의 결과라고 추정할 뿐이다.

오노라 오닐(1977)은 평등기회 기준에 기반을 둔 적극적 조치를 옹호하기 위해 "환원" 방식의 논거를 제시한다. 오닐에 따르면, 동등한 기회의 성취를 위해 적극적 조치 같은 정책을 사용하지 않는다면,

"모든 주요 사회 집단의 아동들에게 학교교육뿐 아니라 의료수혜, 음식, 사회화, 배려와 존중 등이 골고루 분배되어야 한다. 그리고 이는 능력의 동일한 분배를 보장해 줄 것이다.…이러한 대책 없이는 어떻게 기회의 평등이 형식적인 것에 그치지 않고 한 관점에서는 단지 속임수일 뿐인 것 이상이 될 수 있을지 알기 어려울 것이다. 사실상 어떤 집단 출신이 다른 집단 출신보다 특정한 재화에 훨씬 더 쉽게 접근할 수 있는 현실에서 무슨 배경을 가진 사람이건 모두 똑같이 동등하게 그 재화를 얻을 수 있다고 하는 것은 겉치레에 지나지 않는다."(185면)

모든 아동들에게 재화와 혜택을 동등하게 분배한다는 것은 개인적 부의 재분배를 수반하는 일이므로 다수의 반대에 부딪힐 가능성이 높다. 그렇기 때문에 오닐은 특권을 가진 성인들과 그렇지 않은 성인들 간에 기회를 보다 평등하게 할 수 있다는 희망을 주기 위해서 적극적 조치 같은 노력을 인정해야 한다고 주장한다. 오닐은 스스로 '특혜 대우'(preferetial treatment)라고 명명한 공격적인 적극적 조치를 옹호한다. 이 조치는 능력은 있지만 반드시 가장 적합한 자격을 갖추었다고는 할 수 없는 여성들에게 직장을 주는 것이다. 이 전략으로 고용주들은 자격을 갖추기 위한 경쟁에서 사회적 차별을 경험한 여성들의 피해를 줄여 준다는 것이다.

오닐은 적극적 조치 같은 사회 정책을 통해 상이한 사회집단 간의 성공률의 차이를 감소시킴으로써 '평등기회'라고 하는 것을 창출하게 된다면 곧 사회 불평등이 제거되고 사회적 자원의 정의로운 분배가 성취된다는 것이 아니라고 지적한다. 한 사회는 교육과 부의 분배라는 측면에서 피라미드형의 구조를 가질 수 있다. 그럼에도 "그 피라미드층을 이루는 부분들 각각은…모든 주요 사회집단에 속한 사람들을 동일한 비율로 포함한다(189면)." 오닐은 평등의 의무를 지고 있는 사회가 과연 집단들 내에서의 실질적인 불평등을 인정하면서도 집단들 간의 불평등은 승인하지 말아야 할지 묻는다. 평등기회의 이상은 "승자가 모든 것을 갖는다"는 의식구조와 양립가능한 것처럼 보이기 때문에, 보다 강한 평등주의의 목표를 위해서는 쓸모 없게 된다.

인종, 성적 선호, 장애, 연령 등에 기반한 차별은 취업에서 수많은 여성들의 직업선택을 심각하게 제한한다. 여성과 남성이 빈번히 불평등한 대우에 직면하는 한편, 백인여성과 유색여성, 이성애 여성과 레즈비언 여성, 장애여성과 비장애여성, 증산층 여성과 노동계급 여성, 젊은 여성과 나이든 여성 또한 평등한 대우를 받지 못한다. 젊고 백인이며 중산층의 장애을 갖지 않은 이성애자 여성은 인기 있는 직장을 얻기 위한 경쟁에서 나이 들고 흑인이며 노동계급의 장애를 갖고 있는 레즈비언 여성과는 매우 다른 위치에 있을 것이다. 우리가 한 사람의 기회를 제한하는 단일한 변수에만 초점을 맞추면, 어떤 식으로 둘 혹은 그 이상으로 더 많은 낙인 찍는 구분들이 결합하여 기회 획득 경쟁에서 개인이 맞닥뜨리게 되는 사회적 장애를 형성하는지 알지 못하게 된다(Crenshaw, 1989). 여성과 낙인 찍힌 다른 집단의 구성원을 위한 적극적 조치만을 채택하기보다는 둘 이상의 억압 받는 집단에 속한 사람들을 돕기 위한 특수한 적극적 조치 정책을 입안해야 할 필요가 있다. 그렇지 않다면 차별받는 각각의 집단 중에서 가장 특권을 누리는 성원들이 적극적 조치에서 혜택을 받을 가능성이 높을 것이다.

적극적 조치를 지지하는 것 이외에도 여성철학자들은 평등기회의 이름으로 다른 개혁을 주창해왔다. 예를 들면 여성철학자들은 임신과 육아를 위한 고용휴가 정책의 개선을 강력하게 주장해왔다. 즉 그럼으로써 직장을 가진 여성들은 때로 그들의 인생에 끼여들어 지장을 주는 가족에의 의무라는 것 때문에 일자리를 잃지 않아도 된다는 것이다. 1970년대 중반 미국의 사법체계는 고용주의 임신 및 육아휴직 정책과 관련된 여러 사례들을 종합적으로 재평가했다. 몇 년 안에 임신차별법안(Pregnancy Discrimination Act: PDA)이 고용 및 의료정책에서의 임신과 출산에 대한 차별적인 또는 비호의적인 대우를 성차별과 연관시키려는 노력의 성공으로 통과되었다

(Williams, 1991a). 여성주의 법조인, 학자 그리고 활동가 공동체에서는 산전후 휴가의 보장이 여성들에게 더 평등한 기회를 가져올 것인지 견해가 엇갈렸고, PDA가 그런 휴직정책을 지지한다고 해석될 수 있는지 의견이 분열되었다. 어떤 이들은, 임신과 이에 관련된 휴가에 있어 여성의 권리를 증대시킬 경우 고용주들은 여성노동자들이 그 권리를 당장 행사할 것을 두려워한 나머지 여성을 고용하는 데 더 주저하게 될 것이라는 우려를 표명했다. 그 후 몇십 년 동안 여성주의 이론가들은 고용과 관련된 모성보호정책에 대한 제안과 정책을 지지하거나 반대하는 각기 다른 평등기회의 개념을 둘러싸고 수많은 논쟁을 전개시켰다. 여성철학자들은 《하이파티아》 2권 1호(1987년 겨울호)에서 이러한 논쟁을 벌였는데, 이 책에는 임신휴가를 직간접적으로 다루고 있는 다섯 편의 논문이 실려 있다.

엘리자베스 월가스트(Elizabeth Wolgast)는 논문 "잘못된 권리"(Wrong Right, 1987)에서 "출산·육아 휴가를 누릴 수 있는 권리가 어떤 방식으로든 남성들에게까지 확대되지 않는다면 그런 권리는 그저 여성만의 특수하고 공정치 못한 권리에 불과하다는 흔한 주장은…남성을 보다 유리한 대우를 받기 위해 임산부와 경쟁하는 질투심 많은 동기로 전락시키며 출산이라는 현실을 무시하는 것"(34~35면)이라 비난한다. 월가스트는 각기 상이한 요구를 가리며 다른 상황에 처해 있는 행위자들을 동일하지 않게 대우하는 평등의 개념을 옹호한다. 그녀는 임신 및 출산휴가를 받는 여성들은 다른 사람들의 질시나 선망을 받을 만한 특별한 대우나 권리의 수혜자가 아님을 강조했다.

《하이파티아》(Hypatia) 같은 호에 실린 글에서 고용전문변호사인 린다 크리거(Linda Krieger, 1987)는 월가스트나 캐롤 길리건의 작업이 여성주의 법학의 패러다임 전환을 가져왔다고 했다. 이 전환은 동등대우 패러다임(equal treatment paradigm)에서 "합리적 편의(reasonable accommodation)" 패러다임으로의 이동을 의미한다. 합리적 편의 패러다임에서는 비기독교인들의 종교적 계율에 따르는 휴가를 지시한다든가 장애인들을 고려하면서 경사로를 내도록 하는 정책은 정의롭거나 공평한 것으로 평가되며, 그러한 정책의 부재는 종교적 신념과 육체적 능력에 기반한 차별로 간주된다. 그런 정책이 없다면 지배집단과 다른 종교를 가진 사람들은 스스로의 종교생활을 실제로 평등하게 영위할 수 있는 능력을 갖지 못할 것이며, 또한 직장이나 공공 서비스를 제공하는 장소에 모든 사람들의 물리적인 접근이 가능하지 않을 때에도 일자리를 얻기 위해 경쟁하거나 공공 서비스의 혜택을 향유하는 능력에서 모든 사람들이 평등하다고 할 수 없는 것이다. 이와 유사한 방식의 논변으로 여성주의자들도 "결근을 해야 할 필요성에 작용하는 육체적 조건을 고려해볼 때, 남녀는 서로 다를 수밖에 없다"고 주장한다(Krieger, 1987, 97면). 그러므로 이런 차이를 인정하는 정책 없이 여성은 남성과 취업과 승진을 위해 평등하게 경쟁할 수 없는 것이다. 많은 여성주의자들에게 상당한 기간의 임신 휴가(예를 들면 6주에서 4개월까지)를 보장한다는 것은 여성노동자의 상이한 욕구와 필요, 상황에 대한 합리적인 조치를 의미하므로 공평하고 정의로운 것이다. 따라서 그런 휴가를 허가하지 않는다는 것은 곧 성차별과 다름없는 것이다(Tong, 1987 참조).

마조리 와인스와이그(Marjorie Weinzweig)는 "임신 및 출산휴가, 비교가치, 그리고 평등 개념"이라는 논문에서 여성주의 법학자 크리스틴 리틀튼(Christine Littleton)을 비판한다. 리틀튼은 각 개인들 간에 존재하는 성별, 인종 또는 다른 차이들이 문화적인 것에 기반하든, 신체적인 것에 기반하든 그에 상관없이 물질적 보상이나 처벌에 있어서 손실 없는 것 또는 사소한 것이 되도록 제도와 사회적 실천이 구조화되어야 한다고 주장한다. 리틀튼의 견해는 평등(동일대우)모델과도 다르고, 월가스트의 생물학에 근거한 평등하지 않은 필요성의 비동일대우모델과도 다르다. 리틀튼은 월가스트가 가정하는 것과 같은 접근방법에 대해 남녀 간의 차이 중 어떤 것이 생물학적인 것이고 어떤 것이 문화적인 것인지를 구별하기 어렵다는 문제를 제기한다. 와인스와이그는 이 점에서 리틀튼의 견해에 동의한다. 우리 사회가 변화하기 때문에 남녀 간에 어떤 차이가 지속될 수 있을지 확실하게 알 수 없으므로 우리의 제도는 같음(동일대우접근)이나 차이(특수 욕구와 조정 접근)를 강제하려고 해서는 안 된다는 것이다. 그러나 와인스와이그는 리틀튼의 "손실 없는 차이"(costless difference)라는 이념에 동의하지 않는다. 손실 없는 차이를 식별해 낼 수 있는 적절한 방법을 발견하기란 어려울 것이라고 보기 때문이다. 또한 와인스와이그는 확인된 차이들(결과의 평등)에 보상을 평등하게 분배하는 것이 가능한 목표도 아니고, 모성보호정책을 정당화하기 위해 필요한 개념도 아니라고 생각한다. 실제로 리틀튼의 평등모델은 평등기회를 넘어서 평등의 결과에 다가가고 있다.

그 대신 와인스와이그는 정치공동체들 그리고 경제, 사회 영역에의 동등한 참여를 목표로 해야 한다고 주장한다(95면). 그는 평등기회를 무임금의 보살핌 노동을 중심으로 하는 사적 영역에 여성을 차별적으로 격리시키지 않는 일, 보살핌 노동의 위상을 높이는 일 그리고 보살핌 노동을 여성과 남성에게 보다 평등하게 분해하는 일 등과 연결시킨다. 그녀의 견해에 따르면, 공적 영역과 사적 영역이 각각 독립적으로 분리된 보상체계와 기회체계 그리고 책무를 가리며 분열되어 유린된다는 것은 그렇게 구별된 영역들에 제각기 지정된 사람들 사이의 사회, 경제, 정치적 불평등을 유지하는 데에 일조한다는 것이다. 이 평등기회 모델은 여성을 명예남성으로서가 아니라 전통적으로 남성과 여성에게 모두 부과된 필요와 재능을 갖춘 양성적 존재로서 공적 영역에 통합시킨다. 그래서 이 모델은 전통적인 남성 생계부양자 역할이 남녀 모두에게 한계가 된다고 본다.

와인스와이그는 자신의 평등기회 개념이 임신출산휴가를 옹호한다고 주장한다. 왜냐하면 그러한 혜택은 보살핌 노동과 임금 노동의 균형을 맞추게 함으로써 공적 영역과 사적 영역의 통합을 가능하게 하기 때문이다. 이 모델은 또한 비교가치정책, 즉 "직업가치"의 내적 기준에 따라 임금수준을 책정하는 정책을 지지한다. 비교가치정책은 특정한 직업 범주에 현저하게 많이 속해 있는 노동자들의 성별이나 인종과 상호연관된 임금격차를 감소시키는 수단이 되기 때문이다. 비교가치는 성차별적인, 여성주도적 직업(전통적 무임노동을 포함해)에 종사하는 노동자가 수행하는 작업과 그들이 보유하는 기술의 가치를 정당하게 평가하며, 남성주도적 직업을 가진 노동자들이 수행한 작업을 과대평가하지 않음으로써 결국, 남성과 여성이 그들의 기술, 노고 그리고 업적에 대한 사회적 인정과 물질적 보상을 보다 평등하게 받을 수 있게 된다는 것이다. 와인스와이그는 비교가치가 사람들의 자기 개발의 기회를 최대화하고, 다른 사람들과의 관계에서 힘을 주며, 삶의 모든 영역에서 더 많은 참여를 허용하는 사회적 조건을 실현하는 데 기여한다고 본다.

"비교가치의 몇 가지 함의"(Schrage, 1987)라는 논문에서 나도 역시 비교가치는 여성의 정치적, 사회적, 경제적 종속을 종식시키고자 하는 모든 여성주의적 의제의 중요한 구성 요소라고 주장한 바 있다. 수많은 연구들이 지적한 바에 따르면, 주로 유색인종이나 백인 여성들이 접하고 있는 직업의 임금수준은, 그 직업이 기술 수준에서나 책임과 경험, 노력 그리고 그 일에 필요한 공식 훈련 등 모든 면에서 높은 수준인 경우에라도, 주로 백인 남성들이 점유한 직업보다 현저하게 낮다고 한다. 인습적인 직업종사자의 인종, 성별 등과 긴밀하게 연관되어 있는 임금 격차 패턴이 만연해 있다는 사실은 여성과 유색인종 남성의 기술과 능력을 평가절하하는 문화 이데올로기와 원칙의 존재를 반영한다. 고용주가 비교가치를 임금기준으로 채택하는 것은 역사적이면서 현재 진행중이기도 한 인종적, 성적 편견 탓에 여지껏 진화해 온 임금불평등을 줄이는 데 기여할 것이다. 고용주는 노동자의 사회적 지위에 맞춰 임금을 내부적으로 책정하는 대신 직업가치의 어떤 합의된 기준에 따라 임금을 책정하는 과정을 고안하게 될 것이다. 이러한 절차 없이 여성과 유색 인종 남성들은 자신들의 노력이 진정으로 "보상받기" 어렵다는 사실을 쉽게 깨닫게 될 것이며, 그것은 바람직한 지위를 차지하기 위해 경쟁하고자 하는 동기를 약화시킬 것이다.

　평등기회의 추구는 사회정치적 변화를 위한 중대한 의제지만 기존하는 기회들을
근본적으로 증대시키지는 못할 것이기에 완벽한 의제는 되지 못한다. 평등기회는 예
컨대 전통적으로 수혜받지 못했던 사람들에게 재화와 혜택을 분배하는 것, 공적 영
역과 사적 영역의 분리 철폐, 노동자 보상체계의 재조직 등과 같이 더 광범위한 사
회변화를 옹호하기 위한 논거로 사용될 수 있다. 그러나 이것은 여타의 도덕적 이념
이나 정치적 이념으로 보완되어야 할 것이다.

(이상화 역)

57. 사회 정책

에바 페더 키테이(Eva Feder Kittay)

1. 서론

1.1 사회 정책을 정의한다

광의적으로 이해할 때 사회 정책은 구성원들의 복지를 향상시키려고 기획하거나 인지된 사회 문제들을 조정하고자 의도된 정부와 여타의 공적 제도의 간섭이다. 정부의 정책은 입법, 행정 또는 사법적 조처로부터 나올 수 있다. 대학이나 의료 기관과 같은 주요한 공적 기관들 위에서 군림하고 보다 큰 사회 조직체의 목적들을 증진시키려는 법규들과 규정들은 사회 정책의 도구들로 간주될 수 있다. 사회 구조 안에 내재된 불안정이건 사회 변화의 압력에 의해 야기된 불안정이건 그 불안정을 시정하는 데 어떠한 방책이 필요하다고 생각되어질 때 사회 정책은 때때로 좁은 의미에서 분배나 재분배의 영역에서 국가의 간섭으로 이해될 수 있다(Ferge, 1993). 이러한 의미에서 사회 정책은 가난한 사람들에게 맞추어진 복지 정책들에 속한다. 이 논문에서 우리는 주로 광의적 의미의 사회 정책을 다룰 것이며 마지막에는 복지 정책으로서의 좁은 의미의 사회 정책을 간략하게 논의할 것이다.

1.2 여성주의 철학은 사회 정책에 관여한다 - 정책과 문맥

여성주의 철학자들은 여성주의적인 경험적·법적 학식을 이용함으로써 비판자이자 지지자로서 정책에 관여해왔다. (소송 자료의 사례로서 Winston and Bane, 1993을, 여성주의적 법적 연구에 관해서는 P. Smith, 1993을 보라. 그리고 이 책의 53. "영미법"을 보라.) 어떤 사람들은 철학자들이 구체적인 정책을 다루어서는 안 된다고 주장하는가 하면, 반면에 그러한 참여는 정치 철학과 사회 철학을 풍성하게 하는 데 중요한 역할을 한다고 주장하는 사람들도 있다(Brison, 1995).

정책 이슈들의 문맥적 특성은 이론에 대한 독특한 도전들을 내놓는 것이다. 여러 방면을 아우르는 이론들은 지역적인 정치 지형에 대해 숙지하고 있지 않기 때문에 정책을 분석하고 제의하는 데 제한적일 수밖에 없다. 이를 테면 여성의 건강과 여성들에 대한 폭력 그리고 출산 통제는 전 지구적으로 여성들이 직면하고 있는 이슈들이지만, 이러한 관심사들을 언급하는 정책들과 밀접한 관계를 가질 수 있다. 따라서 여성의 자신의 몸에 대한 통제는 미국의 마약 중독 임산부의 적당한 반응에 대해 문제를 제기하는 반면, 미얀마인의 상황을 글로 쓰고 있는 핀(Pynne, 1995)은 희생자인 미얀마 여성들의 성적 노예화와 그 결과로써 에이즈의 확산에 관한 문제들을 다루는 정책을 찾고 있다. 이 논문에서 나는 정책 이슈들이 미국 정치의 지역적 지형 속에서 드러날 때 이론을 정책 이슈들에 응용할 것이지만, 그러나 적당할 때에는 언제든지 공론화되어야 할 국제적 차원의 이슈들에 대해서도 언급할 것이다.

정치적 문맥은 또한 그러한 문맥을 변화시키는 데 (또는 전복시키는 데) 목적을 두고 있는 사회 정책과 더불어 성취의 범위를 제한한다. 사회주의적 여성주의, 맑스주의적 여성주의, 급진주의적 여성주의 (Jaggar, 1993) 또는 무정부주의적 여성주의로 (Addelson et al., 1991, K. Ferguson, 1983를 보라) 발전한 자본주의 폐지나 국가의 철폐와 같은 급진적인 정치적 변화는 개혁주의 정도의 사회 정책과 결코 편안하게 마주하지 않는다. 여전히 이러한 입장들 중의 어느 한 입장과 견해를 같이 하는 많은 사람들은 여성주의자들의 정치적 조망이 무엇이건 간에 개혁적 방향으로 힘을 합치고 이러한 개혁들을 평가하기 위한 공동의 기준을 찾아야 한다고 주장한다 (Wendell, 1987; Harding, 1973~4를 보라. 정책들을 평가하는 기준들에 대해서는 Bunch(1981)를 보라.).

2. 전개중인/대안적 사회 정책 전략

여성주의 철학 분야의 밑그림은 1960년대 후반과 1970년 초반에 처음으로 그려졌으며, 정책에 관한 글들은 역사적 · 사회적 · 경제적 그리고 정치적 발전들에 대한 반응에 따라, 여성주의 이론의 진보에 따라 그리고 여성주의 요구들의 변화하는 본성과 범위에 따라 전개되고 형성되어왔다. 여성주의적 공공 정책의 궤적은 비차별로부터 시작하여 전통적으로 남성의 영역에 여성을 포함시키는 논쟁들로 이동하였으며, 그 다음에는 비차별과 포함의 토대를 제공해 왔던 제도들과 규범들을 변화시키려는 쪽으로 발전하는 것이다.

이러한 궤적은 다른 이슈들에 적용될 때마다 달라진다. 어떤 제도들은 특히 여성주의적 분석이나 요구들에 저항하려 하지만 다른 제도들은 재빨리 인정한다. 더 나아가서, 서로 다른 역사적 국면들로서가 아니라 적어도 부분적으론 다른 정치적 비전들에 의해 조종된 교체적 전략들로서 비차별, 포함 그리고 변화에 대해서 이야기하는 것이 훨씬 적절할 때도 있다. 어느 경우에서건 우리는 이러한 개념들에 입각해서 다양한 정책을 미리 살펴보고 처리할 수 있도록 조직화할 필요가 있다.

2.1 비차별

비차별은 구속과 제약의 제거를 통해 실현될 수 있는 것으로서 자유와 평등이라는 자유주의적인 목적들과 연계되어 있다. 울스턴크래프트(Wollstonecraft, 1792)는 탈리란트(Tallyrand)가 프랑스 헌법을 개정하려할 때 그에게 호소했던 계몽주의의 이상에 사로잡혀 있었다. 그녀는 "사회에 확고하게 굳혀진 억압을 없애게 하라" "우주를 지배하는 중력의 보편 법칙 즉 양성들은 각 성들의 적당한 위치로 들어갈 것이다"라고 썼다(1993, 71~2면, emphasis author's). 비차별을 요구한다는 것은 (1) 공공연하게 여성을 차별하는 법들을 제거할 것을 주장하는 것이며 (2) 그러한 차별을 비합법적인 것으로 만드는 법의 제정을 요구하는 것이며, (3) 여성을 묵시적으로 차별하는 정책이나 제도적 구조에 주의를 기울이는 것이다.

새 물결로서의 여성주의의 첫 번째 국면에서, 여성주의 철학자들은 강간, (Griffin, 1977; Shafer and Frye, 1977; Foa, 1977; Peterson, 1977; Curley, 1976) 임신중절, (Jaggar, 1980a; Thompson, 1971; English, 1975) 결혼법(Ketchum, 1977)에 관한 정책 개정을 요구했으며, 교육과 고용에 있어서의 평등한 기회를(O'Neill, 1977; Ezorsky, 1974) 주장했다. 스웨덴과 같은 사회 민주주의는, 20세기 초반에 시작된 차별 반대 법을 지지하고 정부 지원의 아동 보호, 부모 휴가 지급, 남편과 아내 수입의 개별적인 과세 징수(가정에서의 노동에 따른 평등한 분배를 가져왔다)와 같은 사회 정책 기구들을 개발함으로써 여성의 평등 문제에 접근했다. 미국에서, 자유주의와는 다른 진보적인 전통들이 가사 노동 임금과 분배나 무상 아동 보호를 촉구했을지라도, 자유주의 정책의 주된 관심사는 차별 반대 제도나 기회 평등 입법을 통해서 남성이 지배했던 영역 안에 여성의 기회를 확장시키려는 데 있다(스웨덴, 영국, 미국 그리고 서독에서의 차별 반대 정책과 기회 평등 입법에 관한 비교 연구를 했던 Schmid와 Weitzel, 1984를 보라).

"사적인 것이 정치적인 것이다"라는 슬로건을 내세운 급진적 여성주의는, 특히 북미와 유럽에서 보다 깊이 있는 이론적 발전이 있지 않았을지라도 강간과 임신중절과 가정 내 학대 그리고 가사 노동의 이슈들을 공적이고 정치적 관심사로 바꾸는 데 중요한 역할을 했다. 그러나 국제적인 인권의 무대에서, '공개적인' 인권 침입으로서의 음핵 절단, 전쟁에서의 강간, 가정의 폭력 그리고 생식 학대와 같은 '사적인 것'을 밝히려는 투쟁은 계속되고 있다. 그러한 관행들을 시정하는 일은 비차별에 의거한 논변들 이상의 것을 요구한다. 그것은 "인권" 개념의 변화를 요구한다(여성의 권리를 인권으로 개정하는 서로 다른 지구적 관점들로부터 나온 이슈들을 폭넓게 배열하고 있는 논문들에 대해서는 Peters와 Wolper, 1995를 보라).

2.2 포함

형식적 제약들을 제거하려는 진보적 입장이 부나 권력 또는 지위의 분배 방식들을 어떤 의미있는 방식으로 바꾸려 하지 않을 때, 요구는 포함을 촉진하는 정책들을 위한 요구가 된다. 유급 고용에 여성의 참여를 촉구하는 정책들이 두드러질 정도로 눈에 띄었지만, 현재에는 차별 수정 계획과 특혜적 대우가 관심의 대상이 되고 있다. (Thompson, 1971 ; Thalberg, 1973~4 ; Fried, 1976 ; Vetterling-Braggin, 1973~4 ; Newton, 1973 ; Hawkesworth, 1990 ; Kaminer, 1990 ; Ezorsky, 1991를 보라. 또한 다른 관심사들을 밀어내고 네덜란드의 차별수정계획의 절박함을 비판하고 있는 Outshoorn, 1991를 보라.) 일단 여성들이 일터에 들어가게 되면 적극적으로 참여하려는 여성들의 능력은 또한 성희롱으로부터의 보호, (MacKinnon, 1979b ; Superson, 1993 ; Altman, 1996) 임금평등과 비교가치의 정책들을 통한 균등임금, (Weinzweig, 1987 ; Steinberg and Haignere, 1991 ; Kaminer, 1990) 모성휴가, (Weinzweig, 1987 ; Baker, 1987 ; Kaminer, 1990 ; Vogel, 1985 ; Bacchi, 1991) 그리고 적절한 아동보호를 (Midgley and Hughes, 1983 ; Kaminer, 1990) 필요로 한다.

이론가들은 전략으로서의 그리고 목표로서의 포함을 요구하기 위해 보다 더 나은 도구들을 개발하였다. 예를 들어 정신 분석학적 여성주의는 어린이의 양육에서 남성을 반드시 포함시키길 주장하는 강력한 논증들을—18~20세기 초반의 여성주의 작품에서는 놓치고 있는 통찰력—제공하였으며, 그러한 논증들을 통해서 남성과 여성 모두에게 부모 휴가, 남성의 부모역할 교육, 그리고 공동 친권에 대한 정책 요구들에 무게를 실었다. (가령 Okin, 1989a ; Held, 1982를 보라. 미국의 여성주의자들의 보다 더 비판적 관점에 대해서는 Trebilcot, 1983a의 논문들이 있다. 캐나다, 영국, 호주, 네덜란드, 아일랜드, 노르웨이, 프랑스 그리고 미국에서의 부모 협정, 공동 친권 그리고 '부권' 등에 관해서는 Smart와 Sevenhuijsen, 1989의 논문들을 보라.)

　가장 중요한 이론적 발전들 중에서 어떤 것들은 사적인 것/가정 영역과 정치적인 것/공적인 영역간의 역사적 구분에 대한, 다시 말해서 자유주의와 맑스주의 정치 이론의 골격을 이루고 있는 이분법에 대한 새로운 체계적인 탐구들로부터 나온 것이다(Elshtain, 1981 ; Pateman, 1989c). 사적인 이해관계가 여성의 '공적인' 영역으로의 완전한 적응을 방해할 때마다 여성들은 사적인 영역에 대한 국가의 간섭을 요구해 왔다. 가령, 아내에 대한 구타와 폭력적이고 모욕적인 포르노그래피적인 영상들처럼 '친밀한 관계에서 오는' 폭력은 사적인 영역 지배가 시민으로서의 여성의 완전한 포함을 방해하는 방식으로 성희롱과 모성 휴가와 아동 보호에 대한 요구와 조우하게 된다. 사회적·정치적·경제적 영역으로의 완전한 참여와 사적인 영역에서의 여성의 복지 간의 변증법적 관계는 개발 도상국가에서는 다른 차원의 문제이다. 센(Sen, 1989)은 개발 도상국가에서 유급 고용이라는 공적인 영역으로의 여성의 접근은 가정의 영역에서 치명적인 학대로 고통을 받고 있는 여성들에 대한 중요한 예방 조치임을 논증한다.

　사적인 영역에 대한 국가 간섭의 본질과 토대는 여성주의자들의 입장과 항상 일치하지는 않는다. 국가 개입이 언제 요구되는가의 문제는 항상 자유주의와 급진적 여성주의자들을 구분하는 분기점이 된다. 포르노그래피와 증오 연설은 적절한 사례이다(Hudnut v. American Booksellers, 1985을 보라. 최근의 논의에 대해서는 Carse, 1995을 보라. 전반적인 개관에 대해서는 Tong을 보라. 사회 과학 연구와의 관련성에 대해서는 Kittay 1988a을 보라. 증오 연설에 대해서는 Brison과 출간 예정인 Meyers, 1995을 보라).

　여성주의자들은, 역사·종교 또는 부족의 차이와 민족-국가 간의 충돌로 굴절된 수많은 나라에서의 여성의 요구들이 공/사 구분의 복잡한 특성을 지적해왔다. 파탁(Pathak)과 라얀(Rajan, 1992)은 남편으로부터 한 달에 14달러 상당하는 부양비에 대한 이혼한 무슬림 여성의 소송이 "'1857의 대격변' 이래로…불평등에 얼마나 격분하게 만들었는지를"(257면) 흥미롭게 설명하고 있다.

　어떤 사람들에게는 필요해 보이는 병역에서의 완전한 포함은 다른 사람들에게는 종종 그러한 평등이 남성의 기준에 따라 맞춰진 프로크러스트의 침대로 여성들을

몰아넣는 것이라는 것과 관계가 있는 것처럼 보여진다. 여성들은 평화주의적, 반-국
가주의적 여성주의에 대한 울프(Woolf)의 주장을 마음에 새겨 넣어야 하는가, 아니
면 완전한 시민의 필수조건으로서 전투 의무를 포함해서 병역에 기꺼이 참여해야 하
는가?(Ruddick, 1983, 1989; Swerdlow, 1989; Stiehm, 1989; Held, 1993; De Cew,
1995; Card, 1995c)

포함의 목적은 평등의 이상을 요구할 뿐만 아니라 여성의 완전한 자율성을 지지
한다(Midgley과 Hughes, 1983). 만약 우리가 완전 시민으로 포함되려면 우리는 동의
와 계약에서의 제약들을 피해서는 안 되는가? 여전히 가부장사회 아래에서, 잘못된
의식이 여성으로부터의 잘못된 동의를 왜곡시키고 있는가? 여성의 불리한 입장이
여성들을 착취적 계약에 종용시키고 있는가?

이러한 물음들은 일련의 다양한 이슈들과 관련해서 논의되어 왔다. 논쟁들은 매
춘(Danielle, 1982; Jaggar, 1980b; Pateman, 1983; Shrage, 1990b), 성형 수술(Morgan,
1991; Parker, 1995), 성적 욕망(Hart, 1990; Bar On, 1994), 구타자를 살해하는 여성들
에 대한 법적 반응들(Hasse, 1987), 그리고 '데이트 시 강간'(Francis, 1996)과 관련해
서 일어났다. 동의, 자율성 그리고 증가하는 선택들과 여러 가능성들의 의미들은 생
식술의 영역에서 폭발적인 문제들이 된다. 관심의 대상이 되는 이슈들에는 수입이
적은 여성들과 유색 여성들(Nsiah-Jefferson, 1989) 그리고 장기간에 걸친 피임에 대
해 생식술이 영향력을 끼치며 사회 정책들이 가난한 여성들에게 영향력을 끼친다
(Moskowitz et al., 1995; Nelson and Nelson, 1995). 수많은 책들과 논문들이 대리모
제도와 (그 중에서 Macklin, 1988; Radin, 1988; Anderson, 1990; Feldman, 1992;
Kymlicka, 1991; Holmes and Purdy, 1992; Allen, 1991; Baker, 1996; Michaels, 1996;
Shanley, 1993) 체외 수정, 태아 모니터링과 태아 수술, 수정 기술들(Corea, 1983;
Overall, 1987; Singer와 Wells, 1984; Lasker와 Borg, 1987; Spallone과 Steinberg, 1987;
Stanworth, 1987), 유전자와 성별 검사, 부권, 그리고 신체 장애(Warren, 1985; Cohen
과 Taub, 1989, 특히 Asch, 1989; Baruch et al., 1988; Wertz와 Fletcher, 1993) 등의 다
른 생식술들을 다룬다. 이러한 논쟁 속에서 비롯된 관심들 중에는 여성들이 이러한
생식술로부터 얻게 되는 것은 무엇이며 또한 다른 여성들을 희생시켜 무엇을 얻을
것인가의 문제가 있다.

2.3 변화

포함의 정책들이 여성들에게 혜택으로 돌아가지 못하거나, 오히려 여성에게 차별

적인 혜택이 될 때, 또는 포함 정책들이 언급하지 못하는 더 심오한 사회적 문제들을 드러내지 못할 때, 여성의 요구들은 비난 대상이 되는 제도들을—젠더와 성 정체성, 결혼, 가족, 일터, 국적, 그리고 인간과 인간이 아닌 존재와의 관계—변화시킬 정책들에 관심을 두게 된다. 자유주의와 맑스주의 전통을 넘어서 비판 이론, 푸코주의, 포스트 구조주의, 정신 분석, 포스트모더니즘, 탈식민주의 연구와 생태학을 회고해 보건대, 여성주의 철학자들은 단지 이러한 개념들을 여성의 관심사들에 응용했을 뿐만 아니라 독특한 여성주의적 개념 도구들을 발전시켜왔다. 여성주의 철학자들은 남녀양성 모두를 구유하는 것이 아니라 역할과 제도들을 재구성함으로써, 전통적인 젠더 역할을 탈젠더화하고 재구성할 정책들을 추구해왔다.

그러나 변화의 기획은 여성들의 요구가 무엇이며 어느 여성들의 요구가 진정한 요구인지에 관한 질문으로 치닫는다. 우리는 하나의 집단으로서의 여성에 대해서 말할 수 있는가? 우리는 사회 정책들을 형식화할 때 여성들 간의 차이들을 어떻게 다룰 수 있는가? 사실 여성들 간의 차이에 대한 관심은 우리로 하여금 젠더에 의해 엄격하게 정의된 텍스트보다 더 폭넓은 텍스트를 바라보도록 요구한다.

여성들에게 영향을 미치는 사회 정책의 변화 가능성의 단초들은 실제로 젠더 그 자체를 넘어섬으로써 찾아질 수 있을지도 모른다. 인권으로 인지되는 여성의 권리를 가지려는 노력은 인권 개념의 변화에 의존하고 있을 뿐만 아니라, 여성주의의 관심 대상들을 식민 이후의 개발 도상 국가들에서 전반적으로 나타나는 상황들로 관심의 대상을 확장하는 것이다(Bahar, 1996; Nussbaum, 1993; Peters and Wolper, 1995). 게이와 레즈비언 결혼이라는 새로운 문제는 가부장제도의 중요한 실례가 되는 전통적인 결혼 형태를 변화시킬 가능성을 지닌다(Kaplan, 1993). 중부 유럽의 복지 국가들 대부분과 스칸디아비아는 이미 잘 확립된 부모의 유급 휴가와 가족 병가 정책들을 갖고 있다. 미국의 여성주의자들은 미혼모의 휴가 요구를 '부양자를—부양 노동자'의 젠더와 무관하게—보살피기 위한 휴가로 확장시키려 하고 있다. (1993년의 미국 가족과 의료 휴가 법령에 대해서는 Kittay, 1995를 보라.) 이러한 확장은 일터를 보살피는 자가 되려는 노동자들의 욕구가 인정되는 장소로 변화시키기 위한 출발점이 된다(Young, 1995). 그러한 과정 속에서 우리는 무엇이 노동자를 구성하는가, 어떤 종류의 사회적 공헌들이 '노동'의 타이틀을 받을 만한가, 그리고 무엇이 '가족'을 구성하는가와 같은 문제들에 실질적인 변화를 가져오게 하는 방법들을 수집할 수 있게 된다.

이러한 질문들은 중요한 인종 문제를 제기하는 것이며, 특히 미국에서 학문적으로 주목을 받는 이슈들조차 인종 문제를 왜곡시키고 있다. 윌리엄스(Williams, 1995)

와 스필러스(Spillers, 1987)는 가족과 복지 정책들과 관련해서 젠더에서의 인종 문제에 대해 쓰고 있다. 더 나아가서 우리는 여성주의 철학자들이 "혼혈 인종"과 (Zack, 1995b) 다른 인종의 입양(A. Allen, 1990; Smith, 1996) 문제와 같은 정책들을 검토할 때 공공의 정책 이슈들에 몰두해 왔음을 알 수 있다. 특히 여성뿐만 아니라 남성과 어린이에게도 영향을 주는 빈곤, 인종주의 그리고 여성들의 삶의 문맥을 형성하는 공동체와 같은 이슈들이 가장 중요한 이슈들일 것이다(Malveaux, 1990; Young, 1990a).

　　인종과 젠더 정체성와 같은 기본적인 제도와 범주의 급진적 재개념화는 자신들의 젠더 표현이 비정상적인 것으로(Feder, 1997) 판단되는 어린이들을 겨냥한 여러 정책들의 심문 속에서 분명해진다(주변화된 섹슈얼리티들을 통제하는 것으로의 공적 정책에 관해서는 Singer, 1993을 보라).

　　임신중절과 생식 권리와 같은 초기의 이슈들의 경우에서 여성주의자들은 점차로 태아의 인격성에 대한 논쟁으로부터 생식 논쟁을 도출한 사회적·정치적 이슈들에 초점을 맞추게 되었다. 페체스키(Petchesky, 1981)가 주장했듯이, 이러한 이슈들은 여성주의자들이 끼쳤던 변화의 핵심으로 이동한다. 그녀는 다음과 같이 쓴다. "임신중절 정치학으로부터 발생한 의미들은 태아와의 관계보다도, 강제적 이성애, 가족 구조, 남성과 여성 그리고 부모와 어린이 간의 관계, 그리고 여성의 고용과의 더 깊은 관련성을 갖고 있다"(228면).

　　오늘날 미국의 많은 중절 반대주의 집단들은 중절의 법적 권리를 인정해왔지만 가난한 여성과 젊은 여성들에게 중절의 권리를 금지하는 입법을 성공적으로 안착시켰다. 스트라우드(Stroud, 1996)는 가령, 24시간 강제 대기, 미성년자에 대한 부모의 동의나 법률적 동의, 중절을 하고자 하는 사람들은 어떤 정보를 제공받아야 한다는 요구사항과 같은 이러한 법규들은 인간 생명의 신성함을 주 정부에 의한 종교적인 해석에 입각해 판단된 것이라고 주장한다. 따라서 그러한 법규들은 임신중절에 관한 한 주 정부의 종교 법안으로 구성되는 것이다. 여성주의자들은 사회적 전망을 변화시킬 때마다 반대자들이 그러한 진보를 효과적으로 무효화하는 새로운 노고들에 대해 응답할 것이다. 스트라우드가 주 정부의 종교 법안에 반대하는 헌법적 금지를 간청할 때 한 것처럼, 여성주의자들은 개혁을 위한 투쟁을 위해서 낡은 자원들뿐만 아니라 여성주의 이론의 새로운 자원들을 찾아야 한다.

3. 현재의 논쟁 용어들

정책 이슈들에 대한 다양한 차이들은 서로 다른 고전적·정치적 전통들과 제휴해 왔지만, (Jaggar, 1983를 보라) 그럼에도 불구하고 오늘날의 사유방식은 새로운 여성주의 이론과 사회 발전에 의해 더욱 영향을 받고 있다. 논쟁의 세 축, 즉 평등 대 차이, 보편성 대 다양성, 그리고 정의 대 보살핌은 비차별과 포함 그리고 변화의 전략들에 관한 논의를 활발하게 하는 데 중요한 역할을 해왔다.

3.1 평등 대 차이

평등과 차이 간의 논쟁은 "여성주의 이론이 여성주의 실천과 만나는 장소"이다. (Boehm 1992, 203면) '평등을 강조하는 여성주의자들'은 비차별과 포함의 전략들에 크게 의존하는가 하면, '차이를 강조하는 여성주의자들'은 변화 전략들을 선호한다. 논쟁과 관련된 질문들은 그 답변이 복잡한 것만큼이나 또한 간단하기도 하다. 아리스토텔레스가 우리에게 말해주고 있듯이, 만약 비슷한 사람은 비슷하게 간주하고 다른 사람은 다르게 대우하는 것이 정의가 요구하는 것이라면, 바로 그러한 정의가 보여주는 것처럼 우리는 여성과 남성은 비슷하며 따라서 동일한 대우를 요구하거나 여성과 남성이 다르다면 다르게 대우하는 것이라고 말해야 하는가? 미노우(Minow, 1991a)는 '차이의 딜레마'를 지적한다. 여성의 차이를 주장하는 것은 위험스럽게도 차이와 관련된 오명과 불이익을 자초하게 된다는 것이다. 그러나 여성과 남성의 동일성을 주장하는 것은 남성과 여성의 서로 다른 상황들을 무시하는 것이며 차이가 여성의 조건을 영속화시키거나 열악하게 할 수 있는 방식을 무시하는 것이 된다.

사회 정책이 차이에 의해 주도되는가 아니면 평등에 의해 주도되는가의 여부는 여성주의에서는 새로운 문제가 아니다. (간단한 역사적 설명에 대해서는 Pateman, 1992; Rhode, 1992; Katzenstein and Laitin, 1987을 보라.) 가령, 레즈비언 분리주의자들은 성 평등이 가부장적 제도 그 자체이지 않는가라는 질문을 오래 전부터 해왔다다(Frye, 1983; Card, 1990b). 평등에 대한 비판들은 여성이 어떤 결정적인 관점에서 남성과 다르다는 주장에서 나왔을 뿐만 아니라, 그러한 차이는 지배로 조직화되었다는 주장에서 출발한 것이다(MacKinnon, 1990; Pateman, 1992). 부양가족에 대한 여성의 전통적인 보살핌은 차이 또는 지배의 관점에서도 이해될 수 있다. 어떤 여성주의자들은 의존과 불이익을 평등의 전략들을 문제삼기 위해 필요한 개념들로 제공하기도 한다. (Baier, 1987b; Elshtain, 1990; Kittay, 1995; Young, 1995; Rhode, 1992) 다른 여성주의자들은 적절히 이해된 평등 또는 적절히 변화된 평등의 전략들은 여성주의의 미래를 위한 최고의 희망을 제공해준다고 주장한다(Okin, 1994; Kaminer, 1990; Littleton, 1987 그리고 Smith, 1995b에서 견본이 될 만한 법 이론가들의 저작을 보라. 또한 평등이 복수를 포함할 수 있다고 주장하는 네덜란드식의 정책에 의거한 평등 옹호에 대해서는 Bussemaker, 1991을 보라).

미국, 대영제국, 호주 그리고 뉴질랜드에서의 여성의 경험을 지적한 페이트만(Pateman, 1992)은 보다 평등주의적인 변화들은 만약 우리가 평등/차이의 논쟁들을 넘어선다면 우리는 (남성 노동자의 모델로 그려진) 고용과 시민권 간의 유대를 파괴해야 함을 암시하고 있다고 주장한다. 이러한 주장은 이론과 실천 간의 변증법을 강조하는 것이다. 어떠한 정책 논변이든 그러한 논변의 뼈대를 만드는 문맥을 강조하는 재거(Jaggar)의 '역동적' 접근도 이와 비슷한 변증법이다. 차별 수정 계획과 같은 차이 정책은 언젠가는 교육과 고용에서 성맹적인(gender-blind) 정책들에 양보하는 것을 정당화할 수 있으며, 한편 부모의 역할과 후견인에 대한 평등 접근은 여성들이 시장 경제에서 불이익을 당하게 되어 있고 양질의 어린이 보살핌을 이용하지 못하는 한 실행될 수 없을 것이다.

그러한 실용주의적 접근들은 여성주의자들이 차이에 주목할 필요가 있으며 차이를 드러내 주는 범주들과 실천들을 변화시키는 평등에 접근하여 작업해야 함을 암시한다. 가령 여성들은 부양자들에 대한 책임을 완수하기 위해 임신 휴가와 더 나아가 경제적 후원까지도 혜택받아야 한다. 그러나 그러한 정책들은 사회가 하나의 전체로서 가져야 하는 것을 여성들도 가져야 한다는 요구에 입각해서 그러한 요구의 해석을 바꾸어야 한다. 이것은 젠더 중립적인 정책들을 취해야 함을 의미하지만 여성의 삶을 모델로 해서 만든 정책들을 의미한다.

3.2 보편성 대 다양성: 여성 간의 차이들

베텔(Bethel, 1979)의 논문 제목 "'우리'가 백인 처녀가 되는 것은 어떤 장식때문인가?"와 훅스(hooks)의 "여성주의자들이 남성과의 동등한 평등을 요구할 때 그들은 어떤 유형의 남성과의 평등을 요구하는 것인가?"의 질문은 보편적인 젠더 주장들이 지닌 난처한 문제를 깔끔하게 포착하고 있다. 여성들이 한 목소리로 말하고 있는 가설은 여성들의 구체적인 차이들에 의해 고무된 포스트 모더니스트들과 여성주의자들 양 진영에 의해 도전받아왔다. 여기서 차이들이란 피부색, 인종, 섹슈얼리티, 능력에 있어서의 차이를 말한다(여성과 무능에 관해서는 Wendell, 1989; Fine and

Asch, 1988a, 1988b; Silvers, 1995를 보라.)

　미노우의 차이의 딜레마는 우리가 '여성들'이라는 단일 범주에 놓여질 수 있는가 (또는 놓여져야 하는가)의 문제와 관련이 있다. 만약 우리가 그러한 단일 범주를 인정한다면, 우리는 일부 여성들만의—자신들의 관심사를 가장 잘 발언할 수 있는 입장에 있는 여성들—관심사를 보편화하는 위험에 놓여 있게 된다. 이를 통해 우리는 이미 최고의 특권을 누리고 있는 여성들의 이해관계들을 공고히 하게 되는 것이다. 그러나 만약 우리가 여성들이 통일된 범주를 형성하고 있다는 사실을 부정한다면, '여성들'에게 맞춰진 정책들은 누구를 겨냥하고 있는 것인가? (하나의 범주로서의 여성들에 관한 옹호에 관해서는 Okin, 1996; Nussbaum, 1993a을 보라. 또한 호주 원주민 문화에서의 강간에 관한 글을 쓸 권리와 책임을 옹호했던 백인 인류학자의 호주인의 사례에 관해 논의하고 있는 Yeatman, 1993을 보라.)

　포스트모던 여성주의는 차이의 언어를 명료히하는 일에 도움을 주었으며 정책 입안을 할 때 여성주의자들로 하여금 잘못된 토대주의적·본질주의적 가정들로 빠지지 않도록 경고해왔다(Riley, 1988; Scott, 1988; Alcoff, 1988; Nicholson, 1990, 특히 Fraser and Nicholson, 1990; Yeatman and Gunew, 1993; Yeatman, 1994를 보라).

　아프리카계 미국 여성들과 유색 인종의 여성들은 백인 여성들의 보편적인 주장들을 의심하게 하는 만든 인종차별주의와 식민주의의 역사를 지적한다. 데이비스(Davis, 1990)는 미국의 여성들 사이에서의 인종에 따른 구분의 역사, 즉 로드(Lorde, 1984)가 데일리(Mary Daly)에게 보내는 유명한 공개 편지에 의해서 최근에 드러난 역사를 제공하고 있다.

　수많은 사람들에 의해 촉구된 차이의 딜레마로부터 벗어나는 길은 연합을 형성하는 것이었으며 주어져 있지 않은 단일성을 만드는 것이었다. 루고네스(Lugones)와 스펠만(Spelman, 1987), 루고네스(Lugones, 1990, 1991), 스펠만(1988), 말보(Malveaux, 1990) 그리고 훅스(1984)와 같은 이론가들이 지적해 왔듯이, 이것은 공동체에 영향을 주는 이슈들에 특별히 주의해야 함을 의미하며, 젠더와 무관한(non-gender) 억압의 교차(Crenshw 1989)를 이해해야 함을 의미한다. 긴급한 관심사 중에는 어떻게 안전한 연합을 형성할 것인가의 문제들이 있다(Fraser, 1986; Young, 1990a; Jakobsen, 1995; Malveaux, 1990, Kittay(근간 예정)을 보라) 반동과 반발에서도 견디어 낼 수 있는 폭넓은 여성주의를 만드는 일은 연대와 차이의 이슈들에 관한 철학적 반성을 위한 토대를 제공할 것이며, 이론적 조망으로서 그리고 사회 운동으로서의 여성주의의 최종 시험을 만드는 일이 될 것이다.

3.3 보살핌 대 정의

사회 정책은 분배 패러다임에 의해 영향을 받게 되며 그 패러다임의 합법화는 계약론적 정의이건 공리주의적 정의이건 정의의 개념에 의존하게 된다. 정책들은 위험이나 이득에 대한 평가에 의거하여 틀이 짜여지며 요구들은 권리로 명시화된다. 여성주의 이론가들은 보살피는 자로서의 여성의 전통적인 역할에 입각한 보살핌의 윤리를 발전시켜왔다. 그리고 그들은 여성들과 관련된 활동과 도덕적 입장이 사회 정책과 사회 법이라는 공적인 영역으로 들어올 수 있는지 또한 어떻게 들어올 수 있는지를 물어 왔다. 또한 그들은 권리가 여성들이 공유하는 욕구와 이해관계를 제시하는 적합한 도구 또는 유일하게 적합한 도구라는 점에 대해 이의를 제기해 왔다. (이 책의 논문 40. "레즈비언 윤리학"을 보라.)

보살핌 윤리의 중요성을 '공적인 영역' 안으로 가져온 첫 번째 시도는 러딕(Ruddick)의 모성에 의거한 평화 정치학이다(Ruddick, 1983, 1987, 1989). 트론토(Tronto, 1993)는 보살핌 모델이 행위의 문맥과 개개인의 특수성 그리고 감정의 평가에 주목하고 있기 때문에 사회 복지 정책들에 훌륭한 지침을 제공해 준다고 제안한다. 더 나아가서, 트론토에 따르면, 보살핌은 정의보다 더 포괄적이며, 사회의 보살핌 노동 대부분을 행하고 있는 사람들 다시 말해서 혼혈 인종들과 백인 여성들을 정치 행위자들로 포함시키고 있다. 따라서 그녀는 보살핌 윤리학은 타인들의 욕구에 응답하는 학습의 전략을 제공함으로써 타자성을 다루는 데 훨씬 준비가 잘 되어 있다고 주장한다(Narayan(1995)은 '타자성'에 대한 응답으로서의 보살핌에 대해 비판적이다. 이외에도 보살핌을 사회 정책에 일반적으로 적용하는 데에 비판적 평가를 하고 있는 사람은 Brooks(1991), Dietz(1985), Katzenstein and Laitin(1987), Bassham(1992), MacKinnon(1990)이다).

세븐휴이젠(Sevenhuijsen, 1996)이 네덜란드의 건강 복지 제도의 변화들을 논의할 때 지적하고 있듯이, 의료 정책들은 여성주의적 보살핌 윤리가 참여할 수 있는 조건들이 특히 잘 갖춰진 영역이다. 건강 정책들은 보살핌의 규정(provision)과 대부분이 여자들로 이루어진 보살핌의 제공자들과 관련되어 있다. 그럼에도 불구하고 지첼(Sichel, 1989)이 의료 제도에 관한 윤리 위원회들을 연구할 때 지적했듯이 보살핌과 관련된 개념들은 의료 자원들을 할당하는 방법을 고려하는 데 사용되고 있지 않다.

특히 책임, 문맥 그리고 자아의 관계성이 권리, 원칙, 자율성과 같은 개념들과 어깨를 나란히 할 때 수많은 생식 이슈들이 보살핌 윤리에 대한 숙고를 통해 재형성되었다는 것은 중요하다. 후자의 개념들은 임신을 계획하고 있거나 생각지 못한 임신에 직면한 여성들의 상황에 적절하지 않다고 생각된다. 길리건(Gilligan, 1982a)은 임신중절에 응용되는 보살핌 윤리의 출발점이 된 인물이다(Wolf-Devine 1989, Gatens-Robinson, 1992; Colker, 1995를 보라. 보살핌을 임신중절의 허용가능성을 위한 토대로 사용하는 것에 대해 경고하는 논변에 대해서는 Tompson, 1990을 보라.) 일련의 여성주의자들은 생식술이라는 복잡한 문제들을 위해 보살핌 윤리를 사용해야 된다고 생각해 왔다.

공공 정책에 속하는 다른 수많은 이슈들은 보살핌의 윤리를 사용해왔다. 가정에서 학대를 받고 있는 여성을 위한 정당 근거로서 '보살핌의 여성적 윤리(feminine ethic of care)에 호소함으로써, 하트라인(Hartline, 1996)은 학대하는 배우자를 결과적으로 죽일 수밖에 없었던 여성을 위한 새로운 항변을 내놓고 있다. 여성주의 철학자들이 여성주의적 보살핌 윤리의 원천들을 지속적으로 탐구하고 그것을 공공 정책 논의들을 지배하고 있는 패러다임에 대한 도전으로 열어 놓을 때, 우리는 이러한 접근을 따르는 이슈들의 영역을 넓히고 사회 정책에 사용되는 보살핌과 정의의 상대적 유용성에 관한 보다 풍부한 논쟁을 볼 수 있으리라 기대한다.

4. 복지와 여성

공공 정책과 여성주의 개념에서 핵심적인 것은 시민권의 개념이다. 국가는 시민들의 행위를 통제할 어떤 권리를 갖고 있는가? 국가는 그 성원들에게 봉사해야 할 어떤 의무를 갖고 있는가? 이러한 질문들은 복지 정책들의 경우에서 특히 중요한 것들이다.

이 글에서 다루고 있는 것처럼, "여성들에 관한(about), 어떤 때는 여성들에 반하는(against)" 전쟁들인 "복지 전쟁들"(Frazer, 1987, 103면)은 부양이 필요한 어린이들이 있는 궁핍한 가족들에게 현금 지급이 종결될 때까지 16년간 미국에서 치러져 왔으며 감소되어 왔다. 중부 유럽, 스칸디아비아 반도, 호주 그리고 뉴질랜드는 복지 규정의 폭과 범위를 좁히려 하는 복지 국가의 '재구조화'에 직면하고 있다. 미국에 관해 언급하고 있는 파이번(Piven)과 크로워드(cloward, 1971)는 노동에의 욕구와 사회적 불안의 통제에 대한 대응으로 복지 규정들의 확장과 축소가 거듭되고 있다고 주장하였다. 또한 사회 정책은 특히 생존을 위해 정부에 직접적으로 의존해 있기 때문에 정부의 통제를 받지 않을 수 없는 가난한 자의 삶에 영향을 줌으로써 통제의 도구로 사용되고 있다.

미국의 복지 전쟁은 '결혼과 가족 구하기'(백인이면서 이성애주의적인 가부장적

가족으로 이해될 수 있는) '납세자의 돈 모으기' 그리고 '자립을 북돋아 주기'라는
세 가지 가치 아래에서 보수주의 세력에 의해 치러왔다. 수익자들이 거의 여성들로
이루어져 있는 복지 프로그램들은 납세 의무자들과 수익자들 양쪽에 의해 지급에
관한 자산 조사를 받게 되고, 오명을 입게 되며, 형편없는 지원을 받으며 그리고 경
멸의 대상이 된다. 비록 복지 혜택에 유색 인종 만큼이나 백인들이 참여한다 해도,
투영되는 이미지는 아프리카 출신의 미국 여성의 얼굴이다. 이와 대조적으로 남자들
이 크게 혜택을 입는 복지 프로그램들은 (가령 실업 보험, 노인 사회 안전) '기여성
프로그램들'인데, 그것들은 지급에 관한 자산 조사를 받게 되는 것이 아니라, 범위
가 보편적이며 기금이 잘 갖춰져 있으며 또한 매우 일반적이다. 이러한 프로그램들
에서 정형화된 수익자의 얼굴은 백인 남성의 얼굴이다(미국과 다른 영어권 복지 국
가에서 두 계급으로 이분화되고 젠더화된 성향에 관해서는 다음을 보라. Fraser
(1987), Fraser and Gordon(1994), Pearce(1979), 그리고 Pateman(1989c, 1992). 또한 젠
더화된 사회 노동의 성향에 대해서는 Duran(1988)을 보라).

　보조금 이중 시스템은 여성들 특히 가난한 여성들에게 규정을 범주화하는 다시
말해서 동등한 시민들로서 제 역할을 요구하는 적절한 용어들에 관해 문제 제기를
한다. 가령 권리? 자격? 필요? 이중 시스템은 또한 '독립', '일', 그리고 '가족'이라
는 강요된 가치들의 의미에 대해 그리고 정의로운 사회질서에서의 보살핌의 위치에
대해 중요한 의문들을 제기한다. 프레이저(Fraser)는 논쟁이 되는 '사회의' 토대위에
서 작동하는 욕구 해석의 중요한 틀을 제공한 반면, 다른 사람들은 여성주의적 관심
과 틀에 비추어서 복지 국가의 특별한 규정들을 검토해 왔다.

　영(Young, 1994b)은 마약 중독의 임산부와 (Bordo, 1993을 보라) '복지정책'과 같
은 복지 '개혁' 정책들에 관해 구체적인 정책을 제안하고, '세력화(empowerment)'의
수사학을 개개인들을 정치화하기 위해서라기보다는 재사화(reprivatize)하기 위해 사
용하는 것들에 대해 경고한다. 그녀는 가장 궁핍한 사람들에 대한 '복지'로부터 완
전 고용과 보장된 수입에 관한 보편적 규정들로의 담론으로 이동한다. 그 중에서도
골든(Gordon, 1994)이 주장해왔듯이, 여성주의자들은 보편적인 규정들을 위해 활동
해야 한다. 구체적으로 어린이 돌봄, 어린이들에게 현금 조력, 공무와 사적인 일에서
의 유연한 노동 시간, 의료적 돌봄, 노인이나 병자나 장애인들을 위한 돌봄 지원, 편
부나 편모 가정의 편의를 돕기 위한 생계 협정의 유연성을 위해 활동해야 한다.

　프리드만(Friedman)의 견해에 따르면, 계급에 바탕한 새로운 형태의 시장 가부장
주의의 부상에 주목하는 일 또한 중요하다. 복지 보조금의 삭감은 중산층 여성들이
선호하고 있는데, 그 이유는 값싼 가사 노동력, 다시 말해서 중산층 여성들이 가사

노동과 비가사 노동이라는 그들의 '이중 짐'을 경감시키기 위해 더 많이 지불하게 될 서비스를 제공해주기 때문이다. 그러한 발전들은 여성주의에 기반하고 있는 결속에 그릇되게 작용한다.

여성주의자들은 실제로 수많은 공적인 담론들을 변화시켜왔으며 여성과 남성 모두의 행위 변화들에 기여해왔다. 대부분의 사람들은 어머니가 집에만 있으면서 아이들과 가정에만 매달려 있을 것이라고 가정하지 않는다. 우리는 더 이상 임신을 여성들에게 우연히 들이닥친 불운으로 보지 않으며 점차적으로 임신을 여성이 책임질 수 있는 일종의 선택으로 가정한다. 이러한 적극적인 변화들은 인력 시장에 들어가 생활비를 벌기에는 너무나 가난하거나 너무 갖춘 것이 없는 여성들을 공격하는 사람들에 의해 그리고 많은 자녀들이 있으면서 공공의 도움을 받아야 하는 가난한 여성들을 '무책임한' 존재로 비방하는 사람들에 의해 부적절하게 수용되기도 했다. 다시 말해서, 여성주의자들이 성취한 실질적인 성과가 여성들 특히 가장 취약한 여성들에게 비수로 사용되기도 하는 것이다. 다른 문맥에서 잭(Zack, 1995b)은 "호랑이들은 지나친 돌봄으로 인해 하산하지 않을 수 없다"고 쓰고 있다. 우리 중 어떤 사람들을 호랑이식의 가부장에서 하산시켰던 열정은 다른 사람들을 위협적인 발톱에 훨씬 취약한 사람들로 방치할 수도 있을 것이다. 여성주의자들은 실천과 이론의 변증법에 다시 참여해야 하며 그러한 취약성을 껴안을 수 있는 공적인 정책들을 요구해야 한다.

(이혜정 역)

58. 전쟁과 평화

사라 러딕(Sara Ruddick)

여성주의자들은 오래 전부터 전쟁 문제에 개입하기를 희망해왔다. 많은 여성주의자들은 전쟁을 독특한 방법으로 여성을 위험에 빠뜨리고 시민 사회에서 여성에 대한 남성의 폭력에 기여하는 남성의 역작으로 생각한다. 어떤 여성주의자들은, 여성은 평화를 수호하는 독특한 능력을 구비하고 있다고 믿는다. 최근의 여성주의자들은 이러한 통찰들을 다듬음으로써 전쟁의 남성성, 전시의 여성의 피해 그리고 여성적 평화로움에 대한 보다 정확한 이해를 제공하고 있다. 비록 군국적 여성주의자들의 활동이 고무적이어서 주목할 만하다 할지라도, 이상과 같은 여성주의자들의 개입과 그 축척된 결과물들은 꾸준히 전쟁 행위 자체에 대해 의문을 제기해 왔으며, 또한 전쟁을 준비하고 정당화하고 또 그로 인해 고통을 받는 문화들에 대해 강력한 도전을 해왔다.

전쟁의 남성성

여성주의자들은 군대와 군대들 간의 전쟁이 '남성적'이라고 주장함으로써 출발한다. 여성주의자들은 특히 강간을 일삼고 여성 혐오적인 편협한 이성애적인 군인들에 주목한다. 군인들은 상해와 살인 그리고 때로는 강간과 성 고문을 통해 "노골적이고도 끔찍한 남성의 희열"(Wolf, 1984, 73면)을 경험한다. 여성 혐오적인 남성성은 군사 훈련, 공중변소의 낙서, 전쟁터에서 귀향한 군인들의 제스쳐와 허세 그리고 지휘자와 전략가의 거친 성적 말투 속에서 드러난다(Hartsock, 1985, 1989; Theweleit

1987, 1990, 1993 : Woolf, 1938, 1984 : Cohn, 1987, 1989, 1993 : Ruddick, 1993).

강간을 일삼는 천인공노할 행위야말로 전쟁의 남성성을 표현하는 유일하고도 특히나 역겨운 것이다. 군인들은 자신들을 동지로, 경기 선수로, 적을 무찌르는 군대의 영웅으로, 용감무쌍한 구원자로 그리고 여성들과 그 밖의 취약한 사람들을 보호하는 정의로운 전사로 생각해 왔으며 또 그렇게 생각하도록 고무된다(Hartsock, 1989 : Lloyd, 1987, 1989). 당사자나 방관자에게 있어 이러한 남성적 정체성들은 무기들과 공상적 공격의 성욕화로 총체적으로 표현된다. 수많은 문화권에서 남근은 검, 총, 또는 미사일로 상징되는 팔루스로 변형된다. 도처에 낙서되어 있는 '항문'은 강간자-군인이 그의 적을 계집애로 비하하는 [여성의] 성기를 의미하게 된다(Held, 1993 : Cohn, 1993 : Keller, 1993).

여성주의자들은 전쟁의 남성성에 초점을 맞추지만 그것을 '본성으로' 받아들이지는 않는다. 오히려 그들은 전쟁 수행의 남성성을 명기하고 설명하면서도 또한 그것의 변화를 촉구하는 설명을 제시한다. 전쟁의 남성성을 추적해서 남성의 공격성을 밝혀내는 일로 시작하는 것은 그럴듯해 보인다. 물론 남성 모두가 공격적인 것은 아니며 남성만이 유독 공격적인 것도 아니다. 그러나 여성들과는 달리 청소년기와 초기 성년기의 남성들은 공격적으로 행동하며 그러한 공격성을 즐긴다는 증거와 함께 널리 퍼진 믿음이 있다. 전쟁 수행은 상해를 입히려는 욕망과 능력 이외에도 간접적이지만 공격성과 관련된 다양한 능력들에 달려 있다. 즉 일상적인 감정과 부드러움을 살인의 욕망으로부터 분리하려는 능력, 타인의 고통에 대한 무관심, 권태에 대한 인내, 타인을 적으로 보고 또 적을 살해 가능한 타인으로 보는 능력들에 토대를 두고 있다(Griffin, 1992). 어떤 이론가들은 추상화와 분리의 능력이 '남성적'이라고 주장한다(Theweleit, 1987, 1990 : Keller, 1985 : Ruddick, 1993). 또한 전투는 사령관에 대한 집단적인 결속과 복종을 요구하며 군사주의자들이 종종 남성주의적 훈련과 남성 집단에만 부여하는 속성들을 요구한다.

남성의 다양하고 특별한 전쟁 수행 능력을 설명하기 위해서 여성주의자들은 대상관계로 알려진 정신분석학 이론의 한 형태에 의존해 왔다(Theweleit, 1987, 1990 : Hartsock, 1989 : Ruddick, 1989). 문제를 단순화시켜 볼 때 남성은 주요한 통치 체제를 소유하고 사냥이나 전쟁 또는 다른 '합법적' 공격성에 대해 책임을 지고 여성은 어린이를 돌보거나 다른 보살피는 행위들에 책임을 지는 남성주의적 사회 집단에서, 남성성은 매우 높게 평가되고 중요한 것이다. 이러한 사회에서 소년들은 자신들을 여성적이지 않은 존재로 규정하고 자신들 특유의 문화권 안에서 여성적인 것과 관련된 특징들은 평가절하 하도록 독려된다. 그들은 이러한 목적을 위해 양면적인 감

정을 가지고서 자신과 동일시해 온 남성의 권위에 복종하며, 여성을 배제하기 위해
남자들과 유대감을 갖는다. 그들은 여성의 출산에 대한 선망, 어머니의 역할을 하는
여성들에 대한 동경, 그리고 남성 특권에 대한 여성의 보복에 대한 두려움을 부정한
다. 이러한 방어 기제들은 견고하면서도 깨지기 쉽기 때문에, 소년-남성은 거듭 엄
마-타인((m)other)을 거부하고 정복해야만 한다.

　대상 관계 이론은 집단 폭력 안에 표출된 수많은 성향들, 즉 여성과 여성적이라는
꼬리표가 붙은 것들에 대한 공격성, 부정과 추상화, 남성 권위에의 복종, 형제애의
감정이 지닌 의미를 잘 알고 있다. 또한 이 이론은 전쟁이 왜 전투원으로서의 군인
의 '정상적' 적응 제어력을 방해하는지도 설명한다. 전투시 남자들은 여자와 '고향'
으로부터 멀리 떨어져 있으며 그러한 유혹들을 제어하도록 배운다. 그들은 보통 두
려움에 가득 차 있고 그들의 육체는 처참하며 공격을 받기도 한다. 이러한 상황에서
그들은 남성 권위에 종속되며 그들의 '형제애'에 의존하게 되며 그리고 타인에 대
해 증오와 상해를 가하도록 고무된다. 따라서 '정상적인' 적응 제어력이 여성 혐오
적 그리고 외부인 혐오적 증오와 성적 욕망으로 변형된다 해도 그것은 놀라운 일이
아니다(Ruddick, 1993).

　대상 관계 이론은 '남성적' 경향을 특정의 남성주의적 사회 집단과 연결시키기
때문에 그 이론이 설명하고 있는 '남성성'은 가변적이게 된다. 더 나아가서 어느 사
회에서건 개개의 남성의 (그리고 여성의) '남성성' 획득은 가족의 성별 구성, 가족
집단의 사회적 지위, 가족의 권력 관계, 학교 생활 등 그 밖의 다른 여러 요인들에
의존한다. 따라서 대상 관계 이론은 개인적·사회적 배제와 변화뿐 아니라 '정상적
인 남성성'을 설명할 수 있다.

　최근의 여성주의 이론에서의 두 번째 개념적 혁신은 젠더화된 개인에서 '젠더 담
론'으로 관심이 모아지고 있다는 점이다. '젠더 담론'은 인간의 특징들을 사유와 감
정, 정신과 육체, 대립과 화해와 같은 식으로 이분화하며, 그리고 가치있는 것으로
간주되는 첫번째 특징들은 남성성으로, 그리고 그것[남성성]에 대립하는 두 번째 특
징들을 여성성으로 조직화하는 상징적 체계이다. 일련의 영향력 있는 작품들에서 콘
(Carol Cohn, 1987, 1989, 1990, 1993)은 젠더 담론이 방위 분석가들과 전략가들의 담
론에 끼친 영향력을 기술해왔다. 대부분이 백인이면서 중산층에 속하는 방위 이론가
들의 공동체 내에서 여성성에 대한 일반화된 문화적 평가절하는 특정 전문직을 '남
성성'과 그리고 '객관적'이고 추상적인 사유 양식과 동일시함으로써 더욱 강화된다.
남성성이라는 상위를 차지하는 확고한 추상적 부정(abstract denial)이 충만해 있는
상황에서 여성 또는 남성할 것 없이 누구나 '여성적'이라고 붙여진 이해관계와 개

358

념을 표현하는 일은 그리고 여전히 그의 또는 그녀의 합법성을 주장하는 일은 매우 어려운 일이 된다. 감정이입, 화해하려는 욕망, 구체적 고통에 대한 공포, 적에 대한 관심 그리고 다른 많은 태도들은 지리멸렬하게도 '여성적'이라는 꼬리표를 달고 있기 때문에 '합리적' 논의 안으로 들어갈 수 없다.

'젠더화된 담론'과 대상 관계에 대한 정신분석학적 이론은 상보적인 것으로 볼 수 있다. 대상 관계 이론과 같이, 젠더 담론의 개념에서 정체성들은 성별, 인종, 계급 그리고 다른 사회적 특징들의 다면적 교차로 해석된다. 그리고 대상 관계에서처럼 이러한 정체성들은 고정되어 있는 것이 아니라 특수한 여건 속에서 유동되며, 환기되고, 강화되고, 그리고 옹호되는 것이다.

수많은 특수한 젠더 담론들이 있는데, 그것들은 인종, 계급, 민족, 지역, 섹슈얼리티 그리고 다른 요인들에 따라 변화하게 된다. 신생 아이티 공화국 태생의 이민자들의 젠더 담론 안에서 이상화된 남성성은 어떤 방식으로든 여섯 세대가 지난 앵글로-색슨계의 백인 개신교 사업가의 남성성과 다르며 백인-남성 방위 이론가들과 안보 분석가들의 남성성과 다르다. 남성성에 대한 하나의 해석은 남성들을 전쟁에서 싸우게 하기 위해 군대로 집결시켜 강제 복역시키는 것이며, 남성성에 대한 또 다른 해석은 전쟁에 관한 추상적인 이론가들에 의해 숙고되고 표현되는 것이다(Cohn, 1993, 230면).

'젠더화된 담론'은 남성, 여성, 개념 그리고 정서에서 어떻게 남성적인 것은 합법적이며 여성적인 것은 경멸적인 것으로 위치지어 지는지를 보여주며, 따라서 남성과 여성이 '다르지만' 신뢰할 수 있는 '목소리'로 사유하는 것을 어렵게 만드는 체제에 의해 어떻게 제약을 받는지를 설명한다. 대상 관계 이론은 남성적 입장에 그리고 남성들이 필요로 하고 정당화하는 태도와 인지 양식에 여성보다도 남성이 왜 더 많이 끌리고 그리고 왜 다르게 끌리는지를 설명해 준다.

여성성의 네 가지 특징

전쟁의 남성성은 충직한 여성성의 신화와 파트너가 된다. 여성적 충신들은 전사자를 위해 눈물을 흘리고 전사자의 귀향을 기도하는 나라의 어머니들이다. 때때로 그들 역시 적에 대한 증오뿐만 아니라 애국심으로 불타있었으며 싸우지 못하는 '겁쟁이들'을 호되게 비난하기도 한다. 그들은 '여성적' 전쟁 활동, 가령 사회 용역이나 간호를 수행한다. 영화와 전설에서 적어도 여군(durns)들은 여성 혐오적인 군인들과는 대조적으로 병적인 남성 애호가들이다. 그들은 '우리의' 영웅들을 에로틱화하고, '우리의' 정의로운 전사들을 기념하며, '우리의' 소년 모험을 점잖게 환호한다. 그들은 '우리 군대'의 약탈 행위와 태도를 숨기거나 부정함으로써 공격적·약탈적 행위를 남성 적군에게만 돌린다(가령 Elshtain, 1987; Ruddick, 1993).

여성주의자들은 '여성적' 충신들에 대해 복잡한 태도를 취한다. 그들은 전쟁 행위에서의 여성의 공헌과 전쟁이 여성들에게 제공하는 실질적인 이득—고용, 새로운 지식의 종류들, 모험—과 손실을 그 증거로 제공한다. 그들은 특히—'해외' 원정 전쟁을 치르는 나라들에서 공통적인—여성은 안전하지만 군인은 위태롭다는 생각에 도전한다. 다른 한편으로 군사적 여성성이 전쟁을 쉽게 받아들일 수 있는 사건으로 만드는 한에서 반군국주의자들은 그것을 애통해 한다. 더 나아가서 여성주의자들은 애국심에 불타는 필체로 젠더 역할을 법률화하는 여성들을 비판한다.

이와 대조적으로 반군사주의적 여성주의자들조차 두 번째 반(反) '여성적' 특징에, 즉 전쟁에 참여하지만 전쟁의 젠더 구분에는 이의를 제기하는 여군들에 감탄하는 경향이 있다. 혁명적인 전쟁이나 식민지 반대 전쟁에서 여성들은 전투원들과 싸우고 지휘해왔다. 미국과 같은 군 체제가 완비된 국가에서, 여성들은 병역 전반에 깔린 차별적 정책들을 거부하며 전투에 뛰어들 권리와 능력을 강력하게 주장한다(Segal, 1982; Enloe, 1988; Stiehm, 1989). 어떤 레즈비언 여군들은 미군의 특징을 이루면서 젠더 공포와 방어력을 강화시키는 이성애적 편협성과 미신적 태도에 도전하기 위해 선두에 선다(Cammermeyer, 1994).

전쟁의 여성성과 대비되는 친숙한 세 번째 특징은 여성을 전쟁의 고통을 상징화하는 전쟁 희생자로 보는 것이다. 일상적인 전쟁의 모습은 정복된 여성들이나 적의 여성들에 대한 강간과 노예화이다. 전쟁 전후에 여성들은 점령군에게 노동과 육체로 '봉사하며' 생존자들이 득실거리는 피난 '캠프'에서 압도적인 수를 차지한다. '여성의 활동'—어머니의 역할, 음식 장만, 보호, 병자와 노인 시중, 가족 부양—은 전쟁으로 인해 위태로워진다. 따라서 여성의 눈과 삶을 통해서 누구나 남녀노소를 불문하고 관계와 육체에 전쟁이 가한 파괴 행위를 볼 수 있다(가령 Ruddick, 1989).

여성성의 네 번째 특징인 '평화'의 여성은 여성주의적 소망과 역사 속에서 끊임없이 출몰한다. 최근의 여성주의 윤리학자들은 '여성적'으로 위치지어지고 남성보다 여성에게 더 잘 나타나는 특징인 '평화로움'에 대해 풍부한 기술을 해왔다. '여성적 평화로움'은 가령 가설적 관계보다는 실제적 관계에 더 주의를 기울이고, 통찰력의 원천과 시금석으로 정서를 더 신뢰하며, 그리고 증명보다는 효과적인 대화에 관계하는 추론 양식에서 드러난다(가령 Held, 1993 ; Walker, 1992 ; Ruddick, 1993). 철학자들에 의해 다르게 기술될지라도 이러한 추론 방법은, 정당한 전쟁 이론가들과 현실주의적 전략가들이 추상적으로 추론하고, 경쟁적으로 논박하고, 정서를 의심하고, 예리한 규정과 개개의 증명에 큰 가치를 두는 성향들과 대조를 이룬다(Peach, 1996).

이러한 추론 방식들은 그와 관련된 도덕적 능력들과 엉켜 있다. 그 중 하나의 능력은 우정을 지키려는 능력, 다시 말해서 집단적 유대감이나 개인주의적인 자기 이익과는 대조적으로 자아뿐 아니라 타자까지도 기꺼이 보호하겠다는 인간 관계를 유지하려는 능력이다(Bar On, 1996). 또 다른 능력은 '육화된 의도성에 대한 존중'(respect for embodied willfulness)이며, 그것은 군사주의와는 명확한 대조를 이루는 것으로써 타인들에게 실제로 고통스런 상해를 입히거나 해를 주겠다는 위협으로 타인들을 통제하는 것이 아니다(Ruddick, 1993).

여성주의자들은 '여성적' 평화로움에 대한 미묘한 차이를 기술하는 것 이외에도 여성의 능력 즉 여성성의 규범들이 정치적 평화로움을 효과적으로 가져올 수도 있는 능력을 쇠퇴시키는 방식들을 설명한다. 어떤 무능력들은 심리적인 것이다. 여성성의 규범들은 그것들에 지배받고 있는 여성들에게서 널리 퍼져 있는 수치심, 지나친 신뢰, 자기 상실, 그리고 집단적 의지에 저항하려는 능력을 쇠퇴시키는 또 다른 성향들을 만들어 낸다. 이러한 '결점들'은 평화로움의 '덕들'과 엉켜 있다. 억압된 여성들은 분개하는 '감정들을 다스리는' 법을, 그리고 협상과 비폭력적 항의에는 유용하지만 확신에 찬 노여움을 표현하지는 못하게 하는 학습된 억제력을 배운다. 여성들은 종종 그들의 노여움을 무능과 통제력 상실의 표시로 경험한다(특히 Campbell, 1993). 이것은 폭력의 효력을 지나치게 신뢰하여 노여움과 공격을 지배의 수단이자 표현으로 경험하는 소위 남성의 성향과는 대조를 이룬다. 다른 한편으로 비폭력적인 저항은 사람들이 필요로 하는 것을 얻기 위해 그리고 타인과 자신에게 해를 입히지 않으면서 사람들이 사랑하는 것을 보호하기 위해 **투쟁**을 요구한다. 그리고 이것은 증오와 폭력으로부터 노여움과 공격성을 구별할 것을 요구한다. 마지막으로 그리고 더 일반적으로 말하자면, 사적인 보살핌의 덕들과 인식론들을 공적인 형태로 그리고 정치적 형태로 번역하는 것은 쉬운 일이 아니다. 예컨대, 감정이입의 능력은 주시할 대상이 아닌 사람들에 대해서도 맹목적이게 하며, 자기 자신에 대한 보살핌의 헌신은 '외부인들'을 위협하는 공포를 가중시킨다. 친밀한 관계에 있는 사람들에 대한 습관적인 관심은 제국주의적인 거만한 태도를 지니고서 우리와는 전혀 다른 궁핍한 낯선 사람들에 대한 주제넘은 관심으로 확장될 수도 있다.

'여성적' 평화로움의 덕들 안에 있는 난제들과 딜레마들을 명료히 함으로써 여성주의자들은 개입의 기회를 찾는다. 여성주의적 의식과 정치학은 변화를 이끄는 동인들이다. 여성주의의 비판적이고 저항적인 정신은 자신의 판단을 신뢰하지 못하고 가족과 조국에 대해 무조건 복종하는 여성들에게 변혁적 영향을 미칠 수 있다. 또한 파괴와 파멸을 초래하는 정부의 정책들에 창조적으로 그리고 용맹스럽게 저항하는 여성 운동이야말로 변혁적인 운동이다. 평화에 대한 '여성적' 목소리는 거의 항상 공공 정책들에 반대하는 목소리를 내왔다. 평화의 여성들은 조롱과 추방에 직면해왔다. 아르헨티나의 어머니들과 칠레의 여성들, 케냐의 그린벨트 운동, 영국의 그린햄 코먼 여성들, 평화를 위한 미국의 여성 파업, 이스라엘에서의 흑인 여성 집단들은 지난 몇십 년 동안 강건한 여성적 평화로움을 표현해 왔던, 성난 불복종 여성 집단들의 극히 일부분일 뿐이다(Harris and King 1989, Jetter et al. 1997를 보라).

전쟁을 문제 삼다

여성주의자들은 전통적으로 철학자들이 몰두해온 다음의 질문에 서서히 관심을 갖게 되었다. 의도적·집단적으로 상해를 입히고 살해하는 전쟁이 어떻게 정당화될 수 있는가? 여성주의자들의 글쓰기는 보통 현실주의로부터 평화주의로의 연속성(Cady, 1989) 위에 위치해 있다. 그러나 주목할 만한 차이점은 전쟁에 대한 도덕적 문제들을 고려하길 거부하는 여성주의적 '현실주의'는 그것의 철학적 반대편과는 달리 반군사주의적이라는 점이다. (가령 Tickner, 1992를 보라.)

여성주의자들은 종종 전쟁과 테러의 공포에 대한 정확한 설명을 발전시켜 왔지만, (가령 Bar-On, 1991) 기존의 현실주의자들과 같이, 정당화할 수 있는 전쟁들이나 덜 정당화되는 전쟁들 또는 정당한 전투 방식들과 같은 구별을 거부해 왔다. 이러한 거부에 대한 역사적 설명과 준-개념적 근거들이 있다.

제2차세계대전 종료로부터 적어도 1989년까지, 유럽과 미국의 여성주의자들이 전쟁과 평화에 대해 사유하게 된 동기는 핵전쟁의 공포와 '군사적-산업적-지적' 복합체에 대한 혐오 때문이다. 일단 인류의 생명을 위태롭게 했던 '전쟁'을 염두에 둔다면, 평화에 대한 '여성적' 목소리는 핵무기적 사유(nuclear thinking)와는 정반대되는 것으로 제시될 수 있으며, 여성의 고통의 이미지들은 거센 항의를 자아내며, 핵무기와 핵 분석의 '남성성'의 폭로는 위험할 뿐만 아니라 생태적·경제적·사회적으로 재앙이 되는 전쟁 체제를 의심하게 만든다. 문학에 조예가 깊은 여성주의자들은 '이성을 상실한' 전쟁, 특히 정당한 명분에 의문을 제기하지 못했던 1914~18년 사이의 유럽 전쟁 이외에도 핵전쟁에 초점을 두었다.

또한 유럽과 미국의 여성주의자들은 그들과 수많은 사람들에게 논쟁이 필요없을 정도로 명백하게 부정의한 전쟁 특히 베트남전과 같은 전쟁의 젠더화된 양상에 초점을 맞추었다. 핵전쟁과 이성을 상실한 전쟁들과 같이 명백히 부정의한 전쟁들은 전쟁 그 자체에 대한 비판을 쉽게 허용한다. 많은 여성들이 정당한 명분을 갖고 있는 것으로 보이는 혁명군과 식민지반군에 참가했다는 것은 확실하다. 유럽과 미국의 수많은 여성주의자들은 그러한 여성들과 그 여성들의 명분에 갈채를 보냈다. 그러나 여성주의자들은 비폭력적인 저항과 혁명과는 정반대되는 폭력적인 군사적 행위의 상대적 공과들에 대해서는 충분히 논의하지 못했다. 또한 그들은 적의 잔혹성을 공론화하고 여성에 대한 강간과 학대를 전쟁 범죄로 선언하는 일 이외에도 정당한 전투 방식과 부당한 전투 방식을 구별하지 못했다.

전쟁의 도덕적 물음에 대한 여성주의적 거부의 근거가 될 수 있는 전쟁에 대한 두 가지 개념들이 있다. 첫째 여성주의적 글쓰기의 핵심을 이루는 신조는 전쟁은 삽화로 이루어진, 즉 위협, 침입, 전투 그리고 정전의 문제가 아니라 특별히 가부장적 이데올로기를 초래하는 문화의 체계적 표현이라는 것이다. 울프(Virginia Woolf)의 말을 풀이해 보면 군사적 세계와 시민 세계는 분리될 수 없을 만큼 연결되어 있다. 군사적 세계가 지닌 폭정, 노예상태, 정복, 굴욕감은 시민 세계의 구조와 경험을 반영한다. 사람들은 폭력을 증오하는 것을 배우는 것이 아니라 소유물을 획득하고 경제적·인종적 그리고 성적 폭력을 통해서 권력의 정당성을 확보하기 위해 폭력을 사용하는 법을 배워왔다(Woolf, 1938; Cock, 1991).

전쟁 문화의 개념은 전투에 대한 관심으로부터 학살자와 피학살자 모두에게 내재해 있는 폭력에의 욕망에 불을 지피는 시민 학살로 관심을 돌린다. 그것은 전투의 무기와 파괴가—상해, 기근, 고향상실, 혼돈, 절망— '평화' 시기에도 존재하는 '전쟁지대'를 확인한다. 그것은 질서 안에 숨겨진 폭력들 다시 말해서 군사력과 경제력이 수많은 여성들의 육체와 노동의 약탈과 결합해 있는 전 지구적 질서 안에 숨겨진 폭력들을 찾아낸다(Enloe, 1989, 1993). 전쟁 문화의 개념은 또한 희망적인 개념이기도 하다. 만약 전쟁이 우리를 잠시 방문한 것이 아니라 우리 안에 그리고 우리 사이에 존재하는 것이라면 우리는 우리 자신과 우리 사회를 바꿈으로써 전쟁을 예방할 수 있을 것이다.

또한 반군사주의적 소설과 시에 정통해 있는 여성주의적 글쓰기는 암묵적으로 전쟁을 비현실적인 것으로 전쟁 언어를 폭로를 요구하는 소설로 간주하는 이해 방식을 사용하고 있다. 이러한 견해에 관한 스캐리(Elaine Scarry)의 영향력있는 정식화를 통해 볼 때(1985), 전쟁의 핵심적인 사업은 적대자들에게 '과도한 상해를 입힘'

으로써 자신의 의지를 관철시키는 것이다. 상해를 주는 활동은 피에 대한 갈망, 잔혹성, 충성심과 용기의 덕들에 드리워진 복수심에의 욕망을 불러일으키지 않을 수 없다(Weil, 1977b). 더 일반적으로 말하자면 과도하게 상해를 주는 집단의 능력은 정의나 다른 도덕적 우월성 안에 개념적으로나 도덕적으로나 결코 안착하지 못한다. 오직 무장하고 전략을 짜는 탈도덕적 능력들만이 승자나 패자를 결정한다. 그리고 우연만이 좋은 군대와 군인으로부터 나쁜 군대와 군인을 분리시키며 동료로부터 적을 분리시킨다(Weil, 1977b). 승리 그 자체는 고통과 승리의 덧없음을 고려해 넣지 않는 환상일 뿐이다(특히 Scarry, 1985; Weil, 1977a, 1977b를 보라.).

과단한 무장 공격이나 폭력적으로 싸우는 적대국들 간의 예민한 도덕적 '불균형'에 직면할 때 폭력에 대한 공명정대한 거부는 의심스러운 것이 된다. 전쟁이 더 이상 인류를 전멸시킨다거나 이성을 상실한 사건으로 보이지 않지만, 군사적 충돌이 매우 도덕적 의미를 지닐 때—가령 이스라엘과 팔레스타인—또는 야만적 공격이나 학살이 '인도주의적 중재'를 요청하는 것처럼 보일 때—가령 르완다, 부룬디, 아이티, 그리고 보스니아—여성주의자들은 군사적 행위를 정당화하기 위해 정당한 전쟁 이론으로 돌아갈 것이다. 간단히 말해서, 정당한 전쟁 이론가들은 비폭력적 협상이 공격을 멈추게 하지도 학살을 예방하지도 못할 때 '마지막 수단'으로서 집단적 폭력이 정당화된다고 생각한다. 특정 사례에서 우리에게 부여되는 것은 명분의 정당성과 전투 방법들의 정당성 그리고 이득과 지속되는 고통 간의 '비례성'을 도덕적으로 평가하는 것이다(Cady, 1989; Elshtain, 1992; Peach, 1996).

여성주의자들은 정당한 전쟁에 거의 주의를 기울이지 않았으며 설령 관심을 가졌다 해도 정당한 전쟁에 대해 비판적이었다(Elshtain, 1985, 1987; Segers, 1985; Ruddick, 1993; see Peach, 1996). '여성적' 평화로움에 대한 인지적 경향과 태도에 고무된 여성주의자들은 정당한 전쟁 이론가들이 점유하는 정당성의 한계선을 비판해 왔으며 국가에 대한 맹목적 복종을 문제삼아 왔다. 또한 그 이론의 핵심이랄 수 있는 추상화의 배열을—전쟁/평화, 군인/민간인, 살인마 적/자비의 대상—의심해 왔다. 그 대신 그들은 전쟁을 유발시키는 문화들에 주의를 기울였으며, 공식적인 전투 전후에 일어나는 폭력의 이득과 대가에 대해, 그리고 테러와 위협이 가하는 심리적·사회적 손상뿐 아니라 도덕적 손상들에 대해 총체적이고도 구체적이며 정확한 평가를 해왔다. 전쟁의 대가를 제대로 평가하면 할수록 그리고 전쟁의 명분에 대해 더욱 더 회의적으로 됨에 따라, 그들은 서서히 비폭력의 가능성을 포기하거나 '마지막 수단'이라는 군사 책략가들의 판단을 받아들이게 된다. 이러 저러한 비판들에도 불구하고, 어떤 여성주의자들은 근본적으로 개정된 정당한 전쟁 이론을 지지해왔다

(가령 Elshtain, 1992 ; Peach, 1996).

　냉전에서 오늘날에 이르기까지, 어떤 여성주의자들은 자신들을 전쟁은 원칙적으로 정당화될 수 없다고 생각하는 평화주의자들로 간주해왔다(Deming, 1984 ; Brock-Utne, 1985 ; Reardon, 1985을 보라). 다른 여성주의자들은 특정한 여건들 앞에서는 원칙적으로 전쟁을 비난하지 않지만 전쟁의 정당화는 언제나 거부한다(Bell, 1993 ; Noddings, 1989 ; Ruddick, 1989). 여성주의적 평화주의는 주류를 형성해 온 반대 개념들과 두 가지 방식에서 구별되기도 한다. 반군사주의적 현실주의자들과 마찬가지로 여성주의적 평화주의자들은 평화와 전쟁을 일관성 있고 체계적인 문화의 표현으로 생각하는 경향이 있다. 따라서 그들은 '삶의 방식으로서의 비폭력'을 그려보고, 동물 특히 자연과 천연자원의 지배뿐만 아니라 인종, 계급, 그리고 성 지배의 일반적 체계들까지도 근절시키려 한다(가령, Warren, 1994 ; Warren and Cady, 1996). 두 번째, 데밍(Barbara Deming)과 같은 실천적 평화주의자들은 전쟁을 추상적으로 비난하거나 추상적인 평화주의를 옹호하는 데 관심을 쏟는 것이 아니라, 효과적인 비폭력의 가능성들을 역설하고 비폭력적인 저항과 협상의 실천들을 개발하는 데 관심을 모은다.

　대다수의 여성주의자들은 드라마틱하고 스펙터클한 비폭력적 항의들을 개발해 왔다. 이러한 여성들의 항의들은 독특한 특징들을 드러낸다(Harris and King, 1989 ; Ruddick, 1997 ; Jetter et al., 1997). 공과 사의 구별을 거부하는 보편적인 여성주의와 의견이 일치하는 여성 항의자들은 여성의 몸과 여성의 보살핌 노동의 산물들을 공적인 공간으로 상징을 통해서 그리고 실제로 가져온다. 이 산물들은 이전에는 공적인 공간에서 결코 그 중요성을 인정받지 못했다. 이러한 목적을 실현하기 위해 여성들은 아기 기저귀와 어린이들이 그린 그림들을 미사일 기지에 진열한다(Kirk, 1993a, 1993b). 아르헨티나의 어머니들은 실종된 어린이들의 사진을 목에 걸고 주요 건물과 사무실들이 있는 광장으로 나아간다(Ruddick, 1989 ; Elshtain and Tobias, 1990). 여성의 항의들은 일반적으로 의례적이며 때때로 축제의 측면이 있다. 끈적거리는 손을 지닌 체포 군인들이 '테디 베어의 피크닉'에서 발견될 수 있도록 그램햄 커먼의 여성들은 미사일 기지에 오르기 전에 자신의 몸에 꿀을 바른다. 케냐의 여성들은 나체로 거리를 활보하면서 군인들을 성적으로 조롱한다. 아바의 여성들은 조롱하고 자극을 주기 위해 자신들의 몸을 사용함으로써—나체 시위, 월경, 섹슈얼리티—권위에 도전했다(Ruddick, 1997).

　여성주의적 이론가들은 또한 '드라마틱하지 않는' 비폭력의 일상적 표현에 초점을 맞추어 왔다. 어떤 여성주의자들은 인간의 야수성을 부정하는 것은 아니지만, 연결이 보다 근본적이며 폭력은 불가피하지 않다고 주장하는 인간 본성에 대한 설명을 제안한다(가령 Noddings, 1989; Held, 1993; Ruddick, 1989). 다른 여성주의자들은 비폭력의 자원을 특정 종류의 관계—우정(Bar-On, 1996), 보살피는 행위(Gilligan, 1982a; Noddings, 1989; Ruddick, 1993)—또는 비폭력의 모성적 실천들 안에서 확인한다(Ruddick, 1989). 일상적인 비폭력을 옹호해 온 이러한 이론가들은 보살핌의 여성주의 윤리학에 의존하며 또한 그것에 공헌한다.

결론: 전쟁에 대한 여성주의 사유의 미래

전쟁과 젠더와의 관계에 대한 여성주의적 연구는 역사적으로 진부한 주제가 아니었다. 전쟁의 남성성의 여러 형태들과 조화를 이루는 여성주의자들은 교실이나 명예 또는 영웅적 구출과 관련된 방식들에 주목하는 자세를 취하면서도, 용납될 수 없는 공격에 대한 군사적 대응 방식의 고려에 대해서는 왜곡시키고 있다. 가장 정당한 전쟁들 속에서도 여성주의자들은 보호자와 피보호자 관계의 남성성을 가장 부각시키고 남성성을 정당한 구출과 방어라는 덜 남성주의적인 개념들로 대체하려 한다. 비록 젠더 정체성의 개념이 유동적이고 변화하는 다양한 정체성의 개념들로 바뀐다 해도, 수많은 집단 행동들은 여전히 여성의 앎의 방식과 평화를 상상하게 만드는 여성성의 상징에 의존한 것이다.

전쟁과 평화를 연결된 체계적인 문화의 표현으로 이해하는 일은 여성주의적 탐구와 점차 증가하고 있는 평화 연구를 규정하는 일이 될 것이다. 여성주의자들은 이러한 연결관계들을 강박적이지 않으면서 특히 젠더와 관계되는 방식으로 다듬을 수 있다. 한 가지 예를 들자면 복잡하고, 다양한 그리고 여전히 젠더화된 정체성에 대한 후기구조주의와 여성주의적 정신분석학적 연구들은 전쟁, 국가 그리고 젠더의 문화적 환상들간의 새로운 연결 관계를 그리고 있다. 이러한 연구들은 조직화된 폭력에 불을 지피고 취약한 사람들을 착취하거나 적어도 그 사람들의 최소한의 생존에는 치명적이랄 정도로 무관심한 민족주의와 인종주의를 이해하는 데 기여할 것이다.

전쟁 문화 작업을 다듬는 두 번째 방책은 전쟁 무기에 관한 이야기들을 반성하는 것이다. 한 가지만 예를 들어 보자면 어떤 여성주의자들은 '가벼운 무기들' — '노새에 실어 산을 넘을' 정도로 충분히 '가벼운' 무기들—가령, 스팅어 미사일, AK 47과 같은 공격용 소총, 기관총, 수류탄 또는 작은 폭발물들의 이동 흔적을 추적해 본다. 이러한 무기들은 쉽게 사고 팔 수 있는 국가적 탐욕의 충족수단들이지만 국가의 통제를 거의 받지 않는다. 그것들은 저장 수명이 길며 쉽게 이동시킬 수 있기 때문에 적이나 심지어 자국의 시민들에게도 향할 수 있으며 고향에서 거래되거나 고향으로 가져올 수도 있다. 그 무기들은 이동과 거래를 통해서 여러 나라들과 가까운 유색 인종들에게로 수출되기도 한다. 여성들은 '어린 병사들'처럼 그 무기들을 휴대할 수 있지만 권력의 젠더 관계를 반성하고 구체화하면서 그것들을 단지 남자들의 소유물로 두려고 한다. 이렇듯 여성들의 이야기들은 여성주의자들이 주장하는 군사적 폭력, 경제적 탐욕, 그리고 인종적 착취 간의, 사적인 폭력과 공적인 폭력 간의, 전쟁의 공포와 가정의 공포 간의 연결관계를 상징할 수 있다.

마지막으로, 전투를 벌이는 여성과 남성은 또한 본국 출신이며 때때로 본국으로 되돌아가기도 한다. 그들은 자신들이 수행한 전쟁들에 의해 형성되고 변화되는 평화의 상징들이다. 어떤 여성주의자들은 정당화된 전쟁을 지지하고 수많은 나라의 다수의 여성들이 전투 부대에 입대하는 것처럼, 수많은 형태의 탄압에 정통해 있는 여성주의자들은 징집, 양심에 따른 불복종, 군인들이 복종하고 있는 이성애적으로 편향된 군 법규의 의미, 전투에서의 모든 용병 부대를 계급과 인종에 따라 배치하는 부당성, 그리고 폭력의 환경 속에서 정체성이 형성되는 '어린 병사들'의 강화 훈련에 대해 심각하게 생각할 것이다. 군사적 행동을 지원하는 사람은 누구나 전쟁에서 신체적으로는 가장 안전할지도 모르지만 심리적·도덕적으로 위험한 조건들에 노출되게 될 것이다. 이러한 시도의 성공을 위해서 중요한 일은 전쟁의 약탈적인 '남성성'의 치명적 표현들을 추방하고 젠더와 양성을 포괄하는 군대를 창출하는 것이다.

내가 인용하고 있는 각각의 사례들─전쟁의 정체성들을 연구하고, 전쟁 무기를 추적해 보고, 그 군대들을 돌보는─에서, 여성주의자들은 반군사주의적 현실주의로부터 "폭력 속에서도 윤리를 다시 생각하는" 대안적인 도덕적 언어로 이동하고 있다(Bell, 1993). 이러한 언어는 때때로 정당한 전쟁이나 평화주의 이론에 의존하지만, 정의와 보살핌에 대한 여성주의 윤리학에 더 자주 의존한다. 그 언어의 개인적·철학적 전거가 무엇이든 그 언어는 "전투의 환상과 추상화의 습관들 속에 우리를 안치시키고, 폭력을 행사해서 사람을 죽이고 또 다시 죽이는 것에 대해 통렬한 후회를 느끼지" 못하게 하며(Weil, 1977b; 177면), '평화'의 화해와 협력을 상상할 수 없게 하는 젠더 정체성과 '젠더 담론'(Cohn, 1993)에 의해 구속되지 않는 언어일 것이다.

(이혜정 역)

감사의 말

이 책은 많은 사람들의 도움 없이는 나올 수 없었다. 물론 대부분이 저명한 학자들인 이 책의 필자들은 예외 없이 우리가 요구하는 지침을 따르는 일에 놀라울 정도로 협력하였고 아주 가치있는 논문들을 제공하였다. 더불어 우리는 주제의 범주나 필자들을 소개했거나 혹은 우리가 평가할 준비가 되어 있지 않았던 논문들에 대해 우리에게 전문가적 조언을 주었던 모든 사람들에게 심심한 감사를 표한다. 그들은 싱얀 지앙(Xinyan Jiang), 사프로 쾀(Safro Kwame), 우마 나라얀(Uma Narayan), 린다 니콜슨(Linda Nicholson), 샐리 시즈윅(Sally Sedgwick), 낸시 투아나(Nancy Tuana), 앨리슨 와일리(Alison Wylie) 그리고 리 준 유안(Li Jun Yuan)이다. 연구 지원에 있어 우리는 볼더 소재 콜로라도 대학교 여성학과에 감사한다. 크리스찬 후놀드(Christian Hunold)는 번역과 편집을 하는 데 많은 도움을 주었고, 방대한 참고문헌과 자질구레한 행정적 일처리를 도맡아 해준 에이미 케인(Amy Kane)에게도 고마움을 표한다. 블랙웰 출판사에서 이 기획을 처음 제안했던 스테판 체임버스(Stephan Chambers)와 그에게 이 일을 인계받았던 스티븐 스미스(Steven Smith)와 대부분의 행정적 일을 처리해 주었던 메리 리소(Mary Riso) 그리고 오랫동안 수고해준 편집자인 주아니타 벌로우(Juanita Bullough)에게 감사한다. 마지막으로 이전에 했던 많은 기획들에서처럼 이번에도 우리를 지지해준 우리의 동반자들인 데이비드 알렉산더(David Alexander)와 데이비드 재거(David Jaggar), 그리고 이 일이 힘에 부칠 때마다 이것을 제대로 할 수 있도록 용기를 준 우리의 아이들인 모건 알렉산더-영(Morgen Alexander-Young)과 딜란 재거(Dylan Jaggar)에게 항상 그렇듯이 고마움을 전한다.

Bibliography

Abrams, K.: "Gender discrimination and the transformation of workplace norms," *Vanderbilt Law Review*, 42 (1989), 1183–1248.

——: "Ideology and women's choices," *Georgia Law Review*, 24 (1990), 761–801.

——: "Hearing the call of stories," *California Law Review*, 79 (1991), 971–1052.

——: "Title VII and the complex female subject," *Michigan Law Review*, 92 (1994), 2479–540.

——: "Sex wars redux: agency and coercion in feminist legal theory," *Columbia Law Review*, 95 (1995a), 304–76.

——: "The reasonable woman: sense and sensibility in sexual harassment law," *Dissent*, 42: 1 (1995b), 48–54.

Abu Zahrah, M.: *Al-Ahwal al-Shakhsiyah* (Cairo: Dar al-Fikr al-Arabi, 1957).

Adams, C. J.: *The Sexual Politics of Meat: A Feminist Vegetarian Critical Theory* (New York: Continuum, 1990).

——: "Ecofeminism and the eating of animals," *Hypatia*, 6: 1 (1991), 125–45.

——: *Ecofeminism and the Sacred* (New York: Continuum, 1993a).

——: "The feminist traffic in animals," *Ecofeminism: Women, Animals, and Nature*, ed. G. Gaard (Philadelphia, PA: Temple University Press, 1993b), pp. 195–218.

——: "Comment on George's 'Should feminists be vegetarians?'," *Signs* (Autumn 1995), 221–9.

Addams, J.: *Democracy and Social Ethics* [1902] (Cambridge, MA: Belknap Press of Harvard University Press, 1964).

——: *Twenty Years at Hull House* [1938] (New York: Macmillan, 1981).

Addelson, K. P.: "The man of professional wisdom," *Discovering Reality: Feminist Perspectives on Epistemology, Metaphysics, Methodology, and Philosophy of Science*, ed. S. Harding and M. Hintikka (Boston: D. Reidel, 1983).

——: *Impure Thoughts: Essays on Philosophy, Feminism, and Ethics* (Philadelphia: Temple University Press, 1991b).

——: "Knowers/doers and their moral problems," *Feminist Epistemologies*, ed. L. Alcoff and E. Potter (New York: Routledge, 1993).

——: *Moral Passages* (New York: Routledge, 1994a).

——: "Feminist philosophy and the women's movement," *Hypatia*, 9: 3 (1994b), 216–24.

——, Ackelsberg, M., and Pyne, S.: "Anarchism and feminism," *Impure Thoughts: Essays on Philosophy, Feminism, and Ethics*, ed. K.P. Addelson (Philadelphia, PA: Temple University Press, 1991).

——, and Potter, E.: "Making knowledge," *(En) Gendering Knowledge: Feminists in Academe*, ed. J. E. Harman and E. Messer-Davidow (Knoxville: University of Tennessee Press, 1991a).

Adelman, P.: *Miriam's Well: Rituals for Jewish Women Around the Year* (Fresh Meadows, NY: Biblio Press, 1986).

Adler, R.: "The Jew who wasn't there: Halakah and the Jewish woman," *Davka* (Summer 1971).

——: "Tum'ah and Tahara: ends and beginnings," *The Jewish Catalog*, ed. M. Strassfeld, S. Strassfeld, and R. Siegal (Philadelphia, PA: Temple University Press, 1973).

——: "Feminist folktales of justice: Robert Cover as a resource for the renewal of Halakah," *Conservative Judaism*, 45 (1993).

——: *Engendering Judaism: Inclusive Ethics and Theology* (Philadelphia, PA: Jewish Publication Society, 1997).

Agarwal, B.: "Gender and the environment: lessons from India," *Proceedings of the International Conference on Women and Biodiversity*, ed. L. Borkenhagen and J. Abramovitz, 1992.

Ahmad, A.: *Islam Main Aurat Ka Maqaam* (Pakistan: Markazi Anjuman Khaddam al Quran, 1984).

Akerkar, S.: "Theory and practice of women's movement in India," *Economic and Political Weekly* (April 29, 1995).

Albert, M., and Hahnel, R.: *UnOrthodox Marxism: An Essay on Capitalism, Socialism and Revolution* (Boston: South End Press, 1978).

——: *Socialism Today and Tomorrow* (Boston: South End Press, 1981).

——: *Looking Forward: Participatory Democracy in the Year 2000* (Boston: South End Press, 1991).

Alcoff, L.: "Cultural feminism versus post-structuralism: the identity crisis in feminist theory," *Signs*, 13: 3 (1988), 405–36.

——: "Justifying feminism social science," *Feminism and Science*, ed. N. Tuana (Bloomington: Indiana University Press, 1989).

——, and Potter, E., eds.: *Feminist Epistemologies* (New York: Routledge, 1993).

Alexander, W. M.: "Philosophers have avoided sex," *The Philosophy of Sex: Contemporary Readings*, ed. A. Soble (Savage, MD: Rowan and Littlefield, 1991), pp. 3–20.

Allen, A.: "Privacy, private choice and social contract theory," *Cincinnati Law Review*, 56: 401 (1987).

——: *Uneasy Access: Privacy for Women in a Free Society* (Totowa, NJ: Rowman and Littlefield, 1988).

——: "Surrogacy, slavery and the ownership of life," *Harvard Law Journal*, 13 (1990), 139–49.

——: "The black surrogate mother," *Harvard Blackletter Journal*, 8 (1991), 17–31.

——: "The role model argument and faculty diversity', *Philosophical Forum*, XXIV: 1–3 (1992/3), 267–81.

——: "Privacy in health care," *Encyclopedia of Bioethics*, ed. W. Reich (New York: Macmillan, 1995a), pp. 2064–73.

——: "The proposed equal protection fix for abortion law: reflections on citizenship, gender, and the Constitution," *Harvard Journal of Law and Public Policy*, 18 (1995b), 419– 55.

——: "Constitutional privacy," *A Companion to Philosophy of Law and Legal Theory*, ed. D. Patterson (Oxford: Blackwell, 1996a), pp. 139–55.

——: "The jurispolitics of privacy," *Reconstructing Political Theory*, ed. U. Narayan and M. Shanley (Cambridge: Polity Press, 1996b).

——: "Genetic privacy: emerging concepts and values," *Genetic Secrets*, ed. M. Rothstein (New Haven, CT: Yale University Press, forthcoming).

——, and Mack, E.: "How privacy got its gender," *Northern Illinois University Law Review*, 10 (1990), 441–78.

Allen, J.: "Motherhood: the annihilation of women," *Mothering: Essays in Feminist Theory*, ed. J. Trebilcot (Savage, MD: Rowman and Littlefield, 1983).

——: *Lesbian Philosophy: Explorations* (Palo Alto, CA: Institute for Lesbian Studies, 1986).

—— ed.: *Lesbian Philosophies and Cultures* (Albany: State University of New York Press, 1990).

Allen, P.: *The concept of woman: The Aristotelian Revolution 750 BC – AD 1250* (London: Eden Press, 1985).

Almond, B.: "Philosophy and the cult of irrationalism," *The Impulse to Philosophise*, ed. A. P. Griffiths (Royal Institute of Philosophy Supplement 33) (Cambridge: Cambridge University Press, 1992), pp. 201–17.

Altman, A.: "Making sense of sexual harassment law," *Philosophy and Public Affairs*, 25: 1 (1996), 36–65.

Altman, I.: "Privacy: a conceptual analysis," *Environment and Behavior*, 8 (1976), 7–30.

AMC Report: Letter to the Editor (Washington, DC: American Muslim Council, January 1996, p. 11.

Amorós, C.: *Hacia una Crítica de la Razón Patriarcal* (Madrid: Anthropos, 1985).

——: *Feminismo: Igualdad y Diferencia* (Mexico City: UNAM PUEG, 1994).

Anderson, E. S.: "Is women's labor a commodity?," *Philosophy and Public Affairs*, 19: 1 (1990), 71–92.

Andolsen, B.: "A woman's work is never done," *Women's Consciousness, Women's Conscience*, ed. B. H. Andolsen, C. E. Gudorf, and M. D. Pellauer (San Francisco, CA: Harper and Row, 1985), pp. 3–18.

——: *Good Work at the Video Display Terminal: A Feminist Ethical Analysis of Changes in Clerical Work* (Knoxville: University of Tennessee Press, 1989).

——: "Justice, gender and the frail elderly: reexamining the ethics of care," *Journal of Feminist Studies in Religion*, 9 (1993), 127–45.

Andrews, L.: "Surrogate motherhood: the challenge for feminists," *Law, Medicine and Health Care*, 16 (1988), 72–80.

Annas, J.: *An Introduction to Plato's Republic* (Oxford: Clarendon Press, 1981).

Antony, L.: "Quine as feminist: the radical import of naturalized epistemology," *A Mind of One's Own: Feminist Essays on Reason and Objectivity*, ed. L. Antony and C. Witt (Boulder, CO: Westview Press, 1993).

——, and Witt, C., eds.: *A Mind of One's Own: Feminist Essays on Reason and Objectivity* (Boulder, CO: Westview Press, 1993).

Anzaldúa, G.: *Borderlands/La Frontera* (San Francisco, CA: Spinsters/Aunt Lute, 1987).

——: *Making Face, Making Soul – Haciendo Caras: Creative and Critical Perspectives of Women of Color* (San Francisco: Aunt Lute Foundation Books, 1990).

Appiah, K. A.: "Soyinka and the philosophy of culture," *Philosophy in Africa: Trends and Perspectives*, ed. P. O. Bodunrin (Ile-Ife: University of Ife Press, 1985), pp. 25–263.

——: " 'But would that still be me?' Notes on gender, 'race', ethnicity, as sources of 'identity,' " *Journal of Philosophy*, LXXXVII:10 (1990), 493–9.

——: *In My Father's House: Africa in the Philosophy of Culture* (London: Oxford University Press, 1992).

Arditti, R., Klein, R. D., and Minden, S., eds.: *Test-Tube Women: What Future for Motherhood?* (Boston: Pandora, 1984).

Arendt, H.: *The Human Condition* (Chicago, IL: University of Chicago Press, 1958).

Arsic, B.: "Mislim, dakle nisam zena," *Filozofski godisnjak*, 6 (1993), 60–102.

——: *Recnik/Dictionary* (Belgrade: Dental, 1995).

Asch, A., and Fine, M., eds.: *Women with Disabilities: Essays in Psychology, Culture, and Politics* (Philadelphia, PA: Temple University Press, 1988a).

——: "Beyond pedestals," *Women with Disabilities: Essays in Psychology, Culture, and Politics*, ed. A. Asch and M. Fine (Philadelphia, PA: Temple University Press, 1988b).

——: "Shared dreams," *Women with Disabilities: Essays in Psychology, Culture, and Politics*, ed. A. Asch and M. Fine (Philadelphia, PA: Temple University Press, 1988c).

——: "Reproductive technology and disability," *Reproductive Laws for the 1990's*, ed. S. Cohen and N. Taub (Clifton, NJ: Humana Press, 1989), pp. 69–129.

Ashe, M.: "Law-language of maternity: discourse holding nature in contempt," *New England Law Review*, 22 (1988), 521–59.

Ashworth, G.: "Piercing the eye: taking feminism into mainstream political processes," *A Diplomacy of the Oppressed*, ed. G. Ashworth (London: Zed Books, 1995).

Assiter, A.: *Enlightened Women* (New York: Columbia University Press, 1996).

Atherton, M.: "Cartesian reason and gendered reason," *A Mind of One's Own: Feminist Essays on Reason and Objectivity*, ed. L. Antony and C. Witt (Boulder, CO: Westview Press, 1993).

——ed.: *Women Philosophers of the Early Modern Period* (Indianapolis, IN: Hackett, 1994).

Auerbach, J., Blum, L., Smith, V., and Williams, C.: "Commentary on Gilligan's *In a Different Voice*," *Feminist Studies*, 11: 1 (1985), 149–61.

Austin, R.: "Sapphire bound?," *Wisconsin Law Review* (1989), pp. 539–78.

Awe, B.: "The Iyalode in the traditional Yoruba political system," *Sexual Stratification: A Cross-Cultural View*, ed. A. Schlegel (New York: Columbia University Press, 1977), pp. 144–95.

Babbitt, S.: "Feminism and objective interests," *Feminist Epistemologies*, ed. L. Alcoff and E. Potter (New York: Routledge, 1993).

Baber, H. E.: "Two models of preferential treatment for working mothers," *Public Affairs Quarterly*, 4 (1990), 323–34.

——: "How bad is rape?," *The Philosophy of Sex: Contemporary Readings*, ed. A. Soble (Savage, MD: Rowan and Littlefield, 1991), pp. 243–58.

Bacchi, C.: "Pregnancy, the law and the meaning of equality," *Equality, Politics, and Gender*, ed. E. Meehan and S. Sevenhuijsen (Beverly Hills, CA: Sage, 1991), pp. 71–87.

Bacon, F.: *Advancement of Learning*, ed. A. Wright [1963] (Oxford: Clarendon Press, 1968).

Bagchi, J.: "Representing nationalism: ideology of motherhood in colonial Bengal," *Economic and Political Weekly* (October 20–27, 1990).

Bahar, S.: "Human rights are women's rights: Amnesty International and the family," *Hypatia*, 11: 2 (1996), 105–34.

Baier, A.: "Cartesian persons," *Postures of the Mind: Essays on Mind and Morals*, ed. A. Baier (Minneapolis: University of Minnesota Press, 1985), pp. 74–92.

——: "Trust and anti-trust," *Ethics*, 96 (1986), 231–60.

——: "Hume: the women's moral theorist?," *Women and Moral Theory*, ed. E. Kittay and D. Meyers (Totowa, NJ: Rowman and Littlefield, 1987a), pp. 37–55.

——: "The need for more than justice," *Science, Morality, and Feminist Theory*, ed. M. Hanen and K. Nielsen (Calgary: University of Calgary Press, 1987b), 41–56.

——: "How can individualists share responsibility?," *Political Theory*, 25: 2 (1993a), 228–48.

——: "Hume: the reflective women's epistemologist?," *A Mind of One's Own: Feminist Essays on Reason and Objectivity*, ed. L. Antony and C. Witt (Boulder, CO: Westview Press, 1993b), pp. 35–49.

——: *Moral Prejudices: Essays on Ethics* (Cambridge, MA: Harvard University Press, 1994a).

——: "What do women want in a moral theory?," *Moral Prejudices: Essays on Ethics*, ed. A. Baier (Cambridge, MA: Harvard University Press, 1994b), pp. 1–17.

Baker, B. M.: "A case for permitting altruistic surrogacy," *Hypatia*, 11: 2 (1996), 34–48.

Baker, G. S.: "Is equality enough?," *Hypatia*, 2: 1 (1987), 63–5.

Balint, A.: "Love for the mother and mother-love," *Primary Love and Psychoanalytic Technique*, ed. M. Balint (New York: Liveright, 1965).

Balint, M.: *The Basic Fault: Therapeutic Aspects of Regression* (London: Tavistock, 1968).

Bammer, A.: *Partial Visions: Feminism and Utopianism in the 1970s* (New York: Routledge, 1991).

Barnes, H. E.: "Sartre and sexism," *Philosophy and Literature,* 14 (1990), 340–7.

Bar-On, B.: "Feminism and sadomasochism: self-critical notes," *Against Sadoma-sochism: A Radical Feminist Analysis,* ed. R. Lindon *et al.* (Palo Alto, CA: Frog in the Well, 1982), pp. 72–82.

——: "On terrorism," *Feminist Ethics,* ed. C. Card (Lawrence: University of Kansas Press, 1991), 45–58.

——: "The feminist sexuality debates and the transformation of the political," *Hypatia,* 7: 4 (1992).

—— ed.: *Engendering Origins: Critical Feminist Readings in Plato and Aristotle* (Albany: State University of New York Press, 1994).

——: "Reflections on national identity," *Bringing Peace Home,* ed. K. J. Warren and D. Cady (Bloomington: Indiana University Press, 1996)

Baron, M.: "Impartiality and friendship," *Ethics,* 101: 4 (1991), 836–57.

——: "Kantian ethics and claims of detachment," *Feminist Interpretations of Kant,* ed. R. Schott (University Park: Pennsylvania State University Press, 1997).

Barrett, M.: *Women's Oppression Today: Problems in Marxist and Feminist Analysis* (London: Verso, 1980).

——: *The Anti-Social Family* (London: Verso, 1982).

——: and McIntosh, M.: "Towards a materialist feminism?," *Feminist Review,* 1 (1979), 95–106.

——: "Words and things: materialism and method in contemporary feminist analysis," *Destabilizing Theory: Contemporary Feminist Debates,* ed. M. Barrett and A. Phillips (Stanford, CA: Stanford University Press, 1992).

Barrett, M., and Phillips, A., eds.: *Destabilizing Theory: Contemporary Feminist Debates* (Stanford, CA: Stanford University Press, 1992).

Barry, B.: *Justice and Impartiality* (Oxford: Clarendon, 1993).

——: "Spherical justice and global injustice," *Pluralism, Justice and Equality,* ed. D. Miller and M. Walzer (Oxford: Oxford University Press, 1995).

Barry, K.: *Female Sexual Slavery* (Englewood Cliffs, NJ: Prentice-Hall, 1979).

Barthes, R.: "Inaugural lecture, Collège de France," *A Barthes Reader,* ed. S. Sontag (New York: Hill and Wang, 1982).

Bartky, S.: "Feminine masochism and the politics of personal transformation," *Women's Studies International Forum,* 7: 5 (1984), 323–34.

——: *Femininity and Domination: Studies in the Phenomenology of Oppression* (New York: Routledge, 1990a).

——: "Shame and gender," *Femininity and Domination* (New York: Routledge, 1990b).

Bartlett, K. T.: "MacKinnon's feminism: power on whose terms?," *California Law Review,* 75 (1987), 1559–70.

——: "Feminist legal methods," *Harvard Law Review,* 103 (1990), 829–88.

——: "Minow's social-relations approach to difference: unanswering the unasked," *Law and Social Inquiry,* 17 (1992), 437–70.

——: "Only girls wear barrettes: dress and appearance standards, community norms, and workplace equality," *Michigan Law Review*, 92 (1994), 2541–82.

——, and Kennedy, R., eds.: *Feminist Legal Theory: Readings in Law and Gender* (Boulder. CO: Westview Press. 1991).

Baruch, E. H., D'Amado, A., Jr, and Seager, J., eds.: *Embryos, Ethics, and Women's Rights* (New York: Harrington Park Press, 1988).

Barwell, I.: "Towards a defense of objectivity," *Knowing the Difference: Feminist Perspectives in Epistemology*, ed. K. Lennon and M. Whitford (New York: Routledge, 1994).

Baseheart, M. C.: "Edith Stein's philosophy of woman and of women's education," *Hypatia*, 4: 1 (1989), 120–31.

Bassham, G.: "Feminist legal theory: a liberal response," *Notre Dame Journal of Law Ethics*, 6: 2 (1992), 293–319.

Battersby, C.: *Gender and Genius: Towards a New Feminist Aesthetics* (London: The Women's Press, 1989).

Beardsley, E.: "Referential genderization," *Women and Philosophy: Toward a Theory of Liberation*, ed. C. Gould and M.W. Wartofsky (New York: G. P. Putnam's Sons, 1976), pp. 285–93.

——: "Traits and genderization," *Feminism and Philosophy*, ed. M. Vetterling-Braggin, F. Elliston, and J. English (Totowa, NJ: Littlefield, Adams, 1977), pp. 117–23.

——: "Degenderization," *Sexist Language: A Modern Philosophical Analysis*, ed. M. Vetterling-Braggin (Totowa, NJ: Littlefield, Adams, 1981), pp. 155–60.

Beauchamp, T. L., and Childress, J. F.: *Principles of Biomedical Ethics* (New York: Oxford University Press, 1994).

Bebel, A.: *Women and Socialism*, trans. M. Stern (New York: Socialist Literature Co., 1910).

Bechdel, A.: *Dykes to Watch Out For* (Ithaca, NY: Firebrand Books, 1986).

——: *More Dykes to Watch Out For* (Ithaca, NY: Firebrand Books, 1988).

——: *New Improved Dykes to Watch Out For* (Ithaca, NY: Firebrand Books, 1990).

——: *Dykes to Watch Out for: The Sequel* (Ithaca, NY: Firebrand Books, 1992).

Beck, E. T., ed.: *Nice Jewish Girls: A Lesbian Anthology* (Boston: Beacon Press, 1989).

Becker, M.: "Prince Charming: abstract equality," *Supreme Court Review* (1988), 201–47.

——: "Maternal feelings: myth, taboo, and child custody," *Southern California Review of Law and Women's Studies*, 1 (1992), 133–224.

Becker-Schmidt, R.: "Identitätslogik und Gewalt. Zum Verhältnis von Kritischer Theorie und Feminismus," *Beiträge zur Feministischen Theorie und Praxis*, 24 (1989), 31–64.

Bedecarre, C.: "Swear by the moon," *Hypatia*, 12: 3 (1997).

Bedregal Sáex, X.: "¿Hacia dónde va el movimiento feminista?," *La Correa Feminista* [Mexico], 12 (1995), 10–16.

Beitz, C.: *Political Theory and International Relations* (Princeton, NJ: Princeton University Press, 1979).

Belenky, M. Field, Clinchy, B. M., Goldberger, N. R., and Tarule, J. M.: *Women's Ways of Knowing* (New York: Basic Books, 1986).

Bell, L.: *Rethinking Ethics in the Midst of Violence* (Lanham, MD: Rowman and Littlefield, 1993).

Bell, V.: *Interrogating Incest: Feminism, Foucault, and the Law* (New York: Routledge, 1993).

Bender, L.: "A lawyer's primer on feminist theory and tort," *Journal of Legal Education*, 38 (1988), 3–37.

——: "Feminist (re)torts: thoughts on the liability crisis, mass torts, and responsibilities," *Duke Law Journal* (1990a), 848–912.

——: "From gender differences to feminist solidarity," *Vermont Law Review*, 15 (1990b), 1–48.

Benhabib, S.: *Critique, Norm, and Utopia* (New York: Columbia University Press, 1986).

——: "The generalized and the concrete other," *Women and Moral Theory*, ed. E. Kittay and D. Meyers (Totowa, NJ: Rowman and Littlefield, 1987), pp. 154–77.

——: "Die Debatte über Frauen und Moraltheorie – eine Retrospektive," *Zielicht der Vernunft: Die Dialektik der Aufklärung aus der Sicht von Frauen*, ed. C. Kulke and E. Scheich (Pfaffenwieler: Centaurus, 1992a), pp. 139–48.

——: *Situating the Self: Gender, Community and Postmodernism in Contemporary Ethics* (New York: Routledge, 1992b).

——: "The debate over women and moral theory revisited," *Feminists Read Habermas: Gendering the Subject of Discourse*, ed. J. Meehan (New York: Routledge, 1995), pp. 181–204.

——, and Cornell, D.: *Feminism as Critique: On the Politics of Gender* (Minneapolis: University of Minnesota Press, 1987).

——, and Nicholson, L.: "Politische Philosophie und die Frauenfrage, *Pipers Handbuch der Politischen Ideen*, ed. I. Fetscher and H. Muenkler (Munich: Piper, 1985–88), Vol. 5, 513–62.

Benjamin, J.: *The Bonds of Love: Psychoanalysis, Feminism and the Problem of Domination* (London: Virago, 1988).

Benn, S. I.: *A Theory of Freedom* (Cambridge: Cambridge University Press, 1988).

Bennani, F.: *Taqsim al-'Amal Bayn al-Zawjayn (Division of Labor Between Spouses)* (Marrakesh: School of Legal, Economic and Social Studies Series, 1992).

Bennent, H.: *Galanterie und Verachtung. Eine philosophiegeschichtliche Untersuchung zur Stellung der Frau in Gesellschaft und Kultur* (Frankfurt/Main: Campus, 1985).

Bennett, J., and Chaloupka, W., eds.: *In the Nature of Things: Language, Politics and the Environment* (Minneapolis: University of Minnesota Press, 1993).

Bennent-Vahle, J.: "Moraltheoretische Fragen und Geschlechterproblematik," *Aspekte feministischer Wissenschaft und Wissenschaftskritik*, eds. W. Herzog and E. Violi (Chur/Zürich, 1991), pp. 45–69.

Bensinger, T.: "Lesbian pornography: the re/making of (a) community," *Discourse*, 15: 1 (1992), 69–93.

Benston, M.: "The political economy of women's liberation," *Monthly Review*, 21: 4 (1969).

Bergmann, B. R.: *The Economic Emergence of Women* (New York: Basic Books, 1986).

Berkeley, G.: *The Works of George Berkeley* (Oxford: Clarendon Press, 1871).

Berleant, A.: "The historicity of aesthetics," *British Journal of Aesthetics*, 26: 2–3 (1986), 101–11, 195–203.

Berman, R.: "From Aristotle's dualism to materialist dialectics," *Gender/Body/Knowledge*, ed. A. M. Jaggar and S. Bordo (New Brunswick: Rutgers University Press, 1989).

Bernstein, R.: *The Restructuring of Social and Political Theory* (Philadelphia: University of Pennsylvania Press, 1976).

——: *Beyond Objectivism and Relativism: Science, Hermeneutics and Praxis* (Philadelphia: University of Pennsylvania Press, 1983).

Betcher, S.: unpublished dissertation on feminist pneumatology (Drew University Graduate School, n.d.).

Bethel, L.: "What chou mean 'we' white girl?," *Conditions Five*, 11: 2 (1979), 86–92.

Bhattacharya, S.: "Motherhood in ancient India," *Economic and Political Weekly* (October 20–27, 1990).

Biehl, J.: *Rethinking Ecofeminist Politics* (Boston: Southend Press, 1991).

Bigwood, C.: "Renaturalizing the body (with a little help from Merleau-Ponty)," *Hypatia*, 6: 3 (1991), 54–73.

Birke, L.: *Women, Feminism and Biology: The Feminist Challenge* (New York: Methuen, 1986).

——: *Feminism, Animals and Science: The Naming of the Shrew* (Buckingham: Open University Press, 1994).

Birkeland, J.: "Ecofeminism: linking theory and practice," *Ecofeminism: Women, Animals and Nature*, ed. G. Gaard (Philadelphia: Temple University Press, 1993), pp. 13–59.

——: "Comment: disengendering ecofeminism," *Environmental Ethics*, 9 (1995), 443–4.

Blaustein, A. and Flanz, G. H.: *Constitutions of the Countries of the World* (Dobbs Ferry, NY: Oceana Publications, Inc., 1994).

Bleier, R.: "Social and political bias in science," *Genes and Gender*, ed. E. Tobach and B. Rosoff (New York: Gordian Press, 1979).

——: *Science and Gender: A Critique of Biology and Its Theories on Women* (New York: Pergamon, 1984).

——: *Feminist Approaches to Science* (New York: Pergamon, 1988).

Blok, J., and Mason, P., eds.: *Sexual Asymmetry: Studies in Ancient Society* (Amsterdam: J. C. Gieben, 1987).

Bloustein, E.: "Privacy as an aspect of human dignity: an answer to Dean Prosser," *New York University Law Review*, 39 (1964), 962–1007.

Bluestone, N. H.: *Women and the Ideal Society: Plato's Republic and Modern Myths of Gender* (Amherst: University of Massachusetts Press, 1987).

Blum, L. A.: *Friendship, Altruism and Morality* (London: Routledge and Kegan Paul, 1980).

——: "Particularity and responsiveness," *The Emergence of Morality in Young Children*, ed. J. Kagan and S. Lamb (Chicago, IL: University of Chicago Press, 1987), 306–37.

——: *Moral Perception and Particularity* (Cambridge: Cambridge University Press, 1994.

Bock, G., and James, S., eds.: *Beyond Equality and Difference* (London: Routledge, 1992).

Bodunrin, P. O.: "The question of African philosophy," *Philosophy*, 56 (1981), 161–79.

Boehm, B.: "Feminist histories: theory meets practice," *Hypatia*, 7: 2 (1992), 202–14.

Bogdan, D.: *Re-educating the Imagination: Toward a Poetics, Politics, and Pedagogy of Literary Engagement* (Toronto: Irwin, 1992).

Bok, S.: *Secrets: On the Ethics of Concealment and Revelation* (New York: Pantheon, 1983).

Boone, C. K.: "Privacy and community," *Social Theory and Practice*, 9 (1983), 1–30.

Bordo, S.: *The Flight to Objectivity: Essays on Cartesianism and Culture* (Albany: State University of New York Press, 1987).

——: "Feminism, postmodernism, and gender-skepticism," *Feminism/Postmodernism*, ed. L. Nicholson (New York: Routledge, 1990), pp. 133–56.

——: *Unbearable Weight: Feminism, Western Culture and the Body* (Berkeley: University of California Press, 1993).

Bordwell, D., and Carroll, N.: *Post-Theory: Reconstructing Film Studies* (Madison: University of Wisconsin Press, 1996).

Bortei-Doku, E.: "A note on theoretical directions in gender relations and the status of women in Africa," *Gender Analysis Workshop Report* (Legon: University of Legon, 1992).

Bowers v. *Hardwick*, 478 U.S. 186 (1986).

Braaten, J.: "From communicative rationality to communicative thinking: a basis for feminist theory and practice," *Feminists Read Habermas: Gendering the Subject of Discourse*, ed. J. Meehan (New York: Routledge, 1995), pp. 139–62.

Brabeck, M., ed.: *Who Cares?: Theory, Research, and Educational Implications of the Ethic of Care* (New York: Praeger, 1989).

Braidotti, R.: *Patterns of Dissonance: A Study of Women in Contemporary Philosophy* (Cambridge: Polity Press, 1991).

——: *Nomadic Subjects: Embodiment and Sexual Difference in Contemporary Feminist Theory* (New York: Columbia University Press, 1994).

——, Charkiewocz, E., Hauster, S., and Wierinza, S.: *Women, the Environment and Sustainable Development: Towards a Theoretical Synthesis* (New York: Zed Books, 1994).

Brand, P. Z., and Korsmeyer, C.: *Feminism and Tradition in Aesthetics* (University Park: Pennsylvania State University Press, 1995).

Brandom, R.: *Making it Explicit* (Cambridge, MA: Harvard University Press, 1994).

Breitling, G.: *Die Spuren des Schiffs in den Wellen: Eine autobiographishe Suche name den Frauen in der Kunstgeschichte* (Berlin: Oberbaum Verlag, 1980).

Brennan, T.: *Between Feminism and Psychoanalysis* (New York: Routledge, 1989).

Brewer, R.: "Theorizing race, class and gender: the new scholarship of Black feminist intellectuals and Black women's labor," *Theorizing Black Feminisms: The Visionary Pragmatism of Black Women*, ed. S. James and A. P.A. Busia (London: Routledge, 1993), pp. 13–30.

Brison, S.: "The theoretical importance of practice," *Theory and Practice*, ed. I. Shapiro and J. Wagner DeCew (New York: New York University Press, 1995), pp. 216–38.

——: *Speech, Harm, and Conflicts of Rights* (Princeton, NJ: Princeton University Press, forthcoming).

Brock-Utne, B.: *Educating for Peace: A Feminist Perspective* (New York: Pergamon Press, 1985).

Brody, B.: *Abortion and the Sanctity of Human Life* (Cambridge, MA:MIT Press, 1975).

Broner, E. M.: *The Telling* (San Francisco, CA: Harper, 1993).

Brooks, C. Whitman: "Feminist jurisprudence," *Feminist Studies* (1991), 493–507.

Broude, N., and Gerraard, M. D., eds.: *Feminism and Art History: Questioning the Litany* (New York: Icon Editions, Harper Collins Publishers, 1982).

——: *The Power of Feminist Art: The American Movement of the 1970's, History and Impact* (New York: H.N. Abrams, 1994).

Brown, C.: "Mothers, fathers and children: from private to public patriarchy," *Women and Revolution*, ed. L. Sargent (Boston: South End Press, 1981), pp. 239–68.

Brown, V. B.: "Jane Addams, progressivism, and woman suffrage: an introduction to 'Why women should vote,'" *One Woman, One Vote*, ed. M.S. Wheeler (Troutdale, OR: New Sage Press, 1995), pp. 179–203.

Browne, K.: "Sex and temperament in modern society: a Darwinian view of the glass ceiling and the gender gap," *Arizona Law Review*, 37 (1995), 971–1106.

Buikema, R. and Smelik, A.: *Women's Studies and Culture: A Feminist Introduction* (London: Zed Books, 1995).

Bunch, C.: "Not by degrees: feminist theory and education," *Quest*, 5: 1 (1979), 248–60.

——: "The reform tool kit," *Building Feminist Theory*, ed. The Quest Staff (New York: Longman, 1981).

Bunkle, P.: *Second Opinion: The Politics of Women's Health in New Zealand* (Auckland: Oxford University Press, 1988).

Bunster, X., and Rodríguez, R., eds.: *La Mujer Ausente: Derechos Humanos en el Mundo* (Santiago, Chile: Isis Internacional, 1991).

Bureau of the Census: *Survey of Income and Program Participants* (SIPP84–R3, Washington, DC: Bureau of Commerce, 1984).

Burchard, M.: *Returning to the Body: A Philosophical Reconceptualization of Violence* (Minneapolis: University of Minnesota, 1996a).

——: "The myths of bisexuality," Midwest Society for Women in Philosophy (Minneapolis: University of Minnesota, March 30, 1996b).

Burke, C., Schor, N., and Whitford, M., eds.: *Engaging With Irigaray* (New York: Columbia University Press, 1994).

Bussemaker, J.: "Equality, autonomy and feminist politics," *Equality, Politics, and Gender*, ed. E. Meehan and S. Sevenhuijsen (Beverly Hills, CA: Sage, 1991), pp. 52–70.

Butler, J.: "Embodied identity in de Beauvoir's *The Second Sex*," paper presented to the American Philosophical Association, Pacific Division (March 22, 1985).

——: "Sexual ideology and phenomenological description: a feminist critique of Merleau-Ponty's *Phenomenology of Perception*," *The Thinking Muse*, ed. J. Allen and I. M. Young (Bloomington: Indiana University Press, 1989), pp. 85–100.

——: *Gender Trouble: Feminism and the Subversion of Identity* (New York: Routledge, 1990).

——: "Imitation and gender insubordination," *Inside/Outside: Lesbian Theories, Gay Theories*, ed. D. Fuss (New York: Routledge, 1991), pp. 13–31.

——: "The lesbian phallus and the morphological imaginary," *differences*, 4: 1 (1992a), 133–71.

——: "Sexual inversions," *Discourses on Sexuality: From Aristotle to AIDS*, ed. D. Stanton (Ann Arbor: University of Michigan Press, 1992b), pp. 344–61.

——: *Bodies That Matter: On the Discursive Limits of "Sex"* (New York: Routledge, 1993).

——: "Contingent foundations: feminism and the question of postmodernism," *Feminist Contentions: A Philosophical Exchange*, ed. S. Benhabib, J. Butler, D. Cornell, and N. Fraser (New York: Routledge, 1995), pp. 35–57.

——, and Scott, J. W., eds.: *Feminists Theorize the Political* (New York: Routledge, 1992).

——: "Feminist contentions: a philosophical exchange," *Feminist Contentions: A Philosophical Exchange*, Benhabib, S., Butler, J., Cornell, D., and Fraser, N. (New York: Routledge, 1995).

Cady, D.: *From Warism to Pacifism: A Moral Continuum* (Philadelphia: Temple University Press, 1989).

Cahn, N. R.: "Civil images of battered women: the impact of domestic violence on child custody decisions," *Vanderbilt Law Review*, 44 (1991), 1041–97.

——: "Inconsistent stories," *Georgetown Law Journal*, 81 (1993), 2475–531.

Caldwell, P. A.: "A hair piece: perspectives on the intersection of race and gender," *Duke Law Journal*, (1991), 365–96.

Calhoun, C.: "Justice, care, gender bias," *Journal of Philosophy*, 85: 9 (1988), 451–63.

——: "Responsibility and reproach," *Ethics*, 99 (1989), 389–406.

——: "Emotional work," *Explorations in Feminist Ethics: Theory and Practice*, ed. E. Browning Cole and S. Coultrap-McQuinn (Bloomington: Indiana University Press, 1992).

Califia, P.: "Feminism and sadomasochism: self-critical notes," *Heresies*, 3: 4 (1981), 30–4.

Callahan, J.: "Surrogate motherhood: politics and privacy," *Journal of Clinical Ethics*, 4: 10 (1993), 82–91.

——: "Let's get the lead out: or why Johnson controls is not an unequivocal victory for women," *Journal of Social Philosophy*, 25 (1994), 65–75.

Cameron, D.: "Pornography: what is the problem?," *Critical Quarterly*, 34: 2 (1992), 3–11.

——: "Discourses of desire: Liberals, feminists, and the politics of pornography," *American Literary History*, 2: 4 (1994), 784–98.

Cammermeyer, M.: *Serving in Silence* (New York: Viking Penguin, 1994).

Campbell, A.: *Men, Women and Aggression* (New York: Basic Books, 1993).

Campbell, R.: "The virtues of feminist empiricism," *Hypatia*, 9: 1 (1994).

Card, C.: "Review essay: sadomasochism and sexual preference," *Journal of Social Philosophy*, 15: 2 (1984), 42–52.

——: "Lesbian attitudes and *The Second Sex*," *Women's Studies International Forum*, 8: 3 (1985), 209–14.

——: "Women's voices and ethical ideals," *Ethics* (October 1988), 125–35.

——: "Gender and moral luck," *Identity, Character and Morality: Essays in Moral Psychology*, ed. O. Flanagan and A. Oksenberg Rorty (Cambridge, MA: MIT Press, 1990a).

——: "Pluralist lesbian separatism," *Lesbian Philosophies and Cultures*, ed. J. Allen (Albany: State University of New York Press, 1990b), pp. 125–43.

——ed.: *Feminist Ethics* (Lawrence: University Press of Kansas, 1991a).

——: "Intimacy and responsibility: what lesbians do," *At the Boundaries of Law: Feminism and Legal Theory*, ed. M. Albertson Fineman and N. Sweet Thomadsen (New York: Routledge, 1991b), pp. 72–90.

——: "Lesbianism and choice," *Journal of Homosexuality*, 23: 3 (1992), 39–51.

——ed.: *Adventures in Lesbian Philosophy* (Bloomington: Indiana University Press, 1994).

——: "Female incest and adult lesbian crises," *Lesbian Choices*, ed. C. Card (New York: Columbia University Press, 1995a), pp. 131–47.

——: "Horizontal violence: partner battering and lesbian stalking," *Lesbian Choices*, ed. C. Card (New York: Columbia University Press, 1995b), pp. 106–30.

——: *Lesbian Choices* (New York: Columbia University Press, 1995c).

——: "Sadomasochism: charting the issue," *Lesbian Choices*, ed. C. Card (New York: Columbia University Press, 1995d), pp. 218–37.

——: *The Unnatural Lottery: Character and Moral Luck* (Philadelphia, PA: Temple University Press, 1996).

Carlson, A. C.: "Aspasia of Miletus: how one woman disappeared from the history of rhetoric," *Women's Studies in Communication*, 17: 1 (1994), 19–45.

Carroll, N.: *Mystifying Movies: Fads and Fallacies in Contemporary Film Theory* (New York: Columbia University Press, 1988).

——: "The image of women in film: a defense of a paradigm," *Journal of Aesthetics and Art Criticism*, 48 (1990); 349–60.

Carse, A.: "Pornography: An uncivil liberty," *Hypatia*, 10: 1 (1995), 155–82.

Case, M. A.: "Disaggregating gender from sex and sexual orientation," *Yale Law Journal*, 105 (1995), 1–105.

Cavell, S.: *Pursuits of Happiness: The Hollywood Comedy of Remarriage* (Cambridge, MA: Harvard University Press, 1981).

——: "Psychoanalysis and cinema: the melodrama of the unknown woman," *Images in our Souls: Cavell, Psychoanalysis, and Cinema, Psychiatry and the Humanities*, ed. J. H. Smith and W. Kerrigan, Vol. 10 (Baltimore, MD: Johns Hopkins University Press, 1987).

Chakravarti, U.: "Whatever happened to the Vedic Dasi?," *Recasting Women: Essays in Colonial History*, ed. K. Sangari and S. Vaid (New Delhi: Kali for Women, 1989).

Chamallas, M.: "Women and part-time work: the case for pay equity and equal access," *North Carolina Law Review*, 64 (1986), 709–75.

Chambers, S.: *Reasonable Democracy* (Ithaca, NY: Cornell University Press, 1996).

——: "Listening to Dr Fiske: the easy case of *Price Waterhouse* v. *Hopkins*," *Vermont Law Review*, 15 (1990), 89–124.

Chatterjee, P.: "The Nationalist resolution of the Women's Question," *Recasting Women: Essays in Colonial History*, ed. K. Sangari and S. Vaid (New Delhi: Kali for Women, 1989).

Cheney, J.: "Ecofeminism and deep ecology," *Environmental Ethics*, 9 (1987), 115–45.

——: "The neo-stoicism of radical environmentalism," *Environmental Ethics*, 11 (1989a), 293–325.

——: "Postmodern environmental ethics: ethics as bioregional narrative," *Environmental Ethics*, 11: 2 (1989b), 117–34.

Chicago, J. and Schapiro, M.: "Female imagery," *Womanspace Journal*, 1 (1973).

Chicago Women's Liberation Union (CWLU). "Socialist feminist," Chicago, mimeograph, 1973.

Chodorow, N.: *The Reproduction of Mothering* (Berkeley: University of California Press, 1978).

——: "Mothering, male dominance and capitalism," *Capitalist Patriarchy and the Case for Socialist Feminism*, ed. Z. Eisenstein (New York: Monthly Review Press, 1979), pp. 83–106.

Chopp, R.: *The Power to Speak: Feminism, Language, and God* (New York: Crossroad, 1989).

Chow, R.: "Violence in the other country: China as crisis, spectacle and woman," *Third World Women and the Politics of Feminism*, ed. C. Mohanty, A. Russo, and L. Torres (Bloomington: Indiana University Press, 1991), pp. 81–100.

——: "Postmodern automatons," *Feminists Theorize the Political*, ed. J. Butler and J. W. Scott (New York: Routledge, 1992), pp. 101–20.

Cixous, H: "The laugh of the Medusa," trans. K. Cohen and P. Cohen, *Signs*, 1: 4 (1979), 875–93.

——, and Clément, C. (1975), trans. C. Porter, *The Newly Born Woman* (Minneapolis: University of Minnesota Press, 1986)

Clark, G.: *Women in the Ancient World* (Oxford: Oxford University Press, 1989).

Clark, M. G., and Lange, L. eds.: *The Sexism of Social and Political Theory* (Toronto: University of Toronto Press, 1979).

Clausen, J.: "My interesting condition," *Out/Look*, 2: 3 (1990), 11–21.

Clement of Alexandria.: *The Instructor* (Pedagogus) in *The Ante-Nicene Fathers*, ed. A. Roberts and J. Donaldson, vol. II (Grand Rapids, MI: Eardmans, 1983).

Clifford, J.: "Traveling cultures," *Cultural Studies*, ed. L. Grossberg, C. Nelson, and P. Treichler (New York: Routledge, 1992).

Cocks, J.: *Colonels and Cadres: War and Gender in South Africa* (Cape Town: Oxford University Press, 1991).

Code, L.: *Epistemic Responsibility* (Hanover, NH: University Press of New England, 1987a).

——: "Second persons," *Science, Morality, and Feminist Theory*, ed. M. Hanen and K. Nielsen (Calgary: University of Calgary Press, 1987b), pp. 357–82.

——: *What Can She Know?: Feminist Theory and the Construction of Knowledge* (Ithaca, NY: Cornell University Press, 1991).

——: "Taking subjectivity into account," *Feminist Epistemologies*, ed. L. Alcoff and E. Potter (New York: Routledge, 1993).

——: "Who cares? The poverty of objectivism for a moral epistemology," *Rethinking Objectivity*, ed. A. Megill (Durham, NC: Duke University Press, 1994).

——: *Rhetorical Spaces: Essays on (Gendered) Locations* (New York: Routledge, 1995).

——: "What is natural about epistemology naturalized?," *American Philosophical Quarterly*, 33: 1 (1996).

Cohen, J.: "The public and private sphere: a feminist reconsideration," *Feminists Read Habermas: Gendering the Subject of Discourse*, ed. J. Meehan (New York: Routledge, 1995), pp. 57–90.

Cohen, S., and Taub, N., eds.: *Reproductive Law for the 1990s* (Clifton, NJ: Humana Press, 1989).

Cohn, C.: "The feminist sexuality debate: ethics and politics," *Hypatia*, 1: 2 (1986), 71–86.

——: "Sex and death in the rational world of defense intellectuals', *Signs*, 12: 4 (1987).

——: "Emasculating America's linguistic deterrent," *Rocking the Ship of State*, ed. A. Harris and Y. King (Boulder, CO: Westview Press, 1989).

——: "Clean bombs and clean language," *Women, Militarism, and War*, ed. J. B. Elshtain and S. Tobias (Totowa, NJ: Rowman and Littlefield, 1990).

384

——: "War, wimps, and women," *Gendering War Talk*, ed. M. Cooke and A. Woollacott (Princeton, NJ: Princeton University Press, 1993).

Cole, E. Browning, and Coultrap-McQuinn, S., eds: *Explorations in Feminist Ethics: Theory and Practice* (Bloomington: Indiana University Press, 1992).

Colker, R.: "Feminism, theology, and abortion: toward love, compassion and wisdom," *California Law Review*, 77 (1989), 1011–75.

——: *Abortion and Dialogue: Pro-Choice, Pro-Life, and American Law* (Bloomington: Indiana University Press, 1992).

——: "Disembodiment: abortion and gay rights." *Radical Philosophy of Law*, ed. D. Caudill and S.J. Gold (Atlantic Highlands, NJ: Humanities Press, 1995), pp. 234–54.

Collard, A. et al: *Rape of the Wild: Man's Violence Against Animals and the Earth* (Bloomington: Indiana University Press, 1988).

Collectif '95 Maghreb Egalité: *One Hundred Measures and Provisions* (Germany: Friedrich Ebert Stiftung, 1995).

Collins, P. H.: *Black Feminist Thought* (New York: Routledge, 1990).

Collins, M., and Pierce, C.: "Holes and slime: sexism in Sartre's psychoanalysis," *Philosophical Forum*, 5 (1973), 112–27.

Combahee River Collective: "A black feminist statement," *Capitalist Patriarchy and the Case for Socialist Feminism*, ed. Z. Eisenstein (New York: Monthly Review Press, 1979).

Cook, R.: "International human rights and women's reproductive health," *Studies in Family Planning*, 24 (1993), 73–86.

Cooke, M., and Woollacott, A., eds.: *Gendering War Talk* (Princeton NJ: Princeton University Press, 1993).

Corea, G.: *The Mother Machine* (New York: Harper & Row, 1983).

Corea, G., Onelli Klein, R., Hanmer, J., Holmes, H. B., Hoskins, B., Kishwar, M. Raymond, J., Rowland, R. and Steinbacher, R.: *Man-Made Women: How New Reproductive Technologies Affect Women* (Bloomington: Indiana University Press, 1987).

Cornell, D.: *Beyond Accommodation: Ethical Feminism, Deconstruction, and the Law* (New York: Routledge, 1991).

——: "Gender, sex, and equivalent rights," *Feminists Theorize the Political*, ed. J. Butler and J. W. Scott (New York: Routledge, 1992), pp. 280–96.

——: *Transformations: Recollective Imagination and Sexual Difference* (New York: Routledge, 1993).

Courville, C.: "Re-examining patriarchy as a mode of production: the case of Zimbabwe," *Theorizing Black Feminisms: The Visionary Pragmatism of Black Women*, ed. S. James and A. P. A. Busia (London: Routledge, 1993), pp. 31–43.

Cowan, R. S.: *More Work for Mother: The Ironies of Household Technology from the Open Hearth to the Microwave* (New York: Basic Books, 1983).

Coward, R.: "Sexual liberation and the family," *m/f*, 1 (1978), 7–24.

——: *Patriarchal Precedents: Sexuality and Social Relations* (London: Routledge, 1983).

——, and Ellis, J.: *Language and Materialism: Developments in Seminology and the Theory of the Subject* (London: Routledge, 1977).

Crahay, F.: "Le Décollage conceptual: conditions d'une philosophie bantue ("conceptual take-off conditions for a Bantu philosophy"), " *Diogène*, 52 (1965), 61–84.

Crain, M.: "Feminizing unions: challenging the gendered structure of wage labor," *Michigan Law Review*, 89 (1991), 1155–221.

——: Images of power in labor law: a feminist deconstruction," *Boston College Law Review*, 33 (1992), 481– 537.

Creet, J.: "Daughter of the movement: the psychodynamics of lesbian S/M fantasy," *differences*, 3: 2 (1991), 135–59.

Crenshaw, K. W.: "Demarginalizing the intersection of race and sex," *University of Chicago Legal Forum* (1989), pp. 139–67.

——: "Beyond racism and misogyny," *Words that Wound*, ed. M. Matsuda et al. (Boulder, Co: Westview Press, 1993).

Croll, E.: *Feminism and Socialism in China* (Boston: Routledge, 1978).

Cudd, A. E.: "Oppression by choice," *Journal of Social Philosophy*, 25 (1994), 22–44.

Cunningham, F.: *Objectivity in Social Science* (Toronto: University of Toronto Press, 1973).

Cuomo, C.: "Unraveling problems in ecofeminism," *Environmental Ethics*, 14: 4 (1992), 351–63.

Curley, E. M.: "Excusing rape," *Philosophy and Public Affairs*, 5: 4 (1976), 325–60.

Dailey, A.: "Feminism's return to liberalism," *Yale Law Journal*, 102 (1993), 1265–86.

Dalla Costa, M.: *The Power of Women and the Subversion of the Community* (Bristol: Falling Wall Press, 1974).

Dalmiya, V., and Alcoff, L.: "Are 'old wives' tales' justified?," *Feminist Epistemologies*, ed. L. Alcoff and E. Potter (New York: Routledge, 1993).

Dalton, C.: "An essay in the deconstruction of contract doctrine," *Yale Law Journal*, 94 (1985), 997–1114.

Daly, M.: *Beyond God the Father: Toward a Theory of Women's Liberation* (Boston: Beacon Press, 1973).

——: *Gyn/Ecology: The Metaethics of Radical Feminism* (Boston: Beacon Press, 1978).

——: *Pure Lust* (Boston: Beacon Press, 1984).

——, and Caputi, J.: *Webster's First Intergalactic* Wickedary *of the English Language* (Boston: Beacon Press, 1987).

Dandekar, N.: "Ecofeminism," *American Nature Writer* (Fall/Winter 1990).

"Danielle": "Prostitution," *Freedom, Feminism and the State*, ed. W. McElroy (Washington, DC Cato Institute, 1982).

Danmer, E.: "Queer ethics: or the challenge of bisexuality to lesbian ethics," *Hypatia*, 7: 4 (1992), 91–105.

Danto, A.: *The Philosophical Disenfranchisement of Art* (New York: Columbia University Press, 1986).

Das, V.: *Critical Events* (New Delhi: Oxford University Press, 1995).

David-Ménard, M.: "Kant, the law, and desire," *Feminist Interpretations of Kant*, ed. R. Schott (University Park: Pennsylvania State University Press, 1997).

Davion, V.: "Is ecofeminism feminist?," *Ecological Feminism*, ed. K. Warren (London: Routledge, 1994), pp. 8–29.

Davis, A.: "The approaching obsolescence of housework: a working class perspective," *Women, Race and Class*, A. Davis (New York: Random House, 1981a).

——: *Women, Race and Class* (New York: Random House, 1981b).

——: *Women, Culture and Politics* (New York: Random House, 1990).

Davis, F. J.: *Who is Black?* (University Park: Pennsylvania State University Press, 1991).

Davis, K.: "Die Rhetorik des Feminismus. Ein neuer Blick auf die Gilligan debatte," *Feministische Studien*, 2 (1991), 79–97.

——: *Reshaping the Female Body: The Dilemma of Cosmetic Surgery* (New York: Routledge, 1995).

Dean, J.: "Discourses in different voices," *Feminists Read Habermas: Gendering the Subject of Discourse*, ed. J. Meehan (New York: Routledge, 1995), pp. 205–30.

D'Eaubonne, F.: *Le Féminisme ou la Mort* (Paris: Pierre Horay, 1974).

de Beauvoir, S.: *The Second Sex*, trans. and ed. H. M. Parshley (New York: Bantam Books, 1973).

de Castell, S. and Bryson, M.: "En/gendering equity: emancipatory programs," *Philosophy of Education 1992* (Champaign, IL: Philosophy of Education Society, 1993), pp. 357–71.

De Cew, J.: "Violent pornography," *Journal of Applied Philosophy*, 1: 1 (1984), 79–84.

——: "Defending the 'private' in constitutional privacy," *Journal of Value Inquiry*. 21 (1987), 171–84.

——: "The combat exclusion and the role of women in the military," *Hypatia*, 10: 1 (1995), 56–73.

de Lauretis, T.: "The female body and heterosexual presumption', *Semiotica*, 67: 3 (1987a), 259–79.

——: *Technologies of Gender: Essays in Theory, Film and Fiction* (London: Macmillan, 1987b).

——: "Sexual indifference and lesbian representation," *Theatre Journal*, 40 (1988). 155–77.

——: "Perverse desires: the lure of the mannish lesbian," *Australian Feminist Studies*, 13 (1991a), 15–26.

——: "Queer theory: lesbian and gay sexualities," *differences*, 3 (1991b), iii-xviii.

——: *The Practice of Love: Lesbian Sexuality and Perverse Desire* (Bloomington: Indiana University Press, 1994).

Deegan, M. J.: *Jane Addams and the Men of the Chicago School, 1892–1918* (New Brunswick, NJ: Transaction Books, 1988).

——, and Brooks, N.: *Women and Disability: The Double Handicap* (Oxford: Transaction Books, 1985).

Delphy, C.: "For a materialist feminism," *Feminist Issues*, 1: 2 (1981), 69–76.

——: *Close to Home: A Materialist Analysis of Women's Oppression* (Amherst: University of Massachusetts Press, 1984).

DeMay v. *Roberts*, 46 Mich. 160, 9 N.W. 146 (1881).

Deming, B.: *We Are All Part of One Another* (Philadelphia, PA: New Society Press, 1984).

Derrida, J.: *Of Grammatology*, trans. Gayatri Chakravorty Spivak (Baltimore, MD: Johns Hopkins University Press, 1974).

——: "Structure, sign and play in the discourse of the human sciences," *Writing and Difference*, trans. A. Bass (Chicago, IL: University of Chicago Press, 1978), pp. 278–93.

Despot, B.: *Zensko pitanje i socialisticko samoupravljanje* (Zagreb: CEKADE, 1987).

Dewey, J.: *Philosophy and Civilization* (New York: Peter Smith Edition, 1968).

——: *Reconstruction in Philosophy, the Middle Works: Vol. 12: 1920* (Carbondale: Southern Illinois University Press, 1982).

——: *Democracy and Education, the Middle Works: Vol. 9* (Carbondale: Southern Illinois University Press, 1980).

Dialectics of Biology Group, eds.: *Against Biological Determinism* (London: Allison and Busby, 1982a).

——: *Towards a Liberatory Biology* (London: Allison and Busby, 1982b).

Diamond, I.: "Pornography and repression: a reconsideration," *Women: Sex and Sexuality*, ed. C. Stimpson and E. Spector Person (Chicago, IL: University of Chicago Press, 1980).

——, and Quinby, L.: "American feminism in the age of body," *Signs*, 10: 1 (1984), 119–25.

Dieterlen, G: *Les Ames des Dogons* (Paris: Institut d'ethnologie, 1941).

Dietrich, G.: *Reflections on the Women's Movement in India: Religion, Ecology, Development* (New Delhi: Horizon India Books, 1992).

Dietz, M.: "Citizenship with a feminist face: the problem with maternal thinking," *Political Theory*, 13: 1 (1985), 19–37.

——: "Context is all: feminism and theories of citizenship," *Daedalus*, 116: 4 (1987), 1–24.

differences: "More gender trouble: feminism meets queer theory," 6: 2–3 (1994).

Diller, A., Houston, B., Morgan, K., and Ayim, M.: *The Gender Question in Education: Philosophical Dialogues* (Boulder, Co: Westview Press, 1996).

Dinnerstein, D.: *The Mermaid and the Minotaur* (New York: Harper and Row, 1976).

Di Stefano, C.: "Dilemmas of difference: feminism, modernity and postmodernism," *Feminism/Postmodernism*, ed. L. Nicholson (New York: Routledge, 1990), pp. 63–82.

——: *Configurations of Masculinity: A Feminist Perspective on Modern Political Theory* (Ithaca, NY: Cornell University Press, 1991).

Doan, L.: *The Lesbian Postmodern* (New York: Columbia University Press, 1994).

Dodson, G.: *Why the Green Nigger? Remything Genesis* (Wellesley, MA: Roundtable Press, 1979).

Dolan, J.: "The dynamics of desire: sexuality and gender in pornography performance," *Theatre Journal*, 39: 2 (1987), 156–74.

——: "Lesbian subjectivity in realism," *Performing Feminisms*, ed. S. Case (Baltimore, MD: Johns Hopkins University Press, 1990), pp. 59–66.

——: *Presence and Desire: Essays on Gender, Sexuality, and Performance* (Ann Arbor: University of Michigan Press, 1993).

Donovan, J.: "Animal rights and feminist theory," *Ecofeminism: Women, Animals, and Nature*, ed. G. Gaard (Philadelphia, PA: Temple University Press, 1993), pp. 167–94.

Doubiago, S.: "Mama Coyote talks to the boys," *Healing the Wounds: The Promise of Ecofeminism*, ed. J. Plant (Philadelphia, PA: New Society Publishers, 1989), pp. 140–4.

Dowd, M.: "Dispelling the myths about the 'Battered woman's defense,'" *Fordham Urban Law Journal*, 19 (1992), 567–83.

Downie, J., and Sherwin, S.: "A feminist exploration of issues around assisted death," *St Louis Law Review* (1996).

Dresser, R.: "Wanted: single, white male for medical research," *Hastings Center Report*, 22 (1992), 24–9.

Dubinin, N. P.: "Race and contemporary genetics," *Race, Science and Society*, ed. L. Kuper (New York: Columbia University Press, 1965), pp. 31–67.

DuBois, E., Dunlap, M., Gilligan, C., MacKinnon, C., and Menkel-Meadows, C.: "Feminist discourse, moral values, and the law," *Buffalo Law Review*, 34 (1985), 11–87.

duBois, P.: *Sourcing the Body: Psychoanalysis and Ancient Representations of Women* (Chicago: University of Chicago Press, 1988).

DuBois, W. E. B.: *Darkwater: Voices from within the Veil* (New York: Harcourt, Brace, and Howe, 1920).

Duden, B.: *The Woman Beneath the Skin* (Cambridge, MA: Harvard University Press, 1991).

Duerst-Lahti, G., and Kelly, R., eds.: *Gender, Power, Leadership and Governance* (Ann Arbor: University of Michigan Press, 1995).

Du Fangqin, ed.: *Chinese Women and Development: Position, Health, and Employment* (Zengzhou: Henan People's Publishing House, 1993a).

——: "Developing new perspectives and methods in women's studies in China with the aid of Sino-Western exchanges," *Chinese Women and Development: Position, Health and Employment* (Zengzhou: Henan People's Publishing House, 1993b).

Duggan, L.: "Making it perfectly queer," *Socialist Review*, 22: 1 (1992), 11–31.

Duhacek, D.: "Women's time in former Yugoslavia," *Gender Politics and Post-Communism*, ed. N. Funk and M. Mueller (New York: Routledge, 1993).

Dunayevskaya, R.: *Rosa Luxemburg, Women's Liberation, and Marx's Philosophy of Revolution* (Chicago: University of Illinois Press, 1991).

Dunlap, M.: "Sexual speech and the state: putting pornography in its place," *Golden Gate University Law Review*, 17 (1987), 359–78.

Dunn, L. C.: "Race and biology," *Race, Science and Society*, ed. L. Kuper (New York: Columbia University Press, 1965), pp. 68– 94.

Duran, J.: "The feminization of social work: a philosophical analysis," *International Journal of Applied Philosophy*, 4 (1988), 85–90.

——: *Toward a Feminist Epistemology* (Savage, MD: Rowman and Littlefield, 1991).

Dworkin, A.: *Womanhating: A Radical Look at Sexuality* (New York: Dutton, 1974).

——: *Pornography: Men Possessing Women* (New York: G.P. Putnam's Sons, 1981).

——: *Letters From a War Zone: Writings 1976–1987* (London: Secker and Warburg, 1988a).

——: *Intercourse* (New York: Free Press, 1988b).

Dworkin, R.: *Taking Rights Seriously* (Cambridge, MA: Harvard University Press, 1977).

Eastman, C.: *On Women and Revolution*, ed. B. Weisen Cook (New York: Oxford University Press, 1978).

Ebert, T.: *Ludic Feminism and After: Postmodernism, Desire, and Labor in Late Capitalism* (Ann Arbor: University of Michigan Press, 1996).

Eboh, P. M.: "The woman question: African and Women perspectives," *Postkoloniales Philosophieren Afrika*, ed. H. Nagl-Docekal and M. Wimmer (Vienna Munich: Oldenbourg, 1992), pp. 206–14.

Echols, A.: *Daring to be Bad: Radical Feminism in America, 1967–1975* (Minneapolis: University of Minnesota Press, 1989).

Ecker, G., ed.: *Feminist Aesthetics* (Boston: Beacon Press, 1985).

Ehrenreich, B.: "The challenge for the Left," *Democratic Left* (July/August 1992), 3–4.

Eichler, M.: *The Double Standard: A Feminist Critique of Social Science* (New York: St Martin's Press, 1980).

Eisenstadt v. *Baird*, 405 U.S. 438 (1972).

Eisenstein, Z., ed.: *Capitalist Patriarchy and the Case for Socialist Feminism* (New York: Monthly Review Press, 1979).

——: *Feminism and Sexual Equality: Crisis in Liberal America* (New York: Monthly Review Press, 1984).

——: *The Female Body and the Law* (Berkeley: University of California Press, 1988).

——: "Specifying US feminism in the nineties: the problem of naming," *Socialist Review*, 20: 2 (1990), pp. 45– 56.

——: *The Color of Gender: Re-Imaging Democracy* (Berkeley: University of California Press, 1994).

Elshtain, J. B.: *Public Man, Private Woman* (Princeton, NJ: Princeton University Press, 1981).

——: "Reflections on war and political discourse," *Political Theory*, 13 (1985).

——: *Women and War* (New York: Basic Books, 1987).

———: *Power Trips and Other Journeys* (Madison: University of Wisconsin Press, 1990).

———: *But Was It Just: Reflections on the Gulf War* (New York: Doubleday Press, 1992).

———, and Tobias, S.: *Women, Militarism and War* (Savage, MD: Rowman and Littlefield, 1990).

Ely, J. H.: "The wages of crying wolf: a comment on *Roe* v. *Wade*," *Yale Jaw Journal*, 82 (1973), 920–49.

Engels, F.: *The Origin of the Family, Private Property and the State*, ed. E. Leacock (New York: International Publishers, 1972).

———: "Socialism, utopian and scientific," *The Marx–Engels Reader*, ed. R. Tucker (New York: W.W. Norton, 1978).

Engle. K.: "Female subjects and public international law: human rights and the exotic other female," *New England Law Review*, 26 (1992a), 1509–26.

———: "International human rights and feminism: when discourses meet," *Michigan Journal of International Law*, 13 (1992b), 517–610.

Englehardt, T.: *Foundations of Bioethics* (New York: Oxford University Press, 1989).

English, J.: "Abortion and the concept of a person," *Canadian Journal of Philosophy*, 5 (1975), 233–43.

Enloe, C.: *Does Khaki Become You?* (London: Pandora/Harper Collins, 1988).

———: *Bananas, Beaches and Bases: Making Feminist Sense of International Politics* (Berkeley: University of California Press, 1989).

———: "Bananas, Bases, and Patriarchy," *Women, Militarism, and War*, ed. J. B. Elshtain and S. Tobias (Savage, MD: Rowman and Littlefield, 1990).

———: *The Morning After: Sexual Politics at the End of the Cold War* (Berkeley: University of California Press, 1993).

Erens, P., ed.: *Issues in Feminist Film Criticism* (Bloomington: Indiana University Press, 1990).

Estrich, S.: "Rape," *The Yale Law Journal*, 95 (1987a), 1087–1184.

———: *Real Rape* (Cambridge, MA: Harvard University Press, 1987b).

———: "Sex at work," *Stanford Law Review*, 43 (1991), 813–61.

Ezeigbo, T. A.: "Traditional women's institutions in Igbo society: implications for the Igbo female writer," *African Languages*, 32 (1990) 149–65.

Ezorsky, G.: "The fight over university women," *The New York Review of Books*, 16 (1974), 32–9.

———: *Racism and Justice: The Case for Affirmative Action* (Ithaca, NY: Cornell University Press, 1991).

Falk, M.: "Notes on composing new blessings," *Weaving the Visions: New Patterns in Feminist Spirituality*, ed. J. Plaskow and C. P. Christ (San Francisco, CA: Harper and Row, 1989).

———: *Book of Blessings* (San Francisco, CA: Harper and Row, 1996).

Fantham, E., Foley, H. P. Karapen, N. B. Pomeroy, S .B., and Shapiro, H. A.: *Women in the Classical World* (Oxford: Oxford University Press, 1994).

Farid, A.: *Muslim Woman In World Religions' Perspective* (Pakistan: University of Karachi, 1994).

Farnham, C., ed.: *The Impact of Feminist Research in the Academy* (Bloomington: Indiana University Press, 1987).

Farwell, M.: "Towards a definition of the lesbian literary imagination," *Signs*, 14: 1 (1988), 100–18.

Fausto-Sterling, A.: "Life in the XY corral," *Women's Studies International Forum*, 1989.

——: *Myths of Gender: Biological Theories about Women and Men* (New York: Basic Books, 1992).

Feder. E.: "Disciplining the family: The case of gender identity disorder," *Philosophical Studies*, forthcoming.

Fee, E.: "Women's nature and scientific objectivity," *Women's Nature*, ed. M. Lowe and R. Hubbard (New York: Pergamon Press, 1983).

Feinberg, J.: "Autonomy, sovereignty and privacy: moral ideals in the constitution?," *Notre Dame Law Review*, 58 (1983), 445–92.

Feinberg, L.: *Stone Butch Blues* (New York: Firebrand, 1993).

Feldman, S.: "Multiple biological mothers: The case for gestation," *Journal of Social Philosophy*, 23: 1 (1992), 98– 104.

Felski, R.: "Why feminism doesn't need an aesthetic (and why it can't ignore aesthetics)," *Feminism and Tradition in Aesthetics*, ed. P. Z. Brand and C. Korsmeyer (University Park: Pennsylvania State University Press, 1995).

Femenías, M. L.: "Women and natural hierarchy in Aristotle," *Hypatia*, 9 (1994), 164–72.

Ferge, Z.: "Social policy," *Blackwell Dictionary of Twentieth-Century Social Thought*, ed. W. Outhwaite and T. Bottomore (Cambridge: Blackwell, 1993), pp. 603–5.

Ferguson, A.: "Androgyny as an ideal for human development," *Feminism and Philosophy*, ed. M. Vetterling-Braggin, F. Elliston, and J. English (Totowa, NJ: Littlefield, Adams, 1977), pp. 45–69.

——, and Folbre, N.: "The unhappy marriage of capitalism and patriarchy', *Women and Revolution*, ed. L. Sargent (Boston: South End Press, 1981), pp. 313–38.

——: "The sex debate within the women's movement," *Against the Current* (September/October 1983a), 10–16.

——: "On conceiving motherhood and sexuality," *Mothering: Essays in Feminist Theory*, ed. J. Trebilcot (Totowa, NJ: Rowman and Allanheld, 1983b).

——: "Sex war: the debate between radical and libertarian feminists," *Signs*, 10: 1 (1984), 106–35.

——: "Lesbian identity: Beauvoir and history," *Women's Studies International Forum*, 8: 3 (1985), 203–8.

——: "A feminist aspect theory of the self," *Science, Morality, and Feminist Theory*, ed. M. Hanen and K. Nielsen (Calgary: University of Calgary Press, 1987).

——: *Blood at the Root: Motherhood, Sexuality and Male Domination* (London: Pandora, 1989).

——: "Patriarchy, sexual identity, and the sexual revolution," *Sexual Democracy: Women, Oppression, and Revolution* (Boulder, CO: Westview Press, 1991a), pp. 52–65.

——: *Sexual Democracy: Women, Oppression and Revolution* (Boulder, CO: Westview Press, 1991b).

——: "Twenty years of feminist philosophy," *Hypatia*, 9: 3 (1994), 197–215.

——, Philipson, I., Diamond, I., Quinby, L., Vance, C. S., and Snitow, A. B.: "Forum: the feminist sexuality debates", *Signs*, 10: 1 (1984), 106–35.

Ferguson, K.: "Bureaucracy and public life: The feminization of the polity," *Administration and Society*, 15: 3 (1983), 295–322.

——: *The Feminist Case Against Bureaucracy* (Philadelphia, PA: Temple University Press, 1984).

Fernández, A. M., ed.: *Las Mujeres en la Imaginaci ón Colectiva: Una Historia de Discriminación y Resistencias* (Buenos Aires: Paidos, 1992).

Fernandez, C. A.: "Testimony of the Association of Multi-Ethnic Americans," *American Mixed Race: Exploring Microdiversity*, ed. N. Zack (Lanham, MD: Rowman and Littlefield, 1995), pp. 191–210.

Feyerabend, P.: *Against Method* (London: Verso. 1975).

Finch, J.: "Community care: developing non-sexist alternatives," *Critical Social Policy*, 9 (1984).

Findlay, H.: "Freud's 'fetishism' and the lesbian dildo debates," *Feminist Studies*, 18: 3 (1992), 563–80.

Fine, M., and Asch, A.: "The question of disability: no easy answers for the women's movement," *The Reproductive Rights Newsletter*, 4: 3 (1982).

——: "Disability beyond stigma: social interaction, discrimination, and activism," *Journal of Social Issues*, 44: 1 (1988a).

——, eds.: *Women with Disabilities: Essays in Psychology, Culture and Politics* (Philadelphia, PA: Temple University Press, 1988b).

Fineman, M. Albertson: "The politics of custody and the transformation of American custody decision making," *University of California at Davis Law Review*, 22 (1989), 829–64.

——: *The Illusion of Equality: The Rhetoric and Reality of Divorce Reform* (Chicago: University of Chicago Press, 1991).

Finley, L.: "Transcending equality theory: a way out of the maternity and the workplace debate," *Columbia Law Review*, 86 (1986), 1118–82.

Firestone, S.: *The Dialectic of Sex* (New York: William Morrow, 1970).

Fisher, L.: "Towards a phenomenology of gendered consciousness," *Feminism and Phenomenology*, ed. L. Fisher and L. Embree (Amsterdam: Kluwer, 1996).

Fitzsimons, A.: "Women, power, and technology," *Knowing the Difference: Feminist Perspectives in Epistemology*, ed. K. Lennon and M. Whitford (New York: Routledge, 1994).

Flanagan, O. J., Jr, and Adler, J. E.: "Impartiality and particularity," *Social Research*, 50: 3 (1983), 576–96.

Flanagan, O. J., and Jackson, K.: "Justice, care, and gender: the Kohlberg-Gilligan debate revisited," *Ethics*, 97 (1987), 622–37.

Flax, J.: "Political philosophy and the patriarchal unconscious," *Discovering Reality: Feminist Perspectives on Epistemology, Metaphysics, Methodology, and Philosophy of Science*, ed. S. Harding and M. Hintikka (Dordrecht, Holland: D. Reidel Publishing Co., 1983).

——: "Re-membering the selves: is the repressed gendered?," *Michigan Quarterly Review*, 26 (1987), 92–110.

——: "Postmodernism and gender relations," *Feminism/Postmodernism*, ed. L. Nicholson (New York: Routledge, 1990), pp. 39–62.

——: "'Beyond equality: gender, justice and difference," *Beyond Equality and Difference*, ed. G. Bock and S. Jones (London: Routledge, 1992), 193–210.

——: "Race/gender and the ethics of difference," *Political Theory*, 23: 3 (1995), 500–10.

Fleming, M.: "Women and the 'public use of reason,'" *Feminists Read Habermas*, ed. J. Meehan (New York: Routledge, 1995).

Flexner, E.: *Centuries of Struggle* (New York: Atheneum, 1972).

Foa, P.: "What's wrong with rape," *Feminism and Philosophy*, ed. M. Vetterling-Braggin, F. Elliston, and J. English (Totowa, NJ: Littlefield, Adams, 1977), pp. 347–59.

Folbre, N.: "Exploitation comes home: A critique of the Marxian theory of family labor," *Cambridge Journal of Economics*, 6 (1982), 317–29.

——: "Patriarchy as a mode of production," *Alternatives to Economic Orthodoxy*, ed. R. Albelda, C. Gunn, and W. Walker (New York: M.E. Sharpe, 1987), pp. 323–38.

——: *Who Pays for the Kids? Gender and the Structures of Constraint* (New York: Routledge, 1994).

Foreman, A.: *Femininity and Alienation* (London: Pluto, 1977).

Fortenbaugh, W.: *Aristotle on Emotion* (London, 1975).

Foster, V.: *Making Women the Subject of Educational Change* (Allen and Unwin, 1996).

Foucault, M.: *Discipline and Punish* (New York: Vintage Books, 1973).

——: *The History of Sexuality* (New York: Pantheon Books, 1978).

Francis, L., ed.: *Date Rape: Feminism, Philosophy, and the Law* (University Park: University of Pennsylvania Press, 1996).

Frank, F. and Anshen, F.: *Language and the Sexes* (Albany: State University of New York Press, 1983).

Franke, K.: "The central mistake of sex discrimination law: the disaggregation of sex from gender," *University of Pennsylvania Law Review*, 144 (1995), 1–99.

Frankenberg, R.: *White Women, Race Matters: The Social Construction of Whiteness* (Minneapolis: University of Minnesota Press, 1993).

Fraser, N.: "Toward a discourse ethic of solidarity," *Praxis International*, 5: 4 (1986), 425–9.

——: "Women, welfare and the politics of need interpretation," *Hypatia*, 2: 1 (1987), 103–21.

——: "Talking about needs: interpretive contests as political conflicts in welfare-state societies," *Ethics*, 99 (1989c), 291–313.

——: *Unruly Practices: Power, Discourse and Gender in Contemporary Social Theory* (Minneapolis: University of Minnesota Press, 1989a).

——: "What's critical about critical theory? The case of Habermas and gender," *Unruly Practices: Power, Discourse and Gender in Contemporary Social Theory*, ed. N. Fraser (Minneapolis: University of Minnesota Press, 1989b).

——: "After the family wage," *Social Justice* (Spring 1994).

——: "From redistribution to recognition? Dilemmas of justice in a 'post-socialist' age," *New Left Review*, 212 (1995), 68–83.

——, and Gordon, L.: "A genealogy of dependency: tracing a keyword of the U.S. welfare state," *Pitied but Not Entitled: Single Mothers and the History of Welfare* (New York: The Free Press, 1994).

——, and Nicholson, L.: "Social criticism without philosophy: an encounter between feminism and postmodernism," *Feminism/Postmodernism*, ed. L. Nicholson (New York: Routledge, 1990), pp. 19–38.

Frazer, E., and Lacey, N.: *The Politics of Community. A Feminist Critique of the Liberal-Communitarian Debate* (Toronto: University of Toronto Press, 1993).

Freeland, C. A.: "Nourishing Speculation," *Engendering Origins: Critical Feminist Readings in Plato and Aristotle*, ed. B. Bar-On (Albany:State University of New York Press, 1994).

——: "Feminist frameworks for horror films," *Post-Theory*, ed. D. Bordwell and N. Carroll (Madison: University of Wisconsin Press, 1996), pp. 195–218.

——, and Wartenberg, T. E.: *Philosophy and Film* (New York: Routledge, 1995).

Freeman, E. and Thorne, B.: "Introduction to 'the feminist sexuality debate'," *Signs*, 10: 1 (1984).

Freud, S.: *The Interpretation of Dreams* [1900], *Standard Edition of the Complete Psychological Works of Sigmund Freud (SE)*, ed. and trans. J. Strachey [1917], Vols 4–5 (New York: Basic Books, 1955).

——: *Three Essays on the Theory of Sexuality* [1905], *SE*, Vol. 7.

——: "Mourning and melancholia," *SE* [1917], Vol. 14, pp. 243–58.

——: *The Ego and the Id* [1927], *SE*, Vol. 19.

Fried, C.: *An Anatomy of Values: Problems of Personal and Social Change* (Cambridge, MA: Harvard University Press, 1970).

Fried, M. G.: "In defense of preferential hiring," *Women and Philosophy: Toward a Theory of Liberation*, ed. C. Gould and M. Wartofsky (New York: G. P. Putnam's Sons, 1976).

Friedman, M.: "Beyond caring: the demoralization of gender," *Science, Morality, and Feminist Theory*, ed. M. Hanen and K. Nielsen (Calgary: University of Calgary Press, 1987), pp. 87–100.

——: "Welfare cuts and the ascendance of market patriarchy," *Hypatia*, 3 (1988), 145–9.

——: *What Are Friends For? Feminist Perspectives on Relationships and Moral Theory* (Ithaca, NY: Cornell University Press, 1993).

——: "Feminism and modern friendship: dislocating the community," *Feminism and Community*, ed. M. Friedman and P. Weiss (Philadelphia, PA: Temple Press, 1995a).

——, and Weiss, P., eds.: *Feminism and Community* (Philadelphia, PA: Temple Press, 1995b).

Friedman, R. E.: *Who Wrote the Bible?* (New York: Summit Books, 1987).

Frug, M. J.: *Postmodern Legal Feminism* (New York: Routledge, 1991).

Frye, M.: "Male chauvinism: a conceptual analysis," *Philosophy and Sex*, ed. R. Baker and F. Elliston (Buffalo, NY: Prometheus Books, 1975).

——: "Some reflections on separatism and power," *The Politics of Reality: Essays in Feminist Theory*, ed. M. Frye (Trumansburg, NY: The Crossing Press, 1983a), pp. 95–109.

——: *The Politics of Reality*: Essays in Feminist Theory (Trumansburg, NY: The Crossing Press, 1983b).

——: "To be and be seen: The politics of reality," *The Politics of Reality: Essays in Feminist Theory*, ed. M. Frye (Trumansburg, NY: The Crossing Press, 1983c), pp. 152–74.

——: " 'Lesbian 'sex,' " *Sinister Wisdom*, 35 (1988), 46–54.

——: "A Response to *Lesbian Ethics*," *Hypatia* 5 (1990), 132–7.

——: "Do you have to be a lesbian to be a feminist?," *Willful Virgin: Essays in Feminism 1976–1992* (Freedom, CA: The Crossing Press, 1992a).

——: *Willful Virgin: Essays in Feminism 1976–1992* (Freedom, CA: The Crossing Press, 1992b).

——: "The necessity of differences: constructing a positive category of women," *Signs* (Summer 1996).

Fuss, D.: *Essentially Speaking: Feminism, Nature, and Difference* (New York: Routledge, 1989).

——: "Fashion and the homospectatorial look," *Critical Inquiry*, 18 (1992), 713–37.

Fuszara, M.: "Legal regulation of abortion in Poland," *Signs*, 17: 1 (1991), 117–28.

Gaard, G., and Gruen, L.: "Comment on George's 'Should Feminists be Vegetarians?'," *Signs* (Autumn 1995), 230–20.

Galler, R.: "The myth of the perfect body," *Pleasure and Danger: Exploring Female Sexuality* (London: Pandora Press, 1984).

Gallop, J.: *Thinking Through the Body* (New York: Columbia University Press, 1988).

Gariaule, M.: *Conversations with Ogotemmeli* (London: Oxford University Press, 1965).

Garland, R.: *The Eye of the Beholder: Deformity and Disability in Graeco-Roman World* (Ithaca, NY: Cornell University Press, 1995).

Garrett, R.: "The nature of privacy," *Philosophy Today*, 18 (1974), 263–84.

Garrison, J. W., and Phelan, A.: "Toward a feminist poetic of critical thinking," *Philosophy of Education 1989* (Champaign, IL: Philosophy of Education Society, 1990), pp. 304–14.

Garry, A.: "Pornography and respect for women," *Social Theory and Practice*, 4: 4 (1976), 395–421.

——: "The philosopher as teacher: why are love and sex philosophically interesting?," *Metaphilosphy*, 11: 2 (1980), 165–77.

Gatens, M.: "Towards a feminist philosophy of the body," *Crossing Boundaries: Feminisms and the Critique of Knowledges*, ed. B. Caine, E. Grosz, and M. de Lepervanche (Sydney: Allen and Unwin, 1988).

——: "Rousseau and Wollstonecraft: nature vs. reason," *Australasian Journal of Philosophy*, 64 supplement (1991), 1–15.

——: "A critique of the sex/gender distinction," *Imaginary Bodies: Ethics, Power and Corporeality* (London: Routledge, 1996a), pp. 3–20.

——: *Imaginary Bodies: Ethics, Power and Corporeality* (London: Routledge, 1996b).

——: "Power, ethics and sexual imaginings," *Imaginary Bodies: Ethics, Power and Corporeality* (London: Routledge, 1996c).

Gatens-Robinson, E.: "Dewey and the feminist successor science project," *Transactions of the Charles S. Peirce Society*, 27 (1991), 417–33.

——: "A defense of women's choice: abortion and the ethics of care," *Southern Journal of Philosophy*, 30: 3 (1992), 39–66.

Gavison, R.: "Privacy and the limits of law," *Yale Law Journal*, 89 (1980), 421–39.

Gearhart, S.: *The Wanderground* (Boston: Alyson, 1979).

Gerety, T.: "Redefining privacy," *Harvard Civil Rights–Civil Liberties Law Review*, 12 (1977), 233–96.

al-Ghazali, A. H.: *Ihya' 'Ulum al-Din (Reviving Religious Sciences)*, 4 vols (Cairo: Dar Mustafa Babi Halabi li al-Nashr, 11th century reprint, 1939).

Gibson, M.: *Workers' Rights* (Totowa, NJ: Rowman and Allanheld, 1983).

Gill, C., Kirschner, K., and Reis, J. P.: "Health services for women with disabilities: barriers and portals," *Reframing Women's Health*, ed. A.J. Dan (Thousand Oaks, CA: Sage Publications, 1994).

Gilligan, C.: *In A Different Voice: Psychological Theory and Woman's Development* (Cambridge, MA: Harvard University Press, 1982a).

——: "Is there a feminine morality?," *Psychology Today*, 10 (1982b), 21–34.

——: "Die andere Stimme," *Lebenskonflikte und Moral der Frau* (Munich, 1984).

——: "Moral orientation and moral development," *Women and Moral Theory*, eds. E. Kittay and D. Meyers (Totowa, NJ: Rowman and Littlefield, 1987).

——: *Mapping the Moral Domain* (Cambridge, MA: Harvard University Press, 1988).

——: "Moralische Orientierung und moralische Entwicklung," *Die Kontroverse um eine geschlechtsspezifische Ethik*, ed. G. Nunner-Winkler (Frankfurt/Main, 1991), pp. 79–100.

——, and Brown, L.: *Meeting at the Crossroads* (Cambridge, MA: Harvard University Press, 1992).

——, and Murphy, J. M.: "Moral development in late adolescence and adulthood," *Human Development*, 23 (1980), 7–104.

Gilman, C. P.: *Women and Economics: A Study of the Economic Relation Between Men and Women as a Factor in Social Evolution* [1898] (New York: Harper and Row, 1966).

——: *The Man-made World or, our Androcentric Culture* (Minneapolis: University of Minnesota Series in American Studies, 1971).

——: *Herland* (New York: Pantheon Books, 1979).

Goitein, S. D.: "Women as creators of Biblical genres," *Prooftexts*, 8: 1 (1988), 1–34.

Goldenberg, N.: *Returning Words to Flesh: Feminism, Psychoanalysis, and the Resurrection of the Body* (Boston: Beacon Press, 1990).

Goldman, E.: *Red Emma Speaks: Selected Writings and Speeches by Emma Goldman*, ed. A.K. Shulman (New York: Random House, 1972).

Goldmann, L.: *Immanuel Kant*, trans. R. Black (London: New Left Books, 1971).

Goodin, R.: *Utilitarianism as a Public Philosophy* (Cambridge: Cambridge University Press, 1995).

Goodwin, B.: *How the Leopard Changed its Spots* (London: Weidenfeld and Nicolson, 1994).

Gordon, L.: *Pitied but Not Entitled: Single Mothers and the History of Welfare* (New York: The Free Press, 1994).

——: *Badfaith and Antiblack Racism* (Atlantic Highlands, NJ: Humanities Press, 1995).

——, and DuBois, E.: "Seeking ecstasy on the battlefield," *Feminist Studies*, 9: 1 (1983), 7–25.

Gottlieb, L.: *She Who Dwells Within* (San Francisco, CA: Harper, 1995).

Gottner-Abendroth, H.: *Die tanzende Gottin. Prizipien einer matriarchalen Asthetik* (Munich, 1982).

Gould, C.: *Re-thinking Democracy: Freedom and Social Cooperation in Politics, Economy and Society* (Cambridge: Cambridge University Press, 1988).

——, and Wartofsky, M., eds.: *Women and Philosophy: Toward a Theory of Liberation* (New York: G.P. Putnam's Sons, 1976).

Gould, S. J.: *The Mismeasure of Man* (New York: W.W. Norton, 1981).

Govier, T.: "Self-trust, autonomy, and self-esteem," *Hypatia*, 8 (1993), 99–120.

Graham, A.: "The making of a nonsexist dictionary," *Ms*, 2 (1973), 12–16.

Grant, J.: *Fundamental Feminism: Contesting the Core Concepts of Feminist Theory* (New York: Routledge, 1993).

Grant, R., and Newland, K., eds.: *Gender and International Relations* (Bloomington: Indiana University Press, 1991).

Graybeal, J.: *Language and "the feminine" in Nietzsche and Heidegger* (Bloomington: Indiana University Press, 1990).

Green, K.: "Prostitution, exploitation, and taboo," *Philosophy*, 64 (1989), 525–34.

——: "Reason and feeling: resisting the dichotomy," *Australasian Journal of Philosophy*, 71: 4 (1993), 385–99.

Greenberg, B.: *On Women and Judaism* (Philadelphia, PA: Jewish Publication Society of America, 1981).

Greene, M.: *Landscapes of Learning* (New York: Teachers' College Press, 1978).

Greenson, R.: "Disidentifying from mother: the special importance for the boy," *Explorations in Psychoanalysis* (New York: International Universities Press, 1978).

Greer, G.: *The Obstacle Race: The Fortunes of Women Painters and Their Work* (London: Secker and Warburg, 1979).

Griffin, S.: "Rape: The all-American crime," *Feminism and Philosophy*, ed. M. Vetterling-Braggin, F. Elliston, and J. English (Totowa, NJ: Littlefield, Adams, 1977), pp. 313–32.

——: *Woman and Nature: The Roaring Inside Her* (New York: Harper and Row, 1978).

——: *Pornography and Silence: Culture's Revolt Against Nature* (New York: Harper and Row, 1981).

——: *A Chorus of Stones* (New York: Doubleday, 1992).

Griggers, C.: "Lesbian bodies in the age of (post)mechanical production," *Fear of a Queer Planet*, ed. M. Warner (Minneapolis: University of Minnesota Press, 1993), pp. 178–92.

Grillo, T.: "The mediation alternative: process dangers for women," *Yale Law Journal*, 100 (1991), 1545–1610.

Grimshaw, J.: *Philosophy and Feminist Thinking* (Minneapolis: University of Minnesota Press, 1986).

Griscom, J. L.: "On healing the nature/history split in feminist thought," *Heresies*, 13: 4 (1981), 4–9.

Griswold v. *Connecticut*, 381 U.S. 479 (1965).

Gross, K.: "Re-vision of the bankruptcy system: new images of individual debtors," *Michigan Law Review*, 88 (1990), 1506–56.

——: "'Steps toward feminine imagery of deity in Jewish theology," *On Being a Jewish Feminist*, ed. S. Heschel (New York: Schocken Books, 1983).

Gross, M., and Averill, M.: "Evolution and patriarchal myths of scarcity and competition," *Discovering Reality: Feminist Perspectives on Epistemology, Metaphysics, Methodology, and Philosophy of Science*, ed. S. Harding and M. Hintikka (Dordrecht, Holland: D. Reidel Publishing Co., 1983).

Gross, R.: "Public and private in the Third Amendment," *Valparaiso University Law Review*, 26 (1991), 215–21.

Grosz, E.: "Interview with Gayatri Spivak," *Thesis Eleven*, 10: 11 (1984/5), 175–87.

——: *Sexual Subversions* (Sydney: Allen and Unwin, 1989).

——: "Contemporary theories of power and objectivity," *Feminist Knowledge; Critique and Construct*, ed. S. Gunew (London: Routledge, 1990), pp. 59–120.

——: "Lesbian fetishism?," *differences*, 3: 2 (1991), 39–54.

——: "Feminist theory and the politics of art," *Dissonance: Feminism and the Arts, 1970–1990*, ed. C. Moore (St Leonards: Artspace/Allen and Unwin, 1994a).

——: "Re-figuring lesbian desire," *The Lesbian Postmodern*, ed. L. Doan (New York: Columbia University Press, 1994b), pp. 67–84.

——: *Space, Time and Perversion* (New York: Routledge, 1995a).

——: *Volatile Bodies: Toward a Corporeal Feminism* (Bloomington: Indiana University Press, 1994c).

———: "Sexual difference and the problem of essentialism," *Space, Time, and Perversion: Essays on the Politics of Bodies* (New York: Routledge, 1995b), pp. 45–57.

Gruen, I.: "Towards an ecofeminist moral epistemology," *Ecological Feminism*, ed. K. Warren (London: Routledge, 1994), pp. 120–39.

Grumet, M. R.: *Bitter Milk* (Amherst: University of Massachusetts Press, 1988).

Guan Tao: "Taking economic construction as the key to promote women's liberation," *Selected Writings in Women's Studies*, 1 (Beijing, 1993).

Guerra, L.: *La Mujer Fragmentada: Historias de un Signo* (Havana, Cuba: Casa de las Américas and Instituto Colombiano de Cultura, 1994).

Gunning, I.: "Arrogant perception, world-traveling and multicultural feminism: the case of female genital surgeries," *Columbia Human Rights Law Review*, 23 (1992), 189–248.

Gutiérrez Castañeda, G.: "Feminist movements and their constitution as political subjects," *Hypatia*, 9 (1994), 184–92.

Guy, M. E., ed.: *Men and Women of the States* (Armonk, NY: M.E. Sharpe, 1992).

Haack, S.: "On the moral relevance of sex," *Philosophy*, 49 (1974), 90–5.

Haber, B.: "Is personal life still a political issue?," *Feminist Studies*, 5: 3 (1979), 417–30.

Haber, H. F.: "Muscles and politics: shaping the feminist revolt," *Exercising Power: The Making and Remaking of the Body*, ed. C. Cole and M. Mezner (Albany: State University of New York Press, forthcoming).

Habermas, J.: *Communication and the Evolution of Society* (Boston: Beacon Press, 1979).

———: "Gerechtigkeit und Solidarität," *Zur Bestimmung der Moral*, ed. W. Edelstein and G. Nunner-Winkler (Frankfurt/Main, 1986), pp. 291–316.

———: *The Theory of Communicative Action*, trans. T. McCarthy (Boston: Beacon Press, 1987).

———: *The Structural Transformation of the Public Sphere: An Inquiry into a Category of Bourgeois Society*, trans. T. Burger and F. Lawrence (Cambridge: MIT Press, 1989), pp. 3–4.

———: *Between Facts and Nouns*, trans. W. Rehg (Cambridge, MA: MIT Press, 1996).

Hacking, I.: *Representing and Intervening* (Cambridge: Cambridge University Press, 1983).

Hale, J.: "Are lesbians women?," *Hypatia* (Spring 1996).

Hall, K.: "*Sensus communis* and violence: A feminist reading of Kant's *Critique of Judgment*," *Feminist Interpretations of Kant*, ed. R. Schott (University Park: Pennsylvania State Press, 1997).

Halley, J.: "Sexual orientation and the politics of biology," *Stanford Law Review*, 46 (1994), 503–68.

Halperin, D. M.: *One Hundred Years of Homosexuality and Other Essays on Greek Love* (New York: Routledge, 1990).

Hamblin, A.: "Is a feminist heterosexuality possible?," *Sex and Love: New Thoughts on Old Contradictions*, ed. S. Cartledge and J. Ryan (London: The Women's Press, 1983), pp. 105–23.

Hanen, M. and Nielsen, K., eds.: *Science, Morality, and Feminist Theory* (Calgary: University of Calgary Press, 1987).

Hanna, W. J. and Rogovsky, E.: "Women with disabilities: two handicaps plus," *Disability, Handicap & Society*, 6: 1 (1991).

——: "On the situation of African-American women," *Journal of Applied Rehabilitation Counseling*, 23: 4 (1992).

Hanscombe, G.: "The right to lesbian parenthood," *Journal of Medical Ethics*, 9 (1983), 133–5.

Hansen, K.: "A manifesto for cyborgs: science, technology and socialist feminism for the 1980s," *Socialist Review*, 15: 80 (1985), 65–107.

——, and Philipson, I., eds.: *Women, Class and the Feminist Imagination* (Philadelphia, PA: Temple University Press, 1990).

Hanson, K.: "Provocations and justifications of film," *Philosophy and Film*, ed. C. A. Freeland and T. E. Wartenberg (New York: Routledge, 1995), pp. 33–48.

Haraway, D.: *Primate Visions: Gender, Race and Nature in the World of Modern Science* (London: Routledge, 1989).

——: "Cyborgs at large: interview with Donna Haraway," *Technoculture*, ed. C. Penley and A. Ross (Minneapolis: University of Minnesota Press, 1991a).

——: *Simians, Cyborgs, and Women: The Reinvention of Nature* (New York: Routledge, 1991b).

——: "The politics of postmodern bodies," *Simians, Cyborgs, and Women: The Reinvention of Nature*, ed. D. Haraway (New York: Routledge, 1991c).

——: "A manifesto for cyborgs: science, technology and socialist feminism for the 1980s," *Simians, Cyborgs, and Women: The Reinvention of Nature*, ed. D. Haraway (New York: Routledge, 1991d).

Harding, S.: "Feminism: reform or revolution," *The Philosophical Forum*, V: 1–2 (1973–4), 271–84.

——: "Why has the sex/gender system become visible only now?," *Discovering Reality: Feminist Perspectives on Epistemology, Metaphysics, Methodology, and Philosophy of Science*, ed. S. Harding and M. Hintikka (Dordrecht, Holland: D. Reidel, 1983b).

——: *The Science Question in Feminism* (Ithaca, NY: Cornell University Press, 1986).

—— ed.: *Feminism and Methodology* (Bloomington: Indiana University Press, 1987a).

——: "Introduction: is there a feminist method?," *Feminism and Methodology*, ed. S. Harding (Bloomington: Indiana University Press, 1987b).

——: *Whose Science? Whose Knowledge? Thinking From Women's Lives* (Ithaca, NY: Cornell University Press, 1991).

——: *The "Racial" Economy of Science: Toward a Democratic Future* (Bloomington: Indiana University Press, 1993a).

——: "Rethinking standpoint epistemology: what is strong objectivity?," *Feminist Epistemologies*, ed. L. Alcoff and E. Potter (New York: Routledge, 1993b).

——, and Hintikka, M., eds.: *Discovering Reality: Feminist Perspectives on Epistem-ology, Metaphysics, Methodology, and Philosophy of Science* (Dordrecht, Holland: D. Reidel Publishing Co., 1983a).

Harre, R.: *Varieties of Realism* (Oxford: Basil Blackwell, 1986).

Harris, A.: "Race and essentialism in feminist legal theory," *Stanford Law Review*, 42 (1990), 581–616.

——, and King, Y., eds.: *Rocking the Ship of State* (Boulder, CO: Westview Press, 1989).

Harris, L. C. and Narayan, U.: "Affirmative action and the myth of preferential treatment," *Harvard Blackletter Law Journal*, 11 (1994).

Harrison, B.: *Our Right to Choose* (Boston: Beacon Press, 1983).

——: *Making the Connections: Essays in Feminist Social Ethics*, ed. C. Robb (Boston: Beacon Press, 1985).

Hart, C. G.: "Power in the service of love, Dewey's logic and the dream of a common language," *Hypatia*, 8: 2 (1993), 190–214.

Hart, L.: *Between the Body and the Flesh: Performing Lesbian S/M* (New York: Columbia University Press, 1994a).

——: *Fatal Women: Lesbian Sexuality and the Mark of Aggression* (Princeton, NJ: Princeton University Press, 1994b).

Hart, N.: "Lesbian desire as social action," *Lesbian Philosophies and Cultures*, ed. J. Allen (New York: State University of New York Press, 1990), pp. 295–304.

Hartline, S.: "Intimate danger: the case for preemptive self-defense," *Feminist Ethics and Social Policy*, ed. P. DiQuinzio and I. M. Young (Bloomington: Indiana University Press, 1996).

Hartmann, H.: "The family as the locus of gender, class and political struggle," *Signs*, 6: 3 (1981a), 366–94.

——: "The unhappy marriage of Marxism and feminism," *Women and Revolu-tion*, ed. L. Sargent (Boston: South End Press, 1981b), 1–42.

Hartsock, N.: "The feminist standpoint: developing a ground for a specifically feminist historical materialism," *Discovering Reality: Feminist Perspectives on Epistemology, Metaphysics, Methodology, and Philosophy of Science*, ed. S. Harding and M. Hintikka (Dordrecht, Holland: D. Reidel Publishing Co., 1983).

——: *Money, Sex, and Power* (Boston: Northeastern University Press, 1985).

——: "Masculinity, heroism and the making of war," *Rocking the Ship of State*, ed. A. Harris and Y. King (Boulder, CO: Westview Press, 1989).

——: "Foucault on power: a theory for women?," *Feminism/Postmodernism*, ed. L. Nicholson (New York: Routledge, 1990), pp. 157–75.

Hasan, Z., ed.: *Forging Identities: Gender, Communities and the State* (New Delhi: Kali for Women, 1994).

Haskell, M.: *From Reverence to Rape* (New York: Holt, Rinehart, and Winston, 1974).

Haslanger, S.: "On being objective and being objectified," *A Mind of One's Own: Feminist Essays on Reason and Objectivity*, ed. L. Antony and C. Witt (Boulder, CO: Westview Press, 1993), 85–125.

402

Hasse, L.: "Legalizing gender-specific values," *Women and Moral Theory*, ed. E. Kittay and D. Meyers (Totowa, NJ: Rowman and Littlefield, 1987), pp. 282–95.

Haug, F.: "Die Moral ist zweigeschlechtlich wie der Mensch," *Weiblichkleit oder Feminismus?*, ed. C. Opitz (Weingarten, 1984), pp. 95–121.

——: "Ethik und Feminismus – eine problematische Beziehung," *Sei wie das Veilchen im Moose*, ed. N. Kramer, B. Menzel, B. Möller, and A. Standhartinger (Frankfurt/Main, 1994).

Havelkova, H. "A few prefeminist thoughts," *Gender Politics and Post-Communism*, ed. N. Funk and M. Mueller (New York: Routledge, 1993a).

——: "'Patriarchy' in Czech society," *Hypatia*, 8: 4 (1993b), pp. 89–96.

Hawkesworth, M.: *Theoretical Issues in Policy Analysis* (Albany: State University of New York Press, 1988a).

——: "The politics of knowledge," *Academic Freedom and Responsibility* (London: Open University Press, 1988b).

——: "Knowers, knowing, known: feminist theory and claims of truth," *Signs*, 14: 3 (1989), 533–57.

——: "The affirmative action debate and conflicting conceptions of individuality," *Hypatia Reborn: Essays in Feminist Philosophy*, ed. A. al-Hibri and M. Simons (Bloomington: Indiana University Press, 1990), pp. 135–55.

——: "From objectivity to objectification: feminist objections," *Annals of Scholarship*, 8: 3–4 (1991), 451–77.

Hawley, J. S., and Wulff, D. M., eds.: *The Divine Consort: Radha and the Goddesses of India* (Boston, MA: Beacon Press, 1986).

Hay, M. J., and Sticher, S., eds.: *African Women South of the Sahara* (New York: Longman, 1984).

Hayden, D.: *The Grand Domestic Revolution* (Cambridge, MA: MIT Press, 1985).

Hegel, G. W. F.: *Vorlesungen über die Asthetik*, Bd. II, Werke in Zwanzig Bänden (Frankfurt/Main: Suhrkamp, 1970).

Hein, H.: "The role of feminist aesthetics in feminist theory," *Journal of Aesthetics and Art Criticism*, 48 (1990), 281–91.

——, and Korsmeyer, C.: *Aesthetics in Feminist Perspective* (Bloomington: Indiana University Press, 1993).

Heise, H.: "Eyeshadow, aesthetics and morality," *Women's Studies International Forum*, 7: 5 (1984), 365–73.

Hekman, S.: *Gender and Knowledge: Elements of a Postmodern Feminism* (Boston, MA: Northeastern University Press, 1990).

——: "Reconstructing the subject: feminism, modernism, and postmodernism," *Hypatia*, 6 (1991), 44–63.

——: "A method for difference: feminist methodology and the challenge of difference," paper presented at the Annual Meeting of the American Political Science Association, (Chicago: 1995).

Held, V.: "The obligations of mothers and fathers," *"Femininity", "Masculinity", and "Androgyny"*, ed. M. Vetterling-Braggin (Totowa, NJ: Littlefield, Adams, 1982).

——: *Rights and Goods: Justifying Social Action* (New York: The Free Press, 1984).

——: "Feminism and moral theory," *Woman and Moral Theory*, ed. E. Kittay and D. Meyers (Totowa, NJ: Rowman and Littlefield, 1987a).

——: "Non-contractual society," *Science, Morality, and Feminist Theory*, ed. M. Hanen and K. Nielsen (Calgary: University of Calgary Press, 1987b).

——: "Birth and death," *Ethics*, 99 (1989), 362–88.

——: *Feminist Morality: Transforming Culture, Society and Politics* (Chicago, IL: University of Chicago Press, 1993).

——: "The meshing of care and justice," *Hypatia*, 10: 2 (1995a).

——: *Justice and Care: Essential Readings in Feminist Ethics* (Boulder, CO: Westview Press, 1995b).

Heldke, L.: "In praise of unreliability," *Hypatia*, 12: 3 (1997).

Heller, A.: "The emotional division of labor between the sexes: perspectives on feminism and socialism," *Feministische Philosophie*, ed. H. Nagl-Docekal (Vienna: Oldenbourg, 1990), 229–43.

Henderson, L.: "Legality and empathy," *Michigan Law Review*, 85 (1987), 1574–1653.

——: "Review essay: what makes rape a crime," *Berkeley Women's Law Journal*, 3 (1987/88), 193–229.

——: "Lesbian pornography: cultural transgression and sexual demystification," *New Lesbian Criticism: Literary and Cultural Readings*, ed. S. Munt (New York: Columbia University Press, 1992), pp. 173–91.

Hennessy, R.: *Materialist Feminism and the Politics of Discourse* (New York: Routledge, 1993).

——: "Incorporating queer theory on the Left," *Marxism in the Postmodern Age: Confronting the New World Order*, ed. A. Callari, S. Cullenberg, and C. Biewener (New York: Guilford Press, 1995), pp. 266–75.

Herman, B.: "Could it be worth thinking about Kant on sex and marriage?," *A Mind of One's Own: Feminist Essays on Reason and Objectivity*, ed. L. Antony and C. Witt (Boulder, CO: Westview Press, 1993a), pp. 49–67.

——: *The Practice of Moral Judgment* (Cambridge, MA: Harvard University Press, 1993b).

Hershey, L.: "Choosing disability," *Ms.* (July/August 1994), pp. 26–32.

Herton, C.: "The sexual mountain and black women writers," *Black Scholar*, 15: 4 (1984), 2–11.

Heschel, S., ed.: "Introduction," *On Being a Jewish Feminist* (New York: Shocken Books, 1983).

Hesse, M.: *Revolutions and Reconstructions in the Philosophy of Science* (Bloomington: Indiana University Press, 1980).

Heyward, I. Carter: *The Redemption of God* (Washington, DC: University Presses of America, 1982).

——: *Our Passion for Justice* (New York: Pilgrim Press, 1984).

al-Hibri, A.: "A study of Islamic herstory: or how did we get into this mess?," *Women in Islam* (Oxford: Pergamon Press, 1982).

——: "Marriage laws in Muslim countries," *International Review of Comparative Public Policy*, 4 (1992), 227–44.

——: *A Critique of Personal Status Codes in Select Arab Countries*. Arab Regional Preparatory Meeting for the Fourth World Conference on Women, Beijing, 1995. ESCWA, United Nations (Arabic Draft), September 1994 (final English version forthcoming).

Hierro, G.: *Etica y Feminismo* (Mexico City: UNAM, 1985).

Hill, J.: "Pornography and degradation," *Hypatia*, 2: 2 (1987), 39–54.

Hill, T. E., Jr: "The importance of autonomy," *Women and Moral Theory*, ed. E. F. Kittay and D. T. Meyers (Totowa, NJ: Rowman and Littlefield, 1987), pp. 129–38.

Hillyer, B.: *Feminism and Disability* (Norman, OK: University of Oklahoma Press, 1993).

Hine, D. C.: *Black Women in America: An Historical Encyclopedia* (New York: Carleson, 1993).

Hintikka, M., and Hintikka, J.: "How can language be sexist?," *Discovering Reality: Feminist Perspectives on Epistemology, Metaphysics, Methodology, and Philosophy of Science*, ed. S. Harding and M. Hintikka (Dordrecht, Holland: D. Reidel Publishing Co., 1983).

Hirsch, K.: "Raising our voices: perspectives on the book *Feminism and Disability. Resourceful Woman*" (Health Resource Center for Women with Disabilities, Rehabilitation Institute of Chicago, Winter 1994, 3: 1).

Hirschmann, N.: *Rethinking Obligation* (Ithaca, NY: Cornell University Press, 1992).

Hoagland, S.: "Sadism, masochism, and lesbian-feminism," *Against Sadomasochism: A Radical Feminist Analysis*, ed. R. Lindon et al. (Palo Alto, CA: Frog in the Well, 1982a).

——: *Lesbian Ethics: Toward New Value* (Palo Alto, CA: Institute for Lesbian Studies, 1988).

——: "Some thoughts about 'caring,'" *Feminist Ethics*, ed. C. Card (Lawrence: University of Kansas Press, 1991).

Hochschild, A. R.: *The Managed Heart: Commercialization of Human Feeling* (Berkeley: University of California Press, 1983).

——: *The Second Shift: Working Parents and the Revolution at Home* (New York: Viking Press, 1989).

Hodge, J.: "Subject, body, and the exclusion of women from philosophy," *Feminist Perspectives in Philosophy*, ed. M. Griffiths and M. Whitford (Bloomington: Indiana University Press, 1988).

Hollibaugh, A., and Moraga, C.: "What we're rollin' around in bed with: sexual silences in feminism," *Powers of Desire*, ed. A. Snitow, C. Stansell, and S. Thompson (New York: Monthly Review Press, 1983), pp. 394–405.

Hollway, W.: "Gender difference and the production of subjectivity," *Changing the Subject: Psychology, Social Regulation, and Subjectivity*, ed. J. Henriques, W. Hollway, C. Urwin, C. Venn, and V. Walkerdine (New York: Methuen, 1984), pp. 227–63.

Holmes, H. Bequaert: "Sex preselection: eugenics for everyone?," *Biomedical Ethics Reviews–1985*, ed. J. Humber and R. Almeder (Clifton, NJ: Humana Press, 1985), pp. 38–71.

——: and Purdy, L., eds.: *Feminist Perspectives in Medical Ethics* (Bloomington: Indiana University Press, 1992).

Holmstrom, N.: "Do women have a distinct nature?," *Philosophical Forum*, XIV: 1 (1982), 25–42.

——: "A Marxist theory of human nature," *Ethics*, 94 (1984), 456–73.

——: "Humankind(s)," *Canadian Journal of Philosophy*, 20 (1994), 69–105.

The Holy Quran: trans. A. Yousuf Ali (Savage, MD: Amana Corp., 1983).

Homiak, M.: "Feminism and Aristotle's rational ideal," *A Mind of One's Own: Feminist Essays on Reason and Objectivity*, ed. L. Antony and C. Witt (Boulder, CO: Westview Press, 1993).

hooks, b.: *Ain't I a Woman: Black Women and Feminism* (Boston: South End Press, 1981).

——: *Feminist Theory: From Margin To Center* (Boston: South End Press, 1984).

——: "Feminism: A movement to end sexist oppression," *Equality and Feminism*, ed. A. Phillips (New York: New York University Press. 1987), pp. 62–76.

——: *Talking Back: Thinking Feminist, Thinking Black* (Boston: South End Press, 1989).

——: *Yearning: Race, Gender and Cultural Politics* (Boston: South End Press, 1991).

——: *Black Looks: Race and Representation* (Boston: South End Press, 1992a).

——: "The oppositional gaze: black female spectators," *Black Looks: Race and Representation*, ed. b. hooks (Boston: South End Press, 1992b), pp. 115–31.

——: *Outlaw Culture* (New York: Routledge, 1994).

——: *Killing Rage/Ending Racism* (New York: Henry Hold & Co., 1995).

Hornsby, J.: "Speech acts and pornography," *The Problem of Pornography*, ed. S. Dwyer (Belmont, CA: Wadsworth, 1995), p. 220ff.

Hountondji, P.: *Sur la Philosophie africaine* (Paris: Maspéro, 1977) [*African Philosophy: Myth and Reality*, trans. H. Evans and J. Ree (London: Hutchinson University Press for Africa, 1983)].

Houston, B.: "Rescuing womanly virtues: some dangers of moral reclamation," *Science, Morality and Feminist Theory*, ed. M. Hanen and K. Nielsen (Calgary: University of Calgary Press, 1987).

——: "Prolegomena to future caring," *Who Cares? Theory, Research, and Educational Implications of the Ethic of Care*, ed. M. Brabeck (New York: Praeger, 1989), pp. 84–100.

——: "Are children's rights wrongs?," *Philosophy of Education 1992* (Champaign, IL: Philosophy of Education Society, 1993), pp. 145–55.

Howe, L. A.: "Kierkegaard and the feminine self," *Hypatia*, 9: 4 (1994), 131–57.

Huang Qizao: "Emancipating and developing productive forces and women's liberation', *Chinese Women's Daily* (June 20, 1992).

Hubbard, R.: *The Politics of Women's Biology* (New Brunswick: Rutgers University Press, 1990).

——, Hennifin, M. S., and Fried, B., eds.: *Biological Woman: The Convenient Myth* (Cambridge: Schenkman, 1982).

——, and Lowe, M., eds.: *Genes and Gender* (New York: Gordian Press, 1979).

——: and Wald, E.: *Exploding the Gene Myth* (Boston: Beacon Press, 1993).

Hudnut v. *American Booksellers, Federal 2d* 771: 323. 7th Circuit (1985).

Hudson-Weems, C.: *African Womanism: Reclaiming Ourselves* (London: Bedford Publications, 1996).

Hull, D. L.: *Science as a Process: An Evolutionary Account of the Social and Conceptual Development of Science* (Chicago, IL: Chicago University Press, 1988).

Human Rights Watch Global Report on Women's Human Rights, New York, 1995.

Hume, D.: *A Treatise of Human Nature*, ed. L. A. Selby-Bigge [1739] (Oxford: Clarendon Press, 1955a).

——: *Enquiry Concerning Human Understanding* [1748] (Indianapolis, IN: Bobbs-Merrill, 1955b).

Hunter, N., and Law, S.: "Brief *Amici Curiae* of Feminist Anti-Censorship Task-force, et al. in *American Booksellers Association v. Hudnut*," *University of Michigan Journal of Law Reform*, 21 (1987/8), 69–136.

Hussain, F., ed.: *Muslim Women* (London: Croom Helm, 1984).

Illich, I.: *Deschooling Society* (New York: Harper and Row, 1972).

In re *Baby M*, 109 N.J. 396, 537 A.2d 1227 (1988).

Inness, J.: *Privacy, Intimacy, and Isolation* (New York: Oxford University Press, 1992).

Irigaray, L.: "When the goods get together," *New French Feminisms*, ed. E. Marks and I. de Courtivron (New York: Schocken Books, 1981).

——: *The Speculum of the Other Woman* (Ithaca: Cornell University Press, 1985a) trans. G. Gill from *Speculum de l'autre femme* (Paris: Minuit, 1974).

——: *The Sex Which is Not One*, trans. C. Porter and C. Burke (Ithaca, NY: Cornell University Press, 1985b).

——: "Egales à qui?," *Critique*, 480 (1987), 420–37; trans. as "Equal to Whom?," *differences*, 21 (1988), 59–76.

——: "'Is the subject of science sexed?," *Feminism and Science*, ed. N. Tuana (Bloomington: Indiana University Press: 1989).

——: *An Ethics of Sexual Difference*, trans. C. Burke and G. Gill (Ithaca, NY: Cornell University Press, 1993a).

——: "The invisible of the flesh," trans. C. Burke and G. Gill, *An Ethics of Sexual Difference* (Ithaca, NY: Cornell University Press, 1993b), pp. 151–84.

——: et al.: "Sorcerer love: a reading of Plato, *Symposium*, 'Diotina's speech,'" *An Ethics of Sexual Difference*, trans. C. Burke and G. Gill (Ithaca, NY: Cornell University Press, 1993c).

Isasi-Díaz, A. M.: "Toward an understanding of *Feminismo Hispano* in the U.S.A.," *Women's Consciousness, Women's Conscience*, ed. B. H. Andolsen, C. E. Gudorf, and M.D. Pellauer (San Francisco, CA: Harper and Row, 1985).

Isherwood, C.: *Ramakrishna and His Disciples* (Hollywood, CA: Vedanta Press, 1965).

Ismail, R., ed. *Hudud in Malaysia: The Issues at Stake* (Kuala Lumpur: SIS Forum, Malaysia, 1995).

Ivekovic, R.: "Prazno mjesto drugog/druge u postmodernoj misli," *Posmoderna - Nova epoha ili zabluda* (Zagreb: Naprijed, 1988).

——: "Remember Yugoslavia?," *And Then*, 5 (1993a), p. 63.

——: "'Women, nationalism, and war: 'make love not war,'" *Hypatia*, 8: 4 (1993b), 113.

Iversen, M.: "The deflationary impulse: postmodernism, feminism and the anti-aesthetic," *Thinking Art: Beyond Traditional Aesthetics*, ed. A. Benjamin and P. Osborne (London, 1991).

Jackson, C.: "Gender analysis and environmentalisms," *Social Theory and the Global Environment*, ed. T. Benton and M. Redclift (London: Routledge, 1994), 113–49.

Jaggar, A. M.: "On sexual equality," *Ethics*, 84 (1974), pp. 275–91.

——: "Abortion and a woman's right to decide," *Women and Philosophy*, ed. C. C. Gould and M. W. Wartofsky (New York: G. P. Putnam's Sons, 1980a), pp. 347–64.

——: "Prostitution," *The Philosophy of Sex: Contemporary Readings*, ed. A. Soble (Savage, MD: Rowman and Littlefield, 1980b), pp. 353–8.

——: *Feminist Politics and Human Nature* (Totowa, NJ: Rowman and Allanheld: Harvester, 1983).

——: "Love and knowledge: emotion in feminist epistemology," *Gender/Body/Knowledge*, ed. A. M. Jaggar and S. Bordo (New Brunswick: Rutgers University Press, 1989).

——: "Feminist ethics: projects, problems, prospects," *Feminist Ethics*, ed. C. Card (Lawrence: University of Kansas Press, 1991).

——: "'Sexual difference and sexual equality," *Theoretical Perspectives on Sexual Difference*, ed. D. Rhode (New Haven, CT: Yale University Press, 1990), reprinted in *Living with Contradictions*, ed. A. M. Jaggar (Boulder, CO: Westview Press, 1995a).

——: "Caring as a feminist practice of moral reason," *Justice and Care: Essential Readings in Feminist Ethics*, ed. V. Held (Boulder, CO: Westview Press, 1995a).

——: "Toward a feminist conception of moral reasoning," *Morality and Social Justice: Point/CounterPoint*, ed. J. Sterba et al. (Lanham, MD: Rowman and Littlefield, 1995b).

—— and McBride, W. L.: "'Reproduction' as male ideology," *Women's Studies International Forum*, 8 (1985), 185–96.

Jahangir, A. and Jilali, H.: *Hudood Ordinances: A Divine Sanction?* (Pakistan: Photas Books, 1990).

Jakobsen, J.: "Agency and alliance in public discourse about sexualities," *Hypatia*, 10: 1 (1995).

Jameelah, M.: *Islam and The Muslim Woman Today* (Pakistan: Mohammad Yousuf Khan and Sons, 1988).

James, S.: "The good-enough citizen: female citizenship and independence," *Beyond Equality and Difference*, ed. G. Bock and S. James (London: Routledge, 1992), pp. 48–65.

——, and Busia, A. P. A., eds.: *Theorizing Black Feminisms: The Visionary Pragmatism of Black Women* (London: Routledge, 1993).

Jardine, A.: *Gynesis: Configurations of Woman and Modernity* (Ithaca: Cornell University Press, 1985).

——: "Notes for analysis," *Between Psychoanalysis and Feminism*, ed. T. Brennan (London: Routledge, 1989).

Jauch, U. P.: *Immanuel Kant zur Geschlechterdifferenz. Aufklärerische Vorurteilskritik und bürgerliche Geschlechtsvormundschaft* (Vienna: Passagen, 1988).

Jay, K., ed.: *Lesbian Erotics* (New York: New York University Press, 1995).

Jaywardena, K.: *Feminism and Nationalism in the Third World* (Sri Lanka: University of Colombo, 1986).

Jazairy, I., Alamgir, M., and Panuccio, T.: *The State of World Rural Poverty* (New York: New York University Press, 1992).

al-Jaziri, A. R.: *Kitab al-Fiqh 'ala al-Mathahib al-Arba'ah* (*Islamic Jurisprudence According to the Four Main Schools of Thought*), 5 vols (Beirut: Dar Ihya'al-Turath al-Arabi, 1969).

Jeffreys, S.: *The Lesbian Heresy: A Feminist Perspective on the Lesbian Sexual Revolution* (North Melbourne, Australia: Pinifex Press, 1993).

Jelín, E., ed. (1987): *Women and Social Change in Latin America*, trans. J.A. Zammit and M. Thomson (London: Zed, 1990).

Jenness, L., ed.: *Feminism and Socialism* (New York: Pathfinder Press, 1972).

Jetter, A., Orleck, A., Taylor, D., eds.: *The Politics of Motherhood* (Hanover: New England University Press, forthcoming).

Jiang Zemin: "The Marxist conception of women must be established among the entire Party and society," *People's Daily* (March 8, 1990).

Jo, B., Strega, L., and Ruston (*sic*): *Dykes-Loving-Dykes: Dyke Separatist Politics for Lesbians Only* (Oakland, CA: Battleaxe, 1990).

Johnson, C.: "Gender analysis and ecofeminism," *Social Theory and the Global Environment*, ed. M. Redclift and T. Benton (London: Routledge, 1994).

Johnson, E.: *She Who Is* (New York: Crossroad, 1992).

Jones, K.: "Citizenship in a woman-friendly polity," *Signs*, 15 (1990), 781–812.

——: *Compassionate Authority, Democracy and the Representation of Women* (New York: Routledge, 1993).

Jordanova, L.: *Sexual Visions: Images of Gender in Science and Medicine between the Eighteenth and Twentieth Centuries* (Madison: University of Wisconsin Press, 1989).

Joseph, G.: "The incompatible ménage à trois: Marxism, feminism, and racism," *Women and Revolution*, ed. L. Sargent (Boston: South End Press, 1981), pp. 91–108.

——, and Lewis, J.: *Common Differences: Conflicts in Black and White Perspectives* (New York: Doubleday/Anchor, 1981).

Kagame, A.: *La Philosophie bantu-rwandaise de l'etre* (Brussels: Académie Royale des Sciences Coloniales, 1956).

Kain, P. J.: "Marx, housework, and alienation," *Hypatia*, 8 (1993), 121–44.

Kaminer, W.: *A Fearful Freedom: Women's Flight from Equality* (Reading, MA: Addison-Wesley, 1990).

Kamm, F.: *Creation and Abortion* (New York: Oxford, 1992).

Kant, I.: *Critique of Judgment*, trans. J. C. Meredith (Oxford: Clarendon Press, 1957).

——: *Foundations of the Metaphysics of Morals*, trans. L. White Beck (Indianapolis, IN: Bobbs-Merrill Co., 1959).

——: *Observations on the Feeling of the Beautiful and Sublime*, trans. J. T. Goldthwait (Berkeley: University of California Press, 1960).

——: "What is enlightenment?," *Kant on History*, trans. L. White Beck (New York: Macmillan Publishing Co., 1963).

——: *Anthropology from a Pragmatic Point of View*, trans. V. Lyle Dowdell (Carbondale: Southern Illinois Press, 1978).

Kaplan, C.: "The politics of location as transnational feminist critical practice," *Scattered Hegemonies: Postmodernity and Transnational Feminist Practices*, ed. I. Grewal and C. Kaplan (Minneapolis: University of Minnesota Press, 1994).

Kaplan, D.: "Disability rights perspectives in reproductive technologies and public policy," *Reproductive Laws for the 1990s*, ed. S. Cohen and N. Taub (Clifton, NJ: Humana Press, 1989).

Kaplan, M.: "Intimacy and equality: The question of lesbian and gay marriage," Stony Brook Philosophy Colloquium Series (Stony Brook, NY: March 4, 1993)

Kappeler, S.: *The Pornography of Representation* (Minneapolis: University of Minnesota Press, 1986).

Karlan, P., and Ortiz, D.: "In a different voice: relational feminism, abortion rights, and the feminist legal agenda," *Northwestern Law Review*, 87 (1993), 858–96.

Katzenstein, M. F., and Laitin, D.: "Politics, feminism and the ethics of care," *Women and Moral Theory*, ed. E. Kittay and D. Meyers (Totowa, NJ: Rowman and Littlefield, 1987), pp. 261–81.

Kaufman-Osborn, T.: "Teasing feminist sense from experience," *Hypatia*, 8: 2 (1993), 124–44.

Kay, H.: "Equality and difference: the case of pregnancy," *Berkeley Women's Law Journal*, 1 (1985), 1–38.

Keith, L., ed.: *What Happened to You?: Writing by Disabled Women* (London: The Women's Press, 1994).

Keller, C.: *From a Broken Web* (Boston: Beacon Press, 1986).

——: *Apocalypse Now and Then* (Boston: Beacon Press, 1996).

Keller, E. Fox: *A Feeling for the Organism: The Life and Work of Barbara McClintock* (New York: W. H. Freeman & Co., 1983).

——: *Reflections on Gender and Science* (New Haven, CT: Yale University Press, 1985).

410

——: "From secrets of life to secrets of death," *Body/Politics*, ed. M. Jacobus, E. Fox Keller, and S. Shuttlesworth (New York: Routledge, 1990).

——: *Secrets of Life, Secrets of Death: Essays on Language, Gender and Science* (New York: Routledge, 1993).

——, and Longino, H., eds.: *Feminism and Science* (Oxford: Oxford University Press, 1996).

Kennedy, E., and Mendus, S., eds.: *Women in Western Political Philosophy* (Brighton, Sussex: Wheatsheaf Books, 1987).

Kent, D.: "In search of liberation," *Disabled USA*, 1: 3 (1977).

Kersey, S.: *Classics in the Education of Girls and Women* (Metuchen, NJ: Scarecrow Press, 1981).

Kessler, S., and McKenna, W.: *Gender: An Ethnomethodological Approach* (New York: John Wiley, 1978).

Ketchum, S.: "Liberalism and marriage law," *Feminism and Philosophy*, ed. M. Vetterling-Braggin, F. Elliston, and J. English (Totowa, NJ: Littlefield, Adams, 1977), pp. 264–76.

Kheel, M: "The liberation of nature: a circular affair," *Environmental Ethics*, 7 (1985), 135–49.

Kiczkova, Z., and Farkasova, E.: "The emancipation of women: a concept that failed," *Gender Politics and Postcommunism*, ed. N. Funk and M. Mueller (New York: Routledge, 1993).

Kim, C. W., St Ville, S., and Simonaitis, S., eds.: *Transfigurations: Theology and the French Feminists* (Minneapolis: Fortress Press, 1993).

King, K.: "The situation of lesbianism as feminism's magical sign," *Communication*, 9: 1 (1986), 65–91.

King, D. K.: "Multiple jeopardy, multiple consciousness," *Signs*, 14 (1988), 42–72.

King, R.: "Caring about nature: feminist ethics and the environment," *Hypatia*, 6: 1 (1991), 75–89.

King, Y.: "The ecology of feminism and the feminism of ecology," *Healing the Wounds*, ed. J. Plant (Philadelphia, PA: New Society Publishers, 1989), pp. 18–28.

——: "Healing the wounds: feminism, ecology, and the nature/culture dualism," *Reweaving the World*, ed. I. Diamond and G. Orenstein (San Francisco, CA: Sierra Club Books, 1990), pp. 106–21.

Kinsley, D.: *Hindu Goddesses: Visions of the Divine Feminine in the Hindu Religious Tradition* (Berkeley: University of California Press, 1988).

Kirk, G.: "Our Greenham Common: feminism and non-violence," *Rocking the Ship of State*, ed. A. Harris and Y. King (Boulder, Co: Westview Press, 1993a).

——: "Our Greenham Common: not just a place but a movement," *Rocking the Ship of State*, ed. A. Harris and Y. King (Boulder, CO: Westview Press, 1993b).

Kishwar, M.: *Gandhi and Women* (Delhi: Manushi Prakashan, 1986).

——: "Why do I not call myself a feminist?," *Manushi*, 61 (1990).

——, and Vanita, R.: "Poison to nectar: the life and work of Mirabai," *Manushi* (1989), 50–2.

Kittay, E.: "Pornography and the erotics of domination," *Beyond Domination: New Perspectives on Women and Philosophy*, ed. C. Gould (Totowa, NJ: Rowman and Allanheld, 1983a), pp. 145–74.

——: "Womb envy: an explanatory concept," *Mothering: Essays in Feminist Theory*, ed. J. Trebilcot (Savage, MD: Rowman and Littlefield, 1983b), pp. 94–128.

——: "The greater danger: pornography, social science and women's rights," *Social Epistemology*, 1988a.

——: "Woman as metaphor," *Hypatia*, 3: 1 (1988b), 63–86.

——: "Taking dependency seriously: the family and medical leave act considered in light of the social organization of dependency work and gender equality," *Hypatia*, 10 (1995), 8–29.

——: "Dependency work, political discourse and a new basis for a coalition amongst women," *Women, Children and Poverty*, ed. T. Perry, M. Fineman, and J. Hanigsberg (New York: Routledge, forthcoming).

——, and Meyers, D., eds.: *Women and Moral Theory* (Totowa, NJ: Roman and Littlefield, 1987).

Klawiter, M.: "Using Arendt and Heidegger to consider feminist thinking on women and reproductive/infertility technologies," *Hypatia*, 5: 3 (1990), 65–89.

Klein, B. S.: "We are who you are: feminism and disability," *Ms.* (November/December 1992).

Klimenkova, T.: "What does our new democracy offer society?," *Women in Russia – A New Era in Russian Feminism*, ed. A. Posadskaya (London: Verso, 1994).

Kline, M.: "Race, racism, and feminist legal theory," *Harvard Women's Law Journal*, 12 (1989), 115–50.

Klinger, C.: "Frau – Landschaft – Kunstwerk. Gegenwelten oder Reservoire des Patriarchats?," *Feministische Philosophie*, ed. H. Nagl-Docekal (Vienna/Munich: Oldenbourg, 1990).

——: "The concepts of the sublime and the beautiful in Kant and Lyotard," *Constellations*, 2: 2 (1995), 207–24.

Kneller, J.: "The ascetic dimension of Kantian autonomy," *Feminist Interpretations of Kant*, ed. R. Schott (University Park: Pennsylvania State Press, 1997).

Koedt, A.: "The myth of the vaginal orgasm," *Radical Feminism*, ed. A. Koedt, E. Levine, and A. Rapone (New York: Quadrangle Press, 1973).

Koestler, A., and Smythies, J. R., eds.: *Beyond Reductionism: New Perspectives in the Life Sciences* (London: Hutchinson, 1968).

Kofman, S.: "The economy of respect: Kant and respect for women," *Le Respect des femmes* (Paris: Galilée, 1982).

Kohlberg, L.: *The Philosophy of Moral Development, Vol. I* (San Francisco, CA: Harper and Row, 1981).

Kollontai, A.: *Red Love* (New York: Seven Arts, 1927).

——: *Love of Worker Bees* (London: Virago, 1971a).

412

_____: *Women Workers Struggle for Their Rights*, trans. C. Britton (Bristol: Falling Wall Press, 1971b).

_____: *Love and the New Morality*, trans. A. Holt (Bristol: Falling Wall Press, 1972a).

_____: *Sexual Relations and the Class Struggle*, trans. A. Holt (Bristol: Falling Wall Press, 1972b).

_____: *The Autobiography of a Sexually Emancipated Communist Woman*, trans. S. Attanasio (New York: Schocken, 1975).

_____: *Selected Writings of Alexandra Kollontai*, ed. and trans. A. Holt (Westport, CT: Lawrence Hill, 1977).

Konvitz, M.: "Privacy and the law: a philosophical prelude," *Law and Contemporary Problems*, 31 (1966), 272–80.

Koppelman, A.: "Why discrimination against lesbians and gay men is sex discrimination," *New York University Law Review*, 69 (1994), 197–287.

Kornhauser, M.: "The rhetoric of the anti-progressive income tax movement: a typical male reaction," *Michigan Law Review*, 86 (1987), 465–523.

Korsgaard, C.: "Scepticism about practical reason," *Journal of Philosophy*, 83 (1986), 5–25.

Korsmeyer, C.: "The hidden joke: generic uses of masculine terminology," *Feminism and Philosophy*, ed. M. Vetterling-Braggin, F.A. Elliston, and J. English (Totowa, NJ: Littlefield, Adams, 1977).

_____: "Gendered concepts and Hume's standard of taste," *Feminism and Tradition in Aesthetics*, ed. P.Z. Brand and C. Korsmeyer (University Park: Pennsylvania State University Press, 1995).

Kraditor, A.: *The Ideas of the Women's Suffrage Movement 1890–1920* (New York: Columbia University Press, 1965).

Kramarae, C.: *Women and Men Speaking* (Rowley, MA: Newbury House, 1981).

_____and Treichler, P. A.: *Amazons, Bluestockings and Crones: A Feminist Dictionary* (London: Harper Collins, 1985).

Krasner, B.: "Impossible virgin or why I choose not to be a heterosexual," paper presented to Midwest Society for Women in Philosophy (St Louis, MI: April 1993).

Krieger, L.: "Through a glass darkly," *Hypatia*, 2: 1 (1987).

Kristeva, J.: "Woman can never be defined," *New French Feminisms*, ed. E. Marks and I. de Courtivron (Brighton, Sussex: Harvester Press, 1981), pp. 137–41.

_____: *Desire in Language, A Semiotic Approach to Literature and Art* [1977], trans. T. Gora, A. Jardine, and L. S. Roudiez (Oxford: Blackwell, 1982).

_____: *Powers of Horror*, trans. L. S. Roudiez (New York: Columbia University Press, 1982).

_____: *La Révolution du langage poétique* (Paris: Seuil, 1974): trans. M. Walker as *Revolution in Poetic Language* (New York: Columbia University Press, 1984).

_____: *The Kristeva Reader*, ed. T. Moi (Oxford: Blackwell, 1986).

_____: *Black Sun: Depression and Melancholia*, trans. L. S. Roudiez (New York: Columbia University Press, 1989).

———: *Strangers to Ourselves*, trans. L. S. Roudiez (New York: Columbia University Press, 1991).

Kruks, S.: "Gender and subjectivity: Simone de Beauvoir and contemporary feminism', *Signs*, 18: 1 (1992), 89–110.

———: "Identity politics and dialectical reason: beyond an epistemology of provenance," *Hypatia*, 10: 2 (1995), 1–22.

———, Rapp, R., and Young, M., eds.: *Promissory Notes: Women in the Transition to Socialism* (New York: Monthly Review Press, 1989).

Kuhn, A., and Wolpe, A. M., eds.: *Feminism and Materialism* (London: Verso, 1978).

Kuhn, T.: *The Structure of Scientific Revolutions* (Chicago, IL: University of Chicago Press, 1962).

Kulke, C., and Scheich, E., eds.: *Zwielicht der Vernunft. Die Dialektik der Aufklärung aus der Sicht von Frauen* (Pfaffenweiler: Centaurus, 1992).

Kumar, R.: *The History of Doing* (New Delhi: Kali for Women, 1993).

Kupfer, J.: "Privacy, autonomy, and self-concept," *American Philosophical Quarterly*, 24 (1987), 81–9.

Kuykendall, E.: "Feminist linguistics in philosophy," *Sexist Language: A Modern Philosophical Analysis*, ed. M. Vetterling-Braggin (Totowa, NJ: Littlefield, Adams, 1981).

Kymlicka, W.: *Contemporary Political Philosophy: An Introduction* (Oxford: Clarendon Press, 1990).

———: "Rethinking the family," *Philosophy and Public Affairs* (Winter 1991), 77–97.

Lacan, J.: *Ecrits* (London: Tavistock, 1977).

———: "God and the *Jouissance* of the woman. A love letter," *Feminine Sexuality: Jacques Lacan and the Ecole Freudienne*, ed. J. Mitchell and J. Rose (New York: W. W. Norton & Co., 1983), pp. 137–48.

Laclau, E., and Mouffe, C.: *Hegemony and Socialist Strategy: Towards a Radical Democratic Politics*, trans. W. Moore and P. Cammack (London: Verso, 1985).

Lahar, S.: "Ecofeminist theory and grassroots politics," *Hypatia*, 6: 1 (1991).

Lahey, K., and Salter, S.: "Corporate law in legal theory and legal scholarship: from classicism to feminism," *Osgoode Hall Law Journal*, 23 (1985), 543–72.

Laidlaw, T. A., and Malmo, C., eds.: *Healing Voices: Feminist Approaches to Therapy with Women* (San Francisco, CA: Jossey-Bass, 1990).

Laird, S.: "Women and gender in John Dewey's philosophy of education," *Educational Theory*, 38: 1 (1988b), 111–30.

———: "Reforming 'Woman's True Profession', A Case for 'Feminist Pedagogy' in Teacher Education?," *Harvard Educational Review*, 58: 4 (1988a), 449–63.

———: "The concept of teaching; Betsy Brown vs. philosophy of education?," *Philosophy of Education 1988* (Champaign, IL: Philosophy of Education Society, 1989), pp. 32–45.

———: "The ideal of the educated teacher – 'reclaiming a conversation' with Louisa May Alcott," *Curriculum Inquiry*, 21: 3 (1991).

414

——: "'Rethinking 'Coeducation','" *Studies in Philosophy and Education*, 13 (1994), 361–78.

——: "Curriculum and the maternal," *Journal for a Just and Caring Education*, 1: 1 (1995a), 45–75.

——: "Who cares about girls? Rethinking the meaning of teaching," *Peabody Journal of Education*, (1995b).

Lakoff, R.: *Language and Women's Place* (New York: Harper and Row, 1975).

Lamas, M.: "Cuerpo: diferencia social y género," *Debate feminista* [Mexico], 10 (1994), 3–31.

Lambert, S.: "Disability and violence," *Sinister Wisdom*, 39 (1989).

Landes, J.: *Women and the Public Sphere in the Age of the French Revolution* (Ithaca, NY: Cornell University Press, 1988).

Landry, D., and MacLean, G.: *Materialist Feminists* (Oxford: Blackwell, 1993).

Lange, L.: "The function of equal education in Plato's *Republic* and *Laws*," *The Sexism of Social and Political Theory* (Toronto: University of Toronto Press, 1979).

——: "Woman is not a rational animal: on Aristotle's biology of reproduction," *Discovering Reality: Feminist Perspectives on Epistemology, Metaphysics, Methodology, and Philosophy of Science*, ed. S. Harding and M. Hintikka (Dordrecht, Holland: D. Reidel Publishing, 1983).

Langton, R.: "Beyond a pragmatic critique of reason," *Australasian Journal of Philosophy*, 71 (1993a), 364–84.

——: "Speech acts and unspeakable acts," *Philosophy and Public Affairs*, 22: 4 (1993b), 293–330.

Laqueur, T.: "Orgasm, generation, and the politics of reproductive biology," *The Making of the Modern Body*, ed. C. Gallagher and T. Laqueur (Berkeley: University of California Press, 1987), pp. 1–41.

——: *Making Sex: Body and Gender from the Greeks to Freud* (Cambridge, MA: Harvard University Press, 1990).

Larrabee, M. J., ed.: *An Ethic of Care* (New York: Routledge, 1993).

Lasker, J., and Borg, S.: *In Search of Parenthood* (Boston: Beacon Press, 1987).

Lather, P.: *Getting Smart: Feminist Research and Pedagogy With/in the Postmodern* (New York: Routledge, 1991).

Laudan, L.: *Progress and Its Problems* (Berkeley: University of California Press, 1977).

Lauter, E.: "Reenfranchising art: feminist interventions in the theory of art," *Aesthetics in Feminist Perspective*, ed. H. Hein and C. Korsmeyer (Bloomington: Indiana University Press, 1993).

Law, S.: "Rethinking sex and the constitution," *University of Pennsylvania Law Review*, 132 (1984), 955–1040.

——: "Homosexuality and the social meaning of gender," *Wisconsin Law Review* (1988), 187–235.

——: "'Girls can't be plumbers' – affirmative action for women in construction: beyond goals and quotas," *Harvard Civil Rights–Civil Liberties Law Review*, 24 (1989), 45–77.

Lazreg, M.: "Feminism and difference: The perils of writing as a woman on women in Algeria," *Conflicts in Feminism*, ed. M. Hirsch and E. Fox Keller (New York: Routledge, 1990).

——: *The Eloquence of Silence* (New York: Routledge, 1994).

Leach, M.: "Mothers of In(ter)vention: women's writing in philosophy of education," *Educational Theory*, 41: 3 (1991), 287–300.

Lebacqz, K.: *Professional Ethics: Power and Paradox* (Nashville, TN: Abington Press, 1985).

Le Doeuff, M.: *The Philosophical Imaginary*, trans. C. Gordon (Stanford, CA: Stanford University Press, 1990a).

——: "Women, reason, etc.," *differences*, 2: 3 (1990b), 1–13.

——: *Hipparchia's Choice*, trans. T. Selous (Oxford: Blackwell Press, 1991).

Lefevre, H.: *The Production of Space* (Oxford: Blackwell Publishers, 1991).

Leibowitz, F.: "Apt feelings, or why 'women's films' aren't trivial," *Post-Theory: Reconstructing Film Studies*, ed. D. Bordwell and N. Carroll (Madison: University of Wisconsin Press, 1996), pp. 219–29.

Leininger, M.: *Care: The Essence of Nursing and Health* (Thorofare, NJ: Slack, 1984).

Leiris, M.: "Race and culture," *Race, Science and Society*, ed. L. Kuper (New York: Columbia University Press, 1965), pp. 135–72.

LeMoncheck, L.: *Dehumanizing Women: Treating Persons as Sex Objects* (Totowa, NJ: Rowman and Allenheld, 1985).

Lenin, V. I.: *The Emancipation of Women* (New York: International Publishers, 1934).

Lennon, K., and Whitford, M., eds.: *Knowing the Difference: Feminist Perspectives in Epistemology* (New York: Routledge, 1994).

——: "Gender and knowledge." *Journal of Gender Studies*, 4: 2 (1995), 133–45.

Lerner, G.: *The Creation of Patriarchy* (New York: Oxford University Press, 1986).

Lévi-Strauss, C.: "Race and History," *Race, Science and Society*, ed. L. Kuper (New York: Columbia University Press, 1965), pp. 95–134.

Levine, E. R., ed.: *A Ceremonies Sampler: New Rites, Celebrations, and Observances of Jewish Women* (San Diego, CA: Women's Institute for Continuing Jewish Education 1991).

Levy-Bruhl, L.: *Primitive Mentality* (New York: AM Press, 1978).

Lewontin, R., Rose, S., and Kamin, L.: *Not in Our Genes: Biology, Ideology and Human Nature* (New York: Penguin, 1984).

Li Jingzhi, Zhang Xinxu and Ding Juan: *The Marxist Concept of Women* (Beijing: People's University Press, 1992).

Li, Xiao Jiang: *Gender Gap* (Beijing: Sanlian Publishing House, 1989).

——: "My view on women's studies and movements in the new era," *Chinese Women and Development; Position, Health and Employment*, ed. D. Fangqin (Zhengzhou: Henan People's Publishing House, 1993).

——: *Toward the Woman* (Zhengzhou: Henan People's Publishing House, 1995).

Lindon, R., Pagano, D., Russell, D., and Star Leigh, S.: *Against Sadomasochism: A Radical Feminist Analysis* (Palo Alto, CA: Frog in the Well, 1982).

416

Lippard, L.: *From the Center: Feminist Essays on Women's Art* (New York: Dutton, 1976).

Lippman, A.: "Parental genetic testing and screening: constructing needs and reinforcing inequities," *American Journal of Law Medicine*, XVII (1991), 15–50.

Littleton, C.: "Reconstructing sexual equality," *California Law Review*, 75: 4 (1987), 1279–1337.

Lloyd, G.: "Rousseau on reason, nature and women," *Metaphilosophy*, 14: 3–4 (1983), 308–26.

——: *The Man of Reason: "Male" and "Female" in Western Philosophy* (Minneapolis: University of Minnesota Press, 1984).

——: *Polarity and Analogy: Two Types of Argumentation in Early Greek Thought* (Cambridge: Cambridge University Press, 1986).

——: "Selfhood, war and masculinity," *Feminist Challenges*, ed. E. Gross and C. Pateman (London: Allen and Unwin, 1987).

——: "Woman as other: sex, gender and subjectivity," *Australian Feminist Studies*, 10 (1989).

——: *Methods and Problems in Greek Science* (Cambridge: Cambridge University Press, 1991).

——: "Maleness, metaphor and the crisis of reason," *A Mind of One's Own: Feminist Essays on Reason and Objectivity*, ed. L. Antony and C. Witt (Boulder, CO: Westview Press, 1993), pp. 69–83.

——: *Part of Nature: Self-Knowledge in Spinoza's Ethics* (Ithaca, NY: Cornell University Press, 1994).

Locke, J.: *An Essay Concerning Human Understanding* (London: 1694).

Longauex y Vásquez, E.: "The Mexican-American woman," *Sisterhood is Powerful*, ed. R. Morgan (New York: Random House, 1970).

Longino, H.: "Can there be a feminist science?," *Feminism and Science*, ed. N. Tuana (Bloomington: Indiana University Press, 1989).

——: *Science as Social Knowledge: Values and Objectivity in Scientific Inquiry* (Princeton, NJ: Princeton University Press, 1990).

——: "Essential Tensions," *A Mind of One's Own: Feminist Essays on Reason and Objectivity*, ed. L. Antony and C. Witt (Boulder, CO: Westview Press, 1993a).

——: "Subjects, power and knowledge," *Feminist Epistemologies*, ed. L. Alcoff and E. Potter (New York: Routledge, 1993b).

Lopate, C.: "Women and pay for housework," *Feminist Frameworks*, ed. A. M. Jaggar and P. S. Rothenberg (New York: McGraw-Hill, 1978), pp. 211–17.

Lorde, A.: *Sister Outsider* (Trumansburg, NY: The Crossing Press, 1984).

Lovenduski, J.: *Women and European Politics: Contemporary Feminism and Public Policy* (Amherst: University of Massachusetts Press, 1986).

Loving v. *Virginia*, 388 U.S. 1 (1967).

Lowenberg, B. J., and Bogin, R., eds.: *Black Women in Nineteenth Century American Life* (University Park: Pennsylvania State University Press, 1976).

Lugones, M.: "Playfulness, 'world'-traveling, and loving perception," *Hypatia*, 2 (1987), 3–19.

——: "Hispaneando y lesbiando: on Sara Hoagland's *Lesbian Ethics*," *Hypatia*, 5 (1990), 138–46.

——: "On the logic of pluralist feminism," *Feminist Ethics*, ed. C. Card (Lawrence: University Press of Kansas, 1991), pp. 35–44.

——: *Pilgrimages/Peregrinajes: Essays in Pluralist Feminism* (Albany: State University of New York Press, forthcoming).

——, and Spelman, E.: "Have we got a theory for you!," *Women and Values*, ed. M. Pearsall (Belmont, CA: Wadsworth, 1986), pp. 19–31.

Lukic, J.: "Women-centered narratives in Serbian and Croat literatures," *Engendered Slavic Literatures*, ed. P. Shester and S. Forrester (Bloomington: Indiana University Press, 1996).

Lundgren-Gothlin, E.: *Sex and Existence: Simone de Beauvoir's* The Second Sex (London: Athlone Press, 1996).

Luo Qiong: *Basic Knowledges about the Question of Women's Liberation* (Beijing: People's Publishing House, 1986).

Luxemburg, R.: *The Accumulation of Capital*, trans. A. Schwarzschild (New Haven, CT: Yale University Press, 1951).

——: *The Mass Strike* (London: Bookmarks, 1986).

Lyotard, J-F.: "The sublime and the avant-garde," *The Lyotard Reader*, ed. A. Benjamin (Oxford: Blackwell, 1989).

MacCormack, C., and Strathern, M., eds.: *Nature, Culture, and Gender* (Cambridge: Cambridge University Press, 1980).

MacIntyre, A.: *After Virtue* (Notre Dame, IN: University of Notre Dame Press, 1981).

Mackenzie, C.: "Abortion and embodiment," *Australian Journal of Philosophy*, 70: 2 (1992), 136–55.

——: "Reason and sensibility: the ideal of women's self-governance in the writings of Mary Wollstonecraft," *Hypatia*, 8: 4 (1993), 35–55.

MacKinnon, C.: *The Sexual Harassment of Working Women* (New Haven, CT: Yale University Press, 1979).

——: "Feminism, Marxism, method, and the state: an agenda for theory," *Signs*, 7 (1982), 515–44.

——: "Feminism, Marxism, method and the state: toward feminist jurisprudence," *Signs*, 8 (1983), 635–58.

——: "Difference and dominance: on sex discrimination," *Feminism Unmodified: Discourses on Life and Law* (Cambridge, MA: Harvard University Press, 1987a), pp. 32–45.

——: *Feminism Unmodified: Discourses on Life and Law* (Cambridge, MA: Harvard University Press, 1987b).

——: *Toward a Feminist Theory of the State* (Cambridge, MA: Harvard University Press, 1989).

——: "Legal perspectives on sexual difference," *Theoretical Perspectives on Sexual Difference*, ed. D. Rhode (New Haven, CT: Yale University Press, 1990).

——: "Crimes of war, crimes of peace," *On Human Rights*, ed. S. Shute and S. Hurley (New York: Basic Books, 1993a), pp. 83–109.

——: *Only Words* (Cambridge, MA: Harvard University Press, 1993b).

Macklin, R.: "Is there anything wrong with surrogate motherhood?: An ethical analysis," *Law, Medical and Health Care*, 16 (1988).

Maffía, D. H.: "De los derechos humanos a los derechos de las humanas," *Capacitación Política para Mujeres: Género y Cambio Social en la Argentina Actual*, ed. D. H. Maffía and C. Kuschnir (Buenos Aires: Feminaria Editora, 1994), pp. 63–75.

Maguigan, H.: "Battered women and self-defense: myths and misconceptions in current reform proposals," *University of Pennsylvania Law Review*, 140 (1991), 379–486.

Mahasweta Devi: "Sanjh Sakaler Ma," *Mahasweta Devir Chhotogalpo Sankolan (Bengali)* (New Delhi: National Book Trust, 1993).

Mahoney, M.: "Legal images of battered women: redefining the issue of separation," *Michigan Law Review*, 90 (1991), 1–94.

Mahowald, M. B.: *Philosophy and Women* (Indianapolis, IN: Hackett Publishing Co., 1983).

——: "Sex-role stereotypes in medicine," *Hypatia*, 2: 2 (1987), 21–38.

——: *Women and Children in Health Care: An Unequal Majority* (New York: Oxford University Press, 1993).

Maihofer, A.: "Ansatze zur Kritik des moralischen Universalismus," *Feministische Studien*, 1 (1988), 32–52.

——: *Geschlecht als Existenzweise. Macht, Moral, Recht und Geschlechterdifferenz* (Frankfurt/Main, 1995).

Malveaux, J.: "Gender difference and beyond: An economic perspective on diversity and commonality among women," *Theoretical Perspectives on Sexual Difference*, ed. D. Rhode (New Haven, CT: Yale University Press, 1990), pp. 226–38.

Mann, P.: *Micro-Politics: Agency in a Postfeminist Era* (Minneapolis: University of Minnesota Press, 1994).

Mannheim, K.: *Ideology and Utopia* (London: Routledge and Kegan Paul, 1960).

Manning, R.: *Speaking From the Heart* (Lanham, MD: Rowman and Littlefield, 1992).

Mansbridge, J.: "Feminism and democracy," *The American Prospect*, 1 (1990), 126–39.

——: "Feminism and democratic community," *Democratic Community*, ed. J. Chapman and I. Shapiro (New York: New York University Press, 1993), pp. 339–95.

Manuh, T.: "Methodologies for gender analysis – an African perspective," *Legon Gender Analysis Report* (Legon: University of Legon, 1992).

Manushi, Tenth Anniversary Special Issue on Women Bhakta Poets, 50–2 (1989).

Marks, E.: "Lesbian intertextuality," *Homosexualities and French Literature*, ed. E. Marks and G. Stambolian (Ithaca, NY: Cornell University Press, 1979).

Marshall, B.: *Engendering Modernity: Feminism, Social Theory and Change* (Boston: Northeastern University Press, 1994).

Martin, B.: "Sexualities without gender and other queer utopias," *Diacritics*, 24: 2–3 (1994), 104–21.

Martin, E.: *The Woman in the Body: A Cultural Analysis of Reproduction* (Boston: Beacon Press, 1987).

——: "The egg and the sperm," *Signs*, 16: 3 (1991), 485–501.

——: *Flexible Bodies* (Boston: Beacon Press, 1994).

Martin, J.: "Sex equality and education," "Femininity," "Masculinity," and "Androgyny: A Modern Philosophical Discussion", ed. M. Vetterling-Braggin (Totowa, NJ: Littlefield Adams, 1982).

——: "Bringing women into educational thought," *Educational Theory*, 34: 4 (1984), 341–53.

——: *Reclaiming A Conversation: The Ideal of the Educated Woman* (New Haven, CT: Yale University Press, 1985).

——: "Martial virtues or capital vices?," *Journal of Thought*, 22: 3 (1987a), 32–44.

——: "Reforming teacher education, rethinking liberal education," *Teachers' College Record*, 88: 3 (1987b), 406–10.

——: "What should science educators do about the gender bias in science?," *History, Philosophy, and Science Teaching*, ed. M.R. Matthews (Toronto: OISE Press, 1991), pp. 151–67.

——: *The Schoolhome: Rethinking Schools for Changing Families* (Cambridge, MA: Harvard University Press, 1992).

——: *Changing the Educational Landscape* (New York: Routledge, 1994a).

——: "Methodological essentialism, false difference, and other dangerous traps," *Signs* 19 (1994b), 630–57.

Marx, K.: *The Economic and Philosophic Manuscripts of 1844*, ed. D.J. Struik (New York: International Publishers, 1964).

——: *Capital* (New York: International Publishers, 1967).

——, and Engels, F.: *German Ideology* (New York: International Publishers, 1970).

——, Engels, F., Lenin, V. I., and Stalin, J.: *The Woman Question* (New York: International Publishers, 1951).

Mascia-Lees, F., Sharpe, P., and Ballerino-Cohen, C.: "The postmodern turn in anthropology: cautions from a feminist perspective," *Signs*, 15: 1 (1989), 7–33.

Masolo, F. D. A.: "History and the modernization of African philosophy: a reading of Kwasi Wiredu," *Postkoloniales Philosophieren Afrika*, ed. H. Nagl-Docekal and M. Wimmer (Vienna/Munich: Oldenbourg, 1992), pp. 67–97.

Massaro, T.: "Empathy, legal storytelling and the rule of law: new words, old wounds?," *Michigan Law Review*, 87 (1989), 2099–127.

Masters, J.: "Revolutionary theory: reinventing our origin myths," *Reinventing Biology*, ed. L. Birke and R. Hubbard (Bloomington: Indiana University Press, 1995).

Mathews, F.: *The Ecological Self* (London: Routledge, 1991).

Mattick, P.: "Beautiful and sublime: 'Gender tokenism' in the constitution of art," *Feminism and Tradition in Aesthetics*, ed. P. Z. Brand and C. Korsmeyer (University Park: Pennsylvania State University Press, 1995).

Maududi, S. A. A.: *Purdah and the Status of Woman in Islam*, 6th edn (Pakistan: Islamic Publications Ltd, 1981).

Mbiliyi, M.: "Research priorities in women studies in East Africa," *Women Studies International Forum*, 7: 4 (1984), 289–300.

McBride, W., and Raynova, I.: "Visions from the ashes: philosophical life in Bulgaria from 1945 to 1992," *Philosophy and Political Change in Eastern Europe*, ed. B. Smith (La Salle, IL: Hegler Institute, 1993).

McClain, L.: "'Atomistic man' revisited: liberalism, connection, and feminist jurisprudence," *Southern California Law Review*, 65 (1992a), 1171–264.

——: "The poverty of privacy?," *Columbia Journal of Gender and Law*, 3 (1992b), 119–74.

McCloud, S. G.: "Feminism's idealist error," *New York University Review of Law & Social Change*, 14 (1986), 277–321.

McClure, K.: "The issues of foundations," *Feminists Theorize the Political*, ed. J. Butler and J. W. Scott (New York: Routledge, 1992).

McCormack, C.P.,: "If pornography is the theory, is inequality the practice?," *Philosophy of Social Theory*, 23: 3 (September 1993), 298–326.

—— and Strathern, M., eds.: *Nature, Culture and Gender* (Cambridge: Cambridge University Press, 1980).

McFague, S.: *Models of God* (Philadelphia, PA: Fortress Press, 1987).

——: *The Body of God* (Minneapolis: Fortress Press, 1993).

McFall, L.: "What's wrong with bitterness?," *Feminist Ethics*, ed. C. Card (Lawrence: University of Kansas Press, 1991).

McNeil, M.: *Gender and Expertise* (London: Free Association Books, 1987).

Meehan, J.: "Autonomy, recognition, and respect: Habermas, Benjamin, and Honneth," *Feminists Read Habermas: Gendering the Subject of Discourse*, ed. J. Meehan (New York: Routledge, 1995), pp. 231–46.

Mellor, M.: *Breaking the Boundaries* (London: Virago, 1992).

Ménage, G.: *The History of Women Philosophers* [1690], trans. B. Zedler (Latham, MD: University Press of America, 1984).

Mendus, S.: "Losing the faith: feminism and democracy," *Democracy: The Unfinished Journey*, ed. J. Dunn (Oxford: Oxford University Press, 1992), 207–19.

Menkel-Meadow, C.: "Toward another view of legal negotiation: the structure of problem solving," *University of California Law Review*, 31 (1984), 754–842.

——: "Feminist legal theory, critical legal studies, and legal education," *Journal of Legal Education*, 38 (1988), 61–85.

——: "Mainstreaming feminist legal theory," *Pacific Law Journal*, 23 (1992), 1493–1542.

Merchant, C.: *The Death of Nature: Women, Ecology and the Scientific Revolution* (San Francisco, CA: Harper and Row, 1980).

——: *Radical Ecology* (London: Routledge, 1994).

——: *Earthcare: Women and the Environment* (London: Routledge, 1996).

Merleau-Ponty, M.: (1945), trans. C. Smith, *The Phenomenology of Perception* (London: Routledge and Kegan Paul, 1962).

Mernissi, F.: *Beyond the Veil: Male/Female Dynamics in Modern Muslim Society* (London: Al Saqi Books, 1985).

Merriam, E.: "Sex and semantics: some notes on BOMFOG," *New York University Education Quarterly*, 5: 4 (1974), 22–4.

Meyers, D.: "The socialized individual and individual autonomy," *Women and Moral Theory*, ed. E. Kittay and D. Meyers (Savage, MD: Rowman and Littlefield, 1987), pp. 139–53.

——: *Self, Society, and Personal Choice* (New York: Columbia University Press, 1989).

——: *Subjection and Subjectivity: Psychoanalytic Feminism and Moral Philosophy* (New York: Routledge, 1994).

——: "Rights in collision: A non-punitive, compensatory remedy for abusive speech," *Law and Philosophy*, 14 (1995) 203–43.

Meznaric, S.: "Gender as an ethno-marker: rape, war, and identity politics in the former Yugoslavia," *Identity Politics and Women*, ed. V. Moghadan (Boulder, CO: Westview Press, 1994).

Michaels, M.: "Other mothers: Toward an ethic of postmaternal practice," *Hypatia*, 11: 2 (1996), 49–70.

Midgley, M.: *Beast and Man* (London: Methuen, 1980).

——: "On not being afraid of natural differences?," *Feminist Perspectives in Philosophy*, ed. M. Griffiths and M. Whitford (Basingstoke: Macmillan. 1988).

——, and Hughes, J.: *Women's Choices: Philosophical Problems Facing Feminism* (New York: St. Martin's Press, 1983).

Mies, M.: *Patriarchy and Accumulation on a World Scale* (London: Zed, 1986).

—— and Shiva, V.: *Ecofeminism* (New Delhi: Kali for Women, 1993).

Milan Women's Bookstore Collective: *Sexual Difference. A Theory of Socio-Symbolic Practice* (Bloomington: Indiana University Press, 1990).

Mill, J. S., and Taylor, H.: "The Subjection of Women," *Essays on Sex Equality*, ed. A. Rossi (Chicago, IL: University of Chicago Press, 1970).

——: *Utilitarianism* [1861] (Indianapolis, IN: Hackett, 1979).

——: *The Subjection of Women* [1869] (London: Virago, 1983, also Cambridge, MA: MIT Press, 1978).

Miller, C., and Swift, K.: *Words and Women: New Language in New Times* (New York: Harper Collins, 1991).

Miller, M. C.: "Feminism and pragmatism: or the arrival of a 'Ministry of Disturbance, A Regulated Source of Annoyance; A Destroyer of Rhetoric; An Undermining of Complacency,'" *Monist*, 15: 4 (1992), 445–57.

Millett, K.: *Sexual Politics* (Garden City, NY: Doubleday Press, 1970).

Min Jiayin: *Variations of Masculine Strength and Feminine Grace* (Beijing: Social Science Publishers, 1995).

Minow, M.: "The Supreme Court, 1986 term – foreword: justice engendered," *Harvard Law Review*, 101 (1987), 10–95.

——: *Making All the Difference: Inclusion, Exclusion, and American Law* (Ithaca, NY: Cornell University Press, 1990).

——: "Equalities," *Journal of Philosophy* (November 1991a), 633–44.

——: "Feminist reason: getting it and losing it," *Feminist Legal Theory: Readings in Law and Gender*, ed. K. T. Bartlett and R. Kennedy (Boulder, CO: Westview Press, 1991b),. pp. 357–69.

——, and Shanley, M. L.: "Relational rights and responsibilities: revisioning the family in liberal political theory and law," *Hypatia*, 11: 1 (1996), 3–29.

Miroiu, M.: "The vicious circle of anonymity, or pseudo-feminism and totalitarism," *Thinking*, 11: 3–4 (1994), 54.

——: *Convenio: On Nature, Women and Morals* (Bucharest: Alternative Publishing House, 1996).

Mitchell, J.: *Women's Estate* (New York: Random House, 1972).

——: *Psychoanalysis and Feminism* (New York: Pantheon, 1974).

——: "The longest revolution," *Women, Class and the Feminist Imagination*, ed. K. Hansen and I. Philipson (Philadelphia, PA: Temple University Press, 1990), pp. 43–73.

Mladjenovic, L.: "Universal soldier. Rape in war," *Women for Peace* (Belgrade: Women in Black, 1995), pp. 93–7.

Moen, M.: "Feminist themes in unlikely places," *Feminist Interpretations of Kant*, ed. R. Schott (University Park: Pennsylvania State University Press, 1997).

Mohanty, C. T.: "Under Western eyes: feminist scholarship and colonial discourse," *Boundary*, 2 (1984), 337–8.

——: "Feminist encounters: locating the politics of experience," *Destabilizing Theory: Contemporary Feminist Debates*, ed. M. Barrett and A. Phillips (Cambridge: Polity Press, 1992), pp. 74–92.

——, Russo, A., and Torres, L., eds.: *Third World Women and the Politics of Feminism* (Bloomington: Indiana University Press, 1991).

Moi, T.: *Simone de Beauvoir: The Making of an Intellectual Woman* (Oxford: Blackwell, 1994).

Molyneaux, M.: "Mobilization without emancipation? Women's interests, state and revolution in Nicaragua," *Feminist Studies*, 11 (1985), 227–54.

Montrelay, M.: *L'Ombre et le nom* (Paris: Minuit, 1977).

——: "An enquiry into femininity," *M/F*, 1 (1978), pp. 83–102.

Moody-Adams, M.: "On surrogacy: morality, markets and motherhood," *Public Affairs Quarterly*, 5: 2 (1991), 175–90.

—— "Feminist inquiry and the transformation of the 'public' sphere in Held's *Feminist Morality*," *Hypatia* 1:1 (1996), 155–67.

——: *Morality, Culture, and Philosophy* (Cambridge, MA: Harvard University Press, forthcoming).

Moore, B.: *Privacy: Studies in Social and Cultural History* (Armonk, NY: M. E. Sharpe, 1984).

Moraga, C., and Anzaldúa, G., eds.: *This Bridge Called My Back: Writings by Radical Women of Color* (New York: Kitchen Table, Women of Color, 1981).

Morgan, K.: "Amazons, spinsters, and women: a career of one's own," *Philosophy of Education 1978* (Champaign, IL: Philosophy of Education Society, 1979), pp. 11–19.

——: "Romantic love, altruism, and self-respect: An analysis of Simone de Beauvoir," *Hypatia*, 1: 1 (1986), 117–48.

——: "Women and moral madness," *Science, Morality, and Feminist Theory*, ed. M. Hanen and K. Nielsen (Calgary: University of Calgary Press, 1987).

——: "Of woman born? How old fashioned!," *The Future of Human Reproduction*, ed. C. Overall (Toronto: The Women's Press, 1989), pp. 62–79.

——: "Women and the knife: cosmetic surgery and the colonization of women's bodies," *Hypatia*, 6 (1991), 25–53.

Morris, J.: *Pride Against Prejudice* (Philadelphia: New Society Publishers, 1991).

Morrison, T.: *The Bluest Eye* (New York: Pocket Books, 1970).

Morton, N.: "Beloved image!," paper presented to The American Academy of Religion (San Francisco, CA: December 28, 1977).

——: *The Journey is Home* (Boston: Beacon Press, 1985).

Morton, P.: *Disfigured Images: The Historical Assault on African American Women* (Westport, CT: Greenwood Press, 1991).

Moser, C.: "Gender planning in the Third World," *Gender and International Relations*, ed. R. Newland and K. Newland (Bloomington: Indiana University Press, 1991).

Moskowitz, E., Jennings, B., and Callahan, D.: "Feminism, social policy, and long-acting contraception," *Hasting Center Report*, 25: 1 (1995), 30–2.

Mouffe, C.: "Feminism, citizenship, and radical politics," *Feminists Theorize the Political*, ed. J. Butler and J. W. Scott (New York: Routledge, 1992).

——: "Feminism, citizenship and radical democratic politics," *The Return of the Political*, ed. C. Mouffe (London: Verso, 1994), pp. 74–89.

Moulton, J.: "The myth of the neutral 'man,'" *Sexist Language: A Modern Philosophical Analysis*, ed. M. Vetterling-Braggin (Totowa, NJ: Littlefield, Adams, 1981).

——: "A paradigm of philosophy: the adversary method," *Discovering Reality: Feminist Perspectives on Epistemology, Metaphysics, Methodology, and Philosophy of Science*, ed. S. Harding and M. Hintikka (Dordrecht, Holland: D. Reidel Publishing, 1983a).

——: "Sexual behavior: another position," *The Philosophy of Sex: Contemporary Readings*, ed. A. Soble (Savage, MD: Rowan and Littlefield, 1991), pp. 63–72.

—— and Rainone, F.: "Women's work and sex roles," *Beyond Domination*, ed. C. C. Gould (Totowa, NJ: Rowman and Allanheld, 1983b), pp. 189–203.

Mudimbe, V. Y.: *The Invention of Africa Gnosis: Philosophy and the Order of Knowledge* (Bloomington: Indiana University Press, 1988).

Mulvey, L.: "Visual pleasure and narrative cinema," *Screen*, 16 (1975), 6–18.

——: *Visual and Other Pleasures* (Bloomington: Indiana University Press, 1990).

Murphy, J. S.: "The look in Sartre and Rich," *The Thinking Muse*, ed. J. Allen and I. M. Young (Bloomington: Indiana University Press, 1989).

Musheerul Haq: *Aurat ki Hukmarani Jaez Hai* (Aik Islami Nuqta-e-Nazar: Raw-alpindi, 1989).

Muslim Women's Georgetown Project: Position Paper, "Islam: A System of Reciprocal Partnership" (Washington, DC: September 27, 1995).

Muslim Women's League: Position Paper, *The Spiritual Role of Women*, n.d.

Myron, N., and Bunch, C., eds.: *Lesbianism and the Women's Movement* (Baltimore, MD: Diana Press, 1974).

al-Nadawi, A. H.: *al-Sirah al-Nabawiyah* (*The Prophetic Biography*) (Jeddah: Dar al-Shurouq, 1977).

Nagel, T.: *Equality and Partiality* (New York: Oxford University Press, 1991).

——, ed.: *Feministische Philosophie* (Vienna/Munich: Oldenbourg, 1990).

Nagl-Docekal, H.: "Jenseits der Geschlechtemoral," *Jeseits der Geschlechtermoral: Beiträge zur feministischen Ethik*, eds. H. Nagl-Docekal and H. Pauer-Studer (Frankfurt/Main, 1993), pp. 7–32.

——: "Ist Fursorglichkeit mit Gleichbehandlung unvereinbar?," *Duet Z Phil*, 42: 6 (1994), 1045–50.

——: "Philosophy of history as a theory of gender difference: the case of Rousseau," *Re-Reading the Philosophical Canon. Feminist Critique in German*. ed. H. Nagl-Docekal and C. Klinger (University Park: Pennsylvania State Press, forthcoming, a).

——: "Feminist ethics: How it could benefit from Kant's moral philosophy," *Feminist Interpretations of Kant*, ed. R. Schott (University Park: Pennsylvania State Press, forthcoming, b).

——, and Pauer-Studer, H., eds.: *Jenseits der Geschlechtermoral. Beiträge zur feministischen Ethik* (Frankfurt/Main, 1993).

Nails, D.: "Social-scientific sexism: Gilligan's mismeasure of man," *Social Research*. 50: 3 (1983). 643–64.

Nakashima Brock, R.: *Journeys by Heart: A Christology of Erotic Power* (New York: Crossroad, 1988).

Nanda, S: "The Hijras of India: cultural and individual dimensions of an institutionalized third gender role," *Journal of Homosexuality*, II: 3–4 (1986), 35–54.

Nandy, A.: *At the Edge of Psychology: Essays in Politics and Culture* (Delhi: Oxford University Press, 1980).

Narayan, U.: "Working together across difference," *Hypatia*, 3: 2 (1988), 31–48.

——: "Mail order brides: protecting women in international marriages," paper presented at the International Conference on Feminist Ethics and Social Policy (University of Pittsburgh, PA: Graduate School of Public and International Affairs, 1993).

——: "Colonialism and its others: considerations on rights and care discourses," *Hypatia*, 10: 2 (1995), 133–40.

Nash, M.: "The man without a penis: libidinal economies that (re)cognize the hypernature of gender," *Philosophy and Social Criticism*, 18: 2 (1992), 125–34.

Nasif, F.: *Huquq al-Mar'ah wa Wajibatiha fi Daw' al-Kitab wa la-Sunnah* (*The Rights and Duties of Woman in Light of the Qur'an and the Tradition of the Prophet*) (Jeddah: Tihamah, 1992).

National Committee of NGOs for Population and Development, Branch Committee for Women: *Al-Tariq min al-Qahira ila Pikin* (*The Road from Cairo to Beijing*) (Cairo: 1995).

Nedelsky, J.: "Reconceiving autonomy: sources, thoughts and possibilities," *Yale Journal of Law & Feminism*, 1 (1989), 7–36.

——: "The challenges of multiplicity," *Michigan Law Review*, 89 (1991), 1591–1609.

Nelkin, D., and Lindee, S.: *The DNA Mystique: The Gene as Icon* (New York: Freeman Press, 1995).

Nelson, C., and Grossberg, L., eds.: *Marxism and the Interpretation of Culture* (Chicago: University of Illinois Press, 1988).

Nelson, H. L.: "Against caring," *Journal of Clinical Ethics*, 3: 1 (1992), 8–15.

——: "The architect and the bee: some reflections on postmodern pregnancy," *Bioethics*, 8: 3 (1994), 247–67.

——: "Resistance and insubordination," *Hypatia*, 10 (1995), 23–40.

—— and Nelson, J. L.: "Feminism, social policy and long-acting contraception," *Hastings Center Report*, 25: 1 (1995), 30–32.

——: "Justice in the allocation of health care resources: a feminist account," *Feminism & Bioethics: Beyond Reproduction*, ed. S. Wolf (New York: Oxford University Press, 1996).

Nelson, L. H.: *Who Knows: From Quine to a Feminist Empiricism* (Philadelphia: Temple University Press, 1990).

——: "Epistemological communities," *Feminist Epistemologies*, ed. L. Alcoff and E. Potter (New York: Routledge, 1993a).

——: "A question of evidence," *Hypatia*, 8: 2 (1993b).

——: "A feminist naturalized philosophy of science," *Synthèse*, 104: 3 (1995).

Nestle, J.: "The femme question," *Pleasure and Danger: Exploring Female Sexuality*, ed. C. Vance (Boston: Routledge and Kegan Paul, 1984), pp. 232–41.

——: *A Restricted Country* (Ithaca, NY: Firebrand Books, 1987).

——, ed.: *The Persistent Desire: A Femme-Butch Reader* (Boston: Alyson Publications, 1992).

Newton, E.: "The mythic mannish lesbian: Radclyffe Hall and the new woman," *Signs*, 9: 4 (1984), 557–75.

Newton, L.: "Reverse discrimination as unjustified," *Ethics*, 83: 4 (1973), 308–12.

Nickel, J. W.: "Ethnocide and the indigenous peoples," *Journal of Social Philosophy*, 25 (1994), 84–98.

Nicholson, L.: "Women and schooling," *Educational Theory*, 30: 3 (1980), 225–34.

——: " 'The personal is political': an analysis in retrospect," *Social Theory and Practice*, 7: 1 (1981), 85–98.

——: "Affirmative action, education, and social class," *Philosophy of Education 1982* (Norman, IL: Philosophy of Education Society, 1983a).

——: "Women, morality, and history," *Social Research*, 50: 3 (1983b), 514–36.

——: "Feminist theory: the private and the public," *Beyond Domination: New Perspectives on Women and Philosophy* (Totowa, NJ: Rowman and Allanheld, 1983c), pp. 221–30.

——: *Gender and History* (New York: Columbia University Press, 1986).

—— ed: *Feminism/Postmodernism* (New York: Routledge, 1990).

——, and Fraser, N.: "Social criticism without philosophy: an encounter between feminism and postmodernism," *Feminism/Postmodernism* (New York: Routledge, 1990), pp. 19–38.

——: "Interpreting gender," *Signs*, 20 (1994), 79–105.

Nietzsche, F.: *The Gay Science*, trans. W. Kauffmann (New York: Vintage Books, 1974).

Nochlin, L.: *Woman as Sex Object* (New York: Harper and Row, 1972).

——: *Women, Art, and Power, and Other Essays* (New York: Harper and Row, 1988).

Noddings, N.: *Caring: A Feminine Approach to Ethics and Moral Education* (Berkeley: University of California Press, 1986).

——: "An ethic of caring and its implications for instructional arrangements," *American Journal of Education*, 96: 2 (1988), 215–30.

——: *Women and Evil* (Berkeley: University of California Press, 1989).

——: "A response," *Hypatia*, 5: 1 (1990), 120–6.

——: *The Challenge to Care in Schools* (New York: Teachers' College Press, 1992).

Norris, S.: "Sustaining and responding to charges of bias in critical thinking," *Educational Theory*, 45: 2 (1995) 199–211.

Nsiah-Jefferson, L.: "Reproductive laws, women of color, and low-income women," *Reproductive Laws for the 1990's*, ed. S. Cohen and N. Taub (Clifton, NJ: Humana Press, 1989), pp. 23–67.

Nunner-Winkler, G.: "Ein Plädoyer für einen eingeschränkten Universalismus," *Zur Bestimmung der Moral*, ed. W. Edelstein and G. Nunner-Winkler (Frankfurt, 1986), pp. 126–44.

——"Gibt es eine Weibliche Moral," *Weibliche Moral. Die Kontroverse un eine geschlechtsspezifische Ethik*, ed. G. Nunner-Winkler (Frankfurt, 1991a), pp. 147–61.

——, ed.: *Weibliche Moral. Die Kontroverse um eine geschlechtsspezifische Ethik* (Frankfurt: Campus, 1991b).

Nussbaum, M.: "Nature, function and capability: Aristotle on political distribution," *Oxford Studies in Ancient Philosophy: Supplementary Volume*, ed. J. C. Kagge and N.D. Smith (Oxford: Clarendon Press, 1992).

——: "Non-relative virtues: An Aristotelian approach," *The Quality of Life,*, ed. M. Nussbaum and A. Sen (Oxford: Clarendon Press, 1993a), pp. 242–69.

——: "Onora O'Neill: Justice, gender and international boundaries," *The Quality of Life*, ed. M. Nussbaum and A. Sen (Oxford: Clarendon Press, 1993b).

——: "Human capabilities, female human beings," *Women, Culture, and Development,* ed. M. Nussbaum and J. Glover (New York: Oxford University Press, 1995).

Nye, A.: "The unity of language," *Hypatia,* 2: 2 (1987).

——: *Feminist Theory and the Philosophies of Man* (London, 1988).

——: *Words of Power: A Feminist Reading of the History of Logic* (New York: Routledge, Chapman, Hall, 1990).

——: "Frege's metaphors," *Hypatia,* 7: 2 (1992), 18–39.

——: "Semantics in a new key," *Philosophy in a Different Voice,* ed. J. Kourany (forthcoming).

O'Brien, M.: *The Politics of Reproduction* (Boston: Routledge and Kegan Paul, 1981).

O'Conner, P.: "Warning! Contents under heterosexual pressure," *Hypatia* 12: 3 (1997).

O'Flaherty, W. D.: *Sexual Metaphors and Animal Symbols in Indian Mythology* (Delhi: Motilal Banarsidas, 1980).

Okely, J.: *Simone de Beauvoir: A Re-reading* (London: Virago, 1986).

Okin, S. M.: *Justice, Gender, and the Family* (New York: Basic Books, 1989a).

——: "Reason and feeling in thinking about justice," *Ethics,* 99: 2 (1989b), 229–49.

——: *Women in Western Political Thought* (Princeton, NJ: Princeton University Press, 2nd edn 1992).

——: "Gender inequality and cultural differences," *Political Theory,* 22: 1 (1994), 5–24.

——: "Sexual orientation, gender and families: dichotomizing differences," *Hypatia,* 11: 2 (1996), 30–48.

——: "Inequalities between the sexes in different cultural contexts," *Women, Culture and Development,* ed. M. Nussbaum and S. Glover (Oxford: Clarendon Press, 1995), 274–97.

Oliver, K.: "Marxism and surrogacy," *Hypatia,* 4: 3 (1989), 95–115.

——: "The politics of interpretation: the case of Bergman's *Persona,*" *Philosophy and Film,* ed. C. Freeland and T. Wartenberg (New York: Routledge, 1995), pp. 233–49.

Olsen, F.: "The family and the market: a study of ideology and legal reform," *Harvard Law Review,* 96 (1983), 1497–1578.

——: "Statutory rape: a feminist critique of rights analysis," *Texas Law Review,* 63 (1984) 387–432.

——: "Unraveling compromise," *Harvard Law Review,* 103 (1989), 105–35.

——: *Feminist Legal Theory* (New York: New York University Press, 1995).

Oluwole, S. B.: "Madonna and the whore in African traditional thought," *Journal of Philosophy and Development,* I: 1&2 (1995), pp. 18–26.

——: "Women empowerment: a demand not for equality but for equity," *Imodoye.* 3: 3 (1996).

Omi, M., and Winant, H.: *Racial Formation in the United States* (New York: Routledge, 1994).

Omvedt, G.: *Violence Against Women: New Movements and New Theories in India* (New Delhi: Kali for Women, 1990).

O'Neill, O.: "How do we know when opportunities are equal?," *Feminism and Philosophy*, ed. M. Vetterling-Braggin, F. Elliston, and J. English (Totowa, NJ: Littlefield, Adams, 1977).

——: *Constructions of Reason – Explorations of Kant's Practical Philosophy* (Cambridge: Cambridge University Press, 1989).

——: "Justice, gender, and international boundaries," *The Quality of Life*, ed. M. Nussbaum and A. Sen (New York: Oxford University Press, 1993).

Ong, A.: "Colonialism and modernity: feminist representations of women in non-western societies," *Inscriptions*, 3: 4 (1988).

Orenstein, D., ed.: *Lifecycles: Jewish Women on Life Passages and Personal Milestones* (Woodstock, VT: Jewish Lights, vol. 1, 1994, vol. 2, 1997).

Ortner, S.: "Is female to male as nature is to culture?," *Woman, Culture and Society*, ed. M. Z. Rosaldo and L. Lamphere (Stanford, CA: Stanford University Press, 1974), 67–87.

Oruka, H. O.: "Mythologies as African philosophy," *East African Journal*, 9: 10 (1972).

——: "Fundamental principles in the question of African philosophy," *Second Order*, 5: 2 (1976).

Ossoli, M. Fuller: *Woman in the Nineteenth Century, and Kindred Papers Relating to the Sphere, Condition, and Duties of Woman* (Boston, MA: Roberts Brothers, 1875).

Othman, N., ed.: *Shari'ah Law and the Modern Nation State* (Kuala Lumpur: Sisters in Islam, 1994).

Oudshoorn, N.: *Beyond the Natural Body: An Archeology of Sex Hormones* (London: Routledge, 1994).

Outlaw, L.: "African philosophy: deconstructive and reconstructive challenges," *Contemporary Philosophy: A New Survey, Vol. 5: African Philosophy*, ed. G. Floistad (Dordrecht, Holland: D. Reidel Publishing Co., 1987) pp. 8–44.

Outshoorn, J.: "Is this what we wanted? Positive action as issue perversion," *Equality, Politics, and Gender*, ed. E. Meehan and S. Sevenhuijsen (Beverly Hills, CA: Sage, 1991), pp. 104–21.

Overall, C.: *Ethics and Human Reproduction: A Feminist Analysis* (Boston: Allen and Unwin, 1987).

——, ed.: *The Future of Human Reproduction* (Toronto: The Women's Press, 1989).

——: *Human Reproduction: Principles, Practices, Policies* (Toronto: Oxford, 1993).

Oyama, S.: *The Ontogeny of Information* (Cambridge: Cambridge University Press, 1985).

Ozick, C.: "Notes toward finding the right question," *On Being a Jewish Feminist*, ed. S. Heschel (New York: Schocken Books, 1983).

Pagano, J.: *Exiles and Communities: Teaching in the Patriarchal Wilderness* (Albany: State University of New York Press, 1990).

Pan, Suiming: *Love: A Casual Discussion of the Psychology of Marriage and Family* (Beijing: Urban Econo-social Publisher, 1989).

Pandey, G., ed.: *Hindus and Others* (New Delhi: Viking Press, 1993).

Papic, Z.: "Telo kao 'proces u toku,'" *Sociologija*, 34: 2 (1992), 153.

Pappas, N.: "Failures of marriage in *Sea of Love*: the love of men, the respect of women," *Philosophy and Film*, ed. C. Freeland and T. Wartenberg (New York: Routledge, 1995), pp. 109–25.

Parent, W. A.: "A new definition of privacy for the law," *Law and Philosophy*, 2 (1983), 305–38.

Parker, L.: "Beauty and breast implantation," *Hypatia*, 10: 1 (1995), 183–201.

Patai, D., and Koertge, N.: *Professing Feminism: Cautionary Tales from the Strange World of Women's Studies* (New York: Basic Books, 1994).

Patel, K.: "Women, earth, and the Goddess," *Hypatia*, 9: 4 (1994), 69–87.

Patel, R.: *Islamicisation of Laws in Pakistan* (Pakistan: Faiza Publishers Pakistan, n.d.).

Pateman, C.: *Participation and Democratic Theory* (Cambridge: Cambridge University Press, 1970).

——: "Defending prostitution: charges against Ericson," *Ethics*, 93 (1983), 561–5.

——: *The Sexual Contract* (Cambridge: Polity Press, 1988).

——: "Feminism and democracy," *The Disorder of Women: Democracy, Feminism and Political Theory*, ed. C. Pateman (Cambridge: Polity Press, 1989a), pp. 210–25.

—— ed.: *The Disorder of Women: Democracy, Feminism and Political Theory* (Stanford, CA: Stanford University Press, 1989b).

——: "Feminist critiques of the public/private dichotomy," *The Disorder of Women: Democracy, Feminism and Political Theory*, ed. C. Pateman (Stanford, CA: Stanford University Press, 1989c), pp. 118–41.

——: "Equality, difference, subordination: the politics of motherhood and woman's citizenship," *Beyond Equality and Difference*, ed. G. Bock and S. James (London: Routledge, 1992), pp. 17–31.

Pathak, Z. and Rajan, R.: "Shahbano," *Feminists Theorize the Political*, ed. J. Butler and J. W. Scott (New York: Routledge, 1992), pp. 257–80.

Pauer-Studer, H.: "Prinzipien und Verantwortung," *Normen*, 19 (1987), 59–17.

——: "Moraltheorie und Geschlechterdifferenz," *Jenseits der Geschlechtermoral*, ed. H. Nagl-Docekal and H. Pauer-Studer (Frankfurt/Main, 1993), pp. 33–68.

——: "Kant – Vorläufer einer Care-ethik?," *Und drinnen waltet die züchtige Hausfrau*, ed. H. Kuhlmann (Gütersloh, 1995), pp. 83–93.

Peach, L.: "An alternative to pacifism? Feminism and just war theory," *Bringing Peace Home*, ed. K.J. Warren and D. Cady (Bloomington: Indiana University Press, 1996).

Pearce, D.: "Women, work and welfare," *Working Women and Families*, ed. K. Wolk Feinstein (Beverly Hills, CA: Sage Publications, 1979).

Pearsall, M., ed.: *Women and Values* (Belmont, CA: Wadsworth, 1986).

Pellikaan-Engle, M.: "Socrates' blind spots," *Against Patriarchal Thinking: Proceedings of the Fifth Symposium of the International Association of Women Philosophers* (Amsterdam, Netherlands: VU University Press, 1992).

Pence, T.: *Ethics in Nursing: An Anthology* (New York: National League Nursing, 1990).

Penelope, J.: *Speaking Freely: Unlearning the Lies of the Father's Tongues* (Elmsford, NY: Pergamon Press, 1990).

——: *Call Me Lesbian: Lesbian Lives, Lesbian Theory* (Freedom, CA: The Crossing Press, 1992).

Pennock, J. R., and Chapman, J.: *Privacy* (New York: Atherton Press, 1971).

Pérez, E.: "Sexuality and discourse: notes from a Chicana survivor," *Chicana Lesbians: The Girls Our Mothers Warned Us About*, ed. C. Trujillo (Berkeley, CA: Third Woman Press, 1991), pp. 159–84.

Person, E.: "Sexuality as the mainstay of identity: psychoanalytical perspectives," *Signs*, 4: 5 (1980), 605–30.

Petchesky, R. P.: "Reproductive freedom – beyond a woman's right to choose," *Signs*, 5 (1980), 661–85.

——: "Antiabortion, antifeminism, and the rise of the new right," *Feminist Studies*, 7 (1981), 206–46.

——: *Abortion and Women's Choice: The State, Sexuality, and Reproductive Freedom* (Boston, MA: Northeastern University Press, 1985).

Peters, J., and Wolper, A., eds.: *Women's Rights, Human Rights: Internationalist Feminist Perspectives* (New York: Routledge, 1995).

Peterson, S. R.: "Coercion and rape: The state as a male protection racket," *Feminism and Philosophy*, ed. M. Vetterling-Braggin, F. Elliston, and J. English (Totowa, NJ: Littlefield, Adams, 1977), pp. 360–71.

Petrova, D.: "The winding road to emancipation in Bulgaria," *Gender Politics and Post-Communism*, ed. N. Funk and M. Mueller (New York: Routledge, 1993).

Phelan, S.: *Identity Politics: Lesbian Feminism and the Limits of Community* (Philadelphia, PA: Temple University Press, 1989).

——: "Specificity: Beyond equality and difference," *differences*, 3: 1 (1991), 128–43.

Phelps, L.: "Female sexual alienation," *Women: A Feminist Perspective*, ed. J. Freeman (Palo Alto, CA: Mayfield, 1979).

Philipson, I.: "The impasse of socialist-feminism," *Socialist Review*, 79 (1985), pp. 93–110.

Phillips, A.: *Engendering Democracy* (Cambridge: Polity, 1991).

——: *Democracy and Difference* (Cambridge: Polity, 1993).

——: *The Politics of Presence* (Oxford: Oxford University Press, 1995).

Pieper, A.: *Aufstand des stillgelegten Geschlechts: Einführung in die feministische Ethik* (Freiburg, 1993).

Piercy, M.: *Woman on the Edge of Time* (New York: Fawcett Crest, 1979).

Pilardi, J. A.: "The changing critical fortunes of *The Second Sex*," *History and Theory*, 30: 1 (1993), 51–73.

Pine, R. and Law, S.: "Envisioning a future for reproductive liberty: strategies for making the rights real," *Harvard Civil Rights–Civil Liberties Law Review*, 27 (1992), 407–63.

Piper, A.: "Higher order discrimination," *Identity, Character, and Morality*, ed. O. Flanagan and A. O. Rorty (Cambridge, MA: MIT Press, 1990).

——: "Xenophobia and Kantian rationalism," *Philosophical Forum*, XXIV:1–3, (1992–3), 188–232.

Piven, F. Fox, and Cloward, R.: *Regulating the Poor* (New York: Pantheon Books, 1971).

Planned Parenthood v. *Casey*, 505 U.S. 833 (1992).

Plantinga, C.: "Film theory and aesthetics: notes on a schism," *Journal of Aesthetics and Art Criticism*, 51 (1993), 445–54.

Plaskow, J.: "The Jewish feminist: conflict in identities," *The Jewish Woman: New Perspectives*, ed. E. Koltum (New York: Schocken Books, 1976).

——: "The right question is theological," *On Being a Jewish Feminist*, ed. S. Heschel (New York: Schocken Books, 1983).

——: *Standing Again at Sinai* (San Francisco, CA: Harper, 1990).

——: "Jewish theology in feminist perspectives," *Feminist Perspectives on Jewish Studies*, ed. L. Davidman and S. Terrerbaum (New Haven, CT: Yale University Press, 1994).

Plumwood, V.: "Ecofeminism: an overview and discussion of positions and arguments," *Australasian Journal of Philosophy*, 64 (1986), 120–38.

——: "Women, humanity and nature," *Radical Philosophy*, 48 (1988), 16–24.

——: "Nature, self and gender: feminism, environmental philosophy, and the critique of rationalism," *Hypatia*, 6: 1 (1991), 3–27.

——: *Feminism and the Mastery of Nature* (London: Routledge, 1993).

——: "Androcentrism and anthropocentrism: parallels and politics," *Ecofeminist Perspectives*, ed. K. Warren (Bloomington: Indiana University Press, forthcoming, a).

——: "Ecofeminism and the master subject," *Environmental Ethics*, forthcoming, b.

Pollock, G.: "Degas/images/women: women/Degas/images', *Dealing with Degas: Representations of Women and the Politics of Vision*, ed. R. Kendall and G. Pollock (New York: State University of New York Press, 1987).

Pomeroy, S. B.: *Goddesses, Whores, Wives, and Slaves: Women In Classical Antiquity* (New York: Schocken Books, 1975).

Pompei, G.: "Wages for housework," trans. J. Hall, *Feminist Frameworks*, ed. A.M. Jaggar and P.R. Struhl (New York: McGraw-Hill, 1978), pp. 208–11.

Post, R.: "The social foundations of privacy: community and self in the common law tort," *California Law Review*, 77 (1989), 957–1010.

Potter, E.: "Gender and epistemic negotiation," *Feminist Epistemologies*, ed. L. Alcoff and E. Potter (New York: Routledge, 1993).

Prell, R.: "The vision of woman in classical reform Judaism," *Journal of the American Academy of Religion*, 50 (1983), 575–89.

Prosser, W.: "Privacy," *California Law Review*, 48 (1960), 383–423.

Purdy, L. M.: "Genetic diseases: can having children be immoral?," *Intervention and Reflection: Basic Issues in Medical Ethics*, ed. R. Munson, 4th edn (Belmont, CA: Wadsworth Press, 1992), pp. 429–35.

——: "A feminist view of health," *Feminism & Bioethics: Beyond Reproduction*, ed. S. Wolf (New York: Oxford University Press, 1996).

Pynne, H. H.: "AIDS and gender violence: the enslavement of Burmese women in the Thai sex industry," *Women's Rights, Human Rights: Internationalist Feminist Perspectives*, ed. J. Peters and A. Wolper (New York: Routledge, 1995).

Quine, W. V.: "Two dogmas of empiricism," *From a Logical Point of View* (New York: Harper and Row, 1963).

——: "Epistemology naturalized," *Ontological Relativity and Other Essays* (New York: Columbia University Press, 1969).

——: "On the nature of moral values," *Theories and Things* (Cambridge, MA: Harvard University Press, 1981).

Quraishi, A.: "Her honor: a Muslim gender-egalitarian critique of the rape laws of Pakistan," *Muslim Women's Scholarship-Activism in the United States*, ed. G. Webb, forthcoming.

Rachels, J.: "Why privacy is important," *Philosophy and Public Affairs*, 4 (1975), 323–33.

Radest, H.: "The public and the private: an American fairy tale," *Ethics*, 89 (1979), 280–91.

Radin, M. J.: "Market-inalienability," *Harvard Law Review*, 100 (1988), 1849–1937.

——: "The pragmatist and the feminist," *Readings in the Philosophy of Law*, ed. J. Arthur and W.H. Shaw (Englewood Cliffs, NJ: Prentice Hall, 1993).

Ramanujan, A. K.: *Speaking of Shiva* (Harmondsworth, 1985).

Ramazanoglu, C.: *Feminism and the Contradictions of Oppression* (New York: Routledge, 1989).

——: "Women's sexuality and men's appropriation of desire," *Up Against Foucault: Explorations of some Tensions Between Foucault and Feminism*, ed. C. Ramazanoglu (London: Routledge, 1993), pp. 239–64.

Ras-Work, B.: "Reclaiming religious freedom," *1992 Global Forum of Women*, 2 vols (Dublin: 1992).

Rawls, J.: *A Theory of Justice* (Cambridge, MA: Harvard University Press, 1971).

——: *Political Liberalism* (New York: Columbia University Press, 1993).

Raymond, J.: *The Transsexual Empire: The Making of the She-Male* (Boston: Beacon Press, 1979).

——: *A Passion For Friends: A Philosophy of Female Affection* (Boston: Beacon Press, 1986).

Reardon, B.: *Women and the War System* (New York: Teachers' College Press, 1985).

Reich, J.: "Genderfuck: The law of the dildo," *Discourse*, 15: 1 (1992), 112–27.

Reich, W.: *Mass Psychology of Fascism* (New York: Farrar, Straus and Giroux, 1970).

——: *The Sexual Revolution* (New York: Farrar, Straus and Giroux, 1974).

Reiman, J.: "Privacy, intimacy, and personhood," *Philosophy and Public Affairs*, 6 (1976), 26–44.

Reinelt, C., and Fried, M.: "'I am this child's mother.' A feminist perspective on mothering with a disability," paper presented at the Society for Disability Studies Meeting, Oakland, California, 1991.

Reinharz, S.: *Feminist Methods in Social Research* (Oxford: Oxford University Press, 1992).

Resnik, J.: "On the bias: feminist reconsiderations of the aspirations for our judges," *Southern California Law Review*, 61 (1988), 1877–1944.

Reti, I.: *Unleashing Feminism* (Santa Cruz, CA: Herbooks, 1992).

Rhode, D.: "Association and assimilation," *Northwestern Law Review*, 81 (1986), 106–45.

——: "Occupational inequality," *Duke Law Journal* (December 1988), 1207–41.

——: *Justice and Gender: Sex Discrimination and the Law* (Cambridge, MA: Harvard University Press, 1989).

——: "Definitions of difference," *Theoretical Perspectives on Sexual Difference*, ed. D. Rhode (New Haven, CT: Yale University Press, 1990a), pp. 197–212.

——: "Feminist critical theories," *Stanford Law Review*, 42 (1990b), 617–38.

——: "The politics of paradigms: gender difference and gender disadvantage," *Beyond Equality and Difference*, ed. G. Bock and S. James (New York: Routledge, 1992), pp. 149–63.

Rich, A.: *Of Woman Born: Motherhood as Experience and Institution* (New York: Harper and Row, 1976).

——: *On Lies, Secrets, and Silence* (New York: W. W. Norton & Co., 1979a).

——: "Women and honor: notes on lying," *On Lies, Secrets, and Silence* (New York: W.W. Norton & Co., 1979b).

——: "Compulsory heterosexuality and lesbian existence," *Signs*, 5: 4 (1980), 631–60.

Rich, B.R.: "Feminism and sexuality in the 1980s," *Feminist Studies*, 12 (1986), 525–61.

Richard, N.: "¿Tiene sexo la escritura?," *Debate feminista* [Mexico], 9 (1994), 127–39.

Richards, D.: *Toleration and the Constitution* (New York: Oxford University Press, 1986).

Richards, J. R.: *The Skeptical Feminist: A Philosophical Enquiry* (London: Routledge and Kegan Paul, 1980).

Riley, D.: *"Am I That Name?" Feminism and the Category of "Woman"* (Minneapolis: University of Minnesota Press, 1988).

Roberts, D. E.: "Punishing drug addicts who have babies," *Harvard Law Review*, 104 (1991), 1419–82.

——: "Reconstructing the patient: starting with women of color," *Feminism & Bioethics: Beyond Reproduction*, ed. S. Wolf (New York: Oxford University Press, 1996).

Robertson, J. A.: *Children of Choice: Freedom and the New Reproductive Technologies* (Princeton, NJ: Princeton University Press, 1994).

Robson, R.: *Lesbian (Out)law: Survival Under the Rule of Law* (Ithaca, NY: Firebrand Books, 1992).

434

Rockefeller, S. C.: *John Dewey: Religious Faith and Democratic Humanism* (New York: Columbia University Press, 1991).

Roe v. *Wade*, 401 U.S. 113 (1973).

Rohrer, P.: "At what price individualism? The education of Isabel Archer," *Philosophy of Education 1993* (Champaign, IL: Philosophy of Education Society, 1994), pp. 315–24.

Romano, C.: "Between the motion and the act," *The Nation* (November 15, 1993), 563–70.

Rommelspacher, B.: *Mitmenshlichkeit und Unterwerfung: Zur Ambivalenz der weiblichen Moral* (Frankfurt/Main: Campus, 1992).

Roof, J.: *A Lure of Knowledge: Lesbian Sexuality and Theory* (New York: Columbia University Press, 1993).

——: "Lesbians and Lyotard: legitimation and the politics of the name," *The Lesbian Postmodern*, ed. L. Doan (New York: Columbia University Press, 1994), pp. 47–66.

Rooney, P.: "Gendered reason: sex metaphor and conceptions of reason," *Hypatia*, 6 (1991), 77–103.

——: "Recent work in feminist discussions of reason," *American Philosophical Quarterly*, 31: 1 (1994), 1–16.

Root, M. P. P, ed.: *Racially Mixed People in America* (Newbury Park, NY: Sage Publications, 1992).

Rorty, R.: *Consequences of Pragmatism* (Minneapolis: University of Minnesota Press, 1982).

——: "Feminism and pragmatism," *Michigan Quarterly Review*, 30 (1991), 231–58.

——: "Feminism, ideology, and deconstruction: a pragmatist view," *Hypatia*, 8 (1993), 96–103.

Rose, H.: "Hand, brain and heart: a feminist epistemology for the natural sciences," *Signs*, 9: 1 (1983).

——: *Love, Power and Knowledge: Towards a Feminist Transformation of the Sciences* (Cambridge: Polity, 1994).

Rose, J., and Mitchell, J., eds.: *Feminine Sexuality: Jacques Lacan and Ecole Freudienne*, trans. J. Rose (London: Macmillan, 1982).

Rose, S.: "Introduction II," *Feminine Sexuality: Jacques Lacan and Ecole Freudienne*, trans. S. Rose (London: Macmillan, 1982).

Rosenberg, R.: *Beyond Separate Spheres: Intellectual Roots of Modern Feminism* (New Haven, CT: Yale University Press, 1982).

Rosenblatt, L. M.: *The Reader the Text the Poem: The Transactional Theory of the Literary Work* (Carbondale: Southern Illinois University Press, 1994).

Rothenberg, P.: "The construction, deconstruction, and reconstruction of difference," *Hypatia*, 5: 1 (1990), 42–57.

Rothman, B. K.: *The Tentative Pregnancy: Prenatal Diagnosis and the Future of Motherhood* (New York: Viking Press, 1986).

——: "Motherhood: beyond patriarchy," *Nova Law Review*, 13 (1989a), 481–6.

——: *Recreating Motherhood* (New York: W. W. Norton & Co. 1989b).

Rothman, D. J.: "Ethics and human experimentation," *New England Journal of Medicine*, 317: 19 (November 5, 1987), 1195–9.

Rousseau, J.: *Emile: or, On Education*, trans. A. Bloom (New York: Basic Books, 1979).

Rowbotham, S.: *Woman, Resistance and Revolution* (New York: Random House, 1972).

——: *Hidden from History* (London: Pluto, 1973a).

——: *Woman's Consciousness, Man's World* (Baltimore: Penguin, 1973b).

——: *Women in Movement: Feminism and Social Action* (London: Routledge, 1992).

——, Segal, L., and Wainwright, H.: *Beyond the Fragments: Feminism and the Making of Socialism* (London: Merlin Press, 1979).

Rowland, R.: "Making women visible in the embryo experimentation debate," *Bioethics*, 1: 2 (1987), 179–88.

——: *Living Laboratories: Women and Reproductive Technologies* (Bloomington: Indiana University Press, 1992).

Royal Commission on New Reproductive Technologies: *Proceed with Care: Final Report* (Ottawa, Canada: Minister of Government Services, 1993).

Rubenfeld, J.: "The right of privacy," *Harvard Law Review*, 102 (1989), 737–807.

Rubin, G.: "The traffic in women," *Toward an Anthropology of Women*, ed. R. Reiter (New York: Monthly Review Press, 1975), pp. 157–210.

——: "Sexual politics, the new right and the sexual fringe," *The Age Taboo: Gay Male Sexuality, Power and Consent*, ed. D. Tsang (Boston: Alyson Publications, 1981).

——: "Thinking sex: notes for a radical theory on the politics of sexuality," *Pleasure and Danger: Exploring Female Sexuality*, ed. C. Vance (Boston: Routledge and Kegan Paul, 1984), pp. 267–319.

——, English, D., and Hollibaugh, A.: "Talking sex: a conversation on sexuality and feminism," *Socialist Review*, 11: 4 (1981), 43–62.

Rubio Castro, A.: "El feminismo de la diferencial: los argumentos de una igualdad compleja," *Revista de Estudios Politicos* (Nueva Epoca) [Spain], 70 (1990), 185–207.

Ruch, E. A., and Anyanwu, K. C.: *African Philosophy* (Rome: Catholic Book Agency, 1981).

Ruddick, S.: "Maternal thinking," *Feminist Studies*, 6 (1980), 342–67.

——: "Preservative love and military destruction," *Mothering: Essays in Feminist Theory*, ed. J. Trebilcot (Totowa, NJ: Rowman and Allanheld, 1983), pp. 231–63.

——: "Remarks on the sexual politics of reason," *Women and Moral Theory*, ed. E. Kittay and D. Meyers (Savage, MD: Rowman and Littlefield, 1987), pp. 237–61.

——: *Maternal Thinking: Toward a Politics of Peace* (New York: Basic Books, 1989).

——: "Notes on a feminist peace politics," *Gendering War Talk*, ed. M. Cooke and A. Woollacott (Princeton, NJ: Princeton University Press, 1993).

436

——: "Injustice in families: assault and domination," *Justice and Care: Essential Readings in Feminist Ethics*, ed. V. Held (Boulder, CO: Westview Press, 1995).

——: "Rethinking 'Maternal' Politics," *The Politics of Motherhood*, ed. A. Jetter, A. Orleck, and D. Taylor (Hanover: New England University Press, forthcoming).

Ruether, R. R.: *New Woman/New Earth: Sexist Ideologies and Human Liberation* (New York: Seabury, 1975).

——: *Sexism and God-Talk: Toward a Feminist Theology* (Boston: Beacon Press, 1983).

——: *Gaia and God: An Ecofeminist Theology of Earth Healing* (San Francisco, CA: Harper, 1992).

Rumf, M.: " 'Mystical aura': imagination and reality of the 'maternal' in Horkheimer's writings," *Max Horkheimer: New Perspectives* (Cambridge: MIT Press, 1993), pp. 309–34.

Rumsey, J.: "Re-vision of agency in Kant's moral theory," *Feminist Interpretations of Kant*, ed. R. Schott (University Park: Pennsylvania State University Press, 1997).

Russell, D.: *The Politics of Rape: The Victim's Perspective* (New York: Stein and Day, 1975).

Rust, P.: *Bisexuality and the Challenge to Lesbian Politics* (New York; New York University Press, 1995).

Ruth, S.: "Methodocracy, misogyny and bad faith," *Men's Studies Modified: The Impact of Feminism on the Academic Disciplines*, ed. D. Spencer (Oxford: Pergamon Press, 1981).

Rutnam, R.: "IVF in Australia: towards a feminist technology assessment," *Issues in Reproductive and Genetic Engineering*, 4: 2 (1991), 143–54.

Sadker, M., and Sadker, D.: *Failing At Fairness: How America's Schools Cheat Girls* (New York: Charles Scribner's Sons, 1994).

Sahih Al-Bukhari, I.: *Abu'Abd Allah Muhammad Ibn Ismail Al Bukhari*, trans. M Asad (Lahore: Ashraf Publications, 1938).

Salecl, R.: *The Spoils of Freedom: Psychoanalysis and Feminism after the Fall of Socialism* (New York: Routledge, 1994).

Salleh, A.: "Deeper than deep ecology," *Environmental Ethics*, 6: 1 (1984), 339–45.

——: "The ecofeminism/deep ecology debate," *Environmental Ethics*, 14: 3 (1992), 195–216.

Salmon, N.: "The art historical canon: sins of omission," *EnGendering Knowledge*, ed. J. Hackman and E. Messer-Davidow (Knoxville: University of Tennessee Press, 1991), pp. 222–36.

Sandel, M.: *Liberalism and the Limits of Justice* (Cambridge: Cambridge University Press, 1982).

——: *Democracy's Discontent: America in Search of a Public Philosophy* (Cambridge, MA: Harvard University Press, 1996).

Sands, K.: *Escape from Paradise: Evil Tragedy in Feminist Theology* (Minneapolis: Fortress Press, 1994).

Sangari, K.: "Mirabai and the Spiritual Economy of Bhakti," *Economic and Political Weekly* (July 7–14, 1990).

——, and Vaid, S., ed.: *Recasting Women: Essays in Colonial History* (New Delhi: Kali for Women, 1989).

Sanger, M.: *Woman and the New Race* (New York: Brentano's Press, 1920).

Santa Cruz, M. I., Bach, A. M., Femenías, M. L., Gianella, A., and Roulet, M.: *Mujeres y Filosofía (I): Teoría filos ófica de Género* (Buenos Aires: Centro Editor de América Latina, 1994).

Sargent, L, ed.: *Women and Revolution* (Boston: South End Press, 1981).

Sarkar, T.: "Women's agency within authoritarian communalism: the Rashtra-sevika Smitiand Ramjanmabhoomi," *Hindus and Others*, ed. G. Pandey New Delhi: (Viking Press, 1993).

Sartre, J.-P.: *Being and Nothingness*, trans. H.E. Barnes [1943] (New York: Philo-sophical Library, 1953).

——: *Critique of Dialectical Reason*, trans. A. Sheridan-Smith [1960] (London: New Left Books, 1976).

Sawicki, J.: "Foucault, feminism, and questions of identity," *The Cambridge Companion to Foucault*, ed. G. Gutting (Cambridge: Cambridge University Press, 1994), pp. 286–313.

Saxe, L. L.: "Sadomasochism and exclusion," *Adventures in Lesbian Philosophy*, ed. C. Card (Bloomington: Indiana University Press, 1994), pp. 64–77.

Saxonhouse, A. W.: *Fear of Diversity: The Birth of Political Science in Ancient Greek Thought* (Chicago, IL: University of Chicago Press, 1992).

Saxton, M. and Howe, F., eds.: *With Wings: An Anthology of Literature By and About Women With Disabilities* (New York: The Feminist Press at the City University of New York, 1987.)

Sayers, J.: "Science, sexual difference and feminism," *Analyzing Gender*, ed. B. B. Hess and M. Marx (Newbury Park, NY: Sage Publications, 1987), pp. 68.

Scaltas, P. W.: "Virtue without gender in Socrates," *Hypatia*, 7: 3 (1992), 126–37.

Scarry, E.: *The Body in Pain* (Oxford: Oxford University Press, 1985).

Scheman, N.: "Individualism and the objects of psychology," *Discovering Reality: Feminist Perspectives on Epistemology Metaphysics, Methodology, and Philosophy of Science*, ed. S. Harding and M. Hintikka (Dordrecht, Holland: D. Reidel Publishing Co., 1983).

——: "Missing mothers/desiring daughters: framing the sight of women," *Critical Inquiry* 15 (1988), 62–89.

——: "Though this be method, yet there's madness in it," *A Mind of One's Own: Feminist Essays on Reason and Objectivity*, ed. L. Antony and C. Witt (Boulder, CO: Westview Press, 1993a), pp. 145–70.

——: *Engenderings: Constructions of Knowledge, Authority, and Privilege* (New York: Routledge, 1993b).

——: "Queering the center by centering the queer," *Feminists Rethink the Self*, ed. D. Meyers (Boulder, CO: Westview Press, 1996).

438

Scheppele, K. L.: "The re-vision of rape law," *University of Chicago Law Review*, 54 (1987), 1095–116.

——: "Just the facts, Ma'am: sexualized violence, evidentiary habits, and the revision of truth," *New York Law School Law Review*, 37 (1992), 123–72.

Schiebinger, L.: "Skeletons in the closet," *The Making of the Modern Body*, ed. C. Gallagher and T. Laqueur (Berkeley: University of California Press, 1987), pp. 42–82.

Schmid, G., and Weitzel, R., eds.: *Sex Discrimination and Equal Opportunity: the Labor Market and Employment Policy* (New York: St Martin's Press, 1984).

Schneider, C.: *Shame, Exposure, and Privacy* (Boston: Beacon Press, 1977).

Schneider, E.: "The dialectic of rights and politics: perspectives from the women's movement," *New York University Law Review*, 61 (1986), 593–652.

——: "The violence of privacy," *Connecticut Law Review*, 23 (1991), 973–99.

——: "Particularity and generality: challenges of feminist theory and practice in work on woman-abuse," *New York University Law Review*, 67 (1992), 520–68.

Schoeman, F.: *Philosophical Dimensions of Privacy* (Cambridge: Cambridge University Press, 1992a).

——: *Privacy and Social Freedom* (Cambridge: Cambridge University Press, 1992b).

Schor, N., and Weed, E.: *The Essential Difference* (Bloomington: Indiana University Press, 1994).

Schott, R.: *Cognition and Eros: A Critique of the Kantian Paradigm* (Boston: Beacon Press, 1988).

——: "The gender of enlightenment," *What is Enlightenment?*, ed. J. Schmidt (Berkeley: University of California Press, 1996).

Schrage, L.: "Should feminists oppose prostitution?," *Ethics*, 99 (1989), 347–61.

Schroder, H.: "Kant's patriarchal order," *Feminist Interpretations of Kant*, ed. R. Schott (University Park: Pennsylvania State University Press, 1997).

Schroeder, J.: "The taming of the shrew: the liberal attempt to tame feminist radical theory," *Yale Journal of Law and Feminism*, 5 (1992), 123–80.

Schultz, V.: "Telling stories about women and work," *Harvard Law Review*, 103 (1990), 1749–1843.

Schüssler Fiorenza, E.: *In Memory of Her: A Feminist Theological Reconstruction of Christian Origins* (New York: Crossroad, 1983).

——: *Bread Not Stone: The Challenge of Feminist Biblical Interpretation* (Boston: Beacon Press, 1985).

——: *Jesus: Miriam's Child, Sophia's Prophet* (New York: Continuum, 1994).

Schutte, O.: *Cultural Identity and Social Liberation in Latin American Thought* (Albany: State University of New York Press, 1993).

——: "Spanish and Latin American feminist philosophy," *Hypatia*, 9 (1994), 142–94.

Schwartzenbach, S.: "Rawls and ownership: the forgotten category of reproductive labor," *Canadian Journal of Philosophy*, 13 (1987), 139–66.

Schweickart, D.: *Against Capitalism* (New York: Cambridge University Press, 1993).

Scott, H.: *Does Socialism Liberate Women?* (Boston: Beacon Press, 1974).

Scott, J.: "Gender: a useful category for historical analysis?," *American Historical Review*, 91: 5 (1986), 1053–75.

——: *Gender and the Politics of History* (New York: Columbia, 1988).

——: "Deconstructing equality-versus-difference," *Conflicts in Feminism*, ed. M. Hirsch and E. F. Keller (New York: Routledge, 1990).

——: "The evidence of experience," *Critical Inquiry*, 17: 4 (1991), 773–97.

——: "Experience," *Feminists Theorize the Political*, ed. J. Butler and J. W. Scott (New York: Routledge, 1992).

Scott, R.: *The Making of Blind Men: a Study of Adult Socialization* (New York: Russel Sage Foundation, 1969).

Scutt, J., ed.: *The Baby Machine: Commercialization of Motherhood* (Carlton, Victoria: McCulloch, 1988).

Sedgwick, E.: "Can Kant's ethics survive the feminist critique?," *Pacific Philosophical Quarterly*, 71 (1990a), 60–79.

——: *Epistemology of the Closet* (Berkeley: University of California Press, 1990b).

——: *Tendencies* (Durham: Duke University Press, 1993).

Segal, L.: *Sex Exposed: Sexuality and the Pornography Debate* (New Jersey: Rutgers University Press, 1993).

Segal, M.: "The argument for female combatants," *Female Soldiers: Combatants or Non-Combatants?*, ed. N. Loring Goldman (Westport: Greenwood Press, 1982).

Segers, M.: "The Catholic Bishop's letter on war and peace: a feminist perspective," *Feminist Studies*, 11: 3 (1985).

Seigfried, C. H.: *William James's Radical Reconstruction of Philosophy* (Albany: State University of New York Press, 1990).

—— ed.: "Feminism and Pragmatism Special Issue," *Hypatia*, 8 (1993a).

——: "Shared communities of interest: feminism and pragmatism," *Hypatia*, 8: 2 (1993b).

——: *Pragmatism and Feminism: The Constant Reweaving of the Social Fabric* (Chicago, IL: University of Chicago Press, 1996).

Sen, A.: *Commodities and Capabilities* (Amsterdam: North Holland, 1985).

——: "Gender and cooperative conflict," *Persistent Inequalities*, ed. I. Trinker (New York: Oxford University Press, 1989), pp. 123–49.

——: "Capability and well-being," *The Quality of Life*, ed. M. Nussbaum and A. Sen (Oxford: Clarendon Press, 1993).

Sevenhuijsen, S.: "Feminist ethics and public health care policies," *Feminist Ethics and Social Policy*, ed. P. DiQuinzio and I. M. Young (Bloomington: Indiana University Press, 1996).

Shafer, C. and Frye, M.: "Rape and respect," *Feminism and Philosophy*, ed. M. Vetterling-Braggin, F. Elliston, and J. English (Totowa, NJ: Littlefield, Adams, 1977), pp. 333–46.

Shanley, M. L.: " 'Surrogate mothering' and women's freedom: A critique of contracts for human reproduction," *Signs*, 18: 3 (1993), 618–39.

Shanner, L.: "The right to procreate: when rights claims have gone wrong," *McGill Law Journal*, 40: 4 (1995), 823–74.

Shariati, A.: *Fatima Is Fatima*, trans. L. Bakhtiar (Iran: The Shariati Foundation, n.d.).

Sharoni, S.: *Gender and the Israeli-Palestinian Conflict* (Syracuse: University of Syracuse Press, 1995).

Sher, G.: "Our preferences, ourselves," *Philosophy and Public Affairs*, 12 (1982), 34–50.

Sherry, S.: "Civic virtue and the feminine voice in constitutional adjudication," *Virginia Law Review*, 72 (1986), 543–616.

Sherwin, S.: "Feminist ethics and in vitro fertilization," *Canadian Journal of Philosophy*, 13 (1987), 265–84.

——: "Abortion through a feminist lens." *Dialogue: Canadian Philosophical Review*, 30: 3 (1991), 327–42.

——: *No Longer Patient: Feminist Ethics and Health Care* (Philadelphia, PA: Temple University Press, 1992).

Shiva, V.: *Staying Alive, Women, Ecology and Development* (New Delhi: Kali for Women, 1989).

——: *The Violence of the Green Revolution* (Goa: The Other India Press, 1992).

Shrage, L.: "Some implications of comparable worth," *Social Theory and Practice*, 13: 1 (1987).

——: "Feminist film aesthetics: a contextual approach," *Hypatia*, 5: 2 (1990a), 137–48.

——: "Should feminists oppose prostitution?," *Feminism and Political Theory*, ed. C. Sunstein (Chicago, IL: University of Chicago Press, 1990b), pp. 185–200.

——: *Moral Dilemmas of Feminism* (New York: Routledge, 1994).

——: "Transgressions: confessions of an assimilated Jew," *American Mixed Race: Exploring Microdiversity*, ed. N. Zack (Lanham, MD: Rowman and Littlefield, 1995), pp. 387–96.

Shulz, M.: "The semantic derogation of woman," *Language and Sex: Difference and Dominance*, ed. B. Thorne and N. Henley (Rowley, MA: Newbury House Publishers, 1975).

Schusterman, R.: *Analytic Aesthetics* (New York: Blackwell, 1989).

Sichel, B.: "Ethics of caring and the institutional ethics committee," *Hypatia*, 4: 2 (1989), 45–56.

——: "Education and Thought in Virginia Woolf's 'To the Lighthouse,'" *Philosophy of Education 1992*, (Champaign, IL: Philosophy of Education Society, 1993), pp. 191–200.

Sichtermann, B.: "Gibt es eine weibliche Asthetic?," *Wer ist Wie? Uber den Unterschield der Geschlechter* (Berlin: Wagenbach, 1987).

Silverman, K.: *Male Subjectivity at the Margins* (New York: Routledge, 1992).

Silvers, A.: "'Defective' agents: equality, difference and the tyranny of the normal," *Journal of Social Philosophy*, 25 (June 1994).

——: "Reconciling equality to difference: caring (f)or justice for people with disabilities," *Hypatia*, 10 (1995), 31–55.

Simons, M. A.: "Racism and feminism: a schism in the sisterhood," *Feminist Studies*, 5: 2 (1979), 384–401.

——: *Re-Reading the Canon: Feminist Interpretations of Simone de Beauvoir* (University Park: Pennsylvania State University Press. 1995).

Singer, L.: *Erotic Welfare: Sexual Theory and Politics in the Age of Epidemic* (New York: Routledge, 1993).

Singer, P., and Wells, D.: *The Reproductive Revolution: New Ways of Making Babies* (Oxford: Oxford University Press, 1984).

Sisters in Islam: *Are Muslim Men Allowed to Beat Their Wives?* (Kuala Lumpur: United Selangor Press Sdn Bhd, 1991a).

——: *Are Women and Men Equal Before Allah?* (Kuala Lumpur: United Selangor Press Sdn Bhd, 1991b).

Sisters in Islam, Muslim Women's League et al. "Letter to the Editor," *Forum '95*, September 7, 1995.

Sklar, K. K.: "Hull House in the 1890s: A community of women reformers', *Signs*, 10 (1985), 658–77.

Slapsak, S.: *Ogledi o bezbriznosti* (Belgrade: Radio B92, 1994).

Slicer, D.: "Your daughter or your dog?," *Hypatia*, 6: 1 (1991), 108–24.

——: "Wrongs of passage: the challenges to the maturing of ecofeminism," *Ecological Feminism*, ed. K. Warren (London: Routledge, 1994).

Smart, C.: *Feminism and the Power of Law* (London: Routledge, 1989).

——: *Law, Crime, and Sexuality: Essays in Feminism* (London: Sage Publications, 1995).

——, and Sevenhuijsen, eds.: *Child Custody and the Politics of Gender* (New York: Routledge, 1989).

Smith, B.: "The new European philosophy," *Philosophy and Political Change in Eastern Europe*, ed. B. Smith (La Salle, IL: Hegler Institute, 1993).

Smith, D.: *The Everyday World as Problematic* (Toronto: University of Toronto Press, 1987).

Smith, J.: "Analyzing ethical conflict in the transracial adoption debate," *Hypatia*, 11: 2 (1996), 1–33.

Smith, P.: "Feminist jurisprudence: social change and conceptual evolution," *American Philosophical Association Newsletter* (Spring 1995a).

——: "Feminist legal critics: The reluctant radicals," *Radical Philosophy of Law*, ed. D. Caudill and S. J. Gold (Atlantic Highlands, NJ: Humanities Press, 1995b), pp. 73–87.

—— ed.: *Feminist Jurisprudence* (New York: Oxford University Press, 1993).

Smith, S.: "Paradigm dominance in international relations: the development of international relations as a social science," *The Study of International Relations: The State of the Art*, ed. H.C. Dyer and L. Mangasarian (New York: St Martin's Press, 1989).

Sober, E.: *Philosophy of Biology* (Oxford: Oxford University Press, 1993).

Soble, A.: *Pornography: Marxism, Feminism and the Future of Sexuality* (New Haven, CT: Yale University Press, 1986).

——: *The Philosophy of Sex: Contemporary Readings* (Savage, MD: Rowan and Littlefield, 1991).

Sodipo, J. O., and Hallen, B.: *Knowledge, Belief and Witchcraft: Analytic Experiences in African Philosophy* (London: Ethnographica, 1986).

Sommers, C. Hoff: *Who Stole Feminism?: How Women have Betrayed Women* (New York: Simon and Schuster, 1994).

——: and Steinberg, D., eds.: *Made to Order: The Myth of Reproductive and Genetic Progress* (New York: Pergamon Press, 1987).

Spallone, P.: *Beyond Conception: The New Politics of Reproduction* (Granby, MA: Bergin and Garvey, 1989).

Spelman, E.: "Aristotle and the politicization of the soul," *Discovering Reality: Feminist Perspectives on Epistemology, Metaphysics, Methodology, and Philosophy of Science*, ed. S. Harding and M. Hintikka (Dordrecht, Holland: D. Reidel Publishing Co., 1983).

——: *Inessential Woman: Problems of Exclusion in Feminist Thought* (Boston: Beacon Press, 1988).

——: "Anger and insubordination," *Women, Knowledge, and Reality: Explorations in Feminist Philosophy*, ed. A. Garry and M. Pearsall (Boston: Unwin Hyman, 1989).

——: "The virtue of feeling the feeling of virtue," *Feminist Ethics*, ed. C. Card (Kansas: University Press of Kansas, 1991), pp. 213–32.

Spender, D.: *Man Made Language* (New York: Harper Collins, 1980).

——: *Men's Studies Modified: The Impact of Feminism on the Academic Disciplines* (Oxford: Pergamon Press, 1981).

——: *Invisible Women: The Schooling Scandal* (London: Writers and Readers Publishing Cooperative, 1982).

——: *The Writing or the Sex? Or Why You Don't Have to Read Women's Writing to Know it's Not Good* (New York: Pergamon Press, 1989).

Spillers, H.: "Mama's baby, Papa's maybe: an American grammar book," *Diacritics*, 17: 2 (1987), 64–81.

Spivak, G.: *In Other Worlds: Essays in Cultural Politics* (New York: Methuen, 1987a).

——: "French feminism in an international frame," *In Other Worlds: Essays in Cultural Politics*, ed. G. Spivak (New York: Methuen, 1987b), pp. 134–53.

——: "Can the subaltern speak?," *Marxism and the Interpretation of Culture*, ed. C. Nelson and L. Grossberg (Urbana: University of Illinois Press, 1988).

——: *The Post-colonial Critic: Interviews, Strategies, Dialogues*, ed. S. Harasym (New York: Routledge, 1990).

——, and Rooney, E.: "In a word, interview," *differences*, 19 (1994), 713–38.

Spretnak, C.: "Toward an ecofeminist spirituality," *Healing the Wounds*, ed. J. Plant (Philadelphia: New Society Publishers, 1989), pp. 127–32.

——: "Ecofeminism: our roots and flowering," *Reweaving the World*, ed. I. Diamond and G. Orenstein (San Francisco, CA: Sierra Club Books, 1990), pp. 3–14.

Springer, C.: "Sex, memories, and angry women," *Flame Wars: The Discourse of Cyberculture*, ed. M. Dery (Durham: Duke University Press, 1994), pp. 157–77.

Squires, J.: "Citizenship: androgynous or engendered participation," *Schweizerishes Jahrbuch für Politische Wissenschaft*, 34 (1994), 51–62.

Stabile, C.: "Shooting the mother: fetal photography and the politics of disappearance," *Camera Obscura*, 28 (1992), 179–205.

Stacey, J.: *Patriarchy and Socialist Revolution in China* (Berkeley: University of California Press, 1983).

Stanley v. *Georgia*, 394 U.S. 557 (1967).

Stanley, J.: "Paradigmatic women: the prostitute," *Papers in Language Variation*, ed. D. L. Shores and C. P. Hines (Birmingham: University of Alabama Press, 1977).

Stanley, L., and Wise, S.: *Breaking Out: Feminist Consciousness and Feminist Research* (London: Routledge and Kegan Paul, 1983).

Stanton, D.: "Language and revolution," *The Future of Difference*, ed. H. Eisenstein and A. Jardin (Boston: G. K. Hall & Co., 1980), pp. 73–87.

——: "Difference on trial," *Feminism and Modern French Philosophy*, ed. J. Allen and I. Young (Bloomington: Indiana University Press, 1989), pp. 156–79.

Stanworth, M., ed.: *Reproductive Technologies: Gender, Motherhood and Medicine* (Minneapolis: University of Minnesota Press, 1987).

Steady, F. C.: "Women and collective action: Female models in transition," *Theorizing Black Feminisms: The Visionary Pragmatism of Black Women*, ed. S. James and A. P. A. Busia (New York: Routledge, 1993), pp. 90–101.

Stein, A.: "Sisters and queers," *Socialist Review*, 22: 1 (1992), 33–55.

——: *Sisters, Sexperts, Queers: Beyond the Lesbian Nation* (New York: A Plume Book/Penguin, 1993).

Steinberg, R., and Haignere, L.: "Separate but equivalent: equal pay for work of comparable worth," *Beyond Methodology: Feminist Scholarship as Lived Research*, ed. M. Fonow and J. Cook (Bloomington: Indiana University Press, 1991), pp. 154–70.

Steinbock, B.: "Adultery," *The Philosophy of Sex*, ed. A. Soble (Savage, MD: Rowan and Littlefield, 1991), pp. 187–92.

Stepan, N. L.: "Race and gender: the role of analogy in science," *Anatomy of Racism*, ed. D. T. Goldberg (Minneapolis: University of Minnesota Press, 1990), pp. 38–57.

Stephen, J. F.: *Liberty, Equality, and Fraternity* (Cambridge: Cambridge University Press, 1967).

Sterba, J.: *How To Make People Just* (Lanham, MD: Rowman and Littlefield, 1989).

——: *Justice for Here and Now* (forthcoming).

Stiehm, J.: "The unit of political analysis: our Aristotelian hangover," *Discovering Reality: Feminist Perspectives on Epistemology, Metaphysics, Methodology, and Philosophy of Science*, ed. S. Harding and M. Hintikka (Dordrecht, Holland: D. Reidel Publishing, 1983).

——: *Arms and the Enlisted Woman* (Philadelphia: Temple University Press, 1989).

Stimpson, C.: "Thy neighbor's wife, thy neighbor's servants," *Woman in Sexist Society: Studies in Power and Powerlessness*, ed. V. Gornick and B. Moran (New York: Basic Books, 1971), pp. 622–57.

Stone, L., ed.: *The Education Feminism Reader* (New York: Routledge, 1994).

Straumanis, J.: "Generic 'man' and mortal woman," *The Structure of Knowledge: A Feminist Perspective*, ed. B. Reid, Proceedings of the 4th Annual GLCA Women's Studies Association, November 1978, pp. 25–32.

Stroud, S.: "Dworkin and *Casey* on abortion," *Philosophy and Public Affairs*, 25: 2 (1996), 140–70.

Sunder Rajan, R.: *Real and Imagined Women: Gender, Culture and Postcolonialism* (London: Routledge, 1993).

Sunstein, C.: "Neutrality in Constitutional law," *Columbia Law Review*, 92 (1992), 1–52.

Superson, A.: "A feminist definition of sexual harassment," *Journal of Social Philosophy*, 24: 1 (1993), 46–64.

Swerdlow, A.: "Pure milk, not poison: Women strike for peace and the test ban treaty of 1963," *Rocking the Ship of State*, ed. A. Harris and Y. King (Boulder, CO: Westview Press, 1989).

Swiderski, E.: "The crisis of continuity in post-Soviet Russian philosophy," *Philosophy and Political Change in Eastern Europe*, ed. B. Smith (La Salle: The Monist Institute Library of Philosophy, 1993).

Synthèse: special issue on feminism and science, 104: 3 (1995).

Szalai, J.: "Some aspects of the changing situation of women in Hungary," *Signs*, 17: 1 (1991), 152–70.

Taft, J.: *The Woman Movement from the Point of View of Social Consciousness* (Menasha, WI: Collegiate Press, 1915).

Tagg, J.: "Postmodernism and the born-again avant-garde," *The Cultural Politics of "Postmodernism,"* ed. J. Tagg (Binghamton: State University of New York Press, 1989).

Tao Chunfang, Jiang Rongru, Zhu Mingmei, eds.: *An Outline of the Marxist Connection of Women* (Beijing: Women's Press, 1991).

Tao, J.: "Feminism and justice," paper presented at the International Symposium on Chinese Women and Feminist Thought (Beijing: June 1995).

Taub, N. and Schneider, E.: "Women's subordination and the role of law," *The Politics of Law: A Progressive Critique*, ed. D. Kairys (New York: Pantheon Books, 1982), pp. 117–39.

Taylor, B.: *Eve and the New Jerusalem: Socialism and Feminism in the Nineteenth Century* (New York: Pantheon, 1983).

Taylor, C.: "Cross purposes: the liberal-communitarian debate," *Liberalism and the Moral Life*, ed. N.L. Rosenblum (Cambridge, 1989).

Teachout, T.: "The pornography report that never was," *Commentary*, 84: 2 (1987), 51–7.

Tempels, P.: *Bantu Philosophy* (Paris: Présence Africaine, 1959).

Terrelonge, P.: "Feminist consciousness and black women," *Women: A Feminist Perspective*, ed. J. Freeman (Mountain View, CA: Mayfield Publishers, 1989).

Thalberg, I.: "Reverse discrimination and the future," *Philosophical Forum*, V: 1–2 (1973–4), 294–308.

Thanwi, Ashraf Ali: *Heavenly Ornaments* (Pakistan: Dural-Ishaat, 1987).

Tharu, S., and Lalita, K., eds.: *Women Writing in India*, 2 vols (Delhi: Oxford University Press, 1991, 1993).

Thayer-Bacon, B.: "Is modern critical thinking sexist?," *Inquiry: Critical Thinking Across the Disciplines*, 8 (1992), 323–40.

——: "Caring and its relationship to critical thinking," *Educational Theory*, 43: 3 (1993) 323–40.

Theweleit, K.: *Male Fantasies*, 2 vols (Minneapolis: University of Minnesota Press, 1987, 1990).

——: "The bomb's womb," *Gendering War Talk*, ed. M. Cooke and A. Woollacott (Princeton, NJ: Princeton University Press, 1993).

Thistlewaite, S. B.: *Sex, Race and God: Christian Feminism in Black and White* (New York: Crossroad, 1989).

Thomson, J.: "The right to privacy," *Philosophy and Public Affairs*, 4 (1975), 295–314.

Thompson, A.: "Friendship and moral character," *Philosophy of Education 1989* (Champaign, IL: Philosophy of Education Society, 1990), pp. 61–75.

Thompson, J. J.: "A defense of abortion," *Philosophy and Public Affairs*, 1: 1 (1971), 47–66.

——: "Women and the high priests of reason," *Radical Philosophy*, 34 (1983).

——: *The Realm of Rights* (Cambridge, MA: Harvard University Press, 1990).

Thompson, P.: "Beyond gender: equity issues for home economics education," *Theory Into Practice*, 25: 4 (1986), 272–83.

Thornburgh v. *American College*, 476 U.S. 747 (1986).

Thorne, B., and Henley, N., eds.: *Language and Sex: Difference and Dominance* (Rowley, MA: Newbury House Publishers, 1975).

Three Rivers, A.: *Cultural Etiquette* (Indian Valley, VA: Market Wimmin, 1990).

Tickner, J.: *Gender and International Relations: Feminist Perspectives on Achieving Global Security* (New York: Columbia University Press, 1992).

Tirrell, L.: "Storytelling and moral agency," *Journal of Aesthetics and Art Criticism*, 48: 2 (1990), 115–26.

——: "Definition and power," *Hypatia*, 8: 4 (1993), 1–34.

Tong, R.: "Feminism, pornography, and censorship," *Social Theory and Practice*, 8: 1 (1982), 1–17.

——: *Feminist Thought* (Boulder, CO: Westview Press, 1988).

——: "The overdue death of a feminist chameleon: taking a stand on surrogacy arrangements," *Journal of Social Philosophy*, 21 (1990), 40–56.

——: "Women, pornography, and the law," *The Philosophy of Sex: Contemporary Readings*, ed. A. Soble (Savage, MD: Rowan and Littlefield, 1991), pp. 301–16.

——: *Feminine and Feminist Ethics* (Belmont, CA: Wadsworth, 1993).

Torrey, M.: "When will we be believed? rape myths and the idea of a fair trial in rape prosecutions," *University of California at Davis Law Review*, 24 (1991), 1013–71.

Trebilcot, J.: "Taking responsibility for sexuality," *Women and Mental Health: Conference Proceedings*, ed. E. Barton, K. Watts-Penny, and B. Hillyer (Norman, OK: University of Oklahoma Women's Studies Program, 1982).

——, ed.: *Mothering: Essays in Feminist Theory* (Totowa, NJ: Rowman and Allanheld, 1983a).

——: *Taking Responsibility for Sexuality* (Berkeley: Acacia Books, 1983b).

——: "Ethics of method," *Feminist Ethics*, ed. C. Card (Lawrence: University of Kansas Press, 1991), p. 50.

——: "Decentering sex," *Les Talk*, 2: 4 (December 1992).

——: *Dyke Ideas: Process, Politics, and Daily Life* (Albany: State University of New York Press, 1993).

Trinh T. Minh-ha: *Woman, Native, Other* (Bloomington: Indiana University Press, 1989).

Tronto, J.: "Beyond gender difference," *Signs*, 12 (1987).

——: *Moral Boundaries: A Political Argument for an Ethic of Care* (New York: Routledge, 1993).

——: "Care as a basis for radical political judgments," *Hypatia*, 10: 3 (1995).

Trujillo, C., ed.: *Chicana Lesbians: The Girls Our Mothers Warned Us About* (Berkeley: Third Woman Press, 1991).

Tuana, N., ed.: *Feminism and Science* (Bloomington: Indiana University Press, 1989).

——: *Woman and the History of Philosophy* (New York: Paragon House, 1992).

——: *The Less Noble Sex: Scientific, Religious, and Philosophical Conceptions of Woman's Nature* (Bloomington: Indiana University Press, 1993).

——, ed.: *Feminist Interpretations of Plato* (University Park: Pennsylvania State University Press, 1994).

Tubia, Nahid, et al.: *Al-Mar'ah al-Arabia: Lamha 'an al-Tanawwu' wa al-Taghyir (The Arab Woman: A Glance at Variety and Change)* (Cairo: International Population Council, 1995).

Turley, D.: "The feminist debate on pornography: an unorthodox interpretation," *Socialist Review*, 16:3–4 (1986), 81–96.

Udis-Kessler, A.: "Bisexuality in an essentialist world," *Bisexuality: A Reader and Sourcebook*, ed. T. Geller (Ojai, CA: Times Change Press, 1990).

Umansky, E. and Ashton, D., eds.: *Four Centuries of Jewish Women's Spirituality* (Boston: Beacon Press, 1992).

Uniacke, S.: "*In Vitro* fertilization and the right to reproduce," *Bioethics*, 1: 3 (1987), 241–54.

Vadas, M.: "A first look at the pornography/civil rights ordinance," *Journal of Philosophy*, 84: 9 (1987), 487–511.

Valdes, F.: "Queers, sissies, dykes and tomboys: deconstructing the conflation of "sex", "gender", and "sexual orientation" in Euro-American law and society," *California Law Review*, 83 (1995), 1–377.

Valverde, M.: "Beyond gender dangers and private pleasures: theory and ethics in the sex debates," *Feminist Studies*, 15: 2 (1989), 237–54.

Vance, C.: *Pleasure and Danger: Exploring Female Sexuality* (London: Routledge and Kegan Paul, 1984).

——: "Negotiating sex and gender in the Attorney General's Commission on Pornography," *Uncertain terms: Negotiating Gender in American Culture*, ed. F. Ginsberg and A. Lowenhaupt Tsing (Boston: Beacon Press, 1990), pp. 118–34.

Vaz, K. M., ed.: *Black Women in America* (Thousand Oaks, CA: Sage, 1995).

Veatch, R. M.: *Medical Ethics: An Introduction* (Boston: Jones and Bartlett Publishers, 1989).

Verma, R. R.: "Development and gender equality," *Women, Culture, and Development*, ed. M. Nussbaum and J. Glover (New York: Oxford University Press, 1995).

Vetterling-Braggin, M.: "Some common sense notes on preferential hiring," *Philosophical Forum*, V: 1–2 (1973–4), 320–5.

——: ed.: *Sexist Language: A Modern Philosophical Analysis* (Totowa, NJ: Littlefield, Adams, 1981).

——, ed.: *"Femininity", "Masculinity", and "Androgyny": A Modern Philosophical Discussion* (Totowa, NJ: Littlefield, Adams, 1982).

——, Elliston, F., English, J., eds.: *Feminism and Philosophy* (Totowa, NJ: Littlefield, Adams, 1977).

Vianello, M., Siemienska, R., Darmian, N., Lupri, E., D'Arcangelo, E., and Bolasco, S.: *Gender Inequality: A Comparative Study of Discrimination and Participation* (Newberry Park, CA: Sage Publishing Company, 1990).

Vogel, L.: *Marxism and the Oppression of Women: Toward a Unitary Theory* (New Brunswick, NJ: Rutgers University Press, 1983).

——: "Debating difference: feminism, pregnancy, and the workplace," *Feminist Studies*, 16: 1 (1985), 9–32.

Voronina, O.: "Soviet patriarchy: past and present," *Hypatia*, 8: 4 (1993), 97.

——: "The mythology of women's emancipation in the USSR as the foundation for a policy of discrimination," *Women in Russia*, ed. A. Posadskaya (London: Verso, 1994).

Wacker, R. F.: *Ethnicity, Pluralism and Race* (Westport, CT: Greenwood, 1983).

Wacks, R.: *Personal Information: Privacy and the Law* (Oxford: Clarendon Press, 1989).

Wadud-Muhsin, A.: *Qur'an and Woman* (Kuala Lumpur: Penerbit Fajar Baki Sdn Bhd, 1992).

Wagner, S. R.: "Pornography and the sexual revolution: The backlash of sadomasochism," *Against Sadomasochism*, ed. R.R. Lindon, D. Pagano, D. Russell, and S. Star Leigh (Palo Alto, CA: Frog in the Well, 1982).

Waite, M. E., ed.: *A History of Women Philosophers* (Boston: Martinus Nijhoff, 1987).

Wajcman, J.: *Feminism Confronts Technology* (Oxford: Polity Press, 1991).

Walby, S.: *Patriarchy at Work: Patriarchal and Capitalist Relations in Employment* (Cambridge: Polity Press, 1986).

——: *Theorizing Patriarchy* (Oxford: Blackwell, 1990).

448

Walker, A.: *In Search of Our Mothers' Gardens* (New York: Harcourt Brace Jova-
novich, 1983).

Walker, M. U.: "Moral particularity," *Metaphilosophy*, 18 (1987), 171–85.

——: "Moral understandings: alternative 'epistemology' for a feminist ethics,"
Hypatia, 4: 2 (1989a), 15–28.

——: "What does the different voice say?," *Journal of Value Inquiry*, 23
(1989b), 123–34.

——: "Partial consideration," *Ethics*, 101: 4 (1991), 758–74.

——: "Feminism, ethics, and the question of theory," *Hypatia*, 7 (1992), 23–38.

——: "Feminist skepticism, authority, and transparency," *Moral Knowledge? New
Readings in Moral Epistemology*, ed. W. Sinnot-Armstrong and M. Timmons
(New York: Oxford University Press, 1996a).

——: "Picking up pieces: lives, stories, and integrity," *Feminists Rethink The Self*,
ed. D. Meyers (Boulder, CO: Westview Press, 1996b).

——: *Moral Understandings* (New York: Routledge, forthcoming).

Walkerdine, V.: *Schoolgirl Fictions* (London: Verso, 1990).

Walsh, S. I.: "On 'feminine' and 'masculine' forms of despair," *International
Kierkegaard Commentary*, ed. R.L. Perkins (Macon, GA: Mercer University
Press, 1987).

Walzer, M.: *Spheres of Justice* (New York: Basic Books, 1983).

——: "Interpretation and social criticism," *The Tanner Lectures on Human Values*,
ed. S.M. McMurrin (Salt Lake City: University of Utah Press, 1988).

Ward, J.: "Harmonia and *Koinonia*: moral values for Pythagorean women,"
Explorations in Feminist Ethics, ed. E. Browning Cole and S. Coultrap-McQuinn
(Bloomington: Indiana University Press, 1992).

——: ed.: *Feminism and Ancient Philosophy* (New York: Routledge, 1996).

Warnke, G.: "Discourse ethics and feminist dilemmas of difference," *Feminists
Read Habermas: Gendering the Subject of Discourse*, ed. J. Meehan (New York:
Routledge, 1995), pp. 247–62.

Warren, K. J.: "Feminism and ecology: making connections," *Environmental
Ethics*, 9 (1987), 17–18.

——: "The power and promise of ecological feminism," *Environmental Ethics*, 12:
2 (1990), 121–46.

——: "Toward an ecofeminist peace politics," *Ecological Feminist Philosophies*, ed.
K. Warren (London: Routledge, 1994).

——, and Cady, D., eds.: *Bringing Peace Home* (Bloomington: Indiana University
Press, 1996).

——, and Cheney, J.: "Ecological feminism and ecosystem ecology," *Hypatia*, 6: 1
(1991), 179–97.

Warren, M. A.: "On the moral and legal status of abortion," *Monist*, 57: 1
(1973).

——: "Secondary sexism and quota hiring," *Philosophy and Public Affairs*, 6: 3
(1977).

——: *Gendercide: The Implications of Sex Selection* (Totowa, NJ: Rowman and
Allenheld, 1985).

——: "The moral significance of birth," *Hypatia*, 4: 3 (1989), 46–65.

Warren, S. D., and Brandeis, L. D.: "The right to privacy," *Harvard Law Review*, 4 (1890), 193–220.

Warren. V. L.: "Feminist directions in medical ethics," *Feminist Perspectives in Medical Ethics*, ed. H. Bequaert Holmes and L. Purdy (Bloomington: Indiana University Press, 1992).

Wartenberg, T. E.: "An unlikely couple: the significance of difference in *White Palace*," *Philosophy and Film*, ed. C. Freeland and T. Wartenberg (New York: Routledge, 1995), pp. 161–79.

Waugh, J. B.: "Analytic aesthetics and feminist aesthetics: neither/nor?," *Feminism and Tradition in Aesthetics*, ed. P. Z. Brand and C. Korsmeyer (University Park: Pennsylvania State University Press, 1995).

Webb, B., and Webb, S.: *The Decay of Capitalist Civilization* (New York: Greenwood, 1969).

Weil, S.: "The *Illiad*: or, The Poem of Force," *Simone Weil Reader*, ed. G. Panichas (New York: McKay, 1977a).

——: "Letter to Georges Bernanos," *Simone Weil Reader*, ed. G. Panichas (New York: McKay, 1977b).

Weinbaum, B.: "Women in transition to socialism: perspectives on the Chinese case," *Review of Radical Political Economics*, 8: 1 (1976), 34–58.

——: *The Curious Courtship of Women's Liberation and Socialism* (Boston: South End Press, 1978).

——: *Pictures of Patriarchy* (Boston: South End Press, 1983).

Weinzweig, M.: "Pregnancy leave, comparable worth, and concepts of equality," *Hypatia*, 2: 1 (1987), 71–101.

Weir, A.: "Toward a model of self-identity: Habermas and Kristeva," *Feminists Read Habermas: Gendering the Subject of Discourse*, ed. J. Meehan (New York: Routledge, 1995), pp. 263–82.

Weisberg, D. K., ed.: *Feminist Legal Theory: Foundations* (Philadelphia: Temple University Press, 1993).

Weiss, G.: "Sex-selective abortion: A relational approach," *Hypatia*, 10: 1 (1995), 201–17.

Weisstein, N.: "'Kinder, Kuche, Kirche' as scientific law: Psychology constructs the female," *Sisterhood is Powerful*, ed. R. Morgan (New York: Random House, 1970).

Weitzman, L.: *The Divorce Revolution: The Unexpected Social and Economic Consequences for Women and Children in America* (New York: The Free Press, 1985).

Welch, S.: *A Feminist Ethic of Risk* (Minneapolis: Fortress Press, 1990).

——: "Sporting power: American feminism, French feminism and an ethic of conflict," *Transfigurations: Theology and the French Feminists*, ed. C.W. Kim, S. St Ville, and S. Simonaitis (Minneapolis: Fortress Press, 1993).

Welsch, W.: *Unsere postmoderne Moderne* (Weinheim: VCH acta humanoria, 1987).

Wendell, S.: "A (qualified) defense of liberalism," *Hypatia*, 2 (1987), 65–93.

——: "Toward a feminist theory of disability," *Hypatia*, 4: 2 (1989), 104–24.

——: "Oppression and victimization: choice and responsibility," *"Nagging" Questions*, ed. D. E. Bushnell (Lanham, MD: Rowman and Littlefield, 1995).

——: *The Rejected Body: Feminist Philosophical Reflections on Disability* (New York: Routledge, 1996).

Wender, D.: "Plato: misogynist, paedophile, and feminist," *Women in the Ancient World*, ed. J. Peradotto and J. Sullivan (Albany: State University of New York Press, 1984).

Wertz, D. and Fletcher, J.: "A critique of some feminist challenges to prenatal diagnosis," *Journal of Women's Health*, 1: 1 (1993), 173–88.

West, C.: *The American Evasion of Philosophy: A Genealogy of Pragmatism* (Madison: University of Wisconsin, 1989).

West, R.: "The difference in women's hedonic lives: a phenomenological critique of feminist legal theory," *Wisconsin Women's Law Journal*, 3 (1987), 81–145.

——: "Jurisprudence and gender," *University of Chicago Law Review*, 55 (1988), 1–72.

——: "Forward: taking freedom seriously," *Harvard Law Review*, 104 (1990), 43–106.

Westcott, M.: "Feminist criticism of the social sciences," *Harvard Educational Review*, 49 (1979), 422–30.

Westin, A.: *Privacy and Freedom* (New York: Atheneum, 1967).

Wheeler, D. L.: "A growing number," *Chronicle of Higher Education* (February 17, 1995). A9–A10. A15.

Whitbeck, C.: "Women and medicine: an introduction," *Journal of Medicine and Philosophy*, 7 (1982), 119–33.

——: "A different reality: feminist ontology," *Beyond Domination*, ed. C. Gould (Totowa, NJ: Rowman and Allanheld, 1983), pp. 64–88.

White, L.: "Subordination, rhetorical survival skills, and Sunday shoes: notes on the hearing of Mrs. G.," *Buffalo Law Review*, 38 (1990), 1–58.

Whitford, M.: "Luce Irigaray's critique of rationality," *Feminist Perspective in Philosophy*, ed. M. Griffiths and M. Whitford (Bloomington: Indiana University Press, 1983).

——: *Luce Irigaray, Philosophy in the Feminine* (New York: Routledge, 1991).

Wider, K.: "Women philosophers in the ancient Greek world: donning the mantle," *Hypatia*, 1 (1986), 21–62.

Wilkerson, A.: "Desire(s) unlimited!, or Do you have to be a cyborg to be bisexual?," *Hypatia*, 12: 3 (1997).

Williams, D.: "Sin, nature and black women's bodies," *Ecofeminism and the Sacred*, ed. C. Adams (New York: Continuum, 1993a).

——: *Sisters in the Wilderness: The Challenge of Womanist God-Talk* (Maryknoll, NY: Orbis Books, 1993b).

Williams, J.: "Deconstructing gender," *Feminist Legal Theory: Readings in Law and Gender*, ed. K. T. Bartlett and R. Kennedy (Boulder, CO: Westview Press, 1991a).

——: "Gender wars: selfless women in the republic of choice," *New York University Law Review*, 66 (1991b), 1559–1634.

Williams, L.: *Hard Core: Power, Pleasure, and the "Frenzy of the Visible"* (Berkeley: University of California Press, 1989).

Williams, P. J.: *The Alchemy of Race and Rights* (Cambridge, MA: Harvard University Press, 1991a).

——: "On being the object of property," *Feminist Legal Theory: Readings in Law and Gender*, ed. K. T. Bartlett and R. Kennedy (Boulder, CO: Westview Press, 1991b), pp. 165–80.

——: "Scarlet, the sequel," *The Rooster's Egg*, ed. P. J. Williams (Cambridge, MA: Harvard University Press, 1995).

Williams, W.: "The equality crisis: some reflections on culture, courts, and feminism," *Women's Rights Law Reporter*, 7 (1982), 175–200.

——: "Equality's riddle: pregnancy and the equal treatment/special treatment debate," *New York University Review of Law and Social Change*, 13 (1985), 325–80.

Williamson, J.: *New People: Mulattos and Miscegenation in the United States* (New York: New York University Press, 1984).

Willis, E.: "Toward a feminist sexual revolution," *Social Text*, 6 (1982), 3–21.

Wilson, H.: "Rethinking Kant from the perspective of ecofeminism," *Feminist Interpretations of Kant*, ed. R. Schott (University Park: Pennsylvania State University Press, 1997).

Wilson, T. P.: "Blood quantum: Native American mixed bloods," *Racially Mixed People in America*, ed. M. P. P. Root (Newbury Park, NY: Sage Publications, 1992), pp. 108–25.

Winnicott, D. W.: *The Maturational Process and the Facilitating Environment* (London: Hogarth, 1965).

Winston, K., and Bane, M. J., eds.: *Gender and Public Policy: Cases and Comments* (Boulder, CO: Westview Press, 1993).

Wire, A.: *The Corinthian Women Prophets* (Minneapolis: Fortress Press, 1990).

Wiredu, K.: *Philosophy and African Culture* (Cambridge: Cambridge University Press, 1980).

Wittig, M.: *Les Guerrillères*, trans. D. LeVay (Boston: Beacon Press, 1971).

——: "One is not born a woman," *Feminist Issues*, 1: 2 (1981).

——: "On the social contract," *Feminist Issues*, 9: 1 (1989).

——: *The Straight Mind* (Boston: Beacon Press, 1992).

Wolf, C.: *Cassandra* (New York: Farrar, Straus, and Giroux, 1984).

Wolf, N.: *The Beauty Myth: How Images of Beauty are Used Against Women* (New York: Anchor Books, 1991).

Wolf, S.: "Gender, feminism, and death: physician-assisted suicide and euthanasia," *Feminism & Bioethics: Beyond Reproduction*, ed. S. Wolf (New York: Oxford University Press. 1996).

Wolf-Devine, C.: "Abortion and the feminine voice," *Public Affairs Quarterly*, 3 (1989), 81–97.

Wolff, J: "On the road again: metaphors of travel in cultural criticism," *Cultural Studies*, 7: 2 (1993).

Wolgast, E.: *Equality and the Rights of Women* (Ithaca, NY: Cornell University Press, 1980).

——: "Wrong rights," *Hypatia*, 2: 1 (1987).

Wollstonecraft, M.: *A Vindication of the Rights of Woman* [1790] (London: Penguin, 1975).

Woolf, V.: *Three Guineas* (London: Hogarth Press, 1938).

Wright, E.: *Feminism and Psychoanalysis. A Critical Dictionary* (London: Blackwell, 1992).

Wylie, A.: "Feminist critiques and archaeological challenges," *The Archaeology of Gender*, ed. D. Wald and N. Willows (Calgary: Archaeological Association of the University of Calgary, 1991a).

——: "Gender theory and the archaeological record," *Engendering Archaeology: Women and Prehistory*, ed. J. M. Gero and M. W. Conkey (Oxford: Basil Blackwell, 1991b).

——: "Reasoning about ourselves," *Women and Reason*, ed. E. Harvey and K. Okruhlik (Ann Arbor: University of Michigan Press, 1991c).

——: "The interplay of evidential constraints and political interests," *American Antiquity*, 57 (1992), 15–35.

Yarbro-Bejarano, Y.: "Cherrié Moraga's 'Giving Up the Ghost': the representation of female desire," *Third Woman*, 3: 1–2 (1986), 113–20.

Yates, L.: *The Education of Girls* (Hawthorn, Victoria: Australian Council for Educational Research, 1993).

Yeatman, A.: "A feminist theory of social differentiation," *Feminism/Postmodernism*, ed. L. Nicholson (New York: Routledge, 1990).

——: "Voice and representation in the politics of difference," *Feminism and the Politics of Difference*, ed. A. Yeatman and S. Gunew (Boulder, CO: Westview Press, 1993).

——: *Postmodern Revisionings of the Political* (New York: Routledge, 1994).

——, and Gunew, S., eds.: *Feminism and the Politics of Difference* (Boulder, CO: Westview Press, 1993).

Young, I.: "Beyond the unhappy marriage: A critique of the dual systems theory," *Women and Revolution*, ed. L. Sargent (Boston: South End Press, 1981), pp. 43–70.

——: "Humanism, gynocentrism and feminist politics," *Women's Studies International Quarterly*, 3 (1985), 173–83.

——: "Impartiality and the civic public," *Praxis International*, 5: 4 (1986), 381–401.

——: *Justice and the Politics of Difference* (Princeton, NJ: Princeton University Press, 1990a).

——: *Throwing Like a Girl and Other Essays in Feminist Philosophy and Social Theory* (Bloomington: Indiana University Press, 1990b).

——: "Throwing like a girl," *Throwing Like a Girl and Other Essays in Feminist Philosophy and Social Theory* (Bloomington: Indiana University Press, 1990c).

——: "Justice and communicative democracy," *Radical Philosophy: Tradition, Counter-Tradition, Politics*, ed. R. Gottlieb (Philadelphia, PA: Temple University Press, 1993a), pp. 123–43.

——: "Sexual ethics in the age of epidemic," *Hypatia*, 8: 3 (1993b), 184–93.

——: "Gender as seriality: thinking about women as a social collective," *Signs*, 19: 3 (1994a), 713–38.

——: "Punishment, treatment, empowerment: Three approaches to policy for pregnant addicts," *Feminist Studies*, 20: 1 (1994b), 33–57.

——: "Mothers, citizenship and independence: a critique of pure family values," *Ethics*, 105: 3 (1995), 535–6.

Young, K.: *Planning Development with Women: Making a World of Difference* (New York: St Martin's Press, 1993).

Yusuf Ali, A., trans.: *The Holy Qur'an: Text, Translation and Commentary* (Brentwood, MD: Amana Corp., 1983).

Zack, N.: *Race and Mixed Race* (Philadelphia, PA: Temple University Press, 1993).

——: "Race and philosophic meaning," *American Philosophical Association Newsletter on Philosophy and the Black Experience*, 93: 2 (1994).

—— ed.: *American Mixed Race: Exploring Microdiversity* (Lanham, MD: Rowman and Littlefield, 1995a).

——: "Mixed black and white race and public policy," *Hypatia*, 10: 1 (1995b), 120–32.

Zalewski. M.: "Well. what is the feminist perspective on Bosnia?," *International Affairs*, 71: 2 (1995), 339–56.

Zerilli, L.: "A process without a subject: Simone de Beauvoir and Julia Kristeva on maternity," *Signs*, 13: 1 (1992), 111–35.

Zhou Yi: "A tentative analysis of several shifts in women's studies in China," *Jianghai Academic Journal*, 1 (1996).

Zielinska, E.: "Recent trends in abortion legislation in Eastern Europe, with particular reference to Poland," *Criminal Law Forum*, 4: 1 (1993), 47.

Zinn, M. B.: "The costs of exclusionary practices in women's studies," *Signs*, 11: 2 (1986), 290–303.

Zita, J.: "Lesbian body journeys: desire making difference," *Lesbian Philosophies and Cultures*, ed. J. Allen (New York: State University of New York Press, 1982), pp. 327–42.

——: "The future of feminist sex inquiry," *The Knowledge Explosion: Generations of Feminist Scholarship*, ed. C. Kramarae and D. Spender (New York: Teachers' College Press, 1992a), pp. 480–94.

——: "Male lesbians and the postmodernist body," *Hypatia*, 7: 4 (1992b), 106–27.

——: "Gay and lesbian studies: yet another unhappy marriage," *Tilting the Tower: Lesbian Studies in the Queer Nineties*. ed. L. Garber (New York: Routledge, 1994), pp. 258–78.

——: *Body Talk: Reflections on Sex, Gender and Racism* (New York: Columbia University Press, 1997).

Zones, J., ed.: *Taking the Fruit: Modern Women's Tales of the Bible* (San Diego, CA: Women's Institute for Continuing Jewish Education, 1981).

찾아보기

[ㄱ]

가부장제(patriarchy)　35, 47, 48, 50, 109,
　110, 113, 114, 116, 119~121, 185, 211,
　215~217, 219, 244, 272~274, 278~
　283, 306, 345
가야트리 스피박(Gayatri Spivak)　284
가정공포증(domephobia)　165
건강관리(health care)　135, 137, 138, 140,
　142~145, 154, 190, 194
게일 루빈(Gayle Rubin)　281
공동체(community)　25, 64, 65, 67, 73,
　107, 114, 115, 117, 120, 121, 129, 132,
　157, 176, 183, 186, 188, 191, 194, 199~
　210, 212, 213, 220, 223, 238, 254, 255,
　258, 265, 277, 294, 307, 324, 330, 334,
　346, 349, 357
공리주의(utilitarianism)　98, 109, 214,
　233, 315, 350
관음증(voyeurism)　44
근대성(modernity)　124~128
글로리아 안잘두아(Gloria Anzaldua)
　110, 113
글로리아 조셉(Gloria Joseph)　216

길리아나 폼페이(Giuliana Pompei)　176

[ㄴ]

나오미 셰만(Naomi Scheman)　49
나탈리 단데카(Natalie Dandekar)　313
남성성(maleness)　20, 30, 31, 40, 44, 52,
　58, 107, 258, 294, 355~357, 360, 361,
　365, 366
남성주의(masculinism)　31, 33, 34, 50,
　99, 111, 356, 357
남성중심　24, 31, 221
낸시 프레이저(Nancy Fraser)　234, 239,
　240, 252, 277, 352
넬 나딩스(Nel Noddings)　168, 170, 177,
　245
노마디즘(nomadism)　209
노우라니 오트만(Nourani Othman)　304,
　311

[ㄷ]

다이애나 메이어스(Diana Meyers)　69
데보라 로데(Deborah Rhode)　182

데이비드 흄(David Hume) 232
데일 스펜더(Dale Spender) 166
도덕적 행위성(moral agency) 205
도덕철학(moral philosophy) 233
도로시 스미스(Dorothy Smith) 247~
249, 251
동성애(homosexuality) 51, 77, 118, 121,
139, 165, 240, 274, 282, 293
드앤느 보간(Deanne Bogdan) 169

[ㄹ]

R. 라얀(R. Rajan) 343
란다 니콜슨(Linda Nicholson) 123, 169
레즈비언 윤리학(lesbian ethics) 21, 52,
350
로라 멀비(Laura Mulvey) 44
로레인 코드(Lorraine Code) 65, 67, 71,
75, 162, 265, 266
로렌스 콜버그(Lawrence Kolberg) 86, 89
로리 슈레이지(Laurie Shrage) 49, 67,
325
루소(J.-J. Rousseau) 243
르네 데카르트(René Descartes) 52
리찌 보덴(Lizzie Borden) 53
리타 펠스키(Rita Felski) 35
린 넬슨(Lynn Nelson) 64, 67
린다 니콜슨(Linda Nicholson) 123, 169
린다 마틴 알코프(Linda Martín Alcoff)
211
린다 윌리암스(Linda Williams) 53
린 예이츠(Lyn Yates) 166

[ㅁ]

마가렛 벤스톤(Margaret Benston) 279

마가렛 생어(Margaret Sanger) 273
마가렛 아더톤(Margaret Atherton) 168
마르시아 바론(Marcia Baron) 100
마르타 미노우(Martha Minow) 252,
253, 347, 349
마리아로사 달라 코스타(Mariarosa Dalla
Costa) 175
마리아 루고네스(Maria Lugones) 199,
221
막스 호르크하이머(Max Horkheimer)
125
J. 말보(J. Malveaux) 349
메리 깁슨(Mary Gibson) 180
메리 데일리(Mary Daly) 110, 118, 121,
215
메리 리치(Mary Leach) 166
메리 베이스하트(Mary Baseheart) 168
메리 브라이슨(Mary Bryson) 169
메리 아스텔(Mary Astell) 168
메리앤 아임(Maryann Ayim) 169
메리 울스턴크래프트(Mary Wollstone-
craft) 341
메릴린 프라이(Marilyn Frye) 116
메릴린 프리드만(Marilyn Friedman) 97,
200, 254
모니카 라즈렉(Monica Lazreg) 322
모성 윤리학(maternal ethics) 92, 93
모성적 사유(maternal thinking) 264
문화 연구(cultural studies) 43, 51
미리암 샤피로(Miriam Schapiro) 36

[ㅂ]

바바라 버그만(Babara Bergmann) 181
바바라 크루거(Barbara Kruger) 40

바바라 타이어-베이컨(Barbara Thayer-Bacon) 169

바바라 휴스톤(Barbara Houston) 168

바바라 힐커트 앤돌슨(Barbara Hilkert Andolsen) 173

H. E. 바버(H. E. Baber) 179

반다나 쉬바(Vandana Shiva) 279

발레리 월커딘(Valerie Walkerdine) 167

버지니아 울프(Virginia Woolf) 163

버지니아 헬드(Virginia Held) 243, 317

베티 시첼(Betty Sichel) 169

벨 훅스(bell hooks) 166, 200, 205, 213, 219

보살핌(care) 52, 58, 61~63, 66, 71~76, 81~83, 85~88, 90~96, 99~102, 130, 140, 141, 143, 151, 163, 166, 168, 177, 188, 192, 195, 209, 232, 233, 236, 244

보살핌의 윤리(care ethics) 72, 75, 85, 87, 90~93, 95, 99, 140, 232, 244, 245, 246, 277, 293, 321, 350, 351

보편성(universality) 111, 125, 130, 131, 234, 347, 348

복합성(complexity) 202

본질주의자(essentialist) 282

볼프강 벨쉬(Wolfgang Welsch) 34

불편부당성(impartiality) 97~99, 101, 102, 104~108, 268, 318

빅토리아 포스터(Victoria Foster) 166

[ㅅ]

사라 러딕(Sara Ruddic) 176, 178, 264, 355

사무엘 워렌(Samuel Warren) 187

산드라 하딩(Sandra Harding) 81

살비아 아마드(Salbiah Ahmad) 304

생명윤리학(bioethics) 135, 136, 138, 140 ~142, 144, 190

생태학(ecology) 277, 279, 320, 345

샤롯 번치(Charlotte Bunch) 161

샹탈 무페(Chantal Mouffe) 263

성맹(性盲: gender blind) 348

성 정체성(sexual identity) 106, 345

성 폭력(sexual violence) 109, 120

세일라 벤하비브(Seyla Benhabib) 130

S. 세븐휴이젠(S. Sevenhuijsen) 350

소크라테스(Socrates) 222, 241

수잔느 드 카스텔(Suzanne de Castell) 169

수잔 보르도(Susan Bordo) 176

수잔 제임스(Susan James) 268

슐라미스 파이어스톤(Shulamith Firestone) 215

스탠리 카벨(Stanley Cavell) 49

S. 스트라우드(S. Stroud) 346

H. 스필러스(H. Spillers) 346

시몬느 드 보봐르(Simone de Beauvoir) 111, 211

신시아 프리랜드(Cynthia Freeland) 43

실라 로버탐(Sheila Rowbotham) 279

[ㅇ]

아넷 바이어(Annette Baier) 245

아니타 알렌(Anita Allen) 185, 220

아드리엔느 리치(Adrienne Rich) 109, 166, 216, 281

아리스토텔레스(Aristoteles) 19, 62, 64, 173, 174, 221, 228, 249, 319, 347

아마티아 센(Amartya Sen) 318

458

아미나 와두드 무신(Amina Wadud-Muhsin) 308

아방가르드(avant-garde) 31, 33~35, 40, 50

아이리스 영(Iris Young) 239, 261, 263, 277, 280

안락사(euthanasia) 138

안젤라 데이비스(Angela Davis) 174, 218

알렉산드라 콜론타이(Alexandra Kollontai) 273

앤 딜러(Ann Diller) 168

앤 쿠드(Ann Cudd) 178

앤 퍼거슨(Ann Ferguson) 166, 218, 271

앤 필란(Anne Phelan) 169

앤 필립스(Anne Phillips) 242, 257

양성구유(androgyny) 276

엘리자베스 스펠만(Elizabeth Spelman) 349

엘리자베스 존슨(Elizabeth Johnson) 180

엠마 골드만(Emma Goldman) 273

여성성(femininity) 40, 44, 51, 70~73, 75, 82, 156, 264, 326, 357, 358, 360, 365

여성적 글쓰기(feminine writing) 35

여성주의(feminism) 20~26, 29~41, 43, 45~53, 57~62, 64, 65, 67, 70~73, 76, 77, 82, 85, 88~90, 93, 97~99, 102~106, 110~113, 123~126, 128, 131~133, 135, 138~140, 143, 144, 147, 150, 152~156, 161, 162, 164~171, 174, 175, 177, 179~181, 185~187, 193, 195~197, 200, 202, 211~223, 227, 229~233, 238~255, 257~269, 271~289, 292, 294~299, 302~305, 311, 318, 320, 321, 324~328, 331, 334~336, 339, 340, 349, 350, 352, 353, 355, 356, 359~362, 364, 366

여성주의 윤리(feminist ethics) 24, 52, 57, 58, 62, 64, 74, 75

여성혐오증(misogyny) 77, 302

오노라 오닐(Onora O'Neill) 316, 318, 324, 332

오드리 톰슨(Audrey Thompson) 168

C. 울프(C. Woolf) 344, 362

은유(metaphor) 31, 46, 143, 148

이반 일리치(Ivan Illich) 164

이성애주의(heterosexism) 112, 114, 204, 205, 240, 276, 351

이성애 중심주의(heterocentrism) 275

이원론(dualism) 280, 281, 283

임마누엘 칸트(Immanuel Kant) 19, 64, 90, 91, 98, 99, 125, 129, 233, 235, 237, 315

[ㅈ]

자민족 중심주의(ethnocentrism) 214

자율성(autonomy) 245, 254, 266, 285, 294, 295, 296, 344, 350

자존감(self-esteem) 175, 176, 239

자크 라캉(Jacques Lacan) 44, 45

장애(disability) 69, 136, 137, 141~143, 163, 180, 185, 272, 302, 325, 329, 333, 344, 352

장 폴 사르트르(Jean Paul Sartre) 19

장-프랑수아 리오타르(ean-Francois Lyotar) 34, 123, 124

재나 톰슨(Janna Thompson) 152, 166, 168

재니스 물톤(Janice Moulton) 181

전복(subversion) 33, 36, 47, 73, 79, 128,

259, 274, 278, 340

전유(appropriation)　110, 111, 127, 133, 141, 215

제인 맨스브리지(Jane Mansbridge)　265

제임스 게리슨(James Garrison)　169

젠더(gender)　293, 345, 346, 348, 349, 352, 357～359, 362, 365

젠더 정권(gender regimes)　77

젠더-중립적(gender-neutra)　135, 229, 277

조안 캘러한(Joan Callahan)　180

조안 트론토(Joan Tronto)　277

조앤 파가노(Jo Anne Pagano)　166

조이스 트레빌콧(Joyce Trebilcot)　343

주디스 버틀러(Judith Butler)　123, 124

주디스 스콰이어즈(Judith Squires)　267

주디 시카고(Judy Chicago)　280

지그문트 프로이트(Sigmund Freud)　149, 279

[ㅊ]

차이(difference)　282, 283, 286～289, 293, 294, 296～298, 302, 308, 309, 317, 321, 325, 326, 332, 333, 335, 343, 345, 347～ 349, 360, 361, 366

차이의 여성주의(feminism of difference) 361～365

찬드라 모한티(Chandra Mohanty)　284

체셔 캘훈(Cheshire Calhoun)　177

[ㅋ]

카라마(Karamah)　302, 306, 307

카렌 워렌(Karen Warren)　330, 344, 364

캐더린 헵번(Katharine Hepburn)　46

캐롤 길리건(Carol Gilligan)　334

캐롤 아담스(Carol Adams)　63, 67

캐롤 페이트만(Carole Pateman)　236, 258, 259, 260, 262, 263, 266, 282, 315, 348

캐서린 맥키넌(Catherine MacKinnon) 230, 232, 247, 249, 250, 278, 289～291, 298

캐트린 존스(Kathleen Jones)　258, 260, 264, 268

케이트 영(Kate Young)　314

케티 퍼거슨(Kathy Ferguson)　264

켈리 올리버(Kelly Oliver)　48

코넬리아 크링거(Cornelia Klinger)　29

퀴어(queer)　51, 282

크리스탈 이스트만(Crystal Eastman) 274

크리스틴 배터스비(Christine Battersby) 35

클라우디아 카드(Claudia Card)　117

킴리카(Kymlicka)　234, 237

[ㅌ]

J. M. 타룰(J. M. Tarule)　166

타자(the Other)　37, 39, 58, 61, 81, 86, 88～90, 93, 107, 110～117, 120, 129, 131, 132, 177, 223, 320, 321, 322, 360

탈자연화(denatualization)　39, 67

테레사 드 로레티스(Teresa de Lauretis) 50, 51

토마스 네이글(Thomas Nagel)　316

토마스 아퀴나스(Thomas Aquinas)　19

토마스 쿤(Thomas Kuhn)　279

[ㅍ]

파스빈더(Fassbinder) 45

Z. 파탁(Z. Pathak) 343

파트리샤 로러(Partricia Rohrer) 169

파트리샤 톰슨(Patricia Thompson) 166

파티마 나시프(Fatima Nasif) 308

패트리시아 윌리암스(Patricia Williams)
334, 345

패트리시아 콜린스(Patricia Collins) 67

패티 라더(Patti Lather) 166

R. P. 페체스키(R. P. Petchesky) 346

평화주의자(pacifist) 364

포르노그래피(pornography) 45, 52, 53,
190, 278, 289~291, 343

포스트모더니즘(postmodernism) 31, 34,
76, 214, 280, 282, 284

E. 폭스 파이번(E. Fox Piven) 351

폴린 테레롱제(Pauline Terrelonge) 220

프랜신 레이논(Francin Rainone) 181

프리드리히 엥겔스(Friedrich Engels)
272, 273

플라톤(Plato) 165, 167

플로 라이보비츠(Flo Leibowitz) 47

필립 케인(Philip Kain) 175

[ㅎ]

하위 주체(subaltern) 201

한나 아렌트(Hannah Arendt) 174, 271

G. W. F. 헤겔(G. W. F. Hegel) 280

헤라클레이토스(Heraclitus) 131

헤르타 나글-도체칼(Herta Nagl-Docekal)
131

형제애(brotherhood) 59, 66, 357

A. R. 혹실드(A. R. Hochshild) 176

후기구조주의(poststructualism) 39, 283,
365

힐데 하인(Hilde Hein) 48